Introduction
To
Public Administration

제 2 판

행정학 개론

이영균
조임곤
임동진
이동영
박종선
윤태섭

박영사

이 책이 출간된 지 4년이 지난 시점에서 개정판을 발간하게 되었다. 이 개정판에서는 초판에서 다소 미흡했던 부분, 정부의 법률 등의 개정으로 수정해야만 하는 사항, 최근에 행정학 분야에서 활발하게 논의된 주제, 통계자료 등의 사항을 가급적 개정판에 적극적으로 반영하고자 노력하였다. 더욱이 초판에서 참여했던 저자뿐만 아니라 최근 미국에서 학위를 마치고 대학에 재직하고 계신 교수 몇 몇 분에게 개정판에 참여해 주실 것을 간곡하게 부탁드렸으며, 기꺼이 참여해 주신 교수님 덕분에 좀 더 완성도가 높은 개정판을 출간하게 되어 깊은 고마움을 전하고자 한다.

이번 개정판에 새롭게 추가된 내용과 수정된 내용을 중심으로 간략하게 안내하면 다음과 같다.

첫째, 행정학의 기초이론에서는 다소 설명이 미진한 부분(Gaus의 연구, 신제도주의, 신공공관리론, 정부와 거버넌스 등), 구체적인 사항(팬들턴법 등)을 추가하는 등의 수정을 했다.

둘째, 공공정책에서는 정책분석가의 역할모형, 정책과 정책모니터링, 정책성공. 다중흐름모형 등을 추가하였으며, 정부업무평가제도를 수정하였다.

셋째, 조직론에서는 문맥을 좀 더 명확하게 이해될 수 있도록 수정하였다.

넷째, 인사행정에서는 유연근무제, 적극행정제도, 고충처리제도 등을 추가하였으며, 구체적인 사항(직업공무원제, 시간선택제근무, 공직부패, 공무원 노사관계)을 추가하는 등의 수정을 했다.

다섯째, 재무행정에서는 충북대에 재직하시는 윤태섭 교수께서 개정작업에 참여해 주시어 전반적으로 수정이 이루어졌다.

여섯째, 지방자치와 정부혁신에서는 지방자치법의 개정으로 내용이 수정된 부분, 프랜차이즈제도(franchises), 바우처(vouchers) 등에 대해 수정이 이루어졌다.

　끝으로, 이 책의 개정작업 있어 박영사의 안종만 회장님, 김한유 선생님, 양수정 선생님과 편집 및 제작에 수고해 주신 모든 직원분들에게도 깊은 감사를 드린다. 이러한 개정의 노력에도 불구하고, 이 책에서 나타난 설명이 다소 미진한 부문, 오·탈자 등은 모두 저자들의 책임이라고 생각하며, 미흡한 부분은 지속적인 수정을 통해 완성도를 높이고자 한다.

2023년 3월

저자 대표 가천대 이영균 교수

'행정학을 어떻게 하면 명쾌하게 안내할 수 있을까?'라는 물음은 행정학을 연구하는 학자들에게 놓여있는 숙제가 아닐까 한다. 이런 물음에 대해 저자들은 행정학에 대한 접근을 정부와 시민의 관계에 관한 체계적인 탐색으로 이해하고자 한다.

행정학을 처음 접하는 학생들에게 혹은 행정학을 전공으로 선택한 학생들에게 행정학의 영역을 어떻게 잘 안내할 수 있을까 하는 생각은 행정학을 저술하는 많은 선배 교수님의 고민에서도 나타난다.

이들 선행 저술자의 교재를 살펴보면, 공무원들이 필요한 권력 활동과 책임성 사이의 긴장관계를 체계적으로 기술하거나(McKinney & Howard), 공공부문의 관리에 관한 최신의 접근법과 정부의 모든 수준과 비영리조직에서 재직하는 행정가들에게 요구되는 기술을 안내하거나(Denhardt), 최근에 대두되고 있는 정부혁신운동, 민영화, 민간위탁 등의 광범위한 범위를 포함하기도(Shafritz 등의 동료 학자) 한다.

반면에 우리나라 학자들의 저서를 보면, 행정학의 연구업적을 종합하고 간추려 소개하기도 하고(오석홍), 행정학이 가지고 있는 모든 속성들을 안내하기도 하고(백완기), 행정현상을 체계적으로 이해하는 데 도움을 주는 개념과 이론을 소개하기도 하고(박용치), 또한 현대 국가의 행정에 관한 이론을 정리하고(정용덕) 있다.

이 책은 행정학과에서 최소한 행정학 영역으로 학습하게 하는 영역에 관한 간략한 정리를 통해 행정학 각 분야별 소개를 하고자 하였다. 이 책은 행정학의 영역을 다음과 같이 구성하였다.

제1편에서는 행정학연구에서 기초가 되는 행정학의 성격, 행정의 환경, 행정의 주요 이념들, 행정학의 발달과정, 정부와 행정을 다루었다.

제2편에서는 정부가 직면한 문제를 해결하기 위해 선택한 공공정책과 관련

하여 정책이 무엇인지, 어떠한 과정을 통해 이루어지는지, 정책의 집행, 분석 및 평가와 더불어 정책실패와 정책변동을 다루었다.

제3편에서는 조직이란 무엇이며, 조직학 연구는 시대적으로 어떻게 탐색하고 있는지, 조직의 구조와 행태, 조직의 미래는 어떠한지 등을 다루었다.

제4편에서는 정부의 목표를 달성하기 위하여 필요한 인력관리와 관련하여 인사행정의 주요제도는 어떠한지, 공무원의 임용과 인사관리, 공무원의 윤리와 부패 및 노동조합을 다루었다.

제5편에서는 정부는 재정을 통하여 어떠한 활동을 수행하는지, 예산제도는 어떻게 발전되고 있는지, 예산과정을 어떠한 흐름을 통하여 이루어지고 있는지, 우리나라의 재정 관리는 어떠한지 등을 다루었다.

제6편에서는 지방자치와 정부혁신을 소개하고자 했다. 이 편에서는 국가경쟁력 제고는 곧 지방자치의 올바른 정착과 더불어 끊임없는 정부혁신의 노력이라고 이해하고자 한다. 이런 시각에서 지방자치는 무엇인지, 지방자치권의 본질이 무엇인지, 지방자치단체의 유형은 어떠한지, 교육자치와 자치경찰은 무엇인지, 또한 각 국가들은 국가경쟁력을 향상하기 위해 어떠한 노력을 하고 있는지, 정부혁신의 역사는 어떻게 진행되고 있는지를 다루고자 했다.

이러한 행정학 영역을 집필하면서, 제1편과 제2편은 이영균 교수(가천대), 제3편은 임동진 교수(순천향대), 제4편은 이동영 교수(한림대), 제5편은 조임곤 교수(경기대), 제6편은 박종선 교수(계명대)와 이영균 교수가 각각 담당하였다.

이 책을 완성하는 데에는 많은 사람들의 도움이 있었다. 먼저 저자들의 가족이 보내준 지지와 사랑에 감사를 드린다. 또한 저자들의 강의에 늘 날카로운 지적과 관심을 보내 준 학생들에게 감사를 표한다. 끝으로 이 책을 출판하는 데 있어 박영사의 안종만 사장님, 임재무 이사님, 배근하 선생님과 편집 및 제작에 수고해 주신 모든 직원분들에게도 깊은 감사를 드린다. 이 책에서 나타난 한계점과 문제점은 모두 저자들의 책임이라고 생각하며, 미흡한 부분은 지속적인 수정을 통해 완성도를 높이고자 한다.

2019년 1월
저자 대표 가천대 이영균 교수

Chapter 3
행정의 가치와 이념

Chapter 4
행정학의 발달과정

PART 2 공공정책

Chapter 7
정책의 집행, 분석, 평가 및 정책변동

PART 3 조직론

Chapter 8
조직의 개념과 종류

Chapter 9
조직이론의 발달과정

Chapter 10
조직구조의 개념과 형태

PART 4　인사행정

Chapter 12
인사행정의 의의와 주요 제도

Chapter 13
공무원의 분류, 임용 및 교육훈련

Chapter 14
성과평가, 보수 및 연금

Chapter 15
공무원 윤리, 적극행정제도와 부패, 신분보장 징계 및 노동조합

PART 5 재무행정

Chapter 16
재무행정과 재정

Chapter 18
우리나라의 재정

PART 6   지방자치와 정부혁신

Chapter 21
정부혁신의 방향

PART 1

행정학의 기초이론

CHAPTER 1

행정이란?

I 행정의 의의와 특징

1. 행정의 의의

현대 사회에 있어 조직은 필수적인 우리 생활의 조건이다. 사람들은 문제를 효과적으로 해결하기 위해 조직을 만든다. 이들 조직은 사람의 행태에 영향을 미치는 역할, 기술, 신념, 가치 및 기구로 구성되는 문화에 의해 제약을 받는다. 이러한 조직시스템에 있어 가장 중요한 것이 정부이다. 행정(administration)은 정부의 프로그램을 관리하는 것이며, 조직화된 노력(organized effort)을 통하여 정부의 목적을 실현하는 것이다.

행정의 고전적 정의는 선출되거나 혹은 임명된 최고관리자의 업무를 강조하였으며, 중앙정부의 활동에 초점을 두고 있다. 이런 맥락에서, 행정은 사전에 결정된 목표 혹은 정책에 대한 효율적인 집행에 기여하는 모든 과정으로 이해하였다. 즉, 법률적으로 위임된 정부프로그램을 효과적으로 관리하는 업무로 행정을 정의하였다. 이런 의미에서 행정은 오히려 기계적이고 과학적인 기업(mechanical & scientific enterprise)이었다. 이리하여 행정은 업무를 어떻게 할 것인가(how to

do a job)에 초점을 두었으며, 사전에 결정된 목적을 성취하기 위한 최선의 방식
(the best way)을 선택하는 데 관심을 가졌다. 최상의 절차를 가장 효율적인 과정
으로 이해하였다. 결국, 고전적 시각에서 행정가는 기술가(technicians)였으며, 행
정은 사전에 결정된 정책목적을 수행하기 위하여 개인과 자원을 가장 주도면밀
한 관현악단(orchestration)으로 설계하도록 하는 것이었다(Morrow, 1980: 1-2).

이런 관점에서 행정적 원리(rudiments of administration)는 한 사람에 의해
움직일 수 없는 돌을 굴리기 위해 두 사람이 협동할 때 나타난다. 이 점에서 행
정에 포함되는 몇 가지 구성요소들은 다음과 같다. ① 사람(people)이다. 행정이
일어나기 전에 사람은 존재해야만 한다. ② 활동(action)이다. 정부가 수행하는
다양한 공공프로그램이다. ③ 상호작용(interaction)이다. 행정활동이 수행되기 위
해서는 사람들의 노력을 어떤 방식으로 결합해야만 한다. 이러한 의미에서 행정
의 본질은 다른 사람에 관련된 사람(people relating to other people)이다. 즉, 업
무를 수행하기 위해서 다른 사람과 상호 작용하는 사람들의 노력이 행정이다
(Simon, et al., 1950: 3).

특히 뉴딜정책(1933-1938), 2차 세계대전(1941-1945) 동안 행정은 정치적
과정(political process)으로서 인식되었으며, 행정가들도 공공정책결정에 많이 참
여하게 되었다. 이에 1950년 이후 행정의 정의는 정책결정과 프로그램의 집행을
강조하고 있다(Caiden, 1975). 이에 행정가는 공공정책 사이클의 모든 국면에 있
어 합법적 역할(legitimate role)을 수행한다. 나아가 행정은 민주적 거버넌스
(democratic governance)에 관련된 민주적 가치를 실현하는 활동이다. 즉, 민주주
의의 근본적인 문제는 대중의 통제에 책임성을 갖추는 것이다. 이런 맥락에서 대
부분의 정부개혁도 행정의 책임성, 대표성 및 반응성과 같은 정치적 가치
(political values)를 극대화하는 데 목적을 둔다. 이와 더불어 행정에 있어, 민주사
회에서 전형적으로 추구되는 민주주의 가치로 개인주의, 평등, 자유가 있다.[1]

---

1) ① 개인주의(個人主義, individualism): 개인의 위엄과 고결이 최고의 가치이다. 가장 성
   공적인 정치체계의 지표는 각 개인의 잠재력을 충분히 개발하는 것이다. 정부의 목적은
   개인의 권리를 보장하는 것이다. ② 평등(平等, equality): 각 개인은 삶, 자유, 행복추구
   권에 대한 권리가 동등하다. 각 개인은 민주체제에 동등한 참정권을 가진다. ③ 자유(自
   由, liberty): 민주주의에서 각 시민들은 자기결정권(self-determination)을 가진다. 각 개
   인은 자신의 목적을 적극적으로 추구하는 데 자유가 부여된다. 각 개인에게 선택의 자유
   를 허용함으로써 사회적 진전이 일어난다(Denhardt, 1991: 14-15).

이와 같이 현대적 의미의 행정은 전통적 의미의 행정에서 강조했던 법률적 정부단위의 활동만을 의미하지 않는다. 이에 행정은 정부 그리고 정부와 연관된 민간파트너가 재화와 서비스 전달을 통해 공공목적에 봉사하는 기업이다. 행정은 상당히 네트워크화된 기업(networked enterprises)이다(Johnson, 2004: 3).2)

행정은 무엇인가 하는 물음에 명료하고 간결한 설명이 존재하지는 않는다. 행정의 경계가 명확하지 않기 때문에 행정을 정의하는 데 어려움이 있다(Cayer & Weschler, 2003: 2). 이와 같이 행정의 정의를 명확하게 규정하는 것은 어렵지만, 다음과 같은 관점에서 행정의 의미를 살펴보고자 한다.

행정은 정부의 활동(activity)이며, 공공배경에서 조직화된 협동적 집단의 노력을 통하여 목표를 성취하는 것이므로 다음과 같은 활동이 요구된다. 행정은 ① 정부의 목적을 실현하기 위해 조직과 인적자원을 동원해야 하고, ② 공공정책을 프로그램과 프로젝트로 전환해야 하고, ③ 행정적 이상(idea)을 행동으로 전환하도록 중간 및 하위계층의 관리자들을 활용해야 하고, ④ 궁극적으로 국민의 생활을 향상시켜야 한다(McKinney & Howard, 1998: 61).

또한 행정의 의미를 정치적, 법률적, 관리적 측면에서 살펴보면, ① 정치적 측면에서의 행정이란 정부가 수행하는 활동이다. 또한 공공정책결정의 하나의 국면이며, 공익을 이행하는 것이다. 나아가 공유재의 비극(tragedy of the commons)을 치유하는 집단적 행동이다. 행정은 공공선의 관점에서 개인을 규제하는 과정이다. ② 법률적 측면에서의 행정이란 공법(public law)을 집행하는 것이다. 행정은 법률적 기반 없이는 존재할 수 없다. 이런 의미에서 행정은 규제(regulation)이다. 규제는 정부의 전략적 목적을 성취하기 위한 하나의 도구이다. ③ 관리적 측면에서의 행정이란 정부의 집행기능이다. 즉, 행정은 조직화된 사람들의 노력을 통하여 목표를 성취하는 것이다(Shafritz, et al., 2009: 7-20).

---

2) Johnson(2004: 5)에 의하면, 일곱 가지 핵심적인 공공목적(public purposes)은 ① 시민의 생존, 재산 및 권리를 보호하는 것, ② 핵심적인 자원의 공급을 유지하고 확보하는 것, ③ 자신을 케어할 수 없는 사람을 지원하는 것, ④ 경제성장을 지속적으로 향상하고 공평을 유지하는 것, ⑤ 삶의 질을 향상하고 성공에 대한 개인적 기회(교육적 기회)를 증진하는 것, ⑥ 자연환경을 보호하는 것, ⑦ 과학기술의 발달을 증진하고 적용을 규제하는 것이다.

2. 행정은 과학인가? 예술인가? 혹은 기교인가?

행정은 국가의 목적을 성취하기 위한 인적자원과 물적자원을 조직화하고 관리하는 것이다. 이 점에 있어 행정은 국가문제를 합리적으로 해결하기 위한 기술과 과학이다. 행정이 예술(藝術, art)인가 혹은 기교(技巧, craft)로 고려되어야 하는가, 다른 한편으로 하나의 직업(profession) 혹은 과학(科學, science)인가에 대한 논쟁이 오랫동안 이어지고 있다.

1) 행정의 과학성

과학은 정확성과 예측가능성(predictability)을 특징으로 한다. 이런 측면에서, 과학적 관리운동(Scientific Management Movement)은 행정을 모든 상황에서 적용할 수 있는 보편적인 법칙(universal laws)을 가진 과학으로 정립되도록 노력하였다. 이런 맥락에서 행정연구는 정책을 집행하기 위한 최상의 방법에 관한 과학적 분석에 초점을 두었다. 또한 행정이 하나의 학문적 정체성(identity)을 성취하고, 그리고 과학적 방법을 활용함으로써 하나의 직업적 특성을 가진 것으로 인정하기 시작하였다.[3] 이처럼 전통적 행정학은 사전에 결정된 정책목적을 위해 개인과 자원의 면밀한 조직화(orchestration)에 관심을 두었으며, 행정가는 기술자(tech-nicians)가 되어야 했다.

행정은 과학적 자료, 법칙 그리고 이론을 활용한다. 이러한 사례로 행정기관은 재무제표의 정확성을 유지하기 위해 수학과 컴퓨터를 활용한다. 즉, 과학적 방법은 많은 관리적 상황에서 활용되며 그리고 의사결정과정에서도 유용하게 활용된다.

---

[3] 행정의 몇몇 협회조직으로 1914년의 국제적 시 관리자 협회(International City Manager's Association), 1906년의 뉴욕 시 조사국(New York Bureau of Municipal Research), 1939년에 설립된 미국 행정학회(American Society for Public Administration)는 연구와 실제의 분야로서 행정학의 합법성을 정립하는 신호가 되었다(Cayer & Weschler, 2003: 12-13). 우리나라의 경우, 1955년에 고려대학교와 중앙대학교에 행정학과가 설치되었고, 1956년에 한국행정연구회(한국행정학회의 전신, 공식적으로는 1961년 11월 19일 한국행정학회가 창립되었음)가 발족했으며, 1959년에 서울대학교 행정대학원이 개원되었고, 1967년에 한국행정학회보가 창간되었다(윤재풍, 2006).

2) 행정의 예술성

과학적인 법칙은 모든 시간대에 동일하게 적용된다. 또한 과학의 법칙은 엄격하다. 즉, 산소 한 부분과 수소 두 부분이 만나면 언제나 물(상황에 따라 증기, 어름)이 된다. 하지만, 사회과학에서는 정확성의 수준이 100%로 도달하는 것이 매우 어렵다. 이 점에서 행정 자체는 순수한 의미에서 과학이 아니다. 행정가는 과학적인 법칙, 기술과 자료를 활용하지만, 개인적 상상력과 가치에 의해 자유스럽게 활동한다. 보통 특정한 행정적 문제를 다루는 데 있어 다양한 성공적 해결이 존재하지만, 창의적인 행정가는 순간적으로 새로운 해결방안을 모색한다.

또한 행정적인 문제는 동일성을 거의 가지지 않으며, 그리고 행정문제를 매번 동일한 방식으로 해결할 수 있는 과학적인 방정식(scientific equation)으로 도출하는 것은 불가능하다. 이 점에서 행정은 과학뿐만 아니라 예술(art)로서의 특성을 공유하고 있다. 이리하여 행정가는 업무수행에 있어서 판단, 상식, 허세, 나아가 직관과 같은 상상적인 방법을 가끔 사용하는 등의 혼합적인 방법을 활용한다. 또한 예술가처럼, 행정가는 업무수행에 있어 기분(mood)과 개성(personalities)이 반영된다. 하지만, 예술가는 미술적인 작품을 창조하는 반면에, 행정가는 문제해결을 위해 시도한다. 또한 예술가와 행정가가 수행한 결과물과 산출물에 대한 평가의 기준이 상이하다.

3) 행정의 기교성

행정활동에 있어 상대적인 효율성(relative efficiency)을 비교하기 위한 객관적인 표준이 존재하지만, 모든 행정적인 상황에서 가장 잘 적용되는 고정 불변한 정확한 공식은 존재하지 않는다. 특히 행정의 기본적인 측면은 정치와 정책결정에 피할 수 없이 관련되어 있다. 또한 행정적인 상황은 다양할 뿐만 아니라 상황을 다루는 사고도 사람의 마음처럼 불확정적이다. 이와 같이 객관적인 표준과 정확한 공식의 부족, 변화하는 상황, 문제해결의 다양성 등은 기교(craft)로 분류될 수 있는 가장 좋은 특징들이다.

특히 미국행정의 기교성은 정부형태, 연방주의, 권력분립, 헌법주의에 의해 영향을 받는다(Berkley & Rouse, 1994: 12-14).

① 미국헌법은 공화주의 형태(republican form)의 정부를 설립했다. 국민의 대표를 의회에 보내며, 선출된 리더가 시민공동체의 집합적 의지를 집행한다.

② 미국헌법은 연방시스템(federal system)을 설립했다. 1776년의 초기 미국 헌법은 각 주(州)가 주권(sovereign powers)을 보유했던 연합(confederation)이었으나, 1913년에 비준된 17차 수정에 의해 각 주정부의 시민을 대표하는 미국 상원의원에게 동등한 주 대표권(state representation)을 부여하였다. 이러한 미국의 연방주의는 정치적 갈등과 경제적 위기에 의해 변화되고 있다. 즉, 1860년대의 시민전쟁과 1930년대의 경제적 붕괴에 의해 보다 집권화된 정치경제시스템으로 변화되었다.

③ 미국헌법은 권력분립(separation-of-powers)의 원칙을 옹호하고 있다. 각 정부의 영역은 특별히 할당된 업무를 수행한다. 즉, 의회는 법률을 제정하고, 행정부는 법률을 집행하고, 사법부는 법률을 해석한다. 권력분립은 정부의 권한을 제한하려는 목적과 부합된다. 연방정부가 주정부의 권리를 과도하게 제한하는 것을 막으며, 개인 생활에 대한 정부의 개입을 규제한다.

④ 헌법주의(constitutionalism)는 법의 지배, 대표체제, 개인적 자유의 보장과 같은 이상을 포함하고 있다. 미국 헌법주의는 다수결원칙(majority rule)과 소수자의 권리(minority rights)를 중요한 요소로 포함하고 있다. 즉, 다수인의 위임을 수행해야 하는 공무원은 동시에 기본적으로 소수자의 이익을 보호해야만 한다.

이와 같이 민주사회에서의 행정은 미묘하면서도 매우 어려운 과제이다. 이에 행정은 예술 또는 과학이라기보다는 기교로서 보다 잘 범주화될 수 있다. 즉, 행정은 예술적인 요소와 과학적인 요소의 혼합(mixture)을 요구한다. 이처럼 행정은 예술이 아니지만 예술가적 수완을 발휘해야 하며, 그리고 과학이 아니지만 과학을 활용해야 한다. 나아가 행정을 기교라는 단어로 명명하는 것은 특유성(appropriate)과 현실성(realistic)에 기초된 것이다. 즉, 헌법적 가이드라인(consitutional guidelines)의 제약과 다양성 상황에서의 행정은 기교로서 유용하다(Berkley & Rouse, 1994: 14).

3. 행정학의 배경

초기의 행정학자들은 행정학 분야에 대한 연구에 있어 전통적으로 정부의 기능으로써 행정을 강조하였다. 즉, 행정부 내에서 수행되는 행정활동에 초점을 두었다. 1950년대 이후 행정가들은 국가와 지방자치단체의 집행기관뿐만 아니라

의회에 의해 설립된 독립위원회, 공기업 및 비영리단체와 같은 특수기관의 행정활동에도 관심을 가지게 되었다. 이런 관점에서 행정관리자는 효율성과 반응성 사이의 긴장을 경험하게 되었으며, 기관의 정책과 국가적 관심에 보다 민감하게 대응할 수 있는 능력이 요구되고 있다. 이와 더불어 행정관리자는 담당업무를 성공적으로 수행하기 위해서 다음과 같은 행정활동의 배경에 대해 이해할 필요가 있다(McKinney & Howard, 1998: 23-4).

① 이익집단의 정치(interest group politics)   행정은 상당한 정도로 이익집단의 정치이다. 이익집단 혹은 집단적 연합이 공공정책을 결정하는데 영향을 미치기 위해 노력한다. 압력집단은 자신들의 관심과 공익을 동등한 것으로 간주한다. 예를 들면, 학교의 학부모 단체들은 교육 행정가를 비판하거나 지지하고, 그리고 교육 행정가들은 학부모로부터 표출되는 교육적 관심을 배우고, 학부모 단체와 공존하기 위해 노력한다. 이리하여 행정가들은 고객(constituent)의 권한과 경제적 관심을 증대하는 프로그램을 방어하는 반면에, 이들 고객들은 행정가가 행정기관과 부서의 업무를 방어할 수 있도록 권한을 제공한다.

② 개인주의(individualism) 가치   행정관리자가 공동생활에 있어 다양한 관심을 가지는 것은 자유기업과 개인주의의 가치에 뿌리를 두고 있다. 이들 가치는 경쟁, 개인적 모험, 집권화된 전제정부에 대한 공포 등을 조장한다.

③ 권력분립(separation of power) 및 견제와 균형(check and balance) 행정은 권력의 분립 및 견제와 균형의 공유된 가치에 대해 반응해야 한다. 권력의 분립은 세 가지 정부영역인 입법, 행정, 사법이 각자의 소리를 가지기 때문에 이들 영역 사이의 책임의 확산을 의미한다. 반면에 견제와 균형은 한 영역이 다른 영역의 권한 행사를 제한할 수 있고, 한 영역의 권한은 다른 영역의 권한에 의해 균형을 유지하게 한다. 또한 권한은 중앙정부와 지방정부 사이에 분산되어 있다.

④ 행정권 강화에 따른 내부적 견제장치(internal checks) 요구   정부에 대한 기대의 증가, 국제적 전쟁, 자원의 고갈, 실업 등은 강력하고 복잡한 정부를 산출하게 하고, 행정부가 지배적인 영역으로 출현하게 한다. 이러한 과도한 행정권에 대한 새로운 견제와 균형은 행정부 영역에서도 유지하려고 노력한다. 이러한 장치로 보다 효과적인 기획, 보다 발달된 평가시스템, 그리고 책임성 장치 등이 포함된다. 하지만 내부적인 견제장치가 부적절하게 작용하기 때문에 책임성을 확보하기 위해 각 행정기관에 보다 많은 시민의 참여가 중요하다.

ⅠⅠ 공공행정과 민간행정

현대사회의 중요한 경향 중 하나는 공공부문과 민간부문의 상호작용이 증가되고 있다. 정부의 결정이 민간부문의 운영환경에 밀접하게 영향을 미치고, 또한 정부는 민간부문의 활동을 구체적으로 규제한다. 나아가 정부는 민간부문의 생산과 서비스 활동에 있어서 가장 규모가 큰 고객이다. 이런 연유로 민간부문의 종사자들은 정부활동 —정책이 어떻게 결정되고, 어떻게 집행되며, 정책이 어떻게 영향을 미치는지— 에 대해 이해하려고 노력한다.

1. 공공행정과 민간행정의 차이

공공행정은 정부가 법률적 기반에 기초하여 국민들에게 공공서비스와 재화를 제공하며, 가끔 국민 개인의 지불능력과 관계없이도 공공서비스를 제공한다. 이 점에서 공공행정의 주된 동기는 이윤 창출이 아니다.

이러한 공공행정이 어떠한 측면에서 민간행정과 차이가 있는가 하는 점은 <표 1-1>과 같이 정리할 수 있다.[4]

① 목표의 모호성(ambiguity)   민간기업은 명백한 우선순위인 이윤추구 (efficiency)의 목표가 있지만, 분명한 단일의 목표를 가진 공공기관은 거의 없다. 민간기업은 조직운영을 평가하는 기준으로 최종적으로 이윤(profit)이 활용되지만, 정부기관의 성과는 구체화하고 측정하기가 매우 어렵다.

이처럼 공공기관은 목표대상의 선정이 어렵다. 특히 정부의 목표는 효율성을 높이는 것이 아니라 독단적인 권력의 행사를 막는 데 있다. 이로 인하여 공공기관

---

4) 공공부문과 민간부문에 대해, 김태영(2006)은 국가와 시장의 영역을 권리의 영역과 경쟁의 영역으로 표현하고 있다. 경쟁의 영역(the domain of competition)이란 재화나 서비스뿐만 아니라 모든 권리나 의무 등도 시장에서 경쟁의 원리를 통하여 제공되고 확보되며, 권리의 영역(the domain of right)이란 경쟁이 아닌 이성적 판단에 의한 당위적 기준에 근거하여 인간이 공동체 생활을 하는데 필요한 최소한의 재화나 서비스를 제공하는 국가의 역할이라는 것이다. 이 점에서 권리의 영역만 존재한다면 경제적 능력에 상관없이 평등한 서비스를 제공받게 될 것이며, 효율성이 매우 낮고 형평성은 매우 높게 된다. 반면에 경쟁의 영역만 존재하는 사회에서는 어떤 재화나 서비스도 오로지 능력에 따라 경쟁을 통하여 공급받게 되며, 효율성이 극대화될 수 있지만, 형평성은 매우 낮게 된다.

을 평가하는 데도 어려움이 있다. 즉, 공공부문에서 시장지배력과 거리가 먼 것은 행정운영의 효율성과 가치를 평가하는 데 어려움이 있다. 정부기관이 자유시장에서 판매할 수 없는 재화를 산출한다면, 재화의 가치를 결정하는 것은 매우 어렵다. 또한 정부의 재화와 서비스의 가치에 기여하는 행정가의 기여를 결정하는 것도 어렵다. 공공부문에서 성과와 효율성을 정확하게 측정하는 것은 불가능한 것이다. 즉, 공공정책의 비용과 효과성에 대한 분석은 민간부문에서 활용되는 투자환원(return on investment)과 같은 표준을 적용하기가 매우 어렵다(Rosenbloom & Kravchuk, 2005: 10).

② 정부운영의 가시성(visibility)　　민간기업은 중역회의실에서 비밀리에 회사의 중요한 정책이 결정되지만, 공공기관이 수행하는 업무는 국민과 언론의 지속적인 감시대상이다. 이처럼 공공기관은 어항(goldfish bowl)에서 운영된다. 더욱이 시민은 정부운영에 접근할 수 있는 권한을 가지고 있다. 정보공개법(Freedom of Information acts)에 의해 시민이 행정기관의 내부적 운영에 관한 정보를 획득할 수 있다.

③ 다원주의적 의사결정(pluralistic decision making)　　민간기업은 한 사람이 기업운영의 전체를 총괄하지만, 공공기관의 경우 헌법은 가능한 모든 방법으로 권력을 분산시키고, 중앙정부를 통해 수평적으로, 그리고 정부 권력을 수직적으로 분산시키고 있다.

또한 민간기업은 지역의 사회경제적인 여건과 유권자의 요구 등에 크게 관심을 기울이지 않지만, 공공관료제는 광범위한 사회경제적인 변화에 민감한 반응을 보인다. 이 점에서 행정가는 자신들이 집행하는 정책과 프로그램에 대한 정치적 지원을 구축하고 그리고 유지하는 것이 필연적으로 요구되어진다. 즉, 행정가는 자신들의 활동과 정책이 바람직하며 그리고 반응적이라는 것을 의회 의원, 이익집단, 국민들에게 확신시키기 위해 노력해야만 한다.

더욱이 공공기관은 업무의 수단과 방법에 있어 헌법적·법적인 제한이 있다. 특히 권력의 분산과 복잡한 견제와 균형시스템의 도입 등을 통해 헌법은 획기적인 관리행위의 변화를 막기 위해 모든 가능한 장치들을 만들어 두고 있다(Stillman, 1992: 233-239).

④ 공공성(publicness)　　공공기관에 근무하는 관리자는 공공의 목적을 추구해야 한다. 즉, 공공관리자는 민간기업의 관리자보다 공공의 이익 혹은 공익적

가치를 실현하도록 요구받는다. 이 점에서 공공관리자는 관리적 효과성의 관점에서 업무를 수행해야 할 뿐만 아니라 다른 한편으로 국민의 요구와 바람의 관점에서 공익을 추구해야 한다. 이처럼 공공관리자는 효율성과 반응성(responsiveness) 사이에 피할 수 없는 긴장을 경험하게 된다. 이러한 공공성은 정부기관이 합의된 절차에 따라 공개적인 방식으로 공익을 추구하는 과정을 통해 실현될 수 있다(임의영, 2008: 139).[5]

또한 공공관리자에게 중요한 것은 무엇을 추구하는 것보다 오히려 누구의 관심에 봉사하는가 하는 것이다. 이에 공공관리자는 우리 사회에 대해 보다 많은 개방성과 반응성에 부응해야 하는 책무를 가진다(Denhardt & Grubbs, 1999: 8-9).

⑤ 환경변화의 둔감성(insensitivity)　관료제적 규칙과 계층제적 특성을 가진 정부기관은 새로운 도전에 대한 유연성(flexibility)과 반응속도가 다소 느리다. 반면에 시장에서의 경쟁력은 가능한 최상의 서비스를 제공하도록 재촉하는 것이다. 경쟁은 곧 효율성을 제고하기 위한 척도를 제공한다. 즉, 민간기업의 강점은 상황변화에 대응하는 유연성을 가진다는 점이다. 이와 관련하여 행정개혁은 행정가가 사회정의, 시민참여, 기업가 정신(entrepreneurialism), 책임성, 혁신과 같은 목표에 헌신하도록 초점을 둔다.

이러한 공사행정이원론의 관점에서, Appleby(1945: 1)는 「정책과 행정(Policy and Administration)」의 저서에서 모든 정부기관은 정치와 행정이 상당히 상호작용하고, 또한 정치와 행정은 거미줄(web)로 구성되어 있기 때문에 정치행정이원론으로 행정 현실을 기술할 수 없다고 지적한다. 이 점에서 공공행정은 공공의 산물이 일어나는 과정과 조직구조, 활동, 목표, 내부 구성요소 등에서 민간행정과는 매우 다르다고 주장한다. 이런 시각은 정부는 민간기업처럼 경영될 수 없으며, 오히려 민주주의로 운영되어야 한다는 것이다. 이에 행정가는 국민에게 말하는 것(telling)이 아니라 경청(listening)하는 것이다.

반면에 공사행정일원론의 관점에서, Sayre는 공공행정과 민간행정의 관리는 근본적으로 유사하다고 주장한다. 민간부문과 행정기관의 목적은 쉽게 구별되지

---

5) 임의영(2008)에 의하면, 공공성은 두 가지 차원이 결합되어 있다. ① 과정과 관련된 것으로서 합의된 절차에 따른 공개적인 의사결정에 초점을 맞추는 정치적 차원이다. 참여와 토론을 핵심으로 하는 민주주의를 강조한다. ② 목적과 관련된 것으로 공익에 초점을 맞추는 윤리적 차원이다.

표 1-1	공공부문과 민간부문의 차이점	
구분	공공부문	민간부문
목적	-비영리적인 재화와 서비스 제공이다. -법률적 기반에서 개별 기관이 존립한다. -고객 혹은 선거구민의 선호가 반영된 결정이다.	-판매된 제품과 서비스에 대한 이윤이다. -조직생존은 이윤과 성장에 의존된다. -결정은 시장적 요인(고객의 요구)에 의해 이루어진다.
제약요인	-전반적 행정과정에 법률적 제약이 반영된다. -행정가는 기관이 운영되는 정치적 분위기에 민감하다. -타협을 통한 해결이 표준이다.	-법률은 민간활동의 외부적 제약이다. 대규모의 규제가 있지만 이윤추구에 부수적이다. -시장이 가장 중요한 제약적인 힘이다.
재정적 기반	-재원은 세금과 차관을 통하여 이루어진다. -예산과정은 분산되고 정치화되어 있다.	-재원은 투자에 대한 이윤으로부터 획득된다. -재정적 기획은 수입의 기대에 관련된다.
인적관리	-공무원은 실적주의 혹은 정치적 임명을 통하여 선발된다. -공무원의 충원은 유연성이 낮고 정년보장이 이루어진다. -인적 자원의 감축은 법률적 제약하에 이루어진다.	-민간작업장은 필요한 업무에 관련된 자격에 기초하여 선발하고, 연고주의가 작용한다. -인사행정의 이상은 기업운영의 효율성에 기초한다. -인적자원의 감축은 시장적 경쟁에 대처하기 위해 이루어진다.
효과성 측정	-효과성의 측정은 이행된 활동의 합법성이다. -효과성의 기준은 주관적이다.	-효과성의 측정은 자본지출에 대한 순이익의 비율로 이루어진다. 이윤을 산출하기 위해 연계된 사회적 비용은 평가되지 않는다.

자료: McKinney & Howard(1998: 64).

만, 목적을 달성하기 위한 수단은 유사하다. 즉, 일반적인 관리과정(generic man-agement process)인 조직목적의 정의, 기획, 조직화, 관리자의 선발, 구성원의 관리 및 동기부여, 통제와 결과의 측정, 문제해결을 위한 다양한 분석기법의 활동 등은 복잡한 조직에 모두 관련되어 있다. 이처럼 공공부문과 민간부문의 관리자는 ① 조직설계, ② 부족한 자원 할당, ③ 인적자원의 관리 등의 문제를 동일하게 직면한다(Denhart, 1991: 15).

또한 민간부문도 정치인들이 내린 이자율과 같은 결정에 심각한 영향을 받는다. 즉, 민간부문의 활동도 정치적 환경 내에서 운영되며, 많은 규제를 받는다. 이에 정부관리의 효율성과 효과성을 제고하기 위해서는 민간부문에서 활용하는 기법을 채택할 필요가 있다. 나아가 공공부문은 고객이 만족하도록 하는 근본적인 임무를 공유하고 있고, 그리고 구성원들이 만족하고, 조직이 효과적이고, 생산적이 될 수 있도록 하는 임무도 공유하고 있다. 이 점에서 민간부문과 공공부문 사이에 차이보다는 유사한 측면이 많다.

2. 공공부문과 민간부문의 수렴

전통적인 행정연구는 정부를 보다 민간기업처럼 만드는 것이었다. 이 점에서 공공부문과 민간부문의 수렴(convergence)은 두 가지 영역에서 이루어진다. 하나는 행정기관을 민간기업처럼 운영하는 형태이다. 이러한 유형으로 공익의 옷을 입은 기업형태인 공기업이 있다. 다른 하나로 정부는 민간기업의 활동에 대해 규제와 개입을 통하여 공공복지에 영향을 미치고, 공익을 확보하려고 노력하는 것이다. 이러한 형태는 정부가 민간기업에게 사회적 책임을 요구하는 것이다(McKinney & Howard, 1998: 67).

후기 산업사회로 진행되면서 공공부문과 민간부문이 보다 뒤얽혀져 있다. 또한 국가별로 공공부문과 민간부문의 영역이 서로 다르며, 개별국가 내에서도 공공부문과 민간부문의 영역 간에 비중의 변화가 나타난다. 이리하여 공공부문과 민간부문의 활동 사이에 경계가 희미해지고(blurring) 있다.[6] 또한 정부가 공공서비스를 제공함에 있어 많은 영역에서 민간기업과 협력적 관계(cooperative rela-tionships)에 의존한다. 이제 정부는 정부활동의 수행과 관련하여 민간기업과의 관계에 있어 전통적인 명령과 통제의 방법이 아니라 협상하고 네트워크하고, 인

---

[6] 이 점에 있어, 오석홍(2008: 95)은 공공행정과 민간행정(경영) 사이에 교호작용이 긴밀해지고 기능중첩이 늘어나고 경계가 흐려지는 이유를 다음과 같이 들고 있다. ① 행정이 그 환경 전체에 미치는 영향이 크다는 것, ② 행정은 좀더 구체적으로 민간기업·단체를 규제하고 지원한다는 것, ③ 행정은 기업의 산출을 구입하는 가장 큰 소비자라는 것, ④ 기업과 또는 민간단체가 행정서비스를 공동생산하거나 대행하거나 그에 협력할 기회가 많다는 것, ⑤ 민간부문은 행정활동의 조건을 설정한다는 것, ⑥ 정부행정과 민간경영은 운영방식·절차·기술 등에서 교호충실화·상호 학습의 수준을 높여가고 있다는 것, ⑦ 기업의 거대화는 그 공공성을 강화한다는 것.

센티브를 제공하면서 정부활동을 수행해야 한다.

　더욱이 현대사회에 있어 정부가 민간기업처럼(like business) 운영되도록 요구받고 있어 더더욱 경영과 혼돈되고 있다. 나아가 공공기관과 민간기업의 관리자들은 조직설계, 부족한 자원의 할당, 사람에 대한 관리와 같은 유사한 문제에 직면한다.

용어의 정의

행정(行政, public administration)   공공의 목적을 실현하기 위한 수단, 정치적 가치를 실현하기 위한 수단이며, 정부가 수행하는 활동이다. 공공목적은 정부 그리고 정부와 연계된 민간파트너에 의해 수행된다.

공공목적(public purposes)   정부가 공익을 위해 수행하는 활동으로, 일곱 가지 핵심적인 공공목적은 ① 시민의 생존, 재산 및 권리를 보호하는 것, ② 핵심적인 자원의 공급을 유지하고 확보하는 것, ③ 자신을 케어할 수 없는 사람을 지원하는 것, ④ 경제성장을 지속적으로 향상하고 공평을 유지하는 것, ⑤ 삶의 질을 향상하고 성공에 대한 개인적 기회(교육적 기회)를 증진하는 것, ⑥ 자연환경을 보호하는 것, ⑦ 과학기술의 발달을 증진하고 적용을 규제하는 것이다.

공유재 비극(共有財 悲劇, tragedy of the commons)   진화생물학자 Garret Hardin이 1968년 과학저널에 공유재 비극을 기고하여 관심을 갖게 했으며, Hardin의 주요 관심은 인구과잉(overpopulation)이었다. 즉, 그에 의하면, 인구는 통제되어야만 한다는 것이다. 공유재 비극은 개인들이 수요가 공급을 초과하는 정도의 공유자원을 이용할 때 발생하는 문제이다. 공유재 비극의 사례는 재생 불가능 자원(non-renewable resources)의 고갈이며, 자원활용과 지속가능성(sustainability)에 적용할 수 있다.

정치행정이원론(공사행정일원론, politics and public administration dichotomy)
정치와 행정은 서로 다른 영역에 봉사하는 것으로 이해하는 이론으로, 공공행정과 민간행정은 목표달성을 위한 효율적인 관리라는 측면에서 유사성을 강조하는 이론이다. 이 이론에 의하면, 정치의 영역은 누가 법률을 만들고 그리고 그것은 무엇이 될 것이라는 것에 관련된 물음에 응답하는 것이다. 행정의 영역은 법률이 어떻게 집행되어야 하는가에 관한 물음에 관련되어 있다. 정치는 국가의 의지(state's will)에 대한 표현이며, 행정은 정책을 집행하는 것이다.

정치행정일원론(공사행정이원론)   이 이론은 행정의 영역을 정치의 하나의 하위 분야(subfield)로 이해하는 학자들의 사고이며, 또한 행정이 정책의 집행기능과 더불어 정책형성의 역할도 수행한다는 적극적 행정을 강조하는 사고이기도 하다. 더욱이 이 이론은 정치와 행정의 관계를 명확하게 구별하는 것은 모호하며, 모든 정부활동은 정치와 행정의 거미줄과 같이 상호작용한다는 것이다.

공공성(公共性, publicness)　　　공공성은 사적 이익을 최우선으로 생각하는 신자유주의와 대립각을 세우기 위한 이념이다. 공공성은 공적 권한이 작용하는 영역이며, 반면에 시장의 경제적 권한이 작용하는 것은 민간성(privateness)이라 한다. 특히 public은 라틴어 publicus에서 기원했으며, publicus는 공통의 문제에 대한 관심이며, 또한 개인의 행동이 타인에게 미치는 영향을 이해하고 전체의 입장에서 이를 평가하고 판단할 수 있는 능력인 성숙성(maturity)을 의미하는 개념이다.

CHAPTER 2

행정과 환경

행정가는 경영가보다 훨씬 불안정한 환경에서 활동을 수행한다. 이들 행정가는 정책, 변화하는 정치권력 관계, 언론의 주목, 시민들의 요구, 경제적 진동(economic swings)과 변덕스러운 사회적 이슈에 영향을 받는다(Cayer & Weschler, 2003: 1). 이러한 행정적 늪(administrative swamp)에서 행정가는 공공조직의 동력을 위해 보다 많은 노력을 경주해야 한다. 또한 공공조직은 조직의 목적과 운영에 영향을 미치는 매우 복잡한 거시적 환경에서 존재한다. 이러한 행정조직의 환경은 조직의 운영에 서로 다른 수준에서 영향을 미친다.

행정조직의 환경은 목표를 합법화하며, 자원을 공급하고, 재화와 서비스의 소비에 영향을 미친다. 또한 행정조직의 구조에 영향을 미치고, 행정조직의 행태를 제한한다. 이런 맥락에서 Selznick(1966)은 TVA(Tennessee Valley Authority)라는 공기업의 연구를 통하여 환경적 영향이 조직의 제도화 과정에 중요한 역할을 수행한다는 것을 지적한다.[1] TVA는 생존에 대한 위협으로부터 벗어나기 위해 TVA에 새로운 요소의 리더십을 흡수하는 포섭(包攝, cooptation)을 활용했다. TVA 관리들은 결정에 있어 지역의 조직과 집단을 포함시켰다. 이것은 TVA에 대한 지지를 얻게 되었으며, 반면에 조직의 가치와 우선순위 결정에 있어서 이들

---

[1] 미국 정부는 뉴딜프로그램의 일환으로 테네시강(the Tennessee River)을 따라 전력을 발전시키고, 경제발전을 촉진하기 위해 TVA를 설립하였다.

집단이 강하게 영향력을 미치게 되었다. 즉, 외부적 지지에 대한 조직적 필요와 그 결과로써 외부집단에 대한 포섭은 조직의 우선적인 가치와 목표에 많은 영향을 받게 되었다.

나아가 비교행정은 관료제의 운영과 성과에 영향을 미치는 환경적 요인들을 명확하게 하는데 상당한 관심이 있다. 또한 보편적인 행정원리는 문화 횡단적 연구(cross-cultural studies)를 통하여 이루어진다. 이와 같은 비교론적 사고는 전 지구적 틀(global framework)에서 한 국가의 행정을 이해하는 데, 그리고 각 국가의 문제에 대해 보다 좋은 해결책을 추구하는 데 유용한 시각을 제공한다.

공공조직의 주요한 거시적 외부환경으로 문화적 배경, 정치경제, 법률체계 등이 있다. 정부의 생태는 정부활동의 수행에 결정적인 영향을 미치며, 문화적 배경은 선호하는 요구에 대한 반응을 지각하게 한다. 문화는 조직활동에 영향을 미치는 가치와 규범을 형성하게 한다. 정치경제는 공무원에게 부여된 권한을 어떻게 활용하려는지에 대한 방법을 규정한다. 법률적 검토는 권력의 남용으로부터 개인을 보호하며, 행정적 결정과정의 합리성을 증진하게 하고, 그리고 정당성을 확보하게 한다.

I 생태학

1. Gaus의 연구

행정학의 생태학은 John Gaus에 의해 처음 소개되었다. Gaus(1947)에 의하면, 행정학의 발달과 그 활동은 행정학의 배경 혹은 생태학에 의해 영향을 받는다. 행정학의 계획, 프로그램, 정책 및 설계는 물리적 환경 혹은 생태학에 관련된 요인에 의해 영향을 받는다. 특히 Gaus(1947)는 정부의 기능을 기술함에 있어서 생태학(生態學, ecology)의 개념을 활용하고 있다.[2] 공공행정의 발전과 활동이 행정의 생태에 의해 어떻게 영향을 받는지를 보여주고 있다. 즉 이들 생태적 구성

---

2) 생태학은 동물종과 그들의 자연 환경 사이의 상호의존성을 암시하는 생물학(biology) 분야에서 유래되었다. 즉 생물과 그 환경의 상호관계에 관한 것이다.

요소들이 행정조직의 권위와 자원에 어떻게 작용하는지를 보여준다. Gaus는 일곱 가지 생태학적 구성요소를 제시하고 있다.

① 인구(people)　　인구적 변화로 성장률, 구성, 지역적 인구
② 장소(place)　　일련의 자체 문제를 나타내는 지리(geography)와 특정지역에 요구되는 서비스유형에 영향을 미치는 기후(climate)
③ 물리적 기술(physical technology)　　주요한 기술적 혁신(자동차, TV, 컴퓨터 등)은 행정작용에 영향을 미친다.
④ 사회적 기술(social technology)　　실적주의, 인간관계방법, 기획예산제도(PPBS) 등 새로운 기술은 복잡한 조직체계에서 사람들의 행태에 영향을 미친다.
⑤ 바람, 가치, 목적 그리고 지식(wishes, values, objectives, knowledge)　정부는 사람들의 세계관(world view)으로 구성된다. 즉, 개인주의, 사유재산권, 민주주의 이상은 정부에 영향을 미친다.
⑥ 재난의 영향력(power of catastrophes)　　홍수, 화재, 전염병, 불경기 등은 정부활동에 영향을 미친다.
⑦ 인물(personality)　　창조적인 두뇌와 실천력을 가진 인물이 과학기술이나 사회제도 형성에 영향을 미친다.

이와 같은 행정에 대한 생태학적 국면은 행정학의 변화를 이해하는 데 중요한 역할을 한다. 생태학적 국면에 대한 보다 민감하고 의식적인 반응은 기관 내외에의 도전에 대해 행정가에게 보다 적절한 반응을 제공한다. 이런 점에서 생태학적 접근은 행정가에 대해 진단적 도구를 제공하고, 그리고 기관에 대한 영향을 평가하기 위한 기준을 제공할 수 있다. 즉, 생태학적 요인들은 행정가에게 행정과정에 있어 중요한 요소들을 상상하는 데 도움을 줄 수 있다.

2. Riggs의 연구

Fred Riggs(1961)는 서구 선진국의 행정모형과 같이 발전도상국의 행정제도나 행정의 실체를 연구할 수 있는 생태학적인 기초를 가진 모형이 필요하다고 주장한다. 이런 시각에서 프리즘 이론(prismatic theory)을 제시하고 있다. 프리즘 모형은 전통적이고 후진적 사회를 연구하는 데 도움이 되는 융합사회(fused society)

그림 2-1 Riggs의 프리즘 모형

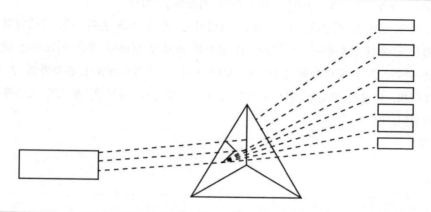

융합사회	프리즘 사회	분화사회
신의 찬미(ascription)	달성(attainment)	성취(achievement)
배타주의(particularism)	선택주의(selectivism)	보편주의(universalism)
기능적 분화	다기능주의(poly-functionalism)	기능적 특이성

모형과 서구 공업사회의 정부를 분석하는 데 유용한 분화사회(refracted society) 모형의 중간형이다.

　　프리즘 사회의 행정적 하위모형을 사라(Sala)라고 하며, 사라는 정부의 행정 업무를 수행하는 중심적인 장소이다. 또한 사라는 분화사회에서 행정행태의 전형인 사무소(office)나 관청(bureau)과 행정을 위한 분리된 장소를 갖추고 있지 않는 융합적 전통사회의 장소인 가정(home)이나 조정(court)과는 다른 뜻을 가진다. 이처럼 사라모형은 과도기적 사회의 행정체제를 연구하는 도구로 유용하다.

　　개발도상국의 프리즘 모델 특징은 <그림 2-1>과 같다.

　　① 이질성(heterogeneity)　　사회는 가진 자와 가지지 않는 자로 구분되어 있다. 관료제는 가진 자(haves)의 이익을 보호하고, 가지지 않는 자(havenots)를 무시한다.

　　② 형식주의(formalism)　　규정과 실제 사이의 차이가 매우 높다. 관료제는 정책결정에서 지배적인 역할을 발휘한다.

③ 중첩성(overlapping)   새로운 구조는 옛날 시스템에 의해 지배되고 있다. 시장은 가족, 카스트, 전통에 의해 아직 지배되고 있다.

이들 생태적 개념은 행정작용을 설명하는 데 도움을 준다. 즉, 생태학적 접근법은 급속한 변화뿐만 아니라 느린 성장과 퇴보에 관련된 것을 이해하는 데 도움을 준다. 또한 생태학적 접근법은 보다 거대한 사회시스템과 환경과의 관계를 강조하며, 행정의 복잡한 외부조건인 정치적, 경제적, 사회적, 종교적 요인을 중요시한다.

II 문화

조직은 조직문화에 포로가 된다. 문화는 행정조직에서 중요한 권력원이다. 문화(culture)는 한 사회 내에 복잡한 지식, 가치, 규범, 신념, 법률, 관습 등의 총체이다. 문화는 한 사회와 그 사회의 구성원을 구별하는 유형, 특성, 규범의 집합이다. 이 점에서 문화의 공통성은 어떤 사회를 규정하는 데 중요한 도구가 된다 (Denhart & Grubbs, 1999: 296).

이와 같이 문화가 사회의 구성원들이 학습한 행동양식, 의식 및 믿음의 총체이기 때문에 다음과 같은 특성을 가진다. ① 문화는 환경에 대해 지각하고 해석하는 방식에 영향을 미친다. ② 문화는 삶에 대한 가치와 의미를 규정한다. ③ 문화는 목적을 추구하는 수단과 방법에 대해 영향을 미친다. ④ 문화는 조직과 개인들이 받아들이도록 기대되는 적정한 행태의 표준을 규정한다. 이리하여 문화는 사람이 주어진 환경에서 어떻게 행동할 것이라는 것에 대해 사전적인 표시(advance indication)이다(Hellriegel & Slocum Jr., 1974: 18).[3]

---

3) Lammers와 Hickson(1979)은 조직유형의 비교문화적 차이에 관한 탐지에 초점을 둔 몇몇 연구를 요약하면서, 세 가지의 상이한 문화유형을 지적하고 있다. 먼저 라틴문화의 유형 (Latin type)은 프랑스, 이탈리아, 스페인 조직에서 발견되는 문화유형으로 비교적 높은 집중화, 엄격한 계층화(stratification), 계층 사이의 엄격한 불평등 그리고 불확실성에 대한 갈등 등으로 특징된다. 둘째는 앵글로색슨 유형(Anglo-Saxon type)으로 영국, 미국, 스칸디나비아 국가의 조직에서 발견되는 문화유형으로 보다 분권화, 비교적 덜 엄격한 계층화, 규칙적용에 대한 보다 유연한 접근 등으로 특징된다. 셋째는 전통적 유형(traditional type)

미국 행정에 영향을 미치는 문화적 가치는 다음과 같다. ① 주권(sovereignty)
은 모든 국민에게 배타적으로 부여된 것이다. ② 인간 자유에 대한 본질적 조건
은 정부권력을 제한하는 것이다. ③ 정부는 시민 개개인의 권리를 보존하고 보호
해야 한다. ④ 직접 투표에 의해 정치적 대표를 선출하는 권리는 자치정부의 기
본적인 요소이다. ⑤ 민주주의 정부는 일반투표로 선출된 다수당의 집권을 의미
한다. ⑥ 입법부가 가장 민주적이고 대표적인 정부영역이다. ⑦ 형평성(equality)
은 수용된 가치이다. ⑧ 권력에 대한 욕망이 자유사회에 가장 위험한 적이다. 정
부권력은 분산되어야만 한다. ⑨ 정부의 권한은 행정문제에 대해 책임있는 시민
들의 참여에 의해 이루어진다(McKinney & Howard, 1998: 119). 이러한 문화적
가치가 국민들 간의 공유를 통해 계승되고 학습되어지기 때문에 개인의 행태와
가치판단에 많은 영향을 미친다.

III 정치경제

1. 정치시스템

모든 조직은 정치시스템의 영향을 받는다. 정치경제는 정부조직에 중요하게
영향을 미치는 외부적 환경이다. 정치는 시민들이 지역공동체의 목적에 순응하게
하는 행정조직의 권력을 의미한다. 정치는 권력이 어떻게 분산되어 있고, 그리고
권력 행사자들이 합법적 권리를 가지고 있는가를 안내한다. 이러한 정치적 맥락
은 공공관리의 다양한 측면을 규정한다. 행정조직의 존재, 행정조직의 전체적인
예산, 인력관리 등은 정치적 과정을 통하여 규정되고 수정되기도 한다. 현대 민
주사회에 있어서 행정성과에 대한 의회의 영향은 예산지출에 대한 승인, 다양한
법률의 제정, 행정활동에 대한 합법화, 최고관리자에 대한 인준, 정부의 재조직
화, 행정기관에 대한 감사, 행정적 비행에 대한 조사, 행정기관이 요청하는 다양
한 승인사항에 대한 거부권 행사 등의 다양한 방식으로 나타난다. 이와 같이 의

으로 제3세계, 개발도상국에서 발견되는 문화유형으로 온정주의적(paternalistic) 리더십
유형, 명시적 규칙보다는 암묵적 규칙, 조직적 역할과 비조직적 역할 간의 경계 불명확화
등으로 특징된다.

회는 행정기능에 다양한 방식으로 개입하며, 행정부와 행정성과를 감시하는 권한을 가지고 있다.

이처럼 정치적 환경이 행정기관의 프로그램 생존과 기관 자체의 복지에 대해 결정적인 영향을 미친다. 또한 선출된 공직자가 공공정책의 수행에 대해 국민들에게 궁극적으로 책임을 가진다. 행정 관료는 전문성과 직업상의 규범에 따라 정책을 집행한다. 이 점에서 관료제는 정책형성과정에 있어서 두뇌가 아니라 도구의 역할을 한다. 하지만, 행정관리는 다양한 방식으로 정책결정에 영향을 미친다. 행정조직은 사회적 요구를 반영한다. 또한 시민들은 행정행위에 보다 많은 영향을 받는다. 행정기관은 공공서비스에 대한 시민의 만족 정도를 평가하기 위해 정기적으로 조사해야 한다. 이와 같이 정치와 행정의 관계가 분리된 것이 아니라 통합되는 과정이다. 대부분의 정책결정은 의회와 행정기관의 협력에 의해 이루어진다(Ripley & Franklin, 1984: 15). 결국 정치경제는 시민들의 요구를 만족시키는 방법, 시점, 내용에 관련된 전략을 지각하게 한다. 이런 맥락에서 행정가들은 외부적인 정치적 환경에 대해 능동적으로 반응해야 한다.

2. 경제시스템

경제(economy)는 공공자원의 합리적 관리를 의미한다. 경제적 환경은 공공관리의 기회와 한계를 규정한다. 일반적인 경제조건은 국가의 세입징수에 영향을 미치며, 나아가 자원할당, 고용, 인센티브 시스템, 조직의 내부적 과정에 있어서 다양하게 영향을 미친다. 국가권력을 통하여, 행정가들은 세금징수에 대한 책임과 이용요금의 징수에 책임을 진다. 정부의 합리적 경제분석에 대한 중요성이 증대되고 있다. 이런 맥락에서 정부조직은 경제성 및 효율성과 같이 비용-편익분석으로 생산성을 측정하는데 활용하고 있다.

행정과 경제의 관계는 정부의 시장개입과 관련하여 논의된다. 자본주의 경제시스템은 재화와 서비스의 할당, 직접적인 투자, 경제성장 등에 있어서 국가의 개입보다는 자유로운 시장경쟁시스템이 효율적이라고 인식한다. 즉, 작은 정부의 기치 아래 정부의 시장개입을 반대한다. 자본주의가 발전하고 시장기능이 노사대립, 독과점, 소득재분배의 악화 등의 문제를 해결하지 못하게 되자 정부의 시장개입 역할이 요구되고 있다(정철현, 2004: 84-85). 특히 미국의 대공항 상황에서

그림 2-2 정치적 접근과 경제적 접근

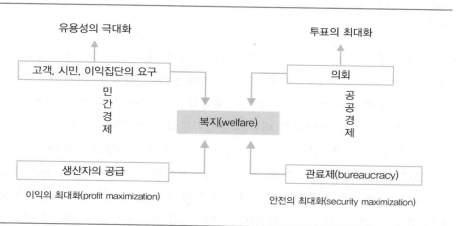

자료: McKinney & Howard(1998: 129).

케인즈 경제학자들(Keynesian)은 경제를 조정하고, 그리고 정부의 재정정책의 목적을 달성하는 데 있어서 정부의 적극적인 역할을 강조한다. 이러한 목표는 정부의 규제와 예산 조절기능으로 달성할 수 있다. 또한 정부의 과도한 채무는 이자율, 예금의 상태, 기업투자, 소비자의 신뢰 등과 같이 경제활동에 영향을 미친다. 결국 정부의 기능은 경제적 요인과 밀접하게 관련되어 있다.

특히 경제력(economic forces)에 의해, 세계화로의 이동이 가속화되고 있다. 이처럼 정보기술의 발달과 더불어 세계화의 흐름에서 각 국가는 더 이상 고립된 시장에서 존재할 수 없게 되었다.

또한 정치경제는 공공관료제에 있어서 정치적 결정에 경제적 합리성이 적용되는 것을 이해하는데 도움을 준다. 정치경제는 자원관리에 있어서 정치적 합리성과 경제적 합리성의 활용을 강조하는 접근법이다. <그림 2-2>와 같이 참여자들은 유용성의 극대화(utility maximization)를 추구하는 것을 보여준다. 요구는 고객들의 바람과 기대로부터 일어나며, 생산자들은 제품과 서비스로 고객을 만족시키기 위해 반응한다. 공공부문에서의 요구와 공급에 작용하는 권력은 비가시적이다. 하지만 공공부문에 작동하는 권력은 민간부문보다 강력하게 일어난다.

Ⅳ 법률시스템

행정기관과 사법부의 관계는 행정행위에 대한 법률적 토대에서 도출된다. 현대사회에 있어서 증가되는 법률은 행정조직에게 많은 권한을 실행하게 한다. 법률 제정은 미래에 있어 사람과 행위를 분류하는 데 적용할 수 있는 일반적인 안내를 규정하는 것이다. 나아가 법률은 행정기관의 임무, 구조, 자원 및 일반적 권한을 결정하며, 행정기관의 인사관리에 관한 사항에도 영향을 미친다.

또한 행정권에 대한 사법적 검토는 행정권한의 인위적 사용에 대한 중요한 보호망이다. 법원은 행정기관의 법률적 권한과 의무를 규정하고, 그리고 행정가들이 행정서비스를 제공하는 시민들의 권한과 의무도 규정한다. 즉, 법원은 행정적 판단을 검토하고, 그리고 개인과 집단에 부여된 헌법적 권리와 자유를 보호하기 위해 현행 법률을 해석한다. 이처럼 법원은 행정행위에 대해 사법적 검토를 한다. 법원은 불법적인 행위를 발견하고, 그리고 자유재량권의 남용과 오용을 제한한다. 나아가 법원은 행정기관이 입법부의 의도를 잘못 해석하는지에 대해 판단한다. 이와 같이 행정에 대한 법률적 제약은 개인적 권리의 보호를 강화하고, 적절한 의무면제를 부여하고, 정당한 절차에 대한 엄격한 주의를 부여한다. 이러한 법률적 제약은 행정가에게 결정사항이 정당한지 그리고 법률적 타당성을 증명하도록 보다 많은 압박을 가하는 것이다.

이처럼 사법적 검토는 행정권의 행사에 대한 본질적인 견제를 제공한다. 또한 행정절차법과 같이 사법적 영향은 행정기관의 운영규범을 규정하는데 영향을 미친다. 행정절차법(Administrative Procedures Act)은 법률제정에 대한 적절한 통제와 시민들에게 법률에 관한 적절한 정보제공의 기회를 보장한다.[4] 또한 법률

---

4) 우리나라 정부도 법과 제도의 운용에 있어 공통적으로 적용될 수 있는 공정하고 투명한 절차를 담보하기 위해 1996. 12. 31 행정절차법(법률 제5241호)을 제정·공포하고 1998년 1월 1일부터 시행해 오고 있다. 행정절차법에 내포하고 있는 일반적인 원칙에 의해 행정의 민주화, 합리화 및 행정의 예측가능성과 안정성을 획기적으로 제고하는 계기가 된다. 행정절차가 반드시 준수해야 하는 일반원칙으로 세 가지가 제시되고 있다. 첫째는 신뢰성(reliability)의 원칙이다(제4조). 이는 신의성실의 원칙과 신뢰보호의 원칙을 포함하며, 행정기관이 직무를 수행함에 있어 신의에 따라 성실히 해야 한다는 의무를 함축하고 있다. 둘째는 투명성(transparency)의 원칙이다(제5조). 이는 행정과정에서 이루어지는 행정기관의 의사표시의 내용이 구체적이고 명확할 것을 요구한다. 셋째는 공정성(fairness)

이 명확하고 그리고 새로운 법률이 효과가 발생하기 전에 국민들이 법률적 인식을 할 수 있도록 충분한 기간을 갖게 한다. 이러한 행정절차법은 의회의 가장 효과적인 정치적 통제수단이며, 관료들의 정책결정을 제약하는 수단이다(McCubbins, Noll, & Weingast, 1987, 1989). 행정절차법은 세 가지 측면에서 관료제의 책임성을 강화한다. ① 행정절차법은 개개의 선거구민에게 참정권을 준다. 초기 입법의 논쟁에 활동적인 참여자의 관심은 바람직하지 않은 정책변동(policy shift)에 대해 보호할 수 있기 때문에 행정기관의 구조와 과정에 표현되어진다. ② 행정절차법은 관료들이 행정기관의 정책과 선거구민들의 선호에 대한 의원들의 선호와 일체가 되도록 하는 개연성을 증가시킨다. ③ 행정절차법은 시대에 따라 선거구민들이 선호하는 관심을 보호한다. 즉, 선거구민들의 선호가 변화함에 따라 관료들의 정책결정과 정책산물도 변화한다. 그러나 엄격한 행정절차법은 정치적 통제를 용이하게 하지만 행정기관의 자율성을 방해하고, 관료들의 자유재량권을 실제적으로 제한하며, 그리고 잠재적으로 가치있는 정보의 공급을 질식하게 한다(Balla, 1998). 나아가 현대사회에서 행정행위에 대한 엄격한 법률적 제약은 행정과정에 있어서 신중한 창의성을 지속적으로 개발하는 것을 제약한다는 비판이 있다(Jreisat, 1997: 57−60). 이리하여 기술의 급속한 변화에 따라 영향받은 전문화된 문제들을 적절하게 대응하기 위해 의회는 행정기관에게 상당한 정도의 자유재량권을 위임하고 있다. 이러한 위임입법은 행정기관에게 준입법적 그리고 준사법적 역할을 이행하도록 허용한다.

V 이익집단

현대사회에 있어 시민들은 정부정책과정에 주요한 행위자로 참여하게 되었다. 이제 시민은 정부서비스의 수령자(recipients) 역할뿐만 아니라 자신의 생활에

의 원칙이다. 이는 행정절차에 있어서 국민의 공평한 기회를 부여받아야 한다는 평등의 원칙, 공권력의 발동은 필요최소한의 한도 내에서 이루어져야 한다는 비례의 원칙과, 국가가 일정한 행정결정을 함에 있어 그 결정으로부터 영향을 받는 모든 공적·사적이익을 법적으로 설정된 목표와 가치판단에 부합하도록 한다는 비교형량의 원칙을 포괄한다(박경귀, 1999).

영향을 미치는 정책에 대한 공동생산자(coproducers)의 역할을 발휘하게 되었다. 즉, 시민들은 정부정책과 지역사회에 있어 전지구적으로 사고하고 지역적으로 행동하는(thinks globally but acts locally) 환경에 놓여 있다.

특히 행정기관과 이익집단은 밀접한 관계를 가지고 있다. 이익집단(interest group)이란 공통의 이해관계를 가지는 사람들이 자신들의 이익을 위하여 구성하는 단체이며, 정부에 대한 영향력 또는 압력의 행사가 공동이익의 추구에 중요한 수단이 되기 때문에 정치적인 의미에서는 압력단체(pressure group)가 되는 경향을 보이는 것으로 정의할 수 있다. 이러한 이익집단(단체)은 공공정책에 있어서 정당을 보완한다. 이익집단은 대중들의 의사를 조작하고, 의원들을 설득하고, 위원회 공청회에 영향을 미치고, 공무원과의 관계를 통하여 정치체제에 있어서의 공백을 보충한다.

이익집단은 행정기관과 지속적인 관계를 유지하기 위해 노력하며, 행정가를 준 입법가(quasi-legislators)로서 역할을 수행하도록 임무를 부과한다. 이에 이익집단의 성장은 정부의 지출 증대와 새로운 영역에 대한 정부권위의 확장과 병행한다. 즉, 정부의 역할이 증대하면서 각각의 직업집단들이 정치적인 영향을 행사할 필요성이 높아지고, 정부정책에 대한 이해관계를 공유하고 있는 사회구성원들이 이익단체라는 대안적인 정책참여방법을 모색하게 된다.

이러한 맥락에서 Theodore Lowi(1969)는 20세기에 있어 미국의 공공철학(public philosophy)은 더 이상 자본주의가 아니라 이익집단 자유주의(interest group liberalism)라고 주장한다. 이익집단 자유주의의 철학은 브로커(broker) 역할을 하는 정부와 같이 실용주의이며, 그리고 정부를 위해 좋은 것이 사회를 위해 역시 좋은 것이라는 정부 역할에 대해 낙관주의적(optimistic) 시각을 가진다. 이익집단 자유주의는 공익을 다양한 이익의 주장을 융합(amalgamation)하는 것으로 정의한다(Berkley & Rouse, 1984: 57).

철의 삼각관계(iron triangle)에서 이익집단의 효과성은 집단구성원의 규모, 이익집단의 예산규모, 워싱턴에 근무하는 직원들의 전문성에 영향을 받는다. 이러한 이익집단을 보는 시각은 다원주의와 조합주의로 나누어진다(사공영호, 2004).

① 다원주의 시각에서 이익집단이란 공동이익에 기초하여 자발적으로 형성된다고 본다. 즉, 개인이나 기업은 동업종사자 및 관련업종 종사자와의 정보교환, 유대관계의 형성, 정부 로비를 통한 집단이익의 추구 등의 목적에 대하여 관심을

공유하고 있는 사람들이 공통의 이익을 보다 효율적으로 달성하기 위하여 이익
집단을 형성할 수 있다. 이런 다원주의의 관점은 이익집단의 활동이 활성화될수
록 사회가 오히려 안정된다는 것이다.

　② 조합주의 시각에서 이익집단이란 정부의 규제에 의하여 타율적으로 만들
어진다. 정부의 통제에 의해 구성된 이익집단은 자기 집단의 이익을 추구하는 기
능과 동시에 정책집행에 있어서도 일정한 역할을 담당한다. 정부가 규제를 통하
여 이익집단의 형성과 운영을 통제한다는 것은 정부가 이익단체의 상위에 있음
을 의미한다.

　이와 같이 이익집단은 민주사회에서 참여적 기능을 수행하며, 새로운 프로그
램, 사회문제를 해결하는 새로운 방법, 새로운 공공정책을 위한 사고의 원천이
되기도 한다. 하지만 이익집단은 대중의 요구와 가난한 사람들의 요구를 대변하
는데 실패하고 있다는 비판을 받기도 한다(정우일, 2004: 198). 또한 이해관계를
추구하는 사람들이 사회에서 차지하고 있는 비중보다 과다대표(over-represen-
tation)되거나 과다소표(under-representation)될 가능성과 관련되어 있다는 점이
다(신유섭, 2008).

Ⅵ　의사소통 매체

　관료조직의 구조는 메시지 흐름의 지도와 같다. 더욱이 행정기관과 일반 국
민들의 관계는 끊임없이 상호작용하는 과정이다. 행정가는 정부기관과 국민 사이
에 좋은 관계를 증진하기 위해 행정을 수행한다. 이와 같은 유형의 활동을 공공
관계(公共關係, public relations)라고 말한다. 이에 대부분의 행정기관은 좋은 공
공관계를 증진하기 위해 자원을 활용한다.

　일반 국민의 경우 행정에 관련한 중요한 정보원은 신문, 매거진, 텔레비전,
라디오, 인터넷 등의 의사소통 매체(communication media)이다. 정부기관은 광고
보다는 서비스 고지의 형식으로 미디어 공개(exposure)에 관심을 가진다. 정부가
수행하는 활동과 서비스에 대한 가장 보편적인 공개형식은 뉴스보도(new cov-
erage)이다. 뉴스보도는 대부분의 정부기관에서 중요한 행정적 관심대상이다. 행

정가는 언론발표에 있어서 긍정적인 보도를 확보하기 위해 노력한다. 즉, 정부는 부처의 활동과 성취에 관한 정보를 제공하기 위해 언론단체와 긍정적인 관계를 유지하고자 노력한다. 하지만, 국민들은 스캔들 혹은 재난 등의 행정적 문제에 대한 보고와 같은 보고가치(newsworthy)가 있는 것에 보다 많은 관심을 가진다.

정보의 중요한 또 다른 원천은 고객과 행정가의 접촉이다. 고객에게 정보를 제공하는 것은 공공관계프로그램의 부문으로 고려될 수 있다. 행정가와 고객 사이의 일상적인 접촉(everyday contact)은 매우 중요한 상호작용의 영역이다. 하위 공무원의 행태와 태도는 분명히 그 기관을 반영하는 것이다. 즉, 경찰공무원 혹은 사회복지가가 무례한 행태의 사람으로 인식되었다면, 그 기관의 이미지는 상처를 입게 된다. 이처럼 기관의 부정적인 인식(negative perceptions)은 정치적 환경을 통하여 영향을 미치게 되며, 또한 프로그램 효과를 손상하게 된다. 즉, 우호적인 고객이 적의의 고객보다는 훨씬 업무를 용이하게 한다.

행정기관은 자체기관의 인식에 관한 정보를 수집하기 위해 국민들의 인식조사를 수행하기도 한다. 보다 보편적인 실제는 불만신고제도를 활용하는 것이다. 이것은 국민들의 인식에 관한 정보를 수집할 수 있고, 또한 하급공무원들의 행동에 대해 기관의 장에게 전달할 수 있다. 불평에 대한 즉각적인 반응은 오히려 바람직하지 않은 결과를 수령한 고객에게 서비스의 만족을 제고하는 계기가 될 수 있다.

고객과의 관계를 향상하기 위한 또 다른 방법은 자문위원회(advisory com-mission)와 같은 위원회에 기관 업무와 관련된 집단의 구성원을 임명하는 것이다. 이와 같은 행정행위는 고객에게 만족을 줄 수 있는 상징이다. 이와 같이 행정기관의 결정에 참여하는 위원회는 행정가의 결정에 중요하게 영향을 미친다. 이러한 위원회는 잘 조직화된 고객집단이다. 특히 행정가가 기관의 목적을 달성하는 데 실패했지만, 좋은 고객관계에 보다 많은 관심을 가질 수 있다. 이것을 고객의 포획(client capture)이라고 말한다(Barton & Chappell, Jr., 1985: 14).

분명한 것은 정부의 행정은 곧 공공행정이다. 이는 정부가 행정활동을 수행함에 있어 국민들의 감정(public's feelings)을 반드시 고려해야 한다. 이에 국민 혹은 고객과의 좋은 관계는 행정가와 자신의 기관에 대해 매우 가치있는 것이다. 더욱이 정부는 일반시민의 요구와 기대에 보다 민감해야만 한다. Osborne과 Plastrik(1997)의 주장처럼, 고객을 운전석에 앉게 해야 한다(put the customer in the driver's seat).

용어의 정의

The Tennessee Valley Authority(TVA)   TVA는 1933년 3월 18일 의회헌장에 의해 설립된 미국 연방소유기업이다. 대공항의 영향을 받은 테네시유역에 대한 항로, 홍수통제, 전기생산, 비료생산, 경제발전을 제공하기 위해 설립된 기업이다. TVA는 미국 연방정부의 첫 번째 대규모 지역계획기관이었으며, 개발도상국의 농업사회에 대한 현대화 지원을 위한 미국정부의 하나의 모델이 되었다.

생태학(生態學, ecology)   생태학은 유기체와 유기체 환경 사이의 관계를 말한다. 행정에의 생태학은 행정과 행정환경 사이의 관계를 의미하며, 행정환경이 행정에 미치는 영향에 관한 것이다. 이러한 생태론적 접근은 행정가에 대해 진단적 도구를 제공하고, 그리고 기관에 대한 영향을 평가하기 위한 기준을 제공할 수 있다.

프리즘 사회(prismatic society)   프리즘 사회는 Riggs가 발전도상국의 정치와 행정의 독특한 조건과 동태성을 설명한 개념이다. 프리즘의 은유에 기초하여 프리즘 모델을 제안했다.

사라모델(Sala model)   사라모델은 전통적 혹은 개발도상국 사회의 특징을 묘사한 것이다. 사라모델의 특징은 다음과 같다. ① 이질성(heterogeneity): 프리즘 사회의 높은 이질성은 상이한 시스템, 실체, 관점이 동시에 표출하는 것에 기인한다. ② 형식주의(formalism): 규범과 현실 사이의 불일치에 기인한다. ③ 중첩성(overlapping): 융합사회의 미분화된 구조에 공존하는 분화된 사회의 분화구조에 기인한다. ④ 정실주의(nepotism): 임용에 있어 정실주의, ⑤ 다규범성(poly-normative): 행태규범에 대한 컨센서스의 부족에 기인한 전통적 규범과 현대적 규범의 공존, ⑥ 다대립단체(poly-communal): 공동체에 대한 적의의 공존, ⑦ 바자켄틴 시스템(bazaar canteen system): 시장경제와 전통경제 모두가 결합된 하부 경제시스템. 상품 가격에 대한 흥정이 유지된다. ⑧ 권위와 통제(authority and control): 행정가의 지배가 보이지만, 권위는 집중화되어 있고, 하지만 통제는 국한되어 있다.

문화(文化, culture)   문화는 대다수 사람들에 의해 공유하는 상징, 지식, 경험, 믿음, 가치, 태도, 규범, 관습, 사고의 시스템이며, 일련의 사람들에 의해 일반적으로 수용되는 생활방식(a way of life)이며, 상징적인 의사소통이다. 이러한 문화는 한 사회와 그 사회의 구성원을 규정하는데 중요한 도구가 된다.

정치(政治, politics)　　시민들이 지역공동체의 목적에 순응하게 하는 행정조직의 권력을 의미한다. 이러한 정치는 사회에 있어 누가 무엇을, 언제, 어떻게 획득하는가에 관련되어 있으며, 사회의 편익과 비용의 분배에 놓여있는 갈등과 협력에 관한 것이다. 또한 정치는 사회에 있어 권력의 작용(operation of power)이다. 권력은 인간의 이익을 추구하기 위해 활용된다.

경제(經濟, economy)　　경제는 특정한 지리적 영역에서 재화와 서비스의 생산과 분배와 관련한 활동이며, 상호작용과 교환의 시스템이다.

법률(法律, law)　　법률은 사회를 지배하는데, 그리고 사회구성원의 행태를 통제하는데 활용하는 공식적인 규율과 규제시스템이며, 위반에 대해 처벌로 집행된다. 법률은 사회질서를 확립하고 유지하는 특별한 방식의 시스템이다. 이러한 법률은 행정기관의 임무, 구조, 자원 및 일반적 권한을 결정하며, 행정기관의 인사관리에 관한 사항에도 영향을 미친다.

행정절차법(行政節次法, Administrative Procedures Act)　　행정절차법은 국민들이 행정기관의 활동에 의해 침해를 받았거나 혹은 해로운 영향을 받았을 경우 사법적 검토를 위한 기준을 제공한다. Roosevelt 대통령에 의해 설립된 대통령행정관리위원회(President's Committee on Administrative Management)가 행정기관을 정부의 분별없는 4부(headless 'fourth branch' of government)로 규정하고, 행정기관의 무책임성을 지적하였다. 이를 계기로 미국은 1946년 행정절차법이 제정되고 연방행정기관이 준수해야 하는 과정이 되었다.

철의 삼각관계(iron triangle)　　정치세계의 상징적인 관계를 표현하는 것이다. 철의 삼각관계는 의회, 정부관료, 특별한 이익집단의 삼자간 관계로 상호 공동의 이익을 추구하며, 지속적이고 깨뜨릴 수 없는 결속(unbreakable bond)이 형성된다. 예를 들면, 에너지 부, 의회의 에너지 위원회, 주요한 석유회사의 로비스트 사이의 관계를 묘사하며, 관료의 목적은 자신의 부서의 자금과 업무를 지속하는 것이며, 의원들의 목적은 재선에서의 승리이며, 로비스트의 목적은 석유회사의 이익과 관련된 입법을 제정하는 것이다. 이들 삼자 집단은 자신들의 목적을 성취하기 위해 함께 공동 노력하는 단단한 연대를 형성하게 된다.

이익집단(利益集團, interest group)　　이익집단은 공통의 이해관계를 가진 사람들이 자신들의 이익을 위하여 구성하는 단체이다. 다원주의(pluralism) 관점에서 미국인들은 개인보다는 이익집단의 참여를 통해 정치력을 발휘한다고 생각한다. 이익집단은 미국에 있어 근본적인 정치행위자이다. 대부분의 정책결정은 이익집단의 영향에 의해 결정된다.

　이익집단의 유형은 관심의 유형에 기초하여 세 가지로 유형화할 수 있다. ① 경제그룹(economic groups): 경제그룹은 자신들의 멤버에게 금전적 이익을 제공하기 위한 공공정책을 추구한다. 대표적인 사례로 노동조합을 들 수 있다. ② 시민그룹(citizen groups): 다양한 영역의 정책과 관련하여 소비, 규제, 혹은 정부프로그램에서 변화를 추구한다. 이 그룹은 공익그룹이라고 한다. 공익집단(public interest groups)은 자신들이 추구하는 정책변화로부터 직접적인 이익을 기대하지 않는다. 이들 그룹은 비정당적 이미지를 추구하고, 자신들의 활동을 지지하는 개인과 단체로부터 기부금으로 활동한다. ③ 단일이슈그룹(single-issue groups): 이 그룹은 단일이슈에 대한 찬성 혹은 반대를 위해 형성된다. 단일이슈 그룹은 단일의 주제, 정부프로그램 혹은 단일의 입법에 대한 변화를 추구하는 초점이 좁은 목표로 형성된다. 예를 들면, 국가생존권(National Right to Life)의 이익집단이 낙태의 규제를 위해 로비하는 것이다.

의사소통 매체(communication media)　　　　발신자(sender)의 메시지를 수신자(receiver)에게 전달하기 위한 도구로서 직접적인 접촉, 신문, 매거진, 텔레비전, 라디오, 인터넷 등의 매체가 있다.

CHAPTER 3

행정의 가치와 이념

공공부문에 존재하는 가치의 이상을 이해하는 것은 매우 중요하다. 가치(value)는 적절한 행태(appropriate behavior)가 무엇인가에 관한 보편적인 신념이다. 이러한 가치는 서비스 배분(provision)하는 것에 관련된 사람들의 사고를 지원한다. 가치는 정부가 어떠한 공공서비스를 제공할 것인가, 정부가 공공서비스를 어떻게 제공할 것인가, 정부가 공공서비스를 누구에게 제공할 것인가에 관한 본질을 안내할 수 있다. 이 점에서 정치가들은 공공서비스 배분과정에 있어 정치적 가치를 개입할 수 있을 것으로 기대된다. 예를 들면, 노동지향적 정치가들은 부의 균등한 배분, 민주주의, 참여와 같은 가치를 강조한다. 반면에 보수주의적 정치가들은 시장의 자유, 기업, 자립과 같은 가치를 강조한다. 이러한 가치들은 시대와 장소에 따라 변화한다. 이와 같이 행정적 가치는 행정문화에서 파생되는 것으로 인지할 수 있으며, 변화에 부응하게 된다.

Stanyer와 Smith(1976: 31)는 공공서비스는 일반적으로 형평성의 기준에서 제공되는 것이며, 공공단체는 모든 시민들을 동등하게 대우할 것으로 기대되는 것이라고 주장한다. 하지만 형평성을 항상 용이하게 정의하는 것은 쉽지 않다.[1]

---

[1] 최근 몇 년에 걸쳐 마리화나(cannabis)에 대한 개인적 사용량에 관한 규정에 대해 서로 다른 경찰기관은 다른 정책을 채택했다. 또한 건강서비스 통계에 의하면, 특별한 진료를 위한 대기리스트가 어떤 지역이 다른 지역보다 오히려 많은 시간을 요하는 경우가 있다.

그림 3-1 행정의 가치

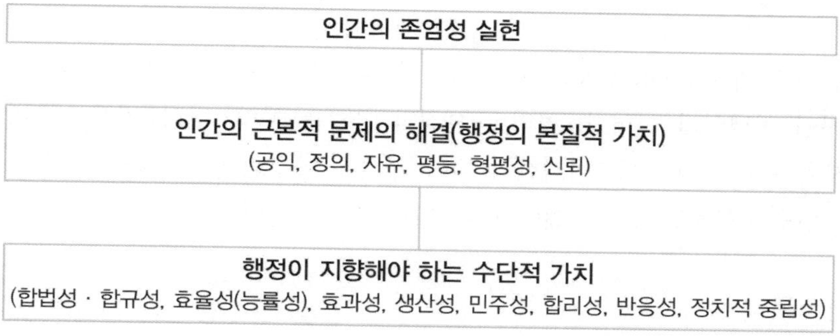

```
┌─────────────────────────────────────────────────────────┐
│                    인간의 존엄성 실현                        │
└─────────────────────────────────────────────────────────┘

┌─────────────────────────────────────────────────────────┐
│          인간의 근본적 문제의 해결(행정의 본질적 가치)          │
│            (공익, 정의, 자유, 평등, 형평성, 신뢰)             │
└─────────────────────────────────────────────────────────┘

┌─────────────────────────────────────────────────────────┐
│              행정이 지향해야 하는 수단적 가치                 │
│ (합법성 · 합규성, 효율성(능률성), 효과성, 생산성, 민주성,       │
│          합리성, 반응성, 정치적 중립성)                       │
└─────────────────────────────────────────────────────────┘
```

또한 행정의 분권화 정도에 따라 다른 지역의 유사한 환경의 사람들은 서비스의 양과 질에 대해 다른 기대를 한다.

이처럼 조직과 조직 속의 집단은 각각의 자체문화, 규범, 가치를 발전시킨다. 이러한 문화, 규범과 가치는 조직의 궁극적인 산출물과 생산물에 영향을 미친다. 또한 공공부문의 가치는 부분적으로 사회의 가치로서 기능을 할 것으로 기대된다. 행정적 가치를 이해하는 것은 각 국가에서 행정적 사고(thinking)를 지원하는 명확한 이상을 인지할 수 있다.

개인의 행태를 결정하는데 영향을 미치는 근본적인 신념과 태도인 가치에 대해 Milton Rokeach(1973)은 궁극적 가치와 도구적 가치로 구분한다. 궁극적 가치(terminal values)는 바람직한 결과에 관한 선호이다. 즉, 행정에서 성취하기 위해 노력해야 하는 근본적인 방향이다. 반면에 도구적 가치(instrumental values)는 바람직한 결과를 성취하기 위한 수단에 관한 선호이다. 이러한 가치는 지속성을 가지지만, 또한 시대에 따라 변화한다. 이런 맥락에서 본서에서는 행정의 가치를 <그림 3-1>과 같이 본질적 가치와 수단적 가치로 구분하고자 한다.

Ⅰ 행정의 본질적 가치

본질적 가치(prime value)는 그 자체가 최종 목적으로, 행정을 통해 이루려는 궁극적인 이념이기도 하다. 이러한 본질적 가치는 공익, 정의, 자유, 평등, 형평성, 신뢰 등이 포함된다. 이러한 본질적 가치는 공무원에게 공공의 업무를 수행함에 있어 궁극적으로 지향해야 하는 방향이기도 하다.

1. 공익

공익(public interest)이란 한 공동사회에 소속되는 대다수의 주민, 즉 공중이 법적으로 지니는 권리와 의무에 영향을 주는 어떤 이익과 관련되는 것을 말한다(Montgomery, 1962: 222). 사회적 관점에서 어느 공동체나 대다수의 사람들이 추구하는 공동선이 공익이 된다. 즉, 최대 다수의 최대 행복이 공익이 될 수 있다. 이러한 공익은 실제적인 정부의 영역에 놓여있다. 공익은 정부의 정책과정에 있어 실제적으로 작용하고 있다. 민주적인 정책결정이 곧 한 공동체의 공익이 되는 것이다. 공정한 절차에 따른 법의 집행이 이루어질 때 공익이 실현될 수 있다.

또한 Frank Sorauf(1957)는 공익의 특징을 다음과 같은 몇 가지로 정의하고 있다. ① 공익은 통합하는 상징(unifying symbol)으로 역할을 한다. ② 공익은 어떤 정책을 집행하면서 성취하는 이익의 균형이 소수 권력의 이익보다는 다수에서 보다 값어치 있는 것으로 시민들에게 재보증한다. 이러한 방식으로 공익은 정책결과를 합법화한다. ③ 공익은 구체적인 정의가 필요하고, 그리고 이익의 갈등이 존재할 때 다소 적절한 시간과 상황에서 결정하는 수단이 된다. ④ 공익은 고행가가 착용하는 옷의 기능(hair-shirt function)을 한다. 이 점에서 공익은 정치적 투쟁의 억압에서 간과되어지는 자유, 공평, 기회에 대한 관심을 표시하는 것이다.

이처럼 공익은 민주주의의 본질이며, 민간경영과 행정을 구별하는 가치이기도 하다. 공익에 대한 사고는 정책결정이 이루어질 때까지 정책결정자에게 개방적인 자세를 유지하도록 자극함으로써 반응성을 증진하게 한다(Smith, 1960).[2]

---

2) 하혜수(2002: 90-102)는 국가이론을 기준으로 공익개념을 재분류하고 있다. ① 엘리트론

공익을 국익(國益)과 구별되는 개념으로 논의하면, 국익이 아닌 것이 공익의 범위에 속할 수 있지만, 공익이 아닌 것은 국익만이 아니라 사익도 포함할 수 있다. 국익은 국가라는 유기체의 생존·발전에 관련된 포괄적인 이익을 의미하는 것으로서 국민 대다수의 이익을 나타내는 것이다. 국익과 공익은 서로 부합되는 개념이지만 실제에는 상치되는 경우도 많다.3) 또한 한 지역사회에 이익이 되는 것이 곧 국익증진에 도움이 될 수 있다.

또한 서구의 자유, 평등, 정의 등의 가치도 공익을 표현하는 개념이라고 할 수 있다(정철현, 2004: 14－18). 자유(freedom)에는 제약과 간섭이 없는 상태의 소극적 자유와 무엇이든 할 수 있는 적극적 자유가 있다. 자유에는 책임이 따르고 타인에 대해 배려하는 사회적 관계가 고려되어야 하기 때문에 무조건의 자유란 허용되지 않는다. 평등(equality)은 모든 사람을 똑같이 대우하는 것이다. 절대적 평등은 어떠한 경우라도 모든 사람이 동일하게 취급받아야 한다는 것이며, 상대적 평등은 같은 처지의 사람은 똑같이 대접하고 그리고 다른 처지의 사람은 다르게 대접할 수 있다는 것이다. 정의(justice)는 사회의 모든 가치가 모든 사람에게 평등하게 배분되어야 한다는 것이다.

이와 같이 공익은 최소한 사익을 추구하는 특정 이익집단의 이익의 확보나 증진을 의미하지는 않는다. 공익은 불특정 다수 국민의 이익에 봉사하는 것이다. 즉, 공익은 국민의 이익 —빈부와 귀천을 가리지 않고, 또한 현재와 미래에 걸쳐— 으로 이해할 수 있다.4)

적 관점에서 본다면, 엘리트들은 공익의 내용을 결정하고 대중들이 그것에 동의하도록 하기 위해 필요하다면 물리력과 조작도 사용해야 한다. ② 다원주의적 관점에서 본다면, 공익은 집단들이 상호조정을 통하여 결정된다. 즉, 집단갈등의 결과 나타나는 조정적 대표이익이며, 상호작용의 절차와 과정이 중요하다는 것이다. ③ 맑시즘적 관점에서 본다면, 공익은 계급 간의 역학관계에서 지배계급에 의해 결정되고, 공익을 조작하는 사람들의 수단적 합리성을 갖고 있다는 것이다. 또한 공익이란 자본가 계급이 문화산업(의사소통기술산업)을 이용하여 노동자계급의 비판의식을 마비시키기 위해서 조작적으로 사용하는 허위의식(false consciousness)에 불과하다는 것이다. ④ 개인주의적 관점에서 본다면, 공익은 다수의 이익이고, 이것은 각 개인에 의해서 결정된다. 다수의 이익은 개인의 합리성에 의해 초래된 것이라는 것이다.

3) 국익을 증진시키기 위해서 지역사회의 공익을 포기해야 하는 사례를 들면, 한 나라에서 국방이라는 국익을 위하여 한 지역사회의 환경보전이라는 공익이 희생될 가능성이 항상 있다(김형렬, 1997: 10-11).

4) 이러한 공익의 대한 정의를 실체설과 과정설로 나누어 설명하기도 한다(정철현, 2001:

하지만, 정부주도의 경제사회에서는 사익의 공익화 현상이 빈번하게 나타난다. 제한된 자원을 갖고 있는 정부가 공익이란 이름으로 민간활동과 시장에 개입할 때 불가피하게 선택적 개입을 하게 된다. 이리하여 정부가 특수이익집단에 포획(capture)될 가능성이 매우 높다. 포획현상의 발생 원인으로 행정기관이 특수이익집단이 공익으로 포장해 제공하는 정보에 일방적으로 의존하며, 자원의 측면에서 이들보다 매우 불리한 입장에 서 있고, 이들과 갈등을 유발하는 것을 극히 꺼리고, 외부신호에 의존하는 성향을 보일 때 포획의 가능성은 높아진다(최병선, 2001: 87-88). 정부가 국민의 이익, 소비자의 이익을 보호한다는 명분으로 취한 행동이 결과적으로 특수이익집단의 이익에 봉사하는 경우가 많다.5) 이로 인하여 정부가 내세우는 공익이 과연 공익인지에 대한 의문이 제기되기도 한다.

2. 정의

정의(justice)는 사전적으로 도덕적 공정(moral rightness)의 원리, 또는 행동 혹은 태도에 있어 도덕적 공정에의 일치로 정의되고 있다. 또한 정의는 가끔 공평성(fairness)과 상호교환적으로 사용되기도 한다. 즉, 우리 모두는 성별, 인종, 종교 등의 차별없이 공평한 대우(impartial treatment)를 받길 기대한다. 이런 맥락에서 정의의 보증은 곧 좋은 사회의 전제조건이기도 하다. 이 책에서는 John Rawls와 Michael Sandel의 정의를 살펴보고자 한다.

첫째, Rawls는 정의의 원칙은 사회 구성원의 자발적 합의(계약)에 의해 만들어져야 한다고 생각한다. 특히 Rawls는 이런 상황 속에서 참여자들이 최소극대화규칙(maximin rule)에 따라 자신이 가장 불리한 여건에 처했을 때 가장 나은 결과를 가져다줄 수 있는 대안을 선택하는 성향을 갖는다고 가정한다.

12-13). 실체설은 공익을 이상적인 규범으로 간주하고 사익을 초월하는 절대적인 선(善)과 같은 것이라고 보는 입장이다. 이러한 학자로는 플라톤(Plato), 아리스토텔레스(Aristotle), 루소(Rousseau), 헤겔(Hegel), 마르크스(Marx), 헬드(Held), 오펜하임(Oppenheim) 등이 있다. 반면에 과정설은 공익을 개개인의 이익의 총합으로 보는 입장이다. 공익은 다수 이해관계자의 타협의 산물이며, 민주적 조정과정을 통해 얻어지는 것이라고 보는 입장이다. 이러한 학자로는 홉스(Hobbes), 흄(Hume), 벤담(Bentham), 소로프(Sorauf) 등이 있다.

5) 예를 들면 정부는 변호사 서비스의 질을 높인다는 명목으로 변호사 시장에 개입하고 있다. 그러나 정부개입이 법률서비스의 질을 높이기보다는 경쟁을 억제하고 오히려 서비스의 질을 저하시키고 수임료를 높이는 요인으로 작용할 수 있다(최병선, 2001: 87).

이런 가정에서 두 가지 정의의 원칙을 다음과 같이 제시한다. 각 원칙들은 서열에 따라 우선순위를 갖는데, 평등한 자유의 원칙인 제1원칙이 제2원칙에 우선하고, 제2원칙 내에서는 공정한 기회평등의 원칙인 (b)가 차등의 원칙인 (a)보다 우선한다. 이처럼 평등한 자유의 우선성이 확립되고 나면 정의의 원칙은 사회적, 경제적 가치의 배분 쪽으로 옮겨간다(허병기, 2014).

이에 각자의 평등한 기본적 자유는 보다 나은 사회·경제적 복리를 위해 침해될 수 없는 제일의 우선성을 갖는다. 자유는 자존감과 자기본성의 실현이라는 가장 중요한 가치의 근본적 토대이기 때문에 그것 외의 다른 어떤 편익을 위해서도 양보될 수 없다. 자유를 제한할 수 있는 근거는 오직 자유의 원칙 자체에서만 나올 수 있다.

[제1원칙: 평등한 자유의 원칙]
각자는 다른 사람의 자유와 양립할 수 있는 범위 내에서 최대한의 광범위한 평등한 기본적 자유를 누릴 동등한 권리를 가져야 한다.

[제2원칙]
사회적, 경제적 불평등은 다음의 두 조건을 충족시키는 방식으로 이루어져야 한다.
(a) 차등의 원칙   이들 불평등은 정의로운 저축의 원칙이 지켜지는 가운데 최소 수혜자들에게 최대한의 이익을 가져다주어야 한다.
(b) 공정한 기회평등의 원칙   이들 불평등은 공정한 기회평등의 조건 하에서 모든 사람에게 개방된 직책과 직위에 결부되어야 한다.

이러한 원칙에 비추어, Rawls에 의하면, 보다 유리한 자의 이익은 보다 불리한 자의 이익에 기여함으로써만 정당화된다. 즉, Rawls가 구성한 정의론은 사회의 최저계층의 권익을 최우선순위에 두면서 분배문제에 접근하는 차별의 원리이며, 사회계층에 대하여 최우선의 관심과 배려를 요청하는 복지국가를 목표로 하는 공동체를 위한 현대 시민사회의 이론과 부합된다. 나아가 Rawls의 정의론이 전제하는 사회는 구성원들이 자신들의 선 혹은 가치를 증진하기 위해 고안한 협동체로 이해할 수 있다.

둘째, Sandel은 선을 추구하는 덕에 기반하는 정의를 옹호하면서, Rawls의 권리 기반 정의와 구별하여 정의한다. Sandel에 의하면, 정의는 좋은 삶과 인간의 가장 고귀한 목적과 분리될 수 없다는 것으로 이해하고 있다.

이에 Sandel은 아리스토텔레스의 목적론에 기대어서 정의와 공동선의 필연적인 연관성을 옹호한다. Sandel은 사람들에게 그들이 마땅히 받아야 할 것을 주는 것이 정의라는 아리스토텔레스의 명제를 받아들인다.

Sandel의 정의론이 주는 몇 가지 행정적 함의를 살펴보면, ① 공동선을 복원해야 하는 필요성에 대한 관점을 제공한다. 국가는 개인 및 공동체의 좋은 삶, 가치 있는 삶의 목적을 제시해서는 안 되는가? 국가는 행복의 최대화만을 추종하거나 재화의 공정한 분배만을 관리하면 소임을 다하는 것인가? 이들 관점에 있어, 국가는 이것들 중 어느 하나도 배제하여서는 안 되고 정도와 비중의 차이는 있지만 이것들 모두를 적정하게 고려해야 한다. ② 좋음을 정책 가치로서 재정립하는 관점을 제공한다. Sandel이 제시하는 좋음의 의미는 정책 가치로도 채택될 필요가 있다. ③ 철학적 정책 분석의 지평을 확대할 수 있다. Sandel의 공동체주의는 모든 정책은 무엇을 왜 결정해야 하고 어떻게 실행에 옮겨야 하는가에 대한 판단과 관련하여 철학적 배경과 안목을 제공해 준다(원준호, 2011).

3. 자유

자유(liberty, freedom)는 민주주의가 지향하는 최상의 가치이지만 구체적으로 자유가 무엇인지를 규명하기란 매우 어렵다. 이에 자유의 개념규정도 다양하게 이해되고 있다. 통상적으로 자유는 인간에 대한 구속의 부재상태와 자기가 원하는 것을 할 수 있는 상태로 이해할 수 있다. 이런 의미에서, 자유는 인간의 보편적 속성이자 한 사회 내에서 보호되어야 할 핵심 가치이다. 이러한 자유에 대한 인식은 근대 자유주의의 등장과 함께한 것이다.

하지만, 고대 그리스와 로마에서 자유란 단순히 노예가 아닌 상태를 의미했다. 중세 유럽의 봉건적 질서에서도 자유는 일종의 면제를 함축한다. 즉, 자유롭다는 것은 세금이나 통행료, 의무, 영주의 사법권 등에서 면제되었다는 의미였다(문지영, 2004).

Isaiah Berlin(1971)은 "자유의 두 가지 개념(Two Concept of liberty)"이라는 논문에서 소극적(부정적) 자유와 적극적(긍정적) 자유로 구분하고 있다. 소극적

자유란 타인들에 의해 방해 받지 않고 각자가 자기 뜻대로 행동할 수 있는 상태이다. 반면에 적극적 자유란 합리적으로 결정하고 자율적으로 행동할 수 있는 개인의 상태나 능력을 말한다. 이러한 적극적 자유는 자기 지향적이며, 자기 중심적인 개념으로 자기지배의 의미로 정의한다. Berlin은 소극적 자유의 입장에서 자유의 근본적인 의미는 타인들에 의한 사슬로부터, 감금으로부터, 노예상태로부터의 자유로 규정하고 있다.

4. 평등

평등(equality)은 동일, 공평, 공정, 정의를 뜻하는 라틴어 'aequitas'에서 비롯되었다. 이런 의미에서 평등은 '모든 인간을 차별 없이 동등하게 존중하거나 대우하는 상태'를 가리키는 것으로 이해할 수 있다. 평등의 의미를 광의와 협의로 살펴보면, 광의의 평등은 사회적 자원이나 부담의 분배 또는 포상, 제재, 배상의 결정에 있어서 어떠한 차별도 배제하는 것을 의미한다. 반면에 협의의 평등이란 인종, 성, 계급, 민족 등의 차이를 초월한 인격적 존재로서의 인간의 본질적 대등성을 의미한다.

이러한 평등의 의미를 미국헌법상 전개과정에서 보면, 제퍼슨(Thomas Jefferson)은 독립선언서(The Declaration of Independence, 1776)에서 모든 인간은 평등하게 창조되었다고 선언하였다. 하지만, 연방헌법은 제정 당시에 법의 평등한 보호에 대하여 아무런 말도 하지 않았다.

특히 남북전쟁 후 노예제를 폐지하는 수정헌법 제13조에 "어떤 주도 그 관할권 내에 있는 어떤 사람에 대하여도 법의 평등한 보호를 거부해서는 안 된다"고 규정하였다. 수정헌법 제14조는 주정부가 시민들에 대하여 정당한 법적 절차뿐만 아니라 법률에 의한 평등한 보호를 거부하지 못하도록 규정하고 있다.

또한 평등에 대한 논의는 '누구에게', '얼마나' 분배할 것인가와 같은 분배 기준의 문제에 집중되었다. 그러나 최근에는 무엇을 평등하게 할 것인가라는 분배 대상의 문제가 논의되고 있다(이병규, 2014).

이런 의미에서 정치적 평등은 정부의 결정에 대한 통제권한이 나뉘어져서 (shared) 어느 한 시민의 선호도 다른 어떤 시민의 선호보다 더 중요하게 평가되지 않는 것을 의미한다. 그리고 구체적인 내용으로서 선거에서 각각의 구성원의 표가 동등하게 가치 평가되는(equally weighed) 것을 들고 있다. 이처럼 정치적 평등은 모든 개인들이 한 표로 계산되고, 한 사람의 표는 다른 사람의 표와 동등한 가치가 있는(equivalent) 것으로 이해할 수 있다(이재희, 2016).

5. 형평성

형평성(equity)은 인간과 인간의 상호작용을 규제하는 공정성과 정당성, 그리고 올바른 대우(right dealing)의 정신과 습관을 의미한다. 즉, 사람들에 대한 공정한 혹은 올바른 대우를 뜻한다. 올바른 대우란 무조건적인 평등한 대우가 아닌 질적인 차이를 고려한 대우로 해석한다. 따라서 사회적 형평성은 시민에 대한 무차별적 대우보다는 질적인 차원에서 시민들의 다양한 욕구에 맞는 다양한 서비스의 제공을 의미하는 것이며, 양적인 차원에서 최소의 수혜자들에게 상대적으로 많은 서비스를 제공하는 것을 의미한다. 즉, 공정한 불평등(just inequality)의 사회적 효과를 강조하는 것이다(임의영, 1994: 1160).

이러한 형평성 이론은 인간은 이기적이라는 가정에 기초한다.[6] 이런 시각에서 형평성은 다음과 같이 정리할 수 있다. ① 개인들은 그들 자신의 결과를 극대화하려고 할 것이다. ② 집단은 구성원들 간에 보상과 비용을 형평성 있게 배분하는 기존의 체계에 의하여 집단적 보상을 극대화할 수 있다. ③ 집단들은 일반적으로 다른 구성원들에게 형평성 있게 대우하면 보상하고, 다른 구성원들을 비형평성으로 대우하면 처벌(비용의 증가)할 것이다(박용치, 2002: 137-138).

Frederickson(1980: 35)은 사회적 형평성의 개념을 통하여 시민들의 요구에 대한 행정의 반응성 고양, 시민들의 의사결정과정에의 지속적인 참여, 서비스 제공에 대한 행정의 책임성, 그리고 다양한 서비스 제공을 통한 시민들의 선택가능성 확대 등을 강조한다.

형평성에는 수평적 형평성과 수직적 형평성으로 구분할 수 있다. 수평적 형평성(水平的 衡平性)은 같은 사람을 같이 취급함을 의미하며, 수익자 부담의 원칙

---

6) 다양한 학문분야에서의 이론들도 모두 인간은 이기적이라는 가정에 기초한다. 심리학자들은 인간의 행태는 강화(reinforcement) 개념과 관련하여 형성된다고 믿으며, 경제학자들은 개별 인간들은 가능한 최저 가격으로 원하는 물품을 구입한다고 가정하며, 도덕철학자들은 이상사회란 최대 다수의 최대선(good)을 보장할 수 있는 사회라고 결론짓고 있다. 정치인들은 각자는 다 자신의 몸값을 갖고 있다고 주장한다.

과 같은 사례에 적용된다. 반면에 수직적 형평성(垂直的 衡平性)은 다른 사람을 다르게 취급해야 한다는 것을 의미하며, 사회주의적 평등개념이 이에 해당된다(정정길, 2000: 214).[7] 또한 경제적인 입장에서의 형평성(공평성)은 소득분배상의 공평을 뜻하는 것이며, 소득분배를 향상시키는 정책을 공평한 정책이라 한다(김동건, 2000: 13).

형평성을 확보하기 위해서는 먼저 공평한 기회균등(fair equality of opportunity)이 확보되어야 할 것이며, 나아가 소득분배상의 형평성을 유지하기 위해 정부개입이 작용하게 된다. 즉, 자본주의 경제체제에서 자원배분의 효율성은 경쟁을 통해 그나마 유지할 수 있다고 하더라도, 소득분배의 형평성은 정부개입 없이는 적정하게 유지하기가 어렵다.[8] 또한 사회적 형평성에 대한 감사에서는 행정기관이 선택한 정책이나 사업의 혜택이 사회의 여러 집단 사이에 균등하게 배분되도록 계획되어 있는지의 여부를 검토해야 한다. 특히 정책결정과정에 있어 사회적으로 불리한 처지에 있는 집단(minority group, 예를 들면, 여성, 장애자, 경제적으로 빈곤한 자 등)의 요구를 반영했는지 또한 공공재 및 공공서비스를 제공함에 있어 이들 집단에 대한 배려가 있었는지에 대한 조사·분석이 있어야 할 것이다.

유리천장(glass ceiling)은 1986년 미국 Wall Street Journal의 한 기사에서 유래되었으며, 현재는 조직인사 상 여성과 소수인종에 대한 차별을 지칭하는 용어로 쓰이고 있다. 이 용어는 공사조직에서 고위직으로의 승진에 여성과 소수인종을 가로막는 장벽을 말하는 것으로, 올라갈 수 있는 것처럼 투명해 보이는 상황이지만 막상 나아가 보면 더 이상 진입할 수 없는 장벽으로 둘러싸인 상황을 의미한다. 이처럼 유리천장은 법이나 규정에 의하지 않는 관습적이고 암묵적인 차별현상을 말한다.

---

7) 수평적 형평성(horizontal equity)의 사례로 정치분야에 있어서 일정한 연령 이상에 도달한 사람들에게 똑같이 한 표의 투표권을 부여하는 것, 노동시장에서 동일한 일(equal work)에 대하여 동일한 임금을 지불하는 것이다. 반면에 수직적 형평성(vertical equity)의 사례로 서로 다른 소득수준에 있는 사람들에게 서로 다른 누진율을 적용하는 것, 의료보험에서 서로 다른 소득수준에 있는 사람들에게 서로 다른 금액의 보험료를 내도록 하는 것이다(노화준, 1999: 114).

8) 이 점에 있어 김동건(1997: 19-20)은 정부가 형평성 제고를 위해 사용하는 소득재분배 수단으로서는 부유층에 부과하는 직접세(direct tax)와 빈곤층에 제공하는 이전소득(transfer payment)이라고 지적한다. 또한 장기적인 관점에서 교육·훈련 프로그램의 개발 등 인적자원에의 투자를 통해 소득분배를 개선할 수 있다고 주장한다.

이 개념에서 파생된 유리벽(glass-walls)은 고위직으로 올라 갈 수 있는 주요 보직과 직무에 여성과 소수인종들이 배제되는 것을 의미하거나, 혹은 저임금 업무에 여성과 소수인종이 집중되는 현상이다.

이러한 유리천장 현상을 극복하기 위해 미국에서는 1991년에 여성과 소수인종의 승진에 걸림돌이 되는 장벽을 제거할 목적으로 미국연방유리천장위원회(Federal Glass Ceiling Commission)가 설립되어 활동하고 있다(송현진·조윤직, 2014: 박혜영·정재명, 2009).

6. 신뢰

어떠한 정체도 국민의 신뢰를 잃으면 정부가 제대로 설 수 없다는 점에서 국민에 의한 정부의 신뢰(trust)는 중요한 과제이다.[9] 정부와 시민 간의 관계에서 본다면, 국민의 대정부 신뢰의 개념은 신탁적 신뢰(fiduciary trust)에서 파생되며, 신탁적 신뢰는 주인-대리인(principal-agent) 관계에서 나타난다. 이 관계에서는 수탁자의 능력과 정직성이 가장 중요한 신뢰요소가 된다. 이와 같이 신뢰는 신뢰대상의 능력, 개방성, 상대방에 대한 배려, 행동의 일관성(consistency)으로 구성된다(Mishra, 1996). 능력(competence) 차원은 교환 또는 거래의 목적을 기술적으로 실현시킬 수 있는 가능성을 의미하며, 개방성(openness) 차원은 신뢰대상이 진실한 정보를 정직하게 제공하는 것을 의미하고, 타인에 대한 배려(concern) 차원은 이해관계의 측면에서 사기와 기만을 통해 타인에 피해를 입히는 기회주의적 행동을 하지 않는 것을 의미한다. 즉, 타인을 이타주의적으로 배려한다는 것이 아니라 타인의 복지와 이해를 배려하고 공정하게 자기이익을 추구하는 것을 의미한다. 언행에 있어서 일관성이 신뢰에 영향을 주는 중요한 차원으로 본다(박통희, 1999: 5).

신뢰의 또 다른 측면은 공무원 자체에 놓여있다. Heclo와 Wildavsky(1981)는 재무성 연구에서 영국정부(Whitehall)는 모든 사람들이 서로 서로 알고 있는

---

9) 이 점에서 공자는 정치가 추구해야 할 가장 중요한 가치로 족식(足食, 백성의 의식주를 풍족하게 하는 일), 족병(足兵, 국방을 튼튼하게 하는 일), 민신(民信, 백성이 정부와 사회를 믿게 하는 일)을 제시하였다. 이 중에서 가장 중요한 것은 民信이며, 다음이 足食, 足兵의 순서라고 하였다(오경민·박흥식, 2000: 397).

커다란 마을로 규정하고, 신뢰란 마을의 거주자들이 거래하는 현금(currency)이라고 제안한다. 또한 정부신뢰를 기능적 차원과 윤리적 차원으로 살펴보면, 먼저 정부신뢰의 기능적 측면은 정부 업무수행 능력과 역할에 대한 기대의 충족에 관한 것이다. 광의적 측면에서 정부의 능력이란 사회문제의 해결에 요구되는 역량과 헌신을 말한다. 반면에 정부신뢰의 윤리적 측면은 정직, 도덕성 등과 같이 정부의 도덕적 자세 또는 의도에 관한 것이다. 정부의 도덕적인 의무이행에 관한 신뢰이다. 이는 정부가 국민의 이익을 우선시하고 국민에게 정직하도록 노력하는 등의 성실한 대리인으로서의 의무를 다하는 윤리적 의무감을 가질 것이라는 기대이다(오경민·박흥식, 2000).

‖ 수단적 가치: 행정이념

행정이념(行政理念)은 행정이 지향하는 바람직한 가치 내지 지도정신이다. 또한 행정이념은 행정활동이 보편적으로 추구해야 할 가장 중요한 가치이고(정정길, 2000: 197), 공무원들이 공공의 업무를 수행함에 있어 지켜야 할 윤리적 행위 기준이며, 철학적 요소이다. 이러한 의미에서 행정이념이란 행정업무의 결과를 평가하기 위한 지표로써 활용될 수 있다.10)

Frederickson(1980)에 의하면, 행정은 여러 가지 방법으로 개인들, 집단들, 사회계층들 혹은 전체 사회의 가치나 선호를 집행하는 바퀴이다. 이 점에서 여러 가지 가치들은 서로 경쟁적이며, 상황에 따라 특정의 가치체계가 다른 가치체계들을 지배하기도 한다. 한 시대, 한 국가에서 강조되는 이념이 시간이 지남에 따라, 또는 정치적·역사적 상황에 따라 우선순위가 변하게 된다.

이와 같이 공공조직에서 어떠한 행정이념에 초점을 두어 업무를 수행할 것인가에 대해 갈등이 일어난다. 즉, 공공업무를 수행함에 있어 효율성과 반응성 사이에 긴장이 일어난다.11) 이러한 갈등에서 각 상황에서 제기되는 윤리적인 문

---

10) 이념(理念, ideology)은 우리의 궁극적 최고 가치로써 언제나 가슴에 새기고 살아가는 실천규범이다. 나아가 사회전체 구성원 또는 통치체제가 설정하는 궁극적 가치를 통치이념이라고 한다(황윤원, 1999: 122).

제를 해결하는 열쇠의 하나는 도덕적 가치(moral values)로 이해하고, 다른 하나는 문제에 대한 적절한 접근방법에 도달하기 위한 윤리적인 검토로 해결한다.

본서에서는 행정이 나아가야 할 방향과 가치를 결정해 주는 나침반 같은 역할을 하는 행정이념으로 합법성, 능률성(효율성), 효과성, 생산성, 민주성, 합리성, 반응성, 정치적 중립성을 살펴보고자 한다. 이들 행정이념을 수단적 행정가치로 이해하기도 한다(이종수·이준형·박민정, 2006: 12).

1. 합법성·합규성

합법성(합규성, legality, regularity)은 법치행정을 의미하는 것으로서 행정작용이 법에 의거해서 행해져야 한다는 것을 의미한다. 합법성(合法性)은 행정업무 수행상 옳고 그름을 판단하는 기본적인 기준이다. 이러한 합법성은 법령, 명령, 훈령, 계약, 예산, 내부기준, 일반적으로 받아들여진 회계관습, 행정규범, 행정준칙 등을 포함한다.

합법성의 역사는 프랑스 혁명 이후 근대국가에서는 과거 '인(人)의 지배'에서 벗어나 '법(法)에 의한 지배'를 내용으로 하는 법치주의를 확립하면서 위법·부당한 행정작용으로 인하여 불이익을 받은 사람에 대해서 그 구제제도가 정비되었다.12)

이러한 법치행정의 원리는 입법국가 시대에 정립된 원리로서 최소의 행정이 바람직한 행정으로 인식되던 시대의 산물이다. 법률에 의한 행정원리는 국민의 자유와 권리가 행정권에 의해 자의적으로 침해되는 것을 방지하고, 장래에 대한 예측성을 확보하기 위하여 의회주의를 기본원칙으로 하고 있다. 또한 국민의 자유와 재산에 관한 입법은 국민의 대표기관인 의회만이 할 수 있으며, 행정작용은 이에 의거하여 행해질 것을 요청하는 행정에 대한 법의 지배원리가 확립되는 것이다.13) 더욱이 행정작용이 법률에 위반하여 국민의 자유와 권리를 침해하였을

---

11) 이점에 있어 Denhardt와 Grubbs(1999: 20)는 효율성과 반응성 사이의 긴장은 행정에 있어 해결할 수 없는 미스터리(unsolved mystery)로 남아있다고 주장한다.

12) 이러한 합법성은 헌법학에 있어서는 입헌주의라 하고, 행정법학에 있어서는 법치행정, 법률에 의한 행정, 행정의 법률적합성 등으로 불린다.

13) 법의 지배라고 할 때 법은 두 가지의 의미가 있다. 하나는 영미법의 법의 지배(rule of law)라고 할 때의 법으로서 판례법을 의미한다. 다른 하나는 대륙법 계통에서의 법의 지배를 의미한다. 대륙법계에서의 법이라고 하는 경우 그것은 일차적으로는 법률(Gesetz)

때에는 권리구제를 위한 제도가 마련된 정치원리를 의미하기도 한다.

또한 합법성은 형식적인 법치주의와 실질적인 법치주의로 구분할 수 있다. 형식적 법치주의는 의회가 제정한 법률에 의거하여 행정권이 발동되기만 하면 그것으로 충분하다는 것이다. 반면에 실질적인 법치주의는 법령을 보는 관점에 있어 법의 표현상 문자보다 법이 의도하고 있는 정신면을 고려하여 법치주의가 실현되도록 하는 것이다. 실질적 법치주의 확립을 위한 법치행정의 내용은 법률의 법규창조력, 법률의 우위 및 법률의 유보가 있다.14)

행정에 대한 형식적인 법적 통제만을 고집할 경우 행정의 자유로운 영역이 축소될 수 있고, 또한 법규 만능주의로 흘러 형식 위주의 행정이 될 수 있다. 반대로 행정의 다른 가치만을 살리기 위해 합법성의 가치를 외면해 버리면 이는 행정의 법률로부터의 해방을 의미하며 그 결과는 국민의 자유와 권리를 위협하게 되어 법치국가의 종말을 초래할 수도 있다. 따라서 양 극단에 치우치는 것을 경계하면서 이들 가치들을 손상없이 조화시키는 것이 필요하다(김항규, 1996: 14).

2. 효율성(능률성)

효율성(efficiency＝spending well and doing better)에 대한 필요는 공공부문과 민간부문 모든 부분의 파라미트(parameter)이다. 효율성은 공공부문과 민간부문에 있어 계층제적 통제, 조정, 기획, 공적인 성과, 권위체계에서 강조되어진다(Berkerly & Rouse, 1984: 53). 특히 효율성을 향상하기 위한 전통적 기법에는 계층제적 관념, 상관과 부하 간의 명확한 명령체계(chain－of－command), 실적주의 등이 포함된다(Morrow, 1980: 2).

을 의미하는 것으로서 국민의 대표기관인 의회의 심의를 거쳐 제정된 법을 의미한다(김항규, 1996: 3-4).

14) ① 법률의 법규창조력은 의회에서 제정한 법률만이 법규로서의 구속력을 갖는 게 원칙이라는 것을 의미한다. 이 원리에 따라 우리나라 헌법은 입법권은 원칙적으로 국회에 있음을 규정하고 있다(헌법 제47조). ② 법률의 우위는 모든 행정작용이 법률에 반하여 행사되어서는 안 된다는 것을 의미한다. 우리나라 헌법은 이 원칙의 실효성을 확보하기 위해 위헌법률심사제를 도입하고 있다(헌법 제111조). ③ 법률의 유보는 행정권이 국민의 자유와 권리를 침해하려면 법률의 적극적 수권이 있어야 한다는 것을 의미한다. 법률이 규율하고 있지 아니한 사안에 대하여는 행정은 어떠한 규율도 해서는 안 된다는 것을 의미하는 것이다. 특히 법률의 우위원칙을 소극적 의미의 법률적합성이라고 하는 데 대해 법률의 유보를 적극적 의미의 법률적합성이라고 하여 양자를 구별하기도 한다(김남진, 1995: 41).

먼저, 공공조직은 가능한 가장 효율적인 방식으로 운영되고, 가장 신속하게 업무를 수행하고, 그리고 납세자들에게 가장 저렴한 비용(the least cost)으로 업무가 수행되길 희망한다. 이와 같이 효율성은 공공조직에서 근무하는 공무원들이 매일 경험하게 되는 이슈이다.

반면에 민간부문에서는 이윤성(profitability)이라고 명명되는 효율성이란 재화 또는 서비스의 산출 및 결과를 소요되는 자원의 투입과의 관계에서 이해하는 것이다. 이러한 효율성은 주어진 산출물을 생산하기 위한 투입의 최소화를 의미할 뿐만 아니라 투입요소를 사용하여 산출의 극대화를 의미한다. 즉, 산출(output)/투입(input)의 비율이 크면 클수록 그 조직 또는 활동이 능률적이라는 것이다. 이리하여 민간부문에서 효율성은 손실점(the bottom line)으로 관리자가 성공 혹은 실패를 깨닫게 하는 것이다. 행정의 가치나 목적 등을 고려하지 않은 채 수단의 경제성만을 강조하는 수단 가치적 효율성을 기계적 효율성(mechanical efficiency)이라 한다. 반면에 경제성 또는 수단의 강조보다는 인간의 존중, 사회적 목적의 존중 등과 같은 목적 가치적인 행정이념을 사회적 효율성(social efficiency)이라 한다(황윤원, 1999: 126).

이에 Marshall Dimock(1936)은 기계적 효율성은 냉정하게 계산적이고 비인간적이며(coldly calculating and inhuman), 반면에 성공적인 행정은 따뜻하고 생기 넘쳐야 한다(warm and vibrant)고 지적한다. 또한 행정가는 단지 효율성보다 다루기 어려운 이슈인 정의, 자유, 공평성과 같은 사회적 효율성의 과제에 관심을 가져야 한다고 주장한다. 이런 관점에서 정부에 있어 효율성은 대표성(representativeness), 책임성, 그리고 투명성과 같은 정치적 가치에 종속되며, 또한 정당한 절차(due process)와 같은 법률적 고려에 의해 질식되기도 한다(Rosenbloom & Kravchuk, 2005: 7).

또한 효율성은 주어진 산출물을 위하여 투입을 최소화 하거나 주어진 투입을 기준으로 산출을 최대로 하는 것을 내용으로 하는 가치개념이기 때문에 자원의 획득·사용을 주로 하는 경제성과 달리 처리와 관리에 초점을 둔다.[15] 나아가

---

15) 경제성(經濟性, economy = spending less and doing cheeper)은 정책, 사업 또는 활동에 투입되는 인적·물적 자원의 최소한 비용으로 적정한 품질을 획득하는 것을 의미한다. 즉, 경제성은 과정에 대한 투입(the inputs to the process)에 관련된 것으로 자원획득에 있어 예산을 가능한 절약하는 것을 말한다.

효율성은 국민들의 후생이라는 측면에서 고려되어야 한다. 즉, 자원이 가장 효율적으로 배분된 상태, 파레토 최적상태(Pareto optimality)를 충족시키는 것이다. 이리하여 소비자들에게 최대의 만족을 줄 수 있는 그런 방향으로 생산이 이루어지고 자원이 배분되어야 한다는 것이다(김동건, 2000: 10).

　나아가 의사결정자들은 부족한 자원을 최적으로 활용(optimal use)하기 위해 자원의 효율성을 추구해야만 한다. 이러한 상황에 간단한 원리가 자원할당분석의 체제론적 접근을 안내하는 비용－편익분석과 비용－효과분석의 근간이다. 비용－편익분석(cost－benefit)과 비용－효과분석(cost－effectiveness)은 프로그램의 효율성을 판단하기 위한 수단이다.16)

3. 효과성

　효과성(effectiveness＝spending wisely and doing right thing)은 조직목표와 관련하여 기대한 결과를 어느 정도 충실히 달성하였는지를 의미한다. 이 점에서 효과성은 정책, 사업 또는 계획의 의도한 결과(intended output)와 실제 달성한 결과(actual output) 사이의 관련성에 초점을 둔다. 수행한 결과(산출)가 정책목표,

그림 3-2 3Es의 관계

자료: 이경섭(1995, 129).

---

16) 두 가지 분석의 차이점은 어떤 프로그램의 결과(outcomes)를 표현하는 방식이다. 비용－편익분석의 경우 프로그램의 결과는 금전적인 용어(monetary terms)로 표현된다. 반면에 비용－효과분석의 경우 프로그램의 결과는 실질적인 용어(substantive terms)로 표현된다. 예를 들면, 담배흡연을 줄이는 프로그램의 비용편익분석은 금연프로그램에 관련된 지출되는 비용과 흡연에 관련된 질병에 대한 의료, 업무로부터 결근한 일수, 기타 파생되는 절감비용 사이에 초점을 둔다. 반면에 담배흡연을 줄이는 프로그램의 비용효과분석은 흡연자 한 사람으로부터 비흡연자로 전환되는 데 지출되는 비용을 평가하는 것이다.

운영목표 또는 의도한 결과를 얼마나 달성하였는지의 정도를 의미한다. 이러한 효과성은 국민의 요구에 대한 대응성, 행정기관 성과에 대한 국민의 수용성, 정부 의도의 실현을 보장하는 행정관리의 합리성 및 공무원의 직무수행의 적정성 등을 포함하는 개념이라 할 것이다. <그림 3-2>와 같이 효율성은 수단적, 과정적 측면에 관심을 두고 있는 반면에, 효과성은 전체적, 목적적, 기능적 개념이라 할 수 있다.

4. 생산성

생산성(productivity)은 학자들에 따라 효율성 혹은 효과성과 동의어로 사용되기도 한다. 생산성에 대해 Gissler(1972)는 생산성이란 각 세금액으로부터 대폭발(bigger bang)을 취하는 것이라고 정의한다. 즉, 보다 적은 인원에 의해 같은 양의 업무를 수행하거나, 같은 인원에 의해 보다 많은 업무를 수행하거나, 혹은 보다 적은 비용으로 많은 업무를 수행하는 것을 의미한다. 미국 감사원(US GAO)은 생산성이란 투입된 자원이 산출된 제품과 서비스로 어떻게 효율적으로 혹은 효과적으로 변형되었는가를 측정하는 것으로 정의하고 있다.

이런 의미에서 조직에서의 생산성 분석은 어떤 기관에 놓여있는 자원의 흐름을 이해하는 수단으로 이해할 수 있다. 또한 생산성은 조직의 효율성과 효과성뿐만 아니라 서비스의 질까지도 측정할 수 있는 개념으로 볼 수 있다. 이 점에서 생산성이 높은 조직은 생산성이 낮은 조직보다 조직의 건강성(health)이 높다고 진단할 수 있다. 무엇보다 조직에 있어 생산성 향상을 위해서는 항상 무엇을 위한 효율성인가(efficiency for what), 누구를 위한 효율성인가(efficiency for whom) 등을 고려해야 할 것이며, 국민의 기대와 요구에 항상 귀 기울여야 할 것이다.

이와 같은 생산성은 조직에 있어 다음과 같이 중요한 성격을 가진다. ① 생산성은 개인 혹은 조직에 있어 비교 및 평가의 기준으로 활용할 수 있다. ② 조직의 생산성은 인간 및 기술시스템의 기능을 다루기 때문에 관리에 관한 정보를 수집할 수 있다. ③ 조직의 생산성으로 조직을 진단할 때 조직 각 부분들을 통제할 수 있는 메커니즘으로 활용할 수 있다. ④ 생산성은 조직구성원의 동기부여적 도구(motivational tool)로써 활용할 수 있다. 즉, 생산성 변화는 노동과 관리 사이의 협상을 위한 지표로 활용할 수 있다(이영균, 1994b).

5. 민주성

민주주의는 모든 행정조직의 중요한 과정(vital processes)이며, 행정기능에 영향을 미친다. 민주주의의 요체는 국민에 의한, 국민을 위한 국가작용을 의미한다. 민주주의는 경제적, 사회적, 윤리적 개념이 아니라 정치적 개념이다. 이런 의미에서 민주주의는 자유, 평등, 인간적 가치(human worth), 인간 존엄의 가치 및 자유를 실현하고, 그리고 모든 국민들에게 비밀투표(secret voting)에 대한 권리를 보장하는 것이다.

민주성(democracy)은 행정에 있어 평등과 동등한 기회(equal opportunity)를 의미한다(Berkely & Rouse, 1984: 99-100). 또한 행정의 민주성은 행정을 담당하는 공무원이 국민을 위한 행정을 행하여야 하고, 국민에 대해 책임을 져야 한다는 것뿐만 아니라 공직에의 접근기회가 균등하게 보장되어야 하며, 국민들이 행정에 참여할 수 있는 기회가 주어져야 하고, 그리고 투명하고 공개적인 행정이 이루어져야 하는 것을 의미한다.

행정을 민주행정 원리의 관점에서 보면, 실질적 민주성과 절차적 민주성으로 이해할 수 있다.

① 실질적 민주성(實質的 民主性)은 사회의 특수이익집단의 이익이 아닌 국민 전체의 이익을 추구하고 있는가의 여부에 의해 평가하는 기준이다. 또한 행정의 민주화를 실질적으로 실현하기 위해서는 행정의 공개성과 투명성이 확보되어야 할 것이다.

② 절차적 민주성(節次的 民主性)은 정책이 형성되거나 집행되는 등의 과정에서 특정집단의 의사가 아닌 사회 다수 국민의 의사를 반영하는 방법이나 과정에 의거하고 있는가를 평가하는 기준이다(김항규, 2002: 573).

이러한 의미에서 민주성 구현을 위해서는 절차, 참여와 더불어 실질적 결과로서의 공정한 가치배분이 동시에 내포되어 있다(박동서, 1998: 161). 이러한 민주성은 정부의 기능이 국민들에게 미치는 영향력이 확대됨으로써 과소평가하는 경향이 있다. 하지만 민주주의의 근본적인 원리는 행정이 추구해야 할 최고의 이념임에는 틀림이 없을 것이다.

6. 합리성

합리성(rationality)은 어떤 행정행위가 설정된 목표를 달성하는 데 최적의 수단을 선택했느냐의 여부를 점검하는 이념이다. 즉, 목표달성에 필요한 최적 행동대안을 정확하게 계산하여 선택하는 행동의 특성을 의미하며, 합리적 선택은 유일최선의 선택(choice of one best way)을 의미한다(오석홍, 1998: 216). 이리하여 행위가 지성적이고 상식적인 면에서 이해될 수 있고, 의식적이며 심사숙고의 과정을 거치고 계산된 것이라면 합리성을 띤다는 것이다(백완기, 1998: 129). 또한 조직이 의도한 목적의 성공적인 달성과 관련된 제반의 행위인 수단이 목적 적합성을 지니고 있느냐에 관한 검토이다.

합리성은 지향하는 관계의 종류에 따라 다양하게 유형화되고 정의된다.17) 먼저 Weber는 가치합리성과 목적합리성으로 구분한다. 가치합리성(價値合理性)은 숭고한 가치를 구현하기 위한 사명감과 의무감에 따르는 경우를 말한다. 반면에 목적합리성(目的合理性)은 주어진 목적을 이루는 데 최적의 수단을 선택해서 적용하려는 경향성을 의미한다. 목적·수단, 2차적인 결과를 모두 합리적으로 계산하고 저울질한 후 행해지는 행위를 말한다.

Karl Mannheim(1940)은 실질합리성과 기능합리성으로 구분한다. ① 실질합리성(實質合理性, substantial rationality)은 특정한 상황에서 지성적 통찰력을 발휘하여 사건들의 상호연관성을 사유하는 것을 말한다. ② 기능합리성(機能合理性, functional rationality)은 일련의 행위들이 이전에 규정된 목적을 성취하도록 조직화되고, 일련의 행위들을 구성하는 모든 단위행위에 대해 하나의 기능적 지위와 역할이 부여된 경우를 말한다. 이러한 기능합리성은 어떤 행동이 특정한 목적을 성취하기 위해 기능적으로 조직화되었는지 여부와 행위자가 관찰자 혹은 제3자의 관점에서 명확한 계산을 통해 주어진 목적에 부합하는지의 여부라는 기준에 의해 판단한다(임의영, 2006: 394).

하지만, 합리성은 다음과 같은 점에서 한계를 가진다. ① 인간능력의 불완전

---

17) 합리성을 의미하는 rationality의 어원은 라틴어 ratio이며, ratio는 절차(procedure), 이론(theory), 계산(reckoning, account), 이성(reason), 판단, 고려, 체계, 방법 등 매우 다양한 의미를 포괄하고 있다. 특히 이성을 의미하는 reason과 어원이 동일한 점에 비추어, 합리성과 이성은 절대적인 관계를 가진다(임의영, 2006: 391-392).

성, ② 목표의 모호성과 문제의 복잡성, ③ 합리적 분석·평가·선택에 필요한 시간과 정보 기타 자원의 제약, ④ 선례답습적 행태와 관료조직의 경직성, 계서제 상의 권위주의적 통제, 집단 간의 할거주의, ⑤ 외부의 비합리적 투입, ⑥ 조직 내외의 변동 등에 의해 합리성이 제약된다(오석홍, 1998: 544).

7. 반응성

반응성(responsiveness)이란 하나의 정책이 특정 집단의 필요나 선호, 가치를 충족시켜주는 정도를 말한다. 또한 반응성은 정부가 중요한 결정을 내림에 있어 어느 정도 국민의 의사를 존중하는 것이다(Kruschke & Jackson, 1987: 35). 반응과 책임(responsibility)은 어원이 같다. 책임은 누군가의 요구에 대응해 답할 수 있는 것(answerability)이다(Kaplan, 1972: 211).

반응성의 이념은 다른 모든 이념 ―효과성, 능률성, 형평성― 을 충족시킬 수 있는 경우에도 그 정책으로부터 편익을 받기로 예정된 집단의 실제 필요에 대응하지 못하는 경우가 있기 때문에 중요하다. 예를 들면, 자치단체의 레크리에이션 프로그램이 편의시설을 공평하게 배분하는 경우에도 특정집단(노인, 장애인 등)의 필요에 대응하지 못할 경우가 있다. 반응성의 기준은 실제적인 질문을 하게 된다. 즉, 효과성, 능률성, 형평성의 기준이 특정 집단의 필요, 선호, 가치를 실제적으로 반영하는가? 하는 물음이다(Dunn, 1994: 345). 이러한 맥락에서 공무원들은 시민들의 요구에 항구적으로 관심을 가져야만 한다. 시민들의 요구는 행정의 최고책임자, 의회, 또는 시민 자신들에게 표출된다. 이리하여 공무원들은 고객집단의 요구에 부응하여 업무를 수행해야 한다(Denhardt & Grubbs, 1999: 19).

8. 정치적 중립성

공무원이 어떠한 편에 서서 충고하는 것이 아니라 공평한 충고를 하는 것이다. 공무원들은 공공업무를 수행함에 있어 국민에 의해 선출된 정치적 주인(master)을 모시기 때문에 개인적 신념은 보류해야 한다. 특히 정부업무에 종사하는 공무원은 정치적으로 중립적인 태도로 자신의 의무를 수행하도록 요구받고 있다.

정치적 중립성(political neutrality)의 이념이 실제에 어디에 존재하는가 하는 것은 공무원 임용에서도 적용된다. 개인적 친분에 의해 공무원을 임용하는 것이 아니라 실력에 의해 공무원을 임용하는 방법일 것이다. 이러한 정치적 중립성에 대한 문제는 입법부의 부패, 한 번에 여러 종류의 후보를 선택하는 투표용지(long ballot)와 엽관체제에 의한 오용이 제기되었던 1880년대에 기원을 두고 있다. 구체적으로 1881년 James Garfield 대통령의 암살을 계기로 공무원 임용방식에 대한 새로운 대안으로 실적주의 체제가 제기되었으며, 연방공무원에 대한 체계적인 임용절차를 설정한 팬들턴법(Pendleton Act)이 1883년에 통과되었다. 팬들턴법은 공무원을 중립화하기 위한 시도로서 비당파적인 임용(non-political appointment)에 초점을 둔 행정개혁이었다. 또한 팬들턴법은 잭슨주의자의 민주주의(Jacksonian democracy)의 전통인 평등주의(egalitarianism)를 포용하는 것이다. 이런 시대적 배경에서 Wilson(1887)은 행정은 정치적 문제가 아니며, 행정은 정치적 소용돌이에서 벗어나기 위해서 정치적으로 중립적이고 전문가적 관료에 의해 수행되어야 한다고 주장하였다. 이 점에서 공무원은 단기적인 정치적 이익을 추구하는 것보다 항구적으로 국민과 정부에 봉사해야 한다.

공무원이 정치적 중립성을 지키기 위한 일반적인 원리로는 표현의 자유와 결사의 자유가 있다. ① 표현의 자유(freedom of expression): 공무원은 일반 국민의 일원으로 작업장 이외에서 정치적 표현의 권리를 가진다. ② 결사의 자유(freedom of association): 공무원이 노동조합의 구성원으로 활동할 수 있는 권리가 있다. 민간노조멤버와 비교하면 공무원은 작업장 내에서 정치적 견해를 표출하는 것은 매우 제한적이다. 하지만 공무원의 경우 표현의 자유 및 결사의 자유와 정치적으로 중립적이고 효과적으로 공익을 수행해야 할 임무 사이에서 적절한 균형을 유지해야만 한다.

용어의 정의

가치(價値, value)　　　가치는 적절한 행태(appropriate behavior)가 무엇인가에 관한 보편적인 신념이다. 이러한 가치는 서비스 배분(provision)하는 것에 관련된 사람들의 사고를 지원한다. 가치는 정부가 어떠한 공공서비스를 제공할 것인가, 정부가 공공서비스를 어떻게 제공할 것인가, 정부가 공공서비스를 누구에게 제공할 것인가에 관한 본질을 안내한다. 이처럼 가치는 의사결정을 구체화하는 데 도움을 주며, 생활하는 방식을 구체화하는 데 기여한다. 행정 가치는 민주사회와 행정적 이상을 실현하는 데 중요하게 영향을 미친다.

궁극적 가치(窮極的 價値, terminal values)　　　바람직한 결과에 관한 선호이며, 특히 행정에서 성취하기 위해 노력해야 하는 근본적인 방향이고, 행정을 통해 이루려는 궁극적인 이념이기도 하다. 이 가치를 본질적 가치로 명명하기도 한다.

도구적 가치(道具的 價値, instrumental values)　　　바람직한 결과를 성취하기 위한 수단에 관한 선호이다.

공익(公益, public interest)　　　한 공동사회에 소속되는 대다수의 주민, 즉 공중이 법적으로 지니는 권리와 의무에 영향을 주는 어떤 이익과 관련되는 것을 말한다. 공익은 불특정 다수 국민의 이익에 봉사하는 것이다.

정의(正義, justice)　　　정의는 사전적으로 도덕적 공정(moral rightness)의 원리, 또는 행동 혹은 태도에 있어 도덕적 공정에의 일치로 정의되고 있다. 또한 정의는 가끔 공평성(fairness)과 상호교환적으로 사용되기도 한다. Rawls는 두 가지 정의의 원칙으로 제1원칙인 평등한 자유의 원칙과 제2원칙으로 차등의 원칙과 공정한 기회평등의 원칙을 제시하고 있다.

자유(自由, liberty, freedom)　　　인간에 대한 구속의 부재상태와 자기가 원하는 것을 할 수 있는 상태이다. 소극적 자유란 타인들에 의해 방해 받지 않고 각자가 자기 뜻대로 행동할 수 있는 상태이다. 반면에 적극적 자유란 합리적으로 결정하고 자율적으로 행동할 수 있는 개인의 상태나 능력을 말한다.

평등(平等, equality)　　　평등은 동일, 공평, 공정, 정의를 뜻하는 라틴어 'aequitas'에서 비롯되었다. 평등은 '모든 인간을 차별 없이 동등하게 존중하거나 대우하는 상태'를 가리키는 것이다. 광의의 평등은 사회적 자원이나 부담의 분배 또는 포상, 제재, 배상의 결정에 있어서 어떠한 차별을 배제하는 것이다. 협의의 평등이란 인종, 성, 계급, 민족 등의 차이를 초월한 인격적 존재로서의 인간의 본질적 대등성을 의미한다.

형평성(衡平性, equity)　　　형평성은 인간과 인간의 상호작용을 규제하는 공정성과 정당성, 그리고 올바른 대우(right dealing)의 정신과 습관을 의미한다. 사람들에 대한 공정한 혹은 올바른 대우를 의미한다. 수평적 형평성(水平的 衡平性)은 같은 사람을 같이 취급함을 의미하며, 수익자 부담의 원칙과 같은 사례에 적용된다. 수직적 형평성(垂直的 衡平性)은 다른 사람을 다르게 취급해야 한다는 것을 의미한다.

신뢰(信賴, trust)　　　신뢰는 신뢰대상의 능력, 개방성, 상대방에 대한 배려, 행동의 일관성(consistency)으로 구성된다. 국민의 대정부 신뢰의 개념은 신탁적 신뢰(fiduciary trust)에서 파생되며, 신탁적 신뢰는 주인-대리인(principal-agent)관계에서 나타난다.

행정이념(行政理念, administrative ideology)　　　행정이념은 행정이 지향하는 바람직한 가치 내지 지도정신이다. 또한 행정이념은 행정활동이 보편적으로 추구해야할 가장 중요한 가치이고, 공무원들이 공공의 업무를 수행함에 있어 지켜야할 윤리적 행위기준이며, 철학적 요소이다. 이러한 의미에서 행정이념이란 행정업무의 결과를 평가하기 위한 지표로써 활용될 수 있다.

합법성(합규성, legality, regularity)　　　합법성은 법치행정을 의미하는 것으로서 행정작용이 법에 의거해서 행해져야 한다는 것을 의미한다. 합법성은 행정업무 수행상 옳고 그름을 판단하는 기본적인 기준이다. 형식적 법치주의는 의회가 제정한 법률에 의거하여 행정권이 발동되기만 하면 그것으로 충분하다는 것이다. 실질적인 법치주의는 법령을 보는 관점에 있어 법의 표현상 문자보다 법이 의도하고 있는 정신면을 고려하여 법치주의가 실현되도록 하는 것이다.

효율성(效率性, efficiency)　　　공공조직에서 효율성은 가능한 가장 효율적인 방식으로 운영되고, 가장 신속하게 업무를 수행하고, 그리고 납세자들에게 가장 저렴한 비용(the least cost)으로 업무가 수행되는 것이다. 민간부문에서는 이윤성(profitability)이라고 명명되는 효율성이란 재화 또는 서비스의 산출 및 결과를 소요되는 자원의 투입과의 관계이며, 주어진 산출물을 생산하기 위한 투입의 최소화를 의미할 뿐만 아니라 투입요소를 사용하여 산출의 극대화를 의미한다.

효과성(效果性, effectiveness)　　　효과성은 조직목표와 관련하여 기대한 결과를 어느 정도 충실히 달성하였는지를 의미한다. 효과성은 정책, 사업 또는 계획의 의도한 결과(intended output)와 실제 달성한 결과(actual output) 사이의 관련성에 초점을 둔다. 수행한 결과(산출)가 정책목표, 운영목표 또는 의도한 결과를 얼마나 달성하였는지의 정도를 의미한다.

생산성(生産性, productivity)　　　생산성은 각 세금액으로부터 대폭발(bigger bang)을 취하는 것이다. 보다 적은 인원에 의해 같은 양의 업무를 수행하거나, 같은 인원에 의해 보다 많은 업무를 수행하거나, 혹은 보다 적은 비용으로 많은 업무를 수행하는 것을 의미한다.

민주성(民主性, democracy)　　　민주성은 행정에 있어 평등과 동등한 기회(equal opportunity)를 의미한다. 이러한 민주성은 모든 행정조직의 중요한 과정(vital processes)이며, 행정기능에 영향을 미친다. 민주주의의 요체는 국민에 의한, 국민을 위한 국가작용을 의미한다. 실질적 민주성(實質的 民主性)은 사회의 특수이익집단의 이익이 아닌 국민 전체의 이익을 추구하고 있는가의 여부에 의해 평가하는 기준이다. 절차적 민주성(節次的 民主性)은 정책이 형성되거나 집행되는 등의 과정에서 특정집단의 의사가 아닌 사회 다수 국민의 의사를 반영하는 방법이나 과정에 의거하고 있는가를 평가하는 기준이다.

합리성(合理性, rationality)　　　합리성은 어떤 행정행위가 설정된 목표를 달성하는 데 최적의 수단을 선택했느냐의 여부를 점검하는 이념이다. 실질합리성(sub-stantial rationality)은 특정한 상황에서 지성적 통찰력을 발휘하여 사건들의 상호연관성을 사유하는 것을 말한다. 기능합리성(functional rationality)은 일련의 행위들이 이전에 규정된 목적을 성취하도록 조직화되고, 일련의 행위들을 구성하는 모든 단위행위에 대해 하나의 기능적 지위와 역할이 부여된 경우를 말한다.

반응성(反應性, responsiveness)　　　반응성은 하나의 정책이 특정 집단의 필요나 선호, 가치를 충족시켜주는 정도를 말한다. 반응성은 정부가 중요한 결정을 내림에 있어 어느 정도 국민의 의사를 존중하는 것이다,

정치적 중립성(政治的 中立性, political neutrality)　　　정치적 중립성은 공무원 임용에 있어 개인적 친분에 의해 공무원을 임용하는 것이 아니라 실력에 의해 공무원을 임용하는 방법이다. 특히 정부업무에 종사하는 공무원은 정치적으로 중립적인 태도로 자신의 의무를 수행하도록 요구받고 있다. 이와 관련하여 정치적 중립

성을 지키기 위한 일반적인 원리로는 표현의 자유와 결사의 자유가 있다. ① 표현의 자유(freedom of expression): 일반 국민의 일원으로 작업장 이외에서 정치적 표현의 권리를 가진다. ② 결사의 자유(freedom of association): 노동조합의 구성원으로 활동할 수 있는 권리가 있다.

CHAPTER 4

행정학의 발달과정

Ⅰ 행정연구의 의의와 접근방법

1. 행정연구의 의의

행정학을 연구함에 있어 이론의 역할은 행정이 무엇을 하는가(what admin-istration do)를 이해하고 그리고 향상하는 것이다.[1] 행정이론은 행정기관의 구조, 업무, 기능 등을 개념화하는 데 도움을 주는 해석의 틀(interpretive framework)이다. 또한 행정이론은 좋은 정부를 위한 체계적인 지식이다. 행정기관이 왜 운영되고, 그리고 행정기관이 운영되는 방식을 설명하는 데 다양한 행정이론들이 제기된다. 이러한 행정이론은 새로운 자료 혹은 증거에 기초하여 계속적으로 수정되고, 새롭게 공식화된다. 건전한 이론은 자료를 조직화하고, 행위를 설명하고, 사건을 예측하고, 관계를 구체적으로 기술하기 위한 도구로서 효과성 측정을 보

---

[1] 이론은 어떤 주제에 관해 중요한 것을 말하기 위한 가장 효과적인 방법이다(the shortest way of saying something important about a subject). 이론은 어떤 주제를 이해하기 위해 어떤 것을 설명하거나 혹은 개념화(conceptualizing)하는 수단이다. 이러한 이론의 기능은 행태를 기술하고(to describe behavior), 그리고 변화를 규정하는 것(to prescribe change)이다(Morrow, 1980: 49).

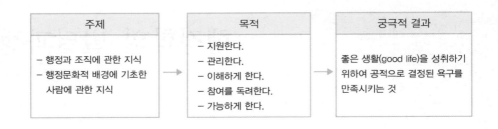

그림 4-1 행정연구의 근거

자료: McKinney & Howard(1998: 22).

유한다. 이론적인 모델이 행정조직의 관리를 설명하는가 하는 것은 학자들의 공동체에 의해 합의가 이루어진다. 학자들 사이의 합의를 촉진하는 수단은 이론형성에 적용한 논리적 장점, 접근할 수 있는 증거로부터 지지의 수준, 그리고 새로운 이론을 수용하는 데 대한 많은 사람들의 동의에 의존한다(Jreisat, 1997: 31−32).

　행정학을 연구하는 일반적인 이유는 <그림 4-1>과 같이 우리들의 생활에 직접적으로 영향을 미치는 공공문제(public issues)를 효과적으로 다루는 데 중요한 정부과정의 내용을 이해하기 위한 것이다. 나아가 정부 공무원에 의해 이루어지는 결정들이 우리들의 일상생활에 직접적으로 영향을 미치기 때문이다. 행정은 정부행정에 관한 연구이며, 행정연구는 정부운영을 개혁하기 위한 노력으로 시작된다(Denhardt, 1991: 11).

　특히 사회적 배경과 완전히 분리하여 행정을 연구하는 것은 비현실적이다. 즉, 행정학의 발달은 철학적 측면, 정치·경제적 측면, 사회·문화적 측면, 기술적 측면에서 사회 전반적인 제도의 부분이다. 이런 관점에서 1688년 영국의 혁명, 1776년 미국의 혁명(Civil War), 1789년 프랑스 혁명, 그리고 산업혁명은 행정시스템의 재검토와 재구조화를 초래하였다. 이러한 정치적 혁명은 공공의 결정에 있어 권력자의 바람보다는 국민 의지의 범위(사회적 이익의 표현)에서 이루어져야 한다는 것을 안내한다. 특히 프랑스 혁명은 정부의 의무란 국민에게 복지를 제공하는 것이며, 시민, 권리, 자유, 평등, 사회적 정의, 정치적 정의와 같은 개념을 소개함으로써 정치적 본질을 변화시켰다. 또한 산업혁명은 자본가의 목적과 투자에 대한 자본회수의 최대화를 위해 관리적 개념과 실체를 변화시키고 그리고 합리화시켰다(Jreisat, 1997: 13-14).

특히 미국의 경우, 사회적 생활환경이 농업 및 시골에서 산업 및 도시로 전환된 시점이 1900년에서 1910년 사이에 일어났다. 이러한 미국 사회의 변혁으로 인하여, 19세기 초 미국적 생활조건에 잘 부합되었던 제퍼슨식(Jeffersonian)과 잭슨식(Jacksonian)의 민주주의는 경제가 보다 복잡해지고, 그리고 도시생활 자체에서 야기되는 복잡한 문제로 인하여 많은 문제점을 초래하게 되었다.[2]

새로운 도시국가인 미국을 위해, 민주주의 의미를 재해석하는 정부의 새로운 이론 혹은 철학이 필요하게 되었다. 정부의 새로운 철학은 해밀톤식의 수단(Hamiltonian means)으로써 제퍼슨식의 목적(Jeffersonian ends)을 성취하기 위해 노력하는 것이었다. 즉, 정부를 보다 강하고 그리고 효율적으로 만들면서, 동시에 보다 반응적이고 민주주의적인 정부를 추구함으로써 시민에 대해 공평과 자유(equality and freedom)의 가치를 달성하기 위해 노력하는 것이었다. 또한 정부는 제퍼슨식의 방식인 기능과 권력의 분산 대신에 기능과 권한을 보다 집중하고, 그리고 시민들의 면밀한 감독에 의해 전문적으로 수행하는 것이다(Waldo, 1967: 19-20). 나아가 대규모의 이질적인 사회에서 개인의 자유를 보호하고, 동시에 국가이익을 보다 효과적으로 증진하기 위한 매디슨 철학(Madison Philosophy)이 요구되기도 한다. 즉, 다수의 횡포(tyranny)에 대한 위험을 줄이고 동시에 소수의 이익을 보호하기 위한 정부의 역할이 요구된다.

이러한 미국사회의 변혁에서, 하나의 학문분야로서 행정학의 공식적인 시작은 1887년 Woodrow Wilson(1856-1924)의 "행정연구(The Study of Adminis-tration)"라는 논문에서 출발한다. Wilson은 행정적 능력, 효율성 및 정직의 모델로서 유럽을 주시했다. 즉, 행정과학과 민주주의 정신에 대해서 미국을 유럽으로부터 학습하도록 안내한다. Wilson은 행정을 정치적 영역으로부터 분리할 것을 주장하였으며, 정치와 행정의 분리는 행정가에게 보다 많은 권한을 행사할 수 있는 기회를 제공하는 것으로 믿었다.

---

2) 제퍼슨식-잭슨식(Jeffersonian-Jacksonian)의 민주주의 철학은 정부에 대해 의심(suspicion)하는 것이며, 집단적 행동(group action)보다는 개인적 행동(individual action)을 선호하고, 그리고 아마추어리즘(amateurism)과 빈번한 공직교체를 선호하는 것이다(Waldo, 1967: 19).

표 4-1   Hamilton, Jefferson, Madison의 행정적 사고

Alexander Hamilton 사고	Thomas Jefferson 사고	James Madison 사고
– 합법적, 능력있고, 위엄있고, 권위를 가진 강력한 정부 – 행정의 확대된, 의식적 활동 역할 – 통일된 행정과정과 집중화 – 책임에 부합된 행정권 부여 – 적정한 재임기간 – 훈련받은 전문적 관료 – 활발하고 효과적인 정부를 위한 경제적·제도적 행정장치	– 개인적 권리, 자유의 극대화와 보편적인 행복추구 강조 – 행정에의 광범위한 보편적 참여 – 분권화 – 단순하고 경제적인 행정활동의 강조 – 행정적 권위에 대해 엄격한 법률적 제한 – 행정활동의 범위 제한	– 사회에 있어 복잡하고 다양한 이익집단의 강조 – 경쟁적 파벌에 대한 정부의 중재적 역할 강조, 균형적인 메커니즘 – 다원적이고, 기능적으로 분화된 행정과정 – 분파의 남용을 통제하기 위한 견제와 균형의 제도화 – 연방, 주, 지방정부의 지속적인 상호작용의 행정과정

  이처럼 행정의 발달은 정부개혁에 뿌리를 두고 있다. 즉, 실적 체제, 보다 효율적인 지방정부의 형태, 국가 산업적 경험에 기초한 과학적 관리의 사고가 행정학 연구에 토대가 되었다.

  행정학 발달에 기여한 또 다른 학자로 Frank J. Goodnow(1900)는 Wilson의 논문을 보다 발전시켜 1900년에 「정치와 행정(Politics and Administration)」이라는 책을 저술하였다. 이 저서에서 Goodnow(1900)는 정치는 국가의지의 표현이며, 행정이란 정치의 집행에 관련된 것으로 정치와 행정의 차이점을 주장하였다. 행정은 정치와 법률로부터 구별되는 것으로 인식하였으며, 정치와 법률은 정부의 운영과 사상을 지배하는 것으로 생각하였다. 또한 Leonard D. White(1891–1958)는 1926년에 「행정학개론(Introduction to the Study of Public Administration)」이라는 최초의 행정학 교과서를 저술하였다. White는 행정연구의 기초를 형성하는 중요한 네 가지 가정을 기술하고 있다. ① 행정은 연방정부, 주·지방정부 수준에서 동일하게 연구될 수 있는 단일의 과정이다. ② 행정연구를 위한 토대는 법률이 아니라 관리(management)이다. ③ 행정은 예술(art)이지만, 과학에 대한 사고의 전환이 가능하며, 그리고 가치가 있다. ④ 행정은 지속적으로 현대 정부의 핵심적인 문제이다.

2. 행정연구의 접근방법

학문에 대한 접근방법(approach)은 세상을 보는 방식이다. 이런 방식은 시대에 따라, 상황에 따라 학문에 대한 강조점이 변화한다. 또한 접근방법의 분석은 상이한 분야에 대한 다양한 실제에 관한 통찰력(insights)을 제공한다.

이 점에서 행정학 연구의 접근방법에 대한 논의는 곧 행정학 연구가 시대에 따라 어떻게 변화하고 있는가 또는 행정학의 주요한 변수들에 대한 이해는 어떻게 해석되고 있는가에 대한 물음일 것이다. 즉, 행정학 연구의 접근방법은 행정이 무엇을 행하는 것인가(What administration does?)를 이해하고, 그리고 행정학의 본질과 역할을 개념화하기 위한 수단이다. 이러한 행정학 접근방법을 통하여, 행정조직이 어떻게 활동하는가? 그리고 행정조직이 왜 활동하는가에 관한 현재의 지식상태에 대해 이해할 수 있을 것이다.

II 행정학의 태동기

행정학의 태동은 엽관제(spoils system)에서 실적주의(merit system)로 전환하는 과정이다. 특히 부패한 정치현상에서 행정학의 독립선언을 주장한 Woodrow Wilson은 "행정연구(The Study of Administration)"라는 논문이 발표에 이르는 과정이 곧 행정학의 태동기라 할 것이다.

이 책에서는 엽관제를 주장한 Jackson 대통령과 엽관제의 피해를 방지하기 위한 실적주의를 제도화한 Pendleton 법, Wilson의 연구를 간략하게 살펴보고자 한다.

1. Jackson 대통령의 엽관제

미국 7대 대통령이었던 Andrew Jackson(1767-1845)은 취임의 첫 번째 행동이 장기간 정부를 위해 일해 온 수백명 공무원을 해고하는 것이었다. 이들은 대부분 북동부주의 상위층 출신으로 교육을 받은 공무원이었다. Jackson 정부에서 919명의 공무원이 공직에서 해고되었으며, 이 규모는 전체 정부공무원의 10%에 해당된다.

그 대신 해고된 이들 공무원의 자리에 Jackson 대통령의 지지자이며, 이들은 하위층과 교육을 받지 못한 서부지역(westerners) 출신자로 채웠다. Jackson 대통령은 이를 공직의 순환(rotation of office) 정책으로 명명했다. 공무원이 장기적으로 근무할 때 국민에 대해 관심이 낮아진다고 주장하고, 새로운 피(new blood)를 가진 사람으로 교체하는 것이 민주주의를 도모하는 것이라고 생각했다.

Jackson 대통령의 후임 대통령도 모두 정치적 지지자에게 연방 일자리를 나눠주는 엽관제의 관행을 따랐다. 즉 능력이나 실적보다 정당충성심(partisan loyalty)을 중요한 직무자격으로 자리잡은 엽관제는 1881년 James Garfield 대통령에 대한 암살로 개혁의 결과로 이어진다.

2. 팬들턴법

Jackson 대통령 이후, 공직이 선거의 전리품으로 정착한 엽관제는 부작용이 나타나기 시작했다. 대표적인 사례는 1881년 9월 19일 Charles Guiteau에 의한 James A. Garfield 대통령의 암살사건이었다. 이를 계기로 미국은 공무원개혁에 대해 관심을 가지게 되었다. 미국 의회는 1883년 1월 16일 오하이오주 George H. Pendleton 상원의원이 제안한 공무원법(Civil Service Act)을 통과하였으며, 이 법은 일명 팬들턴법(Pendleton Act)라 한다. 공무원법은 미국 공무원위원회 초대 의장이었고 엽관제의 철저한 반대자였던 Dorman Bridgman Easton에 의해 처음 작성되었다.

Pendleton 공무원개혁법은 연방정부의 직위는 정치적 배경(political affili-ation)에 의한 임용이 아닌 실력에 기반하여 임용한다는 것이다. Pendleton 법은 공직의 임용은 정치인과의 관계 혹은 정치적 배경보다 경쟁시험에 의해 공무원을 선발한다는 것이다. 이 법은 초기에 미국 정부공무원의 단지 10%에 해당하였다. 이 Pendleton 법은 실적시스템과 사법제도를 강화하기 위해 미국공무원위원회를 설치하였다. 이 위원회는 이 법의 규칙과 규정을 결정하는 임무를 가졌다.

3. Wilson의 행정연구

Woodrow Wilson(1856 – 1924)은 1887년 "행정연구(The Study of Administ – ration)"라는 논문을 통해 정치로부터의 행정학의 독립선언을 제기한다. 이로 인 하여 Wilson을 정치 – 행정 이원론의 창시자(Originator)로 칭한다.

이 논문은 19세기 진보운동(Progressive movement)시대를 대변하는 것이다. 진보운동은 도시화, 이민, 전통적 가치의 상실, 부패 등에 대한 반응이다. 정치 – 행정 이원론은 광범위하게 뿌리내린 엽관제와 정치적 부패에 기인한 행정적 실 정(maladministration)의 상황에서 일어났다.

Wilson은 자신의 논문에서 정부는 정치의 영역과 행정의 영역으로 구분하고 있다. 정치는 정책의 공식화(policy formulation) 문제를 다룬다. 행정은 정책을 집행하는 것을 다룬다. 행정은 행정법의 구체적이고 체계적인 집행으로 규정하고 있다. 이 점에서 Wilson은 행정은 경영의 분야(field of business)로 특징을 기술 하고 있다. 즉, 행정은 정치의 재촉과 투쟁으로부터 제거된 경영의 분야라는 것 이다. 이처럼 행정은 보편적인 정치의 영역에서 벗어나 있다. Wilson에 의하면, 정치는 정치가(statesman)의 특별한 영역이며, 행정은 기술적 관료의 영역이다. 이 점에서 행정가는 자신을 정치과정에 관련할 필요가 없다는 것이다.

Wilson은 민주주의를 위해 기술적으로 능력있고, 그리고 정치적으로 중립적 인 행정시스템을 설정하도록 촉구한다. 이처럼 Wilson은 행정을 당시 미국사회 에 보편적으로 유행했던 엽관제의 영향으로부터 분리하고자 했다.

이러한 월슨의 패러다임(Wilsonian Paradigm)을 Ostrom(1973)은 다음과 같 이 정리할 수 있다. ① 모든 정부시스템에 있어 단일의 지배적인 권력의 중심이 존재한다. 한 사회의 정부는 단일의 권력중심에 의해 지배되어야 한다. ② 권한 이 분산될수록 보다 무책임한 시스템이 되므로 분산된 권한의 정부시스템보다는 단일의 집중화된 정부시스템이어야 한다. ③ 헌법구조는 중심적인 권력의 핵심을 규정하고 법의 집행과 행정통제와 관련된 정치구조를 설정한다. ④ 정치의 영역 이 행정의 업무를 설정하지만, 행정의 영역은 정치의 영역으로부터 분리되어 있 다. ⑤ 효율적인 현대정부는 행정구조와 기능에 있어서 유사성을 가진다. 즉, 공 통적인 행정원리가 적용된다. ⑥ 전문적으로 훈련받은 공무원에 의한 계층제가 좋은 행정을 위한 필수조건을 제공한다. ⑦ 계층제적 조직이 효율성을 최대화하게 한다. ⑧ 이와 같은 방향으로 행정의 향상이 인간의 복지와 문명발달 및 현대화를 위한 필요한 조건이다.

III 행정학연구의 패러다임

행정학의 발달과정과 관련하여 Nicholas Henry는 행정학의 현재 상태(present status)에 대해 이해하는 것이 중요하며, 행정학은 정치학과 경영(management)과 중요한 차이가 있는 독특한 영역으로 이해한다. 이런 맥락에서 행정학의 발달을 다섯 가지 중첩적인 패러다임(paradigm)으로 기술하고 있다. 이들 패러다임이 행정학 분야의 제도적인 소재(locus)가 어디인가와 분야의 전문적인 영역이 무엇인가라는 초점(focus)의 맥락에서 행정학 발달과정을 제시하고 있다. 이를 간략하게 정리하면 다음과 같다(Henry, 1992: 21-45).

1) 패러다임 1: 정치/행정 이원론(1900-1926)

이 시기는 Frank Goodnow의 「정치와 행정(politics and Administration)」에서 Leonard White의 「행정학개론(Introduction to the Study of Public Administration)」이 출간한 때이다. 이 기간은 행정학이 어디에 위치하는가 하는 소재(locus)에 초점을 두며, 정치와 행정의 이원론을 상징화한다.

2) 패러다임 2: 행정원리(1927-1937)

1927년 Willoughby의 「행정원리(Principles of Public Administration)」가 출간된 시기에서부터 1937년 Luther Gulick과 Lyndall Urwick의 "행정과학의 논문(Papers on the Science of Administration)"이 출간한 때이다. 이 기간은 초점(focus)이 강조되며, 행정학에 적용되는 보편적인 원리를 탐구하였다. 행정원리는 문화, 기능, 환경, 임무, 제도적인 틀과 관계없이 적용된다는 것이다.

① 도전(1938-1947)   1938년 Chester Barnard의 「행정관의 기능(The Functions of the Executive)」이 출간된 시간에서 1947년 Herbert Simon의 「행정행태(Administrative Behavior)」가 출간한 때이다. 하나의 반론은 행정과 정치는

더 이상 결코 분리될 수 없다는 것이다. 다른 하나는 행정원리는 관리적 합리성의 종국적 표현이 아니라는 것이다.

② 이분법에 대한 반기(demurring to the dichotomy)   1946년 Fritz Marx가 「행정학의 요소(Elements of Pubic Administration)」의 저서에서 정치와 행정이 이분화될 수 있다는 것에 의문을 제기한다. Marx는 가치배제 행정이라는 것이 사실상 가치지배적 정치(value-laden politics)라고 주장한다.

③ 원리의 펑크(puncturing the principles)   행정원리와 같은 어떤 것이 존재하지 않는다는 것이다. Simon은 「행정의 속담(The Proverbs of Administra-tion)」과 Robert Dahl의 「행정학의 과학: 3가지 문제점(The Science of Public Administration: Three Problems)」에서 행정의 보편적인 원리는 개인적 성격의 차이, 문화에서 문화로 다양한 사회적 틀의 차이, 조직에서의 탁월한 가치의 방해로 인해 저해된다는 것이다. Simon은 모든 행정원리는 상충되는 원리(counterprinciple)가 있다는 것이다. 예를 들면, 통솔의 범위와 조직효과성은 극대화하는 평평한 계층제구조(flat hierarchical structure)와 충돌한다는 것이다.

④ 도전에 대한 반작용(1947-1950)   2차 세계대전 이후, 정치학자들은 정치학의 가장 명망있는 분과분야로 분리되는 것에 여유가 없었다. 1950년에 John Gaus는 행정학이론은 이 시대에 있어 정치학의 이론을 의미한다고 기술한다.

3) 패러다임 3: 정치학으로서 행정학(1950-1970)

행정학자들이 민첩하게 모학문인 정치학으로 복귀하였다. 이 결과 소재에 대한 새로운 정의로 정부관료제가 대두되는 반면에 초점이 상실되었다. 패러다임 3에서는 행정학과 정치학 사이의 개념적 연계(conceptual linkages)를 재구축하고자 하는 시도였다.

이 기간 중에 일어난 두 가지 발전은 정치학자와 행정학자 간의 긴장을 점차 고조시켰다. 이들 두 가지의 발전은 인식론적 연구방법으로서의 사례연구와 행정학의 하부분야로서의 비교·발전행정의 융성과 몰락이다.

① 사례연구(case studies)   사례란 전형적으로 행정실무가들이 집행하는 일과 관리적 문제를 해결하는 방식을 서술한 보고서들이다. 1930년대에 행정학에 입문한 학자들은 사례연구방법을 경험적이며 행태적인 연구의 대안으로 환영했다. 이 방법이 행정학과 정치학 사이의 연계를 재설정할 수 있는 방안을 제시

할 것으로 환영했다.

② 비교·발전행정 비교접근법으로서 문화횡단적 행정이론은 행정학에 있어 새로운 진전이다. Dahl과 Waldo가 지적한 것처럼, 문화적 요인은 지역에 따라 행정을 완전히 다르게 만들 수 있다.

4) 패러다임 4: 관리로서의 행정(1956-1970)

패러다임으로서의 관리는 초점을 제공하지만 소재를 제공하지 못한다. 관리(management)는 전문가의 전문성을 요하는 정교한 기술을 제공하지만, 전문기술이 적용되는 제도적 배경이 어떠한 것이어야 하는지에 대해서 규정하지 않는다. 특히 1960년대 초기에 조직발전(organization development)은 관리의 전문성으로서 급속하게 성장하였다. 초점으로서 조직발전은 많은 행정학자들에게 정치학을 대체할 수 있는 매력적인 대안으로 주장되었다.

5) 패러다임 5: 행정학으로서의 행정학(1970-?)

1970년에 전국행정대학연합(National Association of Schools of Public Affairs and Administration: NASPAA)의 설립으로 행정학은 독자적 영역(self-aware field)을 주장할 수 있게 되었다.

이와 같이 Henry가 제시한 행정학 발달과정과 같이 시대에 따라 행정학 연구가 어떻게 발달하여 왔는가 하는 점에 초점을 두어 행정학 발달과정을 살펴보고자 한다. 하지만 관리사고의 전개에 있어 부분적으로는 중첩적인(overlap) 영역이 존재한다. 또한 모든 조직이 불확실성(uncertainty)[3]을 다루기 때문에 모델통합(model synthesis)적인 시각에서 행정학을 이해하는 것이 중요하다.

---

3) 조직은 불확실성을 싫어한다(averse). 이러한 불확실성의 원천은 조직의 내부적 원천과 외부적인 원천으로 구분된다(Henry, 1992: 75).

IV 고전적 행정연구

고전적 행정연구는 Henry가 기술한 패러다임 1과 패러다임 2의 관점에서 행정학을 탐구한 학자들의 연구결과이기도 하다. 이 시기의 대표적 연구들은 Weber의 관료제, Tayor의 과학적 관리, Gulick과 Urwick 등의 행정원리학파, Hawthorne의 실험, Barnard와 Simon의 행태이론 등이다.

고전적 행정연구의 특징은 다음과 같이 요약할 수 있다.

① 고전적 행정연구는 대규모 공공프로그램의 운영에 대한 법률적 메커니즘의 설계에 초점을 둔다. 법률에 따라 행정업무가 수행된다면 효과적으로 집행될 수 있다. 이런 시각에서 고전적 행정연구는 행정활동에 공통적으로 적용할 수 있는 원리연구에 초점을 두고 있다. 이러한 행정시스템이 자유재량(arbitrariness)을 최소화하고 예측가능성을 증가시킨다는 것이다.

② 고전적 행정연구는 행정환경에 대한 고려 없이 행정자체활동에 공통적으로 적용할 수 있는 원리연구에 초점을 두고 있다.

③ 고전적 행정연구는 탑-다운 구조(top-down structures)로 이어지는 명령과 지시에 의한 의사결정과 조직의 활동의 수행을 강조한다. 행정활동과 관련한 명령통일 원칙의 적용을 강조한다.

④ 고전적 행정연구는 사실과 가치 혹은 도구적 목적과 최종목적을 구별한다. 이런 시각에서 고전적 행정연구는 수단-목적 효율성(means-ends efficiency)을 추구한다.

⑤ 고전적 행정연구의 틀은 서술적(descriptive)이기보다는 처방적(prescriptive)이며, 이론적(theoretical) 탐색보다는 규범적(normative) 탐색이다.

1. Weber의 관료제

1) Weber 관료제의 의의와 특징

독일의 사회과학자 Max Weber(1864–1920)는 행정사상의 개척자이다.[4] Weber는 관료제(bureaucracy)를 보다 합리적인 인간 행태를 채택하는 도구로 이해한다. 또한 Weber는 역사란 전통적인 지배(traditional domination)로부터 합리적 원리와 법률이 지배하는 새로운 질서로 전환되는 것으로 이해한다. 이런 맥락에서 역사의 진전은 전통적이고 카리스마적 권위에서 관료제로 대체되는 것으로 이해한다. 즉, 관료제화 과정은 서구세계의 합리화 과정과 연계되어 있다.

Weber가 조직분석에서 가진 핵심적인 질문은 사람들이 강요됨이 없이 권위에 복종하게 하는 것은 무엇인가(What leads people to obey authority without coercion?)이다. Weber는 조직에서 행해지는 권위를 세 가지로 구분하고 있다.

① 전통적(traditional) 권위   전통적 권위에서 사회는 신성한 또는 종교적인 가치에 따라 지배된다. 합법성이란 제정된 법률이 아니라 전통적으로 지배하는 사람에 대한 복종명령의 존엄에 기초한다.

② 카리스마적(charismatic) 권위   카리스마적 권위는 개인의 권력에 기초하며, 때로는 개개 지배자의 구세주의적 권력 또는 최면술적인 권력에 토대를 둔다. 이리하여 추종자는 지배자의 초인간적 특성(superhuman qualities)에 기초하여 지배자의 명령을 정당한 것으로 받아들이는 것이다. 예를 들면, 일본의 천황(Emperor)은 신성화된 지위에 의해 통치하는 반면에, Adolf Hitler는 카리스마적 지도자이다.

③ 합리적-법률(rational-legal) 권위   법률적 권위체계하에서 법률은 최고(supreme)의 가치이다. 개인들은 공식적인 지위의 결과로서 권위를 부여받는다.

---

4) Weber는 「경제와 사회(*Wirtschaft und Gesellschaft*)」라는 저서에서 사례분석을 통하여 자본주의적 활동을 여섯 가지 유형으로 발전시켰다. 그의 논제는 개혁에서 초래되는 가치의 변화가 현대 자본주의의 성장을 용이하게 하는 윤리적이고 경제적 분위기를 제공한다는 것이다. Weber에 의하면, 열심히 노력하고 검소한 프로테스탄의 가치와 물질적 부의 취득은 자본주의적 경제를 정착하게 한다. 기독교(구원)의 소망은 자본주의적 경제에서 요구되는 생산을 위한 동기를 제공한다고 주장한다. 이와 더불어 자본주의를 용이하게 하는 가장 중요한 제도는 현대 관료제라는 것이다. 관료제가 자본주의와 인과관계가 없지만, 강한 자본주의 사회의 전제조건이라는 것이다.

공식적인 지위(official status)를 상실하면, 권위 또한 상실된다. 사회적 최고의 충성(primary allegiance)은 일련의 법률원칙이다.

Weber에 의하면, 합리적이고 법률적인 기초로 구조화된 조직관계인 관료제란 노동의 체계적인 분업, 전문화, 표준화에 기초하며, 정치적이고 비합리적인 인간관계로부터의 자유로움을 가진 시스템이다. 또한 Weber는 합리적-법률적 관료제가 대규모 활동을 수행함에 있어서 최상의 효율성을 산출하는 가장 좋은 수단이라는 것이다.

Weber가 제시한 이상적인 조직형태인 합리적 관료제의 구조는 다음과 같은 특징을 포함한다.

① 명확한 계층제(clear hierarchy)   관료제는 명확한 지휘계통을 가진다. 모든 구성원은 계통에서 자신의 지위를 가지며, 각 구성원의 직무는 바로 상위의 상관에 의해 감독을 받는다. 권한은 계층제의 상부에서 하부로 흐른다.

② 전문화(specialization)   계층제의 모든 사람은 수행해야 할 구체적인 직무를 가지고 있으며, 그 업무에 전문가가 되어야 한다.

③ 노동 분업(division of labor)   관료제에 있어 각 업무는 보다 작은 업무로 구획되며, 각 업무에 다른 사람들이 업무를 수행한다. 즉, 계층제는 조직에 있어 기능과 활동의 분배를 결정하는 합리적인 노동 분업(division of labor)이 이루어진다.

④ 공식적 규칙(formal rules)   이것을 표준적 운영절차(standard operating procedure: SOP)라 한다. 표준적 운영절차는 각 구성원에게 업무와 상황을 어떻게 처리해야 하는지를 안내한다. 관료제는 법률과 행정적 규제에 의해 명확하게 규정된 공식적인 의무(official duties)와 관할 영역(jurisdictional areas)이 존재한다.

⑤ 객관적 선발과 평생고용의 관리시스템   관료제는 전문적인 자격과 능력에 기초한 직위, 시험과 교육을 통한 모집과 선발, 그리고 업무활동을 위한 전임직원(full-time vocation)으로 구성된다.

이러한 Weber의 관료제는 행정과정(administrative process)을 정책결정과정과 정당적 정치활동과의 구별을 강조하며, 행정의 중립화(administration neutral)를 추구하였다. 이런 Weber의 관료제 원리는 복잡한 문제와 이슈 및 심지어 다루기 어려운 문제(wicked problems)를 다루기 위한 최상의 조직형태라고 간주한다(Cayer & Weschler, 2003: 58).

2) 관료제의 유형

Weber는 합리적 의사결정을 하는 이상적인 조직의 형태를 관료제로 이해하고 있으며, 관료제의 유형을 기계적 관료제와 전문적 관료제로 구분하고 있다.

① 기계적 관료제(machine bureaucracy)　　기계적 관료제의 기능과 업무는 공식적인 규율과 규제에 기반을 둔다. 업무과정의 표준화와 최고관리자에 의한 조정과 통제가 이루어진다. 업무는 기능적 부서에 따라 그룹화되어 있으며, 명령통일의 원칙과 집권화된 권위구조를 갖고 있다. 규율과 규제는 조직구조를 통하여 발휘된다. 기계적 관료제는 우체국과 같이 대체로 비교적으로 안정적인 환경과 표준화된 기술을 가진 대규모 조직에서 활용된다. 하지만, 기계적 관료제는 조직환경의 변화에 대해 효과적으로 적응하지 못한다. 또한 전문화로 인하여 좁은 업무시각과 부서 단위 간의 갈등이 일어나며, 과도한 규제로 인하여 업무수행이 경직되어 있다.

② 전문적 관료제(professional bureaucracy)　　전문적 관료제는 효율적인 집단으로 운영되기 위해서 상당히 훈련받은 전문가를 채용한다. 전문적 관료제는 표준화와 전문화를 결합한다. 이러한 유형의 조직은 대학교, 사회사업기관, 박물관, 도서관, 병원, 학교 등이 포함된다. 전문적 관료제의 권한은 조직운영에 요구되는 핵심적인 기술에 관련되어 있으며, 분권화된 운영으로 높은 자율성을 가지고 있다. 또한 전문적 관료제는 전문적 기술을 적용함에 있어 최고의 자유재량권을 행사한다. 이러한 유형의 관료제는 기계적 관료제와 병행하여 상당히 전문화된 업무를 효율적으로 수행할 수 있다. 반면에 전문화된 관료제는 부서 단위 간의 갈등이 위험적이며, 부서 단위가 업무를 수행함에 있어 좁은 시야를 가지고 있다.

3) Weber 관료제의 장점과 비판

(1) Weber 관료제의 장점

Weber의 관료제는 다음과 같은 몇 가지 장점을 가진다(Cooper, et al., 1998: 201−202).

① 표준적인 운영절차(SOP)　　관료제는 효율성과 결과에 대한 예측가능성(predictability)을 가져오게 하는 공식화된 규칙으로 운영된다. 관료들은 업무와 상황을 처리함에 있어 순차적으로 절차와 지시를 따를 수 있다. 이처럼 관료제는 일관성, 계속성, 예측성, 안정성, 신중성, 반복적 업무에 대한 효율적 성과, 공평

성, 합리성, 전문성을 위해 고안된 최상의 조직형태이다.

② 정실주의(favoritism)의 타파　　관료제는 결과를 성취함에 있어 준수해야 하는 절차와 규정이 있기 때문에 다른 사람의 부탁에 대해 개인적 의지를 최소화할 수 있다. 즉, 관료제는 정치적 엽관제(political patronage)보다는 작업 기술과 지식에 기반을 두어 직원들의 채용과 승진을 지원한다. 이 점에서 관료제는 모든 관료들을 동등하게 대우하기 때문에 사기 제고에 도움이 된다.

③ 실적주의에 입각한 채용과 승진　　공직에 임용되기 위해 자격시험을 통과할 수 있는 능력을 갖추고 있어야 한다. 즉, 담당 직무를 처리할 수 있는 능력과 전문성을 갖추어야 임용될 수 있다. 나아가 담당직무에 부합한 기량을 겸비할 수 있는 훈련을 할 수 있다.

④ 계층제적 장점　　관료제는 명령통일, 부서에서의 구체적인 역할과 임무로 인해 일선 관료들의 성과를 모니터링할 수 있는 장점이 있다. 관료제는 개인들의 책임성, 권위 및 책무성에 대해 잘 정의된 방향을 제공하는 기반이 된다.

⑤ 규모의 경제(Economies of Scale)　　관료제 구조는 직무의 전문화를 요구한다. 이처럼 기능에 의해 직무를 명확하게 구분하는 것은 경제성을 발생하게 한다. 전문화된 부서는 효율적으로 자원을 공유할 수 있다.

(2) Weber 관료제의 비판

Weber의 관료제에 대해 학자들은 관료제가 의도하지 않았던 역기능과 병리현상(pathologies)이 초래되고 있다고 지적한다(Bennis, 1965: 32).

① 이상적 모형, 비현실적인 모형　　Weber는 효율적인 활동은 공식적인 조직구조의 배경하에서만 발생하는 것으로 이해하고, 합리적이고 법률적 모형에서 이탈된 비공식적 활동은 색다른 것으로 규정한다. 조직은 사람에 의한 것이 아니라 계산적인 규칙에 의해 운영되며, 그리고 감정 혹은 정열이 없는 기계(machine)로 간주하고 있다. 이 점에 대해 Crozier(1964)는 Weber는 이상적인 관료제적 조직을 묘사했으며, 역사적 발전을 위한 제안적 분석이고, 가치배제된 사회학적 분석이라고 규정한다. 이리하여 Weber의 이상적 모형은 구체적인 실체에서 발견할 수 없다(Mouzelis, 1967: 82).

② 성숙한 인간에 대한 불신　　Weber는 합리적-법률적 관료제란 자유재량의 행사를 제거하거나 최소화하도록 설계되어 있다고 규정하고 있다. 즉, 자유재량을 허용하는 것은 역기능적 활동을 초래하고, 그리고 조직이 효율성을 감소할

수 있다는 것이다. 이처럼 Weber의 관료제는 인간에 대해 비관적이고 불신적인 견해에 기초하고 있다. 관료제는 인간의 성장과 성숙한 인간의 발달을 허용하지 않는다. 또한 관료제는 순응(conformity)과 집단사고(groupthink)를 조장한다.

③ 개방적 환경에 부적응   관료제는 새로운 기술 혹은 과학자들을 조직에 유입(influx)하는 것을 소화할 수 없다. 또한 관료제가 지역사회의 요구와 정책 목적에 대한 반응보다는 법률과 규제에 과도하게 순응하는 것은 급변하는 조직 환경에 부적합하다는 것이다. 즉, 팀 관리, 총체적 품질관리, 조직혁신, 리엔지니어링 등과 같은 현대적 조직개혁이 요구되는 환경에서는 관료제가 불가피한 개혁의 대상이 된다.

④ 비공식적 조직 무시   Weber의 주장에 대해 Bernard(1938)는 비공식적 관계가 조직구성원 개인과 조직 모두의 생존에 도움을 준다는 것이다. Blau(1955)도 비공식적 관계가 개인과 기관의 생산성 모두에 대해 긍정적인 결과를 초래한다고 주장한다. Weber는 계층제 자체가 효율성과 생산성에 장애요인이 된다는 것을 인식하지 못하였고, 더욱이 부하들이 상관에게 정보전달 시 조작할 수 있다는 사실을 인식하지 못하였다(McKinnery & Howard, 1998: 144). 이와 같이 관료제는 비공식적 조직의 존재와 순기능을 설명하지 못한다.

또한 Weber의 이념형에 대한 비판으로 파생된 신관료제 모형이 제기되고 있다. 신관료제 모형(neobureaucratic model)은 실제로 조직의 목적인 효율성, 효과성, 그리고 경제성을 성취하기 위해 추구하는 고전적 관료제 모형의 연장이라고 할 수 있다. 하지만 방법에 있어 고전적 관료제 모형과 구별된다. 고전적 관료제 모형은 조직의 목적을 추구하기 위해 행정의 구조, 통제 및 원리를 강조하였지만, 신관료제 모형은 조직의 목적을 달성함에 있어 정책분석, 체제분석, 운영연구(operations research), 관리과학을 강조한다. 즉, 작업집단, 관청, 행정기관보다는 의사결정과정이 행정의 효율성과 효과성에 있어 핵심적인 요인으로 인식한다. 신관료제 모형의 옹호자(Herbert Simon, Richard Cyert, James March, William Gore)는 과학적 방법의 활용을 통하여 행정을 향상하기 위한 고전적 탐색을 추구한다. 이들 학자는 고전적 관료제 패러다임에 놓여있는 가치를 추구하기 위해 보다 과학적인 방법으로 접근하고 있다(Barton & Chappell, Jr., 1985: 249).

4) 관료제와 민주주의

관료제와 민주주의(democracy)는 피할 수 없는 갈등이 존재한다(Cayer & Weschler, 2003: 20 – 21).

① 관료제가 통일성(unity)을 요구하지만, 민주주의는 다원성(plurality)과 다양성(diversity)을 가정한다.

② 관료제가 권위의 계층제(a hierarchy of authority)를 요구하는 반면에, 민주주의는 권력의 분산(dispersion of power)과 공평한 접근(equal access)을 본질로 하고 있다. 즉, 관료제는 권위의 계층제에 존재하는 사람들만이 정책과정에 제한적으로 참여하지만, 민주주의는 정책과정에 모든 사람들이 참여할 수 있는 기회가 있다. 이 점에 있어 Nachimias와 Rosenbloom(1980)은 우리 사회에 있어서 관료제의 지배력과 권한이 증가됨으로써 미국에 있어서 합법성의 위기가 일어났고 지적하고, 국민들은 정책과정에서의 참여에 대해 실망하게 되었다고 주장한다. 또한 Lewis(1988)도 정부와 사회에서 대규모적이고 복잡한 관료제는 사회의 모든 구성원들에 대해 관심을 가질 시간과 자원이 없다고 지적한다. 즉, 대규모의 관료제는 다수(majority)와 다른 관심을 가진 개개인들을 고려할 여지가 없다는 것이다.

③ 관료제는 명령과 통솔을 필수적인 구성요소로 하는 반면에, 민주주의는 자유(liberty & freedom)를 요구한다.

④ 관료제시스템에서의 공무원은 임명되고 그리고 장기적으로 근무하는 반면에, 민주주의는 비교적 단기적 기간으로, 선거로 공직을 가지며 그리고 잠재적으로 종종 교체된다.

⑤ 관료제는 비밀(secrecy)과 정보에 대한 통제가 번성하는 반면에, 민주주의는 공개성(openness) 없이 존재할 수 없다.

이러한 맥락에서 선출된 정치인과 시민들이 관료제의 임무를 통제하기가 어렵다. 더욱이 관료제는 고객 혹은 관료제가 규제해야 하는 사람들과 제휴(alliances)하게 되고, 이로 인하여 일반 국민들의 이익보다는 이들 집단의 이익을 추구하는 데 기여하게 된다. 이리하여 대규모 정부 혹은 관료제는 경제적으로 강력한 이익집단을 보호하는 토대가 된다. 즉, 대규모 기업체, 대규모 노동집단 등과 같은 조직화된 집단들은 개개 시민들의 이익에 손실을 가져오게 한다.

표 4-2 관료제와 민주주의

구분	관료제	민주주의
정의	공무원들에 의해(by officials and administrators) 구성된 정부의 한 형태이다. 관료제는 선출되지 않는 정부 관료와 행정 정책결정 단체를 의미한다. 관료제는 주로 중앙집권적 관리의 형태이다.	국민들에 의해(by people) 만들어진 정부이다. 민주주의는 국민이 통치입법을 선택할 수 있는 권한을 갖는 정부의 한 형태이다. 민주주의의 단어는 그리스어 Demos(사람, people)과 Kratos(통치, rule)에서 유래되었다.
정부	공무원은 비 선거직(non-elective)이다.	국민들의 대표가 정부를 운영한다.
대표성	관료들은 국민의 대표로 간주되지 않는다.	민주주의에서 리더는 국민의 대표이다.
가치	관료제서 계층구조는 매우 중요하며, 원활한 부서운영을 위해 하향식 접근법(top down approach)을 따른다.	민주주의는 평등, 공화정(republicanism), 연방주의(federalism) 등의 가치에 기반을 두고 있다.
업무	공무원들은 법을 위한 서류(paperwork)를 만드는 일을 수행한다. 관료주의의 임무는 법을 시행하는 것이다.	정부는 법을 만드는 일을 수행한다. 민주주의는 선출된 대표들에게 정책을 만들거나 공식화할 권리를 준다.
재직기간	관료들은 대체로 퇴직연령까지 재직기간이 고정되어 있다.	민주주의에서 선출된 대표들은 지정된 고정 임기를 가지며, 지속하기 위해서는 선거를 통해 다시 경쟁해야 한다.
사무실	관료와 행정이 정부의 실체를 구성한다.	국민이 정부를 구성한다.

2. Taylor의 과학적 관리론

과학적 관리(scientific management)의 아버지로 명명되는 Frederick Winslow Taylor(1856-1915)는 체계화와 표준화 방법을 위해 시행착오적 접근법(trial and error approach)을 활용하였다. Taylor는 조직의 생산성을 향상하기 위한 기법과 방법을 위해 탐구하였던 개척자이다. 기본적인 사회문제에 대한 Taylor의 진단은 비효율성(inefficiency)이었다. Taylor(1911)는 노동자란 업무수행에 있어서 최상의 방법(the best way)을 모르기 때문에 비생산적이라는 견해이다. 또한 사람은 합리적이고 경제적인 존재이며, 경제적 인센티브를 통한 동기부여가 최상의 방법이라고 설명한다. 이 점에서 바람직한 협력과 통제 그리고 생산성을 증가하기 위해서는 일한 분량대로 지급받는 방식에 의한 경제적 인센티브를 제공해야 한다는 것이다. 나아가 미리 설정한 과학적 기준을 초월한 노동자에게 보수가 증가한다면, 보다 높은 보수에 대한 욕구가 더 많이 생산하는데 유인하는 강력한 동기부여라고 믿었다. 즉, 돈이 동기를 부여한다(money motivates)는 것이다.

Taylor는 어떤 활동을 수행하는데 최상의 방법이 있으며, 시간과 동작 연구(time and motion study)와 직무분석을 통하여 최상의 방법을 발견할 수 있다고 생각했다. 이를 위해 Taylor는 다섯 가지 방법을 제시하고 있다. ① 가능한 최단 시간내에 어떤 활동을 수행하기 위한 최상의 방법을 발견하기 위해 노동자 집단의 이동을 면밀하게 연구해야 한다. ② 어떤 직무나 활동에 있어서 구체적인 요구사항에 기초한 도구를 표준화한다. ③ 직무에 부합되는 노동자를 선발하고 훈련시킨다. ④ 기획, 조직 및 통제와 같은 활동은 개개 노동자보다는 관리자의 주된 책임이며, 구성원들의 작업을 분할한다. ⑤ 각 노동자의 산출에 따라 보수를 지급한다.

이러한 Taylor의 과학적 접근법은 세 가지 특징으로 요약된다. ① 생산방법을 향상하는데 분석적이고 과학적인 접근법을 적용한다. ② 관리는 가르치고 그리고 학습하는 지식체로 체계적으로 조직화될 수 있다. ③ 기능적 감독(functional supervision)의 개념을 소개한다.

Taylor 접근법의 목적은 작업수행에 가장 효율적인 방법을 모색하는 것이며, 경제적 합리주의이다. 노동자, 관리자, 소유자 사이의 공통적인 기반은 각자의 경제적 이익을 최대화하기 위해 노력한다는 점과 각 집단이 과학적 원리라는 새로운 접근법을 도입한다면 이러한 목적을 달성할 수 있다는 것이다. Taylor의 과학적 관리론은 행정의 기법과 철학에 기여하였다. 특히 1912년 William H. Taft 대통령(제27대)은 행정개혁을 위해 경제와 효율성을 위한 Taft위원회(Taft Commission on Economy and Efficiency)를 조직하였다. Taft위원회는 결과, 생산성, 효율성을 강조하며, 행정가는 비용과 효율성의 단위로 결과에 대한 질과 양을 측정해야 한다고 주장하였다.

Taylor의 과학적 관리론에 대한 비판으로, 첫째는 Taylor의 과학적 관리론에서 적용하는 과도한 전문화, 금전적 인센티브에 의존, 밀접한 감독체계, 상의하달식의 일방적인 권력관계 등은 팀워크의 발전과 프로젝트의 관리를 방해하며, 나아가 조직발전을 저해한다. 둘째, 과학적 관리는 노동자의 업무수행에 대해 지나치게 몰인간성(inhumanity)을 강조한다(Rainey, 1997: 30). 즉, 과학적 관리는 노동에 대한 사회적 측면과 윤리적 측면을 무시한다. 테일러이즘은 노동자의 인간적인 측면보다는 기계적 측면을 강조한다. 이 점에서 미국의 노동단체는 테일러이즘이란 노동자의 탐구를 강화하는 새로운 수단이라고 비판한다(Gvishiani, 1972). 셋째, 과학적 관리는 조직의 공식적인 분석에 초점을 둠으로써 조직의 비공식적인 측면을 고려하지 못하는 제한적 분석이라는 비판이다.

3. 행정원리학파

행정원리학파(principles school)는 모든 조직에 적용할 수 있는 보편타당한 관리의 원리를 정립하기 위해 추구하였다. 즉, 행정은 큰 기업과 본질적으로 같으며, 그리고 동일한 관리원칙과 가치에 따라 운영되어야 한다는 행정에 대한 경영학적 접근법(businesslike approach)이다. 행정원리학파는 정치행정 이원론(dichotomy)의 원리를 적용하는 것이며, 행정활동의 최고의 목표는 효율성이라고 전제한다. 이 점에서 정치와 행정은 이질적인 기능(heterogeneous functions)이라는 것이다.

이들 행정원리의 특징은 다음과 같이 요약된다. ① 권위와 책임은 동등해야만 한다. 관리에 대한 권위는 책임과 균형을 이루어야 한다. ② 조직의 목표는 개인의 목표 혹은 조직구성원의 집단목표에 우선한다. ③ 개인에 대한 보상은 공평하여야 한다. 이것은 성공적인 노력과 부합하여야 한다. ④ 모든 조직구성원은 한 사람의 상관(boss)에 대해 직접적으로 책임을 져야 한다는 명령통일의 원칙이 적용된다. ⑤ 의사전달은 계층적으로 공식적 통로에 의해 이루어져야 한다(이영균, 2001).

1920년에서 1930년 사이의 행정원리학파들은 행정에 보편적으로 적용할 수 있는 행정원리 혹은 법칙이란 효율적인 행정을 증진하기 위해 적용할 수 있으며, 그리고 과학적으로 도출될 수 있다는 것이다. 행정원리학파의 대표적인 학자로 Henri Fayol, Luther Gulick, Lyndall Urwick, James Mooney, Alan Reiley 등이 있다.5)

---

5) Mooney와 Reilley는 「조직의 원리(*The Principles of Organization*, 1939)」라는 저서에

1) Henri Fayol의 연구

Fayol(1841-1925)은 프랑스의 기술자이자 관리자로서 1916년 「일반관리와 산업관리(General and Industrial Management)」라는 책에서 다양한 관리이론을 소개한다. Fayol은 행정에 보편적으로 적용할 수 있는 다섯 가지 원리를 제시하고 있다. ① 기획(planning): 미래를 조사하고 그리고 활동에 대한 계획을 도출한다. ② 조직(organization): 부여된 업무를 성취하기 위해 인적자원과 물적자원에 대한 구조를 조직화하는 것이다. ③ 명령(commending): 조직을 움직이게 하며, 조직구조에 활력을 부여한다. ④ 조정(coordinating): 모든 활동과 노력을 결합하고, 통일하며 그리고 조화하기 위해 조정한다. ⑤ 통솔(controlling): 모든 것이 설정된 계획과 명령에 부합되게 성취할 수 있도록 한다.

이러한 다섯 가지 기본적 관리기능을 토대로 관리가 어떻게 되어야 하는가에 대해 열네 가지 관리원리를 제시하고 있다. 이들 원리는 ① 분업, ② 권한과 책임, ③ 규율, ④ 명령통일(unity of command)의 개념, ⑤ 하나의 상관에 의한 지휘통일(unity of direction), ⑥ 전체이익에 대한 개인이익의 승복, ⑦ 직원에 대한 보상, ⑧ 집권화, ⑨ 계층의 원리(scalar chain), ⑩ 질서, ⑪ 공평성, ⑫ 직원임기의 안정성, ⑬ 솔선수범, ⑭ 단합심(esprit de corps) 등이다.

2) Luther Gulick과 Lyndall Urwick의 연구

Gulick(1891-1993)과 Urwick(1892-1983)은 1937년 「행정과학의 논문집(Papers on the Science of Administration)」이라는 책에서 공식적 조직의 원리를 공식화하였으며, 이 조직원리들은 공공관리에 지속적으로 영향을 미치고 있다. Gulick과 Urwick의 원리는 1935년 Franklin Roosevelt 대통령에 의해 임명된 행정관리를 위한 대통령위원회(President's Committee on Administrative Management)의 보고서와 1947년 Hoover Commission의 보고서에 포함되어 있다.

첫째, Gulick과 Urwick(1937)의 행정원리는 공식적 조직구조와 노동분업의 필요성에 주된 관심을 두었다. 노동분업(division of labor)은 전문화를 초래하며, 노동자가 직무를 수행하는데 보다 기술자가 될 수 있다는 것이다. 즉, 노동의 분업을 조직의 기초라고 규정하고, 관리는 조직의 구조를 조정하는 것이며, 조직구

서 기본적인 조직 원리로 ① 조정의 원리, ② 계층의 원리, ③ 기능의 원리, ④ 계선과 막료 등을 제시하고 있다(Pfiffner & Sherwood, 1960: 60).

성원을 조직구조에 적합하도록 배치하는 것이라고 주장한다. 또한 조직의 차트는 조정과정을 통제하고 감시하는 주요한 도구라는 것이다.

둘째, Gulick은 Fayol의 기획, 조직, 명령, 조정, 통솔의 다섯 가지 원리를 기초하여 최고 관리자가 수행해야 할 중요한 책임과 업무로 POSDCORB를 제시하고 있다. 이들 기능을 수행하는 기관은 최고관리자의 관리적 역할로 묘사하고 있다.

① 기획(planning)　　조직이 달성하는데 필요한 방법, 필요한 것을 포괄적으로 개요하는 것이다.

② 조직화(organizing)　　공식적 권위구조의 설계에 관련되어 있다.

③ 충원(staffing)　　직원을 모집하고 교육훈련하는 인사관리기능과 우호적인 업무조건을 유지하는 것이다.

④ 감독(directing)　　구체적인 명령과 지시를 통하여 의사결정과 조직의 활동을 결합시키는 것이다.

⑤ 조정(coordinating)　　여러 가지 조직부문을 관련시키고 그리고 통합시키는 것이다.

⑥ 보고(reporting)　　기록, 연구, 조사를 통하여 조직활동을 책임지는 집행관에게 지속적으로 알리는 것이다.

⑦ 예산(budgeting)　　재정적 기획, 회계 그리고 자금이다.

또한 Gulick은 행정가의 역할은 공공정책을 이해하고 조정하며, 서비스의 수행에 있어 정책방향을 해석하고, 나아가 선출된 공무원의 결정에 충성하는 것으로 기술하고 있다.

셋째, Gulick은 조직의 활동에 봉사하는 주요한 목적에 따라 네 가지 기본적인 기준에 따라 분류될 수 있다고 지적하고, 이들 네 가지 기준에 따라 업무가 구성된다면 보다 효율적으로 집행될 수 있다고 주장한다. 이들 네 가지 기준은 ① 주요한 목적(교육, 국방 등), ② 과정(회계, 모집, 구매 등), ③ 고객(고령자, 어린아이, 제대군인 등) 또는 다루는 일(things), ④ 장소(보스톤, 영국 등) 등이다. Urwick은 계층제의 원리(scalar principle)가 조직이 작동하는 데 필수 불가결한 것으로 이해한다. 계층제의 원리가 없다면, 권위가 무너진다는 것이다. 권위란 부하들에게 행동을 요구할 수 있는 권한이다.

넷째, Gulick과 Urwick은 과정적 접근법(process approach)에 초점을 둔다. 이리하여 관리란 조직화된 집단의 조정으로 업무를 추진하는 하나의 과정이다.

이들 학자는 인간을 수동적인 존재로 이해하며, 효율성의 목적을 최대화하기 위해 인간을 기계와 같이 취급해야 한다는 것이다. 특히 최고관리자의 역할에 관심을 두었으며, 계층제에 의해 권위를 위임하는 것이 필요하다고 강조한다.

4. Hawthrone의 연구

1) 인간관계론적 접근방법: Hawthorne의 연구

노동조합의 힘이 강화되고, 노동조합의 압력이 증대되고, 그리고 조직 내 사람에 대한 관심이 고조됨으로써 고전적 기계적 조직이론의 환상에서 벗어났다. 특히 대공황(Great Depression)이 고전적 조직이론에 대한 근본적인 재평가를 요구하게 되었다. 고전적 조직이론은 산업노동자와 정부의 비정규직 직원에 대한 관심이 거의 없었다. 이러한 배경에서 새로운 연구경향은 개인의 행태와 소규모 집단의 기능에 대해 새로운 관심을 가지게 되었다.

인간관계이론은 고전적 조직이론에서 무시한 인간적 요소에 대한 일종의 반응이며, 관리적 사고에 행태과학을 소개하는 것이다. 인간관계이론은 사람 간의 의사소통과 집단적 의사결정에 강조점을 둔다. 인간관계이론은 두 가지를 가정한다. 하나는 조직에서의 만족도 수준과 성취하는 효율성과 생산성 수준 사이에 직접적인 상관관계가 있다. 다른 하나는 조직구성원의 사회적 욕구에 부합되는 업무와 조직구조가 생산성에 영향을 미친다.

(1) Hawthorne의 실험

하버드 경영대학과 일리노이 시세로(Cicero) 호오손 작업장이 있는 서부전기 회사(Western Electric Company)가 계약을 맺었다. 이 계약은 생산성을 최고로 향상할 수 있는 이상적인 작업장과 물리적 조건을 평가하는 것으로 다음과 같은 Hawthorne의 실험이 진행되었다.

Mayo 팀은 <표 4-3>과 같이 1924년에서 1932년까지 업무 자체(work it-self)보다는 오히려 노동자의 태도에 초점을 맞추어 실험했다. 이 실험에서 노동자는 작업장에서 경제적 존재일 것이라는 가설에서 출발하였다.

① 조명도 실험　　Mayo와 동료 연구자들은 노동자는 근무조건의 변화에 대해 기계와 같이 반응할 것이라는 Taylor의 가정을 실험했다. 조명도 실험은 조명도(illumination)라는 물리적 환경(physical environment)이 노동자의 산출에 어떠한 관계가 있는지를 살펴보는 것이다. 즉, 조명도가 높을수록 생산성이 증가될

표 4-3   네 가지 Hawthorne의 실험

4개의 실험	실험내용	결과
조명도 실험 (1924-27)	조명도 변화에 따른 생산성의 영향	-작업장의 물리적 조건(조명도) 변화가 생산성 변화를 설명하지 못함 -심리적 요인이 생산성에 중요한 요소임
릴레이 조립공정 실험 (1927-28)	시간과 다른 근무조건 변화 (보수 인센티브, 작업기간, 휴식시간 등)에 따른 생산성의 영향	-노동자의 생산성은 관심의 반응임 -강한 사회적 연대가 실험집단에서 일어남 -노동자는 인정의 욕구, 안전과 소속의 욕구에 영향을 받음
광범위한 인터뷰 프로그램 (1928-30)	노동자의 태도와 감정 조사 (감독훈련에 활용할 정보 수집)	-대화 및 불평호소의 기회제공은 사기를 향상시킴 -불평은 뿌리깊은 불안의 상징임 -노동자는 조직의 내·외에서 획득한 경험에 좌우됨
뱅크배선 관찰실험 (1931-32)	관찰자가 노동자와 상호작용 없이 데이터만 기록 소규모집단의 보수인센티브	-이전에 존재하는 성과규범 -집단지향적 생산표준(group directed production standards) -관리적 변화로부터 작업집단보호

것이라는 가정을 검증하는 실험이었다.

이 실험을 위해 노동자 집단을 실험집단(6명으로 구성된 여성 노동자의 팀)과 통제집단으로 구분하여 조명도 강도의 변화에 따른 생산성 변화를 조사하였다. 이 실험의 결과, 조명도는 생산성에 어떠한 영향을 미치지 못하는 것을 발견했다. 오히려 인간적 요인이 생산성을 결정하는 데 중요하다는 것을 발견했다.

② 전화기 릴레이 조립공정 실험(relay-assembly test room experiments) 이 실험은 집단생산성에 대한 여러 가지 작업조건 변화의 효과를 검증하기 위해 설계된 것이다. 이 실험은 노동자와 감독관 사이의 관계의 본질에 관련한 데이터를 수집하기 위한 것이다.

이 실험에서 연구자는 6명의 여공을 선발하여 인센티브 프로그램, 업무시간 및 휴식시간의 변화 등의 프로그램을 통해 생산성의 변화를 관찰하였다. 이 실험의 결과, 긍정적인 물리적인 요인의 변화뿐만 아니라 업무와 업무집단에 대한 여공의 태도변화 때문에 생산성이 증가되는 것을 발견했다.

③ 대규모 인터뷰 프로그램(interviewing program) 실험   이 실험은 1928년에서 1930년에 약 2만 명을 대상으로 회사, 감독, 보험설계, 승진 및 임금에 대한 종업원의 태도에 대해 인터뷰하는 프로그램이었다.

이 실험결과에서 조직에 있어 개인들의 업무수행, 지위, 위치는 개인자신뿐만 아니라 집단 구성원에 의해 결정된다. 동료들은 개인의 업무수행에 영향을 미친다는 것이다. 특히 비공식조직은 중요한 사회적 통제기제(control mechanism)로서 작용하고, 그리고 공식적인 절차와 감독과 같은 정도로 직무수행에 중요하였다.

④ 뱅크배선 작업장(bank wiring room)의 관찰실험   뱅크배선 실험은 개인에 대한 소규모집단의 영향을 살펴보는 것이었다. 14명의 남성 노동자로 구성된 하나의 집단이 소규모 작업집단을 형성한다.

각 집단에게 제공되는 인센티브 계획이 집단생산성에 영향이 있는지를 실험했다. 이 실험은 임금 인센티브 계획이 노동자의 경제적 이익에 영향을 미칠 것으로 설계하였다. 하지만, 임금 인센티브 계획이 생산성에 비효과적이라는 것을 발견했다.

(2) Hawthorne 실험의 결과 및 비판

Hawthorne 실험 결과는 연구자의 기대와 반대로 비물리적인 조건(non-physical conditions)이 조직구성원이 참여하는 생산활동과 결과에 결정적인 역할을 발휘한다는 것이었다. 또한 공식적 조직 내에 형성된 비공식적 작업집단(informal work group)에 보다 많은 관심이 주어졌고, 노동자는 집단의 구성원이며, 노동자의 산출은 사회적 행태의 산물이다. 집단적 감정(group sentiments)이 행위규범을 형성하며, 행위규범에 이탈한 노동자는 처벌의 대상이 된다.[6]

Hawthorne 실험의 중요한 연구결과는 인간관계론의 주된 주의(tenets)를 제공하였으며, 다음과 같이 정리할 수 있다(Bozeman, 1979: 99; Henry, 1992: 55).

① 비공식적 조직과 비공식적 동료집단은 조직의 행태와 생산성에 중요한 역할을 발휘한다.

② 임금 인센티브에 의해 주로 동기부여 되었던 합리적인 경제적 인간으로

---

6) 특히 노동자의 평균적인 산출보다 너무 많이 생산하는 노동자는 속도쟁이(rate busters)이고, 너무 적게 생산하는 노동자는 사기꾼(chiselers), 상관을 잘 따르는 노동자는 밀고자(squealers)로 비난의 대상이 되었다(Jreisat, 1997: 95).

서의 노동자 개념은 부적절하며 그리고 근시안적이었다.

③ 노동자는 기계(machines)가 아니다. 자신의 직무역할의 개념뿐만 아니라 전인격체(a total person)로 노동자를 생각해야 한다. 업무환경 이외의 요인들이 직무 수행에 중요하게 영향을 미친다.

④ 노동자는 조명도보다는 다른 동기부여적인 변수에 의해 반응한다. 노동자의 직무만족에는 다양한 욕구, 동기부여, 그리고 보상이 포함되어야 한다. 직무에서의 만족과 직무환경은 업무성과에 중요한 결정요인이다.

⑤ 노동자들은 자신들을 감시하고 있다는 느낌 때문에 나쁜 업무조건에도 불구하고 보다 많은 산출을 유지한다. 즉, 호오손의 효과(Hawthorne effect)가 나타났다. 사람들은 자신이 관찰되고 있다는 사실을 알 때 행태의 변화를 초래하는 경향이 있다.

Hawthorne 실험은 다음과 같은 점에서 비판을 받고 있다(Landsberger, 1958; Carey, 1967).

① Hawthorne 연구는 비교적 하찮은 문제에 너무 많은 관심이 주어졌다. 즉, 의사소통의 필요, 카타르시스(catharsis)와 같은 상담의 역할, 갈등을 완화하는 수단 등과 같은 문제에 너무 많은 관심이 놓여 있었다. 이리하여 그들은 갈등의 창조적인 측면을 보지 못하였다.

② Hawthorne 연구는 근로자의 전체적인 환경의 중요성을 인지하였으나, 근로자의 소외 감정, 계층의식, 무력감에 대한 감정을 충분히 탐구하지 못하였다. 또한 Hawthorne 연구자들은 관리 목표에 대해 무비판적으로 수용하고 있다. 이 것은 근로자의 관심, 가치 그리고 합법적인 불평을 무시하고 도구로서 근로자를 본다.

③ 감독의 유형과 근로자의 직무만족은 과업성과에 중요하게 영향을 미친다. 하지만 Hawthorne 연구는 이들 관계를 지지하는 유용한 증거를 제공하지 못한다.

5. 행태주의

행태주의(behaviorism)는 과학적이고 객관적인 조사방법을 강조하는 심리학적 접근법이다. 이 점에서 행태주의는 사고와 감정과 같은 내적인 사건과 반대되는, 무엇보다 관찰할 수 있는 행태에 관심을 가진다.

이러한 행태주의 운동은 1913년 John Watson의 논문 "행태주의자 관점으로부터 심리학(Psychology as the behaviorist views it)"이라는 논문에서 시작되었다. Watson에 의하면, 모든 행태는 환경으로부터 학습된다는 것이다. 행태주의는 행태에 영향을 미치는 환경적 역할을 강조한다. 또한 행태주의는 학습자에 의한 자극-반응 연합에 의해 초래되는 행태변화를 강조한다. 즉, 행태란 자극-반응 (stimulus-response)의 결과라는 것이다.

행정학(정치학)은 1950년 후반과 1960년 초반의 행태주의적 혁명(behavioral revolution)으로 인해 급진적인 변혁을 겪게 된다. 행태주의자들은 정치학(행정학)은 너무 기술적(descriptive)이고, 가치 지배적(value-laden)이며, 또한 규범적 (normative)이라고 비판한다. 더욱이 축적하고, 입증할 수 있고, 그리고 신뢰할 수 있는 과학적인 지식이 결여되어 있다고 주장한다. 행정학은 과학이라는 것이다. 행태주의가 진전됨으로써 통계학, 수학, 방법론, 과학철학에 대한 연구가 활발하게 되었다.

이러한 행태과학(behavior sciences)은 인간 행태를 이해하기 위한 노력의 일환으로 사회과학과 생물학(biological science)이 결합된 학문이다. 이리하여 응용연구(applied research) 보다는 순수 혹은 기본적인 연구를 보다 선호하며, 지식은 객관적인 관찰에 의해 추구되어야 한다는 것이다. 이 점에서 행태과학자들은 인간행태에 관해 일반적으로 수용할 수 있는 이론을 형성하기 위해 객관적이고 사실적인 정보의 중요성을 강조한다(Singer, 1992: 14).

1) Barnard의 연구

Chester Barnard는 「행정가의 기능(The Functions of the Executive, 1938)」이라는 저서에서, 공식적 조직이란 두 사람 이상의 사람들이 의식적으로 협동하려는 활동의 시스템으로 정의하고 있다. 협동(協同)은 개인들이 할 수 있는 한계를 극복하는 수단으로 본다. 이러한 협동은 협력적 목적의 성취와 개인적 동기의 만족이라는 두 가지 조건이 부합할 때 존재한다.

Barnard에 의하면, 리더는 조직에 기본이 되는 협동적인 활동을 어떻게 유인하고 조정하는가 하는 문제에 초점을 두어야 한다. 또한 조직은 인센티브의 경제 (economy of incentives)로 특징지어진다. 즉, 개인들은 조직이 제공하는 인센티브의 교환으로 참여와 노력에 기여한다. 조직에 있어 고위 행정가들은 인센티브의 경제를 적절하게 운영해야만 한다. 행정가들은 조직구성원의 기여를 유인할 수 있는 인센티브의 활용성을 확보하는 것과 지속적인 인센티브의 자원을 확보하는 것에 대해 균형을 유지해야만 한다. Barnard에 의하면, 인센티브의 유형은 금전, 물질적이고 사회적인 요인뿐만 아니라 권력, 위신, 이상의 실현, 이타적인 동기, 효과적이고 유용한 조직에의 참여 등의 요인도 포함된다. 인센티브의 경제는 행정가의 주요한 기능인 의사전달과 설득에 밀접하게 상호 관련되어 있다. 행정가는 다양한 인센티브에 대한 노동자의 주관적인 평가에 영향을 미치기 위해 의사전달과 설득을 활용해야만 한다.

또한 Barnard는 권위(權威, authority)란 공식적 조직에 있어서 의사소통의 특징으로 이해한다. 이해할 수 없는 의사소통은 권위를 가지지 못한다. 조직의 목적과 조화하지 못하는 의사소통은 수용될 수 없다. Barnard는 명령이 의식적인 의문없이 수용된다면 무차별영역(zone of indifference)이라는 것이다. 조직의 유효성은 개인들이 명령에 동의하는 정도에 영향을 받는다는 것이다. Barnard는 전달, 설득 및 유인과정의 구체화를 위해 비공식적인 조직의 중요성을 지적한다. 조직의 본질인 협동적인 활동이 성공하기 위해 공식적 조직과 비공식적 조직이 상호관련 되어 있는 것으로 이해한다(Rainey, 1997: 38).

2) Simon의 연구

Barnard보다 행정관리학파들에 대해 직접적으로 비판을 한 학자는 Herbert Simon이다. Simon(1945)은 「행정행태(Administrative Behavior)」라는 저서에서 공식적인 처방 또는 원리를 기술하는 것보다는 실제적인 행태의 분석을 강조한다. Simon은 전통적인 행정원리(예를 들면, 명령통일의 원리, 통솔의 범위)를 조사한 후, 행정에 보편적으로 적용할 수 있는 법칙이 아니라 오히려, 과학적으로 입증할 수 없는 행정의 속담(proverbs of administration)이라고 주장한다. Simon은 행정원리학파들이 주장하는 개념과 원리들 간의 관계를 연구하기 위해서는 행정과정에 대한 보다 체계적인 조사가 필요하다고 주장한다. 이러한 연구에서 Simon은 두 가지 측면에 목적을 두고 있다. 하나는 행정학을 비판적으로 평가하는 것이며, 다른 하나는 학문에 대해 보다 향상된 접근방법을 어떻게 발전하는가에 대해 제안을 하는 것이다(Barton & Chappell, Jr., 1985: 248−249).

특히 Simon의 주요한 관심 영역은 의사결정과정이다. 불확실성(uncertainty)

과 복잡성 속에서 행정적 선택과 의사결정이 어떻게 이루어지는가 하는 문제에 지속적으로 관심을 가졌다. 고전적 행정원리는 행정가가 가장 효율적인 조직모형을 선택함에 있어 합리적일 수 있다는 가정에 놓여있다. 대부분의 경제적 이론은 경제적인 인간(economic man)을 가정한다. 즉, 개인들은 최대의 이윤과 개인적 이득을 위해 합리적일 수 있다는 것이다. Simon은 행정적인 배경이 대부분 불확실하다는 것을 관찰했다. 행정가(administrative man)는 합리성에 대해 지각적인 한계를 가진다. 즉, 복잡한 상황에서는 합리적인 선택과 의사결정은 불가능하다. 의사결정을 위한 시간과 정보가 제한적이다. 인간의 지각능력은 너무 제한적이기 때문에 모든 정보를 처리할 수 없으며, 또한 모든 대안을 고려할 수 없다. 이리하여 행정가는 활용할 수 있는 시간, 자원 그리고 지각능력의 한계 내에서 가능한 최선의 선택을 한다.

이와 같이 행태주의는 행정학에 있어 생소(foreign)한 접근방법이었으며, 행정학에 있어 행태주의의 영향이 클수록 행정학은 정치학으로부터 소원해지는 것이다. 행정학은 정치학보다 응용적인 전통이 많다. 행태과학 철학의 주요한 특징은 생산성이란 사기, 동기부여, 직무만족과 같은 조직구성원의 개인과 집단의 느낌(feelings)에 직접적인 관계가 있다는 것이다. 이러한 행태과학 연구는 조직행태와 조직발전에 의해 형성된 이론으로 현대행정학에 지속적으로 영향을 미치고 있다. 행태과학에 영향을 받은 조직발전 전문가들은 조직구성원들 사이에 보다 원활한 협동을 향상하기 위해 개인과 집단의 태도, 가치 및 행태유형을 조작하기를 시도한다. 하지만, Hammond(1990)의 주장처럼, 행정관리학파에 대한 Simon의 비판은 이들 학파의 주요한 장점을 간과하고 있다. 행정관리학파들은 관리자가 지속적으로 직면하는 도전들을 체계적으로 분석하기 위해 노력하였으며, 이러한 노력들은 정부의 조직구조에 지속적으로 영향을 미치고 있다.

V 현대적 행정연구

고전적 행정연구의 틀에서 강조했던 지위와 사람에의 구별과 공공영역 거버넌스에 대한 법률 지향성은 1940년과 1950년에 이르러 맹비난을 받게 되었다.

또한 1960년대 이전까지 행정학은 예산, 효율성, 의사결정 및 결정에 대한 집행에 주로 관심을 가졌다. 2차 세계대전은 행정학의 기본적인 개념에 대해 도전하게 했다. 나아가 1960년대에 이르러 탑-다운 구조(top-down structures)가 효율성을 안내한다는 것에 대해 비판이 제기되었다.

특히 세계화와 자유주의 시대에 소규모 국가 혹은 대규모 국가 모두는 세계의 다른 국가와 분리될 수 없게 되었다. 세계화와 자유주의 흐름에 적응하기 위해 각 국가는 생존하기 위해 행정구조를 재구조화하기도 한다. 현대 행정학은 세계화의 영향을 수용해야 한다.

고전적 행정학이 세계화와 자유주의에 대해 관심이 많지 않았지만, 현대 행정학은 이러한 이슈와 동화되기 위한 노력을 한다. 또한 이러한 국가환경의 변화와 더불어 현대 행정학은 행정학이 단순히 정치학의 하나의 분야로 더 이상 다루어지지 않아야 한다. 행정학은 독립된 자기인식의 분야(self-aware field)로 연구되어야 한다. 나아가 행정가는 좋은 행정가(good administrators)가 되기 위해 특별한 훈련을 받아야 한다.

이러한 현대적 행정연구의 특징은 다음과 같이 요약할 수 있다.

① 현대적 행정연구에 있어 행정이 정책결정과 배타적일 수 없다는 것이다. 정책결정과 집행은 구분할 수 없는 연속적인 과정이다. 정부활동이란 기본적으로 정치과정이며, 모든 것이 정치적이다. 또한 공공 거버넌스(public governance)는 목적과 수단이 서로서로 관련되어 있으며, 계층제와 엄격한 노동분업보다는 자유재량 혹은 자율성을 요구한다.

② 고전적 행정연구가 초점을 두었던 능률지상주의를 탈피해 현대적 행정연구는 사회적 형평성, 민주적 가치, 인본주의에 입각한 능동적 행정, 고객 중심 행정을 강조한다.

③ 현대적 행정연구는 가치중립적이기보다는 규범 지향적이며, 기술적이기보다는 처방적이며, 제도 지향적이기보다는 고객 지향적인 행정을 강조한다(김태룡, 2007: 121).

④ 현대적 행정연구에 있어 행정활동이란 정태적인(static) 것이 아니라 환경변화에 적응하며, 고객의 요구에 대응하는 유연성을 가질 것을 강조한다.

1. 시스템이론

시스템이론(체제이론, system theory)에 있어서 중심 개념은 시스템이 어떻게 스스로 유지하는가, 시스템이 필요한 에너지의 상실을 어떻게 방지하는가, 시스템이 루틴화되는 것을 어떻게 회피하는가 등이다. 시스템 개념은 상호 관련된 활동과 사건을 처리하는 데 도움을 준다. 시스템은 미리 결정된 목표를 성취하는 데 매우 합리적인 수단이다.

이러한 시스템이론은 Bernard가 1930년에 시스템개념을 소개하였으며, Easton(1965)이 정치학 영역에서 조직을 인지하는 데 있어 시스템이론적 시각에 영향을 미쳤다. 1970년에 Sharkansky(1970)가 저술한 「행정학」 저서에서 조직틀로서 시스템적 접근법을 소개하였다.

시스템(체제, system)이란 환경으로부터 구별되는 일련의 구성요소로 이루어져 있으며, 자신의 경계(boundary)를 가지면서 상호의존적으로 활동하며, 일련의 상호작용하는 구성요소(a set of interacting components)이다. 또한 상호의존적인 부분들은 하나의 통일된 전체(a unified whole)를 산출한다. 시스템은 하위체제(subsystems)와 상위체제(suprasystems)의 상호관계를 가지며, 이들의 구분은 분석단위에 의존한다.

특히 환경과 상호작용하지 않은 시스템은 폐쇄시스템(close system)이고, 환경과 끊임없이 상호작용하는 시스템을 개방시스템(open system)이라 한다. 폐쇄시스템적 사고는 주로 물리학에 기원을 두고 있으며, 시스템을 자체로서 완비된(self-contained) 것으로 본다. 폐쇄시스템의 내부적 과정은 환경의 변화와 관계없이 동일하게 유지한다. 이러한 시스템과정은 안정적이고 기계와 같은(machinelike) 프로그램화된 유형에서 항구적인 반응을 한다. 반면에 개방시스템의 내부과정은 환경에 대해 보다 개방적이고 환경변화에 보다 잘 적응한다. 또한 개방시스템은 투입-산출 평형상태에서 시스템과 환경 간의 경계교환을 강조한다. 폐쇄시스템과 개방시스템을 구별하는 것은 조직이론의 발달에 있어 시스템개념의 영향을 평가하는 데 중요한 것이다. 이러한 의미에서 고전적 조직이론과 인간관계이론은 폐쇄시스템 접근방법이다.

환경과 상호작용하는 개방시스템이론은 다음의 요소들을 가정한다(Bozeman,

1979: 106 – 107).

① 총체주의적 관점   시스템이론가는 포괄적 그리고 통합적으로 조직을 이해함에 있어 일련의 복잡한 힘의 결과(the result of a complex set of forces)로 조직현상을 간주한다. 개방시스템이론은 조직을 분석함에 있어 구성요소별로 보는 것이 아니라 하나의 총체(entity)로서 조직을 이해한다. 시스템은 총체주의적 관점(holism, wholism)이다. 즉, 시스템은 하나로 기능하는 전체로서 고려되어야 한다.

게슈탈트 심리학(Gestalt psychology)에서와 같이 전체는 구성요소들의 단순한 합계 이상의 특성을 지닌다. 이것은 하위시스템의 상호의존성이 시스템에 대해 독특한 특성을 산출하기 때문이다. 시스템은 각 부분을 분석함으로써 전체를 결코 충분하게 이해할 수 없기 때문에 전체적으로 이해되어야만 한다.

② 환경적 지각   개방시스템의 가장 중요한 특징은 시스템과 시스템의 환경 사이에 상호의존성(interdependency)을 인식하는 것이다. 시스템은 상호의존적 요소로 구성되어 있다. 중요한 문제들은 어떤 하나의 요소에 의해 일어나는 것이 아니라 요소들의 상호작용의 결과로서 일어난다. 즉, 시스템의 구성요소 사이의 상호연계성(interconnections)과 상호작용이 구성요소를 분리하는 것보다 중요하다.

개방시스템은 끊임없이 변화하는 환경과 지속적인 상호작용을 하면서 동태적 균형(dynamic equilibrium)을 이룬다. 환경적인 방해에 대한 전형적인 개방시스템의 반응은 동화하거나(elaboration) 혹은 보다 높은 또는 복잡한 단계에 대해 자신들의 구조를 변화시키는 것이다. 이처럼 개방시스템은 자신들의 구조를 끊임없이 변화시키거나 동화시킨다.

③ 전환과정(transformation or conversion process)   이 과정은 조직이 투입에 대해 가치를 추가하는 과정이다. 시스템은 어떤 구체적인 투입요소를 산출로 전환하는 진행과정이다. 개방시스템이론은 환경과의 동태적인 상호작용을 통하여 조직은 환경으로부터 원자재(raw materials)와 인적자원을 투입 받아 자원을 체제로 전환시켜 환경에 영향을 미치는 산출을 제공한다. 시스템은 산출을 흡수하는 환경에 있는 고객에 의존하게 된다. 이러한 의미에서 개방적인 조직은 정태적이 아니며, 엔트로피(entropy)의 문제를 피할 수가 있다.

전환과정의 개념으로 공공기관 혹은 공공프로그램의 역할에 관한 본질을 파악할 수 있다. 전환과정의 활동은 전형적으로 과정의 효율성을 반영하는 과정측정의 대상이다. 이런 전환과정은 자원의 할당과 유용화하는 전체적인 기획, 조직화, 통제, 의사결정과정, 조직 자체를 구조화하는 방식인 정책·절차·규칙 등이 포함된다. 전환과정의 종국적 결과는 조직산출이다.

④ 환류(feedback)　　조직은 목적 시스템(purposive systems)의 특성을 갖고 있다. 목적지향적 혹은 목표추구적 행태(goal-seeking behavior)의 기본적인 원리는 환류(feedback)의 개념이 포함되어 있다.

시스템은 환류에 적응해 나아감으로 스스로 규제할 수 있는 능력을 가지고 있다. 개방시스템은 환경으로부터 환류의 장점을 가질 수 있고, 그리고 자율규제와 적응에 대한 능력을 고양할 수 있다. 이리하여 개방시스템은 정태적이 아니라 외부적 요구와 내부적 반응에 대한 균형을 유지할 수 있는 평형(equilibrium) 능력을 가진다.

특히 시스템의 산출은 환류로 연계된다. 즉, 시스템의 산출은 계속되는 투입에 영향을 미치기 때문에 사이클적인 특징(cyclical character)을 가진다. 조직은 지속적인 사이클을 통해 생존을 유지한다.

⑤ 안정성과 변화(stability and change)　　조직시스템은 안정성과 변화를 포함하고 있다. 시스템-환경의 교환과정은 주어진 시스템 형태, 조직 혹은 상태를 보존하거나 혹은 유지한다. 유기체의 항상성 과정(homeostatic processes)은 안정성을 유도하는 과정의 예이다. 반면에 몇몇 과정은 시스템의 주어진 형태, 구조 혹은 상태를 변화시키기도 한다. 이러한 과정의 예는 생물체의 진화, 학습, 사회발전, 그리고 조직성장 등이다. 또한 개방시스템은 구조의 분화(differentiation)를 통하여 긴장에 대응할 수 있고, 그리고 환경으로부터 발산되는 변화에 부응할 수 있다.

⑥ 동일종국성(equifinality)과 다중종국성(multifinality)　　고전적인 인과성(causality)의 원칙은 비슷한 조건이 유사한 결과를 산출한다. 즉, 상이한 결과는 상이한 조건(dissimilar conditions)에 기인한다. 동일종국성의 개념은 최종의 상태(final state)는 수많은 상이한 발달과정에 의해 도달된다는 것을 의미한다. 다중종국성의 개념에 의하면, 비슷한 조건은 상이한 결말상태(dissimilar end states)에 이르게 할 수 있다는 것이다. 즉, 매우 비슷한 환경에서 발달한 두 개의 조직은 매우 다른 종국에 이를 수 있다.

특히 폐쇄시스템은 결정론적이고 그리고 명확하게 예측할 수 있다. 어떤 일정한 상태로부터 폐쇄시스템은 하나의 종국의 상태에 도달한다. 반면에 개방시스

그림 4-2   개방시스템

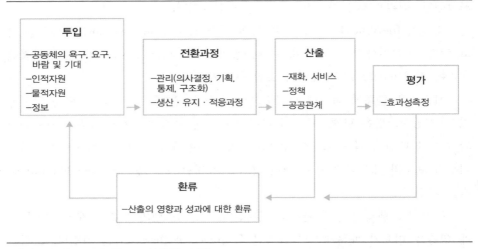

자료: McKinney & Howard(1998: 158).

템은 변화의 결정체가 시스템 내에 고정되어 있지 않기 때문에 서로 다른 출발조건과 통로를 거쳐 종국상태 또는 목표상태를 성취할 수 있다. 동일종국성은 주어진 문제에 대해 엄격한 최적 해결을 추구하는 것보다 오히려 다양한 해결을 고려할 수 있게 한다.

⑦ 단계(levels)   복잡한 시스템은 계층적으로 연계되어 있는 몇 가지 단계로 구성되어 있다. 보다 높은 단계(higher levels)가 낮은 수준의 단계를 포함하고 있기 때문에 계층적이다. 예를 들면, 조직은 개인, 집단, 국, 부서 등을 포함하고 있다. 국(departments)은 많은 집단으로 구성되어 있고, 집단은 몇몇 사람들로 구성되어 있다.

⑧ 반엔트로피(negative entropy)   엔트로피는 시스템이 쇠약하게 되거나 혹은 분해(disintegrate)하는 속성을 언급한다. 엔트로피는 폐쇄시스템에서 에너지가 상실할 것이라는 열역학(thermodynamics)의 법칙이다.

폐쇄시스템이 환경으로부터 에너지 또는 새로운 투입을 획득할 수 없다면 궁극적으로 시스템은 소멸될 것이다. 반면에 개방시스템은 에너지를 소비하는 것보다 환경으로부터 더 많은 에너지를 받아들이기 때문에 에너지를 저장할 수 있고 엔트로피를 피할 수 있다. 반엔트로피의 능력은 개방시스템이 강해지고 스스로 유지하면서 성장할 수 있게 한다.

2. 신제도주의

신제도주의(neo-institutionalism)는 사회과학에서 중심적 위치에 있는 제도의 역할에 관한 질문에서 출발하고, 국가 정책을 제도의 산물로 인식한다. 즉, 신제도주의는 사회현상을 설명하는 데에 있어서 모든 현상을 개인의 행위와 속성만으로 설명하는 것에 반발하며, 사회현상을 설명하는 데 있어서 제도가 개인과 동등하거나 혹은 더 우월한 독립변수라는 것을 부각시킨다.

제도(institution)란 개인이 직면하는 정보, 인센티브 및 상황에 영향을 미치고, 또한 행태와 집합적 결과(collective outcome)를 형성하는 중요한 맥락 변수이다. 이 분야의 학자들은 제도를 인간행위를 제약하고 영향을 미치는 것으로서 상대적 지속성을 갖고 있는 광의의 규약, 절차, 정체로, 나아가 다양한 경제 단위의 개인 사이의 관계를 구성하는 표준화된 작용까지 확대시키고 있다(Hall, 1986: 19).

이 점에서 제도주의의 특성은 국가정책이 제도에 의해 결정되고, 일정정도 지속적인 영향을 받기 때문에 국가 간 정책의 차이들을 국가내부의 제도적 차이에서 찾아보고자 한다는 점이다. 또한 신제도주의는 제도적 배합들(institutional arrangements)이 국가와 시대에 따라 상이하기 때문에 국가와 시대에 따라 관료의 행태에 차이가 존재한다고 가정한다.

이러한 신제도주의는 1940년대 중반 이후 정치학과 행정학을 비롯한 서구의 사회과학을 주도하고 있던 행태주의에 대한 비판에서부터 출발하였다. 신제도주의는 행태주의적 접근방법의 한계를 극복하고자 국가별 정책의 특성을 정책과정에 참여하는 개인이나 집단의 합리적 선택의 합(合)으로서 파악하지 않고, 국가 간의 제도적 차이에 의하여 형성되는 것으로 간주한다.

구(전통적) 제도주의에서 신제도주의의 이론적 전개는 여러 가지 요구사항에 대한 경제학적 반응이다. 특히 신제도주의는 국가기관의 공식적, 법적 측면을 강조하고 있는 구제도주의 입장과 달리 광의적이고 포괄적인 접근법을 취하고 있다. 구제도주의와 신제도주의는 <표 4-4>와 같이 차이가 있다.

① 구제도주의는 다른 사회과학방법으로 활용하여 경제이론의 문제를 탐구하기 위해 노력한다. 신제도주의는 정치적, 법률적, 사회학적, 환경 및 기타 문제

를 탐구함에 있어 신고전적 경제이론의 방법을 활용한다.

　② 구제도주의는 일반화 방법으로 귀납적 방법을 활용하지만, 신제도주의는 우선적으로 연역적 방법을 고수한다.

　③ 구제도주의는 집단행위(무역협회와 정부)에 초점을 두지만, 신제도주의의 주요 관심은 자유의지를 가진, 자신의 이익에 따라 행동하는 독립된 개인이다.

표 4-4   구제도주의와 신제도주의

구분	구(전통적) 제도주의 (traditional institutionalism)	신제도주의(neo-institutionalism)
출현계기	고전적 자유주의 (classical liberalism)의 정통적 가정에 대한 비판	현대 정통적 이론(modern Orthodox theory)의 핵심을 구체화
분석단위	제도	원자와 같은, 추상적인 개인(atomlike, abstract individual)
사고의 이동	사회학, 법학, 정치학, 경제학으로부터	경제학에서 사회학, 법학, 정치학으로
방법	귀납적(inductive)	연역적(deductive)
초점	집합적 행동 (collective action)	독립적인 개인 (independent individual)
분석배경	전체주의(holism)	방법론적 개인주의 (methodological individualism)
제도의 역할	개인 자체의 선호 형성	개인에 대해 외부적 한계(the outer) 부여
기술의 관점	기술은 내재적임	기술은 외재적임

　또한 신제도주의의 3가지 분파인 역사적 제도주의, 합리적 선택 제도주의, 사회학적 제도주의 특징은 <표 4-5>와 같이 몇 가지 점에서 차이를 보이고 있다(하연섭, 2002).

표 4-5 신제도주의 3가지 분파

구분	역사적 제도주의	합리적 선택 제도주의	사회학적 제도주의
특징	권력관계의 불균형에 대한 강조	균형 개념을 강조	적절성의 논리를 강조
제도	공식적 측면	공식적 측면	비공식적 측면
선호형성	내생적	외생적	내생적
강조점	권력 불균형 역사적 과정	전략적 행위 균형	인지적 측면 적절성 논리
제도변화	결절된 균형 외부적 충격	비용－편익 비교 전략적 선택	유질동형화 적절성의 논리
방법론	사례연구, 비교연구	연역적 일반화된 이론	경험적 연구, 해석학
문제점	개인행위를 설명할 수 있는 미시적 기초를 갖추지 못했음	선호가 어떻게 형성되는가에 대한 이론이 없음	개인의 행위와 의도성을 설명하 수 있는 미시적인 이론체계를 갖추고 있지 못하고 있고, 권력관계와 갈등을 상대적으로 무시함

자료: 하연섭(2002: 344).

이러한 신제도주의는 다음과 같은 방법론상의 한계를 극복하지 못하고 있다는 비판이 있다(염재호, 1993: 30－32).

① 신제도주의는 개별 국가의 제도적 특성이 국가 간의 정책적 차이를 효과적으로 설명해 줄 수 있다고 강조하고 있다. 그러나 개별 국가의 제도적 특성과 그것이 형성되어 온 사회적 맥락은 매우 다양하기 때문에, 신제도주의 역시 구제도주의와 마찬가지로 역사적으로 형성된 개별 국가의 제도적 차이에 대한 보편적인 분석방법을 결여하고 있다.

② 신제도주의는 역사적·비판분석적 접근방법에 주로 의존하고 있다. 이와 같은 귀납적 접근방법은 제도적 특성에 대한 설명을 자치 이야기 만들기(story－telling)에 그치고 말도록 할 우려가 있다.

③ 신제도주의는 제도 이외에 공공정책에 영향을 미치는 다른 변수들을 경시하고 있으며, 제도와 행위자 간의 상호작용에 대한 문제를 해결하지 못하고 있다.

④ 신제도주의는 정책을 설명하는 독립변수로서 제도의 일관성과 연속을 가정하고 있기 때문에 제도 자체의 변화에 대한 문제를 명쾌하게 해결하지 못하는 한계를 갖고 있다.

3. 공공선택론

1960년대에 일어난 공공조직에 관한 주요한 사고인 공공선택론은 경제학으로부터 유래되었다. 이러한 공공선택론은 James Buchanan과 Gordon Tullock에 의해 발전된 것으로 공공결정이 어떻게 이루어지는가를 설명하기 위한 이론이다. Vincent Ostrom(1973)은 공공선택이론을 공공재(public goods)에 관한 이론이며, 행정학연구에 가장 적절한 접근방법으로 이해하고 있다. Ostrom은 「미국행정학의 지적위기(The Intellectual Crisis in American Public Administration)」라는 저서에서 공공선택이론은 민주행정(democratic administration)의 하나의 패러다임이라고 기술하고 있다.

공공선택론(public choice theory)은 정치와 정부가 어떻게 작동하는지 탐구하는 데 경제학의 방법과 도구를 사용하며, 경제학적 개념들을 집합적 선택이 어떻게 이루어지는지의 연구에 적용하는 것이다(황수연, 2013: 20-22). 이러한 공공선택론은 경제학자들이 시장에서 사람들의 행동을 분석하는데 활용하는 동일한 원리를 집단적 의사결정과 관련한 사람들의 행동에 적용한다. 경제학자는 사람들은 자기이익(self-interest)에 의해 동기부여된다고 가정한다. 이런 맥락에서 공공선택경제학들도 정치시장에서 사람들의 행동은 자기이익이 주된 동기라는 것이다.

이와 같이 공공선택론은 의사결정자로서의 사람에 대한 연구에 초점을 두며, 사람들이 상이한 의사결정의 규칙과 구조에서 공공재와 서비스의 소비와 생산에 관해 어떻게 선택할 것인가를 기술한다. 이러한 공공선택론은 정부가 제공하는 서비스의 질을 향상하기 위한 정부기관과 정부의 지배권에 대한 경쟁(competition)과 공공서비스에 대한 시민의 선택을 강조하고 있다.

이러한 공공선택론은 신고전적 경제학의 주요한 가정을 채택하고 있으며, 다음과 같은 몇 가지 가정을 전제하고 있다(Baker, 1976: 44-48).

① 인간에 대한 설명으로 방법론적 개인주의(methodological individualism)를 채택하고 있다. 이 모형은 개인에 의해 이루어는 결정으로 집단의 공공정책을 설명한다. 집단행위의 본질이란 전체는 부분의 합(sum of its parts)과 같다는 것으로 파악된다. 사회적 결과는 각 개인의 선호나 선택의 결과로부터 도출된다.

사회적 산출은 개인의 선택과 행위의 결과이다. 공공선택이론에서 각 개인들은 자신의 사회적, 정치적, 경제적 욕구 또는 요구에 대해 합리적 결정을 한다.7)

　② 각 개인은 파라토 최적(pareto optimality)에 의해 의사결정을 한다.8) 공공 선택이론가들은 각 개인 스스로 주어진 재화와 서비스의 배분에 대해 좋은지 또는 나쁜지를 판단한다는 것이다.

　③ 공공선택 이론가들은 공공재와 서비스를 민간 재화와 서비스로부터 구별 한다. 공공정책은 민간부분에서 쉽게 제공할 수 없는 재화와 서비스의 분배에 관 련되어 있다고 본다.

　④ 집단적 행위(collective action)의 중요성을 강조한다. 공공선택 이론가들은 개인들은 자신들이 활용할 수 있는 대안적인 이익(alternative benefits)에 관하여 불완전한 지식으로 접근한다고 전제한다. 이리하여 개인들은 비용-편익의 방식 으로 자신의 효용성(utility)을 증대하려면 집단적으로 행위를 조직화하는 경향이 있다. 집단적인 행위가 다른 사람의 개인적 행위에 의해 강요된 외부비용을 제거 할 수 있다면 효용성 극대화가 일어난다. 외부비용의 극소화가 정치적 또는 사회 적 조직을 위해 적합한 목표로 간주된다.

　또한 공공선택론에 따르면, 의사결정자로서의 관료들은 상이한 의사결정환 경에서 공공재와 서비스에 관한 전략적 기회(strategic opportunities)를 자신의 상 대적 이익의 방향으로 추구한다. 이와 같이 관료 자신들이 추구하는 방향의 결과 를 성취하기 위해 자신들의 선호된 가치가 내재된 일련의 대안을 선택할 것이라 는 것이다(Tullock, 1965; Ostrom & Ostrom, 1971: 203-205).

　이에 Down(1967)도 관료들은 다양한 행태의 인성(personality traits)을 표출 하며, 각자의 유용성(utility)을 최대화하기 위해 선택행위를 한다는 것이다. 관료 들은 다음과 같이 두 가지 유형의 특성으로 기술될 수 있다. 첫째의 유형으로 순

---

7) 이러한 각 개인들은 ① 개인적 이익(self-interest)으로 결정을 구조화한다. ② 각 개인들 은 일관된 선호체계를 가지고 있으며, 그 선호의 우선순위를 나열할 수 있다. ③ 이용할 수 있는 정보의 질에 따라 의사결정을 한다. ④ 합법적 행위의 범위 내에서 처신한다. ⑤ 보편적인 불확실한 제약하에 자신의 선호를 최대화하며 그리고 최소의 비용-효율성 전략 에 따라 의사결정한다.

8) 파라토 최적은 주어진 자원의 배분하에 적어도 한 사람이 나빠지는 상태가 없이 어느 누 구도 좋은 상태가 될 수 없을 때의 선택이다. 순수한 파라토 최적의 판단은 사회에서 자 원의 재분배(redistribution)보다 오히려 배분(distribution)에 관련되어 있다.

수하게 자기이익(purely self-interested)을 추구하는 관료이다. 이러한 관료는 출세주의자(climbers)와 보호주의자(conservers)로 구분된다. 출세주의자는 권력과 위신(prestige)에 의해 동기부여된다. 반면에 보호주의자는 현재의 상태(status quo)를 보존하려는 욕망에 의해 동기부여되며, 변화에 대해 저항적이다. 둘째의 유형으로 혼합적인 동기(mixed-motive)를 가진 관료들이다. 이들 관료들은 열광자(zealots), 옹호자(advocates), 정치인(statesmen)이다. 열광자는 다른 사람들이 자신의 열정을 공유하지 않지만, 특정한 정책(pet policies)에 특별히 집착한다. 옹호자는 보다 광범위한 정책에 대해 관심을 가진다. 정치인은 전체로서 사회 혹은 국가의 선(good)에 대해 관심을 가진다.

이러한 주장의 근거로 공공선택 이론가들은 ① 관료제 내의 사람들은 자신의 야망을 성취하고 승진하는데 이기적이다. ② 정부의 업무는 이기적인 결과를 추구하는 지적이고, 야망있고 그리고 다소 비양심적인(unscrupulous) 사람들에 의해 수행된다. ③ 정부활동의 효과적인 설계에 관한 새로운 통찰을 가져온 연역적이고, 논리적이고, 그리고 수학적인 모형에 의해 이기적인 선택과정이 기술되고, 설명되고, 그리고 예측된다.

이러한 맥락에서 공공선택론은 팽창지향적 이기적인 관료들의 야심에 대한 효과적인 내·외부통제장치가 필요하다고 주장한다. 즉, 공공선택론은 정치적 실패(political failure)와 이기주의적 정부(selfish government)의 문제점을 강조하면서 시장실패와 온정적(benevolent) 정부를 강조하는 후생경제학의 패러다임에 도전을 가한다. 국가에 관해 보다 냉소적인 견해를 갖고 있다. 국가란 사익이나 개인의 향락을 추구하기 위해 세입을 극대화하는 Leviathan과 같은 괴물로 파악하고 있다.

공공선택론은 다음과 같은 비판을 받고 있다(Levine, Peters & Thompson, 1990: 287-292).

① 전통적인 행정이론은 의회의원들에게 이론적인 사상을 의사전달할 수 있지만, 공공선택론은 추상적이라는 점이다. 즉, 정부 관리와 의회 의원이 정교한 수학적 모형을 활용하는 공공선택론에 접근하기가 어렵다. 또한 경제학적 모형에 관한 연역적 추론력을 높게 평가하므로 하찮은 문제에 대해 복잡하게 수학적으로 해결하려는 성향이 있다.

② 공공선택론은 공평(equity)의 문제에 무관심하다. 공공선택론은 시장이 독

점체제보다는 공공서비스를 보다 효율적이고 반응적으로 분배한다고 주장한다. 하지만, 공공재와 서비스에 대한 진입료를 지불할 수 없는 가난한 사람과 소수인종들에게 공공재를 위한 자유로운 시장체제는 공상(pipe dream)이다.

③ 공공선택론은 정책과정에 있어 공무원들의 역할에 도전한다. 공공선택이론에 의하면, 야심적인 공무원들은 예산을 팽창하고, 보다 높은 보수와 승진을 확보하기 위해 노력하므로 정부의 성장과 팽창을 자극한다. 이러한 문제에 대한 해결방안으로 선출된 공직자와 경력직 공무원 사이에 정치적 임용자의 범위를 넓히고, 그리고 정책과정에 공무원의 참여를 줄이자는 것이다. 하지만 공공선택론은 민간부문이 운영될 수 있는 범위 내에서 정부유지기능, 국방, 과학적 지식과 기술적 지식의 안정적인 기반을 통하여 국가의 부(wealth)를 증진하는 공무원의 기여를 간과하고 있다.

④ 자신의 이익을 결정하는 데 영향을 미칠 수 있는 사람은 단지 최고위층의 공무원이다. 이에 대다수의 공무원에 대해 공공선택이론을 적용할 수 없다는 것이다. 또한 예산극대화의 개념을 주장하는 공공선택론에 대해, 대다수의 공무원은 예산할당에 대해 통제력을 가지지 못한다(Lawton & Rose, 1991: 97).

⑤ 공공선택 이론가들은 공공재와 서비스의 산출과 분배에 있어 민영화(privatization)의 개념을 사용한다. 정부활동의 새로운 도구들은 대체로 간접적이고, 비연방적인 제3부문(은행, 병원, 비영리조직)이 정부활동을 운영한다. 정부활동에 대한 제3부문(third party)은 누가 무엇을 하는가(who is doing what)를 이해하기가 매우 어렵다. 이러한 제3부문은 관리적인 골칫거리(management headaches)를 일으킨다. 공공부문과 민간부문이 모호해지고, 제한된 통제력을 가진 공공관리자는 행위자들 간에 복잡한 네트워크를 조정해야 하며, 책임성의 문제가 일어난다. 또한 공공재와 서비스의 직접적인 분배에 필요한 공무원이 줄어들기 때문에 육체노동자의 힘(blue-collar work force)을 꾸준히 감소시킨다.

이와 같은 공공선택론의 운영상 또는 개념상의 어려움에도 불구하고, 정치적인 관점에서 공공선택론은 매우 전망이 밝다. 정부개혁자들은 서비스 분배체제에 관한 대안으로 공공선택론에 많은 관심을 둔다. 즉, 민영화, 민간위탁, 사용자 부담 등과 같은 대안들이 공공정책결정자들에 관심을 끌고 있다.

4. 후기행태론적 접근법과 신행정학

1) 후기행태론적 접근법

1960년대 후반 사회과학에 대한 적실성의 논의가 제기되었다. 적실성에 대한 관심은 부분적으로는 행태주의의 좁은(narrowness) 시각에 대한 반작용으로 설명할 수 있다. 이러한 후기행태주의는 행태주의의 두 가지 측면에 대한 비판으로 시작한다.

① 실질 세계의 문제 탐색에 대한 행태주의의 실패   행태주의는 정치학연구에 있어 새로운 분야라기보다는 새로운 기술, 새로운 접근법, 새로운 초점이라는 것이다. 이러한 행태주의는 핵전쟁, 가난, 질병의 위협과 같은 세계적인 문제를 해결하는데 실패했다.

특히 David Easton은 1969년 연례 미국정치학회에서 정치학의 새로운 혁명(The New Revolution in Political Science)으로 기조연설을 했다. 이 연설에서 정치이론에서의 가치판단을 배제하는 것은 새로운 학설에 주요한 결함이라고 지적하고, 행태주의의 영향에서 이루어진 정치학연구와 강의에 대해 불만족을 느꼈다고 선언하고 있다.

② 과학적 방법과 도구에 대한 행태주의자의 과도한 강조   행태주의는 정치현상과 관련하여 새로운 연구방법과 기술의 발달에 열망하여, 정치이론을 자연과학과 같이 발달하도록 노력하였다. 즉, 정치학을 철학과 분리하도록 노력하였다.

이런 맥락에서 1968년에 개최되었던 제1차 Minnowbrook 회의의 주된 중심적 주제는 곧 후기행태주의(post-positivism)이다. 이 회의의 많은 참석자들은 가치배제(value-free)와 객관적인 연구를 위해 노력했던 연구자들에 대해 불평을 표출하였다. 즉, 사회과학자들은 전문가적 능력에서 가치판단을 해야 한다는 것이다. 행정학은 소용돌이 환경(turbulent environment)에 대해 보다 민감해야 한다. 정치적 그리고 사회적 환경의 변화에 반응하기 위해 새로운 이론과 접근방법을 개발하는 데 관심을 가졌다. 또한 행정가들은 정책결정에 참여를 확대하고, 그리고 변화에 대응하기 위해 유연하고 새로운 조직형태를 설계하는 데 관심을 가지게 되었다.

이와 같은 시대적 배경에 논의되었던 후기 행태주의의 특징은 다음과 같이 요약할 수 있다.

① 가치배제(value-free)의 사회과학에 대한 반대   행태주의자는 과학주의 (scientism)와 가치배제접근법을 특별히 강조한다. 가치가 정치적 연구에 중요한 역할을 한다는 사실을 부인할 수 없다. 이 점에서 후기행태주의는 행태주의자가 정치학을 가치배제 과학으로 시도하는 것에 반대한다. 이에 Waldo는 정치학은 정의, 자유, 정치활동의 평등과 같은 가치에 보다 많은 관심을 가져야 한다고 지적한다.

② 현실정치의 적절성(適實性, relevancy)   행태주의자는 현실의 정치적 문제에 관한 적절성을 탐색하는데 실패했다. 행태주의는 야만적인 정치현실을 다루는데 실패했고, 혼란과 총체적인 불평등에 대해 적절한 해결책을 제시하지 못했다. 정치학자들은 정책과 정치개혁과 같은 문제에 최소한 관심을 가져야 한다. 이 점에서 후기행태주의자는 정치학은 사회에 대해 보다 적절성을 가져야 하며, 정의, 자유, 형평성, 민주주의와 같은 기본적인 사회적 이슈에 대해 숙고해야만 한다고 지적한다.

③ 사회보존이 아닌 사회변동(social change)에의 강조   후기행태주의는 현대 정치학은 행태주의자가 수행했던 사회적 보존이 아닌 사회적 변동에 주된 관심을 가져야 한다. 즉, 행태주의자는 사실의 기술과 분석에 자신들을 한정했고, 전체적 사회맥락에서 사실을 충분히 고려하지 않았다. 이런 관점에서 후기행태주의는 행태주의자의 방법과 기술이 현재와 미래사회의 문제해결뿐만 아니라 복지를 해결하는 데 도움을 주길 원한다.

2) 신행정학

패러다임을 행정이론의 논쟁에 대입시키면, 고전이론(Weber의 관료제 등)은 과학적 이론의 사상(Simon 등)으로 전개되고, 과학적 사고방식(scientific outlook)은 신행정학으로 대치되었다.[9)] Frederickson(1974a, 1974b)에 의하면, 신행정학 (new public administration)은 사회적 형평성(social equity)을 체계적으로 방해하는 정책과 구조를 변화시키기 위해 추구한다.

---

9) Kuhn(1962)은 과학적 운동의 역사에 관한 연구를 통하여 패러다임은 하나의 사이클을 통하여 전개된다는 것을 발견했다. 패러다임은 지배적인 사상(dominance)의 시작과 기간을 가진다. 패러다임은 긴급한 문제에 대한 해답이 제공되지 않을 때 대치된다는 것이다. 코페르니쿠스(Copernicus)의 사고는 뉴톤(Newton)의 사고로 대치되고, 아인슈타인(Einstein)의 사고방식으로 이어진다.

베트남 전쟁의 영향과 1960년대와 1970년대에의 사회에 고통을 준 많은 사회적 질병(가난, 편견, 청년들의 반감 등), 인종차별, 그리고 행정학의 지적 기반에 대한 불만이 신행정학으로 나타났다. 이와 관련하여 1968년 Dwight Waldo를 비롯한 신진학자들은 민노우브루크회의(Minnowbrook Conference)에서 다음의 사항을 비판했다. ① 사회적 질병(social ill)에 대한 정부의 무반응성, ② 행정가에 의한 권위의 오용, ③ 사회적 결과(societal outcomes)를 고려함이 없이 효율성과 생산성을 과도하게 강조하는 것, ④ 현재의 상태에 대한 보존에의 몰두, ⑤ 인간의 다른 특성을 배제한 채 합리성을 강조하는 것, ⑥ 고객집단에 대한 책임성이 감소되고 있는 것, ⑦ 실적주의 고용체계에 내재한 엘리트이즘, ⑧ 노동자와 고객집단에 대해 행정적 규범의 비인간화 영향 등이다(McKinney & Howard, 1998: 171-172).

또한 신행정학은 세 가지 주제에 대해 비판을 가한다. ① 행정이론은 경험적 연구에 기초하지 않고 과학적이라고 명명하고 있다. ② 관습적인 행정이론가들은 조직적 인간주의(organizational humanism)에 있어서 가치판단을 거부하고, 단지 자기 자신의 가치와 선호를 보호하기 위해 노력한다. ③ 관습적 행정이론은 국가적 주요한 관심사항, 즉 사회적 결속, 인간적 문제의 해결, 환경보호, 보편적 정부의 신뢰를 보호하는 등의 사항에 대해 부적절하다.

신행정학의 프로그램은 다음과 같이 요약된다. ① 행정가는 솔선수범(pro-active)이어야 한다. 행정가는 최고의 요구를 가진 고객의 옹호자가 되어야 한다. ② 행정은 사회적 요구(societal needs)에 적실성이 있어야 한다. 행정이론과 실제가 사회가 직면한 중요한 문제에 대해 주된 관심을 가져야 한다. ③ 행정가는 국민의 위엄과 자아가치(self-worth)를 고양하는 태도를 가지고 봉사하는 자세로 근무해야 한다. ④ 행정가는 고객에게 도움을 주기 위해 자기 자신의 능력을 개발해야 한다(McKinney & Howard, 1998: 174).

이러한 신행정학은 전통적 행정학에 대한 반실증주의자(anti-positivist), 반기술적 그리고 반계층제적 반응이다. 국민들의 변화하는 욕구에 대해 반응하기 위한 실질적인 이론을 탐색하기 위한 노력이었다. 신행정학의 초점은 정부역할과 시민들에게 공공서비스를 어떻게 제공할 것인가 하는 과제이다. 이처럼 신행정학은 고객에 초점을 둔(client-focused) 행정기관으로 재조직하는 데 관심을 두었다. 신행정학의 핵심은 가치 지향적(value-oriented)이고, 그리고 행정에 대한 사

표 4-6 Minnowbrook 회의의 주요 내용

개최시기	좌장	주요한 회의 내용
제1차 회의 (1968)	Dwight Waldo	-정부에 대한 분노와 불안에 대한 배경 -초점은 변화, 적절성(relevance), 사회적 형평성, 가치
제2차 회의 (1988)	George Fredrickson	-개최 시기는 미국경제의 상승과 대중 사이의 도취감(euphoria) 야기한 때 -초점은 자유주의, 민영화, 세계화(LPG: Liberalization, Privatization, Globalization) -신공공관리의 개념의 대두와 성공적인 입증
제3차 회의 (2008)	Rosemary O'Leary	-주요 초점은 구조적 개혁과 기능적 개혁, 3E인 경제성, 효율 성 및 효과성 개념의 대두 -전지구적 관심은 테러이즘, 경제적 불균형과 환경적 불균형

회적 반응성이다. 또한 신행정학은 행정학의 근본적인 개혁을 인도하지는 못했지
만, 행정학 연구에 많은 영향을 미치고 있다.

신행정학에 대한 지속적인 학자들의 논의는 <표 4-6>과 같이 Minnowbrook
회의로 이어지고 있다. 이들 학자들의 논의는 행정학은 끊임없이 사회적 변화에
능동적으로 부응해야 하며, 사회적 형평성과 정의를 실현하기 위해 노력하며, 행
정가는 국민에게 책임을 져야 한다는 것이다. 제1차와 제2차 Minnowbrook 회의
는 행정학의 독립된 분야로서의 정체성과 적법성을 탐색하기 위해 노력한 특징
이 있다. 제3차 Minnowbrook 회의는 행정학의 정체성에 대해 더 이상 초점을
두지 않았다.

5. 신공공관리론

신공공관리론(new public management)는 전통적인 관료제적 조직의 행정은
파괴되어야 하며, 결과적으로 정부에 대한 국민들의 신뢰가 상실되고 있다는 가
정에서 출발한다(Rosenbloom & Kravchuk, 2005: 20). 이점에서 신공공관리론은
신관리주의(neo-managerialism), 시장기반 행정, 기업가적 정부(entrepreneurial
government)로 명명되기도 한다.10)

　　신공공관리론은 자유주의적 관리와 시장지향적 관리를 지향한다. 신공공관
리론의 기본철학은 관리혁신을 통해 많은 공공문제를 해결할 수 있다는 것이며,
신제도경제학과 기업식 관리주의에 기초한 혁신논리이다. 즉, 신공공관리론은 신
자유주의적 관점에서 공공관리를 이해하려는 시각으로서 기본적으로 경쟁, 시장
적 인센티브, 탈규제, 민영화, 고객만족, 민간기업식 정부운영방식을 통해 정부자
원을 효율적으로 활용하여 궁극적으로 정부활동의 생산성을 제고하는 것을 기본
목적으로 한다. 이런 시각에서 공공관리자는 자기이익 추구적이며, 기회주의적
혁신가이고, 그리고 급전적 변화를 창출하기 위해 정보와 상황을 개발하는 위험
감수자이어야 한다. 또한 공공관리자는 기업가적 리더십(enterpreneurial leader-
ship)의 역할을 수행해야만 한다(Terry, 1998: 197).

　　이러한 신공공관리론은 다음과 같은 두 가지 중요한 관점을 강조한다.

　　첫째, 관리적 향상과 재구조를 강요한다. 좋은 관리접근법은 결과지향적(효
율성, 효과성, 서비스 질)이어야 한다. 신공공관리론은 공공서비스 질을 향상하고,
정부지출을 절약하고, 정부운영의 효율성을 증진하고, 효과적인 정책집행을 수행
하는 것이다. 또한 신공공관리론은 집권화된 계층구조를 분권적인 관리로 대치하
고, 공공영역의 규모를 감축하고 재구조화하고, 집권화된 행정서비스의 규모를
축소화하며 다운사이징하는 것이다.

　　둘째, 신공공관리론은 관리적 실행에 있어 민간위탁(contracting out)과 같은
경쟁과 시장을 강조하고, 민간부문스타일을 채택하는 것이다. 즉, 민간부문의 관
리접근법을 공공부문에 도입하는 것이다. 이는 민간기업과 같은 관리사상과 시장
의 효능감에 기초한 사상을 공공부문에 이식하는 것이다. 이에 대해 Pollitt(2001)
도 신공공관리는 공공서비스의 전달을 위해 시장과 같은 메커니즘을 활용하는
것이라고 규정한다.

　　신공공관리론은 가끔 1960년 후반에 시작된 신행정학(new public admin-
istration)과 비교하기도 한다. 신행정학보다 10년 이후에 제기된 신공공관리론은
공공서비스의 효율성과 질을 강조한다. 이점에서 신행정학이 공공책임성, 모범

---

10) 영국에서는 신관리주의라는 용어가, 미국에서는 신공공관리라는 용어가 주로 사용되며,
　　현재에는 주로 신공공관리라는 용어가 사용되고 있다. 신관리주의는 공공선택이론, 대
　　리인이론, 거래비용경제학의 가치와 가정을 수용하고 있다. 즉 인간은 경쟁적인 자기이
　　익에 의해 움직이는 합리적인 경제 행위자라고 가정한다.

고용주의 행정서비스 가치, 적법 절차(due process)에 초점을 두는 것과 대조적으로 신공공관리론은 공공서비스 생산기능 및 운영문제에 초점을 둔다.

표 4-7 신공공관리론과 신행정학

신공공관리론	신행정학
실제적인 접근 (hands-on approach)	반 계층적, 반실증주의자 (anti-positivist)
명시적 기준 (explicit standards)	민주적 시민성 (democratic citizenship)
산출 통제의 강조	내부적 규제
단위의 분리 (disconnection of units)	형평성 (equity)
민간부문의 강조	공공 시민성 강조
타이밍 향상 (improve timing)	안정성 (stability)
돈의 보다 많은 활용 (greater usage of money)	사회적 정서 (socioemotional)

특히 Hood(1994)는 신공공관리론의 주요 요소를 다음과 같이 정리한다. ① 투입 및 절차중심에서 산출 및 성과중심으로, ② 통합적 정부조직에서 기능적 다원화로, ③ 내부독점적 서비스 공급에서 민간부문과의 계약 및 경쟁관계로, ④ 관리자에게 관리권한을 위임하고, ⑤ 분명하고 측정 가능한 업무성과기준을 마련하며, ⑥ 고정임금에서 변동임금으로 전환하여 인센티브를 확보하고, ⑦ 산출/성과평가를 통한 행정의 책임성을 확보한다(김근세, 2005: 39 재인용).

특히 1980년대 신공공관리적 행정개혁을 시도한 앵글로-색슨계 국가들은 1990년대에 접어들면서 분석 및 평가관련 법령을 정비하고 기구를 강화하고 있다. 예를 들면, 미국의 '정부성과결과법(Government Performance and Results Act 1993)',[11] 영국의 '지방정부법(Local Government Act 1990)', 호주의 '수익에 기초

---

11) 이 법에 의하면, 각 정부기관은 주요 임무와 목적을 명확하게 설정하고 5년 단위의 전략계획(strategic plan)을 수립하며, 이에 따라 연도별 성과목표 값과 추진계획을 세우도록 한다. 또한 전년도 목표 대비 추진성과를 측정하여 대통령과 의회에 보고토록 하고, 사업예산의 지출과 성과 사이에 어느 정도 직접적인 관련성이 있는지에 관한 정보를 연도

한 결과·산출예산편성 및 보고서(1990)', 캐나다의 '감사법(Auditor General Act, 1995 수정)' 등 평가 관련 법률을 제정하고 보완하는 분석 및 평가와 관련된 제도를 정비하고 있다(남궁근, 2000: 51−52).

하지만, 신공공관리론은 공공부문관리의 모든 문제에 대한 만병통치약(panacea)이 아니며, 다음과 같은 비판을 받고 있다.

① 공공부문에 민간영역의 관리기법을 적용하는 다소의 위험이 내재되어 있다. 대부분의 공공서비스는 독특한 정치적, 윤리적, 헌법적 그리고 사회적 차원이 포함되어 있다. 이들 요소들이 공공부문과 민간부문을 구별하게 하는 것이다. 이 점에서 신공공관리론은 민주주의를 충족시키지 못한다. 민주적 국정관리 차원에서 공공 기업가는 민주주의에서의 책임성이라는 문제를 야기시키며, 이에 심각한 위협이 되고 있다. 이리하여 신관리주의의 기업가형 행정시스템은 미국이 입법민주주의에서 높이 평가하고 있는 다른 가치인 공정성, 정의, 대표제, 참여 등과 비교하면 하찮은 가치라는 것이다(이영균, 2001).

② 신공공관리론은 분권화로 인한 집권화의 역설(paradox)이 발생한다. 프로그램 관리와 관련하여 공공관리자의 의사결정에 집권화가 초래된다. 또한 신공공관리론자들의 주장은 시장의 경쟁원리에 대한 지나친 몰입으로 인해 신자유주의의 부작용을 확대 재생산할 우려가 클 뿐만 아니라 공사부문 간에 존재하는 본질적 차이나 적용대상 국가의 문화·제도적 특성 차이를 고려하지 못하는 한계를 지니고 있다(김정렬·한인섭, 2008: 40).

6. 현상학적 접근법

현상학(phenomenology)은 철학과 심리학의 학문영역에서 유래되었다. 특히 현상학은 20세기 철학자인 Edmund Husserl의 연구에 기초한다. Husserl는 세상에서의 현상이 사람의 의식에 의해 어떻게 구성되는지에 대해 연구하였다.

현상학은 의식(consciousness)의 연구와 관련되어 있고, 어떤 사건의 의미(meaning)에 대한 사람들의 지각을 언급한다. 현상학적 연구는 어떤 특정한 상황에 대해 사람의 지각, 인식 및 해석을 이해하기 위해 시도하는 연구이다. 이 점에

별 예산과정에 반영하도록 규정함으로써 궁극적으로 성과주의 예산제도를 확립해 나가도록 하고 있다(정부혁신지방분권위원회, 2005: 42).

서 현상학적 물음의 초점은 사람이 어떤 현상과 관련하여 무엇을 경험하였는지, 그리고 그러한 경험을 어떻게 해석하는가에 관한 것이다.

현상학의 목적은 인과적 설명 혹은 객관적인 실체에 관한 이론 없이 의식적인 경험과 같이 현상에 대한 직접적인 조사와 기술이다. 이는 사람들이 의미를 어떻게 구성하는가에 대해 이해를 추구하는 것이다. 이러한 현상학적 접근법은 모든 경험적 지식은 지각적 인상(sensory impressions)으로 시작해야만 한다. 우리가 형상하는 모든 개념은 우리가 매일 활용하는 오감과 같은 감각적 인상(sense impressions)의 결합에 기반을 두어야 한다.

행정학에 있어 현상학적 접근법은 행정학연구와 관련된 실증주의 학파와 행태학파의 방법론적 가정에 대한 반작용으로 나타났다. 사회현상은 자연현상과 같이 객관적인 것이 아니라 인간의 의식, 생각, 언어 등으로 구성되어 그들의 상호주관적 경험으로 이루어지는 것이다.

이들 현상학적 학자는 엄격한 과학적 방법이 행정적 이해를 눈에 띄게 한 것에 대해 의문을 가졌다. 이들 학자는 사회적 실체에 대한 질적 연구와 해석학적 방법을 선호했다. 이 접근법은 행정학의 인간적인 측면을 강조하고, 행정적 배경에서의 가치, 의미 및 활동을 강조한다. 이 접근법에 의하면, 조직은 객관적으로 존재하는 구조로 간주되는 것이 아니라 사람들의 산물로 이해해야 한다. 사람들은 상호작용을 통해 사회적 의미를 수정하고, 변화하고 그리고 변형시킨다.

이와 같이 현상학적 접근법은 관찰할 수 있는 요소와 명확한 행태에 관한 인과적 설명을 제공하는 것에 관심을 가지는 것이 아니라 조직구성원이 업무와 관련하여 어떻게 현실세계에서 사회질서를 보고, 기술하고, 설명하는가에 관심을 가진다. 조직적 기능이 산출하는 것은 개인들의 상호주관적(intersubjective) 공유된 경험이라는 것이다. 조직은 사람들의 마음에 존재하는 것이다. 이런 맥락에서 현상학적 접근의 작업은 구체화 과정이 관료제에서 어떻게 일어나는가 그리고 왜 일어나는가를 해석하는 것이다(Jun, 1985: 32-33).

이러한 현상학적 접근법은 과학적 연구방법으로는 불가능했던 인간의 주관성을 이해하기 위한 방법을 제시했다는 점에 의의가 있고, 또한 행정학을 가치중립적인 연구에서 가치판단적 연구로 전환시켰다는 점에 의의가 있다(정철현, 2004: 137).

표 4-8 현상학적 접근법의 장점과 단점

현상학적 접근법의 장점	현상학적 접근법의 단점
-시간의 경과에 따라 변화과정을 전망할 수 있다. -인간적인 의도(people's meanings)를 이해하는 데 도움을 준다. -새로운 이슈와 아이디어가 제기될 때 이들에 적응하는 데 도움을 준다. -새로운 이론을 발전시키는 데 기여한다. -인위적인 방식이 아닌 자연적인 방식으로 데이터를 수집한다.	-데이터 수집에 있어 많은 시간과 자원이 요구된다. -데이터의 분석과 해석에 어려움이 있다. -속도, 과정 그리고 종료점을 통제함에 있어 실증적 접근보다 어렵다. -정책결정자가 현상학적 연구에 낮은 신뢰감을 주고 있다.

용어의 정의

Andrew Jackson(1767 – 1845)　　　　Jackson 대통령은 1812년에 Tennessee 주의 변호사와 유망한 젊은 정치가로 성장했으며, 1824년 John Adams와 대통령 선거에서 적은 표차이로 패배했으며, 이후 1829년에서 1837년 사이에 미국 7대 대통령으로 재임했다. Jackson 대통령은 자신을 국민의 사람(man of the people)로 칭하고 동부 엘리트들과 의회 토지정책을 공격하는 반엘이트주의 정책으로 캠페인을 벌였다. 이때 미국의 정당시스템의 발달로 새로운 민주당(Democratic Party)의 리더가 되었다. 반면에 Jackson 대통령을 반대하는 정당인 위그당(Whig Party)이 탄생되었고, 독재적인 Jackson 대통령을 'King Adnrew I'의 부정적 이미지로 언급되고 있다. Jackson 대통령 때 정치권력의 핵심이 동부에서 서부로 이동하였다.

　　Jackson 대통령 때 엽관제가 왕성했다. 정부 직책을 정치적 친구에게 제공하고, 정치적 적대자를 해고하는 엽관제 시스템 역사는 Thomas Jefferson 대통령에서 이어진다. 즉, 정치적 동지와 지지자들에게 정부직책을 보상했다. Jackson 대통령 때 약 2만명의 연방공무원이 엽관제로 임용되었고, 1884년에는 13만 명 이상이 되었다. Jackson 대통령 이후 엽관제에 의한 남용과 결함이 심각했었다. 정치적 임용은 정치활동에 보다 많은 자금을 지출하게 했다.

팬들턴법(Pendleton Act)　　　　프랑스 대사를 희망했던 Charles J. Guiteau가 James Garfield 대통령을 암살한 계기로 1883년 1월 팬들턴법이 의회에 통과되었다. 이 법은 오하오주 상원의원인 George Hunt Pendleton에 의해 제안된 것으로 연방정부의 직책은 실적에 기초하여 임용되어야 하고, 공무원은 경쟁시험을 통해 선발되어야 한다는 것이다. 이 법은 법률에 보호를 받는 공무원을 정치적 이유로 해직하는 것은 비합법적이라는 것을 명시하고 있다. 이 법을 집행하기 위해 공무원위원회(Civil Service Commission)가 설립되었다.

Woodrow Wilson(1856. 12. 28 – 1924. 2. 3)　　　　Wilson은 1856년 12월 28일 Virginia주 Staunton에서 태어났다. 그는 1879년 Princeton University에서 학부를 졸업하고, Virginia 대학교 법과대학원(law school)을 졸업하고, 1886년 Johns Hopkins University에서 "의회정부: 미국정치에의 연구(Congressional Govern –

ment: A Study in American Politics)"로 정치학 박사학위를 취득하였다. Princeton 대학교에서 법률학과 정치학 교수로 재직했고, 총장(1902－1910)을 역임했다. 대학 총장으로서 교육개혁정책으로 전국적 명성을 얻었다. 1910년에 민주당 후보로 New Jersey 주지사로 선출되었다. Wilson은 1913년에서 1921년까지 미국 28대 대통령으로 재직했으며, 이 기간은 미국이 주도했던 세계 1차 대전(1914－1918)의 기간이다. 이로 인하여 역사가들은 민주주의와 세계평화의 옹호자로 미국 대통령 중에서 가장 위대한 사람으로 기록하고 있다. 이러한 평화보호운동의 노력으로 1919년에 Nobel상을 수상했다.

행정과 관련하여, Wilson은 행정을 행동에의 정부(government in action)로 명명했으며, 정부의 가장 가시적인 측면으로 행정부로 설명한다. 행정학의 연구는 공무원이 정부의 효율성을 향상하게 하는 것으로 믿는다. Wilson은 철학적 이슈(philosophical issues)에 초점을 둔 정치지도자를 비판했다. Wilson은 정부의 길을 강화하는 것은 비능률적인 정부를 경영하는 것이며, 정부조직을 정화하고(purify) 그리고 강화하는 것으로 이해하고 있다.

Frank Johnson Goodnow(1859. 1. 18－1939. 11. 15)　　Goodnow는 Columbia University에서 법학학위를 취득하고, 이 대학에서 행정법을 강의했으며 (1883－1914), 1903년 미국 정치학회의 주된 설립자이며, 1904-1905년 동안 초대회장으로 봉사했다. Johns Hopkins University의 총장(1914-29)으로 재임했다.

Goodnow는 정부메커니즘의 연구를 강조했으며, 그의 저서 「정치와 행정(Politics and Administration, 1900)」에서 대중의 의지(the popular will)가 행정과 어떻게 뚜렷하게 구별되는지를 보여주고 있다. 특히 이 책에서 Goodnow는 정부 행정에 대한 엽관제의 부정적 효과에 관심을 가졌다. 엽관제는 행정적 효율성을 손상하는 것으로 인식했으며, 민주적 정부에 대한 위협으로 간주했다.

패러다임(paradigm)　　과학적 패러다임(scientific paradigm)은 어떤 주제와 관련하여 공통적으로 수용되는 견해의 모든 것을 포함하는 틀이다. 즉, 패러다임은 특정한 방식으로 세상을 보는 관점이다. 이것은 연구의 방향을 어떻게 취하고 그리고 어떻게 수행해야하는지의 구조를 안내한다.

정상과학(normal science)은 단계적 과학과정이다. 혁명과학(revolutionary science)은 패러다임 자체에 대한 과학적 의문이다. 패러다임이 프톨레마이오스 주전원(Ptolemy's epicycles)과 같이 극복할 수 없게 될 때 패러다임 전이

(paradigm shift)가 초래한다. Kuhn에 의하면, 새로운 패러다임은 옛날의 패러다임 토대에서 설정되는 것이 아니라고 주장한다.

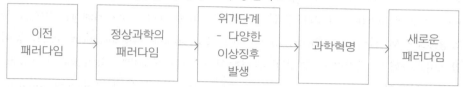

Max Weber(1864－1920)   Weber는 1864년 4월 21일에 태어나 1920년 6월 14일까지 생존하였다. Weber는 독일의 사회학자, 철학자, 법학자, 정치경제학자로 사회이론과 사회연구에 심오한 영향을 미쳤으며, Émile Durkheim, Karl Marx와 더불어 현대 사회학의 창시자 중 한 사람이다. 또한 관료제의 아버지(father of bureaucracy)로 명명되고 있다.

Weber는 1889년에 베를린대학(University of Berlin)에서 중세경영조직의 역사(The History of Medieval Business Organizations)로 법학박사를 받았다. 그리고 동 대학에서 강의하였고, 1894년에 Freiburg 대학 경제학교수로 임용되었다.

칸트학파의 윤리(Kantian ethics)에 영향을 받은 Weber는 「프로테스탄트 윤리와 자본주의의 정신(The Protestant Ethic and the Spirit of Capitalism)」이라는 저서에서 금욕 프로테스탄주의(ascetic protestantism)가 서구의 시장지향적 자본주의 세계와 합리적－법률적 국가(rational－legal nation－state)의 성장과 연계된 중요한 선택 친화력(elective affinites)의 하나로 이해하고 있다. Weber는 자본주의의 태동을 이해하기 위한 수단으로써 종교에 내포된 문화적 영향의 중요성을 강조하고 있다.

「경제와 사회(Wirtschaft und Gesellschaft)」라는 저서에서 사례분석을 통하여 자본주의적 활동을 여섯 가지 유형으로 발전시켰다. 그의 논제는 개혁에서 초래되는 가치의 변화가 현대 자본주의의 성장을 용이하게 하는 윤리적이고 경제적 분위기를 제공한다는 것이다. Weber에 의하면, 열심히 노력하고 검소한 프로테스탄의 가치와 물질적 부의 취득은 자본주의적 경제를 정착하게 한다. 기독교(구원)의 소망은 자본주의적 경제에서 요구되는 생산을 위한 동기를 제공한다고 주장한다. 이와 더불어 자본주의를 용이하게 하는 가장 중요한 제도는 현대 관료제라는 것이다. 관료제가 자본주의와 인과관계가 없지만, 강한 자본주의 사회의 전제조건이라는 것이다.

Weber의 주요한 저작물은 프로테스탄트 윤리와 자본주의 정신(The Protes－tant Ethic and the Spirit of Capitalism, 1905), 시(The City, 1912), 종교사회학(The Sociology of Religion, 1922), 일반경제역사(General Economic History, 1923), 사회경제조직의 원리(The Theory of Social and Economic Organization, 1925) 등이 있으며, 사회적 맥락에서 종교에 관련하여 중국의 종교(The Religion of China, 1916), 인도의 종교(The Religion of India, 1916), 고대 유대교(Ancient Judaism, 1917－1918)를 출간했다. 경제와 사회(Economy and Society)의 원고는 부인이 편집하여 1922년에 출판되었다.

계층제(階層制, hierarchy)　　　다른 사람의 행태를 규제하고 낮은 순응에 대해 처벌할 수 있는 능력에 연계된 권위의 배열이다. 고전적 관료제가 계층제의 대표적인 유형이다.

관료제(官僚制, bureaucracy)　　　영어의 bureaucracy는 프랑스어 bure(국왕의 재무서기 책상을 덮는 천)와 그리스어 kratiac(지배하는)의 합성어 의미이다. 관료제의 본질은 책상에 놓여있는 기록과 규제에 따른 규칙(rule)과 이를 집행하는 사람의 지식과 권한이다. 이에 관료제는 기계적 방식으로 활동하도록 훈련된 사람으로 구성된 기계(machine)와 같다. 이러한 관료제는 최상의 효율성을 달성할 수 있고 의사소통과 의사결정의 비용과 시간을 최소화할 수 있다.

문서주의(文書主義, red tape)　　　관료제 현상의 하나로 정부가 공공서비스를 수행함에 있어 과도한 서류와 절차를 따라 수행되는 과정을 의미한다. 문서주의는 과거 공식적인 영국서류를 감쌌던(wrapped) 리본 색깔의 이름이다. 문서주의는 힘이 놓여있는 규칙, 규제, 절차로 정의되고, 규칙에 요구된 입법적 목적에 부합되지 않는 과도한 순응의 짐을 말한다.

Frederick Winslow Taylor(1856－1915)　　　Taylor는 1873년에 Midvale Steel Company에 기계공장의 노동자가 되었으며, 이후 최고 기술자가 되었고, 1881년에 시간과 동작연구를 소개했다.

과학적 관리의 목적은 선발, 승진, 보상, 훈련 및 생산과 같은 기본적인 관리기능의 법칙을 발견하고, 그리고 이들 기능에 최상의 방법(one best way)을 적용하는 것이다. Taylor는 성공적인 관리자는 생산과정의 모든 국면을 통제하는 것으로 믿었다. 직원에 대한 관리방식으로 ① 주먹구구식(rule of thumb)이 아닌 과학, ② 불일치가 아닌 조화, ③ 개인주의가 아닌 협력, ④ 최고의 산출, ⑤ 최상의 육체적 역량을 위해 각 사람의 발전을 제시하고 있다.

Henri Fayol(1841－1925)   Fayol은 19세 때 프랑스의 거대한 광산회사에 엔지니어로 일을 시작했으며, 광산회사가 1,000이상의 노동자로 성장할 때 관리자가 되었다. 이런 경험을 통해 관리에 있어 가장 중요한 14개 원리를 발전시켰다. 이것은 관리자가 직원을 어떻게 조직화하고 상호작용하는가를 설명해 준다. 이들 14개 원리는 조직설계와 효과적인 행정을 위한 원리를 종합한 것이다.

George Elton Mayo(1880-1949)   Mayo는 오스트레일리아 출신의 산업심리학자이며 사회이론가이다. 1922년에 미국으로 이주하여, 1923년에 펜실베이니아 대학교에서 구성원의 이직에 대한 피로의 효과를 연구하였으며, 1926년 Harvard 대학교에서 인간관계연구와 관련한 부교수로 임용되었다.

　　Mayo는 1927년에서 1932년까지 Hawthorne 실험을 주관했다. 전화케이블장비를 조립하는 여성노동자를 대상으로 조직구성원의 생산성과 관련한 다른 업무조건의 영향을 연구하였다. 실험결과, 사람들이 순전히 돈을 위해 일한다는 것은 잘못된 이해라는 것을 보여주었다. 일이라는 것은 그 이상의 것이 존재한다는 것이다.

　　Mayo의 주요 저서로 1933년 산업문명에의 인간문제(The Human Problems of an Industrial Civilisation), 1945년 산업문명에의 사회문제(he Social Problems of an Industrial Civilisation) 등이 있다.

행태주의(行態主義, behaviorism)   행태주의는 과학적이고 객관적인 조사방법을 강조하는 심리학적 접근법이다. 이 점에서 행태주의는 사고와 감정과 같은 내적인 사건과 반대되는 무엇보다 관찰할 수 있는 행태에 관심을 가진다.

　　이러한 행태주의 운동은 1913년 John Watson의 논문 행태주의자 관점으로부터 심리학(Psychology as the behaviorist views it)이라는 논문에서 시작되었다. Watson에 의하면, 모든 행태는 환경으로부터 학습된다는 것이다. 행태주의는 행태에 영향을 미치는 환경적 역할을 강조한다. 또한 행태는 자극－반응(stimulus－response)의 결과이다. 즉, 상황 혹은 자극은 반응의 동인이라는 것이다.

Chester Barnard(1886-1961)   Barnard는 AT&T에서 40년 이상 재직했고, New Jersey Bell Telephone의 최고경영자로 퇴직했다. 1937년에 Harvard 대학교에서 일련의 강의를 진행했으며, 이를 기초하여 1938년에 「관리자의 기능(The Functions of the Executive)」이라는 저서를 출판했다.

Barnard는 조직을 협력시스템으로 간주하고, 혼자 성취할 수 없는 것도 두 사람 이상의 협력에 의해 달성될 수 있다고 강조한다. 또한 조직은 자립(self-sufficient)할 수 없으며 외부환경으로부터 자원에 의존할 필요가 있다고 주장한다. 이 점에서 조직은 시스템 균형상태(system equilibrium)를 성취할 필요가 있다고 지적한다. Barnard는 조직의 세 가지 핵심적인 요소로 ① 의사소통, ② 활동에 기여하고자 하는 사람들의 의지(willing), ③ 공통적 목적을 제시하고 있다.

Herbert Alexander Simon(1916-2001)   Simon은 1916년 6월 15일 위스콘신주 밀워키(Milwaukee)에서 태어났고, 시카고 대학교에서 1936년에 정치학 학사와 Harold Lasswell과 Charles Edward Merriam의 지도로 1943년에 박사학위를 취득했다. 카네기멜론대학교(Carnegie Mellon University)에서 강의하였다.

Simon은 미국의 정치학자이며, 인식심리학, 컴퓨터과학, 행정학, 경제학, 경영학, 사회철학 등의 광범위한 영역에서 연구한 학자이며, 20세기 가장 영향력 있는 사회과학자이다.

특히 Simon은 고전경제학 주의(tenets)에 반대되는 제한적 합리이론(theory of bounded rationality)을 제시했다. Simon 자신은 만족하다(satisfy)와 충족하다(suffice)의 두 단어를 조합한 만족하는(satisficing)으로 명명되는 것을 좋아했다. Simon은 개인들은 특정한 행동과정에 있어 요구되는 모든 정보에 접근할 수 없기 때문에 인식적 제한(cognitive limits)에 의해 교착된다고 지적한다. 이러한 만족원리는 설문지를 완성하는 방식에서 적용할 수 있다는 것이다. 응답자는 최적의 해답을 추구하기보다는 오히려 만족스러운 해답을 가끔 선택한다는 것이다. 이와 같은 만족은 시장연구에 있어 전통적인 통계방식을 왜곡할 수 있다.

Simon은 피아니스트인 엄마의 영향으로 피아노를 잘 쳤으며, 열정적인 산악등반가이기도 했다. 어떤 때에는 학부에서 프랑스혁명을 강의하기도 했다. 1978년에 노벨경제학상을 수상하였다.

대표적 책으로 1948년의 행정행태: 행정조직의 의사결정과정 연구(Administrative Behaviour: A Study of the Decision Making Processes in Administrative Organization)와 1958년 James March와 공저한 조직론(Organizations)이 있다.

게슈탈트 심리학(Gestalt psychology)   게슈탈트 심리학은 전체로서 심성(human mind)과 행태를 관찰하는 사고학파이다. 게슈탈트 심리학은 단지 모든 작은 부분에 초점을 두지 않는다. 게슈탈트 심리학에 의하면, 우리는 단지 세계를 보는 것이 아니라 우리가 보고자 기대한 것에 기초하여 우리가 보는 것을 실제로 해석한다(We do not see the world as it is). 더욱이 어떤 물체의 전체는 그 물체의 개개 부분보다 중요하다. 전체를 관찰하는 것은 혼란 속에서 질서를 발견하는 데 도움을 준다.

게슈탈트 심리학은 몇 가지 지각적 조직화의 법칙으로 구성된다. 이들 법칙은 ① 유사성(similarity)의 법칙, ② 단순성(pragnanz)의 법칙, ③ 근접(proximity)의 법칙, ④ 지속성(continuity)의 법칙, ⑤ 폐쇄(closure)의 법칙이다.

이러한 게슈탈트 심리학은 1930년대와 1940년대에 시각적 지각(visual perception)에 적용되었으며, 이것은 부분적으로 Max Wertheimer가 Wilhelm Wundt의 구조주의(structuralism)의 반응으로서 형성되었다. Wundt가 심리적 문제를 가능한 가장 작은 부분으로 나누어 이해하는 반면에, 게슈탈트 심리학은 전체적인 심성과 행태로 관찰하는 것이다. Wertheimer에 의하면, 행태는 전체적 관점에서 개개의 요소에 의해 결정되는 것으로 이해할 수 있다. 부분 프로세스(part-processes)는 전체의 본질적 특성에 의해 결정된다.

엔트로피(entropy)   엔트로피는 어떤 시스템의 무질서에 관한 측정(the measure of the disorder of a system)이다. 엔트로피는 질서가 시간의 경과와 더불어 저하되는 과정을 의미한다. 즉, 엔트로피는 이용할 수 있는 에너지가 감소하는 현상이며, 순 산출에너지(net output energy)가 투입에너지보다 적게 되는 것이다. 많은 과학자들은 우주는 자연스럽게 최대의 엔트로피 상태를 향해 전개한다고 믿는다. 엔트로피 이론에 의하면, 우주에 있는 모든 것은 궁극적으로 동일한 기온에 도달한다. 별과 은하수는 존재하지 않게 되고 생명이 없게 된다.

신공공관리론(新公共管理, New Public Management: NPM)   신공공관리론은 공공서비스의 생산과 전달에 있어 전통적 관료제적 접근법과 다른 민간부문에 적용하는 기법을 적용하는 접근법이다. 이러한 신공공관리론은 1980년대 Ronald Reagan과 Margaret Thatcher와 같은 정치인에 의해 나타났다. 신공공관리론은 정부의 비용을 줄이고 효율성을 향상하기 위한 민간부문에서 활용하는 관리기법을 적용하며, 성과와 영향에 대한 평가를 강조하고, 국민에 대한 공무원의 책임을 제고하는 관리의 틀을 강조한다.

공공선택론(公共選擇理論, public choice theory)   공공선택이론은 James Buchanan과 Gordon Tullock에 의해 발전된 것으로 공공결정이 어떻게 이루어

지는가를 설명하기 위한 이론이다. 이 이론은 경제학자들이 시장에서 사람들의 행동을 분석하는 데 활용하는 동일한 원리를 집단적 의사결정과 관련한 사람들의 행동에 적용한다. 경제학자는 사람들은 자기이익(self-interest)에 의해 동기부여된다고 가정한다. 이런 맥락에서 공공선택경제학들도 정치시장에서 사람들의 행동은 자기이익이 주된 동기라는 것이다. 또한 공공선택이론은 정부가 제공하는 서비스의 질을 향상하기 위한 정부기관과 정부의 지배권에 대한 경쟁(competition)과 공공서비스에 대한 시민의 선택을 강조하고 있다.

Clifford Dwight Waldo(1913-2000)   Waldo는 현대 행정학에 가장 영향을 미친 학자이며, 지난 100년간 가장 뛰어난 정치학자 중 한 사람이다. 미국행정학회는 매년 뛰어난 행정학자에게 Dwight Waldo Award를 수여하고 있다.

1948년에 출판한 「행정국가(The Administrative State)」에서 Waldo는 과학적 방법은 행정이 민주적 가치와 조화하는 데 실패한다고 주장한다. 공무원은 활동적이어야 하고 활기차야 하며, 변화에 대해 정치적으로 사려 깊은 행위자(politically savvy agents of change)가 되어야 한다고 지적하고, 공무원은 인간조건을 향상하고 그리고 민주주의를 강화하는 임무가 있다고 주장한다.

현상학(現象學, phenomenology)   현상학은 그리스어 현상(phenomenon)과 이성(logos)으로부터 유래되었으며, 모습(appearance)을 의미한다. 현상학은 의식(consciousness)의 연구와 관련되어 있고, 어떤 사건의 의미(meaning)에 대한 사람들의 지각을 언급한다. 현상학적 연구는 어떤 특정한 상황에 대해 사람의 지각, 인식 및 해석을 이해하기 위해 시도하는 연구이다. 이 점에서 현상학적 물음의 초점은 사람은 어떤 현상과 관련하여 무엇을 경험하였는지, 그리고 그러한 경험을 어떻게 해석하는가에 관한 것이다.

CHAPTER 5

정부와 행정

I 정부란?

1. 정부의 의의와 범위

정부(government)는 현대 사회에서 가장 중요한 기구이며, 시민생활에 깊숙이 관여하고 있다.[1] 정부는 사회 내의 다양한 이해갈등의 조정자로서의 역할을 수행하며, 사회 내의 중심적 결합력이고, 최저수준의 생활(a minimum standard of living)을 보호하는 국민의 옹호자(people's champion)이다. 또한 정부는 사회 내에 다양한 조직의 결합과 조정력을 가진 법적·도의적 권위체로의 유일한 서비스 행위자이다. 이러한 정부가 개인의 요구와 공동체의 요구를 만족하기 위해 끊임없이 균형을 유지하려는 노력에 대해 시민이 항상 이해하는 것은 아니다. 이처럼 정부는 광범위한 공공서비스, 법률, 규제, 공평하고 청렴한 공공작업장과 같은 특징을 가지고 있다(Raadschelders, 2003).[2] 나아가 정부는 사회 내의 규제

---

1) 정부는 희랍어의 kybernetes, 즉 '배의 조타수'라는 용어로부터 유래되었다. 조타수가 정부라면, 그가 조정하는 배는 시민사회가 된다. 이 점에서 시민사회가 확대되고 거기에 내재하는 문제들이 많아질수록 이 사회를 조정해야 할 정부의 능력은 양적으로나 질적으로 더욱 커져야 할 것이다(안병만, 1999: 28).

혹은 개입자(interventionist)로서의 역할을 수행함에 있어서 국민을 필요로 한다. 무엇보다 국민이 정부 존립의 합법성을 부여한다. 대표민주주의(representative democracy)는 모든 시민들의 자발적인 지지를 요구한다.

특히 정부는 적어도 세 가지 차원에서 인적자원으로서의 국민(people)을 필요로 한다. ① 정부는 정치적 책임성(political responsibility)을 기꺼이 감수하려는 개인들을 필요로 한다. 국민의 대표기관으로 선출되는 공직자는 선거를 통하여 공직에 부응하는 책임에 요구되는 권위가 부여된다. 정치적 공직자들(political officeholders)은 공공조직에 최고층에 위치한다. ② 정부는 공공부문에 고용되기를 원하는 사람을 필요로 한다. 다양한 정부유형은 공무원(public servants)을 요구한다. 정부는 광범위한 직위에 다양한 능력을 가진 사람을 고용한다. ③ 정부는 공공서비스의 산출과 공공정책의 의사결정에 실질적으로 참여하고 그리고 협의체가 되는 시민(citizens)을 필요로 한다. 또한 시민들의 자발적인 참여 없이는 우리 사회의 필수불가결한 다양한 서비스를 이용할 수 없게 될 것이다 (Raadschelders, 2003: 43).

정부와 거버넌스는 권한의 행사와 의사결정을 포함하고 있고, 자원의 관리와 정책의 시행이 포함된다는 점에서 유사성을 가진다. 하지만, 정부와 거버넌스는 몇 가지에서 차이점을 가진다. 정부는 국가를 통치하거나 통치하는 선출된 대표들로 구성되고, 통치의 목적을 위한 도구이다. 거버넌스(governance)는 적절한 기능을 위해 선출된 대표자들이 따르는 방법이며, 정부가 따르는 틀이나 절차를 의미한다.3) 이처럼 거버넌스는 다스려지는 방식 또는 지배질서를 의미하며, 정부가 수립한 틀에서 규칙을 준수함으로써 국가의 복지를 위해 최선의 결과를 얻

---

2) 정용덕(2001: 190-191)은 국가(國家, state)와 정부란 다음의 측면에서 차이가 있다고 제시한다. ① 국가가 공적 영역의 모든 제도들을 포괄하고 공동체의 모든 구성원들을 포함하는 포괄적인 영역인 연합인 데 반해, 정부는 국가의 일부분일 뿐이다. 국가는 지속적이고 심지어 영속적인 실체인 데 반해, 정부는 일시적이고 들어오고 나가는 속성을 지닌다. ② 정부는 국가정책을 수립하고 집행하는 데 있어서 국가의 두뇌에 해당하며, 국가의 존재를 영속시키는 기능을 한다. ③ 국가는 몰인간적인 권위(impersonal authority)를 행사한다. ④ 국가란 사회의 영속적인 이익(the public good or general will)을 대표하는 반면, 정부는 특정한 시기에 집권하게 된 자들의 파당적 정서(partisan sympathy)를 대표한다.

3) 거버넌스(governance)는 '다스리다, 또는 통치하다'라는 의미를 갖는 영어 단어 govern의 명사형으로, 사전적으로는 다스리거나 권위를 행사하는 행위를 의미한다(이명석, 2016: 2).

을 수 있도록 하는 것을 목적으로 한다. 또한 거버넌스는 정부가 조직되고 일하는 방식의 변화, 또는 정부와 민간부문 사이의 협력을 나타내는 협치를 의미한다(이명석, 2016).

표 5-1 정부와 거버넌스

구분	정부	거버넌스
정의	선출된 사람들을 의미함; 국가를 통치하거나 통치하는 선출된 대표들로 구성됨	정부가 따르는 틀이나 절차를 의미함; 적절한 기능을 위해 선출된 대표자들이 따르는 방식
정체	국가에 초점; 가장 중요한 제도로 다수결의 민주주의(majoritarian democracy)와 계층제	계층제, 협상시스템, 경쟁적 메카니즘의 요소를 결합하는 제도적 구조; 네트워크
정치	권력을 획득하기 위한 정당 사이의 경쟁	국가와 사회 활동체(social actor) 사이의 협상; 제도적 조정시스템 내의 적응구조
정책	입법, 공공재의 분배	동의, 타협, 교환(barter); 집합재화(collective goods)의 공동생산; 네트워크 관리
계층적 특성	수직인 계층(top-down)	다양한 행위자와 권력 균형이 역할을 하는 동적 다단계 프로세스; 다층성(multi-layer)
모델	선형모델(linear model)	네트워크 모델(network model)

또한 정부는 증가되는 인구규모와 다양성, 기술혁명, 중앙정부와 지방정부의 관계 증진, 세계화의 환경적 압박, 빈부격차의 증가 등에 의해 대표성, 공평성, 합법성에 대해 도전을 받고 있다.

이러한 정부의 역할과 특징을 공공의 의미에 비추어 이해하고자 한다.[4] 정

[4] 백완기(2007: 7-13)는 공공성(公共性, publicness)의 내용과 개념이 시간의 흐름에 따라 변화되고, 또한 사적인 문제가 공적인 문제로 되어 버리는 경우가 많기 때문에 복잡하고 방대하다고 진단한다. 이 점에서 공공성을 구성하는 요소들을 이해함으로써 공공성의 개념과 내용을 탐색할 수 있다고 지적한다. 이러한 공공성의 구성요소들은 ① 정부에 관계되는 것들(governmental): 공공성의 핵심은 정부적이다. 정부적이란 중앙정부, 지방정부, 공기업 등 주체성을 띤 공공기관을 의미한다. ② 정치성(political): 모든 정부는 정치과정을 통해서 탄생한다. ③ 공개성(open): 공개성은 접근성(access)과도 표리관계에 있다. 접근성이 용이하면 공개성도 커진다. ④ 공익성(public interest): 공익은 소수의 이익보다는 불특정 다수의 이익을 염두에 두고 있기 때문에 공중적 의미를 전제로 한다. ⑤ 공

부보다 광의의 의미인 공공(公共)의 개념은 행정부·의회·관청·재판소 등과 관련된 사항과 이들이 행하는 모든 활동을 포함한다. 이러한 공공부문의 범위에 대해 OECD(1997)는 공공부문(公共部門, public sector)을 일반정부와 중앙은행을 포함한 모든 공기업으로 구성된다고 정의하고 있다. Gemmell(1993)은 공공부문의 범위란 ① 정부의 사용자원, ② 정부의 지출, ③ 정부의 소유, ④ 정부의 통제, ⑤ 정부의 생산재화 등으로 규정하고 있다.

이와 같은 공공부문은 정치·행정학적 관점, 법적인 관점, 경제학적인 관점, 노사관계의 관점에서 이해할 수 있다(정재하, 2005: 7-13).

① 정치·행정학적 관점   정치적 관점에서 공공부문 개념은 자유주의적 사상의 바탕에서 공익(public interest)을 중심으로 발전하였다. 반면에 행정적 관점에서의 공공부문이란 공공기관이 행하는 일련의 활동 및 이들 기관이 의사결정하고 집행하는 모든 영역을 포함하고 있다. 이 점에서 정치·정부·관료조직의 제도들은 공공부문에 속하고, 반면에 다양한 시장제도들은 사적부문에 속한다.

② 법적 관점   법적 관점에서의 공공부문은 공법(公法, public law)에 의한 모든 단체, 즉 중앙정부·지방정부·공기업을 포함한다. 반면에 사법(私法, private law)으로 설립된 모든 단체, 즉 기업 혹은 복지단체들은 민간부문에 속한다.[5]

③ 경제학적 관점   경제학적 관점에서의 공공부문은 사적, 즉 시장과 대칭을 이루는 개념으로 사용되고 있다. 공(公)과 사(私)는 정부의 재정지원 혹은 통제를 받는 공적조직들에 의해 생산 또는 분배되는 부문이냐의 여부에 따라 구분되거나, 생산수단이 공적 혹은 사적 소유인지의 여부 등에 따라 구분된다. 첫째, 자원배분 측면에서 보면, 주어진 총자원의 배분과정에서 정부가 직·간접인 역할

유성(publicly shared): 자유민주주의를 지탱해 주는 공유적 가치는 자유, 평등, 권력분립, 선거제도, 다수결 등이다. 이들 가치들은 한데 모여 공유됨으로써 자유민주주의가 동질성을 유지하도록 한다. ⑥ 공정성(fairness): 공정성은 우선 차별을 받지 않고 억울함을 당하지 않는 경우를 이야기한다. 또한 평등을 합리적 절차로 이해할 때는 이는 공정성이라 할 수 있다. ⑦ 인권(human rights): 공공성의 역사는 인권의 역사와 같다. 인권은 공공성을 마련하는데 일차적 계기가 된다.

5) 우리나라 헌법 제119조 2항에서 "국가는 균형있는 국민경제의 성장 및 안정과 적정한 소득분배를 유지하고 시장의 지배와 경제력 남용을 방지하며, 경제주체간의 조화를 통한 경제민주화를 위하여 경제에 관한 규제와 조정을 할 수 있다"라고 규정하고 있다. 제23조에서는 재산권의 사회적 구속성을 강조하고, 제126조에서는 사기업의 국공유화 가능성을 배제하지 않고 있다.

을 담당하는 영역이 공공부문이다. 둘째, 재화와 서비스의 생산 및 유통과정에서 필요한 정부의 통제와 개입에 의해 설립된 기관을 중심으로 공공부문의 개념을 규정할 수 있다. 셋째, 생산측면에서 보면 공익을 목적으로 제공하는 각종 재화와 서비스를 생산하는 주체와 그들의 활동과 관련된 영역을 공공부문으로 정의할 수 있다.

④ 노사관계 관점   노사관계 관점에서의 공공부문은 정부가 일정한 근로자에 대하여 사용자로서의 지위에서 근로조건을 결정하고 통제하는 부문을 말한다.

이와 같이 공공부문은 시장경제에서 개인 및 기업과 더불어 하나의 경제주체로 경제활동에 참여하여 공공부문의 재화와 서비스를 생산함으로써 국민의 삶의 질을 향상시킬 뿐 아니라 민주주의의 물적 기초를 이루는 중요한 역할을 수행한다. 이 점에 비추어, UN의 SNA(System of National Accounts)는 <그림 5-1>

그림 5-1 공공부문의 범위

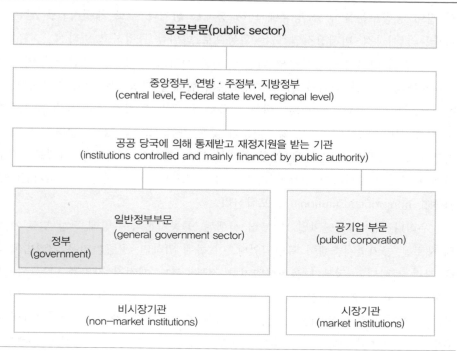

자료: 정재하(2005: 15).

표 5-2 우리나라 공공기관의 분류모형

분류	시장형	준시장형	위탁집행형	기금관리형
대표기관	한전	수자원공사	국립공원관리공단	근로복지공단
업무특성	상업성	준상업성	정책목적사업 수행	정부기금 직접운영
지배구조	강한기업원리 (OECD모델)	기업원리 (준OECD모델)	공적관리	공적관리
이사회모델	이사회중심모델	이사회강화모델	자문형이사회 모델	운영위·이사회 모델
소유권기능	기획예산처 (공기업운영위)	기획예산처 (공기업운영위)	주무부처·기획 예산처 (준정부기관 운영위)	주무부처·기획 예산처 (준정부기관 운영위)

자료: 한국개발원(2005).

과 같이 공공부문을 공공 당국에 의해 통제를 받거나 주로 재정지원을 받는 각 기관들의 시장적·비시장적인 모든 활동으로 범위를 규정하고 있다.

이 점에 있어서 공공부문의 역할에 대한 시각의 재정립을 통한 정부의 공공 경제정책의 효과를 높이기 위해 공공부문의 범위를 설정하는 것이 중요하다. 일반정부(general government)는 대개 공공행정·국방·공공질서의 유지·교육문화 등 각종 서비스를 무료 혹은 생산비보다 낮은 가격으로 공급하는 중앙정부 및 주정부 혹은 지방정부, 정부에 의해 통제를 받고 자금이 조달되는 사회보장기구, 가계와 기업에 봉사하며 정부에 의해 자금이 조달되고 통제받는 비영리기관(非營利機關, nonprofit institutions)을 포함한다.

우리나라는 2007년 4월 1일부터 시행된 '공공기관의 운영에 관한 법률'에 의해 새로운 공기업시스템이 확립되었다. 이 법에 의하면, 공공기관은 개별법에 의해 직접 설립되고 정부가 출현하였거나 정부로부터 재정적 지원을 받는 기관을 말한다. <표 5-2>와 같이 공공기관 중에서 직원 정원이 50인 이상인 기관은 국가 공기업과 준정부기관으로 국가에 의해 지정된다. 국가 공기업은 기관의 자체수입액이 50%를 넘는 공공기관 중에서 지정되고, 그 나머지 중에서 준정부기관으로 지정하고 있다(송재석, 2007).

2. 정부의 역할

행정은 공공관리에 있어 중립적인 실제(neutral practice)로 간주된다. 행정기관은 중앙정부 또는 지방정부의 환경에 영향을 미치는 행정이 일어나는 장소(the place in which public administration occurs)이다. 행정이 실제로 일어나는 장소인 정부는 공공서비스를 수행하면서 정부의 환경적 변화에 따라 정부의 역할변화를 겪게 된다. 정부가 정부실패에 따른 개혁의 방향을 작은 정부에 초점을 두거나, 또는 시장실패를 치유하기 위한 정부의 적극적인 역할기대에 따른 큰 정부로 정부의 역할이 변화한다. 즉, 시장경제에서 정부의 역할은 크게 두 가지로 나누어진다. 하나는 시장경제의 장점을 극대화하기 위해 제도적 인프라를 공급·관리하는 소극적인 역할이다.6) 다른 하나는 시장경제의 한계를 극복하기 위해 자원배분과정에 개입해서 시장의 성과를 제고하는 적극적인 역할이다(김종석, 2008).

또한 정부의 역할은 국민이 정부가 무엇을 하는가에 대한 생각에 영향을 받을 뿐만 아니라 민간기업이 할 수 없는 것에 의해 영향을 받는다. 스웨덴과 같은 보다 사회주의 국가에서 정부기관의 범위는 미국과 같은 자본주의 사회에서 정부활동의 범위보다 훨씬 광범위하다. 즉, 스웨덴 국민은 미국 국민들보다 정부역할에 대해 훨씬 많이 기대하고, 그리고 요구한다. 이에 스웨덴 정부는 미국 정부보다 정부의 창도적인 역할(initiating role)과 보다 적극적인 활동을 수행한다(Lerner & Wanat, 1992: 4).

이와 같이 정부와 시장의 역할과 기능을 어떻게 설정할 것인가에 관한 문제

---

6) 시장경제가 자원배분의 효율성과 경제의 지속적 성장이라는 장점을 구현하기 위해서는 세 가지의 제도적 장치가 효과적으로 작동해야 한다. 이들 제도를 도입하고 효과적으로 운영하는 것은 정부의 기본적인 역할이다. ① 재산권의 보장: 소유권이 불분명하거나 다수의 소유자가 존재하는 자원은 공유지의 비극(Tragedy of Commons)현상이 초래하게 되어 자원의 낭비를 가져오게 된다. ② 계약의 자유와 계약이행의 보장: 정부가 경제활동의 자유를 보장하고, 경제주체간에 맺은 계약이 제대로 이행되도록 강제하는 사법제도를 효율적으로 운영하는 것은 시장경제가 지속적으로 작동하는데 중요한 전제가 된다. ③ 자유롭고 공정한 경쟁의 보장: 공정하고 자유로운 경쟁은 시장경제의 효율성 제고는 물론 체제의 건전하고도 지속가능한 발전의 중요한 전제가 된다(김종석, 2008).

는 정부-시장관계 혹은 정부역할을 이해하는 데 중요한 질문이라 할 수 있다. 정부의 과정과 시장의 과정 사이에 중요한 차이가 존재한다. 시장에서 시민들은 돈으로 투표를 한다(vote with dollars). 반면에 정부에서 시민들은 투표로 투표하며 (vote with votes), 각 시민들은 단지 하나의 투표권만을 가진다. 시장시스템에서의 재산권 중요성 때문에, 정부의 법률제정권과 법집행기능이 경제적 책임성을 담보한다. 이에 정부는 시민의 재산권에 대한 창조자, 보호자, 규정자, 해석가, 집행자이다. 즉, 정부는 재산권 소유문제 등에 대한 개개인의 분쟁을 해결하기 위해 법률과 절차를 제정한다. 시장에서의 정부 기능은 경제와 사회의 틀 (framework)의 창조자의 역할을 수행한다(Ulbrich, 2003: 5-6).

이 점에 있어, 정부와 시장은 정치, 경제, 사회 등 사회제반 분야에 질서를 유지하기 위한 두 가지 근본적인 원리의 성격을 가지고 있다. 인위적이고 강제적인 질서를 형성하는 정부와 자생적 질서의 특징을 갖는 시장은 사회가 안정적으로 발전하는 데 필요한 두 가지 핵심기능이다.[7] 이러한 정부-시장의 관계는 <표 5-3>과 같이 시대에 따라 다르게 인식되어 왔다. 즉, 각 국가의 환경에 따라 정부 기능이 중시되기도 하고, 혹은 시장기능이 강조되기도 한다(김성수, 2007: 75).

특히 신우익주의의 작은 정부의 논리는 자유주의적 속성과 보수주의적 속성으로 구성된다. 자유주의적 속성은 보다 자유롭고, 개방적이며, 경쟁적인 시장경제를 가져오기 위한 공공부문의 개혁으로 민영화, 규제완화, 복지국가감축의 전략을 추구한다.[8] 반면에 보수주의적 속성은 보다 강한 국가의 권위를 회복하기

---

7) 시장체제(market system)는 생산수단(토지, 노동, 자본, 기업)에 대한 사적 소유권 (private ownership)에 기초한다. 이에 시장체제는 재산권(property rights)과 재산권을 보호하는 보증(guarantee)에 대한 명확한 정의가 요구된다(Ulbrich, 2003: 5). 시장 (market)이란 수요자와 공급자가 만나 가격을 결정하고 매매가 이루어지는 장소를 말한다. 이러한 시장경제(market economy)는 부 또는 자원이 개별 경제 주체들에게 사유 (私有)되고, 가격은 수요와 공급이라는 보이지 않는 힘에 의해 결정되며, 그 가격이라는 신호(signal)에 의해 생산·분배 등 주요한 경제적 의사결정이 이루어지는 틀을 말한다. Adam Smith(1723-1790)는 경제주체들이 자신의 이득을 위해 최선의 의사결정을 하게 되면 결국 사회적 이득도 최대화된다는 시각에서 시장 기능에 의해 경제문제를 해결하는 것이 가장 효율적이라고 보았다(김승욱 외, 2006: 26-29).
8) 고전적 자유주의는 17세기부터 시작하여 19세기에 완성을 본 개념이다. 고전적 자유주의의 본질은 모든 개인에게 국가나 종교조직 등의 공동체의 권위나 강제로부터 자유를 보장한다는 사고방식이다. 자유주의는 다른 사람에게 피해를 주지 않는 범위 내에서 개인의 사회적 자유는 절대적으로 보장되어야 한다는 주장이다. 자유주의는 인간의 자연적 자유

| 표 5-3 | 정부-시장관계의 역사적 변천 |

시대	패러다임	정부/시장기능	비고/주요사건/사조
15C까지	중농주의	시장미발달 정부기능은 동양에서는 어느 정도 역할이 있었으나 서구에서는 미약	–
16C- 19C 초	중상주의 등장	정부기능 중시	–
19C 중엽	자유주의 등장	시장기능 중시 작은 정부 지향(야경국가)	1860년대 자유무역 제국주의 시대
20C 초- 1970년대	신중상주의 확대 자유주의 퇴조	정부기능의 확대	케인즈주의(소득정책, 경기조절) 동아시아 개발독재 유럽의 복지국가 공산주의 계획 경제
1980년대 이후	신자유주의 확대 신중상주의 퇴조	시장기능 중시 확대 작지만 강한 정부	영국 대처 정부 미국 레이건 행정부 사회주의 몰락, 탈규제화, 민영화

자료: 김승욱 외(2006: 65).

위한 공공부문의 개혁으로 제도적 대통령론,[9] 신관리주의 전략을 처방한다(김근세, 2005: 36).

주의가 아니라 정치적 자유를 말하고, 자유로운 개인은 동일하게 자유권을 가진 타인과 공존할 수 있어야 할 것이다. 고전적 자유주의의 주된 고민은 어떻게 하면 공존을 위한 룰(rule)을 확보하느냐 이고, 이것은 작은 정부의 역할이라는 것이다. 자유주의에 기여한 학자들은 John Locke, Montesquieu 등이 있다(김찬동, 2007).

9) 제도적 대통령은 행정수반의 국정관리 리더십과 정책능력 강화에 관심을 가진다. 즉, 행정기관이 직접적인 책임과 관심을 갖는 대통령기관을 강화하려는 경향을 갖는다. 이 논점은 행정수반이 자신의 정책공약을 행정실제로 실현시키기 위해서는 정책과 국정방향에 대한 통제와 함께 이를 행동화할 수 있는 인력, 예산, 법령, 조직과 같은 행정관리의 기본 수단을 장악하고 관리할 수 있는 능력을 제고하는 데 초점을 둔다(김근세, 2005: 37).

3. 작은 정부와 큰 정부

1) 작은 정부

작은 정부(small government)는 개인적인 책임, 기회의 균등, 개인의 자유를 강조하며, 정부란 시장 기능을 저해하는 각종 요인을 제거하는 역할을 담당하고,10) 그리고 제한된 정부로 지향하는 자유민주주의 국가체제로 작고 분권화한 정부를 지향한다. 작은 정부론은 기존의 계층제적이고 집권적인 관료제 조직을 탈피하여 탈규제화 되고, 분권적이며 다원적인 정부조직으로의 개편을 강조한다. 또한 작은 정부론은 정부 관료제의 독점적인 서비스 제공을 지양하고 민간부문에 의한 서비스 제고의 효율성 그리고 내부시장의 원리를 강조한다.

미국의 경우 대공항 이후 국가의 개입이 증가하면서 복지국가 시대가 열렸고, 이에 따른 정부실패를 경험한 이후 1980년대 초부터 시장의 확장과 함께 신자유주의 사조가 등장하였다. 신자유주의(neo-liberalism) 사조는 비대한 정부기구와 기능의 폐지·축소, 정부의 규제와 간섭 축소, 그리고 자유시장제도의 확산을 통해 능률적인 작은 정부를 실현하자는 논리이다. 이처럼 신자유주의 이념은 많은 국가들이 직면한 각종 사회경제적 문제에 대한 해결책으로 정부지출의 축소와 시장의 자율성 제고라는 처방의 기초를 제공하였다.

특히 1989년 베를린 장벽이 무너지고 1991년 공산주의의 붕괴는 큰 정부에 종지부를 찍게 되었다. 이리하여 정부주도의 경제시스템에서 민간주도의 경제시스템으로의 전환을 모색케 함으로써 정부와 민간부문과의 관계재정립이 주요한 과제로 등장하게 되었다(강신일·최병선, 1993: 1). 더욱이 정보통신산업의 급속한 발달은 국정운영방식에 새로운 변화를 촉구하고 있다. 이런 맥락에서 과거 정부주도의 중앙집권적 경제운영에서 벗어나 자원배분에 대한 의사결정권을 각 경제

---

10) 또한 자유주의의 야경국가론(夜警國家論)에서는 정부란 치안과 질서의 유지에만 치중하고, 나머지는 간섭하지 말라는 주장이다. 즉, 국가의 기능이란 근본적으로 시장 기능이 원활하게 작동하게 만드는 것이며, 단지 국가란 다음의 기능을 해야 한다. ① 정부의 가장 기본적인 역할은 재산권을 규정하는 것이다. ② 정부의 개입은 사유 재산을 보호하기 위한 것이다. 즉, 국가는 되도록 시장에 간섭하지 말고 오직 사유 재산을 보호하는 수준에서 그 기능을 최소화해야 한다. ③ 정부의 중요한 기능은 시장 실패를 교정하는 것이다. ④ 정부는 사회적인 공동선(예를 들면, 전쟁, 비상사태 등)을 실현하기 위해서 시장에 개입한다(김승욱 외, 2006: 63-64).

주체에게 맡기고 이를 시장의 힘에 의하여 운용하는 분산화된 경제질서가 점차 확산되었다. 또한 경제에 대한 개입도 정부가 주도적인 역할을 하기보다는 경제 주체 간의 분쟁의 조정이나 필수 공익산업에 대한 규제 등으로 제한되는 경향이 나타났다(김종석, 2008).

이와 같이 신자유주의는 경제위기의 직접적인 원인과 책임이 케인즈주의적 행정 국가가 초래한 '큰 정부'에 있다고 보고, '정부의 실패'를 강조하는 한편, 시장의 자유화, 복지의 민간화, 국가의 최소화 등을 핵심 내용으로 하는 새로운 국정운영의 패러다임이 나타나고 있다. 즉, 작은 정부의 패러다임은 정부기능과 민간기능의 합리적 재조정, 중앙정부와 지방정부 사이의 합리적인 기능 및 사무의 재배분, 그리고 정부부문의 생산성 향상을 위한 노력을 필요로 한다. 또한 보다 작고 효율적인 정부를 위해 기존의 정부활동범위와 행정기능을 재검토하는 일에서부터 출발해야 한다. 이리하여 민간부문의 향상을 위해 정부는 과감한 규제완화, 민영화, 실질적인 지방자치제의 실현 또는 분권화, 정부부문 내부의 생산성 향상 노력을 필요로 한다.

2) 큰 정부

유럽의 농업 불황과 이어진 장기적 불황으로 인하여 1870년대에 들어들면서 유럽에서 자유주의의 사조는 심각한 도전에 직면하였다. 이에 유럽 각 국가들은 자국 경제의 침체를 모면하기 위한 전략으로 자유 무역을 포기하고 보호주의를 옹호하기 시작하였다. 또한 1930년대 대공항(1929－1933)과 두 차례에 걸친 세계대전 과정에서 자유방임적 사상의 작은 정부를 강조하는 고전학파 패러다임의 입지가 약해지고, 국가재정을 통한 경제안정화 정책을 강조한 케인지안(Keynesian) 경제이론이 정부개입의 정당성을 부여하는 이론적인 근거를 제공하게 되었다.

나아가 제 2차 세계대전 이후 세계의 절반을 차지한 사회주의 국가들은 자유주의 시장경제원리를 부정하고 정부가 가격을 결정하고 경제계획을 수립하는 전형적인 중상주의 정책을 실시하였다. 자유주의 진영에서도 전쟁과 공황 극복, 그리고 사회주의의 도전에 대응하기 위한 복지국가 개념의 등장으로 말미암아 정부의 역할이 비대해졌다(김승욱 외, 2006: 63).[11] 이러한 복지국가는 국가가 국

---

11) 국가의 소득분배 문제를 중시하는 복지국가주의(福祉國家主義)는 정부가 국민의 최소한의 경제적 필요를 충족시켜 주어야 한다는 개념이다. 이에 실업자가 직장을 구할 때까지 정부가 생계를 책임져야 하며, 최소한의 의료·교육 혜택을 정부가 제공해 주어야 한다.

민의 사회보장과 사회복지를 실천하기 위해 생활전반에 적극적으로 개입하는 것을 책임과 원칙으로 한다. 따라서 복지국가에서의 정부는 불평등과 빈곤을 줄이기 위해 시장을 통한 분배과정과 조건에 영향을 미치는 각종 정책을 산출한다. 따라서 복지국가는 정부가 개인이나 사회에 대해 개입하는 것을 정당화하며, 전반적인 사회의 복지향상을 위해 시장의 절대적 역할을 통제하고 이를 통해 경제적 자율성을 제한하는 것이 인정된다(왕재선, 2008: 50).

이와 같은 국가 환경적 배경에서 큰 정부(big government)의 역할을 강조하는 것은 사회적 책임감, 결과의 평등성, 개인의 복지, 가부장적 정부에 맞는 국가체제로 과도한 중앙집권화된 정부를 지향한다. 특히 제2차 세계대전 후 개발도상국가뿐만 아니라 선진 국가에서도 경제부흥 또는 정치적 이유로 정부역할이 증대되고, 기업에 대한 규제가 강화되고, 공기업 형태에 의한 공공서비스 수행이 증대되었다. 나아가 국경없는 무한경쟁의 세계무대에서 국가경쟁력을 강화하기 위한 수단으로 또한 한 나라의 문제만이 아닌 세계적인 관심으로 전이된 환경문제 등으로 정부의 적극적인 역할이 강조되고 있다.[12]

이러한 큰 정부의 국가체제에 대해, 제1차, 2차 석유파동과 1980년 초반 세계경제의 불황은 각 국가로 하여금 정부역할에 대한 문제점을 인식하게 하였다. 높은 석유가격으로 인한 생산성 증가의 둔화, 산업에 대한 정부규제의 대폭적인

1944년 영국 정부도 「베버리지 보고서(Beveridge Report)」를 수용하여 백서를 작성하였고, 1945년 제2차 세계대전이 끝난 다음에는 당시 여당인 영국의 노동당을 중심으로 복지국가 실현을 위한 정책을 적극적으로 펼쳤다(김승욱 외, 2006).

12) 특히 세계화와 규제의 관계를 반규제(反規制, anti-regulation)나 친규제(親規制, pro-regulation)로 이해하는 입장이 있다. 첫째, 규제완화·폐지 가설의 입장은 국경을 초월한 무한경쟁 상황에 놓여 있는 기업들이 노동과 지대, 자본투자 비용, 세금 비용을 줄일 수 있고 규제에 대한 부담이 적은 지역을 투자대상으로 선호하기 마련이고, 이는 이러한 투자를 유인하기 위해 국가 사이의 경쟁은 기존 규제의 급속한 해체를 이끈다는 것이다. 둘째, 규제강화 가설은 세계화가 진전됨에 따라 국가의 역할 증대와 함께 규제기관의 기능과 권위는 더욱 강화되고 더 많은 규칙과 규제가 발생할 것이라는 것이다. 즉, 환경, 소비자 보호, 건강, 작업장 안전 등의 분야에 규제가 강화된다는 것이다. 끝으로, 한 나라의 정책은 국제사회 혹은 시민사회의 요구와 반드시 일치하지는 않는다는 주장이다. 동일한 국제환경에서도 국가 나름대로의 가치, 선호, 이해관계, 비전 등에 따라서 정책이 달라질 수 있으며, 국내적으로는 수많은 사회세력들의 정책요구를 수렴하고 여과하는 과정에서 국가가 상당한 정도의 자율성을 발휘할 수 있다. 즉, 국가는 국내외 여러 요인들의 역학관계에서 독자적 견해를 가지고 정책을 결정, 집행하는 정책공급자(policy supplier)라는 것이다(이계레 외, 2006: 106-108).

확대, 인플레이션의 왜곡적인 효과, 그리고 높은 정부지출 등으로 인하여 정부활동에 대한 국민의 전반적인 불만이 나타났다. 더욱이 전통적인 정부 서비스 부문인 국방, 경찰, 소방, 초·중등교육, 고속도로, 사법에 대한 지출은 낭비와 비효율성에 대한 불만을 낳을 수 있다는 가능성이 사실로 나타나고 있다(안재욱·이은영, 1993: 44－45). 이로 인하여 시장주의적 경쟁원리의 도입과 관리의 자율성 강화로 기업가적 정부운영을 추구해야 한다는 정부혁신의 운동이 제기되고 있다.

Ⅱ 시장실패와 정부실패

1. 시장실패

시장경제시스템이 잘못 작동되는 현상을 시장실패라 한다. 시장실패(市場失敗, market failure)는 시장기구가 제 역할을 수행하지 못한 상황이며 자원배분이 왜곡된 상태이다. 즉, 시장실패란 경쟁적 가격기구인 시장이 효율적인 자원배분을 달성하지 못한 것이다. 시장의 기능이 제대로 작동하지 않을 경우, 정부는 경제 및 사회부문에 대해 개입하게 된다. 이러한 시장실패가 일어나는 원인을 살펴보면 다음과 같다(송병락, 1998: 149－154).

① 공공재(public goods) 공공재는 나의 소비가 타인의 소비를 침해하지 않는 재화 또는 타인의 소비가 나의 소비를 침해하지 않는 재화이다. 반면에 사적 재화(私的 財貨, private goods)는 나의 소비가 타인의 소비를 침해하는 재화를 말한다(안문석, 2001: 25). 즉, 시장에서 사고 팔 수 없으면서 국민생활에 긴요한 것들이 공공재이다. 예를 들면, 국방서비스, 치안서비스, 의무교육 등이다. 이런 서비스의 수요와 공급을 시장에 맡기면 시장은 실패하기 마련이다.

공공재는 어떤 사람에 대해서도 이 혜택을 누리지 못하게 배제할 수는 없다(비배제성의 원칙). 즉, 무임승차(free－rider)한다고 해서 끌어내릴 수 없다. 국민 모두가 누리게 되는 서비스이다. 공공재에서 생산자와 소비자 사이에 적절한 주고받기 관계가 성립되지 않는다. 또한 이러한 혜택은 어떤 사람이 그 혜택을 더 본다고 해서 다른 사람이 덜 보는 것도 아니다(비고갈성의 원칙).

이러한 공공재는 정부의 강제적 힘에 의해 적절히 공급될 수밖에 없으며, 공공재의 비용부담도 조세를 통한 강제적 징수에 의하여 결정될 수밖에 없다. 또한 공공재는 정부가 직접 공급주체가 되어 공급하거나 적어도 정부의 보조금으로 공급하게 된다. 이러한 예로 기술개발활동은 정부가 개입하지 않은 상황인 시장 조건하에서 지속적으로 창출되기 어려운 특성을 갖고 있다. 즉, 시장에만 맡겨둘 경우 사회적으로 필요한 기술이 과소 공급될 가능성이 존재한다.

② 외부효과(external effects)   외부효과는 어느 한 경제주체의 소비·생산 또는 분배행위가 시장교환과정에 참여하지 않고 있는 다른 소비자 또는 생산자에게 유리하거나 혹은 불리한 영향을 끼치게 하는 효과를 발생하는 것을 의미한다. 외부성이 이득을 가져올 때 이를 외부경제(外部經濟, external economies)라고 한다. 예를 들면, 학자나 교육을 잘 받은 사람은 국가 발전에 큰 공헌을 하지만 대가를 받지는 않는다. 반대로 손해를 가져올 때 이를 외부불경제(外部不經濟, external diseconomies)라고 한다. 즉, 한 사람이 정당한 대가 없이 다른 사람에게 손실을 끼치는 현상이다. 예를 들면, 공기오염은 거래자(택시기사와 승객)가 아니라 외부자 곧 제삼자에게 그 효과가 나타난다. 외부효과에 대한 통제나 보상은 시장이 할 수 없는 것이며, 국가가 해야 할 일이다. 이처럼 외부효과가 있다는 것은 어떤 소비자나 또는 생산자가 타 경제주체의 소비활동 또는 생산 활동에 의하여, 시장의 매개를 통하지 않은 채, 무상으로 유리 혹은 불리한 영향을 받게 되는 효과를 의미한다.

③ 불완전한 경쟁 또는 독점의 시장경제시스템   기업이 담합하여 상품 생산을 독점하거나 노동자들이 강력한 노조를 결성, 노동서비스를 독점하는 경우에는 시장경제가 잘 돌아갈 수 없다. 불완전한 시장은 보완적 시장(complementary markets)이 갖춰지지 않아 발생하는 경우가 있다. 이 경우 두 기업이 서로 협동관계를 수립하여 하나씩 생산하기로 합의함으로써 문제를 해결할 수 있겠으나 현실적으로 정부의 개입없이 자발적 협상관계를 수립하는 것이 매우 어려운 일이다.

④ 무지 또는 부정확한 정보(information)   시장이 스스로 정보를 충분히 제공해 주지 못하면 시장의 실패가 발생한다. 완전경쟁은 정보가 완벽하게 제공된다는 것을 전제로 형성되는 것이다. 소비자와 생산자의 경우 상품과 시장을 잘 몰라서 능률적인 소비나 생산 활동을 못하는 경우가 많다.

⑤ 소득분배의 형평성　　소득분배의 불평등성으로 정부개입이 요청되고 있다. 시장경제는 시장에서 거래활동을 하는 사람들만이 소득을 올릴 수 있는 시스템이다. 이 점에서 시장기구 속에서 근본적으로 제대로 수행하기 어려운 과제가 소득분배의 형평성을 유지하는 일이다. 즉, 노약자, 장애인 등 시장경제활동을 할 수 없는 사람들은 소득을 전혀 올리지 못하는 문제가 발생한다. 이러한 사람들의 생활보호를 위해서는 정부가 적극적으로 나서야 한다.

⑥ 모방비와 개발비의 문제　　기업창출과정에서의 모방비와 개발비의 차이로 시장실패가 발생한다. 기술창출과정에서 발생하는 두 가지 유형의 불확실성이 존재한다. 하나는 R&D 투자량을 증가시킨다 해서 필요한 기술이 과연 개발될 수 있을까 하는 문제, 즉 제1종 오류(Type Ⅰ Error)와 관련된다. 두 번째 불확실성은 기술이 개발되었다 하더라도 개발된 기술이 개발주체에게 전유될 수 있을 것인가의 문제, 즉 제2종 오류(Type Ⅱ Error)와 관련된다. 이러한 불확실성으로 인하여 기업들은 기술개발에 착수하기보다 개발된 기술에 무임승차자가 되려 한다.

또한 모방비는 기업들의 기술개발활동을 저해하는 시장실패의 요인으로 작용할 수 있다. 즉, 기술개발은 R&D 집약적인 특성들을 갖고 있기 때문에 막대한 자금이 소요된다. 그러나 투입량을 증가시킨다는 것이 기술의 산출량을 자동적으로 보장해 주는 것이 아니다. 따라서 기업들은 기술개발비로 막대한 R&D를 투자하는 것보다 타 기업들이 이미 개발해 놓은 기술에 약간의 모방비만을 투자하여 기술개발의 불확실성을 극복하고 기술개발에 걸리는 시간을 단축하려 한다(채경석, 1998).

2. 정부실패

시민들은 어떤 정부이건 간에 그것이 크면 클수록 개인의 자유를 많이 침해한다고 믿는다. 즉, 정부가 커지면 시장경제는 타격을 받을 수밖에 없다. 이러한 의미에서 미국의 정부조직은 정부가 선을 행하기보다는 악을 행하지 못하게 하도록 하는 데 그 목적이 있다. 입법·사법·행정의 삼권분립시스템도 정부의 권한을 견제하기 위한 것이다.

정부실패(government failure)는 시장실패를 교정하기 위해 경제에 대한 정부의 개입이 비효율성을 초래하고, 그리고 부족한 자원에 대한 비효율적 배분을 초래하는 상황이다. 또한 정부실패는 국민이 원하지 않는 재화를 산출할 때 발생한다. 이처럼 정부가 하지 못하거나 잘 못하는 것이 정부실패이다. 정부실패는 정부의 산출물, 즉 정부정책에 대한 수요와 공급의 특징들로 인해 발생할 수 있다. 이러한 정부실패의 원인들을 구체화하면 다음과 같다(강신일·최병선, 1993: 25-32; 송병락, 1998: 158-164).

① 정부 독점의 문제　모든 정부기구는 독점기구이다. 이리하여 정부 부서가 인허가를 해주지 않으면 인허가를 받을 다른 방법이 없다. 이처럼 국민이 아무리 좋은 정책을 건의하더라도 정부가 묵살하면 그만이다. 국민은 정부로부터 독점의 피해를 많이 받을 수밖에 없다. 더욱이 정부활동에 있어서는 가격을 매개로 하여 정부활동이 수요 공급되지 않기 때문에 생산에 소요되는 비용과 그로 인한 수입이 절연(disjointed costs and revenues)되어 있다. 이리하여 정부수입이 정부가 제공하는 서비스의 생산비용과는 무관하게 보장되는 한 불필요한 정부활동에 자원이 소요되어 정부부문에서의 자원배분이 왜곡될 가능성이 높아지게 된다.

② 리더십의 문제와 집권자의 단기적 소유권　정부의 고위직에 임명된 사람이 지휘하는데 무자격자로, 정부실패가 일어나기 전, 실패가 나타난 동안, 실패이후에 부적절한 결정을 하는 경우이다. 나아가 정부실패는 법률 집행자로서 정부가 국민이 원하지 않는 것을 국민이 하도록 강제하고, 그 결과가 비효율적이고 비효과적일 때 발생한다.

또한 집권자는 자신들의 집권기간 동안만 공공자산을 통제할 수 있다. 사적 소유자와 달리 정부 집권자들은 장기적 투자로부터 이득이 없다. 특히 정부는 다음 선거사이클에 도박할 수 있는 정책과 자원에 초점을 둔다.

③ 주인-대리인 문제　국민이 주인이고 공무원은 국민을 섬기는 공복 또는 대리인에 불과하다. 하지만 대리인이 주인을 위해 봉사하지 않고 자기 몫만 챙기는 경우가 발생한다. 이리하여 정부정책의 변화에 대한 사회적 요구와는 무관하게 매년 정부예산이나 인력배분이 전년도의 그것과 별 차이 없이 이루어지는 관료제적 제국주의(bureaucratic imperialism)가 초래하게 된다.

④ 렌트(rent) 추구　정부는 국가 전체에 많은 피해를 주면서도 특정 기업이나 이권단체에 대해서는 도움되는 정책을 실시한 후 그 이익을 같이 나누어 가질 수 있다. 이처럼 정부정책과 활동이 소득분배의 불공평 문제를 야기하는 경우이다. 정부정책 및 활동으로 인해 야기되는 불공평성은 권력과 특혜 측면에서 야

기된다. 권한을 사용하는 데 있어서 지켜야 할 법령, 규칙, 절차 등이 있고, 국회나 언론의 감시가 행해지더라도 이 과정에서 부정과 비리가 행해지고, 그 결과 불공평의 문제가 야기되는 것이다. 예를 들면, 그린벨트 지역 내에 호화별장 건축이 허가되고, 상수원이 인접한 지역에 골프장 건설이 허가되는 경우이다.

⑤ 무지와 불완전한 정보   정보는 곧 영향력이고 권력이다. 이러한 점에서 공유해야 할 정보가 통제되고 있을 때 자원배분이 왜곡될 가능성이 높다. 즉, 정보가 통제되고 있을 때 외부기관 또는 개인의 참여는 당연히 제한되므로 잘못된 정책을 수정할 수 있는 여지는 그만큼 줄어든다. 이리하여 정부 또는 정부기관이 어떤 일을 얼마나 효과적으로 하고 있는지를 파악하기 어려워 적정규모를 판단하기 어렵다.

⑥ 유인책의 미흡   정부는 생산성 향상이나 비용절감을 위한 강한 유인책을 갖고 있지 못하는 경우이다. 이리하여 정부는 생산성을 향상시키고 비용을 낮

표 5-4 정부산출물에 대한 수요와 공급의 특징

정부산출물에 대한 수요의 특징	정부산출물에 대한 공급의 특징
① 시장실패에 대한 시민들의 인식이 높아져서 정부의 활약에 대한 기대감이 크게 상승하였다.	① 많은 경우 정부의 산출물은 명확하게 정의하기도 힘들고, 그 성과를 양적으로나 질적으로나 측정하기도 매우 어렵다.
② 다양한 이익집단들이 정치적으로 조직화되어 정부정책에 대한 강력한 압력을 행사한다.	② 정부는 공공정책의 독점공급자이기 때문에 그 산출물의 품질에 대한 비교평가가 곤란하다.
③ 집행에 대한 책임도 없이 정책적 해결책만을 주장하는 정치인들에게 보상이 돌아가는 정치구조로 인해 정부개입에 대한 무책임한 요구가 빈번해진다.	③ 어떻게 해야 원하는 정부산출물을 제대로 생산할 수 있는지 잘 모르며 설령 그 방법이 알려져 있다고 해도 매우 불확실하고 애매모호한 경우가 대부분이다.
④ 선거직 혹은 임명직 관리들은 장기적 안목에서 깊이 있는 정책을 수립하기보다는 단기적 비용/편익에 집착하여 근시안적인 정책을 요구하게 된다.	④ 민간기업과는 달리 정부산출물의 성공여부에 대한 평가가 쉽지 않아 정책이나 부서의 종결기준이 명확하지 않으며, 설령 나쁘게 평가되었다고 해도 정부의 독점적 지위 때문에 퇴출도 잘 이루어지지 않는다.
⑤ 정부정책의 수혜집단과 비용부담집단이 다른 경우 정책요구에 있어서 왜곡이 발생한다.	

자료: 김정수(2002: 43).

출 수 있는 생산기술이 이용 가능해지고 규모의 경제를 실현할 수 있는 기회가 주어지더라도 이런 가능성과 기회를 외면하거나 이를 충분하게 활용하려고 하는 유인이 적다. 그 결과로 자원의 비효율적인 배분이 야기하게 된다.

III 정부의 유형

오늘날 세계에서 운영되는 정부형태는 단일정부, 연방정부, 국가연합정부의 유형으로 구분할 수 있다. 하나의 정부형태에서 다른 정부의 형태로 변화되기도 한다. 예를 들면, 뉴질랜드는 1879년에 연방정부를 폐지하고 단일정부로 전환되었다. 각 정부는 하나의 국가를 구조화하기 위한 성공적인 수단이기도 하다.

표 5-5 정부의 유형

구 분	특징	사례
단일정부	-주 정부가 존재하지 않는다. -모든 중요한 권한은 중앙정부가 가지고 있다.	한국, 일본, 덴마크, 프랑스, 뉴질랜드
연방정부	-하나의 중앙정부와 다수의 주정부가 존재한다. -권한은 중앙정부와 주정부가 공유한다.	오스트레일리아, 인도, 브라질, 멕시코, 캐나다, 스웨덴, 독일, 미국
국가연합정부	-권한은 독립한(sovereign) 국가가 가진다. -지배하는 정부(overarching government)가 몇몇 규정된 권한을 가진다.	유럽연합(European Union)

자료: Shafritz, Russell & Borick(2007, 142).

1. 단일정부

단일정부(unitary governments)는 연방정부와 반대되는 개념이며, 모든 권한이 집중화된 중앙정부의 손에 놓여있는 시스템이다. 이처럼 단일국가는 중앙정부가 모든 권한을 보유한다. 단일의 중앙정부에 의해 법률이 제정되기 때문에 통일성을 가진다. 통치자는 어떠한 견제 없이 절대적인 권한을 행사한다.

　　지방정부는 중앙정부의 지시를 수행하고, 독립적으로 활동하지 못한다. 단일정부는 국가 내에서 거의 문화적 차이가 존재하지 않은 민족국가(nation–states)에서 적합하다.

　　단일정부의 경우 집권화가 행정적 문제점이기도 하다. 이러한 단일정부는 다음과 같은 장점을 가진다.

　　① 국가방향이 명확하다. 단일의 중앙정부가 하위정부와 협상 혹은 갈등 없이 정책을 구상할 수 있다.

　　② 책임성에 대해 혼란이 없다. 어떤 특정한 문제 혹은 기능에 대해 어느 정부가 책임을 가져야 하는가는 투표자에게 명확하다.

　　③ 입법부, 관료제 그리고 프로그램의 중복을 피할 수 있기 때문에 중요한 직접비용을 절약할 수 있다.

　　④ 비용의 증액 혹은 지출에 대한 공평성 문제가 정부수준 사이에 일어나지 않는다.

2. 연방정부

　　연방정부(federal government)는 중앙정부와 주(혹은 지방)정부 사이에 권한이 분할되어 있다. 이와 관련하여 헌법은 중앙정부, 주정부, 지방정부 사이에 권한이 어떻게 분배되는가를 규정하고 있다. 이처럼 연방정부는 국가정부로부터 지방정부에게 자체의 법률을 채택하도록 권한을 배분하는 시스템이다. 연방정부는 보다 큰 규모의 국가에서 효과적으로 작동한다.

　　영국으로부터 독립을 선언한 미국이 1781년 연합정부 조항에 최초의 현대화된 연방정부를 채택했다. 이러한 연방정부는 다음과 같은 특징을 가지고 있다.

　　① 연방시스템(federal system)은 정책에 있어서 다양성과 실험의 범위가 보다 광범위하다.

　　② 신속하게 결정하는 것이 아니라 토론을 통하여 보다 신중하고 그리고 실행 가능한 정책결과를 제공할 수 있다.

　　③ 연방시스템은 어떤 특정한 주정부에 지배하는 상이한 인종 혹은 문화적 집단을 고려할 수 있다. 그리고 특정한 문화(distinct culture) 혹은 사회정책을 추구할 수 있다.

④ 연방시스템은 거버넌스의 지역적 참여를 조장한다.

⑤ 단일정부에 있어 보다 강한 결속력을 지닌 지역, 보다 큰 규모의 인종집단, 혹은 보다 강력한 이익집단이 소수인종 혹은 힘없는 집단의 요구에 대해 불충분하게 배려할 위험이 있다. 이러한 단일정부의 단점을 연방정부는 극복할 수 있을 것이다.

3. 국가연합정부

국가연합정부(confederate government)는 제한된 권한을 가진 공동정부에 의해 결합되는 국가 혹은 영토의 집단이다. 각 개별 국가정부가 강력한 독립성을 보유한다. 이러한 국가연합정부는 군사적, 경제적인 공동이익을 위해 긴밀하게 협력하려 하는 지리적으로 근접한 국가들이 자신들의 독립성과 국가성(statehood)이 잠식될 가능성을 최소화하려 할 때 선택하는 정체이다.

연합의 공동정부가 구성단위체들의 시민 개개인들을 직접 통치할 수 있는 권한을 보유하지 않는 특징을 가진다. 국가연합정부는 일반 시민들의 삶에 영향을 미치는 것은 언제나 간접적인 경로를 통해 가능하다. 이러한 국가연합정부는 서로 이질적인 정치조직체들의 통합에 적합한 제도이며, 다음과 같은 특징을 가진다(김준석: 2007: 147-8).

① 국가연합 차원에서 결정되고 제정된 정책들과 규칙들을 실행하는 것은 일차적으로 각 구성단위체 정부의 몫이다.

② 국가연합정부는 시민들에 대한 직접적인 과세권한을 보유하지 않는다. 국가연합의 공동정부는 각 구성단위체들이 미리 정해진 비율에 따라 지불되는 분담금으로 운영된다.

③ 국가연합 공동정부의 개별 시민들에 대한 직접적인 통치권 결여는 개별 시민들의 공동정부에 대한 민주적 통제권한 결여와 상동관계를 이룬다.

미국은 처음에 연합체제였으나, 1789년 미국 헌법에 의해 연방정부가 되었다. 헌법은 주정부는 굳은 우정의 연맹(firm league of friendship)에 가입할 수 있다고 명시하고 있다. 공통의 국방, 자유를 위한 안전, 공동 그리고 일반적인 복지를 위한 하나의 영속적인 연맹에 가입할 수 있다.

모든 국가연합정부는 어떠한 방식으로 운영될 것인가? 강한 연방체제로 전개

| 표 5-6 | 연방정부와 국가연합정부 | |

구분	연방정부	국가연합정부
주권	연방정부가 소유. 연방정부가 궁극적인 권위를 소유하며, 각 주정부는 연방정부에 종속된다.	각 정부가 소유. 국가연합정부에 있어 연방정부는 궁극적 권위를 가진 각 국가에 대해 책임을 진다.
핵심적 권위	연방의 핵심적 권위는 각 주정부를 지배하는 연방정부이다.	연합정부의 핵심적 권위는 각 정부에 의해 임명되는 약한 실체이다.
핵심 권위의 권한	연방헌법에 의해 결정. 연방정부는 각 주정부의 외교, 군사, 경제 및 법률영역에 대해 통제할 수 있는 권한을 가진다.	국가연합정부는 합의된 외교정책과 국방문제에 초점을 두며, 그 이상의 권한을 가지지 않는다.
예	캐나다, 미국, 멕시코, 브라질, 아르헨티나, 독일, 호주, 러시아, 에스토니아, 인도 등	마야연맹(League of Mayapan), 아라곤 연합 왕국, 미국(1781–1789), 스웨덴, 노르웨이 등의 라인 동맹

될 것인가? 아메리카 국가연합국가(Confederate States of America)의 길로 전개될 것인가? 혹은 새로운 정부구조로 대치될 것인가? 하는 의문이 놓여있다(Shafritz, Russell & Borick, 2007: 142–144).

용어의 정의

정부(政府, government)   정부는 한 나라 혹은 공동체를 관리하고 규제하는 정치시스템이다. 이런 정부는 사회 내의 다양한 이해갈등의 조정자로서의 역할을 수행하며, 사회 내의 중심적 결합력이고, 최저수준의 생활(a minimum standard of living)을 보호하는 국민의 옹호자(people's champion)이며, 사회 내에 다양한 조직의 결합과 조정력을 가진 법적·도의적 권위체로의 유일한 서비스 행위자이다.

거버넌스(governance)   다스려지는 방식 또는 지배질서를 의미하고, 정부가 조직되고 일하는 방식의 변화, 또는 정부와 민간부문 사이의 협력을 나타내는 협치를 의미한다.

작은 정부(small government)   작은 정부는 개인적인 책임, 기회의 균등, 개인의 자유를 강조하며, 정부란 시장 기능을 저해하는 각종 요인을 제거하는 역할을 담당하고, 그리고 제한된 정부를 지향하는 자유민주주의 국가체제로 작고 분권화한 정부이다.

큰 정부(big government)   큰 정부는 사회적 책임감, 결과의 평등성, 개인의 복지, 가부장적 정부에 맞는 국가체제로 과도한 중앙집권화된 정부를 말한다.

시장실패(市場失敗, market failure)   시장실패는 시장기구가 제 역할을 수행하지 못한 상황이며 자원배분이 왜곡된 상태이다. 또한 시장실패는 재화의 공급과 소비를 필요로 하는 가격과 이윤의 모든 것을 설명하는 가격 메커니즘(price mechanism)이 작동하지 못할 때 일어난다. 이처럼 시장실패는 자원을 효율적으로 할당하지 못할 때 발생한다. 시장이 최적의 재화량을 공급하는데 실패하는 것이다.

정부실패(政府失敗, government failure)   정부실패는 시장실패를 교정하기 위해 경제에 대한 정부의 개입이 비효율성을 초래하고, 그리고 부족한 자원에 대한 비효율적 배분을 초래하는 상황이다. 또한 정부실패는 국민이 원하지 않는 재화를 산출할 때 발생한다.

단일정부(單一政府, unitary governments)   단일정부는 모든 권한이 집중화된 중앙정부의 손에 놓여있는 시스템이다. 이런 단일국가는 중앙정부가 모든 권한을 보유한다. 이런 정부에서 통치자는 어떠한 견제 없이 절대적인 권한을 행사한다.

연방정부(聯合政府, federal government)　　　연방정부는 중앙정부와 주(혹은 지방) 정부 사이에 권한이 분할되어 있다. 이처럼 연방정부는 국가정부로부터 지방정부에게 자체의 법률을 채택하도록 권한을 배분하는 시스템이다.

국가연합정부(國家聯合體制, confederate government)　　　국가연합정부는 제한된 권한을 가진 공동정부에 의해 결합되는 국가 혹은 영토의 집단이다. 이러한 국가 연합정부는 군사적, 경제적인 공동이익을 위해 긴밀하게 협력하려는 지리적으로 근접한 국가들이 자신들의 독립성과 국가성(statehood)이 잠식될 가능성을 최소화하려 할 때 선택하는 정체이다.

PART 2

공공정책

공공정책이란 중앙정부와 지방정부, 이익집단, 국제조직 사이의 정치 혹은 권력에 뿌리를 두고 있다. 이에 공공정책의 연구는 정책 자체의 실질(substance)뿐만 아니라 정책선택(政策選擇, policy choice)이 이루어지는 과정(process)에 관심을 가져야 한다. 공공정책 결정이 일어나는 것은 이슈(issue)라는 것이다. 이슈가 공공의제에 있어서의 과제(problem)이다. 정책은 과제에 대해 유일한 정답(the answer)이 아닌 어떤 해답(an answer)이다(Cooper, et al., 1998).

CHAPTER 6

정책의 의의, 유형 및 과정

I 정책의 의의와 유형

1. 정책의 의의

1960년대까지 행정은 조직의 기능과 과정(예를 들면, POSDCORB)인 조직 내부적 문제에 관심을 가졌다. 이리하여 행정의 강조점은 업무를 어떻게 할 것인가, 인원, 자재, 장비의 비용을 얼마나 확대할 것인가, 어떻게 적절한 예산지출을 할 것인가 하는 과제에 놓여있었다. Roosevelt 대통령의 뉴딜(New Deal) 정책은 관리와 법률적 관심으로부터 사회적 문제에 대한 정부의 프로그램과 중요한 정책결정에 대한 영향으로 관심을 이동시켰다(McKinney & Howard, 1998: 88). 더욱이 정부문제의 복잡성과 규모 그리고 해결책에 대한 국민들의 요구는 행정을 정책지향과 정책분석으로 이동하게 하였으며, 해결책에 대한 고려에 있어서도 양적인 개념을 검토하게 하였다.

현대적 정책학은 1951년에 발표한 Harold D. Lasswell(1951)의 "정책지향(The Policy Orientation)"이라는 논문에서 시작되었다. 하지만 1950년대 미국정치학계에 팽배했던 행태주의의 영향으로 1960년대 후반에 이르러 정책학이 재출발하였으며, 행태주의가 가진 약점인 현실적합성(relevance)의 결여와 1970년에 접어들면서 도시문제, 환경문제, 공해문제, 에너지문제 등은 문제 중심의 정책학을 더욱 발전시켰다(정정길, 1999: 12-15).

　　정책(public policy)은 정부가 직면한 거대한 업무이다. 또한 정부가 직면한 문제를 해결하기 위해 선택하는 대안이다. 즉, 공공정책은 정부가 구체적으로 어떤 것을 할 것인가 혹은 그렇지 않을 것인가 하는 의도된 행동과정이다. 이러한 정책은 현재의 상태를 향상하고, 그리고 나쁜 상황을 방지하는 활동이다. 정책이 의도하는 행동은 사회를 유익하게 하는 것이다(to benefit society). 이러한 정책은 법률 혹은 규칙과 다르다. 법률은 행태를 강제하거나 혹은 금지할 수 있지만, 정책은 바람직한 결과를 성취하도록 행동을 안내한다.

　　이와 같은 공공정책은 　① 선호된 가치, ② 정부의 활동, ③ 공공의 목적(최고의 사회적 이익), ④ 법률적 문서, ⑤ 집행을 위한 결정, ⑥ 결과(정책집행에 따른 일련의 결과) 등의 구성요소를 가진다.

- 정책은 공공문제를 어떻게 대처할 것인가에 대한 선호된 선택이다.
- 정책은 사회전체를 위한 가치와 권위의 배분이다.
- 정책은 행동을 안내하는 일련의 가치이다.
- 정책은 행동화하기 위한 하나의 지침이다.
- 정책은 정책결정의 직접적인 산출이다.
- 정책은 공무원과 집단의 상호작용의 결과이다.
- 정책은 정부가 무엇을 선택할 것인가 혹은 그렇지 않을 것인가 하는 문제이다.
- 정책은 정부에 있어 누가 무엇을 갖는가(who gets what)에 관한 투쟁의 결과이다.
- 정책은 사회적 목적(societal goals)을 성취하는 프로그램 집행을 위한 정치적 결정이다.
- 정책은 정부가 정치적 과제에 대해 반응하는 것이다.
- 정책은 조직의 이상과 목적을 달성하기 위한 기본목표와 계획 및 사업이다.
- 정책은 바람직한 사회 상태를 이룩하려는 정책목표와 이를 달성하기 위해 필요한 정책수단에 대하여 권위있는 정부기관이 공식적으로 결정한 기본방침이다.

정부가 적극적으로 개입하여 채택한 결정뿐만 아니라 정부가 개입하지 않기로 한 결정, 나아가 정부가 회피하는 쟁점들인 공공정책을 연구하는 이유는 다음과 같다(Dye, 2005: 4).

① 과학적 이해 정책결정의 원인과 결과를 이해하는 것은 우리 사회에 관한 지식을 향상시키는 것이다. 정책연구는 사회에서 사회적 조건과 경제적 조건 사이의 연계 및 이들 조건에 대한 정치시스템의 반응을 학습하는 데 도움을 준다.

② 전문가적 충고 공공정책의 원인과 결과를 이해하는 것은 실질적인 문제의 해결에 대해 사회과학적 지식을 응용하는 것이다. 사실적인 지식은 사회의 질병을 처방하는 데 선행조건이다. 정책연구는 전문가적 충고(professional advice)를 산출하는 것이다.

③ 정책제안(policy recommendation) 공공정책은 정치적 목적을 위해 연구된다. 정책을 연구하는 것은 국가가 올바른 목표를 성취하는 데 올바른 정책을 채택하도록 보장하는 것이다.

2. 정책의 특징

공공프로그램은 공공정책을 수행하기 위해 설계된 모든 활동으로 구성된다. 공공정책의 특징을 살펴보면, 첫째는 정책이 행정활동을 안내하는 통제력(controlling force)이다. 이 점에서 정책은 행정과 밀접한 상호관련성을 맺고 있다. 행정은 정책의 이행으로 구성된 결정과 법률에 관련되어 있다. 행정은 프로그램 집행에 관심이 있으며, 이러한 집행은 중간 및 하위계층 공무원의 기능이다. 법률은 포괄적으로 규정되고, 법 제정자가 정책집행에 일어나게 되는 모든 상황을 고려할 수 없다. 이리하여 정책집행을 위해 행정가는 폭넓은 자유재량을 가진다.

둘째, 정책은 계층적 흐름을 가진다. 정책계층(政策階層, hierarchy of policy)은 ① 근본적인 정책(fundamental policies)은 각 국가의 헌법이며, ② 주요한 정책은 입법제정을 통하여 이루어지며, ③ 기능적 정책(functional policies)은 행정적 규정, 부처의 규제, 공포된 지침 등이며, ④ 정책집행에 필요한 규정(rule)과 표준적 운영절차 등으로 이루어진다. 가장 광범위한 정책은 최고 관리층(대통령)에서 이루어지고, 최하위의 정책은 법률과 규제에 의해 상당히 영향을 받는다. 또한 계층적 체계성의 관점에서 정책은 <그림 6-1>과 같이 상위개념에 이상,

그림 6-1 정책의 상·하위 개념

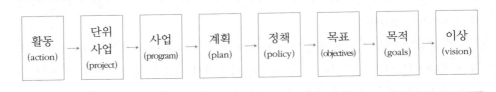

| 활동
(action) | → | 단위
사업
(project) | → | 사업
(program) | → | 계획
(plan) | → | 정책
(policy) | → | 목표
(objectives) | → | 목적
(goals) | → | 이상
(vision) |

자료: 김형렬(2000: 5).

목적, 목표가 있고, 하위개념에 계획, 사업, 단위사업 및 활동으로 구성된다(김형렬, 2000: 4-5).[1]

셋째, 정책이 의도한 목적으로 항상 이행되는 것은 아니다. 좋은 정책의 속성은 ① 시민(고객)들의 요구에 반응적이어야 한다. ② 입법적 의향에 대해 의사소통해야 한다. ③ 쉽게 집행될 수 있어야 한다. ④ 적정한 절차, 시민들의 권리와 존엄성 그리고 시민들에 대한 책임성이 있어야 한다. ⑤ 장·단기적 그리고 국가적·지방적 측면에서 공익을 고려해야 한다. ⑥ 정책의향과 결과가 비교되어야 하고, 시민들에게 보다 기능적이어야 한다. ⑦ 사기, 낭비, 남용으로부터 벗어나야 한다. ⑧ 정책의 지속가능성을 확보할 수 있는 비용이 충분히 확보되어야 한다(McKinney & Howard, 1998: 94).

넷째, 공공정책과 민간정책을 살펴보면, 민간정책은 경제적 이윤을 위한 바람에 의해 동기부여되지만, 공공정책은 국가적 문화규범에 의해 지지된다. 공공정책가들은 투표를 최대화(maximizing votes)할 가능성에 의해 동기부여된다. 의회 의원들은 재선을 갈망하고, 행정가는 행정기관을 팽창하는 데 동기부여된다.

---

1) 반면에 정정길(1999: 81-83)은 정책과 계획의 상·하위 개념으로 논의하는 것은 옳지 않다고 지적하면서, 계획(計劃)의 특징을 다음과 같이 정리하고 있다. ① 계획은 보다 상위적인 개념으로서 많은 세부정책을 포함한다고 기획론자들의 주장이 많다. ② 계획은 정책보다 장기적인 시계를 지닌다. ③ 계획은 일반적으로 이상적인 목표를 지니고 있다. ④ 계획은 정책에 비해서 포괄성과 일관성을 보다 강조한다. ⑤ 계획은 보다 장기적인 관점에서 많은 내용을 포괄하면서 일반성을 요구하기 때문에 그 내용이 하나 하나의 행동으로 연결될 수 있을 만큼 구체적이지 못하다. ⑥ 계획은 포괄성·일관성에 더하여 대안탐색, 대안의 결과 비교·분석 등에서 정책에 비해 훨씬 더 합리적으로 수행된다. ⑦ 계획과 정책의 차이는 집행력 또는 실현가능성이다. 계획의 집행력이 약한 이유는 포괄성, 일관성, 합리성의 강조 때문에 현실적인 문제해결에서 정치적 실현가능성이 없기 때문이다.

이런 맥락에서 공공정책가들은 조직과 집단으로 구성된 선거구민들에 대해 책임을 가져야 한다. 이처럼 다원주의 사회에서 선출된 공직자들은 공공정책결정을 독점할 수 없으며, 정책결정에 있어서 다양한 집단의 영향을 받는다.

3. 정책의 유형

정부는 다양한 유형의 정책을 개발하고 그리고 수행한다. Lowi(1972)는 정책을 규제정책, 분배정책, 재분배정책, 구성정책으로 분류하고 있다(Meier, 1987).[2] 또한 Anderson(2000)이 분류한 실질적 정책과 절차적 정책 및 유형적 정책과 상징적 정책으로 분류할 수 있을 것이다. 이러한 정책유형은 정책이 왜 그리고 어떻게 만들어졌는가를 이해하는데 도움을 제공한다(Birkland, 2001: 146 – 147).

1) 규제정책

규제정책(regulatory policies)은 일반 국민을 보호하고 그리고 일반국민의 구체적인 재산을 보호하기 위하여 개인이나 집단의 행위를 제한하는 것이다. 즉, 규제정책은 규칙이나 규범을 만들고 강화하는 활동이어서 정부에 의한 강제력이 행사되는 정책이다. 이러한 규제정책의 사례로 일반국민들이 약품을 판매하는 행위를 금지하거나, 환경오염을 규제하고, 공정하고 경쟁적인 상업행위를 방해하는 독과점 상거래 행위를 금지하기도 한다.

2) 분배정책

분배정책(distributive policies)은 국민들에게 권리나 이익, 또는 서비스를 배분하는 내용을 지닌 정책이다. 분배정책은 다툼이 있는데도 승자(수혜자)와 패자가 정면대결을 벌일 필요가 없다.

분배정책은 교부금 혹은 보조금의 수단을 통하여 개인이나 집단에게 이익을 제공하기 위해 일반적으로 조세를 활용한다. 예를 들면, 정부가 농작물의 대규모

---

2) 또한 Almond와 Powell(1980)은 공공정책을 ① 추출정책, ② 규제정책, ③ 배분정책, ④ 상징정책 등으로 구분하고 있다. 추출정책(抽出政策, extractive policy)은 국내·외적 환경에서 조세, 병역, 노역 등과 같은 인적·물적·재정적 자원을 추출해내는 정책을 말한다. 인적자원에 대해서는 징병, 물적 자원에 대해서는 조세정책 같은 것이 대표적인 예이다. 상징정책(象徵政策, symbolic policy)은 훈장수여, 국기계양, 군대의식 등과 같은 상징적 가치를 제공하는 데 관련되는 정책이다. 상징적 산출물들은 다른 정책의 성공적 추진을 위해서도 활용된다.

풍년이 예견될 때, 농작물을 감축하거나 생산하지 않는 농부들에게 인센티브 보조금을 지불한다.

3) 재분배정책

재분배정책(redistributive policies)은 어떤 집단에게 세금을 징수하여 다른 집단에게 보조하는 정책이다. 즉, 사회 안에 각 계층이나 집단 간의 형평성 유지를 위해 자원 배분을 재조정하는데 관련되는 정책이다. 재분배 정책은 직접적이면서 동시에 사회 전체에 영향을 미친다. 이러한 재분배 정책은 계급정치의 전형적인 것이어서 계급정책(class policy)이라 한다(정정길 외, 2003: 77).

주요한 재분배정책으로 ① 실업자나 은퇴한 사람들에게 지원하는 소득 안정화정책, ② 저소득층을 위한 사회보장 정책, ③ 저소득자·신체 장애자들을 위한 의료보조 제도(medicaid)와 의료보장(medicare)과 같은 의료보장프로그램 등이 있다.

4) 구성정책

구성정책(constituent policies)은 선거구의 조정이나 정부기관의 설립과 같이 정부를 구성하는데 관련되는 정책이다. 이러한 구성정책은 일반적으로 국민들에게 이익이 되거나 정부를 위한 의도로 이루어진 정책이다. 대표적인 구성정책으로 외교정책이나 국방정책이 있다. 다른 유형의 구성정책은 정부기관 자체를 지

표 6-1 정책유형

정책유형	특징	사례
규제정책	-개인이나 집단의 행위를 통제하기 위하여 정부의 강제력이 동원되는 정책 -피규제자(피해자)와 수혜자가 명확하게 구분	상품규제, 불공정경쟁규제, 사기광고규제
분배정책	-정부가 적극적으로 국민들이 필요로 하는 재화나 공공서비스를 제공하는 정책 -다툼이 있는데도 승자와 패자가 정면대결을 벌일 필요가 없는 정책	토지배분정책, 보조금 지급
재분배 정책	-고소득층으로부터 저소득층으로 소득이전을 목적으로 하는 정책 -계급 대립적 성격을 가짐	누진소득세, 사회보장제도, 연방은행의 신용통제
구성정책	-헌정수행에 필요한 운영규칙에 관련된 정책 -정당이 그 결정에 중요한 영향을 미침	정부기구의 조정, 선거구의 조정

자료: 정정길 외(2003: 73-77); 남궁근(2014: 103-105).

향한 것으로 정부기관의 구조와 기능에 영향을 미치는 입법들이다.

5) 실질적 정책과 절차적 정책

James Anderson(2000)은 우리가 정부로부터 기대한 재화와 서비스를 실질적으로 제공하는 정책과 정책결정을 위한 규칙을 설정하는 정책 사이의 중요한 차이점을 제시하고 있다. 실질적 정책(substantive policies)은 정부가 무엇을 하는 가에 관한 정책이며, 절차적 정책(procedural policies)은 정부가 정책을 어떻게 하는가(how it does it)에 관한 정책이다. 미국에 있어 1946년에 제정된 행정절차법(Administrative Procedures Act)은 중요한 절차적 정책이다. 행정절차법은 정부기관이 법률과 규제를 제정하고, 집행하는 절차를 제정하는 것이다.

6) 유형적 정책과 상징적 정책

유형적 정책(material policies)은 시민들에게 유형적(실체적) 이익을 제공하는 정책이며, 상징적 정책(symbolic policies)은 정책에 놓여있는 어떠한 자원 혹은 실질적인 노력과 관계없이 사람들의 가치(people's values)에 호소하는 정책이다. 유형적 정책의 사례는 지방정부가 경찰을 채용하는데 예산을 지원하는 연방정부의 보조금 정책이다. 상징적 정책의 사례는 'just say no'와 마약남용반대 교육프로그램(The Drug Abuse Resistance Education program)과 같은 마약방지 노력과 같이 우리들의 가치와 이상주의(idealism)에 호소하는 정책이다. 특히 상징적 정책은 ① 국민들 사이에 정치체제 및 정부가 정통성에 대한 인식을 좋게 하고, ② 다른 정책에 대한 순응을 확보하기 위한 목적을 지닌다(정정길, 1999: 74).

II 정책과정

정책은 다양한 집단 간의 협상과정을 통하여 타협된 가치이다. 또한 조직은 조직의 안전과 조직임무를 달성함에 있어 위협으로부터 조직을 보호하기 위해 정책결정과정에 새로운 집단(new groups)을 포섭(包攝, cooptation)하기도 한다(Selznick, 1949). 이런 의미에서 공공정책결정과정은 매우 복잡하다. 정책결정과정은 ① 의제설정(정책과제의 확인), ② 정책결정 혹은 무의사결정(nondecision-

그림 6-2 정책과정

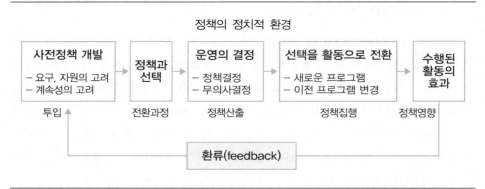

정책의 정치적 환경

자료: Shafritz & Russell(1997)과 McKinney & Howard(1998)를 참조하여 구성함.

making), ③ 프로그램 평가 혹은 영향 평가, ④ 환류 등의 연속적인 단계로 구성
된다.

또한 정책결정은 <그림 6-2>와 같이 정부가 정책목표를 달성하는 것에 관
한 가치선택이 포함되어 있다. 특히 중간 및 하위계층의 행정가들은 전환과정에
서 전략적 활동가 역할을 한다. 중간 및 하위계층의 행정가가 고려해야 할 사항
은 ① 체제에 작용하는 사회적 문제와 경제적 문제, ② 정책결정자인 의원과 최
고관리자의 역할, ③ 정부가 수행할 때의 효과와 정부가 수행하지 못할 때의 효
과 등이다.

1. 의제설정

1) 의제설정의 의의와 과정

정책이 구체화하기 이전에 주요한 정책결정자가 의제에 대해 관심을 가져야
한다. 정책결정자는 우선순위가 높은 이슈에 대해 관심을 가지게 된다. 이런 배
경에서 의제설정(agenda setting)은 이상과 이슈(issues)가 다양한 정치적 통로를
통하여 확대되는 과정이다. 또한 정책의제설정은 정책결정자의 정치적 우선순위
에 따라 순위가 결정된다. 의제설정은 합리적 과정이 아니라 정치적 과정이기도
하며, 어떤 이슈를 고려하는 것을 회피하기로 결정하는 무의사결정(non-deci-
sions)도 있다.

의제설정과정은 ① 정책인식(policy recognition): 행동을 요구하는 중요한 이슈(예를 들면, 실업문제, 재난, 테러 등)로 제기되는 것들이다. ② 정책일반화(generation), ③ 정치적 활동(political action) 등의 세 가지 흐름의 합류로 이루어진다(Denhardt, 1991: 46). 이러한 과정에 있어서 행정부와 의회가 주요한 정책의 제의 원천이다. 의제설정과정은 비교적 알려지지 않고 혹은 지지받지 못한 이슈를 채택하기 위해 매스미디어를 광범위하게 활용한다. 이러한 의제설정과정은 누구나 영향력을 발휘하기 위한 게임이다. 또한 의제(agenda)는 공공정책 기업가(entrepreneurs)에 의해 가끔 설정된다. 공공정책 기업가는 이슈에 영향을 미치는 전문적 지식과 행동을 하는 정치적 환경에 있는 사람일 것이다.

Downs(1972)는 이슈-관심 사이클에 관하여 5단계를 제시하고 있다. ① 사전문제단계(preproblem stage): 바람직하지 않은 사회적 조건이 존재하고, 대중의 관심을 획득하지 못한 상태이다. ② 경고적 발견(alarmed discovery)과 도취적 열망(euphoric enthusiasm): 극적인 사건이 공공의 관심을 촉진시키고, 문제 해결에 대한 열망이 수반된다. 사람들의 주목을 이끌만한 사건인 점화장치(triggering device)로 사회적 쟁점이 된다. ③ 변화비용에 대한 인식: 국민이 의미있는 변화를 수행하는데 점차 어려움을 느낀다. ④ 공익(public interest)의 감소: 국민들이 실망하거나 혹은 지루해 하고, 새로운 이슈에 대한 관심이 제기된다. ⑤ 사후문제 단계(post-problem stage): 이슈가 해결되지 않았지만, 국가적 어젠다로부터 벗어난 단계이다.

정책의제가 합법화로 간주되기 위한 공식적 정책언명(policy statement)으로 발전되는 데는 행정기관의 관료와 의회의 의원들 사이의 관계가 아주 강화된다. 두 집단뿐만 아니라 이익집단의 대표자들은 공통적인 관심과 이익을 공유하게 된다. 이처럼, 행정기관의 관료, 의회의 대표자, 이익집단 사이의 관계가 강화되는 것을 하위정부(subgovernment) 혹은 철의 삼각관계라 한다. 예를 들면, 노인복지정책의 수립에 있어, 보건복지부의 공무원, 국회의 보건복지분과위원회 의원, 대한노인협회와 같은 이익집단들은 노인들을 위해 보다 많은 사회보장의 편익 제공에 대한 요구에 동의한다.

2) 정책의제의 주도집단

Cobb와 동료학자들은(Cobb, Ross, & Ross, 1976) 의제설정모형을 세 가지로 제시하고 있다.

① 외부주도모형(outside initiative model)　　이 모형에서 의제제기는 정부의 공식기구 밖에 있는 집단에 의해서 불만이나 고충이 포괄적으로 명료하게 결집되어 표출되는 과정이다.

이 모형은 정부에 대해 압력을 가할 수 있는 이익집단들이 발달하고, 정부가 외부의 요구에 민감하게 반응하는 정치시스템이 다원화되고 민주화된 선진국 정치체제에서 나타나는 유형이다(정정길 외, 2003: 273).

② 동원모형(mobilization model)　　이 모형에서 의제제기는 정치지도자들의 의지에 달려 있다. 이들이 쟁점을 미리 예측하고 이에 관련된 정책안이나 사업안을 발표할 때에 이는 자동적으로 공식의제로 채택되는 것이다. 이처럼 이 모형은 정부의 힘이 강하고 민간부문의 이익집단이 취약한 후진국에서 많이 발견되는 유형이다.

③ 내부접근모형(inside access model)　　이 모형에서 의제제기는 정부의 어느 부처나 집단이 새로운 정책안을 표명하는 것으로 이루어진다. 이 모형에서 정책의 주창자들이 공공의제로 전환시키려 하지 않고 비밀을 유지하려 하기 때문에 일반 대중이 광범위하게 관여하지 않는다(남궁근, 2014: 386). 이처럼 이 모형은 공중의제화 하는 것을 오히려 막으려 한다는 점에서 음모형에 속한다(정정길 외, 2003: 276).

2. 정책결정의 모형

공공정책결정은 정부가 어떤 특정한 문제를 다룰 것인가 혹은 그렇지 않을 것인가를 결정하는 결정과정의 전체성(totality)이다. 정책결정에 응용되는 모델은 크게 두 가지 접근법이 활용된다. 하나는 분석과 이론을 강조하는 것이다. 다른 하나는 경험과 실제적인 문제를 강조한다. 또한 정책결정자의 사고작용에 두 가지 지적도구가 작용한다. 하나는 복잡한 문제를 대처하는 정책결정가의 정신적 능력(mental ability)이다. 다른 하나는 정책결정자가 소유한 정보와 정책과제에 관련된 경험이다(Shafritz & Russell, 1997: 57).

1) 합리적 정책결정

합리적 정책결정(rational decision-making)은 다음과 같이 합리적인 일련의 과정을 통하여 최적의 정책대안을 선택한다고 전제한다. ① 정책과제를 정의하고, 정부가 할 수 있는 정책과제로 한정한다. ② 의미있는 다양한 대안들을 확인한다. ③ 정부가 적은 노력으로 바람직한 결과를 산출할 수 있는 부분적 최적화를 한다(sub-optimize). 정책대안 선택의 틀을 이해한다. 즉, 의원과 최고관리자인 정책결정자의 목적, 우선 사항, 제약점에 관심을 가진다. ④ 가장 이상적인 대안을 선택한다. ⑤ 구체적인 집행에 관심을 가진다. 집행의 미로를 통하는 정책 실마리를 추구한다.

Dror(1968)는 합리적 정책결정을 "정책결정을 위한 정책"으로 메타정책(metapolicy)으로 명명한다. 메타정책은 연속되는 하위정책을 안내하는 것이다. 합리적 정책결정은 합리적 계산을 위한 중요한 요인으로 ① 산출과 결과의 관계, ② 투입과 산출 배열(input-result sequences)의 비교, ③ 가치선택에 기초하는 기준 등이 있다.

이와 같은 합리적 정책결정은 두 가지 점에서 비판을 받는다. 하나는 실제의 의사결정은 완전분석적 의사결정이 아니라 습관, 직관 등의 방법에 의하여도 이루어진다. 다른 하나는 합리적 정책결정이 처방적·규범적 측면에서 어느 정도 의사결정자에게 도움을 주는가 하는 점에서 약점이 있고, 또한 합리적 모형은 환경적인 변수를 고려하지 않고 있으며, 정책이 결정·집행된 후에 예상되는 비용과 편익을 구체적으로 계산할 수 있는 방법을 제시하지 못한다는 점에 한계가 있다(정정길, 1999: 465; 김형렬, 2000: 165).

2) 만족모형과 점증적 정책결정

(1) 만족모형

James March와 Herbert Simon(1958)은 인간의 인지능력, 시간, 경비의 부족으로 모든 대안을 탐색하고 이들이 초래할 모든 결과를 예측하는데 어려움 때문에 합리성이 제약을 받고 있으며, 이 제한된 합리성하에서 의사결정을 하게 된다는 것이다. 즉, 제한된 합리성(bounded rationality)이란 제한된 시간 및 정보와 같은 제약 혹은 한계 내에서 가능한 합리적으로 행동하는 것을 의미한다. 만족모형(satisficing model)이란 <표 6-2>와 같이 제약된 상황에서 문제에 대해 최적

표 6-2 합리적 정책결정과 제한된 합리성

포괄적(comprehensive) 합리성	제한된(bounded) 합리성
1a. 가치 혹은 목적의 명확화는 대안적 정책의 경험적 분석으로부터 구별하고, 그리고 보통 선행조건이다.	1b. 가치목표의 선택과 필요한 행동에 대한 경험적 분석이 서로서로 구별되지 않으며, 또한 밀접하게 뒤얽혀있다.
2a. 정책형성은 수단-목적분석(means-end analysis)을 통하여 접근한다. 먼저 목적을 분리하고, 그 후 목적성취를 위한 수단을 추구한다.	2b. 수단과 목표가 구별할 수 없으므로, 수단-목표분석은 부적절하거나 혹은 한계가 있다.
3a. 좋은 정책의 핵심(gist)은 바람직한 목적에 최적의 수단이 존재한다는 것을 보여줄 수 있어야 한다.	3b. 전형적으로 다양한 분석가들이 자신들이 어떤 정책에 대해 직접적으로 동의하는 것을 발견하는 것이 좋은 정책인지에 대한 점검(test)이다.
4a. 분석은 포괄적이다(comprehensive). 중요한 모든 관련 변수들이 설명되어야 한다.	4b. 분석은 다음과 같이 극단적으로 제한되어 있다. ① 중요한 가능성이 있는 결과들이 무시될 수 있다. ② 중요한 대안적인 잠재적 정책(potential policies)이 무시될 수 있다. ③ 중요하게 영향을 미치는 변수들이 무시될 수 있다.
5a. 이론에 상당히 의존한다.	5b. 비교의 연속성은 이론의 의존성에 의해 매우 줄어들거나 혹은 제거된다.

자료: Birkland(2001: 213).

의 해결책을 탐구하는 것이 아니라 수용할 수 있는 해결책(acceptable answer)을 찾는 만족을 추구한다. 즉, 조직에서의 모든 결정은 사실상 단지 만족하는 결정(satisficing decisions)이라는 것이다. 결정이란 최대화(maximize)가 아니라 단지 만족하는 것(satisfy)과 충족하는(suffice) 것이 결합하여 만족하는(satisfice) 것이다. 이러한 모형이 관료제와 인간조건(human condition)에 있어 가장 현실적인 관점이라는 것이다(Henry, 1992: 102).

(2) 점증적 정책결정

점증적 정책결정(incremental decision-making)은 실제와 경험을 강조한다. Charles Lindblom(1968)은 사람은 거대하게 비약(big leaps)하는 것보다는 오히

려 비교적 작게 점증하는(small increments) 결정을 한다는 것이다. 이러한 정책 결정과정의 기술을 분절된 점증주의(disjointed incrementalism)로 명명한다. 분절 (disjointed)은 정책결정자가 항상 최선의 대안을 추구하는 것이 아니라 조금씩 (piecemeal), 개별적으로(case-by-case), 분리된(disconnected) 방식으로 정책문 제에 반응하는 것이다. Lindblom에 의하면, 전체적 정책결정과정은 단기적인 정 치적 조건에 대한 반응으로 이루어진다. 이런 시각에서 정책결정은 정책결정의 위치에 있는 사람의 의지에 의한 것이 아니라 사건과 상황에 의해 보다 많이 통 제를 받는다. 정책결정자는 현존의 정책으로부터 약간 점증적으로 그리고 결과가 일반적으로 한정된 대안에 한정하는 것을 선호한다. 이러한 점증주의는 위험을 줄이고, 과거의 정책이나 현존의 정책에 보다 좋은 확실성과 계속성을 제공한다. 점증주의는 다원주의적 본성을 가진 미국 민주주의에 보다 잘 부합된다.

하지만, 점증적 정책결정은 과거의 정책이나 사업을 기초로 하는 점증적 발 전을 모색한다는 점에서 보수성을 가지고 있어 새로운 문제에 도전하여 창의적 인 정책이나 사업을 추진하는 데 많은 장애를 준다(김형렬, 2000: 201). 또한 정책 이 처음부터 잘못된 결정이었다면 점증주의에 의해서는 결정을 근본적으로 고칠 수 없다는 점이다.

3) 혼합주사(탐사) 정책결정

Amitai Etzioni(1967)는 합리적-포괄적 접근법과 점증적 접근법의 결함을 발 견하고, 근본적 결정과 점증적 결정을 합병하는 결정에 관한 접근법을 전개하였 다. Etzioni는 분절된 점증적 정책결정에 관한 포괄적인 비판을 통해 합리적 정책 결정과 점증적 정책결정의 장점을 가미한 혼합주사 정책결정을 제시하고 있다.

Etzioni가 주장하는 점증적 접근법의 비판은 다음과 같다. ① 점증주의는 가 장 강력한 집단의 이익이 반영되지만, 혜택을 받지 않은 집단과 정치적으로 조직 화되지 못한 집단의 불만족이 해결되지 못한다. ② 점증주의는 궁극적으로 기본 적인 사회적 혁신(social innovation)을 배제한다. ③ 점증주의는 관성(inertia), 반 혁신적 세력(anti-innovation forces)에 의한 이념적인 선입관을 가지고 있다. ④ 점증주의는 근본적인 결정 혹은 독특한(unique) 결정을 위해 충분한 가이드를 제공하지 않는다.

혼합주사 접근법(mixed scanning)은 단기적 범위(점증적 접근)와 장기적 범위

(전체적인 시각)를 고려하여 결정을 할 때 유용하다. 또한 혼합주사 접근법은 정책결정을 근본적(fundamental) 결정과 부수적인(subsequent) 결정을 나누어 결정에 접근한다. 혼합주사 접근법은 근본적인 방향을 인식하고, 점증적인 연속적 변화에 지침으로 활용한다.

이러한 혼합주사 접근법은 기상위성을 활용한 세계 기상관찰시스템을 가정한다. 합리적 접근법은 전체 세계를 가능한 관찰할 수 있는 카메라를 활용하여 기상조건을 포괄적으로 조사한다. 하지만 전체 세계를 세밀하게 검토하는 것은 너무 값비싸고 능력을 초월한다. 이리하여 점증법은 과거의 기후조건과 비교하여 특정한 최근의 기후유형을 초래한 지역에만 초점을 둔다. 즉, 보다 깊이 있는 조사가 요구되는 지역을 체계적이고 미시적으로 분석한다.

이와 같이 혼합주사 접근법은 합리모형과 점증주의의 약점을 극복할 수 있는 전략으로 공헌한다. 또한 혼합주사 접근법은 광범위한 분석과 심층적 분석(in-depth analysis)에서 유용하다. 하지만, '기본적인 정책과 점증적 의사결정을 누가 어떻게 결정하는가'라는 문제에 대해 비판이 제기된다(정철현, 2004: 307). 또한 합리모형과 점증모형에서 제시된 것 이상의 특별히 새로운 것이 없어 독립된 모형으로 보기 어렵다는 비판이 있다.

4) 쓰레기통 정책결정

쓰레기통 정책결정(garbage can model)은 조직화된 무정부 상태 속에서 조직이 어떠한 결정 행태를 나타내는가를 설명하기 위한 모형이다. 즉, 조직이나 집단이 구성단위나 구성원 사이에 응집성이 아주 약한 혼란상태에서 이루어지는 의사결정의 특징적 측면을 강조하는 모형이다(정정길, 1999: 523).

조직화된 무정부 상태(organized anarchies)는 다음과 같다. ① 조직구성원들이 정책과 목표에 대해 명확하게 선호(preferences)를 정의할 수 없는 상태이다. ② 기술이 불명확한(unclear) 상태이다. 조직구성원들이 조직이 무엇을 할 것인가에 대해 이해하지 못한 상태이다. ③ 조직의 의사결정과정에 있어 참여자들이 유동적이고(fluid) 심지어 변덕스러운(erratic) 상태이다.

이러한 상황에 직면할 때, 조직적 선택과정은 쓰레기통 모델로 기술된다. 즉, 조직화된 무정부 상태는 ① 문제점, ② 해결책, ③ 참여자, ④ 선택적 기회(choice opportunities)의 네 가지 구별되는 흐름으로 구성되는 의사결정과정을 활용한다.

이들 흐름은 거의 서로서로 연결되지 않는다. 이들 네 가지 흐름이 서로서로 연결될 때, 그 결과 주요한 결정이 이루어진다. 이러한 맥락에서 합리적 정책결정과 제한된 합리적 정책결정이 선형적 단계적 과정(linear, stepwise process)이라면, 쓰레기통 모형은 비선행적(nonlinear) 과정이다. 즉, 문제점, 해결책, 참여자, 선택적 기회의 네 가지 흐름이 거의 무작위적 형식(random fashion)으로 엮여져 있다.

이와 같이 쓰레기통 정책결정은 문제에 대한 바람직한 상태는 아니다. 혼돈과 무작위적 본성의 정책결정은 양질의 결정결과(high-quality decision outcomes)를 초래할 수는 없을 것이다. 이 모형은 어떤 조직적 배경에서 일어날 수 있는 조건과 결과를 기술하기 때문에 기술적 모형(descriptive model)이다(Hodge, et al., 2003: 295-296). 이러한 쓰레기통 모형은 선택이 예언적이고 관습적인 이론에 부합되지 않은 상황을 이해하는 데 도움을 준다. 전통적인 이론은 모호하고 불확실한 결정을 설명하는 데 비효과적이고, 이러한 결정에 대해 보다 유연적인 쓰레기통 모형이 효과적일 것이다(Cohen, March & Olsen, 1972).

5) Allison의 정책결정모형

Graham Allison(1969)은 미국 John Kennedy 대통령(1917-1963)에 의한 1960년대 촉발한 쿠바미사일의 사례연구를 통하여 <표 6-3>과 같이 세 가지 정책결정모형을 제안하고 있다.

이처럼 Allison은 쿠바미사일 위기(Cuban missile crisis)를 분석하면서 무엇이 일어나는가에 대해 합리모델로 충분히 설명할 수 없으며, 대안적 개념모델인 모델 2와 모델 3이 중요하다는 것을 보여주고 있다. Allison 모델은 중요한 정부결정을 분석하는데 활용될 수 있는 세 가지 시각이 있다고 제안하고 있다.

특히 Allison은 쿠바미사일의 사례연구에서 다음의 세 가지 물음을 통해 세 가지 모델을 제시하고 있다. ① 소련은 왜 쿠바에 공격적인 미사일을 배치하기로 결정했는가? ② 미국은 왜 미사일 배치에 대해 봉쇄하는 반응을 했는가? ③ 소련은 왜 미사일을 철수했는가?

① 합리모델 　 이 모델은 논리적 분석의 결과를 기초하여 정책이 결정된다. 즉, 이 모델에서 정책결정의 국면은 정책결정자의 사고와 행태의 합리성(rationality)에 의존하여 신중하고 그리고 의식적으로 수행된다. 논리적 분석의 결과를 기초하여 정책결정이 이루어진다.

표 6-3 Allison의 세 가지 모형

구분	합리모델	관료제적 모델	정치모델
의의	개인적 차원의 합리적 결정을 설명하는 합리 모형의 논리를 집단적으로 결정되는 국가정책의 경우에 유치시킨 모형	정부는 단일의 결정주체가 아니라 느슨하게 연결된 반독립적인 하위조직들의 집합체	정부의 정책결정도 참여자들 간의 정치적 협상과 타협 및 권력 게임과 같이 밀고당기는 이해관계에 의한 정치적 산물
조직관	조정과 통제가 잘된 유기체	느슨하게 연결된 하위조직들의 연합체	독립적인 개인적 행위자들의 집합체
권력의 소재	조직의 두뇌와 같은 최고지도자가 보유	반독립적인 하위조직들이 분산소유	개인적 행위자들의 정치적 자원에 의존
행위자의 목표	조직 전체의 목표	조직전체의 목표＋하위조직들의 목표	조직전체의 목표＋하위조직들의 목표＋개별행위자들의 목표
목표의 공유도	매우 강하다	약하다	매우 약하다
정책결정의 양태	최고지도자가 조직의 두뇌와 같이 명령하고 지시	표준운영절차(SOP)에 대한 프로그램 목록에서 대안 추구	정치적 게임의 규칙에 따라 타협, 흥정, 지배
의사결정의 일관성	매우 강하다 (항상 일관성 유지)	약하다 (자주 바뀐다)	매우 약하다 (거의 일치하지 않는다)

자료: 정정길 외(2003: 553).

② 관료제적(bureaucratic) 모델   이 모델은 표준적 운영절차와 관례에 의해 산출된 정책의 영향을 강조한다. 이러한 모델의 사례로 Lindblom에 의하면, 정책결정은 단기적 조건의 반응에서 이루어지는 소규모의 점증적 선택에 의존한다는 점증주의(incrementalism)를 제안하고 있다.

③ 정치모델   이 모델은 경쟁적인 힘에 대한 상호작용의 결과로써 정책결정이 이루어진다고 본다. 즉, 정책결정은 다양하고 경쟁적인 이해를 가진 사람들 사이에서 협상하는 집단적 노력이라는 것이다.

이들 세 가지 모형 중에서 정치모델은 조직의 상위계층에 적용 가능성이 높은 모형이고, 기능적 권위와 표준 운영절차로 특징지어지는 관료제적 모델은 조직의 하위계층에 적용 가능성이 높은 모델이다. 합리모델은 조직의 각 계층에서 활용할 수 있다(정정길, 1999: 536).

하지만, Allison은 쿠바의 해안봉쇄정책은 어느 한 모델로서도 설명할 수 없으며, 이들 세 모델을 가지고 설명할 수 있다는 것이다(정우일, 2005: 528).

CHAPTER 7

정책의 집행, 분석, 평가
및 정책변동

| I | 정책집행 |

1. 정책집행의 의의와 특징

정책집행(implementation)은 정당한 정책언명(policy statements)에 기술된 목적을 성취하기 위한 정부의 조직화된 활동으로 구성된다. 정치 지도자들은 정책집행 활동을 행정부의 영역으로 간주한다. 이러한 정책집행은 정부프로그램이 효과로 전환하는 과정이다. 정책집행은 목표설정과 목표를 달성하기 위한 활동 사이의 상호작용과정이다. 또한 정책집행은 정책목적을 실현하는 데 혹은 실현하지 못하는 데 공헌하는 요인들을 검토한다.

행정부처의 공무원들은 부처의 일상적인 업무를 수행하는 데 편리하게 절차, 방법, 표준을 설계한다. 이들 공무원이 정책을 집행하고 관리하는 특징은 다음과 같다. ① 정책의 핵심적 기능을 수행한다. ② 과정 혹은 운영에 초점을 둔 좁은 시각을 가진다. ③ 과거의 행동이 현재에 일어날 것을 통제할 것이라는 점증적 정책을 선호한다. ④ 관리적 정책에 포함된 세부적 기술문제 때문에 중·하위직 공무원의 경험이 정책집행에 영향을 미친다.

행정기관이 정책과정, 특히 정책집행에서 영향력을 발휘하는 이유는 다음과 같다. ① 행정기관의 공무원은 담당업무에 대해 상당한 정도의 전문적 지식원을 갖추고 있다. 즉, 행정기관이 소유하고 있는 저장된 정보가 권력원이다. ② 법률은 행정가에게 상당한 정도의 자유재량권(discretion)을 부여하고 있다. 행정가가 공공프로그램을 집행하는데 상당한 유연성을 필요로 한다. ③ 행정기관의 권력은 행정기관과 그 기관의 환경과의 상호작용으로 초래된다. 즉, 행정기관의 구체적인 지원세력은 고객집단, 의회의 의원, 다른 행정기관 등이 있다. 나아가 행정기관의 영향력은 강력하고 효과적인 리더십으로부터 기인된다(Denhardt, 1991: 52-53).

이러한 정책집행이 성공하려면, 바람직한 방향으로 영향을 미치는 여러 가지 요인들이(예를 들면, 정책결정주체의 지원, 집행요원의 능력과 집행의욕, 정책관련 이해집단이나 언론 및 일반국민의 태도 등) 집행과정에 존재하고, 이들 요인들이 적절히 배합되어야 한다(정정길, 1999: 603-612). 또한 정책집행은 순응과 불응으로 표출될 수 있다.[1]

2. 정책집행의 접근법과 과정

1) 정책집행의 접근법

정책집행에 관한 접근법 연구는 세 가지 주요 영역으로 이해할 수 있을 것이다. 이들 접근법은 ① 하향적(탑-다운) 접근법, ② 상향적 접근법, ③ 통합적 접근법 등이다(Birkland, 2001: 178-186).

---

[1] 정책순응(政策順應, compliance)은 정책의 집행을 담당하고 있는 공식집행자의 외현적 행동이 정책의 집행이나 정책목표의 달성을 위하여 설정된 정책적 지시나 규칙 또는 상관의 명령이나 지시에 일치하는 방향으로 일어나는 것을 의미한다. 반면에 불응(不應, noncompliance)은 집행자의 외현적 행동이 이러한 제반지시나 규정, 규칙 등에 벗어날 때 일어나는 것이다(박호숙, 2005: 205-207).
특히 정책불응의 사례로 님비(NIMBY)현상을 들 수 있다. NIMBY는 정부가 제공하려는 정책서비스 혹은 정책대안의 집행이 지역주민들에 의해 강하게 거부되는 현상이다. 즉, 반드시 필요한 시설의 유치를 지역의 이기주의적 동기에 의하여 반대하는 현상이다. 이 현상은 버티기(hold-up)로 이해될 수 있으며, 정책을 집행하려는 정부와 정책집행 대상 지역의 주민들이 쌍방독점적인 상황에서 어느 일방의 피해가 가중된다고 느낄 때 발생하는 현상이다. 대표적인 사례로 원자력 발전소 방사성 폐기물 처리장 문제이다. 이런 혐오 시설의 입지는 토지를 중심으로 발생하는 정책이다. 해당지역에 거주하는 주민들은 정책의 집행으로 인하여 직접적으로 수용이나 행위규제의 조치를 받게 된다(이민창, 2005).

(1) 하향적 접근법

정책집행의 하향적 접근법(top-down approach)은 법령(statute) 혹은 정책에 의해 채택한 목표와 전략을 관찰함으로써 정책집행을 이해하려는 접근법이다. 이들 연구의 초점은 정책제안자(policy's drafters)에 의해 설정된 목표와 정책의 실제적인 집행과 결과 사이의 차이에 초점을 둔다.

이러한 하향적 접근법은 다음과 같은 몇 가지 가정에 기초한다. ① 정책은 성과가 측정할 수 있도록 명확하게 정의된 목표로 구성되어야 있다. 즉, 하향적 집행전략은 정책목적이 명확하고 그리고 일관성 있게 정의할 수 있는 능력에 의존한다. ② 정책은 목표성취를 위해 명확하게 정의된 정책도구(policy tools)를 포함하고 있다. ③ 최고층의 정책메세지로 시작되고 그리고 진행되는 집행을 볼 수 있는 일련의 집행사슬(implementation chain)이 있다. ④ 정책설계자(policy designers)는 집행자의 능력과 몰입에 관한 좋은 지식을 소유하고 있다.

이러한 점에서 하향적 접근법은 최고층에서 설정한 목표에 대한 순응을 강요하거나 혹은 격려하기 위한 적절한 구조와 통제를 설정하는 데 초점을 둔다. 하지만 하향적 접근법이 명확한 목표를 강조하기 때문에 프로그램 목표가 무엇인가에 대한 동의가 없다면 한계가 놓여있다. 또한 프로그램의 성공과 실패를 위한 벤치마킹을 설정하기가 어렵다.

(2) 상향적 접근법

성공하지 못한 많은 집행결과에 대해 하향적 접근법으로 설명하지 못한 것에 연유하여 연구자들은 상향적 접근법에 관심을 가지게 되었다. 상향적 접근법(bottom-up approach)에서 정책집행은 집행체계의 가장 낮은 계층에서 시작하여 그리고 집행이 성공적으로 수행되고 있는지 혹은 그렇지 않는지를 보기 위해 상향적으로 이동하면서 연구되어야 한다고 제안한다. 이런 맥락에서 Elmore는 최종 집행관(ultimate implementer)으로부터 최고 정책설계자로 정책과정이 역행하면서 설계한다는 점에서 역행설계(backward mapping)라고 명명하고 있다.

상향적 접근법은 다음과 같이 몇 가지를 가정한다. ① 상향적 접근법은 목표가 명확한 것보다는 모호하다는(ambiguous) 것이다. 같은 정책영역에서 다른 목적과 갈등하거나 혹은 일선관료의 규범과 동기와 갈등할 수 있다는 것이다. ② 상향적 접근법은 법규(statute) 혹은 다른 형태에서 단일로 정의된 정책(a single defined policy)이 있다는 것을 요구하지 않는다. 오히려 정책이란 정부와 이익집단이 문제를 표명하는 방식으로 구성된 에너지 정책 혹은 형사절차와 같이 일련의 법률, 규칙, 규범, 사건과 같은 사상(thought)일 수 있다는 것이다. 이런 의미에서 정책은 정책과정에서 일어나는 지속적인 갈등과 타협으로 볼 수 있다는 것이다.

하지만, 상향적 접근법은 다음과 같은 단점이 있다(Sabatier, 1986). 첫째는 상향적 접근법은 일선관료들의 능력이 최고 정책결정자의 목표를 좌절시킬 수 있다는 것을 과도하게 강조하고 있다. 일선관료들은 전문가적 규범과 의무에 기초하여 행동하고 또한 활용할 수 있는 자원이기 때문에 완전히 자유로운 대리인 (free agent)이 아니다. 둘째는 상향적 접근법이 집단을 정책과정에 적극적인 참여자로 가정하지만 항상 그렇지는 않다. 어떠한 정책은 정치없는 정책(policies without politics)으로 분류할 수 있기 때문이다. 즉, 정책영역이 상당히 기술적인 문제이기 때문에 일반인들의 투입 없이 집행될 수 있다는 것이다(May, 1990). 또한 상향적 접근법은 목표집단들(target groups) 사이에 대한 권력적 차이를 설명하지 못한다(Sabatier, 1986).

(3) 종합적 접근법

하향적 접근법과 상향적 접근법의 상대적인 장·단점 때문에, 연구자들은 이들 접근법의 장점을 결합하는(combine) 방안으로 종합적 접근법(synthesis)을 제안하게 되었다. Sabatier(1986)에 의하면, 하향적 접근법은 잘 구조화된 하나의 지배적인 프로그램(dominant program)이 존재하는 것에 최적이며, 상향적 접근법은 지역적 집행(local implementation)의 투쟁에 관심이 있거나 그리고 단일의 지배적인 프로그램이 존재하지 않는 곳에서 최적이라는 것이다. 이러한 시각은 집행이란 명령의 문제(a matter of command)일 뿐만 아니라 협상과 의사소통의 문제라는 것이다. 명령은 수신자의 기대(receiver's expectations)에 일치하지 않거나 혹은 명확하지 않을 때 심지어 저항을 맞이하게 된다.

2) 정책집행의 과정

정책집행의 과정은 ① 이상적인 정책, ② 목표집단, ③ 집행조직, ④ 환경적인 요인 등의 구성요소로 모형화할 수 있을 것이다.

① 이상적인 정책(idealized policy)　　정책을 규정한 사람들이 유발하도록 시도하는 이상적인 상호작용의 유형(idealized patterns of interaction)이다.

② 목표집단(target group)   정책에 의해 새로운 유형의 상호작용을 채택하도록 요구되어지는 사람들이다. 즉, 정책에 의해 가장 직접적으로 영향을 받는 사람과 정책요구에 대응하여 변화해야만 하는 사람들이다.

③ 집행조직(implementing organization)   정책의 집행을 위해 책임이 있는 정부관료제의 단위이다.

④ 환경적인 요인(environmental factors)   정책집행에 영향을 미치는 환경에 있는 요인 혹은 정책집행에 의해 영향을 받는 환경에 있는 요인들이다.

이와 같이 정책집행과정의 네 가지 구성요소와 함께 결정된 정책을 체계적으로 집행하기 위해 정책지침작성, 자원 확보, 실현 활동 및 감시 · 감독단계가 적정하게 이루어져야 한다(정정길, 1999: 592). 특히 성공적인 정책집행의 중요한 책임은 정책결정자와 정책과정을 관리하도록 설계된(designated) 주무기관에 놓여있다. 또한 집행하는 과정에 있어 분석가의 설계(analyst's design)도 일정한 책임을 공유해야 한다. 더욱이 집행에 있어 충돌되는 대부분의 문제는 사람의 문제(people problems)이다. 이에 분석가들은 사람의 문제를 다루는 데 훈련을 받은 사람, 사회과학자, 컨설턴트와 같은 사람으로 팀을 구성해야 한다.

이와 더불어, Sabatier와 Magmanian(1979)은 성공적인 집행을 보장하는 데 있어 다섯 가지 충분조건을 제시하고 있다.

그림 7-1 정책집행단계

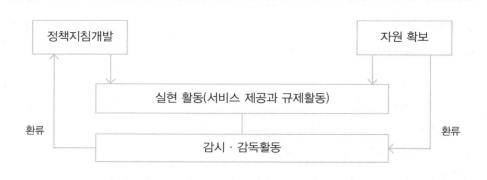

자료: 정정길(1999: 592).

① 프로그램은 바람직한 목적상태(end-state)의 성취에 대해 목표집단행태 (target group behavior)의 변화에 연계된 건전한 이론에 기반을 두어야 한다. 정책 배후에 있는 기본적인 사회적, 경제적, 정치적 이론이 합리적이어야만 한다.

② 법령(statute)은 명백한 정책방향을 포함하고 있어야 하며, 그리고 목표집단에 대해 바람직스럽게 이행되도록 하는 가능성을 최대화하기 위한 집행과정이 구조화되어야 한다.

③ 집행기관의 리더들은 실질적인 관리기술과 정치적 기술을 가지고 있어야 하고, 그리고 법적인 목표(statutory goals)를 따라야 한다.

④ 프로그램의 집행과정에 있어 중립적이거나 혹은 지원적인 법원과 몇몇 중요한 의원들과 조직화된 유권자집단에 의해 프로그램이 적극적으로 지원을 받아야 한다.

⑤ 갈등적인 공공정책의 출현에 의해 혹은 법령의 기술적 이론 또는 정치적 지원을 침식하게 하는 사회경제적 조건의 변화에 의해 법적인 목표의 상대적 우선순위가 시간을 초월하여 심하게 손상되지 않아야 한다.

II 정책분석

1. 정책분석의 의의와 특징

정책결정자는 정책목적에 가장 잘 대처할 수 있는 대안을 선택해야 한다. 정책분석(policy analysis)은 정책결정자가 건전한 선택(sound options)을 고려할 수 있도록 도움을 주는 체계적 수단이다. 즉, 정책분석은 정책결정을 위한 분석적 노력이며, 정책결정에 필요한 정책정보의 산출을 위한 논리적 과정이다. 이 점에서 정책분석은 문제해결 접근법, 정보의 수집과 해석, 각 대안의 행동결과에 대한 예상 등이 포함되며, 정책문제에 관련된 많은 정보를 수집해야만 한다.

이러한 정책분석의 주요한 특성은 ① 각 정책문제가 복잡하고, 다양한 원인과 결과, 직·간접적 결과를 포함하기 때문에 정책분석은 통합적이고, 복합 학문적인 특성을 가진다. ② 정책분석은 미래의 정책결정을 강조하기 때문에 미래지향적이다. ③ 정책분석은 실현가능성과 비용과 편익을 분석하기 때문에 결정지향적이다. ④ 정책분석은 각 정책대안을 분석함에 있어 고객의 선호를 고려하기 때문에 가치정향적이고, 고객지향적이다(McKinney & Howard, 1998: 100).

이와 같이 정책분석은 일련의 계획한 정부활동을 평가하고, 공공이슈 혹은 공공문제를 탐구하는 것이다. 이러한 정책분석은 다음과 같은 활동이 포함된다 (Dye, 2005: 7).

첫째, 정책분석의 우선적인 관심은 처방하는 것(prescription)보다 오히려 설명하는 것(explanation)이다. 정책을 이해하는 것은 처방의 전제조건이며, 면밀한 분석을 통해서 가장 잘 성취할 수 있다.

둘째, 정책분석은 정책의 원인과 결과에 대해 엄격하게 탐색하는 것이다. 이러한 탐색은 추론(inference)에 대한 과학적 기준을 활용하는 것이 포함된다. 고급수준의 양적 기술(quantitative techniques)이 유효한 추론에 도움이 된다.

셋째, 정책분석은 정책의 원인과 결과에 대한 총괄적인 제안을 전개하고 검증하기 위한 노력이다. 또한 정책분석은 일반적인 타당성(relevance)에 대한 신뢰할 수 있는 연구결과를 축적하는 것이다. 정책분석의 목적은 공공정책에 대한 일반적인 이론을 발전시키고, 다른 정부기관과 다른 정부정책에 적용할 수 있는 이론을 전개하는 것이다.

합리적인 정책분석에는 다음과 같은 몇 가지 제약이 있다. ① 정책결정가에 대한 변함없는 관심과 자료 수집을 위한 제한된 시간적 틀, ② 대안 개발과 불확실성에 대한 시나리오 구성에 작용하는 편견, ③ 조언자로서의 참모역할 등이다. 분석은 불확실의 조건과 어떤 문제에 대한 중요한 측면을 고려하지 못하는 상태에서 이루어지기 때문에 불확실성에서 이루어진다.

2. 정책분석과 정책결정의 관계

정책분석은 정책결정자를 위한 충고를 전개하는 과정이다. 정책분석의 과정은 무엇보다 정책의 목표를 명확화하는 것이다. 정책이 효과적인지를 결정하기 위해 집행과 결과를 평가해야 한다. 과거의 정책과 현재의 정책이 지향했던 목표를 성취하였는지를 분석함으로써 정책건의(policy recommendations)를 제시할 수 있다.

이 점에서 정책분석은 최적의 대안을 선택하는 과정인 의사결정상의 선택과 포기가 동시에 이루어지는 행위과정이라는 점에서 정책결정과 유사점이 있다. 하지만 정책대안의 경제적 의미와 정치사회적 의미에 관한 정책분석가와 정책결정자 사이의 의견 차이가 발생한다.

다원주의 정치제도하에서의 정책결정자는 정치적 타협을 통한 승리연합체(winning coalition)의 형성을 추구할 수밖에 없다. 이리하여 정책결정자는 정치적 타협을 위해 정책목표에 대해 애매한 태도를 취하기도 한다. 하지만 정책분석가는 언제나 명확한 정책목표를 설정해야 한다. 즉, 정책목표를 명확하게 하고 정책목표들 사이의 우선순위를 정하는 것은 정책연구자들의 몫이다. 이 점에서 정책분석가는 학자 또는 전문가로서 정책결정자로부터 정책분석을 위임받아 수행한다. 반면에 정책결정자는 정치인으로서 민주적 투표절차에 의해 선출되어 선거구민으로부터 정치적 의사결정을 위임받은 정치적 대표이며, 주된 임무는 정책대안을 결정하는 일이다. 이 점에서 정책결정자는 정책결정의 역할을 정책분석가에게 위임하여 수행하게 해서는 안 된다(이성우, 2006: 39-40).

3. 정책분석의 요소

정책분석은 정책이 효율적으로 잘 집행되는 것을 추구한다. 정책분석은 구체적으로 다음과 같은 작업을 수행한다. ① 정책결정자가 원하는 것을 결정하도록 도움을 제공한다. ② 정책결정자가 원하는 것을 획득하는 가능한 방법을 탐색한다. ③ 각 대안을 채택한 결정에 부수되는 결과를 산출한다. ④ 정책결정자가 타당한 정보에 의해 각 대안에 대한 순서를 부여하거나 혹은 정책결정자가 구체화된 기준에 따라 대안을 평가한다.

이러한 정책분석은 다음과 같은 요소를 포함하고 있다(Quade, 1989: 46-48).

① 목적(objectives)   정책목적은 정책결정자가 성취하고자 하는 것이다. 목적에 관한 정보는 성문화된 문서(예를 들면, 의회 위원회의 보고서, 정책보고서)에서 추론할 수 있다. 정책분석의 첫 번째 작업이 정책목표를 명확화하는 것이다.

② 대안(alternatives)   대안은 정책결정자가 활용할 수 있는 선택(options)이며, 목적을 달성하게 하는 수단이다.   이것은 일종에 전략 혹은 활동일 수 있다.

③ 영향(impacts)   정책분석은 정책대안에 연계된 영향을 분석하는 작업이다. 이것은 목적을 성취하기 위한 수단으로 채택한 대안에 대한 일련의 결과를 의미한다. 몇몇 영향은 목적 달성에 긍정적으로 기여한다. 또한 대안에 연계한 부정적 결과로 인해 비용이 발생하기도 한다.

④ 기준(criteria)   정책결정자가 목적을 성취함에 있어 정책대안에 대해 순위를 매길 때 활용되는 규칙 혹은 선택기준을 활용한다. 정책분석가는 정책대안 분석에 있어 실현가능성과 소망성의 기준을 활용한다. 또한 가끔 최소의 비용으로 정책을 성취하는데 요구되는 대안에 대해 서열을 매기는 데 있어 비용편익분석을 활용하기도 한다.

⑤ 모델(model)   정책결정의 분석 핵심은 어떤 대안에 대한 선택에 부수되는 결과를 예측할 수 있는 과정이다. 이 역할이 모델에 의해 이루어진다. 즉, 정책모델은 대안선택에 대한 영향을 예측하는데 활용된다. 정책모델은 일종에 컴퓨터를 위해 정교하게 프로그램화된 수학적 구조이다. 어떤 모델은 문제의 범위를 규정하고, 목적달성을 측정하고, 대안의 숫자를 줄이는데 활용되는 정신적 모델(mental model)일 수 있다.

4. 정책분석가의 역할모형

정책결정의 질을 높이기 위해서 정책분석가들은 정책에 내포된 가치들을 체계적으로 분석하고 올바른 의견을 제시해야 한다. 또한 정책분석가들은 전문가로서 분석에 있어서의 성실성, 의뢰인에 대한 책임, 분석가 개개인의 좋은 사회에 대한 인식성 등의 가치기준을 소유해야 하고, 행동규범을 갖추어야 한다(홍준현, 2004).

정책분석가들은 정책관련정보를 생산하면 다양한 역할을 수행하게 된다. 이들 역할모형은 객관적 기술자 모형, 고객옹호자 모형, 쟁점 창도자 모형 등이 있다(남궁근, 2010).

① 객관적 기술자(objective technician) 모형   이들 정책분석가는 분석적 성실성을 기본가치로 여긴다. 정책분석가는 학문적 순수성을 지키려고 노력하며, 연구의 객관성과 자문의 중립성을 유지하고자 노력한다.

② 고객 옹호자(client's advocate) 모형   이들 정책분석가는 정책결정자의

입장을 이론적으로 정당화하고자 노력한다. 이들 분석가는 정책분석을 의뢰한 정책결정자에 대한 책임을 의식하고, 그들의 기대에 부응하기 위해 활동한다.

③ 쟁점 창도자(issue advocates) 모형   이들 정책분석가는 좋은 사회를 위하여 자신의 가치판단과 행동기준에 따라 정책문제를 선택하고, 정책목표와 대한을 제시한다.

Ⅲ 정책평가

1. 정책평가의 의의와 특징

정책평가(policy evaluation)란 설정된 정책목표에 도달하는 과정을 정기적으로 점검하여 그 정책의 성과를 향상시키기 위한 일련의 활동을 의미한다(Poister, 1979). 또한 정책평가는 정책형성과 집행과정을 점검하고 정책성과를 확인·검토하는 활동이다. 이러한 정책평가는 공공정책의 요구, 설계, 집행, 영향에 관련한 정보를 체계적으로 수집하고, 분석하고 해석하는 과정이다. 이점에서 정책평가는 과학적인 연구활동이기도 하다. 나아가 평가는 사정(assessment)이다. 공공사업의 평가는 해당 사업의 목적을 달성했는지 여부를 검증하는 활동의 핵심적인 요소이다.

공공사업에 관련한 정책평가는 사업 자체가 사업목적을 달성했는지 여부를 검증하는 효과성 평가와 아울러 사업이 의도한 대로 집행되었는지 여부를 검증하는 집행평가가 함께 이루어져야 한다. 특히 집행평가의 요체는 사업의 목적달성으로 연결되는 인과관계의 고리에서 핵심적으로 작용하는 사업의 요소들을 검증하는 작업일 것이다(이석원·곽채기, 2004: 73 & 77).

또한 정책평가와 정책모니터링은 <표 7-1>과 같이 다소 구별된다. 정책모니터링(policy monitoring)은 정책의 원인과 결과에 대한 정보를 생성하는 분석절차이다. 즉 정책모니터링은 정책정보가 어떻게 생성되는지, 정책의 원인과 결과가 무엇인지를 지속적으로 점검하는 과정이다. 반면에 정책평가의 일차적인 초점은 정책 모니터링과 실행을 통해 도출된 사실과 가치이다. 또한 정책평가는 다양한 방법으로 정책개입, 실행 및 프로세스의 효과성을 체계적으로 조사하고,

다양한 이해관계자의 사회적·경제적 여건 개선 측면에서 그들의 장점과 가치를
판단한다.

표 7-1 모니터링와 평가의 비교

구분	모니터링(monitoring)	평가(evaluation)
평가시기	정책집행 전과정 (지속성, continuous) 정책집행과정에서 이루어짐	정책의 중간과 정책종결 후 (주기적, periodical) 정책집행 동안과 정책집행 이후
목적	단기적 교정활동(corrective action)	미래 프로그램에 관한 결정에 정보 제공
주요 활동	프로세스 추적(keeping track)	프로세스의 사정(assessment)
측정의 초점	효율성(efficiency) 측정	영향(impact)의 측정
지향	무슨 활동이 수행되었는가에 대해 해답	결과가 달성된 이유와 방법에 대한 해답. 변화를 위한 이론과 모델을 구축하는 데 기여함

정책평가의 목적은 다음과 같이 세 가지 차원에서 정리될 수 있다. ① 정책
평가는 자원배분의 효율성을 높이는 재정적 기능을 수행한다. 평가를 통하여 회
계연도의 예산 배정에 반영함으로써 제한된 자원을 효율적으로 활용할 수 있다.
② 정책평가를 통해 정책과정을 개선하고 관리역량을 향상시키는 정책적 목적이
있다. ③ 정책평가의 정치적 목적은 여론의 활성화와 책임성 확보에 있다. 국민
여론을 형성하고 국정 책임을 물을 수 있는 근거를 제공하는 정책평가는 정치과
정에 중요한 기능을 한다(김현구, 2006: 6-7).

하지만, 공공정책의 현실세계에서 효과적인 정책평가는 몇 가지 장애요인이
존재한다. 즉, 평가 자료가 존재하지 않기 때문에 자료를 찾는 어려움이 발생한
다. 또한 평가 자료를 수집하는데 너무 많은 시간소비(too time-consuming)를
하게 된다. 또한 부정적인 평가(negative evaluation)를 활용할 것이라는 두려움
때문에 평가 자료에 연관된 기관들이 평가정보를 제공하는(reveal) 것을 원하지
않는다(Birkland, 2001: 219).

이와 같은 정책평가는 다음과 같은 특징을 지닌다(이윤식, 2004: 4-5). ① 정
책평가는 정책활동의 준법성 여부를 판단하기보다 정책활동에 대한 효율성 관리
를 주 임무로 삼는다. ② 정책평가는 사전적 분석(ex ante analysis)을 기초로 하

표 7-2 기관평가와 정책평가의 비교

구분	기관평가	정책평가
평가대상	단일기관 혹은 조직	특정정책, 하위정책, 단일사업
평가요소	임무, 전략적 목적 및 목표, 통상적 업무	정책단계별 평가항목
평가시기	주기적 평가가 바람직함	정책특성에 따른 신축적 시기
평가주체	자체평가, 내부평가, 외부평가	자체평가, 내부평가, 외부평가

자료: 문영세(2005: 153).

는 정책분석과 달리 정책이 집행되는 과정이나 집행이 종료된 결과를 대상으로 이루어지는 사후적 사정(post facto assessment)을 기본으로 한다. ③ 정책평가는 정책이 집행된 상황에서의 영향을 밝히거나 집행이 완료되는 결과로서의 효과를 분석하는 회고 지향적(retrospective)인 특징을 갖는다. ④ 정책평가는 과학적 분석방법을 기초로 하는 정책평가연구 또는 정책평가조사도 포함하는 넓은 개념이기 때문에 특정한 정책의 영향을 사정하는 실무적인 정책평가의 수준을 넘어 평가방법론을 중시한다. ⑤ 정책평가는 그 평가결과가 활용될 때에만 평가로서의 가치가 있다.

또한 정책평가는 당해기관의 업무역량 및 업무수행 결과를 평가하는 기관평가(機關評價)와 비교하면 <표 7-2>와 같이 특징이 있다(문영세, 2005: 152-153).

첫째, 기관평가는 단일 기관 혹은 조직을 평가대상으로 하나, 정책평가는 특정 정책 혹은 하위정책(프로그램)이나 단일사업(프로젝트)을 평가대상으로 한다.

둘째, 기관평가는 평가요소로 기관의 임무, 전략적 목적 및 목표, 통상적 업무수행의 적절성이나 효율성을 선정한다. 반면에 정책평가는 통상 정책의제설정, 정책결정, 정책집행, 정책결과 등 정책단계별 평가항목을 평가요소로 선정한다.

셋째, 기관평가는 주기적으로 평가를 시행하여 점검하는 것이 바람직하다. 반면에 정책평가는 정책단계별 혹은 정책성과가 가시화되는 기간을 고려하여 개별 정책에 따라 탄력성 있게 평가시기를 선정하는 것이 바람직하다.

넷째, 평가주체는 기관평가와 정책평가 모두 자체평가, 내부평가, 외부평가가 가능하다.

2. 정책평가의 유형

정책평가의 시간을 기준으로 총괄평가와 과정평가로 구분할 수 있으며(정정
길 외, 2003: 756-766),2) 정책결과에 초점을 두어 반응적 정책평가, 참여적 정책
평가로 구분할 수 있다.

1) 총괄평가

총괄평가(summative evaluation)는 정책과 프로그램이 집행된 이후 전반적인
효과성을 확인하기 위해 수행되는 평가이다. 이에 총괄평가란 정책영향평가 혹은
산출결과평가(outcome evaluation)라고도 한다.

이처럼 총괄평가는 정책이 집행되고 난 후에 정책이 사회에 미치는 영향을
추정하는 판단활동이다. 총괄평가가 정책의 효과를 평가한다는 의미에서 영향평
가(impact evaluation)라 할 수 있다. 어떤 정책에 대한 영향을 연구하는 것은 개
개인의 삶 혹은 환경조건이 구체적인 정책 혹은 프로그램에 의해 어떻게 변화되
었는가에 대한 본질적인 물음일 것이다. 이러한 총괄평가는 그 평가대상과 목적
에 따라 효과성평가, 능률성평가, 공평성평가 등으로 구분하기도 한다. 이처럼 총
괄평가는 과정평가보다는 넓은 범위에서 평가대상이 생산해내는 결과와 그와 관
련된 효과를 측정하는 데 초점을 둔다.

2) 과정평가

과정평가(process evaluation)는 어떤 정책 혹은 프로그램이 집행되는 동안
이루어진다. 이에 과정평가는 정책집행에 관여하는 관료들의 참여가 요구된다.
과정평가의 목적은 정책이 집행되는 동안 정책을 향상하는 방법을 발견하는 것
이다. 이 점에서 과정평가는 형성적 평가(formative evaluation) 혹은 프로그램 발
전을 위한 평가라고도 한다.

이와 같이 과정평가는 어떤 특정한 정책 혹은 프로그램이 규정된 안내(stated
guidelines)에 따라 집행되고 있는 정도에 관심을 둔다. 이런 맥락에서 과정평가

---

2) 보통 총괄평가와 형성평가로 구분된다. 형성평가(formative evaluation)는 사업의 형성과
   정에 초점을 둔다. 즉, 형성평가가 집행의 도중에 이루어지는 평가로서 집행의 관리와 전
   략의 수정·보충을 위한 것이라는 점에서 과정평가와 중복되는 것이 많아 본서에서는 과
   정평가로 다루고자 한다.

는 프로그램의 목표, 계획 및 절차로부터 편이(variations)를 탐지기능을 하는 정기적인 평가(periodical assessments)를 포함한다(Barton & Chappell, Jr., 1985: 84). 즉, 과정평가는 정책집행 및 활동을 분석하여 이를 근거로 보다 효율적인 집행전략을 수립하거나 정책내용을 수정·변경하며, 정책의 중단·축소·유지·확대 여부의 결정에 도움을 준다. 또한 정책효과나 부작용 등이 발생한 경로를 밝혀서 총괄평가를 보조하는 기능을 수행한다.

3) 반응적 평가

반응적 정책평가(responsive evaluation)는 전통적 평가방식보다 평가의 범위가 확대된 평가이다.[3] 반응적 평가는 가치 다원주의(value pluralism)를 가정하며, 합의(consensus)의 도출을 강요하지 않는다. 이 점에 있어 반응적 평가의 윤리는 개방성과 유연성이다. 반응적 평가에 있어 평가자는 전문가의 역할에만 머무는 것이 아니라 재판관, 발견적 학습교사 및 촉진자(facilitator)의 역할을 수행한다.

4) 참여적 평가

참여적 정책평가(participatory evaluation)는 이해관계자 집단이 평가통제권을 민주적으로 공유하는 참여과정을 중시한다. 평가에 이해관계자의 참여를 지지하는 이유는 평가결과의 활용도를 제고하며, 의사결정에 다양한 집단의 가치와 관심을 반영하고, 전통적 평가과정에서 배제되었던 이해관계집단에 권한 위임(empowerment)을 촉진하기 위한 것이다. 이처럼 참여적 정책평가의 중요한 목적은 최하위의 풀뿌리 집단에의 권한위임을 통하여 사회를 구조적으로 변화시키는 데 그 초점이 있다(이성우, 2008: 214).

3. 우리나라 정부업무평가제도

우리나라의 정부업무평가는 1961년 심사분석제도의 도입으로 시작하였으며, 2006년의 '정부업무평가기본법' 제정되었고, 이를 근거하는 시행된 제도이다. 정부업무평가는 중앙행정기관, 지방정부, 공공기관을 대상으로 수행하는 정책 혹은 사업에 대해서 점검, 분석, 평정하는 의미이며, 정책과정과 결과를 체계적으로 평

---

3) 전통적인 평가방식은 목표지향적(goal-oriented evaluation)이다. 이 방식은 의도한 목표(intended outcome)가 얼마만큼 실현되었는가(observed outcome)를 확인하는 데 중점을 두고 있다(이성우, 2008: 212).

가하는 정책평가를 포함하고 있다(구주영 외, 2021).

정부업무평가는 사업이나 정책을 평가대상으로 하는 것이 아니라 정부조직을 평가대상으로 하는 것이라는 점에서 '기관평가'라 한다. 정부업무평가제도의 기관평가제도 현황을 보면, 기관단위 평가제도 내에서도 정책, 프로그램, 조직역량이나 개인역량을 포괄적으로 평가하는 종합평가모형을 가지고 있다(라영재, 2020).

우리나라 정부업무평가제도는 평가 주체를 기준으로 자체평가와 특정평가로 구분하고 있다. 자체평가는 중앙행정기관이나 지방자체가 스스로를 평가하는 것이며, 특정평가는 국무총리가 국정 주요 과제를 관리하기 위해 중앙행정기관을 대상으로 실시하는 평가이다.

표 7-3 정부업무평가 기본법의 목적과 정부업무평가의 원칙

구분	정부업무평가 기본법의 내용
제1조 (목적)	이 법은 정부업무평가에 관한 기본적인 사항을 정함으로써 중앙행정기관·지방자치단체·공공기관 등의 통합적인 성과관리체제의 구축과 자율적인 평가역량의 강화를 통하여 국정운영의 능률성·효과성 및 책임성을 향상시키는 것으로 목적으로 한다.
제7조 (정부업무평가의 원칙)	① 정부업무평가를 실시함에 있어서는 그 자율성과 독립성이 보장되어야 한다. ② 정부업무평가는 객관적이고 전문적인 방법을 통하여 결과의 신뢰성과 공정성이 확보되어야 한다. ③ 정부업무평가의 과정은 가능한 한 평가대상이 되는 정책 등의 관련자가 참여할 수 있는 기회가 보장되고 그 결과가 공개되는 등 투명하여야 한다.

자료: 구주영 외(2021: 40).

IV 정책성공과 정책실패

정부는 공공의 이익을 위해 문제를 파악하고, 잠재적인 정책대안을 검토하고, 상황에 따라 협의하고, 결정을 내린다. 정부의 선택은 정치인의 선거 전망, 정치적 의제 관리능력에 영향을 미친다.

정부의 정책은 성공하거나 성공하지 못할 수 있다. 이처럼 정부의 정책은 성

공에서 실패까지 다양한 스펙트럼이 존재한다. 즉 정책은 완전한 성공 범주, 사소한 지연이나 오류가 있는 정책은 수정될 수 있고, 실패할 수 있다. 정치인과 정책결정자들은 끊임없이 역사에서 배우는 것(learning from history)과 과거의 교훈을 배우는 것(learning the lessons of the past)을 강조한다. 또한 공공정책은 문화, 신념, 제도, 규범, 기술에 의해 영향을 받는다. 즉 공공정책은 변이-선택-복제라는 특정 알고리즘(algorithm)에 따라 진화하게 되어, 어떻게 운영되는지, 영향을 미치는지에 영향을 받는다.

1. 정책성공

정책성공(policy success)이란 정책이 설정한 목표를 달성되는 것이다. 즉 정부가 정책영역에서 추구하는 목표를 달성하는 것이다. 예를 들면, 정부는 주요 결정이나 입법을 승인받는 데 성공할 수 있다. 이것은 의도된 결과를 산출하는 정책 수단을 갖춘 프로그램을 시행할 수 있다. 이처럼 정책성공은 정부가 하기로 한 일을 하고, 반대는 사실상 존재하지 않으며 거의 보편적인 지지를 받는 것이다.

또한 탄력적 프로세스 성공(resilient process success)은 정부가 작은 수정과 좌절에도 불구하고 광범위한 측면에서 정책을 달성하는 것을 의미한다. 예를 들면, 핵심적인 정책성과를 훼손되지 않고 법안에 일부 반대 수정안이 추가되는 것이다.

2. 정책실패

정책실패(policy failure)란 정책이 지향하는 주요 목표를 달성하지 못하거나 의도한 바를 달성하지 못한 정책이다. 또한 정책의 경우 최소한 측면에서 성공하더라도 지지자들이 달성하고자 하는 목표를 근본적으로 달성하지 못하거나, 반대가 많아 지지자가 사실상 존재하지 않는다면 정책실패로 규정할 수 있다.

이러한 정책실패는 정부의 정책이 시장실패를 교정하지 못할 때 발생한다. 이러한 정책실패는 정책이 의도한 목표가 계획대로 실현되지 못한 경우이다. 또한 정책목표를 효과적으로 달성했더라도 정책의 파급효과가 의도한 것과 달리 부정적인 경우도 정책실패로 볼 수 있다.

많은 정책들은 무능, 부패, 자원 부족, 잘못된 통치 때문에 실패하지만, 더 많은 노력과 자원, 선한 의지로 교정할 수 있다. 이런 맥락에서 정책실패를 살펴보는 것은 실패를 통한 정책학습으로 기존 정책을 수정하고, 정부의 책임성을 높여 반복적인 실패를 예방하는 긍정적 기능을 수행한다. 특히 정부정책은 다양하고 복잡하기 때문에 실패의 원인을 체계화하는 것은 매우 어려운 일일 것이다.

이 점에서 정책실패의 원인을 정책과정의 각 국면에서 살펴보면 다음과 같다(이동규·민연경, 2016).

① 정책형성의 측면에서의 정책실패   대부분의 대중들은 정책실패를 정책결정 측면에서 잘못된 정책설계 또는 무능한 정책능력으로 간주한다. 정책 환경과 형성단계와 관련된 실패 요인으로는 정책의 불리한 외부조건, 정책불신, 정책과정에 대한 정치개입, 정책상호간 복잡한 연계성, 정책설계의 오류, 현장과 괴리된 정책, 유관 집단의 의견수렴과 합의도출의 실패 등을 들 수 있다.

② 정책집행의 측면에서 정책실패   정책결정 이후에는 정책이 당초 의도한 시행기간을 지속하지 못한 경우이다. 또한 정책집행 과정에서 정책이 폐기되거나 중단된 경우이다. 또한 정책집행 단계에 있어 정책이 모호하거나 비현실적인 목표, 집행절차의 결함, 정부 간 활동의 복잡성, 경제적 환경 등으로 정책집행자가 딜레마 상황에 놓인 경우이다.

③ 정책평가 단계에서의 정책실패   정부가 문제해결을 위해 정책을 입안하여 집행했으나 일정한 시점에서의 의도한 목적과 목표를 달성하지 못한 상태이다. 이러한 정책실패는 정책목표와 정책집행으로 인하여 나타난 정책결과의 차이로 일어난다.

정책실패에 대응한 권고사항
① 다학제적 관점과 높은 수준의 인구통계학적 다양성을 가진 의사결정자 그룹에 의해 정책이 결정되도록 함으로써 집단 사고(groupthinking)를 피한다.
② 건전한 조직 학습 및 개발 문화를 촉진한다.
③ 너무 늦기 전에 프로젝트의 명백한 결함을 강조할 수 있는 조기 경고 메커니즘(early-warning mechanisms)을 수립한다.
④ 의사결정 단계에서 이해관계자를 배치하고 프로젝트 시작 시 체계적인 검토 프로세스에 통합한다.
⑤ 전문가들은 정치인들에게 효과가 없었던 것들을 말하는 것을 주저해서는 안 된다.
⑥ 시간과 자원이 제한된 정치인들에게 학술 연구 결과를 제시할 때 간결함과 명확성이 필요하다.

⑦ 완전한 정책 해결책(silver bullet)을 모색하지 말라.
⑧ 일을 잘 하는 것이 싸게 하는 것보다 낫다(Working well is better than working cheap).
⑨ 듣기 좋은 보도 자료는 좋은 정책과 거의 동일시되지 않는다.
⑩ 성공을 인정하듯이 실패를 인정하라(Own a failure, just as you would own a success).

자료: 구주영 외(2021: 40).

V 정책변동

정책변동(policy change)은 정책과 관련하여 태도, 원칙, 관점에 있어서의 주요한 변화를 말한다. 즉 정책변동은 바람직한 사회를 위한 정책수단 또는 과정 변화하는 것으로 기존 정책이 변화되는 현상이다. 이러한 정책변동은 정책환류와 정책학습의 결과에 따라 정책내용과 정책집행방법에 변화가 발생하는 것을 말한다(남궁근, 2014; 강현정·최충익, 2022).

이와 관련하여 정책에 있어 인과관계와 가치에 관한 일련의 핵심적인 아이디어를 구체화 하는 대표적인 모델이 다중흐름모형과 옹호연합모형이다. 다중흐름모형에서의 정책변동은 문제흐름, 정책흐름, 정치흐름의 특정 시점에서 하나로 합쳐져 정책변동의 창이 열리는 것으로 설명한다. 반면에 옹호연합모형에서의 정책변동은 정치시스템에 대한 광범위한 외부적 변화와 충격과 옹호연합의 신념과 가치 사이의 상호작용을 통해 일어난다. 즉, 정책변동은 옹호연합의 활동가에 의해 일어난다.

| 표 7-4 | 다중흐름모형과 옹호연합모형 |

구분	다중흐름모형 (policy stream framework)	옹호연합모형 (advocacy coalition framework)
정책 환경적 요인	정책문제의 흐름 대안의 흐름 정치의 흐름	사회·경제적 조건 여론의 변화
행위자 요인	정책의 창에서 정책선도가의 역할	지지연합의 신념체계 정책 중재자 정책학습
시기별 분석가능성	높음	낮음
촉발계기	명확	불명확
정책전략	다양	단순
정책중계자의 역할	미취급	취급

자료: 유홍림·양승일(2009); 신현재·고길곤(2022: 118).

1. 다중흐름모형

Kingdon(1984, 1995)은 쓰레기통 모형의 한계를 보완하여 비합리적이고 우연한 정책변동 상황을 설명하기 위해 상호 독립적인 문제흐름, 정책흐름, 정치흐름을 전제하고, 이들 3가지 흐름이 정책의 창이 열리는 짧은 순간 결합(coupling)하여 정책변동이 일어나는 다중흐름모형(multiple streams framework)을 제시하였다(장현주, 2017). 다중흐름모형은 쓰레기통 모형보다 정치를 중요하게 강조하면서 정책선도가의 역할을 중시한다.

다중흐름모형에서 정책의제의 설정 및 대안의 선택은 정책의 창(policy window)이 짧은 순간 열릴 때 독립적으로 흐르는 3가지 흐름(문제흐름, 정책흐름, 정치흐름)들이 결합하면서 이루어진다. 정책의 창은 주로 정치흐름에 의해 열리며, 때로는 우연한 사건과 같은 문제흐름에 의해서도 열릴 때도 있다. 특히 3가지 흐름을 자기 의도에 맞게 정치적으로 조작해서 결합시키는 정책선도가의 역할이 매우 중요하다. 정책선도가(policy entrepreneurs)는 문제를 규정하고 대안을 찾아내며, 정책결정자에게 정책의제의 채택을 요구하는 사람이다. 정책선도가는 다양한 형태로 정부의 내부나 외부에 존재하며, 정책의 창이 열리기를 기다리지만, 정책선도가가 성공하기 위해서는 전문성, 공식적 권한, 교섭력, 협상력, 추진력 등의 능력이 요구된다. 또한 정책선도가가 3가지 흐름을 결합하는 정책중개의 역할을 수행하기 위해서 프레이밍, 감정 점화, 점진적 협상전술, 각종 상징 등을 활용한다.

　　다중흐름모형의 기본구조는 <그림 7-2>와 같이 문제흐름, 정책흐름, 정치흐름으로 구성된 정책흐름과 정책옹호연합 간 상호작용이 벌어지는 정책변동의 창, 그리고 결과물인 정책 산출로 이루어져 있다. 문제흐름, 정책흐름, 정치흐름이 각기 독립적으로 작용하고 있다가 특정 시점에서 하나로 합쳐져 정책변동의 창이 열린다. 실제로 창을 여는 데 결정적인 역할을 하는 것은 대체로 정치흐름이다(유홍림·양승일, 2009).

　　① 문제흐름(problem stream)　　　정책결정자와 시민들이 정부의 정책개입을 통해 특정 사회문제의 해결이 필요하다고 인식하는 상황이다. 문제흐름은 지표의 변동, 우연한 사건, 위기와 재난, 환류 등에 의해 발생한다.

　　② 정책흐름(policy stream)　　　전문가집단으로 구성된 정책공동체가 문제해결을 위한 대안 또는 아이디어를 모색, 제시하는 단계를 의미한다. 정책흐름은 정치체제의 분화정도, 정책적 판단 활동, 이익집단의 개입 등에 의해 나타난다.

　　③ 정치흐름(politics stream)　　　정부의제를 결정의제로 발전시키기 위한 국가적 분위기 또는 여론, 이익집단의 캠페인, 행정부 또는 의회의 권력구조변화와 같은 정치적 사건들을 의미한다. 정치흐름은 정권교체, 정치인의 공약, 국회의 석수의 변화, 국민적 분위기 등에 의해 발생한다.

　　다중흐름모형의 장점은 정책변동과정의 다양한 행위자와 구조를 하나의 분석틀에서 연계시키는 것이다. 또한 다중흐름모형은 정책형성 과정을 다양한 흐름을 통해 다각적인 측면에서 분석하는 데 용이하다. 반면에 비판 중 하나는 쓰레기통 모형에서는 구체적인 의사결정 구조를 통해 제도에 관심을 기울인데 비해, 다중흐름모형은 제도적인 부분에 제한적으로만 관심을 기울였다는 것이다. 또한 정책변동 분석에 있어서도 엄격한 인과관계 분석이 이루지기보다 정책변동이 발생하는 과정에 대한 기술에 치중하고 있다는 비판이 있다(정우철·우창빈, 2015; 이윤석·김정인, 2022).

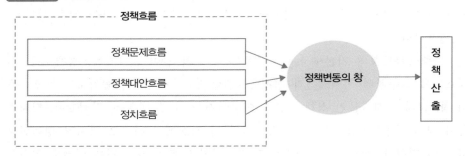

그림 7-2 다중흐름모형

자료: 유흥림·양승일(2009: 193).

2. 옹호연합모형

1) 옹호연합모형의 의의와 전제

옹호연합모형(advocacy coalition framework: ACF)은 아이디어에 기반하고 있는 신념체계를 공유하고 있는 개별 정책행위자 간에 연합체가 형성되어 정책담론을 구성하며, 신념체계와 정책담론에 대한 갈등으로부터 정책변동이 일어나는 것으로 설명한다. 이 모형에서 정책행위자를 정책하위체계에서 정책신념이 유사한 다양한 행위자들로 구성된 정책옹호연합으로 본다. 이 모형은 Sabatier와 Jenkins-Smith(1999)가 사악한 문제를 해결하기 위해 개발한 정책과정의 분석틀이다.

옹호연합모형은 적어도 네 가지의 기본적인 전제를 갖고 있다(전진석·이선영, 2015). ① 정책변화의 과정을 이해하기 위해서는 10년 이상의 장기적인 기간을 요구한다. ② 이러한 장기간에 걸친 정책변화를 이해하는 가장 유용한 방법은 정책하위체제의 행위자들의 상호작용에 초점을 두는 것이다. ③ 정책하위체제 안에는 다양한 정부 간의 차원(intergovernmental dimension)을 포괄하는 정책옹호연합들이 있으며, 이들은 믿음체계를 공유한다. ④ 공공정책이나 프로그램은 신념체계로 개념화 될 수 있다.

2) 옹호연합모형의 신념체계

옹호연합의 형성 동인인 신념체계의 경우, 정책하위체제 내에서 다양한 정책행위자들은 신념체계를 공유함으로써 특정 정책문제에 대한 옹호연합을 형성하게 된다.

옹호연합의 신념체계는 일종의 계층 구조로 이루어져 있다. ① 가장 넓은 수준의 기저 핵심신념(deep core belief)은 존재론적 또는 규범적 신념이다. ② 정책핵심신념(policy core belief)은 전체 정책하위체제를 관통하는 옹호연합의 규범적 규약과 인과적 개념을 의미한다. ③ 이차적 신념(secondary aspect)은 선호하는 정책, 특정한 장소, 예산 배정, 제도 설계 등에 있어서 다양한 요인들의 상대적 중요도 또는 정책문제의 심각성에 관한 세부적인 신념들을 의미한다. 그 중, 정책핵심신념이 정책 엘리트의 전문영역 내에서 규범적이고 실증적인 규약 또는 책무를 나타내기 때문에, 정책핵심신념이 바로 연합을 유지하는 근본적인 신념체계라고 할 수 있다.

3) 옹호연합모형의 가정 및 인과구조

옹호연합모형은 세 가지 핵심 가정을 전제하고 있다(유정호 외, 2017).

① 거시적 수준의 가정   거시적 가정으로 대부분의 정책결정은 정책하위체제에서 정책전문가들에 의해 이루어지나 그들의 행태는 정치·경제·사회적 요인들의 영향을 받는다는 것이다.

② 미시적 수준의 가정   미시적 수준의 가정에서 개인의 모형은 사회심리학에 의존하며, 개인의 가치관에 따라 이타적 행위도 가능하다고 가정하고 개인의 합리성(rationality)은 검증되어야 하는 하나의 속성으로 이해한다.

③ 중간 수준의 가정   정책하위체제의 다수 행위자들은 네트워크를 형성하고 옹호연합의 형태를 구성한 후 상호작용을 하며 정책결정에 영향을 미친다는 것이다. 옹호연합모형은 정책결정에 영향을 미치는 요인들을 거시적 수준과 미시적 수준의 두 차원뿐만 아니라 옹호연합이라는 중간 수준의 요인들로 연결하여 설명한다.

옹호연합모형은 <그림 7-3>과 같이 일차적으로 광범위한 정치적 환경과 정책하위체제를 구분하고, 전자가 후자에 영향을 미치는 인과구조를 갖고 있다. 정치적 환경은 외생변수인 상대적으로 안정적인 변수와 역동적인 외부 사건, 그리고 매개변수인 장기적인 연합기회구조로 구성된다. 정책하위체제는 동일 혹은 유사한 신념을 가진 옹호연합들과 이들의 상호작용을 중개하는 정책중개자로 구성된다. 광범위한 정치적 환경의 영향력은 정책하위체제에 존재하는 행위자들의 자원과 제약으로 나타난다. 정책하위체제의 옹호연합들은 자신들이 보유하고 있

그림 7-3 옹호연합모형

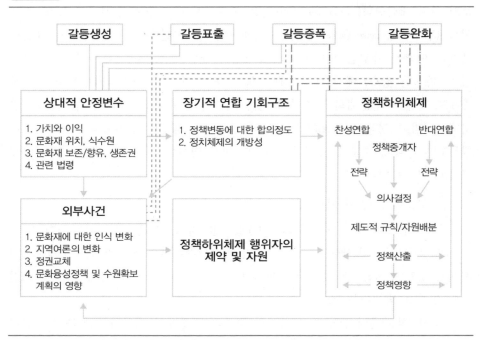

자료: Weible, Sabatier and McQueen(2009: 123); 이승모(2014: 179 재인용).

는 자원과 제약에 기초한 전략을 중심으로 상호작용하며, 그 결과 정책변동을 야기한다(이승모, 2014).

특히 정책중개자(policy broker)가 각 옹호연합들의 상이한 전략들을 조정하여 제도적 규칙이나 자원배분과 같은 중요한 의사결정으로 이끄는 역할을 수행하며, 의사결정을 통해 궁극적으로 정책 산출물 또는 정책 효과가 나타나게 된다. 나아가 옹호연합모형은 정책지향학습이라는 도구를 통해 정책문제에 대한 이해의 폭을 넓힐 수 있다. 정책지향학습(policy−oriented learning)은 정책목표의 달성과 관련된 새로운 정보나 경험에서 나오는 지속가능한 사고 또는 행태의 변화를 의미하며, 정책효과 도출을 위한 정책하위체제와 외부환경 간 피드백 고리, 정책대안의 기대효과에 대한 인식 변화 등을 포함한다(장현주·정원옥, 2015).

용어의 정의

Harold Lasswell(1902. 2. 13 — 1978. 12. 8)   Lasswell은 시카고 대학에서 1922년에 철학과 경제학사를 받았으며, 1926년에 같은 대학교에서 박사를 받았다. 이후 1922년부터 1938년 동안 시카고 대학교 정치학과에 재직했고 1939년에서 1945년 동안 미국 의회도서관에서 전쟁소통연구소(war communication research)에서 소장을 역임했으며, 2차 세계대전 이후 예일대학교 정치학과 교수로 재직했다.

Lasswell은 정치학을 사회의 가치패턴의 분배에 관한 변화를 연구하는 것으로 이해하고 있다. 가치패턴의 분배는 권력에 의존한다. 이에 Lasswell은 권력 동력학(power dynamics)에 관한 분석에 초점을 두었고, 정치권력이란 다른 사람에게 의도한 효과를 산출하도록 하는 능력으로 이해한다.

정책(政策, public policy)   정책은 정부가 직면한 문제를 해결하기 위해 선택하는 대안이며, 정부가 구체적으로 어떤 것을 할 것인가 혹은 그렇지 않을 것인가 하는 의도된 행동과정이다.

규제정책(規制政策, regulatory policies)   규제정책은 일반 국민을 보호하고 그리고 일반국민의 구체적인 재산을 보호하기 위하여 개인이나 집단의 행위를 제한하는 정책이다.

분배정책(分配政策, distributive policies)   분배정책은 국민들에게 권리나 이익, 또는 서비스를 배분하는 내용을 지닌 정책이다.

재분배정책(再分配政策, redistributive policies)   재분배정책은 어떤 집단에게 세금을 징수하여 다른 집단에게 보조하는 정책이다.

구성정책(構成政策, constituent policies)   구성정책은 선거구의 조정이나 정부기관의 설립과 같이 정부를 구성하는데 관련되는 정책이다.

상징정책(象徵政策, symbolic policies)   상징정책은 정책에 놓여있는 어떠한 자원 혹은 실질적인 노력과 관계없이 사람들의 가치(people's values)에 호소하는 정책이다.

정책의제(政策議題, policy agenda)   정책의제는 정책결정자가 고려하기로 동의하는 요구(demands)로 구성된다. 이것은 정책결정자의 정치적 우선순위에 따라

순위가 결정된다. 의제설정은 합리적 과정이 아니라 정치적 과정이기도 하며, 어떤 이슈를 고려하는 것을 회피하기로 결정하는 무의사결정(non-decisions)도 있다.

혼합주사정책결정(混合走査政策決定, mixed scanning) 이 모형은 합리적-포괄적 정책결정과 점증적 정책결정을 합병하는 정책결정의 접근법이다. 이 모형은 합리적-포괄적 접근법과 점증적 접근법의 결함을 발견하고, 근본적 결정과 점증적 결정을 합병하는 결정과 관련하여 Amitai Etzioni가 제기했다.

쿠바 미사일위기(The Cuban Missile Crisis) 1962년 10월 쿠바에 탄도미사일(ballistic missiles)을 소련과 미국 사이에 13일 동안 대치한 카리브 해 위기이며, 이를 10월 위기라고 명명하기도 한다. 미국이 쿠바에 들어오는 소련의 미사일을 방어하기 위해 군사적 봉쇄를 취하면서 일어난 위기이다.

정책집행(政策執行, implementation) 정책집행은 정당한 정책언명(policy statements)에 기술된 목적을 성취하기 위한 정부의 조직화된 활동으로 구성된다. 이러한 정책집행은 정부프로그램이 효과로 전환하는 과정이다. 정책집행은 목표설정과 목표를 달성하기 위한 활동 사이의 상호작용과정이다.

정책평가(政策評價, policy evaluation) 정책평가란 설정된 정책목표에 도달하는 과정을 정기적으로 점검하여 그 정책의 성과를 향상시키기 위한 일련의 활동을 의미한다. 이러한 정책평가는 정책형성과 집행과정을 점검하고 정책성과를 확인·검토하는 활동이다.

정책모니터링(policy monitoring) 정책의 원인과 결과에 대한 정보를 생성하는 분석절차이며, 정책정보가 어떻게 생성되는지, 정책의 원인과 결과가 무엇인지를 지속적으로 점검하는 과정이다.

정책성공(政策成功, policy success) 정책이 설정한 목표를 달성되는 것이다. 즉 정부가 정책영역에서 추구하는 목표를 달성하는 것이다.

정책실패(政策失敗, policy failure) 정책실패는 정책집행과정에서 의도했던 목표를 효과적으로 달성하지 못한 현상을 기술하는 것이다. 또한 정책목표를 효과적으로 달성했더라도 정책의 파급효과가 의도한 것과 달리 부정적인 경우도 정책실패로 볼 수 있다.

정책변동(政策變動, policy change) 정책변동은 정책과 관련하여 태도, 원칙, 관점에 있어서의 주요한 변화를 말한다.

다중흐름모형(multiple streams framework) Kingdon이 쓰레기통 모형의 한계

를 보완하여 비합리적이고 우연한 정책변동 상황을 설명하기위해 상호 독립적인 문제흐름, 정책흐름, 정치흐름을 전제하고, 이 흐름들이 정책의 창이 열리는 짧은 순간 결합하여 정책변동이 일어나는 것을 설명하는 것이다.

옹호연합모형(advocacy coalition framework: ACF)　　　옹호연합모형은 Sabatier 와 Jenkins-Smith가 장기간 걸친 정책변동을 설명하는 모형으로, 신념체계와 정책담론에 대한 갈등으로부터 정책변동이 어떻게 일어나는지를 보여준다.

PART 3

조직론

CHAPTER 8

조직의 개념과 종류

Ⅰ 조직의 역사

1. 공공관리의 기원

행정(administration)과 문명화(civilization)는 항상 서로 연계되어 발전해왔다. 고대 이래로 도시는 방어용 성벽을 통해 형성·발전되어 왔다. '도시에 산다(live in cities)'는 의미는 문명화(civilized)되어 있다는 의미이다. 이런 의미에서 오늘날에도 도시정부(municipalities)들이 시민들에게 상을 줄 때 도시 안의 문명세계로 들어오라는 의미에서 열쇠를 수여하기도 한다. 고대 원시부족이 도시에 모여살기 시작하면서 그들은 외부 침략자들로부터 자신들을 방어하고 주거지를 만들고 전쟁에 대비하기 위해 부족민들을 조직화하기 시작하였다. 이것이 행정시스템(system of administration)이 발전하게 된 가장 중요한 이유였다.

관리(management)[1]라는 직업은 전쟁의 기술(profession of arms)에서 발전

---

1) 관리(management)는 다음의 두 가지 의미를 포함하고 있다. 하나는 조직을 운영하는데 책임을 지는 사람을 의미하고, 다른 하나는 조직목표 달성을 위해 다양한 자원을 사용함에 있어서 조직 자체를 운영하는 과정을 의미한다.

되어 왔다. 인류의 역사는 전쟁의 역사이고, 동시에 공공행정(public administra-tion)의 역사이기도 하다. 국가 수준의 전쟁은 효율적인 공공관리시스템이 없이는 불가능하다. 역사적으로 보면 군 장교들이 최초의 행정가였다. 가족 단위 범위를 넘어선 사회가 형성되면서 군대의 관리자가 나타나기 시작했다. 점차 대중의 지도자들이 대규모 군대와 지역을 관리할 조직관리기술을 발전시키기 시작했다.

이러한 초기의 전쟁의 기술에는 행정과정의 기초적인 요소가 거의 포함되어 있다. 계층제(hierarchy), 직계 및 참모인력(line and staff personnel), 보급관리(logistics), 의사소통(communication) 등이 고대 군대에서부터 많이 발전해왔다. 개혁(reform)이라는 용어도 군대에서 시작되었는데, 추가적인 공격을 위해 부대 편성(form)을 재편(re)하는 것을 의미한다. 전략(strategy)이라는 용어도 고대 그리스에서 "장군의 기술(art of the general)"을 의미한다(Shafritz et al., 2013).

2. 관리원칙(management principles)의 진화

권위적인(authoritarian) 또는 전통적인(traditional) 관리는 군사적인 통치의 고전모형을 민간영역의 목적에 맞게 적용하는 것을 의미한다. 권위적인 관리 원칙 하에서의 관리자는 명령, 정확성, 일관성, 복종을 중요하게 생각하였고, 그 중에서도 조직구조 속에 흐르는 권력이 가장 중요하다고 생각하였다. 고대 이래로 군대에서는 권위적인 조직을 어떻게 잘 관리할 것인가에 대한 관리원칙들을 발전시켜 왔다. 예전에 군대에서 사용된 개념들 중에서는 통솔범위의 원리(span of control principle),2) 명령통일의 원리(unity of command principle)3) 등이 있으며 현재도 민간부문에서도 많이 활용되고 있다.

19세기 말 쯤에 경영학(business administration)이 학문의 한 분야로 나타나는 시기에, 관리를 가르치면서 관리원칙을 활용하는 것은 아주 자연스런 현상으로 간주하였다. 이 시기만 해도 관리원칙을 개발하고 교육함에 있어서 모든 명령과 혁신이 최고상층부에서 나온다는 생각을 가졌기에 권위적(authoritarian)이라고 할 수 있다. 조직의 성공과 실패는 조직의 리더(boss)가 적절한 관리능력을 보

---

2) 통솔범위의 원리(span of control principle)는 상관이 부하를 효율적으로 통제하고 감독하기 위해 관리대상 인원의 범위를 적절하게 제한해야 한다는 원리이다.
3) 명령통일의 원리(unity of command principle)는 조직구성원은 한 사람의 상관으로부터만 지시나 명령을 받고, 한 사람의 상관에게만 보고를 해야 한다는 원리이다.

유하고 있는가에 따라 결정된다고 보았다. 리더가 적절한 관리능력을 보유하고 있다면 어느 정도 효과적인 관리가 가능하겠지만, 본질적으로 리더는 관리능력의 한계를 갖고 있다. 그럼에도 불구하고 20세기 대부분의 경영학 교재들은 관리가 학습을 통해 배울 수 있는 기술이라는 가정을 토대로 설명되고 있다(Shafritz et al., 2013).

Ⅱ 조직의 개념과 특성

1. 조직의 정의

그동안 많은 학자들이 조직의 개념에 대해 다양한 관점에서 개념정의를 해 왔다. 그럼에도 불구하고 여전히 일치된 하나의 견해에 도달하고 있지 못하고 있다. 그 이유는 각각의 정의들이 나름대로의 장점과 단점을 갖고 있기 때문이다. 다음에서는 조직의 정의에 대한 주요 학자들의 주장을 소개하고자 한다.

먼저, Rainey(1997)는 조직이란 어떤 특정한 목적을 달성하기 위해 함께 일하는 사람들의 집단이라고 정의하고 있다. 조직구성원들은 환경으로부터 자원을 취득하고 조직의 목적을 달성하기 위해 함께 일한다. 또한 그들은 그러한 자원을 활용하여 과업을 달성하고, 그들의 목표를 효과적으로 달성함으로써 새로운 자원의 획득을 추구한다. 그들은 조직화를 통해 활동 과정에서 발생하는 수많은 불확실성과 다양성에 대응해 나간다. 조직화는 리더가 목표 달성을 위한 전략을 개발하고 그러한 전략들을 지원하기 위한 조직 구조와 조직화 과정의 확립을 지도해가는 리더십 과정을 포함한다.

다음으로, Scott(1998)는 조직의 개념을 세 가지 체계의 관점에서 정의하고 있다. 첫째, 합리적 체계로서 조직은 구체적인 목표를 추구하며, 상대적으로 높은 수준의 공식화된 사회구조를 갖고 있는 집합체라고 할 수 있다. 둘째, 자연 체계로서 조직은 조직의 구성원들이 공통된 이익뿐 아니라 서로 다른 이해관계를 추구하고 있지만 자신들이 속한 조직의 지속성을 중요한 자원으로 인식하고 있는 집합체라고 할 수 있다. 조직구성원 간에 발생하는 인간관계의 비공식적 구조가 공식적인 구조보다 조직의 행태를 이해하는 데 더 많은 정보를 제공하며, 정확한 지침이 되기도 한다. 셋째, 개방 체계로서 조직은 계속 변동하는 구성원 간의 연합체를 연결해 주는 상호의존적인 활동들의 체계라 할 수 있다. 이 체계는 조직이 활동하고 있는 외부환경과 지속적으로 상호교류를 하기도 하고, 외부환경에 의해 영향받기도 하면서 환경에 적응하게 된다. 이러한 세 가지 관점은 오늘날의 조직을 이해하고 분석할 때 유용한 개념으로, 조직을 하나의 관점에서 배타적으로 해석하기보다는 세 가지 관점을 상호보완적으로 활용하는 것이 바람직하다.

　　우리는 매일 조직 안에서 살아가기 때문에 조직이라는 것을 너무나 당연하게 받아들이는 경향이 있다. 사람들은 병원에서 태어나서, 행정기관에 출생 신고를 하고, 학교에서 교육을 받으며, 기업에서 생산한 생활용품들을 사용하고, 건축회사가 지은 집에서 살며, 문제가 발생하면 경찰서나 소방서의 도움을 받으며, 매주 40시간 이상을 직장에서 보내고, 주말에는 교회나 휴양지를 찾기도 한다. 이렇게 사람들은 태어나서 죽을 때까지 조직 안에서 생활하고 있지만, 평소에는 조직의 중요성에 대해 별로 인식하지 못하고 살아가고 있다(한국국정관리학회, 2014).

　　이처럼 대부분의 사람들이 조직에 대해 무관심한 태도를 갖게 되는 것은 조직은 아마도 눈으로 볼 수 없는 추상적인 개념이고 조직이 실체가 없기 때문일 것이다. 그러다가 어떤 문제에 직면하면 그제서야 많은 문제가 조직의 문제와 연계되어 있다는 것을 인지하게 된다. 예를 들면, 월말에 은행에서 차례를 기다리고 있는 사람들의 긴 행렬을 볼 때 왜 은행에서는 월말이면 사람들이 몰리는 것을 예상하여 더 많은 출납계원을 배치하는 등 인력을 탄력적으로 운영하는지 이해하게 된다(박경원 · 김희선, 1998: 45 – 46).

2. 조직의 특성

　　조직이라는 개념은 다음과 같은 여섯 가지의 공통적인 특성을 갖고 있다(이영균, 2015).

　　① 목적지향성(goal-directed)　　조직은 목적을 위해 존재한다. 조직은 목적지향적(purposeful)이며, 공통적인 목적을 가지고 있다. 즉, 조직과 조직구성원은 목적을 성취하기 위해 노력한다. 예를 들면, 이집트의 피라미드 건설에는 수많은 조직적인 노력이 필요하였다. 이집트의 국가군주인 파라오(Pharaoh)는 피라

미드를 건설하는 것이 제일의 목적이었다. 이를 위해 신권의 권위를 가진 파라오는 수상(vizier)에게 권한을 위임하고, 수상은 피라미드, 운하 및 관개수로 건설에 직접적인 관리책임을 가졌다(Narayanan & Nath, 1993).

② 사회적 실체(social entities)　　조직은 사람들로 구성되어 있다. 모든 조직에는 사람들이 있으며 조직목표에 대한 조직구성원들 간의 사회적 업무처리방식(social arrangements)이 존재한다. 조직 내의 사람들은 주어진 역할을 수행하고, 조직구성원들은 지속적으로 성과를 지향한다. 모든 조직구성원은 조직이 집합적 목적을 달성할 수 있도록 각자 주어진 역할을 수행한다. 또한 조직구성원은 각자의 전문지식, 관심 또는 전문분야(specialism)에 따라 상이한 직무를 수행하기 때문에 역할이 분담되어 있다(Campbell, 1999).

③ 집단성(collectivity)　　조직의 주요한 특징은 집단으로 구성되어 있고 집단으로 활동하는 능력을 갖고 있다는 것이다. 조직은 법률적으로 구속력 있는 계약(legally binding contract)을 맺은 개인들의 집합이라고 정의할 수 있다(Osborn, Hunt & Jauch, 1980).

④ 인식 가능한 경계(identifiable boundary)　　조직은 환경과 자원을 교환하며, 조직구성원들을 식별할 수 있다. 즉, 조직의 경계는 조직의 내부와 외부에 존재하는 요소를 구분할 수 있게 한다(이창원·최창현·최천근, 2012). 조직의 주요한 특징 중 하나는 외부환경(outside environment)과의 관계이다. 조직은 스스로 독립적으로 존재하지 않는다. 즉, 조직은 외부세계(외부적 환경)―고객, 정부의 규제, 경제적 조건, 사회적 가치와 태도, 기술, 경쟁조직 등― 에 전적으로 의존하고 있다는 것이다. 이러한 외부적 환경요인들은 조직이 활동하는 모든 것에 영향을 미친다.

⑤ 개방시스템(open system)　　조직은 생존하기 위해 환경과 끊임없이 상호작용한다. 조직의 투입과 산출 역시 환경에 상당히 의존되어 있다. 모든 조직의 목적은 자원을 투입하여 산출을 만드는 것이다. 조직이 투입하는 자원에는 인적자원, 자본, 물적자원, 기술, 정보 등이 포함되어 있다.

⑥ 의도적으로 구조화된 활동시스템(deliberately structured activity system) 조직은 업무활동을 수행하기 위해 전문화된 지식을 활용한다. 조직의 과업은 의도적으로 구조화되어 있고, 구조화된 업무 단위는 업무과정에서 지속적으로 효율성을 높이게 한다(Daft, 1983; 이영균, 2015).

III   조직의 유형과 종류

1. 조직 유형의 의의

사람도 피부색에 따라 황인종, 백인종, 그리고 흑인종으로 구분할 수 있듯이 조직도 동일한 형태가 아닌 여러 종류로 구분할 수 있고 유형화(類型化) 할 수 있다. 이러한 조직의 유형화는 조직 현상을 이해하고 설명하고 예측하는 데 매우 유용하다.

보통 조직 유형(typology, classification, taxanomization)이라고 하면 조직의 여러 속성이나 특성들이 갖는 유사점과 차이점에 따라 분류된 조직의 범주를 의미한다. 따라서 유형은 종류보다는 조금 복잡한 것으로 이해된다. 여기서 조직 유형은 종류까지 포함된 의미로 설명하고자 한다.

조직의 유형화는 조직 현상을 좀 더 잘 이해할 수 있을 뿐만 아니라, 조직 내의 문제 해결을 더욱 용이하게 한다. 현대사회에서 수많은 조직이 생성되고 때론 소멸되기도 하는데 조직을 유형화 한다는 것은 다양한 조직을 분류기준에 따라 유형화할 수 있고, 이렇게 분류된 조직 유형별로 각각의 조직이 어떠한 특성을 갖고 있는지를 폭넓게 이해할 수 있게 한다.

2. 조직의 유형 분류

조직의 유형에 대한 분류 방법은 분류 기준에 따라 여러 가지가 있다. 다음에서는 조직의 이윤추구 여부에 따른 영리조직과 비영리조직, 조직구성원의 조직 참여 자발성 여부에 따른 자발적 조직과 비자발적 조직을 중심으로 설명하고자 한다.

1) 영리조직과 비영리조직

조직이 추구하는 주요한 목적이 이윤을 추구하는가? 또는 그렇지 않은가에 따라 영리조직과 비영리조직으로 구분할 수 있다(Warriner, 1980). 이를 민간 부문(private sector)과 정부 부문(government sector) 또는 민간조직과 정부조직이라고 부르기도 한다(Rainey, Backoff, & Levine, 1976). 이러한 이윤추구 여부에 따른 분류는 가장 고전적이면서도 기본적이고 중요한 분류 방법이다. 영리조직

(민간조직)과 비영리조직(정부조직)의 중간적 성격을 가진 조직을 준정부 부문 또는 제 3섹터라고 한다.

(1) 영리조직

영리조직(營利組織, profit organization)은 기본적으로 조직이 영리, 즉 이윤을 추구하는 것을 목적으로 한다. 영리조직의 대표적 예는 기업이며, 기업은 이윤의 논리에 따라 작동된다. 사적 이윤의 극대화라고 하는 기준은 조직활동과 목표의 최대의 판단 기준이다. 그런데 이윤의 논리에 지나치게 집착하다 보면 때로는 기업의 사회적 책임도 저버리는 경우가 있을 수 있다. 영리조직은 또한 조직의 산출물을 조직의 소유주나 조직의 구성원에게 분배하는 것을 원칙으로 한다. 이를 사업조직(business organization)이라고도 한다.

(2) 비영리조직

비영리조직(非營利組織, non profit organization)은 기본적으로 조직이 영리를 추구하는 것이 아니라 조직 외부의 사회적 기능의 행사를 목적으로 한다. 비영리조직의 대표적인 예로는 정부조직과 비영리 사단법인이나 재단법인을 들 수 있다. 정부조직은 공익이나 국익의 추구를 조직활동과 목표의 최고의 판단 기준으로 삼는다. 그런데 지나치게 공익만을 추구하면 조직은 비능률적으로 운영하게 될 가능성이 매우 높다. 비영리조직은 조직의 산출물을 조직의 소유주, 조직구성원, 그리고 위임받은 관리자에게 분배하지 않으나 조직구성원에게는 보수를 지급한다. 그러나 자발적 조직의 경우에는 그렇지 아니한다.

(3) 준정부조직

준정부조직(準政府組織, quasi-government organization) 또는 제3섹터(the third sector)는 영리조직과 비영리조직의 중간에 놓여 있는 조직이다(임학순, 1994; 최병선, 1994). 다시 말해, 민간 부문과 정부 부문의 중간에 놓여 있다는 것이다. 이들의 대표적 예로는 공기업, 상공회의소, 그리고 자발적 조직 등이 있다. 이들은 공익과 사적 이윤을 동시에 추구한다. 기업 형태를 유지하면서 공익을 추구하거나 직접적으로 영리를 도모하지는 않으나 궁극적으로 구성원의 이익 증진을 도모하는 경우라고 할 수 있다.

2) 자발적 조직과 비자발적 조직

조직은 구성원이 조직에 참여하고 관여하는 정도에 따라 자발적 조직과 비자발적 조직으로 구분할 수 있다.

(1) 자발적 조직

자발적 조직(自發的 組織, voluntary organization)은 자발적 결사체(結社體, associations)로서 공통의 이해 관심이나 목표를 추구하려는 사람들이 스스로 만드는 조직이다(Federico, 1975; 김경동, 2008). 조직구성원은 자신의 자발적인 판단과 필요에 의해 조직의 활동에 가입하고 관여한다. 자발적 조직에의 가입과 탈퇴는 매우 자유롭다. 다만, 자발적 조직에서는 조직구성원들의 멤버십이 강조된다. 자발적 조직에는 가입원들이 시간제로 활동을 할 수 있다. 자발적 조직에는 조직의 목적을 위해 봉사할 뿐이며 근무에 대한 반대급부를 원하지 않는 경우가 많다. 오히려 조직구성원들의 희생을 요구하기도 한다. 예컨대 각종 자발적인 경제단체(예: 한국의 경제정의실천연합회)나 환경보호단체, 종교조직(교회나 사찰), 정당조직, 그리고 학회조직 등이 여기에 해당한다. 그러나 이들 자발적 조직에서도 극히 일부 조직구성원은 정식 직원으로 채용되어 보수를 받기도 한다.

(2) 비자발적 조직

비자발적 조직(非自發的 組織, non-voluntary organization) 또는 직업조직(職業組織)은 조직과 조직구성원과의 관계가 보상의 논리에 의하며 조직구성원은 근무 대가로 보수를 받는다. 조직에의 가입과 탈퇴는 비교적 엄격하다. 보통 조직은 이미 만들어져 있는 것이며 계약에 의해 고용 관계와 근무 관계가 형성된다. 조직구성원은 직업인으로서 역할을 한다.

3. 2차원에 의한 조직의 유형 분류

위에서 논의한 이윤성과 자발성을 두 기준으로 하여 조직의 유형을 구분하면 다음과 같이 분류가 가능하다.

1) 정부조직(제1유형)

정부조직(政府組織)은 이윤성이 낮고 비자발적(직업적) 조직이다. 정부조직은 공익이나 국익을 추구한다. 조직 활동의 수혜자가 전체 국민이거나 불특정 다수이다. 정부조직에는 입법부, 사법부, 행정부가 포함된다. 관할 영역에 따라서 수혜자의 범위가 축소되거나 확대될 수 있으며 수혜의 내용은 구분하기 어렵다. 때로는 정부조직은 국민의 활동을 제한하기도 한다. 조직구성원인 공무원은 직업인이기는 하지만 자신들의 이익을 위해 정부조직을 결사할 수 없으며 일정한 자격을 갖춘 자를 임명하거나 시험에 의해 선발한다. 공무원과 국민과의 관계는 대리자이면서 고객의 관계가 형성된다. 정부조직의 활동은 합법적·민주적·형평적·능률적이어야 한다.

2) 기업조직(제2유형)

기업조직(企業組織, 혹은 회사조직)은 이윤성이 높으며 비자발적(직업적) 조직이다. 대표적인 예로는 회사조직이 있다. 회사는 사적 이윤 추구를 극대화하는 조직이다. 회사의 상법적 특징은 다음과 같다. 기업은 물적 기초로써 많은 자본을 필요로 한다. 회사(business corporation)는 사원에게 이익을 분배할 것을 목적으로 한다. 회사는 또한 구성원의 단순한 결사체가 아니라 통일적인 결합체로서 회사의 종류로는 합명회사, 합자회사, 주식회사, 유한회사 등 매우 다양하다(최기원, 1986: 168−170). 한편 회사는 공동 목적을 위한 복수인으로 구성된 단체이다. 따라서 회사와 회사원의 관계는 고용 관계가 성립하며 회사와 시민의 관계는 고객 관계가 형성되어 재화와 서비스를 고객의 능력에 따라서 개별적으로 분배하고 전달한다. 따라서 회사는 단순한 조합과는 구분된다.

3) 사익결사체(제3유형)

사익결사체(私益結社體)는 영리적이며 자발적인 조직을 말한다. 사익결사체는 영리나 사익을 추구하는 면에서는 회사와 다를 것이 없지만 직접 경제적 활동을 하는 것이 아니며 경제 외적 활동을 통해 사적 이익을 추구하는 집단들을 말한다. 사익결사체는 자원에 의해 조직이 결성되며 대체로 가입과 탈퇴의 자발성이 보장된다. 사익결사체의 이익은 곧 회원으로서 구성원의 이익이 된다. 예컨대, 낚시회나 동창회 등 친교집단, 전문적 결사체라고 할 수 있는 의사회나 변호사회, 그리고 각종 학회(예: 한국행정학회나 한국사회학회 등), 경제단체(예: 전국경제인연합회, 노동조합, 농업협동조합) 등이 여기에 해당된다. 이익집단(interest group)도 여기에 포함된다.

4) 공익결사체(제4유형)

공익결사체(公益結社體)는 이윤성이 낮으며 자발성이 높은 조직이다. 공익결사체는 공익의 증진과 공해의 추방을 위해 결성된 조직이다. 조직 자체의 이익보다는 사회적 이익의 증진을 목표로 한다. 환경 문제, 공해 문제, 인권 문제, 경제정의 실천 등 정부조직과는 별도로 여론의 환기와 사회적 병리 치료를 강조한다. 공익결사체의 조직화 수준은 상대적으로 낮은 편이다. 대신 조직에 대한 구성원들의 일체감과 소속감이 높고, 경제적 고용 관계보다는 사회적 유대 관계가 강조된다. 조직의 수혜자는 조직구성원이 아니라 조직 밖의 사회구성원들이다. 예컨대 경제정의실천연합회, 환경운동연합회 등이 대표적이며 정당도 여기에 포함시킬 수 있다.

이렇게 분류할 때 공기업이나 정당 등의 위치는 모호하게 된다는 조직 분류의 한계가 있다. 이처럼 조직 유형분류 기준으로 이윤성(사익과 공익), 자발성(자발과 비자발)에 따라 다양한 조직들을 분류하면 다음의 <그림 8-1>과 같다.

그림 8-1 조직 유형의 분류

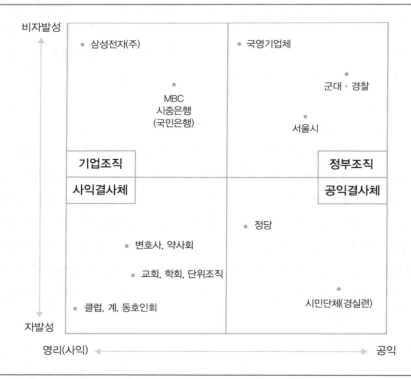

자료: 민진(2014: 52)의 일부내용 수정.

CHAPTER 9

조직이론의 발달과정

조직은 최소 하나 이상의 공통의 목표를 달성하기 위해 공동으로 작업하는 사람들의 집합이라고 할 수 있다. 이론이란 어떤 것을 기술하고 설명하고 예측할 수 있도록 하는 명제(proposition)나 명제들의 집합이다. 조직이론에서의 관심사는 개인이나 집단이 각기 다른 조직구조 속에서 어떤 행동을 하는가이다. 이것은 조직의 관리자나 리더에게 매우 중요하다. 이런 측면에서 조직이론의 가정 하에서 세상이 지배되어진다고 하는 말은 과장이 아니다. 인류의 역사가 시작된 이래로 사냥과 전쟁을 위해 조직화가 이루어진 이후부터 현대 조직이론에 이르기까지 인간의 역사는 조직구조 내에서 개인과 집단의 행동에 관한 것이었다.

조직이론의 기원을 찾는 것은 고대의 지혜를 조사하는 즐거움이 있지만 대부분의 조직학자들은 조직이론 기원을 복잡한 경제조직들과 많은 조직이론이 출현한 시기인 18세기 산업혁명(Industrial Revolution)[1] 시기의 영국의 공장시스템(factory system)[2]에서 찾고 있다.

---

1) 산업혁명(Industrial Revolution)은 사회가 농업경제에서 산업경제로 변화하는 것을 일컫는 일반적인 용어이다. 서구세계의 산업혁명은 18세기 영국에서 시작되었다고 할 수 있다.
2) 공장시스템(factory system)은 개별 근로자들이 대규모 과업을 수행하기 위해 다양한 측면에서 전문화되어 있는 생산과정에 참여하는 시스템을 의미한다.

I   고전적 조직이론

고전적 조직이론(classical organizational theory)은 다른 조직이론의 기초가 되는 최초의 이론으로, 1700년대의 산업혁명과 기계공학(mechanical engineering), 산업공학(industrial engineering), 경제학(economics) 등과 깊은 관련성을 두고 있다. 고전적 조직이론을 이해하는 것은 역사적인 관심뿐만 아니라 이론이 가정하고 있는 지식을 이해하는 측면에서 매우 중요하다. 고전적 조직이론의 기본적인 가정은 다음과 같이 네 가지로 정리할 수 있다.

① 조직은 생산과 관련되고 경제적인 목적을 달성하기 위해 존재한다.
② 생산을 하는 데는 최선의 방법(one best way)이 존재하고 그 방법은 체계적이고 과학적인 연구를 통해 발견할 수 있다.
③ 생산은 노동의 전문화(specialization)와 분업화(division)를 통해 극대화될 수 있다.
④ 사람과 조직은 합리적이고 경제적인 원칙에 입각하여 행동한다.

모든 이론의 발전은 그 당시 사회적 맥락 속에서 검토될 필요가 있다. 조직들이 어떻게 작동되거나 작동되어야 할지에 대한 초기 관리이론가들의 믿음은 그 당시 사회적 가치의 반영이라고 할 수 있다. 20세기 당시 미국과 유럽의 산업노동자들은 조직의 구성원으로서 제한적인 권리를 갖고 있었다. 노동자들은 개인으로 인식되기 보다 산업기계의 교환가능한 기계의 부속 정도로 인식되었다. 동력구동기계(power-driven machinery)의 출현과 근대 공장시스템은 경제적인 조직의 개념과 생산을 위한 조직을 탄생시켰다.

공장시스템 하에서의 조직적 성공은 기계의 작동이 원활하고 비용이 저렴하게 유지되는 잘 조직화된 생산시스템을 통해 나타났다. 산업이나 기계기술자들은 그들의 기계와 같이 생산에 있어서 핵심이었다. 조직구조와 생산시스템은 기계를 가장 잘 이용하기 위해 필요했다. 따라서 조직은 기계와 마찬가지로 사람, 자본, 기계를 잘 활용하여야 한다고 생각했다. 다시 말해, 산업 및 기계기술 형태의 사고방식은 생산에 있어서 최고의 방법(the best way)에 관한 이론들이 주를 이루었다. 이것이 고전적 조직이론에 영향을 준 환경이었고 동시에 사고방식이었다.

1. Adam Smith와 핀 공장

스코틀랜드 경제학자 Adam Smith(1723-1790)는 그의 책 「국가의 부의 본질과 원인에 관한 조사(An Inquiry into the Nature and Causes of the Wealth of Nations)」에서 공장의 장비와 인력의 집권화, 전문노동력의 분화, 전문화의 관리, 공장 장비에 대한 경제적인 보상 등을 설명하고 있다. Smith와 증기엔진 발명가인 James Watt(1736-1819)는 당시의 세계를 산업화로 바꾼 가장 영향력 있는 두 사람이었다.

경제학(economics)3)의 아버지로 불리는 Smith는 자유방임(laissez-faire)4) 자본주의의 지적인 기초를 확립한 사람으로 간주된다. Smith의 「국부론(The Wealth of Nations)」 제1장 노동의 분업에서 핀(pin) 공장에서의 최적의 조직에 대해서 설명하고 있다. 노동의 전문화(specialization of labor)는 경쟁적인 시장에서 가장 효율적인 사람들에게 보다 더 많은 보상이 돌아가도록 하는 것으로, Smith의 '보이지 않는 손(invisible hand)'이라는 시장 메커니즘을 구성하는 핵심적인 요소 중의 하나로 보았다. 예를 들어 전통적인 핀(pin) 생산자는 하루에 몇 십개의 핀만을 생산할 수 있다. 그러나 공장에서 기계와 노동자들이 조직화되어 생산하면 하루에 수 만개를 생산할 수 있다. 적정한 조직이라는 것은 2+2=4가 아닌 수천 개가 되도록 하는 것이다.

2. 과학적 관리의 기원

전통적이고 계층제적인 조직에서의 근본적인 문제점은 조직의 성공이라는 것이 관리자 개인의 문화적응(enculturation)에 의존되어 있다는 것이었다. 다시 말해, 전통적인 계층제적 조직에서 리더가 그들의 영향력을 확대하고자 할 때 조직은 조직 상층부의 제한적인 지적 능력에 의존하게 된다는 것이다. 이처럼 조직

---

3) 경제학(economics)은 개인들 또는 국가가 그들의 끊임없는 욕구를 충족시키기 위해 제한적인 자원을 어떻게 사용하고, 부족한 자원을 경쟁하는 수요 속에서 어떻게 배분할 것인가에 대한 학문을 의미한다.

4) 자유방임(laissez-fairs)은 자본주의의 보이지 않는 손이 작동할 수 있도록 경제적 자유를 강조하는 자유방임 스타일의 정부를 의미한다.

내에서 개인 리더의 태생적인 지적 능력의 한계를 극복하기 위해 만들어진 개념
이 참모(staff)의 개념이다.

3. 참모의 개념

참모(staff)는 군대와 민간의 영역에서 점진적으로 발전한 아이디어이다. 관
리의 기능이 점차 복잡해지고 전문화됨에 따라 관리자들은 비서나 사무원의 도
움을 받기 시작하였다. 산업혁명의 시작과 함께 참모의 개념이 공식적으로 공공
부문과 민간부문에 점차 확대되기 시작하였다. 참모는 처음에 군대에서 도입되었
으며 역사적으로 고대 그리스 Alexander 대왕 시대로까지 거슬러 올라간다.

19세기 미국 산업기술자들은 공장근로자들이 그들의 업무를 좀 더 과학적으
로 설계한다면 생산성이 더 많이 올라갈 것이라고 주장하였다. 그러면 누가 업무
를 과학적으로 설계할 것인가? 이 업무설계자들이 군대에서의 참모와 같은 역할
을 하는 것이다. 업무설계자들의 핵심적 업무는 다른 조직과 비교해서 조직이 보
다 경쟁력을 갖추도록 조사하고 기획하는 것이었다. 그래서 과학적 관리는 엔지
니어링(공학기술)에서부터 발전하였다. 최초의 과학적 관리(scientific manage-
ment)라는 이름은 1886년 미국기계공학학회 모임에서 Henry R. Towne[5]
(1884-1924)이 사용하였다. 이후 그의 과학적 관리의 옹호는 Frederick W.
Taylor에 영향을 주게 된다.

4. Frederick W. Taylor의 영향

Frederick Winslow Taylor는 과학적 관리운동(scientific management move-
ment)의 아버지로 평가받은 사람이다. 그는 테일러리즘(Taylorism)이라고 명명되
는 시간과 운동 연구(time-and motion studies)의 개발을 창시하였다. Taylorism
또는 과학적 관리는 단순한 발명품이라기보다 Taylor가 기계가게(machine shop)
의 생산 효율성을 높이기 위한 일련의 방법과 조직배열(organizational arrange-
ment)을 설계한 것에 관한 것이다. Taylor는 주어진 업무를 완수하기 위해 '유일
한 최선의 방법(one best way)'이 있을 것이라는 가정 하에 가장 빠르고 효율적

---

5) 초기 과학적관리 옹호자로 그의 노력은 Frederick W. Taylor를 보다 앞섰으며, Taylor에
   게 많은 영향을 주었다.

이고 피로가 적은 생산방법을 발견하기 위해 특별직원(special staff)을 활용함으로써 생산(output)의 증가를 추구하였다.

1910년에 과학적 관리(scientific management)는 미국에서 국가적 차원의 운동으로 나타났다. 테일러는 조직의 운영(organizational operation)은 과학적 원리를 활용할 줄 아는 조직전문가(staff experts)들에 의해 체계적으로 계획되고 통제될 수 있다고 믿었다. Taylor는 스스로 그의 책「과학적 관리의 원리(Principles of Scientific Management)」에서 '과학적 관리는 반드시 새로운 발명품이나 새로운 사실을 발견하는 것을 의미하진 않는다.'고 했다. 그가 주장한 과학적 관리는 오래된 지식들을 활용하여 좀 더 과학적인 법칙과 규칙을 조합하는 형태로 과거에 존재하지 않았던 관리방식이었다.

5. Fayol의 관리의 일반이론

Adam Smith, Frederick Winslow Talyor 이외 조직관리 분야에 영향을 많이 준 사람이 프랑스의 관리기술자이면서 최초로 관리의 종합이론(comprehensive theory of management)을 개발한 Henri Fayol(1841－1925)이다. Taylor가 개인작업자의 관리기술을 이용하는 수준이라면 Fayol은 대규모 기업을 조직하고 관리하는데 필요한 요소들을 이론화하였다. 1916년에 프랑스에서 처음 출간된 후 1949년 미국에서 영어로 번역된「일반 및 산업관리(General and Industrial Management)」는 그의 조직관리에 대한 이론적 기여가 널리 인정받는 계기가 되었고, 이후 그의 업적은 Taylor만큼 의미있고 중요하게 되었다.

Fayol은 관리의 개념이 모든 형태의 조직에 보편적으로 적용할 수 있다고 믿었다. 그는 여섯 가지의 원리(principle)인 ① 기술적(제품의 생산), ② 상업적(구매, 판매, 교환활동), ③ 재정적(자본의 증가와 활용), ④ 안전(자산과 인력의 보호), ⑤ 회계, ⑥ 관리적 원리(조정, 통제, 조직, 계획, 인력의 명령)를 제시하고 있다. Fayol의 주된 관심과 강조점은 마지막 원리인 관리적 원리에 있었다. 그의 관리적 원리에는 노동의 분업(division of work), 권한과 책임(authority and responsibility), 규율(discipline), 명령통일의 원리(unity of command), 지휘체계의 통일(unity of direction), 직원의 보수(remuneration of personnel), 공동이익에 대한 개인이익의 순종(subordination of individual interest to general interest), 집권화

(centralization), 명령(order), 형평성(equity), 정년보장의 안정성(stability of per-sonnel tenure), 집단사기(esprit de corps), 조직의 계층 수(scalar chain) 등이 포함되어 있다.

그는 또한 이러한 관리적 원리가 왜 필요한지를 설명하고 있다. 보통 종교적이고 도덕적인 업무에 관한 규칙은 어떤 개인들에게는 나타나고 다른 개인들에게는 다른 형태로 나타날 수 있다. 그러나 개인들의 집합(association)인 조직의 관리원칙은 조직의 성공과 경제적 이익을 만족시키는 데 목적을 두고 있기 때문에 모든 개인들에게 적용되는 관리적 원리가 반드시 필요하다고 설명하고 있다.

6. 정통 행정학(Orthodoxy)의 발전

과학적 관리가 행정학의 지적인 발전에 상당한 기여를 했다. 행정학의 역사적 진화과정을 거슬러 올라가면 Dwight Waldo, Vincent Ostrom, Nicholas Henry, Howard McCurdy 등이 있는데 이들은 '정통의 시대(period of ortho-doxy)'라고 하는 세계대전 중에 행정학의 발전의 패턴을 설명하고 있다. 이러한 정통적인 행정이념의 원리는 정부의 업무는 의사결정(decision making)과 집행(execution)으로 분리될 수 있다는 것이다. 이른바 Woodrow Wilson의 정치행정이원론(politics-administration dichotomy)이다. 그는 행정학은 발견 가능한(dis-coverable) 원칙(과학적 관리)을 갖는 과학의 한 분야가 될 수 있다고 믿었다. 이러한 정치행정이원론은 역사적으로 행정학의 발전에 중요한 역할을 했는데, 과학적 관리의 개념을 제외하고서는 정치행정 이원론에 대한 설명이 거의 불가능하다.

그러나 진보적인 개혁운동(progressive reform movement)의 시기에 정치행정이원론은 뉴딜정책(New Deal)과 세계대전을 거치면서 그 생존능력(viability)을 잃었다. 왜냐하면 기업의 가치중립적인(value-free) 과정을 정부의 과정에 적용하는 것이 불가능하다는 인식이 증가하였기 때문이다. 정치행정이원론에 대한 공격은 연방정부의 홍수통제 및 전력 회사인 테네시계곡청(Tennessee Valley Authority)의 청장으로 그의 경험을 집필한 David E. Lilienthal가 정부의 계획과정은 상당 부분 정치과정이라는 것을 발견하면서였다. 또한 그는 정치과정은 민주적 사회를 건강하고 유익하게 만든다고 보았다.

7. Paul Appleby의 논쟁

Paul Appleby(New Deal의 유능한 행정관리가이며 Syracuse대학 Maxwell 대학원의 학장)는 정부가 정치로부터 독립적인가에 대한 논쟁에 대해 그의 책 「큰 민주주의(Big Democracy)」에서 정치가 행정과 다르고 분리될 수 있다는 것은 신화(myth)일 수 있다고 보았다. 그는 이것은 많은 진보시대의 개혁가들이 주장한 바와 같이 악(evil)이 아니라 오히려 선이라고 보았다. 그 이유는 행정에 대한 정치의 관여는 관료적 권력의 임의적 행사에 대한 견제장치로 작동할 수 있다고 보았기 때문이다. 당시 정치행정이원론자들은 나중에 정치행정이원론이 부적절하고 부정확하다는 비판에 대해 신경 쓰지 않았지만, Appleby가 말한 것처럼 '정부는 다르다. 그 이유는 정부는 정치적이기 때문이다'라는 주장은 어느 정도 이해하고 있었다고 판단된다.

8. Luther Gulick의 POSDCORB

Taylor의 과학적 관리는 가장 빠르고 가장 효율적으로 가장 적은 노력의 생산방법을 발견하여 생산물의 증가를 추구하는 것이다. 과학적 관리자의 임무는 바로 '유일한 최선의 방법(one best way)'을 찾는 것이다. 고전적 조직이론은 바로 이러한 가정에서 출발하였다. 다시 말해, 주어진 생산목표를 달성하는데 최선의 방법이 존재한다면 모든 조직의 목표를 달성하는 데에도 최선의 방법이 존재할 것이라는 것이다. 또한 물리적 목표를 달성하기 위한 유일한 최선의 방법을 찾아내는 방법은 사회조직들의 문제에도 점차 적용이 가능하다는 것이다.

Luther Gulick(1892－1993)은 「조직의 이론에 관한 노트(Notes on the Theory of Organization)」에서 조직들을 관리하는 원칙(principles)들을 설명하고 있으며, 그와 Lyndall Urwick은 "행정의 과학에 관한 논문들(Papers on the Sciences of Administration)"에서 관리의 핵심적인 기능을 대표하는 그 유명한 'POSDCORB'의 개념을 소개하였다.

① 계획(Planning): 기업체에서 목표를 달성하기 위해 수행될 필요가 있거나 해야할 방법에 대한 것들에 대한 기본적인 윤곽을 세우는 것을 의미한다.

② 조직(Organizing): 목표달성을 위해 업무 분업화를 체계화하고 구분하고 조정하는 과정을 통해 공식적인 조직의 구조를 확립하는 것을 의미한다.

③ 인사배치(Staffing): 인력을 채용하거나 훈련시키고 계속 인력을 유지하는 모든 인사기능을 의미한다.

④ 지휘(Directing): 계속적인 의사결정과 조직의 리더가 구체적이고 일반적인 명령과 지시를 구체화하는 것을 의미한다.

⑤ 조정(Coordinating): 업무의 다양한 부분들을 서로 연계되도록 하는 매우 중요한 의무를 의미한다.

⑥ 보고(Reporting): 현재 진행 중인 업무진행 상황들에 대해 부하가 기록, 조사, 검사 과정을 통해 상사에게 알려주도록 하는 것을 의미한다.

⑦ 예산(Budgeting): 예산계획, 회계, 통제의 형태로 자금이 지출되는 것을 의미한다.

Gulick은 POSDCORB를 통해 정통 행정학 분야 발전에 분명한 한 획을 그었다. 당시 관리나 행정의 연구는 고위 관리자(upper-level) 수준의 역할에 초점을 맞추고 있었다. POSDCORB 역시 고위 관리자의 관점에서 보는 조직관리의 한 방법이라고 할 수 있다. 그러나 이후 그의 '과학적(scientific)' 접근방법은 인간관계(human relations)와 행동과학(behavioral science)6)에 의해 많은 도전을 받게 되었다.

9. 관료제

공무원들로 구성된 근대 국가의 관료제적 제도는 고대 시대에서부터 기원을 두고 있다. 근대 이후 공공부문이나 민간부문의 많은 대규모조직들은 계층제적 구조(hierarchical structure)를 갖고 있다. 그래서 관료제(bureaucracy)는 조직이론에서 가장 중심적인 주제이다. 관료제를 본격적으로 다루기 전에 관료제가 갖는 의미들을 다음의 네 가지로 설명하고자 한다.

먼저, '관료제(the bureaucracy)'는 한 국가의 정부를 구성하고 있는 정부기관

---

6) 행동과학(behavioral science)은 실험적 연구를 통한 인간과 동물의 행동에 대한 연구를 의미하는 학술적인 분야를 통치하는 말로, 1950년대 Ford 재단의 후원으로 시카고대학에서 사회과학의 학제 간 연구에서 처음으로 사용된 용어이다.

들(all government offices)을 통칭하는 말이다. Bureau는 프랑스어로 관청을 의미한다. 다시 말해, 정치적 리더십의 변화와 상관없이 계속되는 공적 기능이라고 할 수 있다. 근대 서양풍(Western-style)의 관료제는 중앙집권적인 전제군주국의 통치업무가 점점 복잡해짐에 따라 왕의 권위를 그의 대리자에게 위임할 필요가 생기기 시작한 유럽에서 발달하기 시작하였다. 미국의 관료제도 비민주적인 유럽의 기원과 완전히 차별화되지는 않았다. 이는 많은 정치인들이 무반응(unresponsive) 관료제를 계속 공격하는 빌미가 되었다. 동시에 좋은 정부(good government)를 지향하는 집단에서조차 정치인들이 관료제가 정부프로그램에 대한 비당파적이고 공정한 관리가 아니라 특정한 이익집단(interests)에 너무 지나치게 반응한다고 주장하고 있다.

둘째, 관료제는 정부의 고위직, 하위직, 선출직, 임명직 공무원을 포함한 모든 공무원들(all public officials)을 의미한다. 기획재정부 장관도 관료이고 기획재정부의 하위직 비서도 관료이다. 우리는 보통 관료는 시민들을 대신해서 책상에서 서류작업을 하는 사람으로 생각하는 경향이 있다. 그러나 관료에는 경찰관, 교사, 소방관, 과학자, 우주비행사도 포함된다. 많은 사람들이 관료에 대한 이미지가 하루 종일 책상에 앉아있는 사람으로 인식하고 있지만 사실은 환경미화원이나 도로유지 작업자(street maintenance worker)도 관료라는 사실을 간과하는 경우가 많다.

셋째, 관료제는 일반적으로 불필요한 요식절차(red-tape)를 가진 비효율적 조직을 의미하는 데 많이 사용된다. 우리는 일하지 않아도 해고가 되지 않는 공무원들을 많이 보아왔다. 그렇다고 해서 정부조직이 항상 비효율적이라는 것을 의미하진 않는다. 여전히 많은 정부기관들이 효율적인 운영으로 좋은 평판을 유지하고 있다. 그럼에도 불구하고 정부기관들은 좋은 평판보다는 나쁜 평판을 많이 듣는다. 왜냐하면 나쁜 평판이 좋은 평판에 비해 오래가기 때문이다. 이처럼 비효율성에 대해 광범위하게 퍼진 부정적 인식이 관료제의 또 다른 의미가 되었다.

마지막으로, 관료제는 막스베버(Max Weber)의 구조적 접근방식(Max Weber's Structural Arrangement)의 구체적인 모형을 의미한다. 관료제에 대한 다수의 구조적인 정의는 독일의 사회학자인 Max Weber가 정의하였다. Weber는 '이상적 모형(ideal type)'이라는 개념을 사용하여 실제 세계에서 관료제적 형태가 잘 발달된 조직에서의 관료제의 주요 특징을 추론하였다. Weber의 이상적 모형은 실제

현실이나 규범적인 선호를 설명하는 것이 아니라 관료제를 특징지을 수 있는 주요 변수와 특징에 대한 발견이었다. 이런 이상적 모형은 어떤 측면에서 현실적이지 않을 수도 있고, 비합리적으로 보일 수도 있다. Weber가 제시한 관료제에 대한 이상적 모형의 특징은 다음과 같다.

① 관료들은 개인적으로 자유롭다. 그러나 그들은 사무실에서 사무적인(im-personal) 의무와 관련하여 상사의 관리를 받는다.
② 관료들은 직무가 분명한 계층제로 서열화되어 있고, 계급적 사슬과 함께 사무실 공간에서 일하고 있다.
③ 각 직무의 기능은 구체적인 문서로 기술되어 있다.
④ 관료들은 특별한 협박이나 압력없이 자유롭게 임명을 받고 이를 유지한다.
⑤ 직무에 대한 임명은 기술적 자격을 기반으로 이루어진다. 다시 말해, 입직을 위한 시험이나 학위취득에 의해 이루어진다.
⑥ 관료들은 금전적인 급여를 받고 연금을 받을 권리가 있다. 물론 계급에 따라 보수는 달라진다. 관료들이 조직에서 떠나는 것이 자유로운 반면, 떠나는 경우 그들이 그 전에 갖고 있는 모든 직무는 사라진다.
⑦ 직무는 관료들의 하나의 직업으로 행해진다.
⑧ 경력관리시스템이 필수적이다. 승진은 연공서열순(seniority)이나 실적(merit)으로 이루어지며 계층제의 상사의 판단에 의해 이루어진다.
⑨ 관료들은 그들의 직무와 관련된 재산권이나 재원에 대한 개인 청구권을 갖지 못한다.
⑩ 관료들의 행동은 시스템의 통제와 엄격한 규율에 따라야 한다.

관료제에 대한 정의는 공공부문뿐만 아니라 만간부문의 모든 조직에 동일하게 적용될 수 있다. 그러나 공공부문의 관료제는 민간부문의 관료제보다 다소 다른 환경 속에서 작동되는 경향이 있다. 물론 제3섹터라고 할 수 있는 시민단체(NGO)의 관료제도 시장적인 요소가 부족하니 공공부문으로 분류할 수도 있을 것이다. 요약하면 관료제는 조직의 하나의 구체적인 형태로 가장 잘 개념화되어 왔다. 그리고 공공 관료제는 관료적 조직의 구체적인 하나의 형태로 볼 수 있다. 그러나 우리의 일반적인 이미지 속에 있는 관료제는 계층제적 계급 속에서 일하는 사람들이 준수해야 하는 많은 규칙을 가진 조직으로 이해되고 있다.

Ⅱ 신고전 조직이론

조직이론의 맥락에서 신고전(neoclassical)이라는 명확한 정의는 없다. 그것의 일반적으로 함축된 의미는 고전적 조직이론에 대한 비판적 시각이라는 것이다. 신고전 조직이론(neoclassical organizational theory)은 특히 조직 내의 인간성, 행정업무단위 간 조정의 필요성, 조직 내·외부 조직관계, 조직의 의사결정과정과 관련한 이슈들의 최신화 등에 관심을 가졌다. 고전적 조직이론의 학자들은 주로 2차 세계대전 이전에 의미있는 많은 연구활동을 한 반면, 신고전 조직이론 학자들은 2차 세계대전 이후 고전적 조직이론가들을 비판하면서 조직이론가로서 그들의 명성을 쌓아갔다. 또한 신고전적 조직이론가들은 행동과학(behavioral science)의 연구결과를 토대로 고전적 조직이론의 개선안을 제시하였다.

첫째, 신고전학파들은 고전학파들의 조직에 대한 지나치게 단순한 기계적 관점에서 탈피하고자 하였다. 또한 신고전학파들은 고전학파의 조직에 대한 기본 가정에 대해 의문을 제기하였다. 그럼에도 불구하고 신고전 조직이론과 고전적 조직이론은 유사점 역시 많이 있다.

둘째, 신고전학자들의 고전적 조직이론에 대한 문제제기 과정에서 조직이론의 가장 기본적 근간이 되거나 접근방법에 대해 문제제기를 하거나 새로운 이론들을 제시하였다. 그런 측면에서 신고전 학파들은 권력과 정치, 조직문화, 시스템이론에서 매우 중요한 선구자의 역할을 하였다.

1. Simon의 영향

Hertbert A. Simon은 가장 영향력 있는 신고전적 조직이론가 중의 한 사람이다. 그는 우선 Fayol, Gulick 등이 제안한 조직의 원리에 대하여 신랄하게 비판하였다. 그는 또한 의사결정이 새로운 행정과학(administrative science)의 핵심이 되어야 한다고 믿었다. 그는 조직이론은 만족할 수준의 결정을 하는 인간의 제한된 합리성(bounded rationality)[7]의 이론이라고 보았다. 왜냐하면 인간은 합리성을 최대화할 수 있는 지적 능력을 갖고 있지 못하다는 것이다. 그는 처음으로 계획 된(program) 조직결정과 무계획된(unprogrammed) 조직결정 간의 차이점을 분석 하였다. 그는 또한 행정과학과 의사결정에 관한 연구를 크게 두 가지 방향으로 진행하였다. 첫째로 그는 양적 연구방법(컴퓨터 기술, 운영연구(operations re-search))을 통해 조직의 의사결정방법을 과학으로 발전시킨 선구자였다. 둘째로 그 는 행정적 조직(administrative organizations)의 의사결정 과정을 연구한 중요한 연 구자였다.

2. 사회학의 영향

신고전적 조직이론의 가장 중요한 주제는 조직들이 조직을 둘러싼 외부환경 으로부터 고립되어 독립적으로 존재하지 않는다는 것이다. 사회학자들에서부터 출발한 가장 최초의 의미있는 노력은 개방형(open up) 조직이었다. Philip Selznick은 미국사회학회지(American Sociological Review)에서 "조직이론의 기초 (Foundations of the Theory of Organization, 1948)"라는 논문을 발표하며, 합리적 인 방법으로 조직을 설명하고 설계하는 것이 가능하지만 조직행태에서 비합리적 인 요소들의 문제를 극복하는 데 한계가 있다고 주장하였다. 또한 그는 조직 속 의 개인들의 목표와 열망은 많은 관리자의 통제의 노력에도 불구하고 조직의 공 식적인 목표와 반드시 일치되지 않는다고 주장하였다. 이처럼 Simon과 Selznick 과 같은 신고전학자들은 조직이론을 학제간 연구 분야로, 사회학, 문화인류학, 정 치학, 경영학, 경제학, 행정학의 개별 연구 분야로 확대시키는 데도 많은 기여를 하였다.

---

7) 제한된 합리성(bounded rationality)은 사람들이 의사결정을 할 때 완전한 합리성이 아닌 제한된 합리성을 토대로 의사결정을 한다는 것이다. 다시 말해, 어떤 문제에 대한 가장 합리적인 연구도 완전할 수 없고, 인간은 최선의 정보보다는 만족할 만한 수준의 정보로 의사결정을 한다는 것이다.

Ⅲ 현대 조직구조이론

일반적으로 사람들이 조직의 구조를 말할 때는 조직을 구성하고 있는 많은 조직구성원들의 직무와 조직계층 간의 비교적 안정적인 관계를 주로 의미한다. 조직구조이론(structural organization theory)은 조직의 수직적 분화(vertical dif-ferentiation), 조직적 권위의 계층적 수준, 조정, 조직 단위간 수평적 분화 (horizontal differentiation)에 관한 것이다. 조직도(organization chart)는 조직구조 이론가들이 항상(ever-present) 관심을 두는 대상이다.

1. 현대 조직구조이론의 기본가정

현대(modern)라는 명칭은 Taylor와 Weber 등과 같은 2차 세계대전 이전의 고전적 조직이론가들로부터 조직구조이론가들을 구분하기 위해 사용한 것이다. Bolman & Deal(1984)은 현대 조직구조이론의 기본가정을 다음과 같이 설명하고 있다.

① 조직은 조직이 설정된 조직목적을 달성하기 위한 합리적 기관이다. 합리적 조직행위는 공식적인 규칙과 권위를 가진 시스템을 통해 가장 잘 달성될 수 있다. 조직적 통제와 조정이 조직적 합리성(organizational ration-ality)을 유지하는 가장 중요한 열쇠이다.

② 어떤 조직이든 최선의 구조(best structure) 또는 적어도 가장 적절한 구조를 갖고 있다. 주어진 조직목표, 환경, 생산품과 서비스의 특성 및 생산과정의 기술이라는 측면에서 보면, 예를 들어 광물을 채취하는 광물기업은 컴퓨터 제조기업과 비교하면 다른 형태의 조직구조를 가진다는 것이다.

③ 전문화(specialization)와 노동의 분업(division of labor)은 생산의 양과 질을 증가시킨다.

④ 조직의 많은 문제들은 구조적 결합에서 발생하고 조직구조를 변화시킴으로써 해결될 수 있다.

2. 기계적인 시스템과 유기적인 시스템

어떤 조직이든 조직설계에서 가장 당면한 문제는 조직구조의 문제이다. 조직은 어떻게 봐야 하고 어떻게 작동되고 있는가? 조직의 문제인 전문화(specializa-tion), 부문화(departmentalization), 통솔범위(span of control), 전문화된 부서의 조정(coordination)과 통제(control)의 문제를 어떻게 다룰 것인가? 영국의 Burns & Stalker(1961)은 영국과 스코틀랜드의 전기산업에서 급격한 기술변화를 연구하면서 조직에서의 기계적인 시스템(mechanistic system)과 유기적인 시스템(organic system) 이론을 개발하였다. 그들은 안정적인 환경에서는 조직이 기계적인 구조(계층제 형태, 공식적 규칙과 규제의 의존, 수직적 커뮤니케이션, 구조적 의사결정)를 활용하는 것이 바람직하다고 주장하였다. 반면 변화가 심한 역동적인 환경에서 조직은 유기적인 구조(덜 규범적이고, 참여가 많고, 조직구성원에게 의존하는 형태)의 활용이 필요하다는 것이다. 예를 들어, 유기적 구조에서의 핵심적인 구성요소인 기술적인 창의성(technical creativity)은 혁신을 지원하는 조직문화와 관리시스템이 요구된다. 기계적 구조를 가진 조직의 관리자들은 조직의 환경을 다룰 때 좀 더 안정적인 관점에서 다루는 반면, 유기적 구조는 좀 더 불안정성의 관점에서 다루게 된다는 것이다. 결론적으로 조직구조는 기계적이든 아니면 유기적인 조직구조이든 특정한 환경상황에 더 적합하도록 설계되어야 한다는 것을 의미한다.

3. 시스템 이론

시스템 이론(system theory)은 조직을 환경과 끊임없이 상호작용하면서 투입(inputs), 과정(processes), 산출(outputs), 순환(feedback loops)의 요소들이 상호 밀접하게 연결된 복합적인 단위체로 보고 있다. 시스템에서 어떤 요소의 변화는 다른 요소들의 변화를 야기한다. 이러한 상호연결성(interconnections)은 복합적이고 역동적이어서 종종 알지 못하는 경향이 있다. 그래서 관리자들은 조직의 일부와 관련된 요소에 대해서 결정을 하면 예상치 못한 결과가 전체 조직시스템을 통해 발생하는 것을 보기도 한다. 시스템이론가들은 연구대상으로 상호연결성, 조직의 의사결정과정, 정보 및 통제시스템을 연구하곤 한다.

이에 반해, 고전적 조직이론은 인과관계(cause-and-effect relationship) 측

면에서 주로 일차원적(one-dimensional)이고 비교적 단순하다고 인지하는 반면, 시스템이론은 조직을 다차원적이고 복잡하다고 보는 경향이 있다. 다시 말해, 고전적 조직이론가들은 조직을 정적인 구조로 본 반면, 시스템 이론가들은 조직을 조직적 요소와 환경적 요소 간 끊임없이 변화하는 상호작용의 과정으로 보고 있다. 그래서 정적이지 않은 조직은 역동적인 균형(dynamic equilibrium)의 상태로 이동하게 된다. 이러한 역동적인 균형의 유지는 Chester I. Barnard의 저서, 「관리자의 기능(The Functions of Executive, 1938)」이라는 저서에서 잘 설명되고 있다. Barnard는 조직의 수요와 구성원들의 수요 사이에서 역동적인 균형을 유지하는 것이 관리자의 기능이며 이들의 협력적인 시스템이 조직이라고 보았다. 그는 역동적인 균형을 유지하기 위해서는 관리자들은 공식조직과 비공식조직의 상호의존적인 본질을 잘 인식하여야 한다고 주장하였고, 특히 비공식조직의 중요성과 역할에 이론적 기초를 제공하였다.

4. 인공두뇌학

조직은 조직을 둘러싼 외부환경에 적응하는 적응시스템(adaptive system)을 갖고 있기 때문에 끊임없이 변화하는 환경에 잘 적응하며 변화하고 있다. 사실 많은 경우 조직의 결정과 행동도 환경에 상당한 영향을 미치고 있다. Norbert Wiener(1948)의 인공두뇌학(Cybernetics)은 조직을 적응 시스템으로 보고 시스템적 관점에서 이론적 기초를 제공하고 있다. Cybernetics는 그리스의 말 '운전자

그림 9-1 적응시스템(adaptive system)의 하나로써 조직 모형

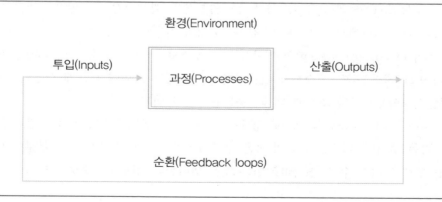

(steersman)'라는 의미로 동물과 기계에 있어서 구조, 통제의 기능, 정보처리과정 시스템에 대한 다학제적(multidisciplinary) 연구를 의미하기 위해 사용되었다. Cybernetics의 기본 개념은 생물학적, 사회적 또는 기계적 시스템이 문제를 인지하고, 문제 해결을 위해 어떤 것을 하고, 자동적으로 적응하기 위해 순환과정을 거치는 이른바 자기관리(self-regulation)가 가능하다는 것이다.

이 시스템 접근방법은 철학적 및 방법론적 측면에서 보면 인과관계를 중요시 한다. 이런 측면에서 시스템이론은 Taylor의 과학적 관리(scientific management)와 비슷하다. Taylor가 유일한 최선의 방법(the one best way)을 찾기 위해 수량적인 과학적 방법을 사용했다면, 시스템이론가들은 최적의 해결방안(optimal solutions)을 찾기 위해 인과관계를 파악하며 수량적인 과학적 방법을 사용하고 있다는 것이다. 그래서 시스템 접근방법을 관리과학(management science) 또는 행정과학(administrative science)이라고도 부르기도 한다. 그러나 시스템이론과 과학적 관리는 전혀 다르다.

시스템적 사고는 전체 세계가 본질적으로 서로 연결되어 있는 시스템들의 집합이라는 측면에서 매우 중요하다. 어떤 것도 독립적으로 발생하진 않는다. 세계에 대한 시스템은 너무 복잡해서 혼돈이론(chaos theory)으로도 설명되고 있다. 혼돈이론은 시스템 내의 아주 작은 변화가 결과적으로 엄청난 결과를 가져올 수 있다는 것을 가정하고 있다. 이른바 나비효과(butterfly effect)라는 것인데, 어떤 지역에서의 나비의 날갯짓이 다른 지역의 폭풍으로 변화할 수 있다는 것이다.

5. 복잡 적응시스템

Gleick(1988)의 작은 변화가 큰 영향력을 발생시킬 수 있다는 혼돈이론 (chaos theory)에서 보는 바와 같이, 현대의 행정이론가들은 복잡 적응시스템 (complex adaptive system)의 연구에 많은 관심을 가지고 있다. 특히 2001년 미국의 9.11 테러 이후, 행정학자들은 변화하는 환경과 위협에 빠르게 대응할 수 있는 시스템으로서의 조직에 대해 점차 관심을 보이기 시작하였다.

복잡 적응시스템의 핵심은 많은 변수들 간의 관계가 비선형적인 관계를 갖는다는 것이다. 이것은 조직의 작은 부분에서의 사소한 변화가 다른 부분에 엄청난 영향을 미칠 수 있다(나비효과)는 것을 의미한다. 방법론적으로 어려움이 있으나 실험실 실험이나 컴퓨터모델링을 통해 아주 작은 변화가 발생할 때 향후 무엇이 일어날 것인지 예측하고 있다. 물론 이 방법들을 조직관리에서 사용하긴 쉽지 않으나 많은 조직에서 이러한 방법들의 사용을 준비하고 있다.

CHAPTER 10

조직구조의 개념과 형태

1. 조직구조의 의의

조직구조(組織構造, organizational structure)란 무엇인가? 조직구조에 대한 연구자들의 정의는 매우 다양하다. 조직구조를 구체적으로 정의하는 연구자들도 있고, 조직구조의 변수인 복잡성, 공식성, 그리고 집권성을 제시하기도 하고, 아예 조직구조를 정의하지 않고 논의를 전개하는 경우도 있다. 조직구조를 구체적으로 정의한 경우는 크게 두 가지로 분류할 수 있다.

첫째는 조직구조를 조직 내의 업무나 권한 체계로 보는 것으로 정태적 측면을 강조한다. 즉, Mintzberg(1983)는 조직구조를 '과업의 분화와 통합의 정도'로 정의하며, Robbins(1990)는 조직구조를 '업무의 분화와 권한의 계서제'로 이해한다. Jones(1995)는 조직구조를 '조직의 목표를 달성하기 위해 사람들을 조정하고 자원의 사용을 통제하려는 규칙, 임무, 권위 관계의 공식적 체계'로 설명하고 있다. Osborn과 동료 학자들(1980)은 조직구조를 '한 체계 내의 사람과 집단의 공식적 역할과 관계'로 설명하고 있다.

두 번째 분류는 조직구조를 조직인들의 상호작용으로 보는 견해로 조직 내부의 동태적 측면을 강조한다. Kast & Rosenzweig(1974)와 오석홍(2005: 299)은 조직구조를 '조직구성원의 유형화된 상호작용(patterned interaction)'으로 정의하고 있다. 조직구성원들은 조직 속에서 조직의 목표를 달성하기 위해 서로 협동하면서 끊임없이 상호작용한다. 이러한 계속적인 상호작용 속에서 조직구성원들의 행동 방식이나 유형이 형성된다는 것이다.

그런데 첫 번째와 두 번째의 정의는 조직구조의 정태적 또는 동태적 한쪽 면만을 강조하기 때문에 조직구조를 완전히 이해하는 데 한계가 있다. 이에 대한 대안으로 민진(2014)은 조직구조를 '조직구조의 기본 변수인 복잡성, 공식성, 집권성이 배열되어 있는 조직 내부의 동태적 형상'으로 정의하고 있다.

2. 조직구조의 종류

조직의 기본 구조의 종류는 크게 '해야 할 일'을 중심으로 한 '직능구조'와 '권한'을 중심으로 한 '지배구조'로 구분할 수 있다(최종태, 1985: 146-186).

1) 직능구조

직능구조(職能構造, functional structure)는 조직구조의 가장 핵심적인 구조로써 조직이 최대의 성과를 달성하기 위해 '해야 할 일'을 구성원의 능력에 맞춰 형성시킨 결합체다. 직능구조는 구성원의 '일'의 구조로써 직위나 직무로 나타난다. 조직의 직능구조는 전체의 직능이 부분 직능으로, 부분 직능은 다시 하위 부분의 직능으로 세분되며, 마지막으로 구성원 개개인의 직능으로 편성된다. 이를 역할이라고 부른다.

직능구조는 구조를 형성할 때 기능별 직능구조와 목적별 직능구조로 나뉜다. 기능별 직능구조란 과업의 기능 요소에 따라 조직구조를 형성하는 것으로, 예컨대 기업에서 연구개발, 판매, 생산, 구매, 재무와 같이 구조화시키거나, 행정기관에서 연구부서, 사업부서와 관리부서로 구조화시키거나, 학교에서 교육부서, 지원부서, 관리부서로 구조화시키는 것을 들 수 있다.

목적별 직능구조란 과업의 목적 요소에 따라 구조를 형성하는 것으로 제품의 종류별로, 지역별로 구조화한다. 예컨대 가전제품 제조회사에서 TV, 냉장고, 에어컨 등으로 담당구조를 나누거나 수도권, 충청권, 호남권, 영남권으로 지역 담

당 부문을 나누는 경우다. 기능별 직능구조와 대상별 직능구조가 단독으로 이용
되기도 하지만 많은 경우 서로 혼용되어 활용되고 있다.

2) 지배구조

지배구조(支配構造)란 권한 분포에 기초를 두고 형성된 조직구조이다. 직능구
조가 조직의 목표를 달성하기 위해 통합하려면 지휘 통솔의 구조가 필요한데 이
것이 지배구조다. 지배구조는 분화된 조직 내의 활동을 촉진시키는 역할을 한다.

지배구조는 다시 명령 라인, 감독 범위, 그리고 통제구조에 따라 유형이 구
분될 수 있다. 명령 라인에 따라 지배구조는 단일지배구조와 다원지배구조로 나
뉜다. 감독 범위에 따라 지배구조는 고층지배구조와 평면지배구조로 나뉜다. 또
통제구조에 따라 집권지배구조와 분권지배구조로 나뉜다. 여기서는 명령 라인에
따른 지배구조를 중심으로 살펴보기로 한다.

단일지배구조는 계선조직과 계선참모조직으로 다시 나뉜다. 계선조직(line
organization)이란 상사가 부하에 대해 포괄적이고 다원적으로 지시하고 감독하는
구조이다. 이에 반해 계선참모조직(line-staff organization)은 계선조직의 보완
형태로 특수한 문제에 대해 참모가 계선의 장에게 조언하는 지배구조이다.

다원지배구조는 포괄적인 책임과 권한이 직능별로 분화되어 행사되는 조직

그림 10-1 단일지배구조와 다원지배구조

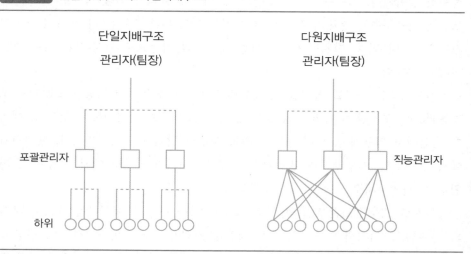

자료: 민진(2014: 115)의 그림자료를 재인용한 것임.

구조의 형태를 의미한다. 이는 계선조직의 약점을 보완하는 것으로 지휘명령이 다원화되어 있다. 한 사람의 부하는 여러 사람으로부터 명령과 감독을 받는다. 이를 간단히 나타내면 <그림 10-1>과 같다.

정부조직에서는 행정부와 국회의 관계, 지방자치단체장과 지방의회의 관계 그리고 행정부 내에서 감사원과 같은 감독구조, 검찰청에서의 감찰부 등이 다원 지배구조의 관계를 보여주고 있다. 한편 많은 경우 기업이나 법인에서는 이사회 와 집행기관은 주로 단일지배구조의 관계를 보여주고 있다.

II 조직구조의 기본 변수

조직구조란 조직의 성공적인 목표달성에 필요한 업무를 결정하고 그 업무를 효과적으로 수행하기 위해 적절하게 나누고 통합하며, 업무를 수행하는 직위를 배열해 놓은 정형화된 양식이라고 할 수 있다. 조직구조를 결정하는 요인에는 크 게 공식성, 복잡성, 집권성, 통솔범위, 인원구성비 등이 있다(Hall, 1992; Robbins, 1990; 최종태, 1985; 오석홍, 2005; 민진, 2014).

1. 공식성

공식성(formalization) 또는 공식화란 조직 내의 직무가 표준화되어 있는 정 도를 가리키는 말이다. 다시 말해, 공식화란 조직 내에서 누가, 어떤 일을, 어떻 게, 언제 수행할 것인가를 규정한 정도라고 할 수 있다. 조직에 따라서는 이러한 표준화의 정도가 세밀하게 규정되어 있는 경우도 있고, 그 정도가 낮아서 업무 수행에 융통성이 많은 경우도 있다. 전자를 '공식화 수준이 높다'고 하고 후자를 '공식화 수준이 낮다' 혹은 '비공식적이다'라고 하여 공식화와 비공식화가 함께 쓰 이고 있다. 다시 말해, 공식화와 비공식화는 동일 직선상에 놓인 정도의 차이라 고 할 수 있다.

행정조직에서 공식화 수단은 헌법, 법률, 그리고 행정명령 등인데 하위 수준 에서는 절차, 내규, 규정 등이 있다. 예컨대 세무 업무에 대해서는 조세법 시행세칙이 있어 세무행정에 종사하는 공무원들이 업무를 수행하는 근거 규정이 되고 있다. 기업이나 연구소의 경우에는 공식화의 수단으로 정관이나 규정, 업무편람 등을 두고 있다.

예를 들어 조직의 공식화 수준을 측정하고자 할 때 직무기술서와 규정의 구체화 정도, 감독의 정도, 하위자나 관리자에게 부여되는 재량의 정도, 작업의 표준화 정도, 문서화 정도 등이 측정지표로 주로 사용된다(양창삼, 1990: 218).

2. 복잡성

복잡성(complexity)이란 조직 내에 존재하는 활동이 분화(分化)되어 있는 정도(degree of differentiation)를 가리키는 말로 여기에는, 수평적 분화, 수직적 분화, 그리고 장소적 분산의 세 가지 요소로 구성되어 있다(Hall, 1992; Robbins, 1990). 이들 세 요소의 정도가 높을수록 조직의 복잡성은 높아진다고 할 수 있다.

(1) 수평적 분화

수평적 분화(horizontal differentiation)는 조직이 수행하는 업무를 조직구성원들이 나눠 수행하는 양태를 말한다. 수평적 분화의 현상은 부문화와 직무의 전문화 등으로 나타난다. 부문화(departmentalization)란 수평적으로 업무를 분화할 때 한편으로 조직 전체의 일을 업무의 유사성이나 기타 특성에 따라 나누는 것이며, 다른 한편으로는 전문화된 직무들을 유사성에 따라 부분적으로 통합시키는 활동을 말한다. 반면 직무 전문화(job specialization)는 부문화된 업무들의 집합을 좀더 세분해서 구체화한 것으로 분업화(分業化)라고도 한다. 부문화된 업무들의 집합은 계속적으로 세분화되면서 최종적으로 조직구성원 개인이 담당해야 할 업무가 규정된다. 이것이 개인의 직무이며, 역할이다.

(2) 수직적 분화

수직적 분화(vertical differentiation)란 조직 내의 책임과 권한이 나뉘어 있는 계층의 양태를 의미하는 것으로, 이를 나타내는 지표로는 조직 내의 계층의 수, 계서제의 깊이 또는 조직구조의 깊이 등이 있다. 수직적 분화는 대체로 수평적 분화의 정도에 따라 영향을 많이 받는다. 수평적 분화가 클수록 수직적 분화도 크다고 할 수 있다.

(3) 장소적 분산

장소적 분산(spatial dispersion)은 특정 조직의 하위 단위나 자원이 지역적, 지리적, 그리고 장소적으로 분산되어 있는 정도를 뜻하며, 이를 나타내는 지표로는 공간적으로 분리된 업무 수행 장소의 수, 물적 시설이 장소적으로 분산되어 있는 정도, 분산된 시설과 주된 사무소와의 거리, 장소적으로 분산된 인원 수 등을 들 수 있다. 예컨대 국세청의 산하기관인 세무서는 보통 시·군·구에 한 개씩 있지만 관세청의 산하기관인 세관은 항구나 공항 등에 한 개씩 있기 때문에 세무서가 세관보다 장소적 분산도가 높다고 할 수 있다.

3. 집권성

집권성(centralization) 또는 집권화는 조직 내의 권한 배분의 양태에 관한 것으로 주로 의사결정의 권한이 어느 개인·계층·집단에 집중되거나 위임되는 정도를 의미한다. 따라서 조직의 최고관리자나 상층부에 의사결정권이 집중되어 있으면 집권화의 정도가 높은 것이고, 반대로 하위자나 하층부에 위임되어 있으면 집권도가 낮다고 하는데 이 경우를 분권화가 높다고 한다. 그러므로 집권화와 분권화는 서로 반대의 의미를 갖는다. 그렇지만 이 두 개념은 서로 분리될 수 없고 연속선상의 상태를 나타내는 상대적인 개념으로 보는 것이 바람직하다.

그런데 집권화의 문제는 조직 전체, 개인 간의 문제, 조직 단위 간의 문제, 계층 간, 그리고 기능 간의 문제로서 다뤄질 수 있다. 특히 행정조직에서 집권화나 분권화의 문제는 대통령과 각 행정부처와의 관계, 중앙행정기관과 지방자치단체와의 관계, 행정부처 내에서 결정기관과 집행기관의 관계, 행정부처 내의 계층 간의 관계(예컨대, 장·차관과 국장), 그리고 기능 간의 관계(예컨대, 예산실의 예산권) 등에서 많이 나타나고 있으며, 집권과 분권의 대상은 주로 인력이나 재원에 대한 권한배분 정도에서 주로 발생한다.

4. 통솔범위와 인원구성비

통솔범위(span of control)는 조직 또는 부서의 관리범위 및 통제범위를 의미한다. 한 사람의 관리자에게 보고하는 부하직원의 수라고 할 수 있다. 간단히 말해 통솔범위는 한 사람의 관리자에게 속해 있는 부하직원의 수로 측정할 수 있다. 보통 정부기관의 경우 통솔범위는 4~5명인 데 반해, 민간기업의 경우 7~8명으로 민간기업의 통솔범위가 일반적으로 더 넓다고 할 수 있다.

인원구성비(personal ratio)란 조직 내의 다양한 기능과 부서에 배치되어 있는 인력의 비율을 말한다. 일반적으로 관리자와 비관리자의 비율, 지원부서와 생산부서의 비율, 정규직과 비정규직의 비율 등을 통해 인원구성비를 측정한다. 예를 들어, 관리자와 비관리자의 비율을 대기업과 중소기업으로 구분하여 비교하면 대기업은 관리자의 비율이 낮은 데 반해 중소기업은 높은 편이다. 지원부서와 생산부서의 경우, 대기업은 지원부서의 비율이 중소기업에 비해 상대적으로 높은 것이 특징이다.

이 외에도 조직구조를 결정하는 요소로 상황배경적 요인들이 있는데, 여기에는 조직의 규모, 기술, 환경, 전략 및 권력작용 등이 있다(김호섭 외, 2011).

III 조직구조의 형태

조직구조의 형태는 조직의 여건과 업무 특성에 따라 기계적 조직구조와 유기적 조직구조로 구분할 수 있다. 기계적 조직구조의 대표적인 사례에는 관료제가 있고, 유기적 조직구조에는 특별임시조직(adhocracy)이 있다. 다음에서는 기계적 조직구조, 유기적 조직구조, 관료제적 조직구조, 특별임시조직(adhocracy)의 구조에 대하여 구체적으로 살펴보고자 한다.

1. 기계적 조직구조

기계적 조직구조(mechanistic structure)는 고전적 조직모형에 기반을 두고 조직을 구조화하는 것으로, 기능별로 업무를 전문화하고, 복잡한 부문화 과정을 거치며, 종국에는 개인의 직무전문화에 이르게 된다. 또한 권한과 책임을 명백하고 세밀하게 규정한다.

조직은 환경 변화에 대해 기민하게 적용하지 못하기 때문에 경직적이라 할 수 있다. 기계적 구조에서는 상사와 부하 간에 수직적인 인간관계가 강조되며 수직적 의사전달이 활발하다. 즉, 상사는 명령하고 부하는 이에 복종한다. 기계적 구조모형은 관료제 조직(bureaucracy organization)에서 가장 잘 나타난다.

2. 유기적 조직구조

유기적 조직구조(organic structure)는 각자의 직무, 권한, 책임이 고전적 조직론에서와 같이 명확하고 상세하게 규정되어 있지 않다. 명령 통일과 계서제의 원칙이 엄밀하게 적용되지도 않는다. 발생하는 문제에 따라서 권한과 책임의 소재가 달라진다.

또한 조직은 환경 변화에 신축적으로 대응한다. 유기적 구조 아래서는 문제 해결을 위해 각 부문 간의 협조를 강조한다. 따라서 수평적 인간관계가 강조되고, 수평적 의사 전달이 좀 더 활발하게 전개되며 정보와 조언이 전달된다. 유기적 구조는 특별임시조직(adhocracy organization)에서 가장 잘 나타난다.

기계적 조직구조와 유기적 조직구조를 특성에 따라 비교하면 다음과 같다.

표 10-1 기계적 조직구조와 유기적 조직구조의 특성 비교

	비교기준	기계적 조직구조	유기적 조직구조
조직 여건	조직목표	명백	모호
	직무	단순, 분해 가능	복잡, 분해 불가능
	환경	정태적, 확실	동태적, 불확실
	성과 측정	가능	불가능
	권위	합법적	도전받음
업무 특성	직무의 범위	구체적 정의	포괄적 정의
	규칙과 절차	많음	적음
	책임	명백	불명확
	위계질서	계층제	네트워크(분산된 채널)
	보상체계	객관적	주관적
	인간관계	공식적	비공식적
	상호작용	수직적	수평적
	의사전달의 내용	명령과 보고	조언과 정보

자료: Robey(1986: 104)의 내용을 일부 수정한 것임.

먼저, 조직여건에 따라 비교하면, 기계적 조직구조의 경우 조직목표가 명백하고, 직무가 단순하며, 환경이 정태적이고, 성과측정이 가능하고, 권위가 합법적이다. 이에 반해, 유기적 조직구조는 조직목표가 모호하고, 직무가 복잡하고, 환경이 동태적이고, 성과측정이 어렵고, 권위가 도전받는 특성을 보여주고 있다.

다음으로, 업무특성에 따라 비교하면, 기계적 조직구조의 경우 직무범위가 구체적이고, 규칙과 절차가 많고, 책임이 명백하고, 위계질서가 계층적이고, 보상체계가 객관적이고, 인간관계가 공식적이고, 상호작용이 수직적이고, 의사전달 내용이 명령과 보고에 의해 이루어진다. 이에 반해, 유기적 조직구조는 직무범위가 포괄적이고, 직무가 규칙과 절차가 적고, 책임이 불명확하고, 위계질서가 네트워크적이고, 보상체계가 주관적이고, 인간관계가 비공식적이고, 상호작용이 수평적이고, 의사전달 내용이 조언과 정보에 의해 이루어진다.

3. 관료제적 조직구조

관료제적 조직구조(bureaucratic structure)는 근대사회가 산업사회로 발전하는 과정에서 만들어진 개념으로, 근대사회의 구조가 복잡해지고 기술이 고도화되며 이에 수반한 관리사무의 질적 변화와 양적 확대 등에 대응하기 위한 대규모 조직을 의미한다. 관료제는 기능의 합리성을 강조한다. 조직을 목표달성의 수단으로 인식한다. 관료제적 조직의 특성으로는 법규의 지배, 분업화, 계서제, 직무수행의 몰주관성, 업무의 전문성, 직업성, 문서주의 등이 있다.

관료제적 구조의 장점은 목표달성이 용이하다는 것이고, 관리지향적이고, 사회적 가치지향적이라는 것이다. 또한 과업을 안정적이고 전문적, 그리고 효율적으로 수행할 수 있다는 점이다. 그러나 관료제적 조직은 본래 의도한 것과 다른 변화가 구조 및 기능에 야기되어 조직목표 달성에 장애가 발생하기도 한다. 이러한 현상을 관료제 조직의 병리현상이라고 하는데, 병리현상에는 관료들의 병리적 행태, 환경적응 능력의 부족, 동조과잉, 서면주의, 무사안일, 할거주의, 그리고 전문화에 의한 무능 등이 있다(민진, 2014: 139-140).

4. 특별임시조직의 구조

특별임시조직(adhocracy)은 관료제의 반대 개념이라 할 수 있다. 특별임시조직은 관료제 조직과는 달리 유연성, 적응성, 대응성, 그리고 혁신성이 높은 유기적 조직이다(양창삼, 1990: 596). 특별임시조직은 조직구조의 기본 변수에 따라서 공식성, 복잡성, 그리고 집권성이 낮은 조직구조의 형태를 띠고 있다(Robbins, 1990; 양창삼, 1990; 최종태, 1985). 특별임시조직의 장점은 조직의 환경적응력이 우수하고 문제 해결 지향적이어서 주어진 목표를 해결하는 데 매우 효율적이다. 또한 혁신적인 사업을 하는 데 매우 유익하다. 특별임시조직의 단점은 구성원들 간에 갈등이 일어날 가능성이 크다. 즉, 명백하게 역할을 규정하지 않기 때문에 역할갈등을 일으킬 가능성이 크다는 것이다.

특별임시조직의 조직 형태로 가장 많이 소개되는 것은 매트릭스 조직과 프로젝트 조직 등이 있다. 매트릭스 조직은 활동을 직능·기능 부문으로 전문화시키면서 전문화된 부문들을 프로젝트로 통합시킬 단위를 갖기 위한 조직적 요구에 부응하기 위해 고안된 조직으로 복합구조라고도 한다. 매트릭스 조직의 특성으로는 두 조직구조, 즉 직능구조와 프로젝트 구조가 서로 보완 관계에 있다. 또한 매트릭스 조직에서 한 사람의 부하는 두 사람의 상사를 갖고 있다. 따라서 명령 통일의 원칙이 적용되기 곤란하다. 매트릭스 조직의 예로는 미국 주재 한국 대사관의 노무관으로 노동부 장관과 주미 대사의 감독을 동시에 받는 경우라고 할 수 있다.

프로젝트(project) 조직은 목표를 달성하기 위해 일시적으로 조직 내의 인적·물적 자원을 결합하는 조직 형태이다. 예를 들면, 우리나라의 경우 국토교통부의 신도시건설기획단, 행정안전부의 지방자치기획단, 기업의 신제품개발팀 등이 여기에 해당된다. 프로젝트 조직의 특성은 프로젝트별로 분화해 조직화를 도모하고, 임시적·일시적이고, 계층제적 요소보다는 직무의 역할을 강조하며 그 조직을 관리하는 데 전반적인 책임과 권한을 갖고 있다.

관료제적 조직과 특별임시조직을 조직구조적 특성에 따라 비교하면 다음과 같다. 먼저, 조직구조의 기본 요인을 비교하면, 관료제적 조직의 경우 공식성, 복잡성, 집권성이 높은 반면, 특별임시조직은 모두 낮은 특성을 보이고 있다. 또한 관료제적 조직의 경우, 조직인을 경제적 인간으로 간주하고, 조직규모가 크고, 조직기술이 일상적이고, 조직환경이 정태적이고, 조직생명이 장기적인 특성을 보이고 있다. 반면, 특별임시조직의 경우, 조직인을 복잡인으로 간주하고, 조직규모가 비교적 작은 편이고, 조직기술이 비일상적이고, 조직환경이 동태적이고, 조직생명이 일시적이거나 단기적으로 짧은 특성을 보이고 있다.

표 10-2 관료제적 조직과 특별임시조직의 특성 비교

비교기준	관료제적 조직	특별임시조직
공식성	높음	낮음
복잡성	높음	낮음
집권성	높음	낮음
조직인	경제적 인간	복잡인
조직규모	대규모	소규모
조직기술	일상적	비일상적
조직환경	정태적, 안정적	동태적, 불확실
조직생명	장기적	일시적, 단기적

CHAPTER 11

조직행위와 조직개발

Ⅰ 동기부여 이론

조직구성원들에게 동기부여가 필요하다는 것에는 모두가 동의하지만 어떻게 조직구성원들에게 동기를 부여하여 생산성을 높일 것인가에 대해서는 다양한 견해가 있을 수 있다. 지배적인 동기부여 이론은 시간이 지남에 따라 많이 변해왔고, 때론 모순적인 이론들이 같은 시기에 경쟁하기도 하였다. 어떤 이론들은 조직구성원들이 합리적으로 행동할 것이라고 가정하고 있다. 따라서 이런 가정을 토대로 하는 관리자들은 논리적이고 공정하면서도 일관성 있게 조직구성원들을 단순히 보상과 처벌을 통해 동기부여를 하려 할 것이다. 이에 반해, 다른 이론들은 조직구성원들에 대한 관리적 가정이 실제 구성원들의 욕구를 억압하는 것에 초점이 맞추고 있다. 다음에서는 조직구성원들에 대한 주요 동기부여 이론에 대해 설명하고자 한다.

1. 호손실험

1920년대 말에서 1930년대 초에 시카고 근처에 있는 Western Electric Company의 호손(Hawthorne) 작업장에서 호손실험(Hawthorne experiment)이 실시되었다. 이 연구는 역사상 가장 유명한 관리실험(management experiment)으로 Harvard 경영대학원의 Elton Mayo(1933)와 그의 동료들에 의해 수행되었다. 장기간에 걸친 이 실험은 작업환경(work environment)과 생산성(productivity) 간의 관계를 전통적인 과학적 관리 실험을 하는 방식으로 진행되었다. 그러나 Mayo 연구팀은 초기 그들의 연구결과를 설명할 수 없었기 때문에 연구결과에 상당히 당황하였다. 연구결과는 이미 10년 전에 Mary Parker Follett이 제안한 것과 같이, 노동자들은 관리통제보다 동료들로부터 압력에 더욱 민감하다는 것이었다. 호손실험은 이후 경영학 분야에서 인간관계(human relations) 학파의 등장을 가져왔고, 작업자들이 주로 돈만을 위해 일하는 경제적인 동물이라고 하는 과학적 관리의 가정에 대해 최초의 가장 강력한 경험적인 도전과 비판을 제시하였다.

Mayo 연구팀은 그들의 실험을 전통적인 조직이론의 관점에서 시작하였다. 그 동안 산업계의 작업장의 문제점들을 설명하기 위한 측면에서 작업자의 생산성이 작업장의 빛의 양(the amount of light), 재료의 운반율(rate of flow of materials), 임금지불 방법(alternative wage payment plans) 등의 요인과 관련이 있을 것이라는 연구문제를 제기하였다. 이후 Mayo 연구팀은 Hawthorne의 문제들이 사회적 심리적 문제들(예를 들어, 집단 내에서 개인간 관계, 집단규범, 작업환경에 대한 통제, 개인의 인식 등)이라는 것을 이해하는 데 성공했다. 이후 Mayo팀의 이러한 발견은 그들을 조직행태(organizational behavior)와 인간자원이론(human resource theory) 분야의 선구자로 만들었다. 또한 호손실험은 현대동기이론(modern theories of motivation)의 감정적이고 지적인 원천이 되었다. 그들은 복잡하고 상호작용적인 변수들이 사람들을 동기부여함에 있어서 차이를 만든다는 것을 보여주고 있다.

호손실험에 의해 나타난 특별한 발견들은 호손효과(Hawthrone effect)라고 한다. 그 발견은 생산성의 증가는 유순한 관찰자가 있었기 때문이라는 것이다. 처음 연구팀의 의도는 작업자들이 상호작용하면 생산성이 증가할 것으로 생각하였다. 그러나 그 효과는 물리적 환경(빛, 휴식시간 등)의 변화에도 차이가 없었으며 오히려 생산성이 증가하였다. 결국에 연구팀은 실험에 참여한 참여자들의 인식이 진정한 생산성에 영향을 미치는 변수임을 알게 되었고, 생산성의 효과도 이해하게 되었다.

2. 욕구계층론

심리학자인 Abaraham H. Maslow는 1943년 노동자들이 경제적인 동물인 만큼 사회적인 동물이라는 호손(Hawthrone)의 발견에서 더 나아가 심리학회지(Psychological Review)에 "인간욕구에 대한 이론(A Theory of Human Motivation)" 논문에서 그 유명한 욕구계층론(needs hierarchy)을 발표하였다. Maslow에 따르면 인간의 욕구는 우선순위가 계층화되어 있는 다섯 가지 목표나 기본적인 수요를 갖고 있다는 것이다. 그 다섯 가지는 ① 생리적 욕구(physiological)(음식, 물, 주거지 등), ② 안전의 욕구(safety needs), ③ 애정 또는 소속욕구(love or affiliation needs), ④ 존경의 욕구(esteem needs), ⑤ 자기실현의 욕구(self-fulfillment needs)이다. 이 이론에 따르면 개인들은 하위욕구들이 충족된 이후 궁극적으로 자기실현에 도달한다는 것이다. 사람들은 일단 하위 욕구가 충족되면 그와 관련된 행동의 동기부여가 중단된다. 뒤집어서 말하면 상위의 욕구는 하위욕구가 충족된 이후에 동기부여의 욕구가 된다는 것이다.

Maslow에 따르면 빵이 없을 땐 사람은 빵만 있으면 산다고 하는 것이 어느 정도 사실이다. 그러나 빵이 충분히 있고, 만성적으로 배가 부르면 사람들은 어떠한 욕구가 생길까? 상위욕구가 나타나면 생리적 배고픔보다 다른 욕구들이 사람들을 지배할 것이다. 순차적으로 이러한 욕구들이 충족되면 새롭고 더 상위차원의 욕구가 나타난다. Maslow의 동기부여에 대한 생리적인 분석은 그 이후의 연구의 토대가 되었다. McGregor(1960), Herzberg(1964), Bennis(1966) 등의 연구자들은 Maslow의 개념을 바탕으로 좀 더 종합적인 동기부여이론과 조직행태이론을 개발하였다. 이런 측면에서 Maslow의 연구는 그 출발점이 되었다.

3. 동기위생이론

내근 근로자(internal worker)의 동기부여에 대한 최초의 폭넓은 경험적 연구

그림 11-1　Maslow의 욕구계층론(needs hierarchy)

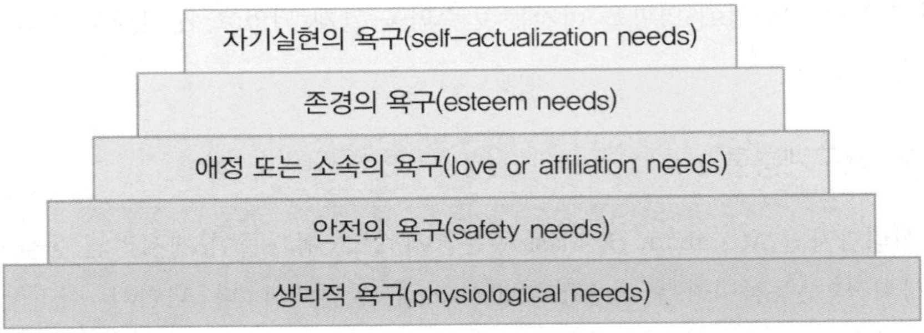

자기실현의 욕구(self-actualization needs)

존경의 욕구(esteem needs)

애정 또는 소속의 욕구(love or affiliation needs)

안전의 욕구(safety needs)

생리적 욕구(physiological needs)

는 1959년에 Frederick Herzberg, Bernard Mausner, 그리고 Barbara Snyderman에 의해 수행되었다. 이들은 "업무에 대한 동기(The Motivation to Work)"라는 논문에서 동기위생이론(motivation-hygiene theory)을 설명하였다. 동기위생이론에서 업무의 만족을 결정하는 요소는 다음의 다섯 가지이다: ① 성취(achievement), ② 인정(recognition), ③ 직무 그 자체(work itself), ④ 책임성(responsibility), ⑤ 승진(advancement). 이에 반해 업무의 불만족과 관련된 다섯 가지 요인은 ① 회사의 방침과 관리(company policy and administration), ② 감독(supervision), ③ 급여(salary), ④ 개인간 관계(interpersonal relations), ⑤ 작업조건(working con-dition)이라는 것이다. 만족하는 요인은 업무의 내용과 관련된 것이고, 불만족 요인은 주로 업무의 환경적 맥락과 관련된 것이라는 것이다. 이는 직무만족과 관련된 요인들은 업무불만족과 관련된 요인과는 별개라는 것이다. 즉, 직무만족과 불만족의 요인들은 서로 상반되는 개념이 아니라는 것이다. 다시 말해, 직무만족의 반대가 직무불만족이 아니라 직무만족이 없음이고, 반대로 직무불만족의 반대는 직무만족이 아니라 직무만족이 없음이라는 것이다(Herzberg, 1964).

　　업무의 환경적 맥락(작업조건, 급여, 인간관계 등)이 주로 예방적인 역할을 하기 때문에 예방적이고 환경적인 의미의 위생(hygiene)이라는 의학적 용어와 유사하여 위생요인(hygiene factors)이라고 하였다. 이에 반해, 직무만족(job-content) 요인(성취, 승진, 책임 등)은 동기요인(motivators)으로 보았다. 그 이유는 동기요인은 사람들이 높은 성과를 달성하도록 동기부여하는 것들이다. Herzberg(1966)는

「업무와 사람의 본성(Work and the Nature of Man)」 저서에서 위생요인 사례는 직무불만족을 야기한다고 했다. 이는 사람들이 불쾌함을 피하고자 하는 욕구 때문이다. 이에 반해 동기요인 사례는 직무만족을 일으킨다. 왜냐하면 사람들은 성장이나 자기실현(self-actualization)을 위한 욕구가 있기 때문이다.

이후 많은 연구자들이 수많은 경험적 연구들을 통해 동기위생이론을 검증하였다. 이 이론의 가장 큰 결점은 보수(pay)가 위생요인임과 동시에 만족요인이 될 수 있다는 것을 간과한 것이다. 그러나 동기위생이론의 중심적 내용은 여전히 이견 없이 받아들여지고 있다.

4. X이론과 Y이론

관리에 관한 많은 철학(managerial philosophies)들은 인간행태(human behavior)에 대한 일련의 가정들을 기반으로 하고 있다. Douglas McGregor는 그의 저서 「기업에 있어서 인간적 측면(The Human Side of Enterprise, 1960)」에서 그 유명한 X이론(Theory X)과 Y이론(Theory Y)에 대한 관리철학의 상반된 개념을 설명하였다. McGregor는 인간행태에 대한 관리자들의 가정은 그의 관리적 스타일이 이미 결정되었다는 가설을 제기하였다. 왜냐하면 관리적 사고에 있어서 전통적 방식의 관리이론은 많은 관리자들이 오랫동안 채택하여 왔고, 일부 계층이긴 하나 이 관리방식이 어느 정도 효과적이라고 생각하였기 때문이다. 이러한 전통적인 관리 이론을 X이론이라고 명명하였다. X이론은 다음의 세 가지 가정을 토대로 하고 있다.

① 평균적인 사람은 본질적으로 일하기를 싫어한다.
② 많은 사람들은 적절한 성과를 내기 위해서는 강제하거나 처벌로 위협해야 한다.
③ 사람들은 지시받기를 선호하고 책임을 회피하기를 좋아한다.

X이론은 전통적인 군대조직에 더 적합해 보인다. 현대 산업사회에서 시민들은 관리자들이 허용하는 부분을 제외하고 제한적인 역할만을 요구받아 왔는데, 이는 McGregor의 기존의 X이론의 가정과는 극단적으로 상반되는 Y이론(theory

Y)의 탄생을 가져왔다. Y이론은 다음의 네 가지를 가정하고 있다.

① 일에 대한 물리적이고 정신적인 노력을 하는 것은 놀이를 하거나 휴식하는 것과 같이 자연스럽다.
② 개인들이 의무적으로 해야 하는 목표를 달성하기 위해 사람들은 자기통제, 자기결정을 행사한다.
③ 책임의 회피, 야망의 부족, 안전에 대한 강조는 인간고유의 특성이라기보다 일반적인 경험의 결과들이다.
④ 조직문제를 해결하기 위해 상상력, 독창성, 창조성을 행사할 수 있는 능력은 소수의 인구집단이 아니라 많은 인구집단에서도 나타나고 있다.

물론 X이론과 Y이론의 관리철학적 지향점의 차이는 각기 극단적인 하나의 사례만을 보여 주고 있다는 것이다. 많은 작업 상황에서는 X이론이나 Y이론 하나만 받아들여지지는 않고, 오히려 혼합되어 사용되고 있다. 그럼에도 불구하고 이론에 대한 가정들은 운명을 만들고, 그것들은 또한 자기실현적(self-fulfilling) 예언을 만든다. 예를 들어, 학생들에 대한 선생님의 태도가 학생들의 성적을 결정한다는 실험에서와 같이, 비슷한 실험에서 작업자에 대한 관리자들의 태도 역시 같은 효과를 나타내었다. 간단히 말해 관리자가 피고용인이 잘못을 하지 않을 것이라고 가정하고 행동하면 피고용인은 이러한 가정에 기반하여 행동하고 관리적 기대를 만회하기 위해 열심히 일한다는 것이다.

Ⅱ 조직에서의 리더십

공공부문의 관리는 때론 민간부문의 관리와는 전혀 다른 지식과 기술을 요구한다. 많은 경우 공공부문에 존재하는 정치적 맥락, 통치구조(governance arrangement) 등은 공무원들이 의사결정을 함에 있어서 기본적인 구조(framework)와 제약(constraint)이 되는 요인들이다. 공공부문 관리자들은 정부간관계(intergovernmental relations)와 정부의 기구(machinery of government) 등을 잘 이해해야 효율적으로 업무를 수행할 수 있다. 또한 성과(performance)라는 단어는 관리의 영역에서 매우 중요하다. 그래서 성과관리(performance management)는 리더십에서 중요한 영역이다. 왜냐하면, 리더십은 조직이 목표로 하는 성과를 달성하기 위한 리더들의 행위이기 때문이다.

1. 리더십과 관리

1) 리더십의 정의

어떤 조직에서나 리더의 업무는 조직구성원들에게 전에 하지 않았던 업무, 늘 반복적으로 하지 않았던 업무, 심지어 공익을 위해 죽을 수 있는 위험한 업무를 하도록 하는 것이다. 본질적으로 리더의 가장 기본적인 업무는 무질서한 조직을 재정리하는 것이고, 조직구성원들이 무질서한 개인들의 단순 집합체가 아닌 응집력 있는 집단(cohesive group)으로 만드는 것이다.

리더십(leadership)은 다른 사람들에게 업무를 지시하고 조정함에 있어서 공식적이든 비공식적이든 권한(authority)을 행사하는 것이다. 최고의 리더는 공식적인 리더십과 비공식적인 리더십을 동시에 사용할 줄 아는 사람이다. 공식적인 리더십은 위계질서(authority of rank)에 의한 것인데 반해, 비공식적인 리더십은 조직구성원이 리더의 권한을 존경하며 자발적으로 리더를 따르는 것이다.

리더가 소유하고 있는 권력은 약한 사람에 대한 강한 사람의 통제의 계층(hierarchy of control)을 의미한다. French와 Raven은 「사회 권력의 기초(Bases of Social Power, 1959)」라는 저서에서 권력에는 다음의 다섯 가지가 있다고 제시하였다.

① 전문적 권력(expert power)은 리더가 보유하고 있는 전문적인 지식과 전문성에 대한 인식을 토대로 발생하는 권력이다.
② 준거적 권력(referent power)은 추종자들(followers)이 리더에게 가지는 호감, 존경, 인정하는 것에 기반하여 발생하는 권력이다.
③ 보상적 권력(reward power)은 추종자에 대한 보상을 제공할 수 있는 리더의 능력에 기반한 권력이다.
④ 합법적 권력(legitimate power)은 리더가 추종자에게 영향을 미치는 합법적인 권리와 권위를 가졌다고 추종자들이 인식하는 데에서 발생하는 권

력이다.

⑤ 강제적 권력(coercive power)은 리더의 지시에 순응하지 않으면 벌칙을 받을 것을 아는 추종자들의 두려움에 기초한 권력이다.

권력의 기초와 관련된 많은 연구들은 전문적 권력과 준거적 권력이 부하들의 성과에 매우 긍정적인 영향을 미치고 있고, 보상적, 합법적, 강제적 권력보다 높은 만족도를 보여주고 있다(Sharfritz et al., 2013).

2) 리더십과 관리

리더십(leadership)과 관리(management)는 기능과 역할 측면에서 유사한 점이 많이 있으나 구분이 될 필요가 있다. 실제적으로 리더십과 관리의 기능과 역할은 많은 부분에서 중복이 되고 있다. 관리는 조직 내에서 높은 권위와 직위를 가진 사람에게 부여된 권력(공식적 권위)과 관련이 있다. 관리를 위한 권력은 조직의 자원을 사용함에 있어서 책임과 의무를 가진다. 이에 반해 리더십은 높은 권위를 가진 사람에게만 부여되진 않는다. 효과적인 관리자는 반드시 리더가 되어야 하고 많은 리더들은 관리자가 된다. 그러나 관리자와 리더의 역할과 기능은 완전히 다르다.

리더십의 주제는 행태과학(behavioral science)에서 오랫동안 논의해 온 아주 복잡한 문제이다. 무엇이 관리자나 리더에게 정당성(legitimacy)을 부여하는가? 정당성은 합법적이고 구속력 있는 의사결정권을 가진 사회제도(정부, 조직, 가족 등)의 하나의 특징이다. 그래서 관리자들은 대부분 정당성을 갖고 있다. 왜냐하면 관리자들은 조직적 지위에서 부여된 합법적인 권리를 갖고 있기 때문이다. 이와 대조적으로 리더의 정당성은 관리자의 정당성과는 차별화된다. 즉, 리더십은 카리스마(charisma)의 개념이 필수적이다. 즉, 리더십은 공식적인 지위보다 리더의 매력적인 개성(compelling personality)에 근거를 두고 있다.

Max Weber는 카리스마 권위(charismatic authority)를 전통적인 군주의 권위와 법에 의한 합법적 권위(legal authority)와는 차별된 개념으로 보았다. '카리스마(charisma)'라는 단어는 그리스의 말로 '신의 은총(divine grace)'에서 유래되었다. 리더십은 합법적인 측면(legitimate basis)에서 영향력과 권력이 불균등하게 배분된 사람들의 관계와 관련된 것이고, 리더란 고립상태에서 기능할 수 없다.

다시 말해, 리더가 되기 위해서는 다른 사람들이 반드시 따라야 한다. 조직 리더십 기능과 관련하여 가장 광범위하게 활용하는 정의는 Chester I. Barnard의 저서 「관리자의 기능(The Functions of the Executive, 1938)」에서 설명하고 있다. 그는 리더 또는 관리자는 다음의 핵심적인 세 가지 기능을 가져야 한다고 주장하고 있다. 첫째, 리더는 의사소통 시스템(system of communication)을 제공하여야 한다. 둘째, 리더는 구성원들이 핵심적인 노력을 할 수 있도록 독려하여야 한다. 셋째, 리더는 조직의 목적과 목표를 정립하고 형성해야 한다. Barnard는 또한 핵심 관리자의 가장 중요한 기능은 조직구성원들 사이에 조직적 가치(organizational values)의 시스템을 설정하고 의사소통하는 것이라고 주장하였다. 그는 최고관리자는 조직의 전략적 비전(strategic vision)을 만들고 발전시키는 것이 가장 필요하다고 하였다(Barnard, 1938).

2. 리더십의 이론

1) 특성이론

리더십의 특성이론(trait theories)은 리더가 추종자들과는 근본적으로 다른 특성(성격)을 갖고 있다고 가정하고 있다. 리더십 특성이론을 주장하는 이론가들은 어떤 사람들은 다른 사람들이 행할 수 없는 독특한 리더십의 특성과 자질을 갖고 있다고 믿고 있다. 그래서 그들은 이런 차별화된 특성을 지니고 태어난 '타고난(born) 리더'라는 것이다.

그러나 특성이론에 대한 비판 역시 많은 편이다. 비판내용으로 첫째, 특성이론은 이론과 실제가 잘 맞지 않는다는 것이다. 1950년대 후반부터 리더십은 개인 간의 관계(relationship) 및 상호작용(interaction)으로 보는 것을 표준으로 삼고 있다. 상호작용(interaction)은 다른 말로 거래(transaction)라고 불리기도 했다. 이후 거래적 리더십(transactional leadership)이라는 용어는 리더십의 많은 이론을 포괄하는 큰 우산이 되었다. 둘째, 리더의 특성보다는 리더가 직면한 상황(situation)이 리더십에 더 많은 영향을 미친다는 것이다. 점차 상황은 리더에게 필요한 자질, 특성 및 기술을 결정하는 가장 중요한 요인으로 보고 있다. 또한 리더십 연구에서 리더의 특성으로 자주 언급되는 지성, 열정, 업적, 신뢰성, 사회경제적 지위 등은 리더십 연구자들 사이에 여전히 합의에 도달하지 못하고 있다. 리더십 특성이론의 가장 큰 한계는 어떤 뛰어난 특성을 가진 리더십은 어떤 상황에선 효과적

236 PART 3 조직론

이지만, 다른 상황에선 비효과적이라는 사실이다. 즉, 모든 것은 상황에 영향을 받는다는 것이다.

2) 거래적 리더십

리더십 특성이론의 가장 핵심적인 질문이 '누가 리더였는가?'에 대한 것이라면, 거래적 리더십 이론의 핵심적인 질문은 리더십이 '어떻게 만들어지고 행사되고 결정되는지'를 규명하는 것이다. 거래적 리더십(transactional leadership)은 Lewin, Lippitt & White(1939)가 취미활동을 하는 10세 아이들 집단의 리더십 스타일의 효과성 연구에서 출발하였다. 각 집단의 리더는 권위주의적(authoritarian), 민주적(democratic), 자유방임적(laissez-faire) 리더로 구분하였다.

권위주의적 리더들은 모든 정책을 결정하고, 모든 업무할당을 결정한다. 이에 반해 민주적 리더들은 의사결정 권한을 부하와 공유하고, 업무할당에 대한 결정을 집단에게 이양하고 집단활동에 참여하나 독점하지 않는다. 자유방임적 리더들은 개인이나 집단의 의사결정에 자유를 부여하고, 필요하면 그들에게 정보를 제공하는 등 조력자(facilitator)의 역할을 주로 한다.

연구결과, 민주적 리더를 가진 집단구성원들이 만족도가 가장 높고 업무에 생산성이 높은 것으로 나타났다. 이에 반해 권위주의적 리더를 가진 집단구성원들은 가장 공격적인 행동을 보이고 만족도가 가장 낮으나 생산성은 비교적 높은 것(리더의 강압에 의해)으로 나타났다. 자유방임적 리더를 가진 집단구성원들은 만족도와 생산성이 모두 낮은 것으로 나타났다. 또한 구성원들이 다른 집단구성원들에 대해 공격적인 행동을 보이는 것으로 나타났다. 수많은 선행연구들은 민주적 리더가 만족도가 높고 생산성이 높다는 동일한 연구결과를 보여주고 있다(Sharfritz et al., 2013). 권위주의적 리더들은 초기에는 종종 성공하지만 장기간 지속되기는 어렵다. 예를 들어, 소비에트연방과 공산당은 1991년에 붕괴되었는데, 그 이유는 권위주의적 통제경제는 시민들에게 적정한 수준의 삶의 수준을 제공하는데 실패하였기 때문이다. 이에 반해 민주주의 제도는 비교적 만족할 만하다. 왜냐하면 민주주의는 혁명적 변화가 발생하기 전에 점진적으로 진화하는 방식으로 잘못된 실수를 교정할 수 있기 때문이다.

거래적 리더십은 조직의 리더가 그들의 조직이 요구하는 적절한 방식으로 훈련을 하면 리더가 될 수 있다는 것을 기본 가정으로 하고 있다. 물론 이것은 희망사항이 되고 있다. 왜냐하면 리더십 훈련을 받은 리더들은 그들의 조직으로 되돌아갔을 때 거의 행동의 변화를 나타내지 않는 것으로 나타났다. 분명한 사실은 변화(change)는 특정 개인만이 아닌 조직 전체 모두에게 나타나야 한다. 리더들은 각기 다른 여러 상황에 맞게 리더십의 스타일을 적용할 수 있어야 한다. 이러한 측면에서 리더십의 관심은 거래적 리더십 스타일에서 상황적 리더십(contingency leadership)으로 자연스럽게 이동하게 된다.

3) 상황적 리더십

조직에는 항상 영웅이 있어 왔다. 그러나 그들의 영웅적 행위(heroism)는 일상적인 조직생활이 아니라 항상 위급한 상황과 위기에 대응하는 상황이었다. 현대 조직의 리더십은 본질적으로 영웅의 리더십보다는 좀 더 상황적이고 조건적이다.

상황적 리더십 이론(contingency leadership)은 리더십 특성이론과 거래적 리더십이론과는 달리 리더의 스타일에 영향을 미치는 많은 요인들을 고려한다는 것이다. 이는 어떤 조직에서 성공한 리더는 다른 조직에서 성공하지 못할 것이라는 것을 가정하고 있다. 그 이유는 두 조직의 상황이 다르고, 리더십의 상황과 맥락 또한 다르기 때문이다. 어떤 리더십 스타일을 선택할 것인지 역시 상황에 따라 유동적이다. 리더십 역사학자인 Ralph Stogdill(1974)은 상황적 리더십 이론은 크게 네 가지의 특징을 갖고 있다고 주장하고 있다. ① 조직의 형태, 구조, 크기, 목적을 강조한다. ② 조직이 기능하는 외부적 환경을 강조한다. ③ 리더, 상사와 부하의 가치, 목표, 기대, 지향을 강조한다. ④ 조직의 지위에 요구되는 전문성 또는 전문적 지식을 강조한다.

상황적 리더십 이론은 리더십 스타일은 각기 다른 상황에 따라 다르다고 주장하고 있다. 상황은 어떤 리더십 스타일이나 특정한 리더가 효과적일 것인지를 결정한다. 그래서 상황적 리더십 이론은 효과적인 리더십에 대해 Frederick Taylor의 과학적 관리에서 주장하듯이 '하나의 최고의 방법(one best way)'이 존재할 수 없다고 주장하고 있다.

Tannenbaum & Schmidt(1973)는 리더는 추종자들을 수용할 수 있도록 그들의 리더십 스타일을 조정해야 한다고 주장하고 있다. 이에 대해 Fiedler(1967)는 오히려 그 반대가 진실에 가깝다고 주장했다. 리더의 스타일에 맞추기 위해 작업

환경이나 상황을 바꾸는 것이 오히려 더 용이하다는 것이다. 리더의 리더십 스타
일은 리더의 성격에 의존한다. Fiedler에 따르면 리더의 성격은 쉽게 변화하지 않
는 경향이 있다. 또한 몇 주간의 집중훈련이나 교육으로 리더의 성격이 바뀔 가
능성도 매우 낮다.

4) 변혁적 리더십

변혁적 리더는 조직을 위해 새로운 비전을 제시하고 이 비전이 새로운 현실
이 되도록 구체화하기 위해 적극적으로 지원함으로써 조직에 내재된 문화를 변
화시키는 능력을 가진 사람을 말한다. 가장 잘 알려진 변혁적 리더로는 George
S. Patton 장군이 있다. 그는 2차 세계대전 중 북아프리카 전투에서 패배하고 사
기가 저하된 미국 육군을 맡아서 승리하는 군대로 변화시켰다.

사회과학자 Tichy와 Ulrich(1984)는 변혁적 리더들은 새로운 비전을 현실화
함에 있어서 두려움과 불확실성을 활용해 추종자들을 이끄는 사람들이 아니라고
설명하고 있다. 변혁적 리더십(transformational leadership)은 조직내 사람들의 인
식을 성공적으로 변화시키는 전략적 리더십(strategic leadership)을 요구한다. 변
혁적 변화(transformational change)는 변화에 대한 합리적, 기술적, 점진적인 변
화를 넘어서는 변화를 의미한다. 리더의 중요한 기능은 이미 계획한 변화 단계를
이끌고 지원하는 것이다. 또한 변화가 가져올 많은 편익에 대한 믿음을 언어적·
비언어적으로 활발하게 의사소통해야 한다.

거래적 리더십 이론이 주로 존재하는 조직문화 내에서 리더의 역할, 기능,
행태에 초점을 맞추었다고 한다면, 변혁적 리더십은 조직문화를 바꾸는 리더십에
관한 것이다. 거래적 리더십이 점진적 변화에 초점을 맞추고 있다고 한다면, 변
혁적 리더십은 급진적 변화(radical change)에 관한 것이다. 때때로 급진적 변화
는 선거를 통한 새 구성원의 선출, 잠정적으로 이견을 가진 집단구성원들을 의사
결정과정에 참여시키는 요구를 하기도 한다. 종종 변혁적 리더십은 새로운 전략
적 비전을 실행하기도 한다.

변혁적 리더십 이론은 리더십 특성이론과 많은 유사점이 있다. 변혁적 리더
십은 리더가 만들어지는 것이 아니라 태어난다는 '위대한 사람(great man)'의 특
성이론과 맞닿아 있다. 여러모로 변혁적 리더십 이론은 관계적·문화적 요인보다
는 특성(trait)에 기반을 둔 리더십으로 다시 한 번 리더십 특성이론으로 회귀하는

모습을 보여주고 있다.

3. 현실 세계에서의 리더십 적용

조직 속에서 살아가는 많은 현실 세계의 리더들은 어떻게 리더십을 발휘하고 있는가? 리더는 현실적으로 실패할 가능성이 높다고 하더라도 조직에 성공확신을 심어주게 되면 궁극적으로 조직의 성공 가능성을 높이는 것으로 나타났다. 효과적인 리더는 추종자들에게 승리하는 낙관주의를 주입하는 것이 얼마나 중요한지를 잘 아는 사람들이다. 리더에게 있어서 낙관주의적 태도는 자기실현적 예언(self-fulfilling prophecies)을 만들게 한다. 어떤 일이 일어날 것이라고 믿음으로써 기대한 어떤 일이 발생한다는 '피그말리온 효과(Pygmalion effect)'는 교사/학생, 관리자/작업자 관계에서 종종 증명이 되고 있다. 교사나 관리자가 그의 학생과 작업자가 어떤 일을 할 수 있는 충분한 능력이 있다고 믿으면, 학생(작업자)은 교사(관리자)의 기대에 부응하는 것으로 나타났다. 이것은 왜 낙관적인 리더가 성공적인 추종자를 보유할 가능성이 높은지 설명하고 있다.

또 다른 질문으로 현실의 조직 관리자들은 부하직원들을 어느 수준까지 관리하는 것이 바람직한가? 지나치게 세세한 것까지 관리하는 이른바, 세부관리(micromanagement)는 유능한 조직구성원들을 무능하게 만든다. 세부관리는 시간을 낭비하게 하고, 인간관계를 손상시키고, 세부관리자가 스스로 능력이 부족한 관리자라는 것을 보여주고, 조직을 무능하게 하고 조직의 문제를 악화시킨다. 또한 세부관리 또는 과도한 관리는 조직무능의 핵심적인 증상인 과도한 관여(overcommitment)와 관료적 과잉통제(bureaucratic overcontrol)를 야기한다.

최근 컴퓨터 주도 정보시스템에서는 중간관리자의 역할이 제한적인 경향이 있는데, 이들이 지나치게 많은 관리를 하는 이른바 과도한 관리(overmanagement)를 통해 조직에 문제를 야기할 수 있다. 다시 말해, 본인의 자리가 사라질 것이라는 위협을 받는 중간관리자들이 살아남기 위해 스스로 새로운 역할을 찾고자 노력하고, 조직의 지식을 독점적으로 통제할 수 있는 방법을 찾으려고 한다는 것이다. 이런 측면에서 조직이 정기적인 조직규모 축소를 위한 노력을 하지 않으면 이들은 생산적인 조직으로 발전하는 데 방해가 되고, 이들을 조직에서 퇴출하지 않으면 조직을 무능하게 하는 데 구조적 장애요인이 될 수 있다.

Ⅲ 집단역학과 조직개발

조직행태(organizational behavior)의 연구는 조직 내에서 인간행동(human behavior)의 이해에 관한 것으로, 행동과학(behavioral sciences)의 여러 측면을 포함하고 있다. 행정학을 연구하는 학자들은 정부조직에서 조직구성원들의 행동에 항상 많은 관심을 가지고 있다. 현대적인 의미의 조직행태는 1960년대에 나타났다. 조직행태론자들의 관심은 조직이 어떻게 조직구성원들을 성장시키고 발전시킬수 있도록 격려하는가에 대한 질문에 답을 찾는 것이었다. 이러한 믿음은 조직의 창조성(creativity), 유연성(flexibility), 번영(prosperity)이 조직구성원들의 성장과 발전을 통해 자연스럽게 발생할 것이라는 것이었다. 조직과 조직구성원들의 관계에 대한 핵심은 의존(dependence)에서 상호의존(codependence)으로 재정립되었다. 그러나 1950년대에만 해도 조직과 그 구성원들이 상호의존적이라는 것을 믿지 않았다.

관료제 조직 내부의 조직구성원들의 행동에 대해서는 오래전부터 상당한 관심이 있어 왔다. 어쨌든 조직이론의 전반적인 목적은 조직 내에서 조직구성원들의 행동을 규제하는 메커니즘을 만드는 것이다. 그러나 Douglas McGregor는 「기업에 있어서 인간적 측면(The Human Side of Enterprise, 1960)」이라는 저서에서 조직과 조직구성원들의 관계에 대한 기본 가정이 변화하고 있음을 보여주고 있다. 조직과 조직구성원에 대한 새로운 접근방법은 조직구성원, 집단, 조직구성원과 집단 간의 관계, 조직의 환경에 초점을 맞추고 있다. 조직과 조직구성원에 대한 새로운 접근방법은 다음 네 가지의 가정을 기반으로 하고 있다.

① 조직은 조직구성원들의 목적을 달성하기 위해 만들어졌다.
② 조직과 조직구성원들은 서로 필요하다(조직은 조직구성원들의 아이디어, 에너지, 재능을 필요로 하고, 구성원들은 경력, 보수, 노동의 기회를 필요로 한다).
③ 개별 구성원들과 그 조직의 수요간 적합성(fit)이 부족하면 조직이나 개별구성원이 어려움을 겪게 된다.
④ 조직구성원과 조직 간 적합성이 좋으면 서로에게 유익하다. 조직구성원들은 의미 있고 만족스러운 업무를 할 것이고, 조직은 발전에 필요한 재능과 에너지를 얻게 되기 때문이다.

이러한 조직과 조직구성원에 대한 기본가정은 1960년대 이전의 조직이 조직구성원들에 대한 가부장적이고 권위적인 태도와 비교하면 상당히 대조적이다. 만약 1960년 이전의 조직에 새로운 기술이 도입되었다면 조직 내 작업자들에 대한 고려는 전혀 없었을 것이다. 혹시라도 새로운 기술 도입에 저항하는 작업자가 있다면 바로 해고되었을 것이다. 이러한 전통적인 접근방법에 대한 가정은 여전히 여러 조직내에서 계속 살아있고 특히 덜 정교한(less−sophisticated) 조직에서 많이 발견되고 있다. 이러한 전통적인 접근방법의 핵심은 조직구성원들이 조직에 맞추어야 한다는 것이다.

Frederick Taylor 등의 고전적 조직이론에서는 이러한 응용행동과학에서의 조직의 역할이란 큰 기계와 같은 조직 속에서 기계의 부속품처럼 대체될 수 있는 사람을 찾거나 교육시키는 것이라고 보았다. 그러나 바람직한 환경 하에서는 조직과 조직구성원들이 모두 성장하고 발전할 수 있을 것이다. 조직과 조직구성원은 반드시 적대자일 필요가 없다. 조직관리자들은 조직구성원들의 에너지와 창의성을 촉진시키는 것을 배울 필요가 있다. 이를 위한 방법에는 집단역학(group dynamics)과 조직개발(organizational development)이 있다.

1. 집단역학

산업혁명의 초기 이후로 작업현장(workplace) 조직들은 전문화(specialization)와 노동의 분업(division of labor)의 원칙에 따라 구성되었다(예를 들어, Adam Smith의 핀 공장에서와 같이). 오늘날 복잡한 조직에서는 한 사람이 업무를 처음부터 끝까지 하는 경우는 드물다. 전문화는 조직이 조직구성원의 기술과 노력을 체계적으로 활용하도록 하고 제한적 업무에 그들의 지식과 에너지를 집중하게 한다. 전문화와 노동의 분업은 조직구성원들의 노동단위당 생산성을 나타내는 학습곡선(learning curve)[1]을 최소화하게 한다.

전문화된 기능을 수행하는 많은 조직구성원들은 조직적으로 작업집단(work group)으로 그룹화 된다. 다시 말해, 전문화된 기능에 따라 조직의 국, 과, 팀 단

---

1) 학습곡선(learning curve)은 업무를 수행하는 데 있어서 최적의 효율성(optimal efficiency)을 달성할 수 있는데 필요한 시간이다. 작업자들이 새로운 업무를 반복적으로 할 때 한 단위 산출물을 생산하는데 들어가는 노동의 한 단위는 초기에는 증가하였다가 점차 감소한다는 것이다.

위로 구성된다. 이러한 작업집단은 비교적 비슷한 배경을 가진 인력들로 구성되게 한다(예를 들어, 회계사, 교사, 엔지니어, 컴퓨터 프로그래머 등 유사한 전문적인 훈련과정, 사회화, 경험 등). 이러한 공유된 배경은 사람들의 사회화 과정을 통해 보편적인 가치/믿음/행동체계를 만들게 한다. 그래서 우리는 보통 변호사, 교사, 회계사가 어떻게 생각하고 행동하는지 알 수 있게 된다.

실제 많은 집단, 특히 목적 지향적이고, 전문적인 조직적 집단은 조직환경이나 다른 집단과의 적절한 관계를 위해 스스로 자신들만의 행동규범을 발전시키기도 한다. 모든 집단은 그들 구성원들이 집단규범을 따르기를 기대한다. 조직이 원하는 행동을 하면 보상하고 반대로 역효과를 낳은 행동을 하면 처벌함으로써 조직관리자들은 조직목표를 달성하도록 노력한다. 사실상 모든 조직은 보상과 처벌의 조합을 통해 조직구성원들을 동기부여하게 한다. 동기이론에서 강화이론(reinforcement)[2]은 일반적으로 일하는 사람들은 보상을 추구하고 처벌을 회피하려 한다는 가정에 기반하고 있다.

집단규범을 수용하거나 유지하는 것은 조직구성원들이 서로 기대하는 것을 알도록 하고 각기 다른 환경에서 다른 구성원들이 무엇을 할 것인지 예측하게 한다. 다시 말해, 규범은 구성원들이 행동양식을 정형화하고 예측가능하게 한다. 그래서 이러한 일반적인 기대를 제도화함으로써 사람들은 조직을 안정화한다. 그럼에도 불구하고 집단규범에 대한 과도한 집착은 지나친 순응성(conformity)의 원인이 된다. 이것은 때론 개인주의(individualism)를 파괴하고 심지어 집단사고(groupthink)를 가져올 수 있다. 지나친 순응성의 잠재적 위험성은 조직 내의 조직구성원들에게만 제한되지 않고 조직목표 달성에 조직의 전반적인 능력도 저하시키게 한다.

어떤 집단이 하나의 조직(생산집단, 사무실집단)으로 제도화될 때 집단규범(공유된 믿음, 가치, 가정 등)은 조직의 하부문화와 동질집단(cohesive group)의 핵심이 된다. 많은 집단의 하위문화는 전반적인 조직문화와 유사하며 어떤 사건, 환경, 개성을 통해 형성되는 독특한 요소들로 구성되어 있다. 집단에 대한 규범적

---

2) 특정한 태도로 행동하도록 하는 일종의 유인책으로, 개인이 어떤 행동에 조건화된 바람직한 보상을 받을 때 긍정적인 강화(positive reinforcement)가 발생하고, 이와 반대로 개인들이 바람직하지 않은 결과를 피하려고 할 때 부정적인 강화(negative reinforcement)가 발생한다.

충성심은 내집단(in-group)과 외집단(out-group), 우리와 그들, 반대로 그들과 우리가 어떻게 다른지 쉽게 이해하게 한다.

집단역학(group dynamics)은 집단의 특성, 집단의 발전, 개인과 다른 집단 간의 상호관계를 어떻게 할 것인가에 관한 조직행태의 하위분야이다. 통상적으로 집단은 기술적으로 1차 집단(primary group)을 의미하는데, 이는 개인적 관계, 감정 등이 구성원들 사이에 유지되는 대면적인 관계(face-to face interaction)가 허용되는 비교적 작은 집단을 의미한다. 이러한 1차 집단은 다시 공식집단(formal group)과 비공식집단(informal group)으로 구분된다.

우선, 공식집단(formal groups)은 조직목표를 달성하고자 하는 조직에 의해 공식적으로 만들어진다. 조직구성원들은 조직 내의 그들의 직위에 근거해서 각각의 공식집단의 구성원이 된다. 공식집단은 크게 두 가지 기본형태가 있다. 첫째는 공식적인 조직도에서 명시화되어 있는 명령집단(command group)이다. 이 명령집단은 상사들에게 직접 보고하는 부하들과 조직구성원들로 구성되어 있다. 명령집단은 조직구조에 있어서 핵심적으로 중요한 구성요소이다. 두 번째는 업무집단(task group)으로 비교적 짧은 기간 동안 업무 때문에 만들어진 집단이다. 특정 업무나 프로젝트를 완수하기 위해 함께 일하는 구성원들이 업무완수 후 해체되는 집단이다. 태스크포스(task force)나 임시위원회가 대표적인 예이다.

다음으로, 비공식집단(informal group)은 업무상황에서 자발적으로 발전된 관계나 상호작용을 하는 개인들로 구성된 집단이다. 이 집단에는 자발적으로 구성된 구성원과 사회적 필요에 의해 만들어진 모임으로 볼링모임, 동창회, 향우회 등이 여기에 해당된다. 이러한 비공식집단이 형성되는 이유는 친교, 소속감, 믿음 공유 등이 목적이다. 비공식집단은 종종 공식적으로 허가를 받지 않음에도 불구하고 조직의 운영에 있어서 매우 중요하다. 왜냐하면 그들의 규범, 가치, 믿음, 그리고 기대가 업무와 관련된 행동과 태도에 매우 의미있는 영향을 미치기 때문이다. Chester I. Barnard는 「관리자의 기능(The Functions of the Executive, 1938)」이라는 저서에서 비공식집단이 매우 중요하다고 주장하고 있다. 그는 비공식집단은 구성원들의 태도, 이해, 관습, 습관, 제도 등을 만들고, 공식조직에서 발생할 수 있는 여러 조건들도 만든다고 주장하고 있다.

2. 조직개발

조직개발(Organizational Development, OD)은 조직적 변화를 계획하는 것이다. 조직은 역동적인 환경 속에서 존재한다. OD조언자(advisors), 또는 응용행동과학의 전문가는 조직의 발전을 위해 행동과학의 지식을 활용하여 조직의 변화를 이끌어 내는 것이다. OD조언자들은 조직을 위해 일한다는 측면과 외부의 독립적인 컨설턴트라는 점이 특징이라 할 수 있다. 조직의 바람직한 변화라는 것은 종종 유익한 관리적 철학을 조직 내로 이식하는 것이라고 할 수 있다. 또 다른 목표로는 의사소통을 원활히 하기 위해 신뢰의 분위기를 만들거나 생산성을 높이기 위해 참여적 구조를 발전시키는 것이다. 생존을 위한 조직이나 건전성을 유지하려는 어떤 조직은 조직이 갖고 있는 여러 문제들을 주기적으로 해결해야 한다.

조직개발(OD) 그 자체는 하나의 철학이 아니다. OD는 조직의 효과성을 높이기 위한 하나의 접근방법이거나 전략이다. OD는 개인의 성장욕구가 조직목표와 통합함으로써 효과성을 높일 수 있다는 가정을 전제로 하고 있다. 문제가 있는 조직에 쉽게 적용가능한 보편적인 OD모형은 존재하지 않는다. OD조언자의 기본적인 업무는 조직의 문제해결을 위해 적합한 OD기술을 적용하는 것이다. 그러나 어떤 교과서도 조직의 문제를 해결함에 있어서 구체적인 사례연구를 제공하지 못하기에 OD 조언자들은 조직발전을 위한 여러 배경지식을 학습하여야 한다.

조직개발(OD)의 기원은 일반적으로 Hawthorne 연구에서 출발하였다. 그러나 조직행동에 기반을 둔 변화과정에 대한 구체적인 이해는 1946년, Kurt Lewin과 그의 동료들이 Connecticut주의 New Britain에서 인종적 관계와 커뮤니티 리더십을 증진시키기 위한 교육워크숍을 시행하는 감수성 훈련 운동(sensitivity training, T-group,3) movement)에서 출발하였다. 저녁시간 직원과의 미팅 시간에 그들은 워크숍 참여자들의 행동과 벌어진 일들의 변화에 대해 토의했다. 몇몇

---

3) 감수성 훈련 운동(sensitivity training, T-group)은 하나의 훈련집단(training group)을 의미하며, 조직개발(OD) 기법의 가장 권위자인 Chris Argyris(1964)에 따르면, T-group 경험은 개인들에게 가능한 한 많이 그들의 행동을 노출하게 하고, 이에 대한 환류정보를 제공하고 또한 새로운 행동에 대한 경험을 하게 하고, 지속적으로 자신과 다른 사람들에 대한 인식과 함께 이를 수용하도록 발전시키는 것이다.

워크숍 참여자들은 밤새 토론을 하였고, 이러한 과정을 통해 결국 훈련집단 (T-group)에 대한 제안과 제도화가 나타났다. 초기의 훈련집단은 주로 개인적인 성장에 초점이 맞추어져 있었으나, 점차 빠르게 조직에 적용되어 갔다. 훈련집단 (T-Group)은 조직구성원들이 사실과 감정에 대해 정직하면서도 직접적으로 의사소통하는 방법을 배우는 하나의 방법이 되었다. 인간관계(human relations) 관점에서 보면 감정들은 사실이다. 그래서 훈련집단은 개인간(interpersonal) 의사소통을 원활히 하고, 수동성과 경직성을 줄임으로써 조직의 효과성을 증진시키기 위한 하나의 핵심적인 전략이 되었다. 또한 업무와 동료들에 대한 대응과정(coping process)의 개발을 통해 조직의 효과성을 높이도록 하는 것이다.

훈련집단(T-group)은 중요한 방법론의 하나이다. 훈련집단(T-group)과 계획된 조직변화를 적용하는 조사연구방법론(survey research methodology)은 조직변화의 행동연구모형(action research model)을 발전시키는 결과를 가져왔다. 행동연구모형은 외부 컨설턴트의 활용과 동시에 조직구성원들이 문제점과 해결방안에 대한 심리적 주인의식(psychological ownership)4)을 배양함으로써 조직의 개선의 필요성을 인식하게 하는 하나의 과정이다. 행동연구는 다음과 같은 다섯 단계를 거친다. 첫 번째는 조직을 진단하는 자료(통상 설문조사나 인터뷰를 통해)를 수집한다. 두 번째는 조직구성원들에게 체계적으로 진단한 정보를 되돌려준다. 세 번째는 구성원들에게 정보가 의미하는 것과 상황을 개선시키기 위한 행동이 조직에서 갖는 의미를 논의하게 한다. 네 번째는 외부 컨설턴트와 내부 구성원들이 함께 지식과 기술을 통해 조직 개선계획(improvement plan)을 공동으로 개발한다. 마지막은 앞서 네 가지과정을 필요한 만큼 반복한다.

장기간 조직개발(OD)의 성공의 핵심은 마지막 단계로 필요할 때까지 지속하는 것이다. Lewin의 주장과 같이, 사회적 변화는 해동(unfreezing), 변화(change), 재동결(refreezing)의 3단계의 과정으로 이해된다. 어떤 사람이 변화과정 그 자체에 초점을 맞춘다면 변화는 기껏해야 매우 짧을 것이다. 조직이 이러한 변화를 하게 된다면, 이 과정을 행동연구(action research)라고 부른다. 왜냐하면 그 변화가 실험화되고 조직은 지속적으로 행동화하기 때문이다. Lewin이 말하길 해동 (unfreezing)은 조직이 변화에 대해 개방적이라는 것을 의미하고, 재동결(refreez-

---

4) 심리적 주인의식(psychological ownership)은 조직의 개혁 노력과 같은 미묘한 것에 대한 감정적인 관여(involvement)와 개입(commitment)을 의미한다.

ing)은 새로운 변화(change)를 안착시키는 것이고 그 다음 해동이 개선되었는지를 확인하는 것이다. 지속적인 개선을 위한 이러한 OD노력은 종합적 품질관리(total quality management) 운동의 견인차 역할을 하게 되었다.

Ⅳ 조직의 미래

조직에도 미래가 있다. 조직의 미래를 예측하는 것은 매우 어렵다. 그러나 변화는 불가피하다. 다음에서는 향후 정부조직에서 일어날 수 있는 주요 변화들을 살펴보고자 한다.

1. 탈관료적 조직

행정학자인 Dwight Waldo(1952)는 베버의 관료제 조직은 보다 민주적이고, 유연하고, 복잡한 대규모의 조직으로 대체될 것으로 예언하였다. 그러면서 Waldo는 이러한 사회를 탈관료적(postbureaucractic) 사회라고 불렀다. 그러나 1960년대 Warren G. Bennis(1966)는 그의 책 「임시사회(Temporary Society, 1969)」에서 관료제의 종말(end of bureaucracy)을 예견하면서 적응적이고 급격히 변화하는 임시적인 시스템 조직이 나타날 것이라고 전망하였다. 이러한 조직은 여러 문제들을 해결하기 위해 다양한 전문적인 배경과 기술을 가진 비교적 이방인들(strangers)로 구성된 집단의 임시조직(task force) 형태를 띨 것으로 보았다. 이러한 다양한 임시조직은 기계적이고, 정형화 되는 것보다 유기체적으로 조직화 될 것이다. 이는 조직이 미리 예측되는 것 이상으로 문제들에 대응해서 조직이 진화한다는 것을 의미한다. 따라서 조직구성원들은 직급과 지위에 따라 수직적으로 평가받는 것이 아니라 능력에 따라 유연하게 평가받을 것이다. 조직도는 계층화된 기능적 집단보다는 프로젝트 집단으로 구성될 것이다. Victor Thompson (1961), George Berkley (1971), Leonard Sayles(1971) 등 다른 많은 조직분석가도 Bennis와 같이 미래의 조직에 대한 비슷한 전망을 하였다.

과연 관료제 형태의 조직은 필연적으로 소멸하게 될 것인가? 관료제 조직은 계층화된 권위, 책임성이 없는 임시적으로 민주적인 네트워크나 구조로 대체될 것인가? 그러나 Mark Twain은 관료제의 죽음에 대한 예측은 다소 성급하고 과장되었다고 주장한다. 조직론의 주류학파는 아니지만 그는 관료제는 실제로 잘 작동하고 있다고 말했다. 행정학파 내에서 Kaufman(1977), Krislov(1981), Goodsell(1994) 등은 관료제 형태의 조직이 여전히 매우 효율적이고 또한 형평성과 대표성을 증진시키고 있다고 주장하고 있다(Shafritz et al., 2013).

가장 최근인 1990년대 Elliott Jaques(1990)는 계층제적이고 관료제적 조직형태를 옹호하였다. 관료제적 계층은 업무를 관리가능한 단위로 분리함으로써 조직을 보다 의미있게 한다. 우리에게 필요한 것은 새로운 형태의 조직이 아니라, 조직이 갖는 고유의 특성과 목적인 관리적 계층제를 이해하는 것이다. 계층제(hierarchy)는 대규모 조직에서 최선의 대안이라는 것이다.

만약 전통적인 관료제가 계속 유지된다면, 보다 많은 혁신을 달성하기 위한 정부조직에는 어떤 일이 일어나겠는가? 전통적인 관료제는 고객지향적인(customer-driven) 서비스 조직으로 전환될 것을 요구받을 것이다. Michael Barzelay는 그의 저서 「관료주의를 통한 파괴(Breaking through Bureaucracy, 1992)」에서 새로운 형태의 정부조직은 전통적인 베버리언 관료제의 대안으로, 반응적이고, 사용자 중심의, 역동적이고, 경쟁력있는 공공서비스의 제공자가 될 것으로 주장하고 있다. 본질적으로 현대 정부관료제 조직은 보이지 않는 비난과 동시에 내부로부터의 개혁을 요구받는 2개 전선(a two-front)의 전쟁을 치르고 있다.

2. 포스트모더니즘

포스트모던(postmodern) 시대의 혼란과 불확실성은 급격한 정보기술(information technology), 특히 정보네트워크(information network)에 의해 수반되거나 가속화되고 있다. 그러나 역사가 시작된 이래로 지금까지 우리는 혁명적인 기술적 발전을 경험하여 왔다. 현재 어떤 특별한 것이 발생하고 있는가? 그 특별한 것은 정보와 정보기술이 인간의 정신능력(mental capacity)을 확장시키고 있다는 것이다. 그럼에도 불구하고 우리는 정보기술이 개인간 관계, 팀 조직, 조직에 어떤 영향을 미치는지 확실히 알지 못한다. 새롭게 나타나는 통신기술은 시간과 장소의 범위를 확대시키고 있다. 예를 들어, 근대와 포스트모던 시대의 정보기술의 차이는 이민국의 여권을 검사하는 방법에서도 엄청난 차이가 있다. 근대에 있어서 여권을 검사하는 방법은 사진이나 도장이 위변조 등의 진위를 가리는 것이었다면, 포스트모던 시대의 여권검사 방법은 여권소지자의 개인의 삶과 건강상태까지 파악할 수 있는 수준이다. 이민국 공무원은 이러한 정보를 어떻게 처리할까? 시민의 자유권을 오용하지 않을까? 포스트모던 시대의 여권의 사례는 정보화시대의 위험성과 가능성을 모두 보여준다고 할 수 있다.

포스트모던 시대에 정보네트워크는 조직이론에게 부담되는 여러 가지 성가신 질문을 야기한다. 포스터모던주의자들은 조직을 어떤 권리를 갖고 있는 실체(entity)라고 보기보다 관계(relationship)의 망으로 간주하고 있다. 이들에게 조직은 목표가 아니라 개인들의 개인적 목표를 추구하는 수단으로 본다는 것이다. 기술과 포스트모더니즘 역시 조직에서 일하는 구성원들의 경험에 대한 여러 질문을 불러온다. 최종적으로 Warren Bennis(1966)의 예측은 실현이 될까? 우리가 아는 바와 같이 급격한 환경변화에 적응하지 못하기 때문에 관료조직은 사라질 것인가? 집에서 일하고 재택컴퓨터 근무가 공공서비스 직업에서도 일상화될 것인가? 만약 그렇다고 한다면 정부의 공무원들은 근무시간에 어떻게 책임성을 확보할 것인가? 사이버공간에서 정보통신망을 통해 개인간 의사소통을 통한 신뢰관계를 형성할 수 있는가?

3. 기술의 문제

오늘날 조직의 근로자들은 과거에는 대면방식의 업무에서 현재는 컴퓨터 스크린을 통한 사이버 공간이라는 새로운 세계의 참여에 대한 복잡한 딜레마 상황에 직면하고 있다. Don K. Price는 그의 책 「과학단지(The Science Estate, 1965)」에서 의사결정 권한이 분명히 경영자(executive)로부터 기술전문직(technical office)으로 이동할 것이라고 예상하였다. John Kenneth Galbraith도 그의 책 「새로운 산업국가(The New Industrial State, 1967)」에서 대규모 기업조직의 의사결정에서 변화를 주장하였다. 이러한 주제는 특히 권력의 통제, 정보와 기술의 전문성 등의 기술 문제와 관련하여 행정학 분야에서도 지속적으로 논쟁하는 주제이다.

포스트모던 세계는 전통적인 관료제의 감각을 갖고 있는 사람들에게는 극도로 무서움의 대상이 될 것이다. 근대이전(premodern) 세계에는 토지가 가장 중요한 자본이라면, 근대 시대에는 현금과 빌딩이 중요하였다. 그러나 포스트모던 세계에서는 정보가 새로운 자본이다. 세계적인 컴퓨터 소프트웨어 회사인 Microsoft의 Bill Gates가 미국에서 손꼽히는 부자라는 것이 이를 증명한다.

4. 포스트모던 행정

지금까지 우리는 조직의 맥락 속에서 포스트모더니즘을 논의하여 왔다. 그러나 포스트모던의 행정이라는 또 다른 맥락이 존재하고 있다. 이러한 포스트모던 행정의 관점은 17세기 계몽주의 운동(enlightenment)5) 시대 이후로 사회과학에서의 논리적 실증주의(logical-positivism)6)의 관점을 잘못된 것으로 보는 견해이다(Frederickson & Smith, 2003). 사실(facts)은 관찰로부터의 하나의 가설의 형태로 표현된다. 그러나 사실을 이야기할 때 관찰자(observers)는 실체적인 모양뿐만 아니라 인식되는 이미지로 실제적인 모양을 인식한다는 것이다. 다시 말해, 사실은 실제로 존재하는 것과 동시에 현상학(phenomenology)이라고 불리는 그것이 인식하는 사람의 마음 속에 두 가지 측면에서 존재한다는 것이다. 포스트모던 행정의 핵심은 쓰여진(written) 또는 인식된(perceived) 상황으로서의 의미에 관한 것이다. 이것은 포스트모던주의자들이 '실제 사실(real facts)'과 동시에 '인식되어지는 사실(perceived facts)'(사실이 아니지만 관찰자에게는 사실로 인식하는)을 연구해야 한다는 것을 의미한다.

포스트모던 행정은 인식론(perception)과 현실에 대한 사회적 구성(social construction)과 관련한 많은 이론들을 제공하고 있다. 이는 사회적·행정적 문제를 기술적으로 해결하기보다 인식의 전환을 통해 문제를 해결하고자 한다. 사회적 문제 해결에 거버넌스의 구조변화 등 변화시스템(transforming system)을 활용하는 방법이 대표적인 예라고 할 수 있다.

---

5) 계몽주의 운동(enlightenment)은 모든 인간의 조건은 이해되고, 증진되는 주요한 수단으로 신(God)이 아닌 논리에 의한 것이라고 보는 17~18세기 유럽의 지적 운동(intellectual movement)을 의미한다.

6) 논리적 실증주의(logical-positivism)는 연구에 있어서 현상에 대한 공식적인 설명을 함에 있어서 경험적인 방법과 양적인 분석을 강조하여 과학적으로 설명하고자 하는 접근방법을 의미한다.

5. 남녀평등주의적 관점

조직행태를 남녀평등주의자 관점(페미니즘, feminist perspective)에서 보는 것은 두 가지 이유에서 중요하다. 첫째, 조직에서 성 역할(gender)의 작동 방식이 다르다고 주장하는 많은 선행연구들이 지속적으로 증가하고 있다는 것이다. 현재까지 공공부문이나 민간부문에서 여성이든 남성이든 어떤 관리자도 이러한 관점을 무시하여 왔다. 그러나 미국의 경우 1970년에 여성공무원의 비율이 24%였으나, 2005년에는 45%로 증가하였다. 이것은 하위직 공무원뿐만 아니라 전문직이나 관리직의 경우도 마찬가지이다. 페미니즘 조직학자들은 오랫동안 남성중심의 조직통제를 조직이론의 남성의 관점에서 달성되거나 유지되어 왔다고 주장하고 있다(Acker, 1992). 다시 말해 우리가 조직을 분석할 때 남성의 시각으로만 조직현상을 이해하여 왔다는 것이다.

조직내 일상적인 활동뿐만 아니라 전반적인 사회생활에서도 성 역할에 대한 구조(gendered structure)가 지속되어 왔다. 현대에 있어서 여성들의 상위직·관리직 비중이 증가함에 따라 점차 조직문화가 변화하고 있다. 많은 연구들에서 여성관리자들은 남성관리자들과 다른 관리적 스타일을 보이는 것으로 나타났다. 예를 들어, 여성관리자들은 남성관리자들에 비해, 협력적이고 리더십을 공유하고, 비교적 명령과 통제가 약한 것으로 나타났다. 다시 말해, 조직 내에서 여성의 증가로 인해 여성적인 관리스타일이 조직에 영향을 미친다는 것이다. 그렇다면 여성관리자들은 여성적인 관리스타일을 고수하여야 하는가 아니면 경쟁적인 조직환경에서 높은 성과를 내기 위해서 남성적인 태도와 리더십을 발휘해야 하는가?

오늘날 성 역할 구분이 없는(genderless) 행정조직분야에서의 리더는 세 가지 선택이 있다. 첫째는 시간이 지나도 문제를 풀지 않고 기다리거나 아무것도 하지 않는 것이다. 둘째는 여성에 보다 우호적인 환경을 만들기 위해 적극적으로 개입하는 것이다. 셋째는 관리자급 여성들이 남성과 같은 리더십을 발휘하도록 하는 것이다. 20세기 초의 지나치게 과학적 관리 방법에 의존하는 것과 전통적이고 남성중심이었던 행정은 성 역할 구분(gender)에 따른 발전을 제한하였다. 따라서 향후에는 이러한 상황이 반복되지 않도록 성 역할 구분에 따른 관리 방법의 모색이 필요해 보인다(Stivers, 1993).

용어의 정의

행정원리(administrative doctrine)　조직의 기본가치를 반영하는 업무를 수행함에 있어서의 규칙, 절차, 그리고 방법을 의미한다.

행정(administration)　일반적으로 다음의 세 가지 중 하나를 의미한다. 첫째, 정부업무와 정부기관들의 관리나 지휘통솔을 의미한다. 둘째, 정부의 모든 정책결정 공무원(all policy making officials)을 일컫는 집단용어이다. 셋째, 공공정책(public policy)의 수행과 집행을 의미한다.

관리(management)　조직을 운영하거나 조직운영 과정에 책임을 지는 사람을 의미한다. 또한 다른 의미로 조직의 목표를 달성하기 위해 인적 및 물적 자원의 사용을 의미한다.

관료제(Bureaucracy)　통상적으로 다음의 세 가지 중 하나를 의미한다. ① 정부기관 공무원 전체, ② 정부기관에 고용된 모든 사람들, ③ 과도한 형식주의(red tape) 등에 의해 비효율적으로 운영되는 조직에 대한 일반적인 비난을 의미한다.

과도한 형식주의(red tape)　한때 정부문서들을 묶는 붉은색 리본을 의미했는데, 현재는 지나친 공식적 형식주의(excessive official formality)와 정해진 규칙에 대한 과도한 집착을 의미한다.

고전적 이론(classical theory)　군대 조직과 매우 유사한 조직에 관한 최초의 이론을 의미한다.

신고전적 이론(neoclassical theory)　고전적 이론(classical theory)에 대한 수정, 확장 또는 비판적 시각을 가진 이론적 관점을 의미한다.

조직(組織, organization)　최소 하나 이상의 공통의 목표를 달성하기 위해 함께 일하는 한 무리의 사람들을 의미한다.

조직이론(organization theory)　개인들과 집단들이 각기 다른 조직적 구조(arrangement)에서 어떻게 행동하는지를 설명하고 예측하고자 하는 일련의 명제들(propositions)을 의미한다.

조직문화(organizational culture)　조직 내에 존재하는 문화로, 사회적 문화의 하위 단위라고 할 수 있다.

전략(戰略, strategy)   대규모 조직에서 장기적 목표를 달성하기 위한 전반적인 행동을 의미하며, 이것은 조직의 의사결정과정에서 나타나는 유형이라 할 수 있다.

패러다임(paradigm)   어떤 상황이나 조건을 위한 하나의 지적 모형(intellectual model)을 의미한다.

POSDCORB   1937년에 Luther Gulick이 최고관리자가 수행해야 할 일곱 가지 기능적 업무(Planning, Organizing, Staffing, Directing, Coordinating, Reporting, Budgeting)들의 단어에서 앞 글자만으로 따서 기억하기 좋게 만든 단어라고 할 수 있다.

관리의 원칙(principles of management)   관리적 사고와 행동에 있어서 가이드라인이 될 수 있는 기본적인 진리 또는 작업가설(working hypothesis)을 의미한다.

과학적 관리(scientific management)   가장 빠르고, 가장 효율적이고, 가장 피로감이 적은 생산방식을 발견함으로써 주어진 업무를 성취함에 있어서 '가장 최선의 방법(one best way)'을 찾고자 하는 체계적인 관리 접근법을 의미한다.

시스템 이론(system theory)   조직을 투입(inputs), 과정(process), 산출(output), 순환주기(feedback loops)와 이를 둘러싼 환경이 역동적으로 서로 섞이고 상호연결된 복잡한 하나의 세트로 보는 관점을 의미한다.

집단역학(集團力學, group dynamics)   집단의 특성, 어떻게 집단이 발전하고, 또한 개인과 집단 간에 어떻게 상호관계하고 작용하는지에 관한 조직행태론(organization behavior)의 하위 분야(subfield)이다.

호손 실험(Hawthorne experiment)   1920년대 후반에서 1930년 초에 시카고 근처 서부전기회사(Western Electric Company)의 호손작업장(Hawthorne Works)에서 행해진 관리 실험을 의미한다. 하버드대학교 경영대학원의 Elton Mayo와 그의 동료들에 의해 실험이 수행되었고, 이것이 역사적으로 가장 유명한 관리실험(management experiment)이 되었다.

동기(動機, motivation)   작업자들의 생산성을 높이거나 또는 낮추는, 작업환경에 영향을 미치는 모든 요인들을 의미한다.

욕구 계층(欲求階層, needs hierarchy)   Abraham H. Maslow가 개발한 계층화된 다섯 가지 기본욕구로 ① 생리적 욕구, ② 안전의 욕구, ③ 애정 또는 소속의 욕구, ④ 존경의 욕구, ⑤ 자기실현의 욕구를 의미한다.

조직개발(組織開發, organization development)   조직의 효과성을 증가시키기 위한 접근법 또는 전략이다. 이는 하나의 과정으로써 가치관의 편견 없이 개인의 성장과 조직의 발전을 통합함으로써 효과성을 높일 수 있다는 사고와 관련이 있다.

탈관료적 조직(postbureaucratic organization)   지속적으로 변화하는 임시적 조직시스템을 의미하는 것으로, 일상적인 필요가 아닌 특별한 문제에 대응하기 위해 다양한 기술을 가진 비교적 서로 잘 알지 못하는 사람들의 집단으로 구성된 임시조직(task force)이다.

포스트모더니즘(Postmodernism)   질서(order)와 혼란(chaos) 속에서 조직의 지속적인 변화가 위기와 경계에 있는 대규모 조직을 살리고 유지할 수 있다는 믿음을 의미한다.

X이론(theory X)   보통 사람들은 본질적으로 일하기를 싫어하고, 사람들을 적정하게 노력하도록 하기 위해서는 위협을 가해야 한다. 또한 사람들은 명령 받기를 좋아하고, 책임지는 것을 회피한다고 믿는 가정이다.

Y이론(theory Y)   일하는 것은 노는 것과 같이 자연스런 것이다. 작업자들은 자기 스스로 관리하고 통제하고, 상상력, 독창성, 창의성을 갖고 있다고 믿는 가정이다.

카리스마(Charisma)   공식적인 지위보다는 리더의 매력적인 개성(compelling personality)에 근거한 리더십이다. '카리스마(Charisma)'라는 말은 그리스 말로 '신의 은총(divine grace)'이라는 말에서 유래하였다. 이 개념을 처음 개발한 사람은 Max Weber로 군주의 전통적인 권위로부터 카리스마적 권위(charismatic authority)와 법에 근거한 합법적 권위(legal authority)를 구분하여 설명하고 있다.

상황이론(狀況理論, Contingency theory)   리더십 스타일은 상황에 따라 다양한 결과를 가져올 것이라고 주장하는 리더십 이론의 한 부류이다. 상황(situation)이 (리더의 특성이나 리더십 스타일 그 자체가 아니라) 효과적 리더십 스타일이나 유능한 리더를 만든다고 보는 관점이다.

리더십(Leadership)   리더가 다른 사람들에게 업무를 지시하거나 조정함에 있어서 공식적이거나 비공식적인 권위를 사용하는 것을 의미한다.

특성이론(特性理論, Trait theory)   리더는 추종자들과 근본적으로 차이가 나는 특성을 보유하고 있다고 믿는 리더십 이론의 한 부류이다. 특성이론 주창자들은 어떤 사람들은 다른 사람들이 행할 수 없는 일을 수행할 수 있는 독특한 리더십의 특성을 갖고 있다고 믿는다.

변혁적 리더십(Transformational leadership)   조직의 문화와 방향을 변화시키려고 노력하는 리더십이다. 이 리더십은 조직을 위한 가치에 근거한 비전(value-based vision)을 개발하고, 이러한 비전을 현실화하도록 변화시키고, 이러한 현실이 장기간 유지되도록 하는 리더의 능력을 의미한다.

PART 4

인사행정

CHAPTER 12

인사행정의 의의와 주요 제도

I 인사행정의 의의

　　인사행정(public personnel administration)이란 공공조직인 정부의 목표를 달성하기 위하여 필요한 인력을 임용하고 배치하며 교육·훈련 등을 통하여 역량을 배양하고 보수, 승진, 연금 등으로 직무동기를 향상시키고 징계 등을 통하여 통제하는 일련의 과정이다. 즉, 인사행정에는 정부 업무에 필요한 수요를 예측하여 적절한 인원을 선발하고 교육하고 근무시키며 퇴직 후 관리까지가 모두 포함된다. 이러한 인사행정의 전 과정을 단계별로 살펴보면 다음과 같다.

　　우선 인사행정은 공무원 수요예측을 통한 인력계획으로부터 시작하여 모집, 채용, 임용, 배치 등의 순서에 따라 시행된다. 모집(recruitment)은 수요예측에 의한 인력계획에 근거하여 공무원이 되고자 하는 인재들을 모으는 과정이다. 채용(adoption)이란 모집 공고에 응시한 사람들을 대상으로 시험, 면접, 적성검사 등을 시행하여 유능한 인적자원을 선발하는 과정이다. 임용(appointment)은 신규 채용된 사람을 공무원으로 임명하는 과정이다. 배치(placement)란 신규 채용된 공무원을 개인의 역량 등을 고려하여 적절한 업무에 배정하는 과정이다.

　　사기와 동기부여는 공무원들이 직무에 만족하고 조직에 몰입하여 업무수행을 성공적으로 하도록 하기 위함으로, 이를 위하여 정기적인 보수 지급, 공무원의 직무관련 역량향상을 위한 교육훈련, 수행한 업무의 성과평가 및 평가 결과에 대한 보상 및 징계 등이 이루어진다. 승진은 공무원을 심사나 시험을 통하여 상위 직급으로 배치하는 것이고, 퇴직은 공무원이 정년 등의 이유로 공직을 떠나는 과정이다. 퇴직 후에는 퇴직금 및 연금이 지급된다. 한편, 통제는 공직 수행이 행정윤리에 근거하여 공정하고 청렴하게 이루어지도록 하는 과정으로, 공직 수행 중 부정이나 부패가 발생할 경우에는 감봉이나 견책 등의 경징계뿐 아니라 그 정도가 과하다고 판단되면 파면, 해임, 강등, 정직 등의 중징계를 받을 수도 있다.

II 인사행정과 인사관리의 비교

인사행정을 민간의 인적자원을 대상으로 하는 인사관리(personnel manage-ment)와 비교해 보면 인사행정이나 인사관리 모두 유능한 인적자원을 채용하고 교육하며 근무의욕을 고취시키고 적절히 보상하는 등 조직 목표의 효과적인 달성을 위한 수단적 기능을 수행한다는 면에서 유사하다.

반면 공공과 민간이라는 조직 임무(Mission)의 상이함에서 기인하는 차이점이 존재하는데, 우선 추구하는 가치적 측면에서 인사행정은 형평성, 공익 등을 강조하는 반면, 인사관리는 능률성, 효율성 등을 강조하는 경향이 강하다. 정부에서 공무원 임용 시 양성평등채용목표제, 지역인재채용할당제, 중증장애인경력경쟁채용 등을 시행하는 이유는 형평성 등 공공조직에서 중요하게 다루는 가치를 인사행정에 반영하기 위한 노력으로 볼 수 있다. 또한 민간조직을 대상으로 하는 인사관리와 달리 인사행정의 대상과 기능은 국방, 외교, 통상, 치안, 소방 등과 같이 다양성과 특수성을 가지며, 법률, 명령, 조례, 규칙 등에 기준과 절차가 규정되어 있어 강제성이 강하다.

Ⅲ 전략적 인적자원관리

과거에는 인사행정을 단순히 정부에 필요한 인력을 충원하는 보좌적 기능에 한정하였다면, 오늘날 정부에서는 인력을 조직의 목표달성을 위한 핵심 요인으로 여기는 전략적 인적자원관리(strategic human resource management)의 관점으로 접근하는 추세가 강하다. 전략적 인적자원관리를 위해서는 조직과 개인의 목표가 동시에 추구되어 개인의 발전이 조직의 성과향상으로 연계되도록 하는 것이 바람직하다. 따라서 유능한 인재의 채용, 의사결정에의 참여기회 확대, 공정한 직무평가, 직무성과와 보상의 연계, 다양한 근무제도 등을 적절하게 활용할 필요가 있다.

Ⅳ 인사행정의 주요제도

1. 직업공무원제

직업공무원제(Career Civil Service System)란 젊고 유능한 인재를 공직에 유치하여 공직자로서의 삶을 명예롭게 여기고 일생을 바치도록 설계한 인사제도를 의미한다. 따라서 직업공무원제가 정착되기 위해서는 공직에 대한 사회적 평가가 높고 젊은 인재가 장기 근무를 희망할 수 있도록 제반 여건들을 정비할 필요가 있다. 우리나라의 직업공무원제도는 신분보장, 정치적 중립, 실적주의라는 핵심적 가치를 기초로 한다(이건·서원석, 2020).

직업공무원제의 특징은 다음과 같다.

첫째, 직업공무원제는 젊은 인재를 하위 직급으로 채용하여 장기간 동안 근무하게 만드는 것이 목적이므로 폐쇄형 인사제도로서, 선발기준도 즉시 가능한 직무수행능력보다는 장기적 발전 가능성에 비중을 둔다.

둘째, 직업공무원제는 계급제를 근간으로 하므로, 주로 내부 승진을 통하여 자리가 채워지는 계급제는 폐쇄형 임용을 근간으로 하는 직업공무원제와 잘 어

울린다.

셋째, 직업공무원제는 입직 시부터 특정 직무에 대한 전문성보다는 발전가능성을 기준으로 선발하고 순환보직을 통해 다양한 경력을 쌓게 되므로 일반행정가 양성에 유리하다.

넷째, 직업공무원제 하에서 공무원들은 장기간 근무하면서 특유의 규범의식과 문제해결방식을 공유하게 되고 직업적 연대의식을 형성하게 된다.

2. 실적주의와 엽관주의

실적주의(merit system)는 우리나라에서 공무원시험 성적을 기준으로 신규공무원을 선발하는 것처럼 성적, 능력, 자격 등 실적을 기준으로 공무원을 선발하고 승진 등의 인사의 기준으로 삼는 제도이다. 실적주의의 특징은 다음과 같다. 첫째, 공무원 임용이 능력이나 성적 등과 같은 실적 기준이 되어야 한다. 둘째, 공무원의 신분이 보장되어야 한다. 셋째, 정권의 변동과 상관없이 공무원의 정치적 중립성이 보장되어야 한다. 넷째, 임용상의 기회가 균등해야 한다. 다섯째, 공개경쟁채용이 이루어져야 한다.

반면 엽관주의(spoils system)란 선거 기여도나 정당에의 충성도 등 정치적 성향과 공헌 정도를 기준으로 공무원을 임용하고 인사의 기준으로 삼는 제도이다. 엽관주의의 정당화 이유는 ①관료의 대응성을 확보하는 것, ②직업공무원들의 권력 비대화에 따른 적절한 통제의 필요성이다. 우리나라에서도 정무직공무원이나 별정직공무원의 경우 엽관제에 근거하여 정치적으로 임명되는 경우가 많다.

3. 대표관료제

Kingsley(1944)의 논문 "대표관료제(Representative Bureaucracy)"에서 최초로 소개된 대표관료제는 관료의 가치와 행태는 모태집단에 의해 형성된다는 가정에서 출발하는 제도이다. 대표관료제 이론은 소극적 대표와 적극적 대표로 구성된다. 소극적 대표는 관료는 상징적으로만 모태집단을 대표한다고 주장하고, 적극적 대표는 관료들이 출신 집단의 이익을 정책과정에 반영하기 위하여 적극적인 행동을 할 것을 기대한다.

대표관료제는 임용 전의 사회화를 의미하는 소극적 대표가 임용 후의 행태인 적극적 대표를 보장한다는 가정 하에 발전되어 왔다. 사회를 구성하는 주요 집단의 인구 비례에 따라 관료를 충원한 후 모든 직무와 계급을 인구 비례에 따라 배치하게 된다면 정부의 관료제가 해당 사회의 계층과 집단의 의견을 반영할 가능성이 높아지게 된다는 것이 대표관료제의 주장이며, 이런 면에서 대표관료제는 대응성과 형평성 제고에 큰 장점을 가지는 인사제도이다. 하지만 적극적 대표의 비판론자들의 주장처럼 과연 입직 전의 사회화가 임용 후 형태에 영향을 미칠 것인가에 대한 소극적 대표와 적극적 대표 간의 인과관계에 대한 의문은 논쟁으로 남아있다.

대표관료제는 정부의 대응성이 향상하고 관료제의 민주화에 기여할 수 있어 민주적, 합리적 정책결정에 기여할 수 있으며 소외집단의 반사회적 행위를 감소시킬 수 있다는 효용성이 있다. 반면 대표관료제 반대론자들은 대표관료제의 적극적 대표가 민주주의에 대한 위험요소로 작용될 소지가 있고, 할당제로 인하여 실적제가 훼손되고 행정의 능률성이 저하될 수 있으며 역차별의 문제를 야기할 수 있다고 주장한다.

V 계급제와 직위분류제

공무원의 채용 및 배치, 교육훈련, 보수 및 연금 등 인사행정 전 과정에서 다양한 공직을 기준에 따라 분류하여 일괄적으로 처리할 수 있다면 인사행정의 효율성 제고와 일관성 견지에 도움이 될 것이다. 계급제와 직위분류제는 공직 분류를 위한 두 가지 제도로서, 계급제는 공무원, 즉 사람을 중심으로 공직을 분류하는 제도이며, 직위분류제는 직무, 즉 일을 중심으로 공직을 분류하는 제도이다.

1. 계급제

계급제(rank classification)는 경력, 자격, 능력 등 개인적 특성에 따라 유사성을 가진 공무원들끼리 집단적으로 분류하고 계급을 부여하는 사람중심적 공직제도이다. 계급제의 전통이 강한 국가로는 우리나라를 비롯하여 프랑스, 독일, 중국, 일본 등을 들 수 있지만, 이러한 국가들에서도 오직 계급제만을 채택하기보다는 다른 제도와의 절충된 형태를 추구하고 있는 추세이다.

계급제는 인사행정의 융통성 및 탄력성 제고, 공무원의 신분 보장, 직업공무원제의 확립, 공직사회의 연대감 형성, 관리자급 양성 등에 유리하고 인사관리시에 비용이 비교적 적게 든다는 등의 장점이 있다. 반면 행정의 전문화나 능률성 향상에는 큰 도움이 되지 않고 공무원 신분보장으로 인한 무사안일주의와 집단이기주의 등의 현상도 발생할 수 있다는 단점이 있는 제도이다.

2. 직위분류제

직위분류제(position classification system)는 조직 내의 직위를 직무의 종류 및 직무수행의 곤란성과 책임성에 따라 수평적·수직적으로 분류하고 관리하는 제도이다. 주요 특징으로는 동일한 노동에 대한 동일한 임금의 지급(equal pay for equal work)이 가능하고, 개방형 인사제도라는 엽관제적 요소와 직무수행 역량에 근거한 임용이라는 실적제적 요소를 두루 충족시킬 수 있는 점 등을 들 수 있다.

직위분류제는 본래 미국의 민간기업에서 시행하던 제도를 절약과 능률을 위한 정부개혁운동의 일환으로 1912년 지방정부인 시카고 시정부에서 도입하였고, 1923년 분류법과 1949년 개정 분류법을 통하여 연방정부로 확산된 것이다.

직위분류제를 시행하는 국가로는 미국, 캐나다, 호주 등이 있으며, 우리나라의 국가공무원법 제22조에서는 직위분류제의 원칙에 대하여 "직위분류를 할 때에는 모든 대상 직위를 직무의 종류와 곤란성 및 책임도에 따라 직군·직렬·직급 또는 직무등급별로 분류하되, 같은 직급이나 같은 직무등급에 속하는 직위에 대하여는 동일하거나 유사한 보수가 지급되도록 분류하여야 한다."라고 기술하고 있다.

1) 직위분류제의 기본 개념

직위분류제의 기본 개념으로는 직위, 직무, 직급, 직렬, 직류, 등급, 직군 등이 있다. 첫째, 직위(position)란 공무원 1명에게 부여되는 책임과 권한을 의미한다. 따라서 직원의 수와 직위의 수는 서로 일치한다. 둘째, 직무(job)란 각 직위에 배당된 업무를 의미한다. 셋째, 직급(class)이란 직무의 종류 및 곤란성과 책임도의 수준이 유사한 직위의 군을 의미한다. 따라서 동일 직급의 직위에 대해서는 임용자격이나 시험, 보수 등이 동일하게 취급된다. 예로는 행정주사, 세무주사 등이 있다. 넷째, 직렬(series of classes)이란 직무의 종류는 유사하고 책임성과 곤란성의 정도가 상이한 직급의 군을 의미한다. 예로는 전산직렬 등이 있다. 다섯째, 직류(sub-series)란 직렬을 재구분한 직무의 군이다. 예를 들어, 전산직렬 내의 정보관리 직류가 있다. 여섯째, 등급(grade)이란 직무의 종류는 상이하지만 책임도와 자격요건이 유사한 직위의 군을 의미한다. 따라서 동일한 등급에 대하여 동일한 보수의 지급이 가능하다. 일곱째, 직군(group)이란 유사한 직렬의 군을 의미한다.

2) 직위분류제의 수립과정

직위분류제는 준비단계, 직무조사, 직무분석, 직무평가의 순으로 이루어진다.

(1) 준비단계

직위분류제의 준비단계에서는 관련 법령을 검토하고 직위분류제를 시행할 담당기관을 구성한 후, 분류 대상 직위의 범위 등을 규정한 후, 직위분류 대상자 등 이해관계자들에게 이해와 협조를 구하는 과정 등을 거치게 된다.

(2) 직무조사

직무조사 방법으로는 공무원들의 직무에 대한 정보를 설문지를 통하여 수집하는 질문지 방법, 직무의 수가 적어 현장에서 직접 관찰이 가능한 관찰 방법, 인터뷰 등을 통해 조사하는 질문 방법 등이 있다. 직무조사를 통하여 직무의 내용과 책임성 정도, 곤란성 정도, 자격요건, 근무환경 등을 파악하면 이를 토대로 직무기술서가 작성된다.

(3) 직무분석

직무분석(job analysis)은 직무조사의 내용에 근거하여 직무의 종류를 구분하는 작업으로 직류, 직렬, 직군 형성의 토대가 된다. 특별한 분석방법이 존재하기보다는 직무기술서의 내용을 토대로 합리적으로 결정하는 과정으로, 적절한 직렬의 폭과 크기를 결정하고 혼합직을 분류하는 등의 작업이 중요하다.

(4) 직무평가

직무평가(job evaluation)란 직무의 곤란성과 책임성의 상대적 수준을 구분하는 작업이다. 직무평가는 수평적 분류구조를 형성하는 작업으로 직무급 체계를 확립하는 데 도움이 된다. 직무평가의 방법으로는 서열법과 분류법 등의 비계량적 방법과 점수법과 요소비교법 등의 계량적 방법이 있다. 이 중 분류법과 점수법은 절대평가방식에 의하여 평가하는 방법이고 서열법과 요소비교법은 상대평가방식에 의한 평가방식이다.

Ⅵ   계급제와 직위분류제의 비교

사람을 중심으로 하는 계급제와 일을 중심으로 하는 직위분류제는 공무원의 채용, 충원, 승진, 보수, 신분보장 등 인사행정의 다양한 측면에서 비교된다.

1. 채용

공무원 채용 시 계급제의 경우 장기적 측면에서의 발전 가능성 등 잠재력을 갖춘 인사의 채용을 목표로 하므로 공무원 시험과목도 기본적인 역량이나 잠재력을 측정할 수 있는 과목으로 구성하는 경우가 많다. 반면 직위분류제의 경우 채용 즉시 특정한 직무를 수행할 수 있는 전문적 능력을 갖춘 인사의 채용을 목표로 하기 때문에 직무 관련 전문 능력 측정이 가능한 시험이나 경력 등을 중시한다.

2. 충원

계급제의 경우 폐쇄형 충원방식을 따르기 때문에 공석이 발생할 경우에도 조직 내의 인사이동으로 충원하는 것이 일반적이다. 반면 직위분류제의 경우 직무마다 요구하는 전문적인 기술이나 자격 등이 다양하므로 조직 내 자리이동 방식으로는 충원이 어렵다. 따라서 직위분류제하에서는 조직 외부에서 공석을 모집하는 개방형 충원 방식을 채택하게 된다.

3. 승진

계급제의 경우 조직의 위계질서를 중요시하기 때문에 연공서열이 승진에 영향을 미치는 주요 요인으로 작용한다. 즉, 계급제하에서는 계급마다 요구되는 기본적인 근속연수를 채워야 승진할 기회가 주어지고 승진할 가능성도 높아진다. 반면 직위분류제의 경우 각 직무가 요구하는 전문성을 기반으로 한 개인적인 성과평가가 중요시되기 때문에 연공서열식보다는 직무의 곤란성과 중요성에 따른 보상으로 승진의 기회가 주어지게 된다.

4. 보수

계급제의 경우 동일 계급에 속한 공무원들에게는 직무의 성격이나 난이도 등과 상관없이 동일한 보수를 지급하는 것이 기본 원칙이다. 반면 직위분류제의 경우 직무가 보수의 기준이기 때문에 동일한 직무를 수행하는 공무원에게는 동일한 보수를 지급하는 것이 원칙이다.

5. 신분보장

계급제의 경우 정부조직 개편 등으로 인하여 직위가 폐지되는 경우에도 다른 조직으로의 이동 등을 통하여 공무원의 신분보장은 지속적으로 가능하게 된다. 반면 직위분류제의 경우 정부조직 개편이나 직무의 폐지 등 변화가 발생하여 직위가 폐지될 때, 개인의 신분을 보장하지 않는다.

VII 중앙인사행정기관

인사기관이란 정부의 인사행정을 전문적으로 수행하는 기관으로 정부의 인적자원인 공무원을 종합적으로 관리하고 궁극적으로 인사행정의 효율성에 영향을 미친다. 인사기관은 크게 범정부적인 인사행정을 종합적으로 주관하는 중앙인사기관, 각 부처의 인사업무를 다루는 부처인사기관, 지방자치단체의 인사행정을 담당하는 지방자치단체 인사기관 등으로 구분된다. 본 절에서는 중앙인사기관에 대하여 알아보기로 한다.

1. 중앙인사기관의 설립목적

중앙인사기관은 정부 전체의 인사행정을 총괄하는 범정부적 인사행정기관으로 거의 대부분의 국가에서 설치하여 운영하고 있다. 중앙인사기관의 설립 목적으로는 할거주의를 방지하여 인사행정의 일관성과 통일성 확보, 인사행정의 전문성 도모, 공무원 신분과 권익보장, 공무원의 정치적 중립성 확보, 행정수반에 대한 보좌기능 수행, 각 부처인 및 지방자치단체에 대한 지원, 공무원노조 등 이익집단의 요구 검토 및 인사정책에의 반영 등이 있다.

2. 중앙인사기관의 주요 기능

중앙인사기관의 주요 기능으로는 준입법적 기능, 준사법적 기능, 집행 기능, 감독 및 감사 기능, 보좌 기능 등이 있다.

준입법적 기능이란 의회에서 제정한 법률의 범위 안에서 인사에 관한 규칙이나 규정을 제정하는 기능을 의미한다. 중앙인사기관에서는 공무원의 분류 기준, 공무원 평가제도, 보수 수준 등을 결정하는 등 인사행정 전반에 걸쳐 관련된 정책이나 법안을 입안하고 규칙을 제정하는 등의 기능을 수행한다.

준사법적 기능이란 징계처분 등 의사에 반한 불리한 처분을 받은 공무원이 소청을 제기할 경우 소청 재결, 고충처리심사 등의 기능을 수행하는 것을 의미한다. 우리나라의 경우 인사혁신처 소속의 소청심사위원회에서 준사법적 기능을 수행한다.

집행 기능이란 인사행정에 대한 사무를 인사법령 및 규칙에 근거하여 집행하는 기능이다. 중앙인사기관에서는 인력수급계획 수립 등의 정부인사 전반에 관한 기획업무를 수행하며 공무원 임용, 교육훈련, 보수, 승진, 윤리 등 인사법령에 대한 집행업무를 수행할 뿐 아니라 고위직 공무원에 대한 인사기능도 수행한다.

감독 및 감사 기능이란 행정기관에서 법령에 근거하여 인사업무를 수행하고 있는지 감시하고 감독하는 기능이다. 중앙인사기관은 각급 행정기관의 인사행정을 감사하여 위법하거나 부당한 행위에 대한 징계 등의 기능을 수행한다.

　　보좌 기능이란 행정수반에게 인사정책에 관하여 자문하고 보고하는 등 보좌적인 역할을 수행하는 것을 의미한다. 중앙인사기관의 행정수반에 대한 보고 및 지원 등의 참모 기능은 특히 비독립단독형 중앙인사행정기관의 주요한 기능 중 하나이다.

3. 중앙인사기관의 유형

　　중앙인사기관의 유형을 구분하는 기준으로는 독립성, 합의성, 집권성 등이 있다. 독립성이란 인사행정에 대한 정치적 영향력 특히, 행정수반의 영향으로부터의 독립을 의미한다. 독립성은 중앙인사기관 위원의 신분보장, 독립적인 인사와 예산권 유지 등과 관련된다. 합의성은 의사결정 시에 중앙인사기관의 장이 독선적으로 하는 것이 아니라 복수의 구성원에 의한 합의적 절차를 거치는 것을 의미한다. 집권성이란 중앙인사기관의 인사권이 각 부처의 인사기관보다 강화된 것을 의미한다.

　　이 중 독립성과 합의성을 기준으로 하면 중앙인사기관의 유형은 독립합의형, 비독립합의형, 독립단독형, 비독립단독형 등 총 네 가지 유형으로 구분이 가능하지만, 주로 채택되고 있는 유형은 독립합의형과 비독립단독형이다.

1) 독립합의형(위원회형)

　　독립합의형은 위원회형(commission-type)이라고도 하는데 인사행정의 엽관주의나 정실주의를 방지하고 인사행정의 정치적 중립성 보장을 위한 형태이다. 행정부로부터 독립되어 인사와 예산 등의 자율성이 있으며 3인 정도의 복수의 위원으로 구성된다. 위원들은 정치적 중립성 확보를 위하여 양당적 혹은 초당적으로 구성된다. 독립합의형의 대표적 예로는 미국의 연방인사위원회(Federal Civil Service Commission, 1883-1978), 미국의 실적제보호위원회(Merit System Protection Board), 일본 인사원 등이 있다.

　　독립합의형은 정치적 중립성이 보장되어 엽관주의나 정실주의의 영향력 배제가 가능하고 실적제 정착과 발전이 가능하다는 점이다. 또한 합의제를 택하기 때문에 보다 신중하고 공평한 의사결정이 가능하며, 인사행정의 계속성 확보 등이 가능하다는 장점이 있다. 반면 독립합의형은 인사정책 결정의 지연, 책임 소재 불분명 및 책임전가, 행정부의 인사정책과의 괴리로 인하여 인사정책의 적극화나 강력한 추진이 미흡하다는 점 등이 단점으로 지적된다.

2) 비독립단독형

비독립단독형은 집행부형 혹은 부처형(executive-type)이라고도 한다. 비독립단독형의 중앙인사기관은 행정부의 한 기관으로서 존재하기 때문에 주요한 의사결정이나 집행이 행정수반의 통제 하에서 기관장 단독으로 이루어진다. 비독립단독형의 예로는 우리나라의 인사혁신처, 미국 인사관리처(OPM) 등이 있다.

비독립단독형의 장점으로는 인사정책의 신속한 결정이 가능하고 책임 소재가 비교적 명확하며 인사 수단의 확보로 능률적인 행정 수행에 용이하고, 변화에 대한 신축적 대응이 가능하다는 점 등이 있다. 반면 비독립단독형의 단점으로는 독립성 결여로 인한 인사행정의 엽관주의나 정실주의의 발생 가능성이 높고, 인사행정의 일관성이 결여될 수 있으며, 공무원의 권익 침해 가능성도 높다는 점 등이 지적된다.

3) 절충형

절충형은 중앙인사기관을 복수로 설치하는 유형이다. 오늘날 많은 국가에서 채택하고 있는 유형으로 우리나라의 인사혁신처와 소청심사위원회, 미국의 인사관리처와 실적제보호위원회 등을 예로 들 수 있다. 절충형의 장점으로는 인사행정의 정치적 중립성 확보가 가능하고, 공무원 개인의 권익 보장이 용이하며, 인사행정의 효율화 도모 등이 있다.

CHAPTER 13

공무원의 분류,
임용 및 교육훈련

Ⅰ 공무원의 구분

공무원은 소속, 근무시간, 임용형태, 실적제 적용 여부 등 다양한 기준에 근거하여 분류가 가능하다.

1. 소속: 국가와 지방

공무원은 소속에 따라 국가공무원과 지방공무원으로 구분된다. 국가공무원과 지방공무원은 서로 법적 근거, 임용권자, 보수 재원이 다르다. 국가공무원의 법적 근거는 국가공무원법, 정부조직법 등이며 지방공무원은 법적으로 지방공무원법, 지방자치법, 조례 등에 근거한다. 국가공무원의 임용권자는 대통령이나 소속 기관의 장관 등이며 지방공무원은 지방자치단체의 장이다. 국가공무원은 국비로 보수를 지급하고 지방공무원은 지방비로 보수를 지급한다. 한편 2022년 6월 30일을 기준으로 할 때에 대한민국 행정부의 국가공무원은 총 756,509명, 지방공무원은 총 386,526명으로 집계되었다.

2. 근무시간: 상근, 시간선택제 및 유연근무제

근무시간에 따라서 상근 공무원, 시간선택제 공무원으로 구분된다. 상근 공무원은 일반적으로 주당 40시간 내외를 근무하는 전일제 공무원이다. 시간선택제 공무원은 직장과 가정의 양립정책을 실현하기 위하여 채택된 유연근무 제도 중 하나이다.

시간선택제근무는 주 40시간보다 적은 업무량(주 15−35시간)을 근무하는 제도이다. 이러한 근무시간선택제는 1일 8시간 근무 준수에 구애받지 않고 주 5일 40시간 근무를 유지하는 범위 내에서 일일 근무시간을 자유롭게 조정하는 제도이다.[1] 또한 시간선택제 채용공무원은 처음부터 시간선택제 근무로 신규채용된다는 점에서 전일제공무원의 시간선택제근무 전환과 다르다. 전일제공무원의 시간선택제 근무는 정년까지 신분보장된다는 점에서 시간선택제 임기제공무원과는 다르다.

유연근무제(flexible work arrangements)는 다양한 형태의 가족친화정책 주의 일부로, 획일화된 근무형태에서 벗어나서 출·퇴근 시간, 고용형태, 근무 장소 등을 개인과 직무의 특성에 맞게 다양한 형태로 활용되는 제도이다. 유연근무제의 유연성은 업무일정의 유연성, 업무량(근무형태)의 유연성, 업무장소의 유연성 등의 개념을 포함한다(사용진, 2021).

우리나라 공무원 유연근무제는 2010년 8월부터 중앙부처 및 지방자치단체에 전면 시행되고 있다. 유연근무제의 사용 범위, 유형, 절차를 포함한 제반 지침들은 인사혁신처장이 정하도록 규정하고 있다.[2]

---

1) 우리나라 공직사회에 시간제 근문가 처음 도입된 것은 계약직 형태로 2002년 국가공무원법 제26조의2와 지방공무원법 제25조의3에 근거조항을 신설하면서부터였다. 2005년 육아휴직대상자에 부분근문 공무원제도를 도입하였으며, 2007년 경력직 공무원에게도 시간제 근무형태가 필요하다는 인식 하에 전체 공무원으로 적용대상을 확대하였다(송인보·노병찬, 2016).

2) 공무원 유연근무제와 관련한 법령 및 제도는 국가공무원법 제26조의 2항(근무시간의 단축 임용), 공무원임용령 제57조의 3항(시간선택제 근무 전환 등), 국가공무원복무규정 제9조 4항과 전자정부법 제32조의 2항(전자적 업무수행), 국가공무원복무규정 제10조(근무시간 등의 변경) 등에 규정하고 있다.

표 13-1 유연근무제의 유형

구분	유형	내용
근무형태	시간선택제근무	주 40시간보다 짧은 시간을 근무
근무시간	시차출퇴근제	일일 8시간 근무하면서, 출·퇴근시간을 자율 조정
	근무시간선택제	일일 근무시간을 4−12시간에서 조정하되, 주 5일 근무유지
	집약근무제	일일 근무시간을 10−12시간으로 조정하여, 주 3, 5일 내지 4일 근무
	재량근무	출·퇴근의 의무 없이 프로젝트 수행으로 주 40시간 인정
근무장소	재택근무	부여받은 업무를 사무실이 아닌 집에서 수행
	스마트워크제	자택 인근 스마트워크센터 등 별도의 사무실 근무

자료: 사용진(2021: 71).

3. 임용형태: 정규직과 임기제

공무원은 임용형태에 따라 정규직 공무원과 임기제 공무원으로 구분된다. 정규직 공무원은 근무기간이 별도로 정해져 있지 않으며, 정년까지 근무할 것이 예정된 공무원을 의미한다. 반면 임기제 공무원은 일정 기간 동안 근무하는 공무원으로 주로 전문성이나 특수성이 요구되는 직무를 담당하게 된다. 임기제 공무원에는 일반 임기제 공무원, 전문 임기제 공무원, 시간선택제 임기제 공무원, 한시 임기제 공무원 등이 포함된다.

II 경력직과 특수경력직

공무원은 직업공무원제와 실적주의의 적용 여부에 따라 경력직과 특수경력직으로 구분된다. 경력직은 실적과 능력에 의해 선발되며, 신분이 보장되고 공개경쟁에 의해 임용된다. 반면에 특수경력직은 인사권자의 재량이 보장되며 신분보장이 없거나 약한 것이 특징이다. 우리나라의 경우, 경력직과 특수경력직으로 구분하며 경력직은 일반직과 특정직이 있으며(국가공무원법 제2조 제2항), 특수경력직은 정무직과 별정직으로 구분된다(국가공무원법 제2조 제3항).

1. 경력직

국가공무원법 제2조 제2항에 의하면 경력직공무원이란 "실적과 자격에 따라 임용되고 그 신분이 보장되며 평생 동안(근무기간을 정하여 임용하는 공무원의 경우에는 그 기간 동안을 말한다) 공무원으로 근무할 것이 예정되는 공무원을 말한다.

경력직공무원은 일반직공무원과 특정직공무원이 포함된다. 일반직공무원은 기술·연구 또는 행정 일반에 대한 업무를 담당하는 공무원으로 ① 행정·기술직, ② 우정직, ③ 연구·지도직 등이 있으며, 일반직공무원 중 특수 업무 분야에 종사하는 공무원으로 전문경력관이 있다.

특정직은 담당업무가 특수하여 자격·신분보장·복무 등에서 특별법이 우선 적용되는 공무원으로 ① 법관·검사, ② 외무공무원, ③ 경찰공무원, ④ 소방공무원, ⑤ 교육공무원, ⑥ 군인·군무원, ⑦ 헌법재판소 헌법연구관, ⑧ 국가정보원의 직원·경호공무원 등 특수 분야의 업무를 담당하는 공무원으로서 다른 법률이 특정직 공무원으로 지정하는 공무원을 의미한다.

2. 특수경력직

국가공무원법 제2조 제3항에 의하면 특수경력직 공무원이란 경력직공무원 외의 공무원을 말하며 정무직 공무원과 별정직 공무원을 말한다.

정무직 공무원은 선거로 취임하거나 임명할 때 국회의 동의가 필요한 공무원과 고도의 정책결정 업무를 담당하거나 이러한 업무를 보조하는 공무원으로서 법률이나 대통령령에서 정무직으로 지정하는 공무원으로 구성된다. 정무직 공무원에는 ① 감사원장·감사위원 및 사무총장, ② 국회사무총장·차장·도서관장·예산정책 처장·입법조사처장, ③ 헌법재판소 재판관·사무처장 및 사무차장, ④ 중앙선거관리위원회 상임위원·사무총장 및 차장, ⑤ 국무총리, ⑥ 국무위원, ⑦ 대통령비서실장, ⑧ 국가안보실장, ⑨ 대통령경호 실장, ⑩ 국무조정실장, ⑪ 처의 처장, ⑫ 각부의 차관, 청장(경찰청장은 특정직), ⑬ 차관급상당 이상의 보수를 받는 비서관(대통령비서실 수석비서관, 국무총리비서실장, 대법원장비서실장, 국회의장비서실장), ⑪ 국가정보원장 및 차장, ⑫ 방송통신위원회 위원장, ⑬ 국가인권위원회 위원장 등이 포함된다.

별정직은 비서관·비서 등 보좌업무 등을 수행하거나 특정한 업무 수행을 위하여 법령에서 별정직으로 지정하는 공무원으로 ① 비서관·비서, ② 장관정책보좌관, ③ 국회 수석전문위원, ④ 감사원 사무차장 및 시·도 선거관리위원회 상임위원, ⑤ 국가정보원 기획조정실장, ⑥ 기타 법령에서 별정직으로 지정하는 공무원 등이 포함된다.

III 고위공무원단제도

고위공무원단제도(Senior Executive Service)는 정부의 정책결정 및 관리에 있어서 핵심적 역할을 담당하는 실·국장급 등 3급 이상의 고위공무원을 범정부적 차원에서 활용하고 성과에 대한 책임을 제고함으로써 정부 경쟁력을 높이기 위하여 도입된 제도이다. 고위공무원단제도를 최초로 시행한 국가는 미국으로 1978년 공무원개혁법에 근거하여 도입하였고 우리나라 정부에서는 2006년 7월 1일부터 시행하였다.

고위공무원단의 특징은 다음과 같다.[3]

첫째, 고위공무원단은 일반직·별정직·특정직 등 국장급 이상 공무원 약 1,500여 명으로 구성된다. 또한 부지사와 부교육감 등 지방자치단체의 일부 고위직도 포함된다.

둘째, 고위공무원단은 일 중심의 인사관리를 한다. 과거에 1~3급으로 구분되던 계급이 폐지되어 계급과 연공서열이 아닌 업무능력과 실적에 따라 보수를 지급한다. 즉, 직무의 중요도·난이도 및 성과에 따라 보수가 차등 지급된다.

셋째, 고위직의 개방을 확대하고 경쟁을 촉진한다. 민간과 경쟁하는 개방형 직위제도와 함께 타 부처 공무원과 경쟁하는 공모직위제도를 도입·운영하고 있고, 부처에서는 고위공무원직위의 30% 범위 내에서 개방형 직위 또는 공모직위를 운영하고 있다. 또한 공모직의 경우, 각 부처 장관은 소속에 관계 없이 전체 고위공무원단 중에서 적임자를 인선할 수 있다.

---

3) 출처: 인사혁신처(http://www.mpm.go.kr/mpm/info/infoBiz/hrSystemInfo/hrSystemInfo01/)

넷째, 성과의 체계적 관리 및 능력개발을 강화한다. 성과목표·평가기준 등을 상급자와 협의하여 성과계약을 체결하고, 목표달성도 등을 평가하는 성과계약 등 평가제가 시행되고 있으며, 또한, 고위공무원이 되기 위해서는 후보자교육과 역량평가를 거쳐야 한다.

다섯째, 직업공무원제의 근간을 유지하되 고위직의 책임성을 제고한다. 고위공무원 인사의 실적주의 원칙과 정치적 중립성이 보장되며 정년 및 신분보장제도도 유지된다. 다만, 성과와 능력이 현저하게 미달하는 고위공무원은 객관적이고 공정한 판단을 거쳐 엄정하게 인사조치된다.

IV 임용

임용은 공무원 관계의 발생, 변동, 소멸에 이르는 일련의 과정을 총칭한다. 공무원임용령 제2조에 의하면 임용에는 신규채용, 승진임용, 전직, 전보, 겸임, 파견, 강임, 휴직, 직위해제, 정직, 강등, 복직, 면직, 해임, 파면 등이 포함된다. 임용은 크게 외부임용과 내부임용으로 구분할 수 있다.

1. 외부임용

외부임용이란 신규채용을 의미한다. 공무원을 신규로 채용하는 제도는 공개경쟁채용시험과 경력경쟁채용시험이 있다. 공개경쟁채용은 공무원의 신규 채용을 위하여 경쟁시험을 실시하는 제도이고, 경력경쟁채용은 특수한 직무가 요구되는 경우에 관련 직위의 전문성을 갖춘 자를 선발하는 제도이다. 공개경재채용의 주요 요건으로는 공고의 적절성, 지원기회의 개방성, 자격 기준의 현실성, 차별금지, 능력을 기준으로 한 선발, 결과의 공개 등이 있다. 2016년도 우리나라 국가공무원의 신규채용인원은 총 29,618명이었으며 이 중 공개경쟁채용 인원은 22,487명, 경력경쟁채용 인원은 총 7,131명이었다.

외부임용은 모집과 선발로 구분할 수 있다. 우선 모집이란 유능한 후보자들을 발굴하여 공직에 관심을 가지고 선발시험에 응시하도록 유도하는 행위를 의미한다. 모집은 소극적 모집과 적극적 모집으로 구분되는데, 소극적 모집은 모집 공고를 발표하고 자원자가 응모하기를 기다리는 모집방법이고, 적극적 모집은 우수한 인력을 유치하기 위하여 적극적으로 노력하는 방법을 의미한다.

모집의 대표적인 자격요건으로는 국적, 학력, 연령 등이 있다. 국적의 경우 국가공무원법 제26조의3항과 지방공무원법 제25조의2항에 의하여 외국 국적인의 경우에도 국가안보 및 보안·기밀에 관계되는 분야를 제외하고 공무원으로 임명될 수 있다. 학력의 경우 영국, 프랑스, 독일 등과 같이 학력요건을 규정하고 있는 국가도 있으나 일반적으로 미국의 경우와 같이 학력에 대한 제한이 없다. 우리나라의 경우 공무원 임용시험령 제17조에 의하면 공무원 임용시험은 특별한 규정이 있는 경우를 제외하고는 학력에 따른 제한을 두지 아니한다고 규정하고 있다. 연령의 경우 우리나라 공무원임용시험령 제16조에 따르면 일반직 채용시험에서의 상한연령은 폐지되었으며, 하한연령은 7급 이상 20세 이상, 8급 이하는 18세 이상으로 규정되어 있다.

선발이란 지원자 중에서 공직을 성공적으로 수행할 자격과 능력이 있는 자를 선정하는 것을 의미한다. 효과적인 선발을 위해서는 기준이 명확해야 하는데 이러한 선발 기준에는 타당도, 신뢰도, 공평성, 변별도, 실용도, 대민관계 등이 포함된다. 선발 방법으로는 첫째, 필기시험, 실기시험, 구두시험 등 시험을 통하여 선발하는 경우가 있고, 둘째, 교육훈련 정도, 경력, 주거장소 등 최저자격요건을 부과하여 선발하는 경우가 있으며, 셋째, 과거의 경력을 조사하여 선발하는 방법이 있다. 선발된 자들은 일정한 시보기간을 거쳐서 보직을 받게 된다.

2. 내부임용

내부임용이란 기존 인력의 활용을 의미한다. 내부임용은 크게 수직이동과 수평이동으로 분류할 수 있다. 수직이동이란 위아래로 이루어지는 인사이동을 의미하며 수평이동이란 배치전환을 의미한다.

1) 수직이동

수직이동에는 인사이동이 위로 이루어지는 승진, 승급과 인사이동이 아래로 이루어지는 강임, 강등이 있다.

승진이란 하위직급 또는 계급에서 상위직급 또는 계급으로의 이동을 의미한다. 승진이 되면 권한과 보수가 증가할 뿐 아니라 직무의 책임도와 곤란도도 증가하게 된다. 승진은 시험성적, 근무성적 등의 실적과 근무연한, 근무경력, 학력 등의 경력이 기준이 된다. 승진의 종류로는 일반승진, 공개경쟁승진, 특별승진, 근속 승진 등이 있다. 일반승진이란 임용권자가 근무성적평정 등을 기준으로 적격자를 승진임용하는 것이며, 공개경쟁승진이란 승진소요최저연수를 충족한 6급을 대상으로 실시하는 5급 공개경쟁 승진시험을 의미한다. 특별승진은 우수 공무원 등을 특별히 승진시키는 것이다. 근속 승진이란 일정 기간 근무한 경우 상위계급으로 승진하는 것을 의미하는데, 9급 공무원의 경우 5년 6개월이 근속승진기간이다.

승급이란 같은 직급이나 계급에서 호봉이 높아지는 경우를 의미한다. 승급의 기준으로는 근무기간과 근무성적이 있다. 근무기간이 기준이 되는 승급은 일정기간 동안의 근무에 대한 보상 및 사기향상 등의 의미가 있다. 근무성적이 기준이 되는 승급은 공무원 보수규정 제16조에 근거하여 업무실적이 탁월한 경우 1호봉 특별승급을 시키는 경우를 의미한다.

강임이란 공무원을 현재보다 하위 직급이나 계급에 임명하는 것을 의미하고, 강등이란 공무원의 직급을 현재보다 1계급 아래로 내리고 공무원 신분은 유지하지만 3개월 동안은 보수를 전액 감하고 직무에도 종사하지 못하게 하는 것이다.

2) 수평이동

수평이동이란 인사이동이 수평적으로 이루어지는 것으로 공무원의 직급이나 계급은 동일하게 유지되고 직위만 변경하게 되는 것이다. 수평이동은 조직의 신설이나 폐지와 같은 조직 변화 시에 인력공급이 용이하며, 인력을 능력과 적성에 맞게 배치하여 효율적 활용이 가능해지며, 할거주의의 타파 등에도 도움이 된다는 장점이 있다. 수평이동에는 전직, 전보, 파견, 겸임 등이 있다.

전직이란 다른 직렬로의 이동을 의미하며, 전직을 하기 위해서는 전직시험을 거쳐야 한다. 반면, 전보란 동일한 직렬 내에서 직위만 변경하는 것을 의미한다.

겸임이란 직위와 직무 내용이 유사하고 담당 직무 수행에 지장이 없다고 인정할 경우 일반직공무원을 대학교수 등 특정직공무원이나 관련 기관이나 단체의 임직원을 겸하게 하는 것이다.

파견이란 국가적 사업의 공동 수행 또는 행정적 지원 등을 위하여 타 기관에서 일정 기간 동안만 근무하는 것이다. 전입이란 국회, 법원, 헌법재판소, 선거관리위원회 및 행정부 상호 간의 이동으로 원칙적으로 시험을 거쳐야 하지만 경우에 따라 시험의 면제도 가능하다.

V 교육훈련

1. 교육훈련의 의의

교육훈련이란 공무원의 성공적인 직무수행을 위하여 교육을 통해 개인의 잠재력을 종합적으로 개발하고, 훈련을 통해 필요한 지식과 기술을 습득하고 연마하는 것을 의미한다. 공무원의 교육훈련을 통한 역량개발은 조직과 개인 수준에서 모두 필요하다. 조직 수준에서는 필요한 인력을 양성하여 행정서비스의 질을 향상시킬 수 있으며 개인 차원에서 경력 발전의 기회가 되기 때문에 근무동기 향상에 도움이 된다. 특히 우리나라와 같이 일반행정가 중심의 폐쇄형 인사시스템을 채택한 국가의 경우 공무원 역량개발을 위한 교육훈련은 더 중요한 역할과 의미를 갖는다.

2. 교육훈련 수립과정

교육훈련의 수립과정의 첫 번째 단계는 교육대상자에 대한 수요조사로부터 출발한다. 각 교육과정별로 교육훈련계획 수립을 위한 수요조사가 이루어진다. 두 번째 단계는 수요조사에 근거하여 적합한 교과목을 편성하는 것이다. 이 단계에서 교육의 내용, 시간, 방법 등에 대한 전반적인 프로그램 내용이 결정된다. 세 번째 단계는 교육을 담당할 전문적인 강사를 선정하는 것이다. 네 번째 단계는 섭외된 강사를 통하여 결정된 프로그램에 대한 교육훈련을 시행하는 것이다. 다섯 번째 단계는 교육훈련이 종료된 후 교육 대상자들로부터 프로그램에 대한 전반적인 만족도 조사를 실시하여 다음 프로그램 준비 시에 반영하는 것이다.

3. 교육훈련의 종류

교육훈련의 종류에는 적응훈련, 정부 고유업무 담당자 훈련, 일반재직자 훈련, 감독자 훈련, 관리자 교육 훈련, 윤리교육 훈련 등이 있다.

적응훈련 혹은 오리엔테이션은 새로운 직무와 책임을 담당하기 전에 받는 훈련으로 대표적인 예로 신규 채용자에 대한 적응훈련이 있다. 신규 채용자는 적응훈련을 통하여 공직자로서 지녀야 할 기본 소양과 직무수행 적응을 위한 기본적인 지식에 대하여 훈련 받는다.

정부 고유업무 담당자 훈련이란 치안이나 소방업무와 같이 민간에서는 교육 기회를 찾기 어렵고 정부에만 존재하는 업무의 담당자에 대한 훈련을 의미한다.

일반재직자 훈련은 일명 보수교육이라고도 하며 현재 공무원으로 재직 중인 자를 대상으로 하는 교육훈련 과정이다. 급변하는 행정환경에 능동적으로 대처할 수 있는 역량개발을 위하여 새롭게 대두된 지식이나 기술, 그리고 관련 법령 등을 교육시키고 시대가 요구하는 근무태도와 공직관 등을 교육하기 위하여 수시 또는 정기적으로 실시하는 교육훈련이다.

감독자 훈련은 부하를 지휘·감독하고 책임을 지는 직위에 있는 계장이나 과장 등의 역량향상을 목적으로 한다. 교육 대상자는 사례연구나 회의 등을 통하여 감독자의 권한과 책임, 조직 내 대인관계 및 의사소통, 인사 및 사무 관리 등에 대한 기법 등을 교육받는다.

관리자 교육 훈련은 주로 국장급 등 관리층 공무원들을 대상으로 실시되는 교육과정이다. 교육 내용은 관리층 공무원들에게 요구되는 국정에 대한 통찰력, 직관력 및 종합적 분석 능력, 정책에 대한 결정 및 추진 능력, 변혁적 리더십 등을 배양하는 교육훈련이다.

윤리교육 훈련은 일명 정신교육이라고도 하는데, 공직자가 갖추어야 할 가치관과 태도의 변화에 대하여 교육하고 공직자의 윤리성 제고를 목적으로 한다.

4. 교육훈련 실시체계

우리나라 공무원의 교육훈련은 인사혁신처가 중심이 되어 각 중앙행정기관과 중앙부처 소속 교육훈련기관 등에서 분담하여 실시하고 있다. 국가 공무원 교육훈련에 대한 총괄 책임을 지는 인사혁신처의 주요 임무로는 교육훈련의 기본 정책 수립, 교육훈련 관련 연구·지도·평가·지원, 국내외 해외 위탁교육 실시 등 이 포함된다.

국가공무원인재개발원에서는 5급 이상 공무원의 교육훈련 및 타 교육훈련기 관을 지원하는 업무를 수행하고, 지방자치인재개발원에서는 지방공무원의 교육 훈련을 담당하며, 중앙교육연수원에서는 국가 및 지방공무원의 교육훈련에 대한 책임을 진다. 또한 각 중앙행정기관에서는 국가시책 및 현안과제에 대한 자체 직 장교육을 실시하고 있으며, 중앙부처 소속 33개의 교육훈련기관에서 공무원 임용 예정자에 대한 기본교육과 재직자에 대한 각종 전문교육을 담당하고 있다.[4]

---

4) 인사혁신처(http://www.mpm.go.kr/mpm/info/infoEdu/eduPolicy01/)

CHAPTER 14

성과평가, 보수 및 연금

I 성과평가

1. 성과평가의 개념

성과관리란 조직의 비전과 미션을 수립한 후 달성하기 위한 전략목표와 활동계획을 수립·시행한 후 그 성과를 평가하고 환류함으로써 조직의 성과를 극대화하려는 일련의 순환적인 과정이다. 성과평가는 성과관리 과정 중의 한 부분으로 평가 대상의 수준에 따라 조직을 대상으로 하는 조직 성과평가와 공무원 개인을 대상으로 하는 개인 성과평가로 구분할 수 있다. 우리나라 조직 성과평가의 예로는 부처별 정부업무평가 등이 있고, 개인 성과평가의 예로는 5급 이하 공무원을 대상으로 하는 근무성적평가와 4급 이상 공무원을 대상으로 하는 성과계약평가 등이 있다.

개인 성과평가는 성과관리의 일환으로 소속 기관의 전략적 목표 달성을 위하여 공무원 개개인이 도달해야 하는 성과목표의 달성 정도에 대한 평가를 의미한다. 국가공무원법 제51조에 의하면 각 기관의 장은 정기 또는 수시로 소속 공무원의 근무성적을 객관적이고 엄정하게 평정하여 인사관리에 반영하여야 한다.

2. 성과평가의 목적

공무원의 성과평가를 하는 목적은 다음과 같다. 우선 인사행정 관리자의 입장에서 성과평가의 결과를 승진, 포상, 전보, 승급 등의 정량적이고 객관적인 근거로 활용할 수 있어 인사행정 관련 조직 내 절차적 공정성을 제고하는 데 유리하다. 근무성적평정을 통하여 직무수행과 관련된 조직 내 교육훈련의 수요 파악에 유용할 뿐 아니라 기 수행된 교육훈련의 성과를 평가하는 근거로도 사용할 수 있다. 성과평가를 받는 공무원들의 입장에서는 평가결과를 통하여 본인의 직무관련 장·단점을 파악할 수 있으므로 자신의 근무역량강화를 위한 기본 자료로 활용할 수 있다.

3. 성과평가계약

본 절에서는 4급 이상 공무원을 대상으로 하는 개인 성과평가인 성과계약평가의 개념, 목적, 평가 절차 등에 대하여 소개한다.[1]

1) 성과계약평가의 개념과 목적

성과계약평가란 첫째, 평가 대상자와 평가자 간에 성과목표 및 지표 등에 관하여 합의하고 둘째, 평가대상기간 중 평가대상 공무원이 달성한 성과목표의 추진결과 등을 평가지표 또는 평가항목의 특성에 맞게 설정한 평가기준에 따라 평가하며 셋째, 평가결과를 인사관리에 반영하는 성과평가제도이다.

성과계약평가의 목적은 다음과 같다. 첫째, 조직목표와 개인목표를 유기적으로 연계하고 결과중심의 평가지표를 설정함으로써, 개인 또는 부서에 대한 성과평가를 통해 조직의 성과 향상을 도모한다. 둘째, 연초에 체결된 성과계약 내용을 바탕으로 상·하급자 간에 주기적인 성과면담과 피드백, 코칭을 실시하여 개인의 능력발전을 도모한다.

2) 성과계약평가의 절차

평가 절차는 전략계획, 목표설정, 중간점검, 최종평가 순으로 이루어진다.

첫째, 전략계획이란 기관의 전략목표 달성을 위해 수립하는 중·장기계획을

---

1) 공무원 성과평가 등에 관한 지침(www.law.go.kr)

의미한다. 개인의 성과계약평가 시에 기관의 전략계획 수립이 필요한 이유는 개인별 목표와 지표 설정이 기관임무 달성에 유기적으로 기여하도록 하기 위함이다. 전략계획은 기관임무와 전략목표로 구성된다. 기관임무란 고객이 누구이며 어떤 변화를 추구해 나갈 것인지 천명하는 것을 의미하고, 전략목표란 조직 차원에서 달성해야 할 전략적 방향을 구체화하는 것이다.

둘째, 목표설정은 성과목표와 평가지표로 구성된다. 성과목표란 성과평가 대상 기간의 종료시점을 기준으로 개개인의 업무가 도달해야 하는 바람직한 상태를 의미하고, 평가지표란 성과목표의 달성 여부를 측정하기 위한 기준이다. 성과목표는 상·하위목표가 유기적으로 연계되도록 설정되는 것이 바람직하다. 따라서 실·국장급의 성과목표는 전략목표 또는 중장기 성과목표를 달성하기 위해 당해연도에 추진해야 하는 개인 목표로서 설정하고, 과·팀장급 성과목표는 상급자의 성과목표를 달성하기 위해 추진해야 하는 개인목표로서 주요 단위업무를 중심으로 설정하는 것이 바람직하다.

셋째, 중간점검은 성과계약서를 토대로 평가대상 공무원의 소관업무 추진상황 및 환경변화에 대한 대응 여부 등을 확인하기 위하여 자체 점검을 실시하는 것이다. 성과목표의 정상적인 진행과 환경변화에 대한 적응성 확보, 조직 전체의 성과관리 등을 위해서 중요하다. 보통 7~8월경에 연중 1회 이상 실시한다.

넷째, 최종평가는 12월 31일을 기준으로 다음해 초에 평가하며, 평가자와 평가대상자 간 성과면담을 반드시 실시한다. 평가기준은 평가대상기간 중 평가대상 공무원의 소관 업무에 대한 성과계약의 성과목표 달성도 등이며, 대상 공무원이 수행하는 업무의 중요도와 난이도 등을 고려하여 평가한다.

II 보수

1. 공무원 보수의 의의

보수란 제공된 노동에 대한 대가로 노동을 제공한 자에게 지급되는 금전적인 가치이며, 크게 봉급과 각종 수당으로 구성된다. 보수는 인사행정의 측면에서 중요성을 갖는다. 첫째, 공무원의 입장에서 보수는 생존에 직결되는 문제인데, 보수 수준의 적절성이 공무원의 직무만족, 조직몰입, 사기 등에 유의한 영향을 미친다는 다수의 실증적 연구결과가 있다. 둘째, 정부 입장에서 보수는 중요한 인적자원관리 수단이다. 만족스러운 수준의 보상체제 구축은 공무원으로부터 높은 수준의 직무만족도, 조직몰입도, 사기를 이끌어 내 궁극적으로 정부 조직의 성과를 향상시킬 수 있는 유용한 인사정책 수단이 될 수 있다. 셋째, 국민의 관점에서 공무원 보수의 원천은 세금이므로 공무원 보수는 종종 주요한 사회적 이슈의 대상이 될 수 있다.

2. 공무원 보수의 특성

첫째, 공무원의 보수의 원천은 세금이기 때문에 보수 수준의 결정 시에 국회의 통제 등 법적·정치적인 영향을 받게 되며 최종적으로 사회적 합의가 요구된다.

둘째, 정부가 제공하는 공공서비스는 시장가치로 환산하기가 어렵기 때문에 민간분야처럼 합리적인 보수 수준의 결정에 어려움이 있다. 특히 계급제를 채택한 경우에는 직무의 난이도나 직무수행 결과보다는 연공서열에 의하여 보수가 결정되는 경우가 많다.

셋째, 공무원은 겸직이 불허되는 등 사적인 이익추구가 어렵고 공직에만 전념해야 하는 의무가 있기 때문에 공무원의 보수에는 노동에 대한 대가적 성격 외에 공무원과 가족의 최저 생활을 보장하기 위한 생활보장적 급부의 성격도 존재한다.

넷째, 공무원 보수의 결정 과정에서 정부와 공무원 간의 협상은 잘 이루어지지 않으므로 공무원 보수 수준은 대부분의 경우 정부에 의하여 일방적으로 결정된다.

3. 공무원 보수의 결정요인

공무원의 보수 결정에 영향을 미치는 요인들은 다음과 같다. ① 일반적인 표준 생계비이다. 공무원은 겸직이 허용되지 않으므로 일반적인 수준에서 생활과 품위 유지가 가능한 수준으로 보수가 결정된다. ② 민간부문의 보수 수준으로 민간과의 격차가 클 경우에는 우수한 인재의 공직으로의 유입 등이 어려울 수 있으므로 공무원 보수 결정 시에 민간부문의 보수 수준을 고려하게 된다. ③ 정부의 인건비 지불능력이다. 공무원의 보수는 예산으로 지급되어야 하므로 전체 예산 편성의 일환으로 고려하게 된다. ④ 국가의 경제 상황이다. 공무원 보수의 원천은 세금이므로 국가의 전반적인 경제상황이 영향을 미치게 된다. ⑤ 보수 이외의 부수적 편익이다. 공무원은 정년이 보장되고 은퇴 후 연금이 지급되는 등 보수 이외의 부수적 편익이 있으므로 보수 결정 시에 고려해야 한다.

III 연금

공무원 연금이란 공무원들에 대한 사회보장 제도로 공무원의 퇴직이나 사망, 공무로 인한 부상이나 질병 시에 본인이나 배우자에게 제공되는 급여제도이다. 공무원연금엔 공무원과 정부가 비용을 분담하는 점에서 사회보험 원리에 의거한 사회보장제도적 성격도 있다. 또한 공무원 연금은 유능한 인재를 공직에 유인해 장기복무를 유도함으로써 직업공무원제이 확립에 기여하게 하려는 인사정책적 기능도 포함된다(이도형, 2018).

공무원 연금제도는 관점에 따라 다른 시각이 있다. ① 장기 근무한 직원에 대하여 고용주의 감사로 이해하는 공로보상설, ② 퇴직 후의 안정을 삶을 위한 수단으로 이해하는 사회보장설, ③ 일정기간 동안 보수의 일부를 예치하였다가 퇴직 후에 지급하는 것으로 이해하는 보수후불설 등이 있다.

공무원연금은 제도의 기저에 놓여있는 철학에서 국민연금과 차이가 있다. 국민연금제도는 전 국민의 노후소득보장이라는 정책목표에 의해 1988년에 도입된 제도이다. 반면에 공무원연금제도는 1960년에 도입되어 노후소득보장 이외에 인사정책적 성격도 가지고 있고, 국민연금보다 보험료 부담수준이 높다(김태일·박규성, 2014).[2)]

---

2) 우리나라는 1960년에 공무원연금을 시작으로, 1963년 군인연금, 1975년 사립학교교직원 연금, 1988년 국민연금이 시행됨으로써 전 국민을 대상으로 한 연금제도가 완성되었다. 공무원연금제도의 재정구조는 공무원이 내는 기여금과 국가 또는 지방자치단체가 같은

한편 우리나라 공무원 연금과 관련해 향후 가장 심각한 문제 중의 하나로는 고령화 사회와 경제인구 감소 등으로 인한 연금재정의 지속적인 부실화에 있으므로 이에 대한 사회적 논의 및 정책적 대안 마련은 매우 중요하다 할 것이다.

표 14-1 국민연금과 공무원연금의 성격비교

구분	국민연금	공무원연금
제도 성격	노후(장애, 유족)의 소득보장 퇴직금, 산재보상, 고용보험은 별도로 운영, 후생복지는 사용자 부담	노후(장애, 유족)의 소득보장 신분상 불이익에 대한 대상임금＋부패방지와 공정한 긱무수행을 위한 유보임금＋퇴직금의 일부＋산재보상＋고용보험＋후생복지

자료: 이도형(2018: 205).

비율로 부담하는 부담금, 그리고 매년 연금급여 부족분을 정부재정으로 보전하는 보전금으로 구성된다.

CHAPTER 15

공무원 윤리, 적극행정제도와 부패, 신분보장 징계 및 노동조합

I 공직윤리

　　공직윤리란 공무원이 직무수행 중 마땅히 지켜야 할 규범 또는 공무원 행동의 기준으로 기대되는 가치를 의미한다. 공직윤리는 인간이 기본적으로 지켜야 할 윤리 뿐 아니라 공직자로서 지켜야 할 규범까지 포함하는 개념으로 일반적인 윤리 개념보다 더 엄격한 기준을 갖는다. 민주사회에서의 공직윤리는 전체 국민에 대한 공평한 봉사, 국민의사의 존중, 민주적 가치 존중과 조직 내 민주주의의 확립 등을 포괄하는 개념으로 볼 수 있다.

　　공직윤리의 내용은 소극적 윤리와 적극적 윤리로 나누어 볼 수 있는데, 소극적 윤리의 경우 부정부패의 방지에 관련되며 주로 국가공무원법이나 공직자 윤리법 등에 규정되어 있다. 소극적 윤리와 관련된 국가공무원법의 내용으로는 청렴, 직장이탈 금지, 비밀엄수, 영리업무 및 겸직 금지 등이 있다. 공직자윤리법에는 4급 이상 공무원에 대한 재산등록 및 1급 이상 공무원에 대한 재산공개, 100달러 이상의 외국인 선물의 신고 후 국고에 귀속, 4급 이상 공무원의 퇴직 후 2년간 유관기업체 취업 금지 등의 내용이 있다. 적극적 윤리는 공무원의 공익성과 봉사정신을 강조하며 주로 공무원 윤리헌장이나 취임선서 등에 규정되어 있다.

공직윤리와 관련하여 공무원의 딜레마는 개인적 윤리기준과 정책선택이 조직 규범과 상치되는 경우이다. 이와 관련하여 미국 공직자 윤리법 제1조에는 가장 높은 수준의 윤리 원칙에 충성할 것이며 정당이나 정부 차원을 넘어 국가에 대하여 충성할 것을 규정하고 있다.

II 적극행정제도

우리나라 정부는 공직자의 적극적인 업무 수행을 독려하기 위한 취지로 2009년 1월 감사원의 주도하에 적극행정 면책제도 운영규정을 감사원 훈령으로, 2019년 8월 6일 대통령령 제30016호 적극행정 운영규정이 제정·시행하고 있다. 적극행정제도란 공무원이 자신이 맡고 있는 업무의 문제점을 발견하여 이를 개선하고자 노력하며, 그 밖에도 자신의 직위에서 국가 또는 공공의 이익 증진을 위해 새로운 업무와 수단들이 있는지를 찾아 이를 적극 수행하도록 하는 것이다. 이점에서 정부는 공직자의 소극적 행정행태로 초래되는 무사안일, 공공서비스 품질 저하를 극복하기 위해 적극행정제도를 강조하고 있다.

공공조직에서 적극적인 공무원들은 ① 구성원 개인 차원의 야망, 신뢰, 사회성 등, ② 조직학습 차원의 조직목표 공유, 집단지성을 통한 증거와 논증, 이해관계자 간의 참여와 조율 등, ③ 조직전략 차원의 네트워크 확장, 적극적인 협업, 선도적 업무추진, 변화 지향성 등의 속성을 발휘한다(김윤권 외, 2021).

이와 같이 적극적 업무행태는 자기주도적, 변화 지향적, 미래 지향적 행위자로서 구성원들이 조직 내부에서 긍정적 변화를 촉진하게 한다. 적극행정을 실천하는 공무원이 활동하기 위해서는 상응하는 적절한 교육훈련 프로그램의 제공 및 보상에 따른 동기가 부여되어야 한다.

적극행정의 유형은 적극행정의 추진방식과 적극행정 수행으로 표출되는 효과에 따라 구분할 수 있다(김윤권 외, 2021).

첫째, 적극행정의 추진방식에 따라 ① 신규발굴형(창의적인 아이디어나 신기술을 활용하여 정책·사업을 기획하는 등 기존에 없던 공익가치를 창출하는 유형), ② 성과 고도화형(기존 업무의 완결성을 높이거나 헌신적인 노력으로 도전적인 성과를 달성하여 공익가치를 증진하는 유형), ③ 불편해소형(환경 변화 등에 따라 불합리 또는 불

필요하게 된 기존 업무상 문제점을 해소하여 공익가치 저해를 개선하는 유형), ④ 선제 대응형(현재 존재하지 않지만 향후 발생할 것으로 예상되는 위험에 사전 대응하여 공익 가치 훼손을 예방하는 유형), ⑤ 협력강화형(행정기관 간, 민관 협력관계를 구축·강화 하거나 이해관계자간 이해조정을 통해 공익가치를 창출하는 유형)으로 구분된다.

둘째, 적극행정 수행을 통한 조직 내 기대효과에 따라 ① 서비스 제고형(대 국민 서비스 질의 제고, 서비스 범위의 확대 등), ② 업무효율성 제고형(업무처리에 소요되는 시간을 단축하거나 예산·인력 절감 효과 등)으로 구분된다.

Ⅲ 공직부패

1. 공직부패의 개념

공직부패란 공무원이 직무수행과 관련해서 부당한 사익을 추구하는 행태로 공직윤리를 훼손하는 대표적인 현상이다. 공직부패가 심해지면 경제적으로 자본 의 투자가 왜곡되어 자원이 낭비되고, 행정서비스의 공급 체계를 왜곡하여 공무 원과 정부에 대한 시민들의 불신이 유발된다. 이는 사회적으로 무규범 현상을 확 산시키고 정치 시스템의 정통성을 파괴하여 국가와 사회의 발전을 저해하게 된 다. 이처럼 부패는 국가와 사회전반에 걸쳐 부정적인 영향을 미칠 수 있다.

한편 공직부패는 사적인 이익 추구를 위한 공적인 규범 일탈로 보는 공직 중 심적 정의, 관료제를 비즈니스의 원천으로 인식하는 시장 중심적 정의, 특수 이익 을 위한 공익의 저해 행위로 보는 공익 중심적 정의 등 다양한 관점의 정의가 가 능하다.

전통적인 부패개념 ① 공적 지원에 있는 자가, ② 구속력이 있는 법령에 따르지 않고, ③ 물질 또는 직접적 이익을 매개로 한 개인적 이득을 취하기 위해, ④ 직무와 관련한 권한 또는 자원을 남용하는 행위를 의미한다.

부패개념의 확장 ① 목적차원에서 직접적으로 이득이 되는 물질을 매개로 하는 것을 넘어 간접적인 이득을 추구하고, ② 대상차원에서 직무와 직접적으로 관련되지 않더라도 공익과 공정성을 해치며, ③ 행위차원에서 구속력이 있는 규범을 어기는 것을 넘어 재량의 일탈 남용, 부작위, 부당한 관행에 따르고, ④ 주체차원에서 공적 지위에 있는 자뿐만 아니라 민간에 포함되는 자를 포괄하는 방향으로 확장되고 있다.

자료: 고길곤·변영주(2021).

2. 공직부패의 유형

공직부패는 다양한 기준으로 분류와 유형화가 가능하다.

첫째, 부패가 조직적인 것인지 단순 개인적인 일탈 행위인지에 따라 제도적 부패와 우발적 부패로 분류할 수 있다. 제도적 부패는 정부 조직 내에 부패가 관행화되어 부패에 가담한 자들을 암묵적으로 비호해 주는 등 조직 수준에서 제도화된 부패 유형이다. 반면 일탈적 부패는 개인적인 차원의 부패를 의미한다.

둘째, 부패가 단독으로 행해진 것인지, 공모자가 있는지에 따라 단독형 부패와 거래형 부패로 분류된다. 단독형 부패는 공급횡령처럼 단독으로 행하는 부패 행위이며, 거래형 부패는 뇌물을 받고 특혜를 부여하는 등 공모자가 존재하는 부패 유형이다.

셋째, 금전적 부패와 정치사회적 부패로 분류가 가능하다. 금전적 부패는 뇌물수수와 같이 금전적 이익을 추구하는 부패 유형이고, 정치사회적 부패는 정치적 권력을 사용하여 부당한 인사청탁 압력을 행사하는 것처럼 정치사회적 측면의 부패를 의미한다.

Ⅳ 공무원 신분보장 및 한계

국가공무원법 68조에 의하면 공무원은 형의 선고, 징계처분 또는 이 법에서 정하는 사유 외에는 당사자의 의사에 반하여 휴직, 강임, 면직과 같은 신분상의 불이익을 당하지 않는다. 이처럼 공무원의 신분을 법으로 보장하는 이유는 공무원 신분의 안정을 통하여 지속적인 근무를 유도하고 행정의 안정성과 일관성을 확보하려는 것이다. 이처럼 공무원의 신분은 기본적으로 법률에 의하여 보장되지

만 국가공무원법에서 규정하는 직권면직, 직권휴직, 직위해제, 강임 등에 의하여
신분보장이 제약되기도 한다.

직권면직이란 당사자의 의사와 상관없이 공무원을 그 직위나 직무에서 물러
나게 하는 것을 의미한다. 국가공무원법 70조에 의하면 직제와 정원의 개폐 또는
예산의 감소 등에 따라 폐직 또는 과원되었을 경우, 휴직 기간이 끝나거나 휴직
사유가 소멸된 후에도 직무에 복귀하지 아니하거나 직무를 감당할 수 없을 경우,
전직시험에서 세 번 이상 불합격한 자로서 직무수행 능력이 부족하다고 인정된
경우, 해당 직급·직위에서 직무를 수행하는 데 필요한 자격증의 효력이 없어지
거나 면허가 취소되어 담당 직무를 수행할 수 없게 된 경우, 고위공무원단에 속
하는 공무원이 적격심사 결과 부적격 결정을 받은 경우 등에는 공무원의 직권면
직이 가능하다.

직권휴직은 일정한 조건에 해당되는 경우 본인의 의사에 관계없이 임용권자
에 의하여 강제로 휴직하는 것을 말한다. 국가공무원법 71조에 의하면 신체·정
신상의 장애로 장기 요양이 필요할 경우, 병역 복무를 마치기 위하여 징집 또는
소집된 경우, 생사 또는 소재가 불명확하게 된 경우 등에는 공무원의 직권휴직이
가능하다.

직위해제는 일정한 조건에 해당하는 공무원에 대하여 직권으로 직위를 해제
하는 것이다. 국가공무원법 제73조의3에 의하면 직무수행 능력이 부족하거나 근
무성적이 극히 나쁜 자, 파면·해임·강등 또는 정직에 해당하는 징계 의결이 요
구 중인 자, 형사 사건으로 기소된 자, 금품비위, 성범죄 등의 비위행위로 인하여
감사원 및 검찰·경찰 등 수사기관에서 조사나 수사 중인 자로서 비위의 정도가
중대하고 이로 인하여 정상적인 업무수행을 기대하기 현저히 어려운 자 등에 대
하여 직위해제가 가능하다.

국가공무원법 제73조의4에는 직제 또는 정원의 변경이나 예산의 감소 등으
로 직위가 폐직되거나 하위의 직위로 변경되어 과원이 된 경우 또는 본인이 동의
한 경우에는 소속 공무원을 강임할 수 있다고 규정되어 있다.

V 공무원의 징계

1. 개념과 사유

징계(disciplinary action)란 공무원이 법령, 규칙, 명령 등의 의무를 위반할 경우 받는 제재이다. 징계에는 공무원의 의무위반에 대한 사후적 교정 목적뿐 아니라 징계 사유에 해당하는 이탈행위를 못하도록 하는 사전적 예방 목적도 있다.

표 15-1 공무원의 직무상 의무

구분	주요내용
선서	취임 시 소속기관장 앞에서 조례로 정하는 바에 따라 선서
성실	법령을 준수하며 성실히 직무를 수행하여야 함
복종	직무수행 시 소속 상관의 직무상 명령에 복종
직장이탈금지	상관의 허가, 정당한 사유 없이 직장 이탈 금지
친절·공정	봉사자로서 공·사 분별, 인권존중, 친절·공정, 신속 정확하게 업무를 처리해야 함
종교중립	종교 등에 따른 차별없이 공정하게 업무 처리
비밀엄수	직무상 알게 된 비밀을 엄수
청렴	직·간접적으로 사례, 증여, 향응을 주거나 받을 수 없음
영예제한	외국 정부로부터 영예나 증여를 받을시 대통령의 허가 필요
품위유지	직무의 내·외를 불문하고 품위를 손상하는 행위 금지
영리업무 및 겸직금지	영리 목적의 업무 종사금지, 소속기관장의 허락 없이 다른 직무겸직 금지
정치운동금지	정당, 그 밖의 정치단체의 결성에 관여, 가입 및 선거 관련 활동 금지
집단행위금지	공무원의 노동 운동, 공무 이외의 일을 위한 집단행위 금지

자료: 최병호·오정일(2017: 258).

징계사유란 징계의 대상이 되는 행동을 의미한다. 국가공무원법 제78조에 의하면 공무원이 직무상의 의무를 위반하거나 직무를 태만히 한 경우, 직무의 내외를 불문하고 그 체면 또는 위신을 손상하는 행위를 한 경우 등에는 공무원의 징계의결이 요구된다. 모든 공무원이 징계의 대상이 되는 것은 아니며, 경력직과 별정직 공무원이 대상이 된다. 별정직 공무원에 대해서는 징계 사유가 발생하면 직권으로 면직하거나 징계 또는 징계부가금의 부가 처분을 한다(최병호·오정일, 2017).

2. 종류와 효력

국가공무원법 79조에 의하면 징계는 파면, 해임, 강등, 정직, 감봉, 견책 등으로 구분된다.

첫째, 파면은 공무원을 퇴직시키는 중징계로, 파면된 자는 향후 5년간 공무원으로 임용될 수 없고, 퇴직급여액과 퇴직수당의 1/2이 삭감된다.

둘째, 해임은 공무원을 퇴직시키는 중징계로, 해임된 자는 향후 3년간 공무원으로 임용될 수 없고, 퇴직급여액과 퇴직수당은 그대로 지급받는다. 다만 금품 및 향응수수, 공금의 횡령·유용으로 해임된 자의 경우에는 퇴직급여액과 퇴직수당의 1/4이 삭감된다.

셋째, 강등은 1계급 아래로 직급을 내리고(고위공무원단에 속하는 공무원은 3급으로 임용하고, 연구관 및 지도관은 연구사 및 지도사로 한다) 공무원신분은 보유하나 3개월간 직무에 종사하지 못하며 그 기간 중 보수는 전액을 감한다.

넷째, 정직은 1개월 이상 3개월 이하의 기간으로 하고, 정직 처분을 받은 자는 그 기간 중 공무원의 신분은 보유하나 직무에 종사하지 못하며 보수는 전액을 감한다.

다섯째, 감봉은 1개월 이상 3개월 이하의 기간 동안 보수의 3분의 1을 감한다.

여섯째, 견책은 전과(前科)에 대하여 훈계하고 회개하게 하도록 하는 징계이다.

Ⅵ　소청심사제도와 고충처리제도

1. 소청심사제도

행정심판제도의 하나인 소청심사제도는 파면, 해임, 강등, 정직, 감봉, 견책 등 징계처분 등 불리한 처분을 받은 공무원이 이의를 제기하는 경우 이를 심사하고 결정하는 특별행정심판제도이다. 이 제도는 위법 또는 부당한 인사상의 불이익으로부터 공무원의 신분을 보호함으로써 직업공무원제를 확립하고 행정의 안정성과 능률성을 보장하기 위한 것이다.

국가공무원법 제9조에 의하면 소청을 심사하고 결정하기 위하여 소청심사위원회 제도를 설치하여 운영하고 있는데, 소청심사위원회는 행정부, 입법부, 사법부 등에 두루 설치하게 되어 있다. 행정기관 소속 공무원의 경우 인사혁신처에 설치된 소청심사위원회의 대상인데, 이 경우 소청심사위원회는 위원장 1명을 포함한 5명 이상 7명 이하의 상임위원과 상임위원 수의 2분의 1 이상인 비상임위원으로 구성된다.[1]

소청심사의 절차는 청구, 심사, 결정으로 구성된다. 청구는 처분을 설명 받거나 인지한 날로부터 30일 이내에 심사를 청구할 수 있다. 심사 후 결정은 기본적으로 재적 위원 2/3 이상의 출석과 출석 위원 과반수의 합의에 따른다. 심사 시에는 처분 당사자에게 진술의 기회를 부여해야 한다. 소청심사제도는 징계처분을 받은 공무원에 대한 제도적 구제 장치로서 역할을 하며 공무원 신분보장의 측면에서 의미를 가지는 제도이다.

2. 고충처리제도

고충(grievance)의 사전적 개념은 괴로운 심정이나 사정을 말한다. 이에 고충이란 고용관계와 관련하여 근로자가 느끼는 모든 유형의 불만이며, 근로자가 직무와 관련하여 불공정, 부당, 불공평하다고 생각하거나, 믿거나, 느끼는 것 모두이다(조경호·진종순, 2022).

국가공무원법 제76조의 2에 고충처리와 관한 사항을 규정하고 있다. 이 법에 의하면 공무원의 고충을 심사하기 위해 중앙고충심사위원회와 보통고충심사위원회를 두고 있고, 중앙고충심사위원회의 기능은 소청심사위원회에서 관장한다. 중앙고충심사위원회는 보통고충심사위원회의 심사를 거친 재심청구와 5급 이상 공무원 및 고위공무원단에 속하는 일반직공무원의 고충을 관장한다. 보통고충심사위원회는 소속 6급 이하의 공무원의 고충을 심사한다.

고충상담은 조직 내부에서의 갈등을 해소하고 조직의 경쟁력을 높일 수 있

---

1) 비상임위원은 법관·검사·변호사 또는 대학에서 행정학·정치학·법률학을 담당한 부교수 이상의 경력이 있는 자로 제한된다(국가공무원법 제10조 1항). 또한 인사혁신처 소청심사위원회는 행정기관 소속 일반직 국가공무원과 외무공무원·경찰공무원 등 특정직공무원의 소청심사를 관할하고, 각 시·도의 지방소청심사위원회는 해당 지방자치단체 소속 지방공무원의 소청심사를 관할한다.

으며, 무엇보다 건전한 조직문화를 유지 및 발전하도록 하는 중요한 역할을 하며, 다음과 같은 효과를 가진다(조경호·진종순, 2022).

① 고충상담은 조직구성원의 직장 내 불평, 불만 등에 대한 고충처리를 가능하게 한다.

② 고충상담은 커뮤니케이션 및 인간관계 개선을 가져온다.

③ 고충상담은 조직 내의 갈등의 해소가 가능하게 한다.

④ 고충상담은 조직구성원의 사기앙양과 생산성 향상에 도움을 준다.

국가공무원법 제76조의2(고충처리)

① 공무원은 인사·조직·처우 등 각종 직무조건과 그 밖에 신상문제와 관련한 고충에 대하여 상담을 신청하거나 심사를 청구할 수 있으며, 누구나 기관 내 성폭력 범죄 또는 성희롱 발생 사실을 알게 된 경우 이를 신고할 수 있다. 이 경우 상담신청이나 심사청구 또는 신고를 이유로 불이익한 처분이나 대우를 받지 아니한다.

④ 공무원의 고충을 심사하기 위하여 중앙인사기관기관에 중앙고충심사위원회를, 임용권자 또는 임용제청권자 단위로 보통고충심사위원회를 두고, 중앙고충심사위회의 기능은 소청심사위원회에서 관장한다.

VII 공무원 노동조합

1. 공무원 노동조합의 기능

공무원 노동조합이란 공무원이 주체가 되고 자주적으로 단결하여 근로조건의 유지와 개선 및 복지증진을 목적으로 조직된 단체이다.[2] 특히 공무원 노사관계는 공공부문 노사관계에 속하며 사용자로서 정부와 공무원 신분의 근로자 사이에 형성되는 노사관계로 공무원의 근로자성을 인정하여 정부인 사용자와의 관계를 근로관계로 인정하는 것이다(서광석·안종태, 2017).

---

[2] 우리나라는 2005년 12월 제정, 2006년 1월부터 공무원의 노동조합 설립 및 운영 등에 관한 법률이 시행됨으로써 공무원에 대한 노동기본권이 보장되기 시작했다. 공무원노동조합법의 시행으로 현재 6급 이하 대부분의 공무원이 단결권과 단체교섭권을 보장받고 있다.

공무원 노동조합의 기본 기능은 다음과 같다. 첫째는 비조합원인 공무원을 유입하여 노동조합의 조직을 확장하고 이미 가입한 조합원들을 관리하는 기능이다. 둘째는 조합원의 근로조건을 유지 및 개선하기 위한 사용자와의 단체교섭 기능이다. 셋째는 근로자의 임금 향상 등의 경제적 기능과 조합원의 질병, 재해, 실업, 노령, 사망 등에 대비하는 복지적 기능, 후생시설 및 협동조합 설치 등의 협동적 기능이다. 넷째는 노동조합이 더욱 효과적으로 운영될 수 있도록 보조하는 참모기능이다.

2. 공무원 노동조합의 특성

공무원의 노사관계는 민간의 노사관계와 다른 특성을 갖는다. 첫째, 사익의 관점에서 노동에 대한 정당한 대가를 요구하는 민간의 노동자와 달리 공무원은 단체 교섭 시에 정당한 대가의 요구뿐 아니라 공익을 동시에 고려해야 한다. 둘째, 공무원들이 파업할 경우 대체인력 확보 및 서비스 제공이 사실상 불가능하기 때문에 대부분의 국가들은 단결권과 단체교섭권만 인정하고, 단체행동권에 대해서는 대부분 국가에서 금지하고 있다. 셋째, 공무원노조의 협상결과는 행정서비스에도 영향을 미칠 수 있으므로 국민들의 관심이 높고 이는 노사 간의 협상에도 영향을 미칠 수 있다.

3. 공무원 노동조합의 장점과 단점

공무원 노동조합의 장점으로는 공무원의 집단적 이익 표출의 수단이 될 수 있고, 행정 민주화와 행정발전에 기여할 수 있으며, 직업윤리 확립과 부패방지에 기여할 수 있다는 점 등이 있다. 반면 공무원 노조를 반대하는 이유로는 공무원의 집단 이익 추구가 공익을 저해할 수도 있고, 실적주의 인사원칙을 침해할 수 있으며, 행정의 능률성을 저해할 수 있다는 점 등이다.

우리나라 공무원 노조의 문제점으로는 단체 종류와 단체 관련 법규가 너무 많으며, 법규상의 모호성과 상충성이 존재하고 쟁의권이 사실상 불인정되고 있다는 점이므로 공무원 노조의 발전을 위해서 법규정의 일치화 및 단체 종류의 단순화 작업에 대한 노력이 필요하다.

용어의 정의

인사행정(人事行政, personnel administration)　　정부가 목표를 달성하기 위하여 필요한 인적자원을 충원·유지·관리하는 일련의 과정을 말한다.

계급제(rank−in−person, rank classification)　　유사한 개인적 특성을 가진 공무원을 하나의 범주나 집단으로 구분하여 계급을 형성하는 제도를 말한다.

직위분류제(rank−in−job, position classification system)　　직무 종류나 수준에 따라 공직을 수직적·수평적으로 분류하여 체계화한 제도를 말한다.

실적주의(實績主義, merit system)　　능력, 자격, 성적을 기준으로 공무원을 선발하거나 인사조치를 하는 제도를 말한다.

엽관주의(獵官主義, spoils system)　　공무원 임용에 있어서 인사권자의 정치적 관계를 기준으로 공무원을 선발하고 인사조치하는 제도를 말한다.

직업공무원제(職業公務員制, career civil service system)　　젊고 우수한 인재가 공직에 들어와서 국민에 대한 봉사를 보람 있는 생애라고 생각하며 공직을 일생의 본업으로 하여 일할 수 있도록 설계된 인사제도를 말한다.

대표관료제(representative bureaucracy)　　한 사회를 구성하는 모든 주요 집단으로부터 인구 비례에 따라 관료를 충원하고 배치함으로써 정부가 한 사회의 모든 계층과 집단에 공평하게 대응하도록 하는 인사제도를 말한다.

중앙인사기관(central personnel agency)　　정부 전체의 인사행정을 총괄하는 범정부적 인사행정기관으로 인사기준을 마련하는 등 인사행정을 전문적·집권적으로 총괄하는 기관을 말한다.

인적자원계획　　조직이 필요로 하는 인적자원의 동원과 활용을 적정하게 할 수 있도록 정부의 인적자원 수요를 예측하고 그 공급 방안을 수립하는 과정을 말한다.

임용(任用)　　공무원의 신분관계를 설정하는 임명과 일정한 직무를 부여하는 보직행위를 말한다.

모집(募集, recruitment)　　유능한 후보자들이 공직에 관심을 가지고 응모하도록 유도하는 활동을 말한다.

선발(選拔, selection)　　지원자 중에서 장래에 성공적으로 공직을 수행할 자격과 능력이 있는 자를 골라서 뽑는 것을 말한다.

교육훈련(教育訓練)　　　공무원이 업무를 성공적으로 수행하기 위한 지식이나 기술 습득과 잠재적인 능력을 개발하는 활동을 말한다.

성과평가(成果評價)　　　공무원의 개인적인 능력과 근무태도 및 직무수행실적을 정기적·체계적으로 평가하는 활동을 말한다.

보수(報酬)　　　노동을 제공한 사람에 지급되는 노동의 대가로 근로자가 투입한 시간 및 업무의 결과물과 교환되는 금전적인 가치를 말한다.

연금(年金)　　　퇴직한 공무원과 그 가족에게 안정적인 생계유지를 위하여 지급되는 금전적인 보상을 말한다.

공직윤리(公職倫理)　　　공무원이 마땅히 지켜야 할 도리 또는 정부조직 내 공무원의 행동과 사고의 기준으로 기대되는 가치를 말한다.

공직부패(公職腐敗)　　　공무원이 직무수행과 관련해서 부당한 사익을 취하거나, 취하고자 기도하는 행동을 말한다.

신분보장(身分保障)　　　국가공무원법과 지방공무원법에 의하여 보장하고 있는 바, 법에 정하는 사유에 의하지 아니하고는 자신의 의사에 위배되는 신분상의 불이익을 받지 않도록 하는 것을 말한다.

징계(懲戒)　　　통제의 한 수단으로 공무원이 법령, 규칙, 명령의 의무위반에 대한 처벌을 하는 것을 말한다.

고충(苦衷 grievance)　　　고용관계와 관련하여 근로자가 느끼는 모든 유형의 불만이며, 근로자가 직무와 관련하여 불공정, 부당, 불공평하다고 생각하거나, 믿거나, 느끼는 것을 말한다.

PART 5

재무행정

CHAPTER 16

재무행정과 재정

I 재무행정

1. 재정

재정은 정부의 수입과 지출이다. 재정과 유사한 개념으로 예산이 있는데, 재정활동 이전에 국회에서 의결된 정부의 수입과 지출의 계획을 예산이라고 한다. 재정활동은 반드시 국회에서 의결된 예산 등에 기초하여야 한다.[1]

우리가 일상적으로 쓰는 표현에 '나의 재정형편이 좋지 않다'라는 말이 있는데, 나의 수입과 나의 지출에 문제가 있다는 표현이다. 정부의 재정이 나쁘다는 것은 정부의 수입이나 지출에 문제가 있는 것으로, 수입이 너무 적거나 지출이 너무 많아서 문제가 있다는 것이다. 정부는 ① 조세수입(즉, 세금)을 근간으로 하고 ② 보유 재산 매각, ③ 국공채 발행, ④ 사용료 및 수수료, ⑤ 부담금 등을 재원으로 하여, 국가 유지를 위한 기본적인 분야 이외에도 국가 발전을 지원하기 위하여 국민이나 기업에게 공공서비스를 제공하기 위한 지출을 하는데, 이러한 정부의 ① 재원조달과 ② 지출활동과 관련된 경제적인 활동을 '재정'이라 한다.

---

1) 기금과 부담금의 경우도 사전에 국회의 의결을 받아야 한다.

정부는 재정을 통하여 ① 자원배분, ② 소득재분배, ③ 경제성장 및 안정화 등 세 가지 기능을 수행한다. 먼저, 자원배분 기능으로 정부는 재정을 통하여 효율적으로 공공재나 가치재를 생산하거나, 부담금 등을 부과하여 바람직하지 않은 활동을 억제한다. 정부가 재화나 서비스를 생산하는 이유는 시장에서 그러한 재화나 서비스가 생산되지 않거나, 생산되더라도 가격이 높거나 사회적으로 필요한 양보다 적게 생산되어 바람직하지 않기 때문이다. 이러한 현상을 시장이 실패하였다고 하여 시장실패라고 하는데(Mikesell, 2018: 5), 재화나 서비스의 가격을 받을 수 없을 경우(비배제성)와 많은 사람이 공동으로 재화나 서비스를 소비할 수 있을 경우(비경합성)에는 사람들이 돈을 지불하지 않고 재화나 서비스를 이용하려는 무임승차 문제로 정부가 이를 생산하는 것이 바람직한 것으로 알려져 있다.[2] 또한, 보건·교육과 같이 정부가 개입하지 않는 경우 사회적으로 바람직한 수준까지 생산되지 않는 경우에도 정부는 보건소, 국공립학교 등을 통하여 보건과 교육의 공급량을 확대하고 있다. 이와는 반대로 환경개선부담금은 경유차 소유자에게 부과되는데, 이를 통하여 정부는 상대적으로 대기오염물질을 많이 배출하는 경유자동차 수를 감소시키고자 한다.

둘째, 재정은 소득재분배 기능을 수행하는데, 정부는 공평한 소득분배를 위해 소득세에 누진과세를 한다거나 저소득층을 지원하는 재정활동을 한다. 자본주의 사회에서는 개인의 창의적인 경제활동으로 인한 소득의 격차가 발생하는데, 이것이 너무 심할 경우에는 사회적으로 바람직하지 않게 된다. 또한 정부는 모든 국민의 최소한의 삶의 질을 확보하기 위해 시장에서 나타난 소득 격차를 줄이고자 노력한다. 흔히 고소득자에게는 높은 세율의 소득세를 부과하고, 저소득층을 위해서는 다양한 사회보장제도를 마련하여 최소한의 생활을 보장하고 있다.

셋째, 재정은 경제성장과 안정화 기능을 수행하는데, 재정은 일자리 창출과 물가를 안정적으로 유지하면서도 경제를 성장하도록 한다. 경기 침체와 실업이 우려되는 불황일 경우는 재정적자를 감수하면서도 정부가 확장적인 재정정책을 펼치거나 세금감면을 해주기도 한다. 반면, 경기가 호황이거나 인플레이션의 우려가 있는 경우에는 세율 인상 또는 정부 지출 감소 등의 재정활동을 한다.

---

2) 돈을 받을 수 없는 재화나 서비스를 생산하고자 하는 민간기업은 없다. 우리가 평소에 다니는 도로에서는 요금을 받기가 굉장히 어렵게 되어 있는데, 이러한 도로는 국가가 건설하여야 한다.

2. 재무행정

재무행정이란 나라의 살림살이 즉, 재정을 다루는 행정학의 한 분야이다. 재정을 다루는 학문 분야로 재정학이 있는데 재정학은 재정과 관련된 문제를 경제학적 시각에서 접근하는 학문으로 정부의 세금이 기업이나 개인에게 어떠한 영향을 미치고 소득세율을 얼마로 하는 것이 경제적으로 최적인가 등을 연구한다. 반면에 재무행정은 재정과 관련된 문제를 행정학적 시각에서 접근하기 때문에 재정관리에 초점을 둔다.

이처럼 재무행정이란 재정과 관련된 행정학의 분과 학문인데, 재정행정이란 표현을 사용하지 않는다. 왜냐하면 미국에서 행정학이 시작되었을 당시 정부의 재정에 대한 의회의 통제가 우선시 되었기 때문에 재정의 회계적·법적 통제가 중요하여 재무라는 표현이 사용된 것이다. 회계학에서 재무회계가 분과 학문으로 존재하듯이 초기 정부 재정에서는 재무에 더 많은 관심이 있었기 때문에 재무행정이라는 표현이 사용된 것이다.

결국 재무행정이란 재정에 대한 행정학적 시각의 접근이며 행정학은 관리의 학문이기 때문에 재무행정에서는 재정 특히, 재정의 근간을 이루는 정부예산과 관련된 제도·과정 등에 대해 중점적으로 다룬다.

Ⅱ 우리나라의 재정

1. 개요

우리나라 재정의 구분은 주체에 따라 ① 국가 재정과 ② 지방자치단체 재정 (지방교육재정 포함)으로 분류할 수 있고, 재정운용 수단에 따라 ① 예산(일반회계와 특별회계)과 ② 기금으로 분류할 수 있으며, 재정활동의 성격에 따라 ① 수입활동과 ② 지출활동으로 구분할 수 있다(국회예산정책처, 2022: 7).3) 2022년 국가재정은 ① 일반회계, ② 20개 특별회계, ③ 68개의 기금으로 구성되어 있다. 예산

---

3) 운용이라는 표현은 일상적으로 잘 사용되지 않는데, 재정을 운영한다는 말의 문어체가 재정 운용이다. 따라서 운용이라는 말에 익숙하지 않다면 운용을 운영이라 생각하면 된다.

(일반회계와 특별회계)과 기금을 합한 국가 재정 규모는 총수입 553.6조원과 총지출 607.7조원이다.

2. 국가재정

우리나라의 국가재정은 일반회계, 특별회계, 기금으로 구성된다. 일반회계는 조세수입 등을 주요 세입으로 하여 국가의 일반적인 세출에 충당하기 위하여 설치되며, 특정한 수입과 지출의 연계가 원칙적으로 배제된다.4) 2022년 일반회계 총계 규모는 354.4조원이다. 현행 국세는 14개 세목이며, 국세 중 소득세, 법인세, 상속세, 증여세, 부가가치세, 개별소비세, 주세, 인지세, 증권거래세는 내국세로 분류되어 일정 부분이 지방재정에 교부세 또는 교부금으로 교부되고 있다. 이 외의 국세는 관세, 교통에너지환경세, 교육세, 농어촌특별세, 종합부동산세로 사용처가 따로 정해져 있다.

특별회계는 ① 국가에서 특정한 사업을 운영하고자 할 때, ② 특정한 자금을 보유하여 운용하고자 할 때, ③ 특정한 세입으로 특정한 세출에 충당하여 일반회계와 구분하여 회계를 처리할 필요가 있을 때, 법률로 설치한다. 특별회계는 법률에 의하지 아니하고는 이를 설치할 수 없도록 규제하고 있다(국가재정법 제4조 제3항). 2022년 특별회계에는 정부기업예산법에 근거한 ① 우편사업특별회계, ② 우체국예금특별회계, ③ 양곡관리특별회계, ④ 조달특별회계와 책임운영기관의 설치·운영에 관한 법률에 근거한 ⑤ 책임운영기관특별회계 등 기업특별회계가 5개 있으며, 개별 법률에 근거한 기타특별회계가 14개 있는데 2022년 특별회계 세출예산 규모는 총계규모로 78.2조원이다.

기금은 국가가 ① 특정한 목적을 위하여 특정한 자금을 신축적으로 운용할 필요가 있을 때, ② 일정 자금을 활용하여 특정 사업의 안정적 운영을 하고자 할 때 법률로 설치하되, 정부의 출연금 또는 법률에 따른 민간부담금을 재원으로 하는 기금은 규정된 법률에 의하지 아니하고는 설치할 수 없도록 규제하고 있다. 기금은 세입·세출예산에 의하지 않고 운용할 수 있는 탄력성이 부여되어 있다(국가재정법 제5조). 특별회계와 기금은 원칙적으로 특정한 수입과 지출이 연계가 되어 있다. 2022년 기금은 24개 부처에 68개 기금이 있으며, 운용규모는 총계 기

---

4) 예외적으로 일반회계 수입인 목적세의 경우는 수입과 지출이 연계되어 있다.

준 787.9조원으로 일반회계 총계의 약 2배이다.

일반회계, 특별회계, 기금은 일반인으로 보면 통장에 해당하는 것으로 볼 수 있고, 일반회계는 주거래 통장으로 볼 수 있다. 개인도 사회생활을 하다 보면 여러 목적으로 통장을 여러 개 만드는데, 국가도 통장을 여러 개 만들어 운용하는 것으로 볼 수 있다. 그러나 개인의 경우 주거래 통장 이외에 다른 통장이 만들어지면 재정관리에 소홀하게 되듯이, 국가도 통장을 너무 많이 만들게 되면 재정 운용에 비효율성이 생기게 된다. 이를 방지하기 위해 국가재정법에서는 특별회계와 기금과 같은 주거래 통장 이외에 다른 통장을 만드는 것을 엄격히 관리하기 위하여 특별회계 및 기금의 심사에 관한 조항을 신설하였다(국가재정법 제14조).

특별회계와 기금의 신설 심사에서는 공통기준과 개별기준이 적용되는데 이를 자세히 보면 다음과 같다. 첫째, 중앙관서 장이 특별회계 또는 기금을 신설하고자 하는 때에는 특별회계 또는 기금의 신설에 관한 계획서를 기획재정부장관에게 심사를 요청하여야 한다. 둘째, 기금의 경우 ① 부담금 등 기금의 재원이 목적사업과 긴밀하게 연계되어 있는지, ② 사업의 특성으로 인하여 신축적인 사업추진이 필요한 것인지, ③ 중장기적으로 안정적인 재원조달과 사업추진이 가능한 것인지를 심사하고, 특별회계의 경우, ① 특정한 사업을 운영하거나 ② 특정한 세입으로 특정한 세출에 충당하여 일반회계와 구분하여 회계처리할 필요가 있는지를 검토하며, 공통적으로 일반회계나 기존의 특별회계·기금보다 새로운 특별회계나 기금으로 사업을 수행하는 것이 더 효과적인지를 심사하여야 한다. 셋째, 기획재정부는 심사기준에 부합하지 아니한다고 인정하는 때에는 계획서를 제출한 중앙관서의 장에게 계획서의 재검토 또는 수정을 요청할 수 있다.

개인의 경우도 통장이 많을 경우 통장을 합하여 정리할 수 있는데, 국가의 경우도 국가재정법 제15조에 특별회계 및 기금의 통합·폐지를 규정하여 ① 설치목적을 달성한 경우, ② 설치목적의 달성이 불가능하다고 판단되는 경우, ③ 특별회계와 기금 간 또는 특별회계 및 기금 상호 간에 유사하거나 중복되게 설치된 경우, ④ 그 밖에 재정운용의 효율성 및 투명성을 높이기 위하여 일반회계에서 통합 운용하는 것이 바람직하다고 판단되는 경우에는 특별회계 및 기금을 폐지하거나 다른 특별회계 또는 기금과 통합할 수 있도록 하고 있다.

개인의 경우도 통장이 많은 경우, 돈의 융통성 있는 활용을 위하여 통장 간 전·출입을 허용할 수 있다. 국가의 경우도 국가재정의 효율적 운용을 위하여 필요한 경우에는 회계 및 기금의 목적 수행에 지장을 초래하지 아니하는 범위 안에서 회계와 기금 간 또는 회계 및 기금 상호 간에 여유재원을 전입 또는 전출하여 통합적으로 활용할 수 있도록 국가재정법 제13조에 회계·기금 간 여유재원의 전입·전출을 규정하고 있다. 그러나 모든 특별회계나 기금이 여기에 해당하는 것이 아니라, ① 우체국보험특별회계, ② 국민연금기금,5) ③ 공무원연금기금, ④ 사립학교교직원연금기금, ⑤ 군인연금기금, ⑥ 고용보험기금, ⑦ 산업재해보상보험및예방기금, ⑧ 임금채권보장기금, ⑨ 방사성폐기물관리기금, ⑩ 그 밖에 차입금이나 부담금 등을 주요 재원으로 하는 특별회계와 기금 중 대통령령이 정하는 특별회계와 기금은 여기에서 제외된다.

이상과 같은 일반회계, 특별회계, 기금의 차이를 요약하면 <표 16-1>과 같다.

표 16-1 일반회계, 특별회계, 기금의 차이

구분	일반회계	특별회계	기금
설치사유	• 국가고유의 일반적 재정활동	• 특정사업운영 • 특정자금 보유 운용 • 특정세입을 특정세출에 충당	• 특정목적을 위하여 특정자금 운용 • 일정 자금을 활용하여 특정 사업의 안정적 운영
재원조달 및 운용형태	• 공권력에 의한 조세수입과 무상급부 원칙	• 일반회계와 기금의 운용형태 혼재	• 출연금과 부담금 등 다양한 수입원으로 하여 융자사업 등 다양한 기금고유사업을 수행하되 유상급부로 제공
수입과 지출의 연계	• 특정 수입과 지출의 연계 배제 (목적세는 예외)	• 특정 수입과 지출의 연계	
확정절차	• 부처의 예산요구 • 기회재정부 예산안편성 • 국회의 심의·의결로 확정		• 기금관리주체가 기금운용계획안 수립 • 기획재정부장관과 운용주체 간 협의·조정 • 국회의 심의의결로 확정
집행절차	• 합법성에 입각한 엄격한 통제 • 예산의 목적외 사용금지		• 합목적성 차원에서 상대적으로 자율성과 탄력성 보장

---

5) 흔히 국민연금이라고 하는데 정확한 명칭은 국민연금기금이다. 공무원연금, 사학연금, 군인연금의 정확한 명칭에는 기금이 들어간다.

| 계획변경 | • 추경예산 편성 | • 주요항목 지출금액의 20%(금융성기금은 30%) 이상 변경시 국회심의 의결 필요 |
| 결산 | • 국회의 심의 의결 | |

자료: 국회예산정책처(2022: 12)에서 재인용 및 추가.

3. 지방재정

우리나라 지방재정은 ① 일반지방자치단체 재정과 ② 교육자치단체 재정으로 구분된다. 지방자치법(제141조, 제159조)과 지방재정법(제9조)은 지방자치단체의 회계를 일반회계와 특별회계로 구분하도록 하고, 필요한 경우 기금을 설치할 수 있도록 하고 있다. 따라서 지방재정도 국가재정과 마찬가지로 일반회계, 특별회계 및 기금으로 구성된다. 일반지방자치단체의 재정은 일반회계와 특별회계(공기업특별회계, 기타특별회계) 및 기금으로 구성되며, 교육자치단체의 재정은 교육비특별회계 및 기금으로 구성된다.

일반지방자치단체의 예산은 일반회계와 특별회계로 구성된다. 일반회계는 지방자치단체의 재정운영의 가장 기본이 되는 회계이다. 일반회계의 세입은 주로 지방세수입과 세외수입이며, 부족재원은 지방교부세, 국고보조금 등 국가의 이전재원과 지방채로 조달한다. 세출은 지방자치단체의 존립·유지와 지역개발 및 주민복지 등을 위한 기본적 활동에 지출된다. 특별회계는 지방자치단체의 직영기업이나 그 밖의 특정사업을 운영할 때 또는 특정자금이나 특정세입·세출로서 일반세입·세출과 구분하여 회계 처리할 필요가 있을 때 법률이나 조례로 설치하도록 하고 있다.

일반지방자치단체 예산규모는 2022년 당초예산·총계예산 기준으로 총 400.1조원이며 순계예산[6] 기준으로는 총 288.3조원이다. 2022년 기준 일반회계 예산규모는 당초예산·순계예산 기준 253조원이며 특별회계 세입예산은 34조원이다. 2021년 말을 기준으로 지방자치단체 기금의 수는 총 2,413개이며, 기금조성액은

---

[6] 지방자치단체의 예산은 각 지방자치단체 내 회계 간 재원이전뿐 아니라 지방자치단체 간 재원이전도 빈번하게 발생한다. 순계예산은 지방자치단체 내 회계 간(특별회계-일반회계) 내부거래 및 지방자치단체 간(시·도-시·군·구) 외부거래의 중복계상분을 공제한 금액이다.

총 48조원이다.

일반지방자치단체의 세입예산은 자체수입(지방세＋세외수입), 이전수입(지방교부세＋보조금), 보전수입 등 및 내부거래, 지방채로 구성된다. 2022년 당초예산기준 자체수입은 132조원이며 이 중 지방세가 108조원이고 세외수입이 24조원이다. 이전수입은 131조원으로 이중 지방교부세가 58조원이고 보조금이 73조원이다. 보전수입 등 및 내부거래는 19조원이다. 지방채는 4조원이다.

일반지방자치단체 세출예산은 15개 분야로 구분된다. 2022년 당초예산 기준 사회복지 분야가 88조원으로 가장 크고 인력운영비 34원, 환경 27조원 등이다. 회계별로는 일반회계가 235조이고 특별회계가 52조원이다.

교육자치단체의 교육비특별회계 규모는 2022년 당초예산 기준 총82조원이다. 교육비특별회계의 세입은 이전수입, 자체수입, 지방채 및 기타, 내부거래로 구성된다. 이전수입은 국가로부터의 이전수입인 지방교육재정교부금, 국고보조금, 특별회계전입금과 지방자치단체 이전수입과 기타이전수입으로 구성된다. 자체수입은 학생납입금과 기타 재산수입이며, 지방교육채 및 기타는 차입금과 순세계잉여금 등이다. 세입항목별로는 이전수입이 80조원이고 자체수입은 5,796억원, 지방채 및 기타는 1조 4천억원이며 내부거래는 5,974억원이다. 세출은 교육부문에 유아 및 초중등교육, 평생교육, 교육일반으로 구분된다. 2021년 말 기준으로 시·도교육청은 통합재정안정화기금, 남북교육교류협력기금 등 총44개 기금을 운영하고 있으며 현재 총5조원 규모이다.

용어의 정의

재정(財政, Public Finance)   재정이란 정부의 경제적 활동, 즉 정부의 수입과 지출이다. 재정의 통제를 위하여 재정활동은 반드시 예산(Budget, Public Budget)에 기초하도록 하고 있다. 예산의 편성과 집행은 행정부가 하고, 예산 및 결산의 심의는 국회가 하도록 권한이 분리되어 있어 행정부에 대한 통제가 이루어지는 것이 보통이다. 예산은 예산 집행 개시 전에 국회를 통과하여야 하며, 집행이 종료되면 집행이 제대로 이루어졌는지 국회의 심사를 받아야 하는데, 이를 결산 심사라고 부른다. 우리의 경우 국회의 결산 심사 이전에 감사원이 회계적 타당성을 먼저 검증하도록 하고 있다.

재무행정(Public Finance Administration, Fiscal Administration)   재무행정이란 재정을 다루는 행정학의 한 분야로, 재정의 관리에 관한 학문이다. 정부의 재정을 경제학적으로 접근하는 것이 재정학이라고 한다면 재무행정은 초기의 회계학 중심의 행정부 통제라는 개념에서 출발하여, 현대에는 국가의 미래의 방향성을 인도하는 행정부의 목적을 실현하는 도구로 성장하여 그 개념을 정의하기가 어렵다. 정부의 재정관리는 단순히 수입과 지출을 회계적으로 투명하게 하는 고전적 개념에서, 정부의 수입과 지출을 통하여 국민이 원하는 행정서비스를 공급하여 국민을 만족시킬 뿐만 아니라 국가 발전을 이루어야 한다는 목적성도 가지고 있으며, 미래의 국가 성장 동력도 만들어야 하는 방향성도 가지고 있다.

일반회계(General Account), **특별회계**(Special Account), **기금**(Fund)   예산은 일반회계와 특별회계로 구분할 수 있다. 일반회계는 정부의 주거래통장으로 볼 수 있다. 하지만 특정사업을 운영하거나, 특정자금을 보유하여 운용하거나, 특정세입을 특정세출에 충당하고자 할 때에는 여기에만 쓰이는 별도의 통장을 만드는데, 이것이 특별회계이다. 일반회계는 일반적 업무, 특별회계는 특별한 업무를 위해 구분된 회계로, 예산이라고 하면 일반회계와 특별회계를 일컫는다. 기금은 예산 이외의 특정목적을 위하여 특정자금을 운용하거나, 일정 자금을 활용하여 특정사업의 안정적 운영을 위하여 예산 이외에도 만들어지는 것으로, 과거에는 신축적 운용이 많았으나, 현재에는 예산과 거의 동일하게 국회의 심의 의결을 받는 것으로 통제가 강화되고 있다. 다만 예산보다는 탄력적으로 운용이 가능하다.

지방교부세(地方交付稅, Local Shared Tax)   국세 중 소득세, 법인세, 상속세, 증여세, 부가가치세, 개별소비세, 주세, 인지세, 증권거래세는 내국세로 분류되는데, 이러한 내국세(목적세 및 종합부동산세, 담배에 부과하는 개별소비세 총액의 100분의 20 및 다른 법률에 따라 특별회계의 재원으로 사용되는 세목의 해당 금액은 제외)의 19.24%는 지방교부세로 재정력 정도에 따라 지방자치단체에 배분되고 있으며, 내국세 20.27%는 지방재정교부금으로 지방교육재정에 배분되고 있다. 교부금은 기획재정부가 예산으로 편성하는 의미가 있고, 교부세는 국가가 의무적으로 지방에 주어야 한다는 의미가 있어 교부금과 교부세는 용어상 약간의 차이가 있다. 지방교부세도 과거 경제기획원 시절에는 지방교부금이라는 용어를 사용하여, 내국세의 일정한 비율로 지방자치단체에 배분된 것이 아니라, 정부의 재정 형편에 따른 예산 편성으로 지방자치단체에 배분된 적이 있다. 지방교부세는 사용목적이 자유로운 중앙정부의 이전재원이다. 반면, 국고보조금은 사용목적이 정해져 있는데, 지방교부세와 국고보조금은 학생의 입장에서 보면 용돈과 책값으로 개념화 할 수 있다.

예산제도와 예산과정

I 예산이론

1. 예산이론가

행정학의 시초가 1887년의 Woodrow Wilson의 논문 *"The Study of Public Administration"*에서 시작되었다고 본다면, 행정학 탄생 후 약 20년이 지나면서 예산에 대한 관심이 집중되었다. 미국 행정학에서 최초의 예산이론가로 볼 수 있는 Cleveland(1915: 16)는 예산을 집행부가 준비하여 의결권을 가진 대표기구에 제출한, 일정기간 동안의 기업이나 정부의 재원조달계획으로 정의하고 있다. 당시에는 국민에게 세금을 과세할 수 있는 권한이 의회에 있었기 때문에, 조세에 관한 권한은 행정부 권한 밖이라 생각하여 행정부의 예산 편성권이 인정되지 않았다. 이러한 관행을 깬 최초의 미국 도시가 뉴욕시였다. 이후 Willoughby와 같은 여러 예산이론가와 시민단체의 노력으로 연방정부에서도 행정부가 예산을 편성하기 시작하였는데, 이를 자세히 보면 다음과 같다.

19세기 말 미국 연방정부는 자신의 활동을 지원하게 될 수입이 충분하지 않아 적자를 보았는데, 1910년부터 1913년까지 활동을 한 대통령 위원회인 경제와 효율위원회(Commission on Economy and Efficiency)가 당시에는 획기적으로 연방정부의 예산 편성을 제안하였다. 경제와 효율위원회는 당시 대통령의 이름을 따서 Taft 위원회라고도 불리는데, 이 위원회에는 뉴욕시의 시예산을 최초로 만들었던 Frederick Cleveland가 포함되어 있었고, William Willoughby와 Frank Goodnow도 포함되어 있었다. 1912년 위원회는 국가예산의 필요성이라는 보고서를 의회에 제출하여, ① 대통령의 예산 편성, ② 대통령의 예산정책 및 재무정보, ③ 재무부의 재무보고,1) ④ 중앙부처의 재무보고, ⑤ 통일적 회계 기준 사용 등을 권고하였다. 1913년 Taft 대통령은 위원회가 만든 연방예산을 의회에 제출하였지만, 의회는 국민에 대한 과세권을 자신의 고유권한이라고 생각하고 있었기에 행정부가 세입을 바탕으로 세출 예산을 편성하는 아이디어 자체를 무시하였다.

그러나 계속해서 미국 행정부의 힘이 커지자 Willoughby는 1918년에 입법부의 행정부 통제를 위해서는 의회가 행정부의 사업활동을 미리 예산의 형태로 구체화하고 적절한 회계와 보고체계를 갖추도록 요구하여야 한다고 주장하였다 (Willoughby, 1918: 1). 특히 당시에는 정부가 회계보고서를 작성하고 있지 않았기 때문에, 정부의 효율성을 높이기 위해 시정부의 지출을 시정부의 수입과 연계하기 위하여 시정부에 예산총괄부서의 신설을 요구하였다. 시정부의 이러한 예산 개혁 운동은 주정부 주지사의 권한이 매우 강하여 주정부로 확대되지는 못하였다.

초기의 예산제도는 의회가 행정부를 통제하기 위한 품목별 예산제도였다. 그러나 행정부의 품목별 예산편성의 원칙에 대한 불만은 끊임없이 제기되었는데, 행정부의 예산편성 원칙의 부재에 대하여 V. O. Key, Jr.(1940)는 "어떠한 기준에서 사업 B보다는 A에 얼마만큼의 예산을 투입해야 하는가"라는 유명한 질문을 하게 된다. 이는 당시의 재무행정이 세입에만 관심이 있었기 때문인데, V. O. Key, Jr.(1940)는 예산 지출을 통한 사회적 효용 극대화를 위하여 예산의 경제학적인 접근과 정치철학적인 접근을 강조하였다.

예산의 원칙에 대한 여러 가지 이론이 제기되는 가운데, Lewis(1952)는 예산 이론이 경제적 가치에 중점을 두어, 다양한 지출사업에 대한 상대적인 중요성을 검토하여 재원을 배분하여야 하고, 예산의 한계적 가치에 대한 분석이 필요하고, 상대적인 가치 비교는 조직의 공통목표를 달성하는데 상대적으로 얼마나 유효한

---

1) 재무부란 국가의 재정을 담당하는 부처를 통칭한다. 우리의 경우는 기획재정부이다.

가로 평가되어야 한다고 주장하였다. Lewis는 경제이론의 적용이 어려운 것은 사실이지만, 경제학은 정해진 목표를 어떻게 효율적으로 달성하는가에 도움을 주기 때문에, 정확한 숫자를 얻는 데 노력하여 경제이론의 적용을 포기해서는 안 된다고 보았다.

Lewis(1952)는 예산과정의 대안으로 예산요구 또는 할당의 근거로서 예산요구서에 예산 추정액을 준비함과 동시에, 다른 대안으로서 추정액의 80%, 90%, 110%, 120%에 대하여 서비스의 수준과 질적 표준에 대한 변화를 기술하도록 주장하였다. 이러한 숫자는 상황에 따라 다른데 하한치는 의회에서 통과될 비관적 액수보다 약간 낮고, 상한치는 추정액보다 약간 많은 정도로 설정할 수 있다고 보았다. 새로운 예산과정 대안에서는 이러한 추정치별로 예산담당자는 서비스의 수준과 질적 표준에 대한 변화를 기술하여야 한다. Lewis(1952)는 우선순위를 미리 작성하고 예산이 충분하지 않을 경우 하위 우선순위 사업을 없애는 것도 유용한 방법이라고 보았다.

경제적 관점에서 예산이 효율적이라는 Lewis의 주장을 반박하면서, Lindblom(1959)은 대충처리식의 과학(The Science of Muddling Through)을 주장하게 된다. Lindblom(1959; 79-80)은 인플레이션에 대한 경제 정책 수단을 정부가 수립할 때, 고용, 기업이윤, 소액저축 보호, 주식시장 영향 등 중요한 모든 가치를 나열하고, 인플레이션 정책이 가져오는 결과를 고려한 후, 사용할 수 있는 모든 정책 대안을 고려한 후, 정책 대안의 체계적인 비교를 행하여 관련된 모든 가치에 가장 긍정적인 영향을 미치는 대안을 선택하는 방법을 선택할 수 있지만, 인플레이션 정책으로 단지 물가를 안정시킨다는 단순한 목표를 가지고 정책 수단을 선택할 수도 있다고 했다. 이 방법은 관련된 사항을 모두 검토하지 않으며, 정책결정자는 자신의 직관적인 판단에 의한 몇 개의 정책 대안만을 생각하며, 정책 대안을 비교하기 위한 정책대안의 결과 예측도 단지 과거의 경험에 의존할 뿐이다. 정책을 선택할 때에도 다양한 가치를 고려한 점진적인 결정을 하되, 이러한 과정을 끊임없이 반복한다.

Lindblom(1959)은 이상과 같은 두 가지 접근 방법을 뿌리식 접근과 가지식 접근으로 설명하고 있다. 이후 Lindblom(1959)과 Wildavsky(1961, 1967)와 같은 정치성을 강조하는 점증주의 예산가의 이론은 20년간 예산이론을 지배하게 된다. Schick(1966: 244-245)는 예산이론의 연대기를 설명하여 책임성과 통제적

표 17-1 뿌리식 접근과 가지식 접근

합리적-종합적(Root: 뿌리식 접근)	계속적인 제한적 비교(Branch: 가지식 접근)
• 정책대안의 실증적 분석과는 별도로, 그리고 실증분석의 전제로서 가치나 목표가 확정됨	• 가치 목표와 필요한 행동에 대한 실증적 분석의 선택이 서로 연관되어 있음
• 정책형성은 목표수단분석을 통하여 이루어짐 • 목표는 분리되어서 생각되고 목표를 달성하는 수단 또는 방법이 찾아짐	• 목표와 수단이 구분되지 않기 때문에 목표 수단분석(Means-End Analysis)은 부적절하거나 제한적으로 이루어짐
• 바람직한 목표에 가장 적절한 수단으로 보여지는 것이 좋은 정책임	• 목표에 가장 적합한 수단이라는 것보다 다양한 분석가가 찬성하는 정책이 좋은 정책임
• 분석은 종합적이고 모든 중요한 관련 요인이 검토됨	• 중요한 정책결과가 무시되고, 중요한 정책대안이 무시되고, 중요한 영향가치들이 무시되기 때문에 분석은 매우 제한적임
• 이론에 크게 의존하고 있음	• 비교의 계속적인 시행은 이론에 대한 의존 필요성을 감소시키거나 없앰

자료: Lindblom(1959: 81)에서 재작성.

관심(품목예산이 추구하는 바)에서부터 성과예산(관리적 효율 강조), PPBS(목표, 계획, 사업의 효과성 강조)를 설명한 후,[2] 예산의 세 가지 기능으로 조직의 목표와 목적을 결정하는 ① 전략적 계획, 목표달성을 위한 관리 과정인 ② 관리통제, 적절한 집행에 중점을 둔 ③ 운용통제를 들고 있다. Schick는 예산의 합리성 및 점증성, 정치성 및 경제성 논란에서 벗어나, 예산의 행정관리 측면을 중시하고 있다.

Rubin(1990)은 예산이론과 예산실무 간 갭을 설명하며, 너무 많은 이론가들은 비현실적인 이상적 기대치를 가지고 있기 때문에 예산실무가 실패했다고 결론을 내린다는 지적을 하고 있다. Rubin은 많은 혁신적인 예산제도가 서투르게 정부에 도입되기 때문에 적응기간이 필요하며, 예산제도의 도입에 대한 평가는 일정한 시간이 지난 다음에 내려져야 한다고 보았다.

예산의 현대적 정의는 정부의 수입과 지출에 관한 계획이다. 예산을 보는 전

---

2) PPBS는 정부가 사업목표를 구체화하고 평가지표를 제시하며, 5년간 지출 계획을 하고 비용편익분석을 하고 사업활동의 완전재검토(Zero-Base Reviews)를 내용으로 하고 있다.

통적인 관점은 ① 예산이 정치성의 산물인지, ② 재정의 효율성 및 합리성의 산물인지 크게 두 가지 관점으로 구분할 수 있다. 예산의 정치성을 강조하는 사람은 예산과정을 정치적 이익을 위해 수행되는 정치적 과정이라고 본다. 이는 예산편성이 의회에서 총액별로 이루어졌던 시기부터 강조된 관점이다. 반면 경제학자는 예산 과정을 기회비용 측면에서 재원을 할당하는 것이기에 재정의 효율성 및 합리성을 강조한다. 합리성을 강조하는 경우에도 완전한 합리성을 가정하는 경우와 계속적인 점증주의에 의한 지속적인 합리성 추구 등으로 나누어 볼 수 있다.

이러한 전통적인 관점에 더하여 Smith & Lynch(2004: 37)은 예산에 대한 관점을 ① 예산의 정치성을 강조하는 정치적 관점, ② 예산의 효율성을 강조하는 경제적 관점에 더하여, ③ 예산의 책임성을 강조하는 회계적 관점, ④ 예산의 계획성을 행정관리적 관점 등 네 가지 관점에서 파악하였다. 회계적 관점은 책정된 예산에서 실제 지출이 이루어졌나 하는 책임 가치에 초점을 두는 것으로, 현대 행정에서 이는 관점이라기보다는 반드시 지켜져야 하는 회계적 처리 기준이라고 볼 수 있다. Smith와 Lynch의 행정관리적 관점은 예산은 일정 기간 내에 목표 및 관련 사업을 성취하기 위한 계획으로 파악하는 것으로, 현대 행정국가에서의 예산의 정치성과 경제성을 결합한 공공정책의 실행을 의미한다.

2. 예산원칙

예산의 원칙이란 예산편성, 예산의결, 예산집행, 결산과정에서 지켜져야 할 준칙이다. 예산의 원칙이 중요했던 이유는 영국에서 국왕으로부터 재정권을 뺏어오기 위한 논리적 근거 때문이었는데, 초기에는 입법부의 행정부 통제에 초점을 두어 입법부 사전의결 원칙 등이 강조되었다. 이후 예산과정의 국민 공개라는 공개성의 원칙, 수입과 지출이 명확하고 합리적으로 분류되어야 한다는 명료성 또는 명세성 원칙, 세입과 세출이 모두 예산에 계상되어야 한다는 예산총계주의 원칙, 모든 세입과 세출이 예산에 포함되어 예산 이외에 다른 입법부 의결로 지출이 이루어져서는 안 된다는 완전성의 원칙, 단일예산으로 편성되어야 한다는 단일성 원칙, 예산의 목적·금액·기간에 명확한 한계가 있어야 한다는 한정성의 원칙, 세입추계의 정확성 및 불용 최소화로 결산과 예산의 괴리가 적어야 하는 엄밀성의 원칙 등이 제시되었다.

현대에 있어서 예산원칙은 중요성이 약해졌다. 오늘날 예산원칙은 실천적 과제로서의 다양한 원칙론이 제기되고 있다. 현대에 있어서는 이러한 원칙에 대한 탄력적인 운영이 허용되고 있는 것이 현실이며, 이러한 원칙의 중시보다는 예산의 충실한 사업계획 반영, 예산 집행의 합법성, 효율성, 효과성, 합목적성, 충실한 재정자료의 작성과 의회보고 등이 강조되고 있다.

3. 우리나라 헌법에 규정된 예산제도

오늘날 정부의 재정활동은 반드시 의회에서 승인되거나 법으로 통과된 예산에 기초하여야 한다.[3] 정부의 재정활동은 매우 중요하기 때문에 우리의 헌법은 재정과 관련된 몇 가지 사항을 기술하고 있는데, ① 재정과 관련한 국회와 행정부의 역할에 대해서 정부는 예산의 편성권, 국회는 예산의 심의·의결권을 부여하고, ② 예산단년도주의 천명 및 예비비 및 계속비 등 예외 인정, ③ 국채 및 조세 등 국민에게 부담을 주는 제도는 국회 의결이 필요함을 규정하고 있다.

우리나라 헌법 제54조 제1항에서는 국회가 국가 예산안을 심의·확정하는 것을 규정하고 있으며, 제54조 제2항에서는 정부가 예산안을 매년 회계연도 개시 90일 전까지 국회에 제출하고,[4] 국회는 회계연도 개시 30일 전까지 이를 의결하도록 하고 있으며, 제54조 제3항에서는 새로운 회계연도가 개시될 때까지 예산안이 의결되지 못한 때에는 정부는 국회에서 예산안이 의결될 때까지 ① 헌법이나 법률에 의하여 설치된 기관 또는 시설의 유지·운영, ② 법률상 지출의무의 이행, ③ 이미 예산으로 승인된 사업의 계속을 위한 경비는 전년도 예산에 준하여 집행할 수 있도록 하고 있다.

헌법 제55조 제1항에서는 한 회계연도를 넘어 계속하여 지출할 필요가 있을 때에는 정부는 연한을 정하여 계속비로서 국회의 의결을 얻도록 하고 있으며, 제55조 제2항에서는 국회가 총액 기준으로 예비비를 의결하며, 예비비의 지출에 대해서는 차기 국회가 승인하도록 하고 있다. 헌법 제56조에서는 정부가 예산에 변

---

3) 우리나라와 일본은 예산이 국회의 의결로 성립하나 미국, 영국, 독일, 프랑스, 캐나다에서는 예산이 법률의 형식을 가지고 있다.

4) 국가재정법 제33조는 회계연도 개시 120일 전까지 국회에 제출하도록 하고 있는데, 이는 예산 심의를 엄격히 하고자 하는 취지이기 때문에 헌법의 90일 전은 최소 90일 전으로 해석되어야 한다.

경을 가할 필요가 있을 때 추가경정예산안을 편성하여 국회에 제출하도록 하고 있으며, 제57조에서는 국회가 정부의 동의 없이 정부가 제출한 지출예산 각항의 금액을 증가하거나 새 비목을 설치할 수 없도록 하고 있다. 이는 무분별한 예산 증액 폐단을 방지하기 위함인데, 이는 국회 예산심의권 제약 및 재정민주주의 저해라는 비판도 있다(예산정책처, 2018: 84).

헌법 제58조에서는 국채를 모집하거나 예산외에 국가의 부담이 될 계약을 체결하려 할 때에는 정부가 미리 국회의 의결을 얻도록 하고 있으며, 제59조는 조세의 종목과 세율을 법률로 정하도록 하고 있다. 끝으로 헌법 제89조에서는 예산안·결산·국유재산처분의 기본계획·국가의 부담이 될 계약, 기타 재정에 관한 중요사항은 국무회의의 심의를 거치도록 하고 있다.

예산은 헌법 제54조 제2항에 의거하여 회계연도를 기준으로 하여 연도별로 편성된다. 헌법에 의거한 연도별 편성으로 우리나라의 경우는 예산단년도주의 원칙이 적용된다. 예산단년도주의 원칙이란 예산은 매년 작성하여 다음 년도 이후의 예산을 구속해서는 안 된다는 원칙으로 예산의 효력을 회계년도 내에 한정하고 이를 초과하는 지출과 부담은 금지하는 것이다. 우리의 헌법 제55조 제1항과 헌법 제58조에서는 계속비와 채무부담행위를 예산단년도주의의 예외로 인정하고 있다.

한편, 헌법에서 회계연도를 기준으로 하여 연도별로 편성하는 규정을 예산의 회계연도 독립의 원칙으로 해석할 수도 있는데(예산정책처, 2018: 74), 이는 잘못된 것이다. 회계연도 독립의 원칙이란 각 년도에 지출해야 할 경비의 재원은 당해 연도의 수입에 의해서만 조달해야 하는 것을 말한다. 과년도 수입 및 세출 예산의 이월 등은 회계연도 독립의 원칙에는 저촉되기 때문에 이에 대한 예외적인 인정이 필요하다. 헌법에 과년도 수입 및 이월에 대한 규정이 없기 때문에 헌법에서는 회계연도 독립의 원칙은 밝히고 있지 않다고 할 것이다.

우리나라의 회계연도는 독일, 프랑스와 같이 1월 1일부터 12월 31일까지이다. 영국, 일본, 캐나다는 4월에 회계연도가 시작하며,[5] 미국은 연방정부는 10월, 호주, 뉴질랜드, 미국의 거의 모든 주는 7월에 시작한다. 우리나라도 1967년 예산회계법을 개정하여 예산집행의 합리화와 실효성을 기하기 위해 12월 또는 1월

---

5) 일본 민간기업의 회계연도는 1월에 시작한다.

에 확정되는 미국의 정식대외원조액을 정확히 국가예산에 계상하기 위하여 정부의 회계연도를 1월 1일부터 12월 31일까지에서 4월 1일부터 3월 31일까지로 변경하려 하였으나(예산회계법 법률 제1918호, 1967. 3. 30., 일부개정, 시행 1967. 3. 30.), 통계수치의 동질성 확보와 제2차 경제개발 5개년계획의 집행상 차질 시정, 여러 건설공사의 차질 시정 등의 목적으로 회계연도를 다시 1월 1일부터 12월 31일까지로 변경하였다(법률 제1957호, 1967. 10. 28., 일부개정, 시행 1967. 10. 28.).

4. 국가재정법에 규정된 예산원칙

국가재정법 제16조에서는 예산의 원칙으로서, ① 재정건전성의 확보, ② 국민부담의 최소화, ③ 조세지출의 성과 제고, ④ 예산과정의 투명성과 예산과정에의 국민참여 제고, ⑤ 예산이 여성과 남성에게 미치는 효과를 평가하고, 그 결과를 정부의 예산편성에 반영해야 하는 원칙을 규정하고 있다.

우리나라 예산은 국가재정법 제17조에 따라 예산총계주의 원칙이 적용되어, 한 회계연도의 모든 수입을 세입으로 하고, 모든 지출을 세출로 하여야 한다. 이를 예산의 완전성 원칙이라고도 하는데, 예산총계주의 원칙이란 한 회계연도의 모든 수입과 지출이 모두 세입 세출 예산에 편성되어야 하는 것으로, 예산서와 결산서를 통하여 정부의 모든 수입과 지출의 총액 및 그 흐름을 알 수 있게 하여 회계적 투명성을 확보하고 예산 집행에 대한 정부의 책임을 명확히 하기 위하여 필요하다.

개인의 경우는 친구에게 1,000원을 빌렸는데, 그 친구가 나에게 1,000원을 주어야 하는 일이 생기는 경우, 돈을 주고 받지 않고 없던 것으로 할 수 있지만, 국가의 경우는 반드시 금전적인 거래가 완성되어야 한다. 즉, 빌려간 1,000원을 갚아야 하며, 친구는 나에게 반드시 1,000원을 주어야 한다. 동사무소에서 주민등록 등초본 수수료 수입이 100만원이고 공무원 월급이 100만원이라고 할 때, 동사무소에서 100만원을 본청에 주지 않고 공무원 월급으로 100만원을 사용하는 경우, 개인적인 경우에는 아무 문제가 없지만, 이는 예산 총계주의에 어긋나는 것이다. 반드시 본청에 100만원을 돌려주어야 하고, 본청은 동사무소에 100만원을 월급으로 내려 보내야 한다.

국가재정법 제53조에서는 예산총계주의 원칙의 예외로 ① 수입대체경비(용역 또는 시설을 제공하여 발생하는 수입과 관련되는 경비)가 예산을 초과하거나 초과할 것으로 예측되는 경우에 예산보다 초과하여 지출할 수 있고, ② 국가가 현물로 출자하는 경우와 외국차관을 도입하여 전대(轉貸)하는(대신 빌려주는) 경우에는 이를 세입세출예산 외로 처리할 수 있게 하고,[6] ③ 차관(借款) 물자대(物資貸)의 부득이한 이월 또는 환율 및 금리의 변동으로 세입예산이 초과되는 경우 확정된 세출예산을 초과하여 지출할 수 있고,[7] ④ 전대차관을 상환하는 경우 환율 및 금리의 변동, 기한 전 상환으로 인하여 원리금 상환액이 그 세출예산을 초과하게 되는 때에는 초과한 범위 안에서 그 세출예산을 초과하여 지출할 수 있도록 하고 있다.

Ⅱ 예산의 구성

국가재정법 제19조는 예산의 구성에 대하여 규정하고 있는데 ① 예산총칙, ② 세입세출예산, ③ 계속비, ④ 명시이월비, ⑤ 국고채무부담행위 등 5개 부문이 해당한다.

1. 예산총칙

예산총칙에는 세입세출예산·계속비·명시이월비 및 국고채무부담행위에 관

---

6) 이를 전대 차관이라 한다. 전대란 빌린 것을 다시 남에게 빌려주는 것이며, 차관은 외국 정부나 공적 기관으로부터 자금을 빌리는 것이다. 외국환 은행이 국내 거주자에게 수입 자금으로 이용하는 조건으로 외국의 금융 기관으로부터 외화 자금을 빌려 오는 차관을 전대차관이라 한다. 국내은행이 외국금융기관에게서 빌려서 국내 거주자에게 다시 빌려주는 것이기 때문에 대신 빌렸다라는 의미에서 전대라는 용어가 사용된다. 우리의 경우 한국산업은행, 중소기업은행 등이 과거 세계은행 등 국제금융기관으로부터 전대 차관 방식으로 자금을 빌려왔으며, 1978년부터는 한국수출입은행이 칠레, 자메이카 등에 전대 차관을 한 적이 있다.

7) 물자대란 우리말은 없다. 중국어로 물자대는 취득원가(acquisition cost)를 말하며, 일본어는 물자대부(物資貸付)라는 용어가 있는데, 이는 조합원이 물자를 구입할 때 돈이 필요하게 되므로 이때 돈을 빌려주는 것을 말한다. 따라서 차관 물자대란 외국에서 물건을 구입할 때 빌려온 돈으로 해석할 수 있다.

한 총괄적 규정을 두어야 하며, 국채와 차입금의 한도액(중앙관서의 장이 관리하는 기금의 기금운용계획안에 계상된 국채발행 및 차입금의 한도액 포함), 재정증권의 발행과 일시차입금의 최고액, 그 밖에 예산집행에 관하여 필요한 사항을 포함하여야 한다. 예산총칙은 회계연도 내에서만 효력을 가지며, 법조문과 같이 제1조 등으로 제시되며 추가경정예산으로 수정될 수 있다. 2022년도 예산총칙안은 <표 17-2>와 같다.

국가재정법 제21조는 세입세출예산을 독립기관 및 중앙관서의 소관별로 구분한 후 소관 내에서 일반회계·특별회계로 구분하도록 하고 있으며, 세입예산은 일반회계와 특별회계 구분에 따라 그 내용을 성질별로 관·항으로 구분하고, 세출예산은 일반회계와 특별회계 구분에 따라 그 내용을 기능별·성질별 또는 기관별로 장·관·항으로 구분하도록 하고 있으며, 필요시 계정으로 구분할 수 있도록 하였다.

| 표 17-2 | 2022년도 예산총칙 |

제1조 2022년도 세입·세출예산 총액을 각각 다음과 같이 정한다.

① 일반회계	421,416,033,950,000원
② 농어촌구조개선특별회계	13,350,276,000,000
이하 20개 특별회계 생략	

제2조 2022년도 세입·세출예산의 명세는 별첨 「세입·세출예산」과 같다.

제3조 2022년도 계속비는 별첨 「계속비」와 같다.

제4조 계속비 예산으로 총공사 계약이 체결되었을 경우에는 기획재정부장관과 사전에 협의된 한도액 범위내에서 연부액을 초과하여 시공할 수 있다.

제5조 2022년도 명시이월비는 별첨 「명시이월비」와 같다.

제6조 2022년도 국고채무부담행위는 별첨 「국고채무부담행위」와 같다.

제7조 국가재정법 제25조 제2항의 규정에 의한 재해복구 국고채무 부담행위 한도액은 1,500,000,000,000원으로 하며, 일반회계 재해대책예비비 사용에 준하여 집행한다.

제8조 2022년도에 한국은행으로부터의 일시차입 또는 재정증권을 발행할 수 있는 연도 중 최고한도액은 다음과 같다.

제9조 2022년도 중 국가의 차입금 한도액 또는 국채발행한도액(액면가 기준)은 다음과 같다. 다만, 당해연도에 발행한 국채를 차환하기 위한 국채발행액은 그 한도액에 포함되지 아니한다.

제10조 ① 다음 경비 또는 비목에 부족이 생겼을 경우에는 국가재정법 제47조 제1항 단서규정에 의하여 당해 소관내의 타 비목으로부터 이용할 수 있다.

제11조 정부기업예산법 제19조, 우정사업운영에관한특례법 제14조 규정에 의한 수입금

CHAPTER 17 예산제도와 예산과정 321

마련 지출은 다음 범위내에서 할 수 있다.

제12조 일반회계 예비비 중 2,100,000,000,000원은 재해대책비(재해복구·국고채무부담 행위 상환액 및 전염병 예방·대책비 포함), 인건비(국민건강보험 부담금, 연금부담금 등 연동경비 포함), 환율변동으로 인한 원화부족액 보전 경비, 법적 의무지출의 전년도 미지급금 및 당해연도 지급 부족액(단, 사회복지 예산 분야의 예산에 한함), 감염병에 따른 방역 및 손실보상 등 피해지원, 국제부담금 이외에는 지출할 수 없다.

제13조 각종 선거 및 국민투표 경비에 따른 예비비 지출은 제12조 규정에 의한 예비비 용도 제한을 받지 아니한다.

제14조 정부기업예산법 제14조 및 제21조 단서 규정에 의한 기업특별회계의 전출금은 다음과 같다.

제15조 정부기업예산법 제14조의 규정에 의한 기업특별회계의 전입금은 다음과 같다.

제16조 원자력손해배상보상계약에 관한 법률 제10조의 규정에 의한 2022년도 원자력손해배상보상계약금액의 합계액은 2,960,006,000,000원 이내로 한다. 다만, 보상금 지급한도는 원자력사업자가 체결한 보험계약에 의한 지급 받은 보험금을 공제한 금액 이내로 한다.

제17조 각 중앙관서의 장은 재해복구를 위해 필요한 경우 각 회계별로 제10조 제1항 제8호의 재해대책비 비목을 설치·운영할 수 있다.

제18조 민간투자사업의 토지보상비는 기획재정부장관과 사전에 협의된 한도액 범위 내에서 당해 연도 토지보상비 예산을 초과하여 집행할 수 있다.

자료: 나라살림 예산개요(2022: 285 – 289).

2022년도 대한민국 정부 예산은 일반회계와 기업특별회계, 교통시설특별회계 등 20개 특별회계로 구성되어 있다.

정부는 국가재정법 제22조에 의거하여 예측할 수 없는 예산 외의 지출 또는 예산초과지출에 충당하기 위하여 일반회계 예산총액의 100분의 1 이내의 금액을 예비비로 세입세출예산에 편성할 수 있는데, 공무원의 보수 인상을 위한 인건비 충당을 위하여서는 예비비의 사용목적을 지정할 수 없다.

2. 세입·세출예산

정부의 수입과 지출을 특별히 세입과 세출이라 하는데, 이는 정부의 재정 활동 즉, 수입과 지출이 국민으로부터 걷는 조세를 기반으로 하기 때문이다.

세입예산은 정부의 재원조달의 원천을 의미하며, 조세수입과 세외수입으로 구성된다. 세입예산의 경우 국가의 경제적·재정적 여건을 고려한 수입액의 추정치로 법적 구속력이 없으며 그 수치는 추정에 바탕을 둔 임의적 성격을 갖는다(윤영진, 2021: 63). 세입예산의 근간이 되는 조세의 경우 조세법률주의에 의거하여 세목 및 세율에 대한 규정은 반드시 법률에 의거해야 하나 조세수입의 추정치는 법적 구속력을 갖지 아니한다.

반면에 세출예산은 국회의 심의를 거쳐 확정된 것으로 강한 법적 구속력을 갖는다(윤영진, 2021: 63). 정부의 세출예산은 조달된 재원 즉, 세입예산을 바탕으로 정부활동에 소요되는 비용을 총괄적으로 계상한 것으로 사용 목적이 정해져 있어 정부는 이를 따라야 한다.

세입예산과 세출예산의 경우 그 총계는 일치하여야 한다. 그러나 총액은 같아야 하지만 개별항목이 모두 일치할 필요는 없다. 일반회계의 경우 세입예산과 세출예산은 상호 연계가 되지 않는다. 반면에 특별회계의 경우 세입예산과 세출예산의 상호 연계가 강하다. 이는 특별회계는 특정 세입으로 특정 세출을 충당하는 것이 원칙이기 때문이다. 특별회계 세입예산과 세출예산의 총계 역시 일반회계와 마찬가지로 일치하여야 한다.

3. 계속비

국가재정법 제23조는 완성에 수년도를 요하는 공사나 제조 및 연구개발사업은 그 경비의 총액과 연부액(年賦額)을[8] 정하여 미리 국회의 의결을 얻은 범위 안에서 5년 이내에 걸쳐서 지출할 수 있도록 하고, 사업규모 및 국가재원 여건상 필요한 경우에는 예외적으로 국회의 의결을 거쳐 10년 이내로 할 수 있도록 하고 있다.

한편 예산의 이월은 다년도에 걸쳐 예산을 집행할 수 있는 점에서 계속비와 유사하나, 계속비는 예산편성시 수년에 걸쳐 예산지출을 예정하고 있는 반면, 이월제도는 당해 회계연도 내 집행을 계획하고 있다. 또한 계속비는 연도별 연부액 중 해당연도에 지출하지 못한 금액을 완성할 때까지 계속 이월할 수 있으나, 이월제도는 다음 회계연도 집행만을 허용한다.

---

8) 계속비 사업에서 당해연도에 확보된 예산을 연부액이라 한다. 사업자는 연부액의 한도 내에서 공사를 한다.

4. 명시이월비

국가재정법 제24조는 세출예산 중 경비의 성질상 연도 내에 지출을 끝내지 못할 것이 예측되는 때에는 그 취지를 세입세출예산에 명시하여 미리 국회의 승인을 얻은 후 다음 연도에 이월하여 사용할 수 있도록 하고 있다. 이에 의거하여 행정부는 다음 회계연도에 기획재정부의 승인을 얻은 범위 안에서 지출원인행위(계약의 체결)를 할 수 있는데, 기획재정부가 다음 연도에 걸쳐서 지출하여야 할 지출원인행위를 승인한 때에는 감사원에 통지하여야 한다. 이러한 명시이월 이외에도 사고이월이 있는데, 사고이월은 연도 내에 지출원인행위를 하였지만, 연도 내에 지출을 하지 못해 경비를 다음 연도에 이월한 경우이다.

5. 국고채무부담행위

국고채무부담행위란 국가가 예산확보 없이 당해연도에 채무를 지는 행위로 정의되는데, 국가재정법 제25조는 국가가 법률에 따른 것과 세출예산금액 또는 계속비의 총액의 범위 안의 것 외에 채무를 부담할 때에는 미리 예산으로 국회의 의결을 얻도록 하고 있다. 또한, 재해복구를 위하여 필요한 때에는 회계연도마다 국회의 의결을 얻은 범위 안에서 채무를 부담하는 행위를 할 수 있다. 국고채무부담행위는 사항마다 그 필요한 이유를 명백히 하고 그 행위를 할 연도 및 상환연도와 채무부담의 금액을 표시하여야 한다.

III 예산의 분류

예산총액은 세입예산과 세출예산 모두 단일 금액의 형태로 표시되지만 그 내용 및 구조는 용도에 따라 각각 다르게 표현된다(윤영진, 2021: 85). 세입예산과 세출예산의 내용을 일정한 기준에 따라 구조화하는 것을 예산의 분류라 한다. 다시 말하면 예산의 분류는 예산으로부터 필요한 정보가 무엇인지를 정하고 이러한 정보를 알아내기 위해 예산을 기준에 따라 구조화하는 것을 의미한다. 따라서 예산으로부터 알아내기 위한 정보의 용도와 목적에 가장 적합한 예산 분류를 만들 필요가 있으며 이는 예산을 둘러싼 정치·경제·사회·문화적 환경에 따라 변화해왔다.

1. 조직별 분류

예산의 조직별 분류(Organizational Classification)는 예산을 편성하고 집행하는 주체에 따라 분류하는 방법이다. 우리나라에서 조직별 분류는 부처별·소관별·기관별 분류라고 불리는데 예산 분류 방식 중 가장 오래된 방식으로 의회의 예산 심의에 가장 유용한 통제 중심의 예산 분류법이다.

조직별 분류에서는 세입예산과 세출예산 모두 조직별로 분류되며 일반적으로 기능별 분류 및 품목별 분류와 함께 병용되는 경우가 대부분이다. 조직별 분류는 의회의 예산 심의 및 통제에 가장 효과적인 예산 분류 방식으로 예산 편성과 집행에 있어서 책임소재 확인이 용이하다는 장점이 있는 반면에, 예산의 목적 및 기능의 파악이 어려워 효과를 알기 어렵다는 단점이 있다.

2. 품목별 분류

예산의 품목별 분류(Classification by Objects)는 지출 대상 및 성질을 기준으로 예산을 분류하는 방식이다. 지출 대상이란 예산 과목에서 '목'에 해당하는 것으로 인건비, 물건비, 이전지출 등의 투입 요소를 말한다(윤영진, 2021: 98). 품목별 분류는 전통적인 예산 분류 방식으로 합법성에 치중하는 분류 방식으로 예산을 지출 대상에 따라 한계를 정확히 정해 배정함으로써 행정부의 권한과 재량을 제한하고 회계 책임을 명확하게 해주는 통제 지향적 분류 방법이다(원구환, 2019: 46).

품목별 분류는 의회의 행정부에 대한 예산 통제가 주요 목적으로 예산의 효과나 목적에 초점을 두지 않는다. 조직별 분류나 기능별 분류 등 다른 예산 분류 방식과 병행하여 사용하는 것이 일반적이다.

3. 기능별 분류

예산의 기능별 분류(Classification by Functions)는 예산을 주요 기능 또는 사업활동별로 분류하는 방식이다. 기능별 분류는 국방, 사회복지, 일반행정 등 정부가 수행하는 사업활동별로 얼마만큼의 예산을 배분하고 있는가를 기준으로 하는 분류 방식으로 국민이 가장 이해하기 쉬운 예산 분류 방식이다.

기능별 분류에서는 기능별로 예산이 배분되기 때문에 정부가 어떤 기능에 정책의 우선순위를 두고 있는가를 쉽게 알 수 있으며 세입예산보다는 세출예산의 분류에 더 적합한 분류 방식이다(원구환, 2019: 44).

4. 경제성질별 분류

예산의 경제성질별 분류(Economic Character Classification)는 국민경제에 미치는 영향에 따라 예산을 분류하는 방식으로 예산을 경제적 성격에 따라 분류하는 것으로 정부 재정정책의 수립과 집행에 필요한 정보를 제공하는 것에 초점을 둔 방식이다. 경제성질별 분류는 예산을 경상계정과 자본계정으로 분류하여 예산이 거시경제지표인 고용, 물가, 국제수지 등에 어떠한 영향을 미칠 것인가를 파악하는데 초점을 둔다. 경제성질별 분류는 조직별·기능별 분류와 같이 사용되는 것이 일반적이며 고위정책결정자에게 유용한 경제정보를 제공하기에 유리한 예산 분류 방식이다.

5. 예산성립 시기에 따른 분류

예산은 성립 시기에 따라 당초에 국회의 의결을 얻어 확정되어 성립된 본예산과 본예산 이후에 생긴 사유로 예산 금액을 변경한 수정예산과 추가경정예산으로 구분할 수 있다.

본예산은 당초예산 또는 원예산이라고도 불리며 정상적인 절차를 거쳐 편성, 심의, 의결된 예산으로 행정부가 예산안을 편성하여 의회에서 의결되어 확정된 예산이다. 본예산은 행정부가 최초 제출한 예산으로 예산총칙 – 세입 및 세출예산 – 계속비 – 명시이월비 – 국고채무부담행위 설명서로 구성된다.

수정예산은 예산 편성 이후 여건의 변화로 국회에서 심의 중인 예산안 내용의 일부를 수정하여 편성·제출하는 예산을 말한다. 수정예산은 국무회의의 심의를 거쳐 대통령의 승인을 얻은 후 국회에 제출되어야 한다(국가재정법 제35조). 수정예산의 경우 예산안 내용의 일부를 수정하는 것이므로 국회 제출 시 본예산과 달리 일부 서류의 생략이 가능하다(국가재정법 제36조).

추가경정예산은 예산이 성립된 이후 새로이 발생한 사유로 예산을 변경할 필요가 있을 때 국회에 제출하여 승인을 받은 예산을 말한다. 우리나라의 경우 법률(국가재정법 제89조)이 정하고 있는 특정한 사유를 제외하고는 추가경정예산의 편성이 불가하며, 특정한 사유로는 ① 전쟁이나 대규모 자연재해 발생, ② 경기침체, 대량실업, 남북관계변화, 경제협력 등 ③ 법령에 따라 국가가 지급하여 하는 지출이 발생하거나 증가하는 경우가 있다.

수정예산과 추가경정예산은 본예산이 성립된 이후 변경된 예산이라는 공통점이 있다. 그러나 수정예산의 경우 국회의 예산 심의 중에 행정부가 예산 편성 내용의 일부를 변경하는 것인 반면, 추가경정예산의 경우 국회의 심의·의결 과정이 마무리되어 이미 성립된 예산에 대하여 행정부가 다시 편성 내용을 변경하는 것이라는 차이가 있다.

6. 예산 불성립 시의 분류

예산 불성립 시의 분류는 예산안이 회계연도가 개시되기 전까지 의회의 심의·의결 과정을 마치지 못하여 예산이 불성립하는 경우 필요 경비 지출을 위해 마련된 제도에 따른 분류 방식을 말한다. 예산 불성립 시 필요 경비 지출을 위한 제도에는 잠정예산, 가예산, 준예산이 있다.

잠정예산은 영국, 캐나다, 일본 등 주로 의원내각제를 채택하고 있는 국가에서 활용하고 있는 제도이며, 예산 불성립 시 일정금액의 국고지출을 점정적으로 허가하는 예산제도이다. 잠정예산의 경우 일정금액의 지출을 의회가 의결해야 하며 그 사용기간은 원칙적으로 확정되지 않는다. 의회가 일정금액의 국고지출을 의결하였다 할지라도 신규 지출 또는 사업의 시행은 금지되며 단지 필요경비에 대해 전년도 예산 수준으로 지출이 가능하다. 본예산이 성립되면 잠정예산은 효력을 상실하며 본예산에 흡수된다.

가예산은 잠정예산과 유사한 제도로 단지 사용기간이 1개월로 제한되어 있다는 특징이 있다. 우리나라 제1공화국과 프랑스 제3·4공화국에서 사용된 제도로 현재 가예산을 채택하고 있는 국가는 거의 없다.

준예산은 현재 우리나라가 헌법 제54조 3항을 통해 채택하고 있는 제도로 예산이 불성립할지라도 헌법이나 법률에 의해 설립된 기관 또는 시설의 유지 및 운영이 가능하도록 행정부의 법률상 지출의무를 허락해 주는 제도이다. 계속사업의 경우 사업의 연속성 확보를 위한 경비에 한하여 전년도 예산에 준하여 집행이 가능하다. 준예산은 잠정예산과 달리 국회의 의결이 없어도 예산이 불성립하는 경우 자동으로 발동하며 당해연도의 본예산이 성립할 때까지 기간 제한 없이 사용이 가능하다. 그러나 잠정예산과 마찬가지로 신규 지출 또는 사업의 시행은 금지된다. 본예산이 성립하면 준예산에 의해 집행된 예산은 본예산에 의해 집행된 것으로 간주된다.

Ⅳ 예산제도의 변천

예산의 분류는 예산을 편성 및 집행 방식에 따라 구분하는 것이다. 예산의 분류는 예산제도를 통해 실현되며 이러한 예산제도는 시간에 따라 변해 왔다. 여기에서는 예산제도의 변천을 미국의 예산제도 변화로 살펴보도록 한다. 재무행정의 기원을 유럽의 관방학이나 그 이전까지로 볼 수 있으나, 우리의 예산제도와 관련성이 있는 제도가 미국이기 때문에 미국의 예산제도를 중심으로 살펴본다.

1. 품목별예산제도

미국에서는 1921년에 예산회계법(the Budget and Accounting Act of 1921)이 제정되면서 행정부는 미국 예산을 편성하고 통제할 수 있는 권한을 부여 받았는데, 예산회계법은 1912년의 Taft 위원회 보고서에 많은 영향을 받았다. 정부의 예산 편성에 대한 통제가 중요하므로 초기의 예산제도는 품목별 예산(Line-Item Budgeting System)을 사용하였다. 품목별 예산 이전에는 예산이 정액으로만 정해져 있었는데, 품목별 예산은 정액 예산을 카테고리별로, 즉 품목별로 지출을 할당하여 의회의 통제를 쉽게 하였다.

2. 성과예산제도

품목별예산제도의 대안으로 등장한 것이 성과예산제도(Performance Budgeting System)이다. 미국 최초로 예산편성제도를 도입한 뉴욕시에서도 시립연구국이 예산을 품목별로 하지 않고, 단가의 개념을 사용하여야 한다고 주장하였지만, 주목을 받지 못하고 1949년 후버위원회 보고서가 나오면서 주목을 받게 되었다. 후버위원회는 예산이 품목별이 아닌 활동 측면에서 구조화되고, 성과 보고서가 제출되어야 한다고 권고했다(Mikesell, 1995: 171). 뉴딜과 제2차 세계대전을 거치면서 연방정부가 크게 팽창되었고, 행정부의 팽창은 이전보다 재정 자원이 더 효율적으로 사용되기를 요구하였고, 이러한 효율성을 강조하기 위해 성과예산이 등장하였다. 품목별 예산은 정부가 구매하는 것에 관심을 가졌지만, 성과예산은 정부가 하는 일에 관심을 가졌다. 1952년에는 미국 연방 예산에 성과예산의 개념이 의무적으로 반영되었다.

그러나 성과예산제도는 많은 문제를 가지고 있었는데, 사업 활동의 측정을 어떻게 해야할지 명확한 기준이 없었으며, 정부 서비스 산출량 측정도 문제였고, 장기적 시각을 다루는 도구가 부족했다(Miller, 1976: 95). 결국 성과예산 아이디어는 좋았지만 예산제도 개혁에는 기여하지 못하게 되었다(Schick, 1971: 59).

3. 사업별 예산제도

사업별 예산제도는 프로그램 예산제도(Program Budgeting System) 라고도 한다. Burkhead(1961: 139)는 프로그램 예산제도의 독자성을 인정하여 프로그램 예산제도가 다른 예산제도와 비교하여 가지고 있는 차이점을 설명하였는데, 프로그램 예산제도가 성과예산제도보다 높은 수준의 조직에 적용되고, 성과예산제도가 과거의 성과에 주목하는 반면, 프로그램 예산제도는 미래지향적이라고 보았다. 프로그램 예산제도의 핵심 요소는 장기 계획, 목표 설정, 프로그램 식별, 비용 편익 분석 및 성과 분석과 같은 정량 분석 등이다.

4. 계획예산제도

프로그램 예산제도는 계획예산제도의 핵심 구성 요소 중 하나였다. 계획예산제도(Planning, Programming, Budgeting System: PPBS)는 1950년대 미국 공군에서 처음 도입되었으며, 1961년 케네디 정부의 국방부에서 실행된 이래, 1965년 존슨 대통령 때에는 연방정부의 모든 예산에 적용되었다. 1960년대는 정부의 급격한 팽창으로 예산의 계획적 활용이 강조된 계획예산의 시기였다. 계획예산제도는 경제학, 데이터 과학, 계획학 세 가지 분야에 기반을 두고 있다(Schick, 1971: 32). 케인즈 경제학은 완전고용이라는 경제의 방향성을 제시하였고, 예산은 이를 달성하기 위한 수단으로 인식되었다. 경제학자는 비용과 편익에 대한 중장기 분석을 데이터 과학은 시스템분석과 운영분석이라는 새로운 데이터 기술을 적용하였고, 1961년에 RAND가 미국 국방부에 적용한 계획(planning)은 계획예산을 완성하였다. 국방부에서 계획예산이 성공하자 존슨 대통령은 1965년에 모든 연방정부에 도입하였다.

계획예산제도는 예산과정의 최고 합리성을 대표하는 것으로 생각되어졌다. 계획예산제도의 단계는 ① 사업의 목표 설정, ② 대안의 비용과 편익 평가, ③ 미래의 비용 측정, ④ 사업의 산출물 평가로 구성된다. 전통적인 예산이 지출 투입에 강조를 두고 있는 반면, 계획예산제도는 사업의 산출을 중시한다. 계획예산제도는 예산편성의 집권화로 하향적 예산편성이 이루어진다.

5. 영기준예산제도

계획예산제도도 기대했던 것만큼의 효과를 가져오지 못했다. 특히 Wildavsky(1967)는 계획예산제도를 신랄하게 비판하였는데 그는 계획예산제도가 갖는 계획과 분석과정이 예산이 갖는 본질적 특성과 모순되기 때문에 제대로 작동할 수 없으며 예산과정은 정책결정을 용이하게 하고 정책목표에 관한 합의를 도출하는데 도움을 주어야 한다고 주장하였다.

이러한 문제점으로 인해 계획예산제도가 사향길에 접어들고, 닉슨 행정부에서 계획예산제도가 공식적으로 폐지되자 그 대안으로 이전 회계연도의 예산에 구애받지 않고 조직의 모든 사업과 활동에 대하여 영기준을 적용하여 체계적으로 비용편익분석, 비용-효과분석을 행하는 영기준 예산제도가 도입되기 시작하였다(McKay, 2010).

영기준 예산제도(Zero-Base Budgeting System: ZBB)은 1962년 1년간 미국

농림부에서 시도된 바 있고, Peter Pyhrr가 1970년 Harvard Business Review에 텍사스인스트루먼츠사의 실시 사례를 소개했을 때도 주목을 받지 못하였지만, 이 기사를 읽은 Georgia 주지사 Carter는 대통령 당선 후, 1977년 영기준예산제도를 연방정부에서 의무적으로 시행하였다.

영기준 예산제도는 ① 의사결정 단위 식별, ② 의사결정 패키지 개발, ③ 의사결정 패키지 순위 결정이라는 3단계를 가지고 있다(Odden & Picus, 2008).

의사결정 패키지는 의사 결정자가 사용 가능한 리소스를 놓고 경쟁하는 다른 활동과 순위를 매길 수 있는 문서로 ① 의사결정 단위의 목적 또는 기능, ② 의사결정 단위의 기능을 수행하는 다른 방법, ③ 각 대안의 비용과 편익, ④ 각 대안의 기술 및 운영 가능성, ⑤ 과거와 현재 생산성을 비교하기 위한 성과 측정, ⑥ 특정 프로그램이나 활동에 대한 자금 지원의 결과 등을 포함하고 있다.

영기준예산제도의 마지막 단계에는 순위 결정 패키지가 포함된다. 초기 순위는 패키지가 개발되는 가장 낮은 조직 수준에서 결정되며, 계속적으로 높은 조직 수준으로 올라가면서 결정이 이루어진다.

그럼에도 영기준 예산제도는 실패로 끝났는데, 당시에는 재원부족의 시기였기 때문에 새로운 사업의 팽창에 대한 재원 확보가 극히 어려웠기 때문이다.

1980년대는 미국의 정치적·경제적 가치의 변화가 있었다. Reagan 대통령이 당선되면서 연방정부에서는 적은 정부(Less Government), 적은 규제(Less Regulation), 신연방주의(New Federalism)라는 보수적인 철학에 중점을 두었다. 1981년에는 Carter의 영기준예산제도가 Reagan 행정부에서 폐지되었다. 이후 대규모 예산제도의 개혁은 이루어지지 않게 된다.

6. 자본예산제도

자본예산제도(Capital Budgeting System: CBS)는 불경기 극복을 위한 적극적 재정수단의 산물인 예산제도로 정부 예산을 지출 형태에 따라 경상예산과 자본예산으로 구분하여 운영하는 예산제도이다. 경상예산은 정부의 단기적·반복적·소비적 지출로 보통 조세로 충당하는 예산으로 세입과 세출의 균형을 추구한다. 반면에 자본예산은 불경기 극복을 위한 적극적 재정수단으로 정부의 경기조절 기능의 확대와 대규모 사회기반시설의 확충을 위해 편성된다. 자본예산은 경상예산과 달리 공채 또는 차관으로 충당하여 적자예산으로 편성·운영되며 경기가 회복된 후에 흑자예산으로 전환하여 공채 또는 차관을 상환하는 방식으로 운영된다 (원구환, 2019: 508).

자본예산제도는 다음과 같은 장점을 갖는다. ① 불경기 극복을 위한 경제안정과 성장과 경기 조절 등의 수단이다. ② 장기사업과 예산의 유기적 연결을 가능하게 하여 장기적인 사업계획 수립과 집행에 유리하다. ③ 자본지출로 혜택을 보는 사람과 그 비용 부담을 일치시키는 것이 가능하며 조세는 경상지출에만 사용할 수 있다. 반면에 자본예산제도는 다음과 같은 단점 역시 갖는다. ① 예산의 팽창을 초래할 우려가 있으며 경제적 인플레이션을 조장할 우려가 있는 예산제도이다. ② 공채 또는 차관으로 인한 미래 비용의 발행으로 국민의 높은 부담이 발생할 가능성이 높다. ③ 적자재정 은폐의 수단으로 활용될 가능성이 있다. ④ 계정구분의 불명확성이 있어 경상예산과 자본예산의 구분이 쉽지 않다.

7. 총괄배정예산제도

총괄배정예산제도(Bulk Budgeting Systme)는 중앙예산기관이 총괄적인 규모로 예산을 배분한 후 각 중앙행정기관으로 하여금 한정된 재원의 범위 내에서 사업의 우선순위에 따라 예산을 편성하도록 하고 최종적으로 중앙예산기관이 조정하는 예산제도이다.

총괄재정예산제도의 운영을 통해 각 중앙행정기관에 예산편성의 자율성이 부여되어 중앙행정기관은 설정한 사업우선순위에 따라 예산을 편성할 수 있게 되어 사업의 우선순위가 예산에 효과적으로 반영된다는 장점이 있다.

총괄배정예산제도는 지출통제예산제도라고도 하는데 중앙행정기관 내의 모든 지출항목을 없애고 중앙예산기관이 예산의 총액만을 정해주면 그 범위 내에서 구체적인 항목별 지출은 중앙행정기관의 재량에 맡기는 성과지향적 예산제도이다.

8. 조세지출예산제도

조세지출예산제도(Tax Expenditure Budgeting System)는 조세감면에 의한 지출예산을 예산형식으로 표현한 예산제도이다. 정부는 각종 사회경제적 목적의 달성을 위해 세금을 줄여주거나 받지 않는 등 세제 지원을 통해 혜택을 준다(원구환, 2019: 404). 조세지출예산제도는 정부의 조세감면을 통한 재정지원의 경우 보조금을 지급한 것과 같다는 논리에서 시작되어 조세감면을 통한 정부의 재정지원을 예산지출로 인정하는 제도이다.

정부의 조세감면 등 재정지원을 예산지출로 인정하게 되면 행정부에 위임되어 있는 조세감면을 의회차원에서 지출측면에서 통제할 수 있게 되어 재정운영의 투명성 확보에 유리하게 된다. 또한 과세의 형평성과 국고수입의 증대를 도모할 수 있다는 장점도 있다.

9. 다년도 예산제도

다년도 예산제도(Multi-Year Budgeting System)는 과거와 미래의 지출을 감안한 연속성을 보장하지 못한다는 단년도 예산제도의 한계를 극복하기 위해 보다 긴 시간 범위에 근거하여 재원 배분을 결정하는 예산제도이다. 다년도 예산제도는 장기적 안목에서 자유로이 정책을 결정하고 이를 기초로 다년도 예산을 편성하는 것이 기본 취지이며 형식적으로는 계속비의 취지를 모든 예산분야로 확대하여 편성하는 예산제도이다.

다년도 예산제도는 재원배분을 최종적으로 확정하여 지출재원을 배정하는 법적의미의 예산제도라기 보다는 재정운영의 효과성과 효율성을 제고하기 위한 일종의 재정관리 도구의 성격이 강하다. 이런 의미에서 다년도 예산제도는 중기 재정계획과 같은 개념으로 해석되곤 한다.

10. 우선순위 기반 예산제도

미국 Arkansas 세입안정화법(Arkansas Revenue Stabilization Act: ARSA)은 매년 주지사가 수립한 6등급의 우선 순위에 따라 예산을 할당하고, 의회는 추가 변경과 개정을 한다(Jordan, Yusuf, and Hooshmand, 2017: 71). 이와 같은 우선순위 기반 예산(Priority Based Budgeting)은 열악한 경제 상황에 대해 대응한 것으로, 주로 지방정부 차원에서 주어진 예산 범위 내에서 다양한 재정사업에 지역의 우선 순위에 따라 예산을 편성한다.

이는 정부가 목표 달성을 위하여 어떻게 예산을 할당하는가에 초점을 둔다.

예산 편성은 부서별 기준이 아닌 개별 재정사업의 중요도 또는 우선순위에 의하여 이루어진다. 전통적인 예산이 점증주의에 의존하고 있는 반면 우선순위 기반 예산은 최고 수준의 가치 달성에 초점을 두어 재정사업의 폐지 등의 급격한 예산 편성도 이루어진다. 점증주의 예산에서는 과거의 예산 할당이 문제시 되지 않지만, 우선순위 기반 예산은 항상 창의적인 방법으로 재정사업에 예산을 할당하기 때문에 과거에 예산이 할당되었다고 해서 자동적으로 예산이 어느 정도 편성되는 것은 아니다. 또한 재정사업이 주민에게 실질적으로 어떠한 영향을 주는지에 초점을 두고 있다.

우선순위 기반 예산 수립의 단계는 ① 예산액 확인, ② 우선순위 확인, ③ 우선 순위 결과에 대한 정확한 정의, ④ 평가를 위한 의사결정 단위 파악, ⑤ 우선순위 결과에 대한 의사결정 단위 점수, ⑥ 프로그램간 점수 비교, ⑦ 예산 편성, ⑧ 결과, 효율성 및 혁신에 대한 책임성 확보 등이다(The Government Finance Officers Association, 2011: 5-17).

V 우리나라의 예산과정

좁은 의미의 예산과정은 결산과정을 제외한 정부의 예산편성, 국회의 의결, 정부의 집행으로 정의될 수 있지만, 광의의 예산과정은 여기에 정부의 결산보고서 작성, 감사원 회계검사, 국회의 결산심사를 포함하여, 예산편성, 예산심의, 예산집행, 결산으로 구분할 수 있다(Lee, Johnson, Joyce, 2013: 117). 2022년도 예산은 2021년도에 국회가 의결한 것이며, 2022년의 집행에 대하여 2023년에 결산심사를 받는다. 따라서 어느 한 회계 연도의 예산은 전년도 편성과 차년도 결산심사를 받게 되어 3개년에 걸친 진행을 밟게 된다.[9] 여기에서는 예산과정을 넓은 의미로 파악하여 우리나라의 예산과정을 예산편성, 예산심의, 예산집행, 결산으로 구분하여 살펴본다.

---

9) 엄밀히 말하면 4개년이다. 기획재정부의 국가재정운용계획 수립지침은 2년 전에 각 중앙행정기관에 통보된다.

1. 예산편성

예산편성은 정부 내부에서 예산안을 마련하는 과정으로 기획재정부의 국가
재정운용계획 수립과 중앙부처의 예산안 작성 및 제출을 시작으로 기획재정부,
중앙관서, 지방자치단체, 정당 간 조정 과정을 거쳐 국무회의 의결로서 완성된다.
지방자치단체와의 협의는 1998년에 처음 도입되었다. 8월 초에 개최되는 당정 협
의를 마친 예산안은 국무회의 의결과 대통령 승인을 거쳐, 회계연도 개시 120일
전인 9월 3일까지 국회에 제출된다.

우리나라 예산편성에서 과거의 부처요구·중앙편성(bottom-up)에서는 예산
편성을 예산당국이 주도하였지만, 2005년 예산편성 시부터는 총액배분·자율편성
(top-down)제도가 도입되어, 국가재정운용계획에 근거하여 부처별 지출한도를
기획재정부가 먼저 정하고, 각 부처는 지출한도 범위 내에서 자율적으로 예산을
편성하고 있다. 그러나, 여전히 기획재정부가 각 부처의 예산요구서를 원점에서
재검토하는 경우도 있고, 국회 예산결산특별위원회에 부처별 지출한도를 보고하
지 않는 문제점도 지적되고 있다(예산정책처, 2018: 31).

국가재정법 제6조 제1항은 독립기관으로 국회·대법원·헌법재판소 및 중앙
선거관리위원회를 규정하고 국가재정법 제40조 제1항에서는 정부가 독립기관의
예산을 편성에서 당해 기관장(국회의 사무총장, 법원행정처장, 헌법재판소의 사무처
장 및 중앙선거관리위원회의 사무총장)의 의견을 최대한 존중해야 하며, 예산 조정
시 미리 기관장과 협의해야 하고, 제40조 제2항에서는 정부가 독립기관의 세출예
산요구액을 감액한 때에는 그 규모 및 이유, 감액에 대한 독립기관의 장의 의견
을 국회에 제출하도록 하고 있다.

국회에 제출하는 예산안에는 ① 세입세출예산 총계표 및 순계표, ② 세입세
출예산사업별 설명서, ③ 계속비에 관한 전년도말까지의 지출액 또는 지출추정
액, 당해 연도 이후의 지출예정액과 사업전체의 계획 및 그 진행상황에 관한 명
세서, ④ 총사업비 관리대상 사업의 사업별 개요, 전년도 대비 총사업비 증감 내
역과 증감 사유, 해당 연도까지의 연부액 및 해당 연도 이후의 지출예정액, ⑤ 국
고채무부담행위 설명서, ⑥ 국고채무부담행위로서 다음 연도 이후에 걸치는 것에
있어서는 전년도말까지의 지출액 또는 지출추정액과 당해 연도 이후의 지출예정
액에 관한 명세서, ⑦ 완성에 2년 이상이 소요되는 사업으로서 대통령령으로 정

표 17-3 2023년도 예산의 편성 절차

시기	내용
2021년 12월 31일	• 기획재정부는 2021년 12월 2022~2026년 국가재정운용계획 수립지침을 마련하여 각 부처에 통보
2022년 1월 31일	• 각 부처는 기획재정부 지침에 따라 부처별 해당 회계연도(2023년)부터 5회계연도 이상의 기간 동안의 신규사업 및 기획재정부장관이 정하는 주요 계속사업에 대한 중기사업계획서를 작성하여 2022년 1월 31일 기획재정부에 제출 • 이때, 총사업비 500억원 이상인 사업에 대하여는 별도의 타당성 심사 필요 • 요약 타당성 심사 결과는 국회 소관 상임위원회와 예산결산특별위원회에 제출
2022년 3월 31일	• 기획재정부장관은 국무회의의 심의를 거쳐 대통령의 승인을 얻은 2023년 예산안편성지침(예산안편성의 기본방향 및 주요비목의 단위·단가)을 각 중앙관서의 장에게 통보 • 국가재정운용계획과 예산편성을 연계하기 위하여 예산안편성지침에 중앙관서별 지출한도를 포함하여 통보 • 기획재정부는 예산안편성지침을 국회 예산결산특별위원회에 보고
2022년 4월, 5월	• 기획재정부는 예산집행실태를 점검하고, 각부처는 예산요구서 작성
2022년 5월 31일	• 각 중앙관서의 장은 다음 연도의 세입세출예산·계속비·명시이월비 및 국고채무부담행위 요구서를 기획재정부장관에게 제출 • 기획재정부는 예산안편성지침에 부합하지 아니하는 때에는 기한을 정하여 이를 수정 또는 보완하도록 요구
2022년 6월, 7월, 8월	• 분야별 요구수준 분석 및 심의방향을 마련하고 예산심의회를 운영하여 예산안 작성 • 소관부처의 의견수렴, 시·도지사 협의, 당정협의(정당설명회), 대통령보고, 예산자문회의 등이 행해짐
2022년 8월 말	• 예산안을 편성하여 국무회의의 심의를 거친 후 대통령의 승인
2022년 9월 3일	• 대통령의 승인을 얻은 예산안을 회계연도 개시 120일 전까지 국회에 제출 • 3일이 토요일, 일요일 공휴일이면, 기획재정부는 그 이전에 제출
2022년 12월(2일)	• 국회 의결
2022년 12월(3일)	• 국무회의 2023년도 예산 공고안 심의 의결

자료: 대한민국 국회(www.assembly.go.kr).

하는 대규모 사업의 국고채무부담행위 총규모, ⑧ 예산정원표와 예산안편성기준 단가, ⑨ 국유재산의 전전년도말에 있어서의 현재액과 전년도말과 당해 연도말에 있어서의 현재액 추정에 관한 명세서, ⑩ 성과계획서, ⑪ 성인지 예산서, ⑫ 조세지출예산서, ⑬ 독립기관의 세출예산요구액을 감액하거나 감사원의 세출예산요구액을 감액한 때에는 그 규모 및 이유와 감액에 대한 당해 기관의 장의 의견, ⑭ 회계와 기금 간 또는 회계 상호 간 여유재원의 전입·전출 명세서 그 밖에 재정의 상황과 예산안의 내용을 명백히 할 수 있는 서류, ⑮ 국유재산특례지출예산서, ⑯ 예비타당성조사를 실시하지 아니한 사업의 내역 및 사유, ⑰ 지방자치단체 국고보조사업 예산안에 따른 분야별 총 대응지방비 소요 추계서 등이 포함되어야 한다. 다만, 수정예산안 또는 추가경정예산안을 편성하여 국회에 제출하는 때에는 첨부서류의 일부를 생략할 수 있으나, 성과계획서의 제출을 생략하는 때에는 사후에 이를 제출하여야 한다.

2. 예산심의

정부의 예산안은 국회의 심의를 거치는데, 국회 심의는 ① 정부 예산안 제출, ② 국회 상임위원회 예비심사, ③ 예산결산특별위원회 종합심사, ④ 본회의 의결 등의 순서로 진행된다. 국회법 제35조에서는 국회의 위원회는 상임위원회와 특별위원회 두 종류로 하도록 하고 있는데, 국회법 제37조에 16개의 상임위원회, 국회법 제45조의 예산결산특별위원회, 국회법 제46조의 윤리특별위원회, 국회법 제46조의3의 인사청문특별위원회를 규정하고 있다. 국회법 제83조의2에서는 예산 관련 법률안에 대한 예산결산특별위원회와의 협의를 규정하고 있는데, 예산안의 경우 상임위원회가 의결 전 미리 20일의 범위에서 예산결산특별위원회와의 협의를 하도록 하고 있다.

국회법 제84조 제5항에서는 예산결산특별위원회가 소관 상임위원회의 예비심사 내용을 존중하도록 하고 있으며, 소관 상임위원회에서 삭감한 세출예산 금액을 증가하게 하거나 새 비목을 설치할 경우에는 소관 상임위원회의 동의를 받도록 하고 있다. 다만, 새 비목의 설치에 대한 동의 요청이 72시간 이내에 예산결산특별위원회에 통지되지 아니한 경우에는 소관 상임위원회의 동의가 있는 것으로 보고 있다.

표 17-4 예산심의 절차

시기	내용
9월 3일	• 회계연도 개시 120일 전 정부예산안 국회제출(토, 일이면 이전에 제출)
9월 10~(20일간)	• 예산안 심의자료 수집 등을 위한 국정감사(본회의 의결에 의하여 실시시기 변경가능)
10월초·중순	• 정부 시정연설, 소관상임위원회 예비심사
10월 말~ 11월 초순	• 예산안에 대한 상임위 예비심사 • 제안설명, 검토보고, 대체토론, 소위심사, 위원회 의결 순으로 진행
11월 초	• 소관상임위원회의 예비심사보고서 제출
11월 초·중순~ 12월	• 예산편성기준(예산안편성지침) 예산안의 예산결산특별위원회 회부 예산안에 대한 예산결산특별위원회 종합심사(소관상임위원회의 예비심사보고서 첨부) • 소관상임위원회 동의 삭감세출예산 각항 증액 새 비목 설치(제안설명, 검토보고, 종합정책질의, 부별심사(분과위 심사) 소위심사, 찬반토론, 위원회 의결 순으로 진행. 본회의 구두 동의 후 이를 서면으로 보완) • 본회의 심의·확정 및 이송 예산안 본회의 심의·확정예산 이송 및 예산안 증액 동의 요구 예산 이송

자료: 대한민국 국회(www.assembly.go.kr).

예산안 심의에서 상임위원회와 예산결산특별위원회의 관계에 대한 예외가 존재하는데, 제84조 제4항에 의하면 정보위원회는 국가정보원 소관 예산안과 결산에 대하여 총액으로 예산결산특별위원회에 통보하는데, 이 경우 정보위원회의 심사는 예산결산특별위원회의 심사로 보도록 하고 있다.

정부는 예산안, 기금운용계획안, 임대형 민자사업 한도액안 등 예산안을 국회에 제출한 후, 국회 본회의에서 시정연설을 한다. 시정연설이 끝나면 예산안은 국회의 소관 상임위원회가 심의·의결을 하게 되는데, 상임위원회에서는 ① 예산안 상정, ② 제안 설명, ③ 전문위원 검토보고, ④ 대체토론, ⑤ 예산안 심사 소위원회 심의, ⑥ 상임위원회 전체회의 보고, ⑦ 의결, ⑧ 보고서 첨부 후 예산결산특별위원회 회부 등 상임위원회의 예산안 예비심사가 진행된다. 요약하면 상임위원회에서는 소위원회에서 심사를 먼저 하고 전체회의에서 의결되는 방식으로 진행된다. 국가재정법에 의한 예산심의 절차는 <표 17-4>와 같다.

상임위원회의 예비심사 결과가 특별위원회에 회부되면 예산결산특별위원회는 종합심사를 개시한다. 예산결산특별위원회 종합심사는 ① 예산안 상정, ② 제안 설명, ③ 전문위원 검토보고, ④ 종합정책질의, ⑤ 부별심사 또는 분과위원회 심사, ⑥ 예산안 등 조정 소위원회 심사 결과 전체회의 보고, ⑦ 찬반토론, ⑧ 의결 등의 순서로 진행된다.

예산결산특별위원회를 통과한 예산안 수정안은 국회 본회의를 거쳐 12월 2일까지 확정되는데, 본회의에서는 예산결산특별위원회 심사보고, 토론, 예산증액부분에 대한 정부 동의, 의결의 순서로 진행된다. 헌법 제54조는 회계연도 개시 30일전까지 예산안을 의결하도록 규정하고 있으며, 국회법 제85조의3은 예산안 등의 심사를 11월 30일까지 하도록 규정하고 있다. 국회는 예산안 심의·의결에서 관례적으로 부대의견을 채택하고 있는데, 부대의견이 정부에 대한 구속력을 가지는 것인지에 대한 논란이 있다.

3. 예산집행

예산의 집행은 단순한 지출을 넘어, 세입의 조정, 예산 및 자금 배정, 지출원인행위 실행, 국채 발행, 일시차입금 차입, 세출예산 이용·전용·이체, 계약 체결 등을 모두 포함한다. 예산집행은 국회의 예산 통과 후 임시 국무회의에서 예산공고안 심의 의결을 하면서 시작된다. 이후, 중앙관서의 장은 예산이 확정된 후 사업운영계획과 이에 따른 세입세출예산·계속비와 국고채무부담행위를 포함한 예산배정요구서를 기획재정부장관에게 제출하여야 한다(국가재정법 제42조). 기획재정부는 이에 근거하여 분기별 예산배정계획을 작성하고, 국무회의 심의와 대통령 승인을 얻은 후에 중앙관서 장에게 예산을 배정하고, 이를 감사원에 통지하여야 한다. 예산배정은 예산을 예산집행기관에게 허용하는 승인의 성격을 가진 것으로 기획재정부는 회계연도 개시 전에 예산을 배정할 수 있다.

국가재정법 제3조에서는 각 회계연도의 경비는 그 연도의 세입 또는 수입으로 충당하여야 한다고 규정하여 원칙적으로 이월을 금지하고 있다. 그러나 국가재정법 제48조 제2항은 ① 미리 국회의 승인을 얻은 경비(명시이월비), ② 불가피하게 지출하지 않은 지출원인행위(재이월 금지), ③ 입찰공고 후 지출원인행위까지 장기간이 소요되는 경우, ④ 공익사업의 시행에 필요한 손실보상비, ⑤ 기관 또는 시설의 유지·운영에 소요되는 경상적 경비에 대해서는 예외를 인정하고 있다.

국가재정법 제44조에서는 기획재정부가 예산집행의 효율성을 높이기 위하여 매년 예산집행에 관한 지침을 작성하여 각 중앙관서의 장에게 통보하도록 하고 있으며, 국가재정법 제45조에서는 각 중앙관서의 장이 세출예산이 정한 목적 외에 경비를 사용할 수 없도록 하고 있다. 그러나 국가재정법 제46조에서는 중앙관서의 장이 예산의 목적범위 안에서 재원의 효율적 활용을 위하여, 당초 예산에 계상되지 아니한 사업을 추진하는 경우와 국회가 의결한 취지와 다르게 사업 예산을 집행하는 경우가 아니라는 전제하에 ① 사업 간의 유사성이 있는지, ② 재해대책 재원 등으로 사용할 시급한 필요가 있는지, ③ 기관운영을 위한 필수적 경비의 충당을 위한 것인지 여부 등을 종합적으로 고려하여 기획재정부장관의 승인을 얻어 각 세항 또는 목의 금액을 전용할 수 있도록 하고 있다. 전용이 이루어진 경우는 각 중앙관서의 장은 명세서를 기획재정부장관 및 감사원에 각각 송부하여야 하고, 전용 내역을 국회 소관 상임위원회와 예산결산특별위원회에 제출하여야 한다.

국가재정법 제47조에서는 각 중앙관서의 장이 예산이 정한 각 기관 간 또는 각 장·관·항 간에 상호 이용(移用)할 수 없지만, ① 법령상 지출의무의 이행을 위한 경비 및 기관운영을 위한 필수적 경비의 부족액이 발생하는 경우, ② 환율 변동·유가변동 등 사전에 예측하기 어려운 불가피한 사정이 발생하는 경우, ③ 재해대책 재원 등으로 사용할 시급한 필요가 있는 경우에는 미리 예산으로 국회의 의결을 얻어 이용할 수 있도록 하고 있다. 또한 기획재정부장관은 정부조직 등에 관한 법령의 제정·개정 또는 폐지로 인하여 중앙관서의 직무와 권한에 변동이 있는 때에는 그 중앙관서의 장의 요구에 따라 그 예산을 상호 이용하거나 이체(移替)할 수 있다. 이용과 이체가 이루어진 경우에도 각 중앙관서의 장은 명세서를 기획재정부장관 및 감사원에 각각 송부하여야 하고, 전용 내역을 국회 소관 상임위원회와 예산결산특별위원회에 제출하여야 한다.

예산 집행의 효율화를 위하여 국가재정법 제49조에서는 예산의 집행방법 또는 제도의 개선 등으로 인하여 수입이 증대되거나 지출이 절약된 때 이에 기여한 자에게, 예산성과금심사위원회의 심사를 거쳐 성과금을 지급할 수 있고, 절약된 예산은 다른 사업에 사용할 수 있도록 하고 있다.

대규모 사업의 사업비 증가를 사전에 방지하여 재정지출 효율성을 제고하기 위하여 국가재정법은 제50조에 총사업비 관리제도를 규정하여, 완성에 2년 이상이 소요되는 사업으로 총사업비가 500억원 이상이고 국가 재정지원이 300억원 이상인 사업(건축사업·연구개발사업은 총사업비 200억원 이상)에 대하여는 그 사업 규모·총사업비 및 사업기간을 정하여 각 중앙관서의 장이 미리 기획재정부장관과 협의하도록 하고 있다. 기획재정부는 총사업비가 일정 규모 이상 증가하는 등 대통령령이 정하는 요건에 해당하는 사업 및 감사원의 감사결과에 따라 감사원이 요청하는 사업에 대하여는 사업의 타당성을 재조사하고, 그 결과를 국회에 보고하도록 하고 있다. 기획재정부는 총사업비 관리지침을 각 중앙관서의 장에게 통보하고 있다.

예산 확정 이후 변화에 신축적으로 대응하고 예산 집행의 탄력성을 위하여 국가재정법 제51조는 예비비 제도를 두고 있다. 예비비는 예산 편성 및 심의에서는 예측할 수 없는 지출에 대비하기 위하여 총액으로 국회의 승인을 얻어 필요할 때 사용하는 금액이다. 국가재정법 제22조는 예측할 수 없는 예산 외의 지출 또는 예산초과지출에 충당하기 위하여 일반회계 예산총액의 100분의 1 이내의 금액을 예비비로 편성할 수 있고 예산총칙 등에 따라 미리 사용목적을 지정해 놓은 예비비는 별도로 세입세출예산에 편성할 수 있도록 하되, 공무원 보수 인상을 위한 인건비는 예비비로 편성할 수 없도록 하고 있다.

대한민국 헌법은 제55조 제2항에서 예비비 근거를 두고 있으며, 국가재정법은 예비비의 정의(제22조), 예비비의 관리와 사용(제51조), 예비비사용명세서의 작성 및 국회제출 절차(제52조)를 규정하고 있다. 국가재정법 제51조는 예비비 관리주체를 기획재정부장관으로 명시하고 국가재정법 제51조와 제52조에서 예비비가 정부의 임의적인 재량지출 확대, 입법부 예산 심의·확정권 우회 등 방만하게 운영되지 않도록 예비비 사용절차와 예비비 사용 사후승인 절차를 규정하고 있다.

4. 결산

국가재정법, 국가회계법, 국고금관리법 등은 정부의 결산과정을 규정하고 있다. 국가재정법 제56조는 결산이 국가회계법에 따라 재정에 관한 유용하고 적정

표 17-5 2021년도 예산에 대한 결산 심사

구분	내용
출납정리 기한 (2022년 2월 10일)	• 국고금관리법 제4조의2 및 국고금관리법 시행령 제94조 제3항에 의거, 기획재정부장관은 매 회계연도 2월 10일에 감사원장이 지정하는 감사위원과 그 밖의 공무원이 참여한 가운데 직전 회계연도의 총 세입부와 총세출부를 마감 • 해당 회계연도 말일인 출납정리기한이 지나면 먼저 각급 기관이 소관장부를 정리·마감한 다음, 그 실태를 기획재정부장관에게 보고하고 기획재정부장관은 사후적으로 정부차원의 총세입부와 총세출부를 마감함으로써 사실상 출납사무가 완결되고 폐쇄됨
중앙관서 결산보고서 작성 및 제출 (2022년 2월 말일)	• 국가재정법 제58조에 의거, 각 중앙관서의 장은 매 회계연도마다 일반회계·특별회계 및 기금을 통합한 중앙관서 결산보고서를 작성하여 다음연도 2월 말일까지 기획재정부장관에게 제출
국무회의 심의 및 대통령의 승인 (2022년 4월 10일)	• 국가재정법 제59조, 국가회계법 제13조 제3항에 의거, 기획재정부장관은 매 회계연도마다 중앙관서 결산보고서를 통합하여 국가결산보고서를 작성하고 국무회의 심의를 거친 후 대통령 승인을 얻어 다음연도 4월 10일까지 감사원에 제출
감사원 결산 검사 (2022년 5월 20일)	• 헌법 제99조, 국가재정법 제60조에 의거, 감사원은 세입·세출의 결산을 매년 검사하여 대통령과 차년도 국회에 그 결과를 보고하여야 함. • 감사원은 국가결산보고서를 검사하고 그 보고서를 다음연도 5월 20일까지 기획재정부장관에게 송부
국가결산 보고서의 국회제출 (2022년 5월 31일)	• 국가재정법 제61조에 의거, 정부는 감사원의 검사를 거친 국가결산보고서 및 첨부서류를 다음연도 5월 31일까지 국회에 제출
상임위원회 예비심사	• 정부가 결산을 국회에 제출하면, 국회법 제84조 제1항, 제2항 및 제6항에 의거, 국회는 각 상임위원회에 회부하여 예비심사를 하고 그 결과를 의장에게 보고 • 의장은 각 상임위원회의 보고서를 첨부하여 예산결산특별위원회에 회부함. 의장이 심사기간을 정할 수 있음
예산결산 특별위원회 종합심사	• 국회법 제84조 제2항, 제3항 및 제5항에 의거, 예산결산특별위원회는 각 상임위원회의 심사내용을 참고하여 결산을 종합심사하고 본회의에 상정 • 결산은 본회의의 심의를 거쳐 의결하며, 국회는 결산에 대한 심의·의결을 정기회 개회 전까지 완료
본회의 심의·의결	• 국회법 제84조 제2항, 제3항, 제128조의2에 의거, 결산의 심사결과 위법 또는 부당한 사항이 있는 때에 국회의 본회의 의결 후 정부 또는 해당기관에 변상 및 징계조치 등 그 시정을 요구
정부 이송 후 지체없이	• 정부에 시정요구사항 이송 후, 정부는 시정요구사항의 처리 후 시정요구사항 처리결과 보고

자료: 대한민국 국회(www.assembly.go.kr).

한 정보를 제공할 수 있도록 객관적인 자료와 증거에 따라 공정하게 이루어져야 한다는 결산의 원칙을 규정하고 있다. 또한 여성과 남성이 동등하게 예산의 수혜를 받고 예산이 성차별을 개선하는 방향으로 집행되었는지를 평가하는 성인지 결산서(집행실적, 성평등 효과분석 및 평가 등 포함) 작성도 의무화하고 있다(국가재정법 제57조).

정부의 결산 절차는 ① 출납사무 완결, ② 각 중앙관서 결산보고서 작성 및 제출, ③ 기획재정부 국가결산보고서 작성, ④ 국무회의 심의, ⑤ 감사원 결산검사, ⑥ 국가결산보고서의 국회제출, ⑦ 상임위원회 예비심사, ⑧ 예산결산특별위원회 종합심사, ⑨ 본회의 심의·의결의 순서로 진행된다.

출납사무 완결이란 회계연도 수입금 수납행위와 지출금 지급행위를 종료하는 것을 의미한다. 이후, 각 중앙관서의 장은 일반회계·특별회계 및 기금을 통합하여 중앙관서 결산보고서를 작성하고, 기금관리주체는 기금결산보고서를 작성한 후 소관 중앙관서 장에게 기금결산보고서를 제출한다. 기획재정부는 각 중앙관서의 결산보고서를 통합한 국가결산보고서를 작성하고, 국무회의 심의 및 대통령의 승인 후 4월 10일까지 감사원에 제출한다. 감사원은 결산검사보고서를 5월 20일까지 기획재정부장관에게 송부하고, 기획재정부는 5월 31일까지 국가결산보고서를 국회에 제출한다.

국회법은 국회의 결산심의 과정을 규정하고 있는데, 시정연설이 없는 것을 제외하면, 결산심의 과정은 예산안 심의과정과 유사하다. 국회의 결산심사는 국가결산보고서에 성과보고서(2009년 결산부터) 및 재무제표(2011년 결산부터)가 포함되어, 집행실적점검 위주에서 성과중심 심사로 전환되고 있다. 참고로, 2021년도 예산 집행에 대한 결산 심사 일정은 <표 17-5>와 같다.

5. 기금관리

특정 목적을 위하여 특정 자금을 신축적으로 운용하고자 할 때, 정부는 법률에 근거하여 기금을 설치할 수 있는데, 1961년 예산회계법(법률 제849호, 1961. 12. 19, 제정, 시행 1962. 1. 1)은 정부가 사업 운영상 필요한 경우 법률로 정하여 세입세출예산에 의하지 않는 특별한 기금을 설치할 수 있도록 하였다. 기금은 출연금 또는 부담금 등을 주요 재원으로 하기 때문에, 특별회계와 유사하게 수입과 지출 간 연계가 강하게 나타난다. 기금의 장점은 계획변경 및 집행절차에서 일반회계나 특별회계에 비해 탄력적이라는 점이다. 이러한 탄력성 때문에 1994년에는 기금을 설치할 때 국가재정법 별표에 명시하도록 하였으며, 2000년에는 민간전문가로 구성된 기금운용평가단이 매년 기금 운용실태를 평가하도록 하고, 2001년에는 모든 기금운용계획안과 결산에 국회 심의 및 의결을 의무화하였고, 2004년에는 기금을 신설하는 경우 기금정책심의회 심의를 받도록 하였고, 2006년도에는 행정부가 자율적으로 변경할 수 있는 범위도 30%에서 20%로(금융성 기금은 50%에서 30%로) 축소하였고, 2008년에는 기금을 신설하는 경우 재정정책자문회의 심의를 받도록 하는 등 기금설치 요건 및 운용 절차가 지속적으로 강화되고 있다.

2022년 기준 기금은 성질에 따라 재정사업을 수행하는 데 필요한 자금을 관리·운영하는 사업성기금(49개), 기여금과 보험료 등의 자금을 운용하는 사회보험성기금(6개), 금융활동에 가까운 역할을 하는 금융성기금(8개), 특정 자금을 사업수행 주체에 전달하는 계정성기금(5개) 등으로 분류된다.

사회보험성기금은 연금·보험 지출에 대비한 기여금과 보험료 등을 운용하는 기금으로 국민연금기금, 공무원연금기금, 군인연금기금, 사립학교교직원연금기금, 고용보험기금, 산업재해보상보험및예방기금 등 6개 기금이 운용되고 있다. 금융성기금은 보증·보험 등을 제공하는 금융활동 기금으로 신용보증기금, 예금보험기금, 채권상환기금, 농림수산업자신용보증기금, 농어가목돈마련저축장려기금, 주택금융신용보증기금, 산업기반신용보증기금, 무역보험기금 등 총 8개 기금이 운용되고 있다. 계정성기금은 특정 자금을 실제 사업 주체에게 전달하는 기금으로 공적자금상환기금, 공공자금관리기금, 외국환평형기금, 복권기금, 양곡증권정리 기금 등 5개 기금이 운용되고 있다.

2022년 기준 우리나라는 756.3조원의 기금운용 규모를 가지고 있다. 그러나 여기에는 실질적인 수입이 아닌 정부내부수입, 차입금, 여유자금회수 등이 포함되어 있어서, 국가 총수입을 산정할 때에는 연금보험료·융자회수금·이자수입 등 실질적인 기금 수입만을 포함하고, 금융활동으로 분류되는 금융성기금 및 외국환평형기금은 총수입에서 제외되고 있다.

기금관리주체는 기금의 설치목적과 공익에 맞게 기금을 관리·운용하여야 하며(국가재정법 제62조), 자산운용지침에 따라 자산을 운용하고, 안정성·유동성·수익성 및 공공성을 고려하여 기금자산을 투명하고 효율적으로 운용하여야 한다 (국가재정법 제63조). 기금관리주체는 회계연도마다 기획재정부장관이 시달하는 지침에 따라 작성한 기금운용계획안을 국가재정법 제66조에 따라 기획재정부에 제출하여야 한다. 제출된 기금운용계획안은 기획재정부장관과의 협의, 국무회의 심의 및 대통령 승인을 거쳐 매년 9월 3일까지 국회에 제출한다. 국회는 소관 상임위원회의 예비심사, 예산결산특별위원회의 심의 및 국회 본회의의 의결로 기금운용계획을 확정한다.

국가재정법 제67조에서는 기금운용계획안을 운용총칙과 자금운용계획으로 구분하고, 운용총칙에는 기금 사업목표, 자금 조달과 운용(주식 및 부동산 취득한도를 포함) 및 자산취득에 관한 총괄적 사항을 규정하도록 하고, 자금운용계획에는 수입계획과 지출계획으로 구분하되, 수입계획은 성질별로 구분하고 지출계획은 성질별 또는 사업별로 주요항목 및 세부항목으로 구분하도록 하고 있는데, 주요항목의 단위는 장·관·항으로 구분하고, 세부항목의 단위는 세항·목으로 각각 구분하도록 하고 있다.

국가재정법 제68조의2에서는 기금이 여성과 남성에게 미칠 영향을 미리 분석한 성인지 기금운용계획서의 작성을 의무화하고, 성인지 기금운용계획서에 성평등 기대효과, 성과목표, 성별 수혜분석 등을 포함하도록 하고 있다. 또는 국가재정법 제69조는 예산과 마찬가지로 국회가 정부가 제출한 기금운용계획안의 주요항목 지출금액을 증액하거나 새로운 과목을 설치하고자 하는 때에는 미리 정부의 동의를 얻도록 하고 있다. 국가재정법 제71조는 국회에 제출하는 기금운용계획안 등의 첨부서류로 ① 기금조성계획, ② 추정재정상태표 및 추정재정운영표, ③ 수입지출계획의 총계표·순계표 및 주요항목별 내역서, ④ 성과계획서, ⑤ 기금과 회계 간 또는 기금 상호 간 여유재원의 전입·전출 명세서, 그 밖에 기금운용계획안 등의 내용을 명백히 할 수 있는 서류, ⑥ 성인지 기금운용계획서, ⑦ 예비타당성조사를 실시하지 아니한 사업의 내역 및 사유 등을 정하고 있다.

이상과 같은 기금 운용 계획 일정을 기금 운용계획 순기라고도 하는데 이는 <표 17-6>과 같다.

국회 심의·의결로 확정된 기금은 예산에 비해 집행시 자율성이 많이 허용된다. 기금관리주체는 주요 항목 지출 금액 범위 내에서 세부항목은 기획재정부가 정한 일부 항목 이외에는 자체적으로 변경할 수 있다. 주요 항목기준 20% 범위

표 17-6 기금 운용계획 순기

연도	내용
1월 31일	• 기금관리주체가 당해 회계연도부터 5회계연도 이상의 기간 동안의 신규사업 및 기획재정부장관이 정하는 주요 계속사업에 대한 중기 사업계획서를 기획재정부에 제출(국가재정법 제 66조 제1항) • 지출금액의 이월이 있는 경우, 이월명세서를 작성하여 1월 31일까지 기획재정부장관과 감사원에 각각 송부
3월 31일	• 기획재정부는 자문회의의 자문과 국무회의의 심의를 거쳐 대통령의 승인을 얻은 후, 기금운용계획안 작성 지침을 국가재정운용계획과 기금운용계획 수립을 연계하기 위하여 기금별 지출한도를 포함하여 기금관리주체에 통보 및 기금운용계획안 작성지침을 국회 예산결산특별위원회에 보고(국가재정법 제66조 제2항, 제3항, 제4항)
5월 31일	• 기금관리주체 기금운용계획안을 기획재정부에 제출 (국가재정법 제66조 제5항)
6월~8월	• 기금운용계획안 협의·조정 • 기금운용계획안을 조정함에 있어 과도한 여유재원이 운용되고 있는 기금(구조적인 요인을 지닌 연금성 기금을 제외)에 대하여는 예산상의 지원을 중단하거나 당해 기금수입의 원천이 되는 부담금 등의 감소를 위한 조치를 취할 것을 기금관리주체에게 요구
8월 말	• 국무회의 심의, 대통령 승인
9월 3일	• 주요항목 단위로 마련된 기금운용계획안을 회계연도 개시 120일 전까지 국회제출 • 중앙관서의 장이 관리하는 기금의 기금운용계획안에 계상된 국채발행 및 차입금의 한도액은 제20조의 규정에 따른 예산총칙에 규정(국가재정법 제68조)
11월 중	• 국회 상임위 예비심사 및 예산결산특별위원회 심의종합정책질의-부별심의-조정소위 심의-예결위 전체회의 의결
12월 2일	• 국회 본회의 의결확정(국회법 제 84조의2)
12월 말까지	• 기금운용계획의 확정 후 기금관리주체는 기금의 월별 수입 및 지출 계획서를 작성하여 회계연도 개시 전까지 기획재정부장관에게 제출

자료: 대한민국 국회(www.assembly.go.kr).

이내(금융성 기금 사업비 30%)에서 운용계획을 변경하는 경우, 기획재정부 장관과 협의하여 변경이 가능하며, 주요항목의 금액이 변동되지 않는 범위 내에서는 세항간 변경은 기금관리주체의 자율적인 변경이 허용된다. 주요 항목기준 20%(금융성 기금 사업비 30%)를 초과하여 운용계획을 변경하는 경우, 기획재정부 장관과 협의 후에 국회 심의 및 의결이 요구되고, 기금관리주체는 변경명세서를 국회 소관 상임위원회 및 예산결산특별위원회에 제출하여야 한다. 기금관리주체는 기금의 세부항목 또는 주요항목 지출금액을 변경한 때 변경명세서를 기획재정부장관과 감사원에 제출하여야 하며, 정부도 국회에 제출하는 국가결산보고서에 기금 변경 내용과 사유를 밝혀야 한다.

각 중앙관서의 장은 기금의 결산보고서를 중앙관서 결산보고서에 통합하여 작성한 후 기획재정부장관에게 제출하여야 하며, 결산서 작성시 여성과 남성이 동등하게 기금의 수혜를 받고 기금이 성차별을 개선하는 방향으로 집행되었는지를 평가하는 성인지 기금결산서를 작성하여야 하며, 여기에는 집행실적, 성평등 효과분석 및 평가 등을 포함하여야 한다.

기금에서도 국가재정운용계획과 유사하게 연금급여 및 보험사업 수행을 목적으로 하는 기금 또는 채권을 발행하는 기금 중 대통령령으로 정하는 기금의 관리주체는 소관 기금에 관하여 매년 해당 회계연도부터 5회계연도 이상의 기간에 대한 중장기 기금재정관리계획을 수립하고 이를 기획재정부장관에게 제출하여야 한다. 중장기 기금재정관리계획에는 ① 재정 수지 등의 전망과 근거 및 관리계획, ② 부채의 증감에 대한 전망과 근거 및 관리계획, ③ 전년도 중장기 기금재정 관리계획 대비 변동사항, 변동요인 및 관리계획 등에 대한 평가·분석 등이 포함되어야 한다.

기금관리주체는 기금의 관리·운용에 관한 전문성을 확보하기 위하여 기금운용심의회, 기금운용심의회 내 자산운용위원회, 자산운용 전담 부서 설치, 자산운용평가 및 위험관리를 전담하는 부서 등을 설치하여 운영하여야 한다.

먼저, 기금관리주체는 기금의 관리·운용에 관한 중요한 사항을 심의하기 위하여 기금별로 기금운용심의회를 설치하여야 하며, 심의회를 설치할 필요가 없다고 인정되는 기금의 경우에는 기획재정부장관과 협의하여 설치하지 않을 수 있다. 심의회의 심의를 거쳐야 하는 사항은 ① 기금운용계획안의 작성, ② 주요항목 지출금액의 변경, ③ 기금결산보고서의 작성, ④ 자산운용지침의 제정 및 개정, ⑤ 기금의 관리·운용에 관한 중요사항으로서 대통령령이 정하는 사항과 기금관리주체가 필요하다고 인정하는 사항 등이다.

또한, 심의회에 자산운용에 관한 중요한 사항을 심의하기 위하여 자산운용위원회를 설치하여야 하는데, 자산운용위원회의 심의를 거쳐야 하는 사항은 ① 자산운용 전담부서의 설치 등에 관한 사항, ② 자산운용지침의 제정 및 개정에 관한 사항, ③ 자산운용 전략에 관한 사항, ④ 자산운용 평가 및 위험관리에 관한 사항, ⑤ 그 밖에 자산운용과 관련된 중요한 사항 등이다. 또한, 기금관리주체는 자산운용위원회의 심의를 거쳐 자산운용을 전담하는 부서를 두어야 하며, 자산운용위원회의 심의를 거쳐 자산운용평가 및 위험관리를 전담하는 부서를 두거나 그 업무를 외부 전문기관에 위탁하여야 한다.

기금의 자산운용이 투명하고 효율적으로 이루어지도록 하기 위하여 자산운용업무를 수행함에 있어서 준수하여야 할 지침인 자산운용지침을 심의회의 심의를 거쳐 정하고, 이를 14일 이내에 국회 소관 상임위원회에 제출하여야 한다. 자산운용지침에는 ① 투자결정 및 위험관리 등에 관련된 기준과 절차에 관한 사항, ② 투자자산별 배분에 관한 사항, ③ 자산운용 실적의 평가 및 공시에 관한 사항, ④ 보유주식의 의결권 행사에 대한 기준과 절차에 관한 사항, ⑤ 자산운용과 관련된 부정행위 등을 방지하기 위하여 자산운용업무를 수행하는 자가 지켜야 할 사항, ⑥ 그 밖에 자산운용과 관련하여 기금관리주체가 필요하다고 인정하는 사항 등이 포함된다.

기획재정부장관은 회계연도마다 전체 기금 중 3분의 1 이상의 기금에 대하여 대통령령이 정하는 바에 따라 그 운용실태를 조사·평가하여야 하며, 3년마다 전체 재정체계를 고려하여 기금의 존치 여부를 평가하여야 하고, 평가결과를 국무회의에 보고한 후 국회에 제출하는 국가결산보고서와 함께 국회에 제출하여야 한다. 기획재정부장관은 기금운용실태의 조사·평가와 기금제도에 관한 전문적·기술적인 연구 또는 자문을 위하여 기금운용평가단을 운영할 수 있다.

용어의 정의

예산제도(豫算制度, Budget System)　　　예산제도는 행정부의 예산이 사회적으로 요구되는 기능을 수행하게 하기 위하여 어떠한 사업을 예산에 반영할 것인가를 결정하는 방법이다. 초기의 예산제도에서는 정부가 무엇을 사는가에 관심이 많았으나 점차 정부가 무엇을 하는가로 관점이 변화하여, 초기의 예산제도인 품목별 예산에서 50년대의 성과예산으로 변화하여 정부가 달성한 것에 대한 관심이 커지게 되었다. 2차 세계대전 후 미국은 세계 제1의 경제 대국으로 등장하고, 조세 수입도 크게 증가하였다. 2차 세계대전 이후 60년대 말까지, 미국 재정이 탄탄하였기 때문에, 계획을 잘 세워서 예산을 수립하고 사용하는 것이 중요하여 PPBS와 같은 예산제도가 필요하였다. 그러나, 60년대 말부터 미국 재정은 흔들리기 시작하여 이후부터는 돈을 절약할 필요성이 생겨 영기준예산(ZBB)과 같은 제도가 나왔으며, 재원의 부족이 심각하여 감축관리제도가 주요 예산제도로 등장하게 되었다. 90년대에는 Reinventing Government의 발간에서 보듯이 다시 성과를 강조하는 흐름이 예산제도에서 나타났는데, 오늘날까지도 성과의 강조는 예산제도에서 나타나고 있다.

예산 원칙(Budget Principle)　　　예산 원칙이란 예산과정(편성, 의결, 집행, 결산)에서 지켜져야 할 원칙을 말하는 것으로 오늘날에는 국가별로 회계원칙이 있기 때문에 예산의 원칙이란 국가별 회계 원칙에 충실하게 예산이 편성되는 것을 기본으로 한다. 예산 원칙이 나오게 된 배경은 국왕으로부터 재정권한을 뺏어오기 위한 논거가 필요했기 때문이다. 국왕이 국가 재정을 전횡적으로 사용하여 왔기 때문에 의회는 재정의 사용에서 원칙을 주장하게 되었고, 이러한 것이 예산의 원칙으로 주장된 것이다. 하지만 오늘날 재정권의 전횡은 있을 수가 없고, 국가가 지켜야할 회계 기준이 정해져 있기 때문에 예산 원칙의 중요성은 낮아졌다.

예산 분류 및 구조(Budget Classification, Structure)　　　예산은 기본적으로 소관부처별 또는 조직별(Administrative), 경제성질별, 성질별, 또는 품목별(Economic), 기능별(Functional)로 범주화 된다. 우리나라의 세입세출예산 구조를 보면 국회 소관 상임위별로 세입세출예산 구분이 먼저 이루어지고, 소관 상임위별 행정부서별로(소관별로) 세입예산과 세출예산이 구분된다. 세입예산은 관, 항, 목으로 구분

되는데, 관에는 재산수입(관유물대여료, 기타이자수입 및 재산수입), 경상이전수입
(벌금, 몰수금 및 과태료, 변상금 및 위약금, 가산금, 기타경상이전수입), 재화 및 용역
판매수입(면허료 및 수수료, 잡수입), 관유물매각대(고정자산매각대) 등이 있으며,
상기 관 아래에 있는 항은 괄호 안에 표시되어 있다. 목이란 고정자산매각대의
경우는 세부 내역을 말하는 것으로 기계기구매각대, 기타고정자산매각대 등과 같
이 세부내역을 말한다. 세입예산 다음에는 세출예산이 나오는데, 우리나라 예산
은 프로그램예산이기 때문에 분야와 부문은 정해져 있다. 분야는 장에 해당하는
것으로 일반지방행정 등과 같은 구분이다. 부문은 관에 해당하는 것으로 일반지
방행정 밑에 지방행정재정지원과 같이 관을 세분화한 것이다. 프로그램은 항에
해당하는 것으로 우리나라 중앙정부에서는 네 자리의 코드를 가지고 있고, 세항
은 단위사업, 세세항은 세부사업이라는 기능별로 구분되며, 기능별 분류 후에 경
비의 성질별로(즉, 품목별로) 7개 대분류와 26개세목으로 분류되고 있다. 소관부
처가 일반회계와 특별회계를 가지고 있으면, 일반회계가 위의 방식대로 구분된
후, 특별회계별로 구분이 이루어진다.

예산 총계 및 순계(Gross Budget, Net budget)　우리나라 예산은 국가재정법 제
17조에 따라 예산총계주의 원칙이 적용되어, 한 회계연도의 모든 수입을 세입으
로 하고, 모든 지출을 세출로 하여야 한다. 이는 정부의 모든 수입과 지출의 총액
및 그 흐름을 알 수 있게 하여 회계적 투명성을 확보하고 예산 집행에 대한 정부
의 책임을 명확히 하기 위하여 필요하다. 그러나 우리나라 국세 수입은 기획재정
부가 세입으로 계상한 후에, 각 부처에 국세 수입을 배분하여 주는데, 각 부처는
예산 총계주의 원칙에 따라, 기획재정부로 받은 수입을 경상이전수입 등으로 다
시 계상하여야 한다. 예를 들면, 국세로 100원을 거두어 들이고, 기획재정부가 80
원을 각 부처에 배분하는 경우, 실제 국세는 100원이지만, 우리나라 중앙부처 세
입은 180원이 된다. 예산 총계로 보면 세입은 180원이지만, 기타 부처 세입 80원
은 기획재정부에서 이전된 수입이기 때문에 순계에서는 제외되어 예산 순계로
본 세입은 여전히 100원이다.

자본예산(資本豫算, Capital Budget)　자본적 지출은 수년간 서비스를 제공하는
자산을 구입하여, 매년 구입하지 않아도 미래에도 서비스 혜택을 누릴 수 있게
한다. 자본적 지출에는 건물에 대한 리모델링비도 포함하게 되는데, 예산에서는
이를 기능보강이라고도 한다. 이러한 자본적 지출은 일반적인 지출과 비교할 때

그 결정이 오랜 기간 영향을 미치고, 막대한 자금이 소요되고, 구입결정 시기도 매우 중요한 특징이 있다. 가령 신청사 건립을 결정하는 경우, 이를 결정하는 순간 막대한 예산이 여기에 소요되어 이후의 예산 편성에 어려움을 겪을 수 있기 때문에 신청사 건립에는 결정 시기가 매우 중요하다. 미국에서는 이러한 자본적 지출에 대해서는 별도로 고려하기 위해, 경상예산 또는 운영예산(Operating Budget)과 자본예산(Captial Budget)을 구분하고 있지만, 우리의 경우는 예산에서 이를 구분하지 않고 있고, 국고보조사업에서 사업을 경상보조와 자본보조로 구분하여 운영하고 있다.

CHAPTER 18

우리나라의 재정

Ⅰ 기본 방향

1. 법적 체계: 국가재정법

우리나라는 새로운 국가재정 운용틀을 마련하고자 2006년 10월 기존의 예산회계법과 기금관리기본법을 통합한 국가재정법을 국가 재정운용의 기본법으로 제정하여, 2007년 1월 1일부터 시행하고 있다. 국가재정법은 <표 18-1>에서 보는 바와 같이, 국가재정운용계획 수립, 성과관리제도, 예산총액배분, 자율편성 제도 도입 등을 통하여 재정 효율성을 도모하며, 재정정보 공표 확대 및 조세지 출예산제도 도입 등으로 재정 투명성을 제고하고, 추가경정예산 편성요건 강화 및 국가채무관리계획의 수립 등을 통하여 재정의 건전성을 확보하기 위하여 재 정되었다. 국가재정법의 핵심은 성과중심의 재정운용으로 중앙관서의 장과 기금 관리주체는 재정활동 성과관리체계를 구축할 의무가 있으며, 중앙관서 장은 예산 요구서를 제출할 때 예산의 성과계획서 및 전년도 예산의 성과보고서를 제출하 여야 한다는 것이다.

표 18-1 국가재정법 주요 내용

제도	주요 내용
국가재정운용계획의 수립	• 정부는 재정운용의 효율화와 건전화를 위하여 매년 당해연도를 포함한 5회계연도 이상의 기간에 대하여 국가재정운용계획을 수립하고 회계연도 개시 90일 전까지 국회에 제출
성과중심의 재정운용	• 중앙관서의 장 및 기금관리주체는 재정활동의 성과관리체계를 구축하여 예산요구서 또는 기금운용계획안을 제출하는 경우 성과계획서 또는 성과보고서를 의무적으로 제출
주요 재정정보의 공표	• 예·결산, 통합재정수지 등 국가와 지방자치단체의 중요한 재정정보를 정부로 하여금 매년 1회 이상 공표하여 재정활동의 투명성 제고
회계 및 기금 간 여유재원의 신축적인 운용	• 국가재정의 효율적인 운용을 위하여 회계 및 기금 간 여유재원의 전출입을 허용하되, 그 내용을 예산안 또는 기금운용계획안에 반영하여 국회에 제출
성인지 예·결산 제도의 도입	• 예산이 여성과 남성에게 미치는 영향을 분석한 성인지 예산서와 여성과 남성이 동등하게 예산의 수혜를 받고 예산이 성차별을 개선하는 방향으로 집행되었는지를 평가하는 성인지 결산서를 예·결산안 첨부서류로 국회에 제출하도록 하고, 이를 2010회계연도 예·결산안부터 적용
예비비의 계상 한도	• 사용목적이 지정되지 않은 일반예비비의 규모를 일반회계 예산총액의 1퍼센트 이내로 하여 그 한도를 설정하고, 이를 공무원의 보수 인상을 위한 인건비 충당에 사용할 수 없도록 함
조세지출예산서의 도입	• 조세감면 등의 재정지원의 추정금액을 기능별·세목별로 작성한 조세지출예산서를 예산안과 함께 국회에 제출하도록 하되, 이를 2011회계연도 예산안부터 적용
예산 총액배분· 자율편성제도의 도입	• 각 중앙관서의 장은 매년 1월 31일까지 5회계연도 이상의 중기사업계획서를 기획예산처장관에게 제출하도록 하는 한편, 기획예산처장관은 다음연도의 예산안편성지침을 4월 31일까지 통보하도록 하되, 예산안편성지침에 중앙관서별 지출한도를 포함
국가채무관리 계획의 국회 제출	• 국가채무에 대한 체계적인 관리를 위하여 재정경제부장관으로 하여금 매년 국채·차입금의 상환실적 및 상환계획, 채무의 증감에 대한 전망 등을 포함하는 국가채무관리계획을 수립하여 회계연도 90일 전까지 국회에 제출
총사업비관리제도 및 예비타당성 조사 등의 도입	• 대규모사업에 대한 총사업비관리제도를 도입하여 각 중앙관서의 장으로 하여금 그 사업규모·총사업비 및 사업기간에 대하여 미리 기획예산처장관과 협의하도록 하고, 기획예산처장관은 대규모사업에 대하여 예비타당성조사를 실시하고, 그 총사업비가 일정 규모 이상 증가하는 경우 타당성 재조사를 실시

예산총계주의 원칙의 예외	• 국가의 현물출자, 외국차관의 전대(轉貸)와 국가연구개발사업의 개 발 성과물 사용에 따른 기술료 등에 대하여 예산총계주의원칙의 예 외를 인정하여 예산에 계상하지 아니하도록 하되, 기술료의 수입· 지출내역에 대해서는 국회 예산결산특별위원회에 보고하도록 함
결산의 국회 조기제출	• 예·결산 분리 심의를 위하여 회계연도 개시 120일 전(9월 2일)까 지 국회에 제출하던 결산을 5월 31일까지 제출
기금운용계획의 변경 가능 범위	• 기금운용계획변경시 국회에 제출하지 아니하고 자율적으로 변경할 수 있는 주요항목 지출금액의 범위를 비금융성기금은 현행 30퍼센 트에서 20퍼센트 이하로, 금융성기금은 현행 50퍼센트에서 30퍼센 트 이하로 축소
추가경정예산안 편성사유의 제한	• 국가재정의 건전성을 제고하기 위하여 추경의 편성사유를 전쟁이나 대규모 자연재해가 발생한 경우, 경기침체·대량실업 등 대내·외 여 건의 중대한 변화가 발생하였거나 발생할 우려가 있는 경우, 법령에 따라 국가가 지급하여야 하는 지출이 발생하거나 증가하는 경우로 한정
세계잉여금을 국가 채무상환에 우선 사용	• 세입세출의 결산상 잉여금 중 이월액을 공제한 금액인 세계잉여금 의 사용순서를 지방교부세 및 지방교육재정교부금의 정산, 공적자 금상환기금에의 출연, 국가 채무상환, 추가경정예산의 편성 순으로 하고, 사용시기는 정부 결산에 대한 대통령의 승인 이후로 정함
불법 재정지출에 대한 국민감시 제도의 도입	• 예산 및 기금의 불법지출에 대하여 일반 국민들이 집행에 책임 있 는 중앙관서의 장 또는 기금관리주체에게 시정을 요구할 수 있도록 하고, 시정요구에 대한 처리결과 예산절약 등에 기여한 경우 시정요 구를 한 자에게 예산성과금을 지급할 수 있도록 함

자료: 국가재정법(법률 제19188호).

국가재정법의 주요 개정은 <표 18-2>와 같다. 특별회계 설치 요건 강화, 기금 관리 강화, 추가경정편성의 탄력성 부여, 타당성조사 관리 강화, 성과 중심 재정운용 강화, 건전재정 강화, 성인지 예산 고도화, 기금운용의 강화, 총사업비 관리대상사업에 대한 국회 심의 강화, 국가재정의 투명성 강화, 중앙정부의 예산 편성으로 인하여 발생하게 될 지방재정부담에 대하여 국회가 예산안과 함께 심사하도록 하는 등 성과를 중심으로 한 재정관리의 합리화가 지속적으로 진행되고 있다.

표 18-2 국가재정법 주요 개정

개정	주요 내용
2006. 12. 30. 개정	• 영화발전기금의 설치 근거를 명시하고 있는 「영화 및 비디오물의 진흥에 관한 법률」과 순국선열·애국지사사업기금의 설치 근거를 명시하고 있는 「독립유공자예우에 관한 법률」을 「국가재정법」 별표 2에 규정된 기금설치 근거법률에 추가
2007. 12. 31. 개정	• 특별회계의 설치가 남용되는 것을 방지하기 위하여 「국가재정법」 별표 1에 명시된 법률에 근거하지 아니하면 특별회계를 설치할 수 없도록 하고 있음에 따라 혁신도시건설특별회계와 교통시설특별회계의 근거법률을 별표 1에 추가
2008. 12. 31. 개정	• 결산보고서의 작성에 관한 내용 등은 「국가회계법」에 규정하고, 결산보고서의 제출 절차에 관한 내용만 규정하고, 기존 국채를 대체하기 위한 경우에는 국회의 의결을 받은 국채의 한도를 초과하여 국채를 발행할 수 있도록 하여 국가채무 관리의 효율성을 제고 • 기금정책심의회를 폐지하고, 각 중앙관서와 지방자치단체의 공무원 및 민간 전문가 등으로 구성된 재정정책자문회의에서 종전 기금정책심의회의 기능을 통합
2009. 2. 6. 개정	• 추가경정예산안의 편성사유를 지나치게 제약하여 긴급한 경제상황에 대한 정부의 재정대응이 어렵기 때문에, 추가경정예산안의 편성사유에 남북관계의 변화와 경제협력을 추가
2009. 3. 18. 개정	• 중앙관서의 장은 예산을 이용·전용하거나 기금운용계획을 변경하는 경우 분기별로 국회 소관 상임위원회와 예산결산특별위원회에 그 내역을 제출하도록 하여 국회가 정부의 예산 집행을 상시 감시할 수 있는 제도적 근거를 마련 • 대규모 사업에 대한 타당성 재조사 실시사유에 감사원 감사에 따른 감사원장의 요청을 추가하고, 타당성 재조사 결과를 국회에 보고하도록 하여 예산집행에 대한 국회의 심의기능과 감시기능을 강화
2009. 5. 27. 개정	• 예산안과 기금운용계획안을 국회에 제출할 때에는 물론 수정예산안 및 추가경정예산안과 기금운용계획변경안을 제출할 때에도 성과계획서의 내용을 일치시키도록 하여 성과 중심의 재정운용을 실현
2009. 10. 21. 개정	• 문화재를 효율적으로 보존·관리하는 데 필요한 자금을 조성하기 위하여 「문화재보호기금법」이 제정(법률 제9756호, 2009. 6. 9. 공포, 12. 10. 시행)되어 문화재보호기금이 설치됨에 따라, 문화재보호기금의 안정적인 재원확보를 위하여 「문화재보호기금법」에 따른 문화재보호기금을 이 법에 따른 기금에 포함

	• 건전재정을 유지하기 위하여 국가재정운용계획에 의무지출의 증가율 및 산출내역과 재량지출의 증가율에 대한 분야별 전망과 근거 및 관리계획, 재정수입 증가율 및 근거, 통합재정수지·국가채무의 전망과 근거 및 관리계획을 포함 • 국가재정운용계획에 전년도에 수립한 국가재정운용계획의 평가·분석보고서, 중장기 기금재정관리계획, 국가채무관리계획을 첨부 • 수정예산안 및 추가경정예산안을 제출할 때 국가재정운용계획의 재정총량에 미치는 효과 및 관리방안을 국회에 보고. 국가재정운용계획을 국회에 제출하기 전에 그 수립방향을 국회 소관 상임위원회에 보고 • 매년 회계연도 개시 90일 전까지 국가보증채무관리계획, 공기업·준정부기관의 중장기 재무관리계획, 임대형 민자사업 정부지급금추계서를 국회에 제출 • 조세지출 성과 제고
2010. 5. 17. 개정	• 성인지 예산서에 성평등 기대효과, 성과목표, 성별 수혜분석 등을 포함 • 기획재정부장관은 예비타당성조사 결과를 요약하여 국회 소관 상임위원회와 예산결산특별위원회에 제출 • 중앙관서의 장은 지방자치단체 및 민간에 지원한 국고보조금의 교부실적과 해당 보조사업자의 보조금 집행실적을 기획재정부장관 및 국회에 제출 • 성인지 결산서에 집행실적, 성평등 효과분석 및 평가 등을 포함. 기금이 여성과 남성에게 미칠 영향을 미리 분석한 보고서 작성 • 성인지 기금운용계획서에 성평등 기대효과, 성과목표, 성별 수혜분석 등을 포함. 기금운용계획안 등의 첨부서류에 성인지 기금운용계획서를 포함 • 기금이 성차별을 개선하는 방향으로 집행되었는지를 평가하는 보고서를 작성. 재정수지 및 부채 등을 포함한 중장기 기금재정관리계획을 작성 • 중앙관서의 장은 새로운 국세감면을 요청하기 위하여 기획재정부장관에게 제출하는 방안에 재정지출의 축소방안도 포함
2010. 12. 27. 개정	• 범죄피해자 보호·지원에 필요한 자금을 확보·공급하기 위하여 벌금의 일부 등을 재원으로 하는 범죄피해자보호기금을 설치하도록 「범죄피해자보호기금법」이 제정(법률 제10284호, 2010. 5. 14. 공포, 2011. 1. 1. 시행)됨에 따라, 같은 법에서 규정하고 있는 범죄피해자보호기금을 이 법에 따른 기금에 포함
2011. 3. 30. 개정	• 정부출연금 등을 재원으로 하는 기금을 신설하기 위해서는 그 근거법률을 규정하도록 되어 있는바, 국유재산을 효율적으로 활용하여 국가재정의 건전성을 높이기 위하여 국유재산관리기금의 신설 등을 내용으로 「국유재산법」이 개정됨에 따라 동 기금의 근거법률인 「국유재산법」을 이 법에 새로 규정

2012. 3. 21. 개정	• 계속비의 지출연한을 예외적으로 10년 이내로 할 수 있도록 하고, 국회에 제출하는 예산안 첨부서류에 총사업비 관리대상 사업의 개요, 전년도 대비 총사업비 증감 내역 및 사유, 해당 연도까지의 연부액 및 해당 연도 이후의 지출예정액을 추가하여 총사업비관리대상사업에 대한 국회의 심의를 강화
2013. 5. 28. 개정	• 정부의 예산안 및 이와 관련된 국가재정운용계획 등 재정 관련 자료의 국회 제출시기를 현재의 회계연도 개시 '90일 전까지'에서 '120일 전까지'로 줄임
2014. 1. 1. 개정	• 중장기 조세정책운용계획을 국가재정운용계획의 첨부서류로 국회에 제출 • 완성에 2년 이상이 소요되는 대규모사업의 경우 국고채무부담행위 총규모를 예산안 첨부서류로 제출하도록 하여, 국고채무부담행위로 실시되는 사업의 적정성에 대하여 보다 합리적인 심사 • 예비타당성조사 실시대상 및 면제대상을 직접 법률에 규정하고, 면제대상의 내역 및 사유를 국회에 제출하도록 함으로써 예비타당성조사제도 운영과정에서 행정부의 자의적인 집행을 방지하고 투명성과 실효성을 제고. 수요예측자료 등 예비타당성조사 및 타당성재조사 결과에 관한 자료를 「공공기관의 정보공개에 관한 법률」에 따라 공개 • 국가연구개발사업의 개발성과물 사용에 따른 대가를 세입세출예산 외로 사용할 수 있도록 하던 것을, 앞으로는 세입세출예산에 포함시켜 국가재정의 투명성을 강화
2014. 12. 30. 개정	• 국가재정운용계획 제출 30일 전에 국가재정운용계획 수립방향을 국회 소관 상임위에 보고 • 각 중앙관서의 장은 세입·세출예산 운용상황을 인터넷 홈페이지를 통하여 국민에게 공개 • 예산 전용의 요건과 한계 및 예산 이용의 한계를 명시 • 사회적 재난에 대해서도 예비비 계산 신청. 기획재정부장관 및 중앙행정기관의 장은 재정업무를 처리하는 정보통신매체 및 프로그램 등을 통하여 산출되는 재정정보에 대하여 국회의 요구가 있는 경우 정당한 사유가 없는 한 정보를 제공 • 소상공인시장진흥기금의 설치를 별표에 반영
2015. 12. 15. 개정	• 「재난 및 안전관리 기본법」에서 규정하고 있는 자연재난, 사회재난으로 인한 대규모 피해가 발생할 경우 추경편성이 가능 • 수산발전기금의 설치 근거 법률을 「수산업·어촌 발전 기본법」으로 변경. 사법서비스진흥기금의 설치를 별표에 반영
2016. 12. 20. 개정	• 국가재정운용계획 제출 시에는 재정전망 및 그 근거를 함께 포함. 재정운용상황의 인터넷 홈페이지 공개 주체에 중앙관서의 장이 아닌 기금관리주체도 포함 • 원칙적으로 모든 기금에 자산운용위원회를 설치하도록 하되, 기획재정

부장관과 협의하여 자산운용위원회를 설치할 필요가 없다고 인정되는 기금과 외국환평형기금은 설치하지 않음
- 유아교육정책에 대한 일관성과 안정성을 기하기 위하여 한시적으로 특별회계를 설치하여 누리과정을 둘러싼 사회적 혼란과 갈등을 방지하고자 「국가재정법」에 특별회계 설치 근거조항을 추가
- 정부의 세입·세출 외로 운용되던 자동차사고 피해지원사업 분담금을 정부의 기금으로 운용하기 위하여 자동차사고 피해지원사업 분담금을 재원으로 하는 자동차사고피해지원기금을 설치하고 이를 국토교통부장관이 관리·운용하도록 하는 「자동차손해배상 보장법」의 개정에 맞추어 자동차사고피해지원기금의 설치근거인 「자동차손해배상 보장법」을 기금설치 법률의 범위에 추가
- 개발도상국의 질병의 예방·퇴치를 지원하는데 필요한 자금을 정부 예산의 범위에서 안정적으로 확보하기 위하여 국제질병퇴치기금을 설치하고 이를 외교부장관이 관리·운용하도록 하는 「국제질병퇴치기금법」의 제정에 맞추어 국제질병퇴치기금의 설치근거인 「국제질병퇴치기금법」을 기금설치 법률의 범위에 추가

2017. 12. 26. 개정	• 국고보조사업에 대한 지방자치단체의 분야별 총 대응지방비 소요 추계서를 예산안 첨부서류로 국회에 제출하여, 중앙정부의 예산편성으로 인하여 발생하게 될 지방재정부담에 대하여 국회가 예산안과 함께 심사
2018. 1. 16. 개정	• 국가연구개발사업의 특성을 반영한 예비타당성조사가 이뤄질 수 있도록 「과학기술기본법」 제11조에 따른 국가연구개발사업에 대한 예비타당성조사에 관해서는 대통령령으로 정하는 바에 따라 기획재정부장관이 과학기술정보통신부장관에게 위탁 • R&D 사업 예비타당성조사를 위탁받은 과학기술정보통신부장관이 예비타당성조사 면제 여부 결정 및 예비타당성조사지침 수립 시에는 사전에 기획재정부장관과 협의 • 기획재정부장관이 과학기술정보통신부장관의 예비타당성조사 운영에 대하여 평가
2019. 4. 23. 개정	• 정부가 국회에 제출하는 예산안에 세입추계 방법 및 근거, 전년도 세입예산과 세입결산 간 총액 및 세목별 차이에 대한 평가 및 원인 분석, 세입추계 개선사항을 포함한 세입예산 추계분석보고서를 첨부
2019. 12. 31. 개정	• 소재·부품·장비 산업의 경쟁력 강화 기본계획의 안정적 추진에 필요한 재원을 확보하고, 관련 사업을 효율적으로 시행하기 위한 특별회계를 설치할 수 있도록 관련 근거 마련
2020. 3. 31. 개정	• 「국가재정법」의 목적에 재정운용의 공공성 증진을 추가 • 국회에 제출하는 국가재정운용계획에 기획재정부장관은 40회계연도 이상의 기간을 대상으로 5년마다 장기 재정전망을 실시하고 이를 첨부 • 정부가 매년 1회 이상 공표하여야 하는 재정정보에 일반정부 및 공공부

	문 재정통계를 추가하고, 기획재정부장관은 회계연도마다 결산을 기준으로 일반정부 및 공공부문 재정통계를 작성 • 예비타당성조사를 통과하지 못한 사업은 예비타당성 면제를 일부 제한 • 예비타당성조사를 면제한 사업에 대하여 예비타당성조사 방식에 준하여 사업의 중장기 재정소요, 재원조달방안, 비용과 편익 등을 고려한 효율적 대안 등의 분석을 통하여 사업계획의 적정성을 검토하고, 그 결과를 예산편성에 반영 • 타당성재조사 대상이 되는 사업과 타당성재조사 면제 요건을 법률에 규정하여 구체화 • 보조금의 교부실적 등을 국회 소관 상임위원회 등에 제출하도록 한 제54조를 기금에 관하여 이를 준용
2021. 6. 15 개정	• 예산이 온실가스 감축에 미치는 효과를 평가하고, 그 결과를 정부의 예산편성과 집행에 반영하기 위하여 온실가스감축인지 예·결산제도를 도입 • 결산보고서의 부속서류로서 국회에 제출하도록 하기 위하여 정부가 매년 직전 회계연도에 발생한 세계잉여금의 내역을 산출하고 그 사용계획을 수립
2021. 12. 21. 개정	• 재정사업 성과관리의 내용을 성과목표관리 및 성과평가로 구체적으로 설정하고, 재정사업 성과관리 기본계획의 수립, 성과목표관리를 위한 성과보고서 등의 작성·제출 및 성과평가의 근거를 마련 • 재정사업 성과목표관리를 위한 담당 공무원 지정 등 추진체계를 마련하고, 성과평가의 결과 등 성과정보의 관리시스템을 구축·운영하여 성과정보가 공개될 수 있도록 하며, 성과목표관리 결과를 국무회의에 보고하도록 함으로써 종전의 성과 중심의 재정운용을 확대·강화 • 재정사업 평가 등을 위한 전문기관의 지정 취소 시 청문을 실시하도록 하고, 성인지 예산서 등 작성 시 성별영향평가 결과를 포함하도록 명시 • 예산의 재배정 관련 사항 및 한국재정정보원의 재배정 업무 대행에 관한 법적 근거를 신설 • 재정정보의 공표 등 재정에 관한 업무의 처리를 위하여 기획재정부장관이 관계 기관에 전자적 시스템 연계를 요청할 수 있는 근거를 마련 • 「기후위기 대응을 위한 탄소중립·녹색성장 기본법」에 따라 기후대응기금을 신설하기 위하여 기금 설치근거를 규정하고 있는 현행법에 이를 반영하고, 특별회계 및 기금의 설치근거 법률 등을 규정하는 별표를 정비하여 현행의 특별회계·기금 운용체계에 부합하도록 함

자료: 국가재정법(법률 제19188호).

2. 성과중심 재정운용

우리나라의 재정관리에서는 성과중심의 재정운용을 강조하고 있다. 성과주의 예산제도는 예산 편성과정에 성과평가 결과를 반영하여 예산편성 및 집행의 효율성을 높이는 제도로 성과평가 결과를 예산배분에 반영한다. 우리나라의 성과주의 예산제도는 ① 부서별·사업별로 성과목표를 설정하는 목표설정 단계, ② 성과목표 평가지표를 설계하고 개선하는 성과지표개발 단계, ③ 사업의 실적을 평가하는 성과평가 단계, ④ 성과정보를 예산에 반영하는 성과평가 활용 단계로 구분될 수 있다.

현재 기획재정부의 재정사업 평가는 ① 주요 재정사업에 대한 평가, ② 기금운용평가, ③ 부담금운용평가, ④ 국고보조사업평가, ⑤ 복권기금사업 평가 등으로 구분할 수 있으며, 이외 재정사업의 예비타당성 조사, 타당성 재조사 등도 행해지고 있다. 이러한 평가 이외에도 기획재정부는 재정집행의 관리를 위하여 각 중앙관서의 장과 기금관리주체에게 사업집행보고서와 예산 및 기금운용계획에 관한 집행보고서를 제출하도록 하고 있으며, 기획재정부는 보고서의 내용을 분석하고 예산 및 기금의 집행상황과 낭비 실태를 확인·점검한 후 필요한 때에는 집행 애로요인의 해소와 낭비 방지를 위하여 필요한 조치를 각 중앙관서의 장과 기금관리주체에게 요구할 수 있다(국가재정법 제97조).

우리나라의 성과관리제도는 정부업무평가기본법, 국가재정법, 국가회계법에 근거하여 시행되고 있다. 우리나라의 경우, 1999년부터 16개 기관에서 시범적으로 성과계획서를 작성하기 시작하였으며, 성과계획서가 2008년에 최초로 국회에 제출되었으며, 성과 보고서가 2010년에 최초로 국회에 제출되었다. 우리나라의 성과관리제도 변천을 보면, 재정 성과목표관리제도(2003년), 프로그램 예산제 도입(2004년), 재정사업자율평가제도(2005년), 재정사업심층평가(2006년), 통합재정사업평가제도(2016년)가 도입되었다.

현재의 성과관리제도는 크게 ① 성과계획서와 성과보고서를 통한 재정성과목표관리제도, ② 일반재정·R&D·지역사업 사업평가를 모두 통합한 통합재정사업 평가제도, ③ 통합재정사업 평가 결과에 분석의 필요성이 제기된 사업에 대한 재정사업 심층평가제도로 구분될 수 있다.

통합재정사업평가에서는 각 부처가 소관 재정사업 전체를 우수-보통-미흡으로 평가하고, 부처가 미흡한 사업에 대한 조정을 전체 예산액의 1% 수준에서 자율적으로 한다. 재정사업심층평가제도는 재정사업의 적절성, 효과성, 효율성 등을 평가한다.

3. 재정운영의 투명성 제고

재정운영의 투명성을 제고하기 위하여 국가재정법은 제9조에 재정정보의 공표를 규정하고 있다. 기획재정부가 재정정보 공표 지침을 작성하고, 각 중앙관서의 장과 기금관리주체의 자료 제출, 기획재정부의 공표의 과정을 거치게 된다. 이와는 별도로 각 중앙관서의 장과 기금관리주체는 개별적으로 인터넷 홈페이지에 공개하여야 한다. 이를 자세히 보면 다음과 같다.

먼저, ① 기획재정부는 각 중앙관서의 장과 기금관리주체에게 각각 지침을 통보하고, ② 각 중앙관서의 장과 기금관리주체가 기획재정부장관에게 재정정보의 공표를 위하여 필요한 자료를 제출하면, ③ 기획재정부는 예산, 기금, 결산, 국채, 차입금, 국유재산의 현재액 및 통합재정수지 그 밖에 대통령령이 정하는 국가와 지방자치단체의 재정에 관한 중요한 사항을 매년 1회 이상 정보통신매체·인쇄물 등 적당한 방법으로 알기 쉽고 투명하게 공표한다. 또한 이와는 별도로 각 중앙관서의 장은 해당 중앙관서의 세입·세출예산 운용상황을, 각 기금관리주체는 해당 기금의 운용상황을 인터넷 홈페이지에 공개하여야 하는데, 세입·세출예산 운용상황 및 기금 운용상황 공개에는 각 사업별 사업설명자료가 첨부되어야 한다.

이외 재정투명성을 위하여 기획재정부는 국가보증채무관리계획, 공공기관의 중장기 재무관리계획, 대형 민자사업 정부지급금 추계서 등 재정 관련 자료를 매년 회계연도 개시 120일 전까지 국회에 제출하여야 한다(국가재정법 제9조의2). 또한 재정운용에 대한 의견수렴을 위하여, 각 중앙관서와 지방자치단체의 공무원 및 민간 전문가 등으로 구성된 재정정책자문회의를 운영하여야 하며, 국가재정운용계획을 수립할 때, 매 회계연도의 예산안을 편성할 때와 기금운용계획안을 마련할 때에는 미리 자문회의의 의견수렴을 거쳐야 한다(국가재정법 제10조).

II 주요 재정관리제도

1. 국가재정운용계획

2004년 4대 재정개혁에서는 국가재정운용계획, 총액배분자율편성제도(Top-down), 성과관리제도, 디지털예산회계시스템(d-Brain) 등을 도입하였다. 국가재정운용계획은 안정적이고 예측 가능한 재정정책의 추진을 위하여 재정운용의 다년도 목표를 사전에 설정하고 재원을 전략적으로 배분하는 계획이다. 이러한 중기재정계획제도는 1950년 말경 사회복지비의 지출 부담은 커지는 반면 경제성장이 이를 뒷받침하지 못한 유럽 국가들이 한정된 재원의 보다 합리적인 배분을 위한 수단의 하나로 도입한 제도이다. 우리의 국가재정운용계획 변화를 보면 <표 18-3>과 같다.[1]

표 18-3 2022~2026년 국가재정운용계획 수립절차

시기	내용
2021년 12월	• 기획재정부 2021년 12월 2022~2026년 국가재정운용계획 수립지침을 마련하여 각 부처에 통보
2022년 1월	• 각 부처는 동 지침에 따라 부처별 중기사업계획서를 작성하여 2022년 1월말 기획재정부에 제출
2022년 2월~8월	• 2022년 2월부터 정부, 학계, 민간전문가 등이 참여하는 18개 분야별 작업반을 구성하고 각 분야별 정책방향과 주요 이슈에 대해 논의 • 2022년 7월 7일 국가재정전략회의 개최 • 2022년 8월에는 재정정책자문회의를 개최하여 향후 5년간의 재정운용방향 및 분야별 중점 투자방향에 대한 외부 전문가, 관계부처, 지자체 등의 의견을 폭넓게 수렴 • 분야별·지역별 예산협의회 개최
2022년 8월	• 기획재정부는 국가재정운용계획 수립방향을 2022년 8월 3일 국회 기획재정위원회에 보고
2022년 9월	• 2022~2026년 국가재정운용계획은 2023년 예산안 및 기금운용계획안에 반영되었으며, 2023년 예산안과 함께 국무회의를 거쳐 국회에 제출

자료: 2022-2026년 국가재정운용계획(2022: 1).

[1] 연도별 국가재정운용계획의 원본과 연도별 국가재정운용계획 첨부서류는 기획재정부 열린재정 http://www.openfiscaldata.go.kr/portal/service/openInfPage.do?infId=0XY022UGD797MPMB696118266에서 찾을 수 있다.

표 18-4   국가재정운용계획 변화

연도	제도 변화
1982년	• 재원배분에 있어 중기적 시각의 필요성이 대두됨에 따라 1982년부터 중기재정계획을 작성 • 초기의 중기재정계획은 재정적자 전망이나 적자축소 계획을 위한 재정정책 방향을 제시하였고, 예산편성 시 재정당국의 내부 참고자료로 활용
2004년	• 중장기적 시계에서의 전략적 재정운용을 위해 국가재정운용계획을 최초로 수립
2005년	• 일반회계 등 예산 중심에서 예산과 기금을 망라하는 총지출 기준으로 계획을 작성 • 계획 수립 과정에서 분야별 작업반, 재정정책자문회의 등을 통해 민간전문가, 정책고객, 관계부처, 지자체 등 각계각층의 의견을 폭넓게 수렴하여 계획의 전문성과 투명성을 제고 • 국가재정운용계획이 제시하는 중기 재원배분 우선 순위에 입각하여 재정소요를 분석하고 단년도 예산의 기본 틀로 활용
2006년	• 「국가재정법」 제정을 통해 국가재정운용계획 수립과 동 계획의 국회 제출을 의무화 • 경제·재정여건을 전망하여 재정수지 및 국가채무 등 5년 단위 재정총량에 대한 관리목표를 설정하고 12대 분야별 중점 투자계획 및 재정건전성 관리 방안을 제시 • 국가재정운용계획을 국회에 제출하기 30일 전까지 재정규모, 재정수지, 재원배분 등 수립방향을 국회 기획재정위원회에 보고
2007년	• 국가재정법에 따라 국회에 제출 의무화
2010년	• 2010~2014년 국가재정운용계획부터 수입을 국세·세외수입·기금수입으로 세분화하였고, 통합재정수지의 전망, 근거 및 관리계획을 제시하였으며, 중장기 기금재정관리계획, 국가채무관리 계획, 전년도 계획 대비 변동사항 등에 대한 평가·분석보고서를 첨부 서류로 국회에 제출
2012년	• 재정지출을 의무·재량지출로 구분하여 지출성격별로 전망근거와 관리계획 등을 제시하였고 공기업·준정부기관의 중장기 재무관리계획도 수립하여 국회에 제출
2013년	• 회계연도 120일 전까지 국회에 제출(이전 90일전)
2014년	• 중장기 조세정책운용계획도 첨부서류에 포함하여 제출 • 국가재정운용계획 수립 절차에 있어서도 국가재정운용 계획의 실효성 제고를 위하여 외부 재정전문가 등의 의견을 폭넓게 수렴하고 전문기관과의 협력을 확대

| 2020년 | • 5년마다 실시하는 장기 재정전망 결과를 첨부서류로 국회에 제출 |

자료: 2020~2024년 국가재정운용계획(2020: 3-6).

<표 18-4>는 우리나라 2022~2026년 국가재정운용계획의 수립절차를 설명하고 있다.

국가재정법 제7조에서는 재정운용의 효율화와 건전화를 위하여 매년 당해 회계연도부터 5회계연도 이상의 기간에 대한 국가재정운용계획을 수립하여 회계연도 개시 120일 전까지 국회에 제출하도록 하고 있다. 국가재정운용계획에 포함되는 사항은 ① 재정운용의 기본방향과 목표, ② 중·장기 재정전망 및 그 근거, ③ 분야별 재원배분계획 및 투자방향, ④ 재정규모증가율 및 그 근거, ⑤ 의무지출(재정지출 중 법률에 따라 지출의무가 발생하고 법령에 따라 지출규모가 결정되는 법정지출 및 이자지출을 말하며, 그 구체적인 범위는 대통령령으로 정함)의 증가율 및 산출내역, ⑥ 재량지출(재정지출에서 의무지출을 제외한 지출)의 증가율에 대한 분야별 전망과 근거 및 관리계획, ⑦ 세입·세외수입·기금수입 등 재정수입의 증가율 및 그 근거, ⑧ 조세부담률 및 국민부담률 전망, ⑨ 통합재정수지에 대한 전망과 근거 및 관리계획, ⑩ 그 밖에 대통령령이 정하는 사항이다.

국회에 제출하는 국가재정운용계획에 첨부되는 서류는 ① 전년도에 수립한 국가재정운용계획 대비 변동사항, 변동요인 및 관리계획 등에 대한 평가·분석보고서, ② 중장기 기금재정관리계획, ③ 국가채무관리계획, ④ 중장기 조세정책운용계획 등이다.

또한, 국가재정운용계획과 관련된 제도적 사항을 정하고 있는데, 기획재정부, 중앙부처, 공공단체장, 지방자치단체장과의 협력을 강조하고 있으며, 추경시에는 국가재정운용계획에 미치는 영향을 국회에 보고하도록 하고 있다. 이를 자세히 보면, ① 기획재정부장관은 국가재정운용계획을 수립함에 있어 필요한 때에는 관계 국가기관 또는 공공단체의 장에게 중·장기 대내·외 거시경제전망 및 재정전망 등에 관하여 자료의 제출을 요청하거나, 관계 국가기관 또는 공공단체의 장과 이에 관하여 협의할 수 있고, ② 기획재정부장관은 국가재정운용계획을 수립하는 때에는 관계 중앙관서의 장과 협의하여야 하며, ③ 기획재정부장관은 수정예산안 및 추가경정예산안이 제출될 때에는 재정수지, 국가채무 등 국가재정운용계획의 재정총량에 미치는 효과 및 그 관리방안에 대하여 국회에 보고하여야 하고, ④ 기획재정부장관은 국가재정운용계획을 국회에 제출하기 30일 전에 재정규모, 재정수지, 재원배분 등 수립 방향을 국회 소관 상임위원회에 보고하여야 하고, ⑤ 각 중앙관서의 장은 재정지출을 수반하는 중·장기계획을 수립하는 때에는 미리 기획재정부장관과 협의하여야 하고, ⑥ 지방자치단체의 장은 국가의 재정지원에 따라 수행되는 사업으로서 대통령령이 정하는 규모 이상인 사업의 계획을 수립하는 때에는 미리 관계 중앙관서의 장과 협의하여야 하고, 이 경우 중앙관서의 장은 기획재정부장관과 협의하여야 한다.

2. 성인지 예산

기금운용계획을 포함한 성인지예산은 예산과정에서 성평등 관점을 적용하여 예산이 여성과 남성에게 미치는 성별 영향을 분석하여 국가재원이 양성에 평등하게 배분될 수 있도록 하는 제도이다.

국가재정법 제16조 제5호는 우리나라 예산의 원칙으로 성평등 예산 편성을 규정하고 있다. 또한 국가재정법 제26조 제1항은 정부로 하여금 예산이 여성과 남성에게 미칠 영향을 미리 분석한 성인지(性認知) 예산서를 작성하도록 요구하고 있으며, 국가재정법 제26조 제2항에서는 성인지 예산서에 성평등 기대효과, 성과목표, 성별 수혜분석 등을 포함하도록 하고 있다. 또한 국가재정법 시행령에서는 성인지 예산에 포함되어야 할 내용으로 성인지 예산의 개요, 성인지 예산의 규모, 성인지 예산의 성평등 기대효과, 성과목표 및 성별 수혜분석 등을 제시하고 있다.

또한 결산과 관련하여서는 국가재정법 제56조에서 예산의 집행이 성차별을 개선하도록 집행되었는지를 평가하는 성인지 결산서를 작성하도록 하고, 그 내용으로 집행실적, 성평등 효과분석 및 평가를 포함하도록 하고 있다.

국가재정법 시행령 제9조 제2항에 따라 성인지 예산서는 기획재정부장관이 여성가족부장관과 협의하여 제시한 성인지 예·결산서 작성기준과 방식을 담은 성인지 예·결산서 작성지침과 양식 등에 따라 각 중앙관서의 장이 작성한다. 성인지 예산 대상사업 선정기준은 기획재정부와 여성가족부가 제시하되, 대상사업의 선정은 각 중앙관서의 장이 능동적으로 발굴하도록 하고 있다. 여성가족부 산

표 18-5 성인지 예산의 제도 변화

개정	제도 변화
2011년	• 성과목표 달성현황 작성란 추가 • 재정운용의 성인지적 성과관리를 위하여 해당 사업의 성평등 목표와 관련되는 성과목표를 설정하고 그에 대한 목표치와 실적치를 작성·제시하도록 함
2012년	• 성인지 결산서 작성내용에 평가란을 신설하여 해당 사업과 관련된 성평등 현황 및 추진실적, 결과에 대한 원인, 향후 개선사항 등을 작성하도록 함 • 이는 성인지 예산 제도의 취지를 살리기 위한 것으로 해당 사업과 관련된 성불평등 실태를 파악하고 그 원인과 해결방안을 도출하도록 함
2013년	• 성인지 예산서 작성 대상사업을 기존 '제3차 여성정책기본계획' 추진사업에서 '제4차 여성정책기본계획' 추진사업으로 변경함
2015년	• 기존 기획재정부와 여성가족부에 의해 결정되어 각 기관별로 하향식으로 통보되던 성인지 대상사업 선정방식을, 기획재정부와 성가족부는 성인지 대상사업 선정기준만을 제시하고 각 부처가 자율적으로 선정하여 제출하도록 함
2017년	• 사업별 성인지 대상사업 선정기준이 변경 • 성인지 대상사업 선정기준 중 하나인 '여성정책기본계획' 추진사업에서 '양성평등정책기본계획' 추진사업으로 변경

자료: 국가재정법(법률 제19188호).

하기관에서는 성인지 예·결산서 작성교육과 컨설팅을 제공하고, 기획재정부에서는 중앙관서의 성인지 예·결산서를 취합하고, 상설협의체에서 심의와 검토한 후, 대상사업을 협의와 조정을 마친 후 국회에 예산안 첨부서류 및 결산보고서 부속서류로 제출한다.

국가재정법(법률 제8050호, 2006. 10. 4., 제정, 시행 2007. 1. 1.)에서는 성인지 예·결산제도를 도입하되, 3년간의 준비기간을 거쳐, 2009년에 처음으로 시행하여 2010회계연도 예·결산안부터 성인지 예산제도가 적용하도록 하였다. 국가재정법(법률 제10288호, 2010. 5. 17., 일부개정, 시행 2010. 5. 17)에서는 성인지 예산서 제도를 보완하기 위하여 성인지 예산서의 포괄범위에 기금을 포함하고, 제26조 제2항을 신설하여 성인지 예산서에 성평등 기대효과, 성과목표, 성별 수혜분석 등을 포함하고, 제57조 제2항을 신설하여 성인지 결산서에 집행실적, 성평등 효과분석 및 평가 등을 포함하도록 하고, 제68조의2 제1항을 신설하여 기금이 여성과 남성에게 미칠 영향을 미리 분석한 보고서를 작성하도록 하고, 제68조의2

제2항을 신설하여, 성인지 기금운용계획서에 성평등 기대효과, 성과목표, 성별 수혜분석 등을 포함하도록 하고, 제71조 제6호를 신설하여 기금운용계획안 등의 첨부서류에 성인지 기금운용계획서를 포함하도록 하였다.

2022년도 예산안으로 국회에 제출된 성인지 예산은 39개 중앙관서의 341개 대상사업이었으며, 2022년 본예산에서 규모는 26조 8,821억원으로 정부 총지출 604.4조원의 4.4%를 차지하였다. 성인지 예산의 제도 변화는 <표 18-5>와 같다.

3. 조세지출예산

조세는 국가가 국민이나 기업으로부터 돈을 가져가기 때문에 국가로서는 수입이 된다. 반면 조세지출은 국가가 지출을 하되 조세를 통하여 하는 것을 말한다. 쉽게 말하면 세금을 받아야 하는데, 받지 않거나, 깎아 주거나, 낮은 세율을 적용하여 혜택을 주는 것이다. 국가재정법 제16조는 예산의 원칙 중 하나로 조세지출의 성과제고를 명시하고 있다. 조세지출이란 조세감면·비과세·소득공제·세액공제·우대세율적용 또는 과세이연 등 조세특례에 따른 재정지원이다(조세특례제한법 제142조의2 제1항). 조세특례제한법 제142조의2 제1항에서는 기획재정부의 조세지출예산서 작성을 의무화하고 있는데, 조세지출예산서는 직전 연도 실적과 해당 연도 및 다음연도의 추정금액을 기능별·세목별로 분석한 보고서이다.

조세지출은 일시적으로 과세를 연기하는 간접감면과 영구적으로 과세를 감면하는 직접감면으로 구분된다. 세금을 깎아주는 조세감면, 세금을 부과하지 않는 비과세, 소득이지만 과세하는 소득에서 제외하는 소득공제, 납부할 세금을 일부 깎아주는 세액공제, 20%의 세율을 적용하여야 하나 10%의 세율을 적용하는 방식의 우대세율 적용 등이 직접감면이다. 간접감면은 과세를 연기해주는 과세이연이 있다.

세금을 깎아주거나 면제해주는 조세지출은 매우 신중해야 한다. 특히 현대사회에서 조세는 엄격해야 하기 때문에 조세지출에는 투명성과 재정지원의 효율성이 필요하다. 이를 위하여 「조세특례제한법」 제142조의2는 정부가 조세지출예산서를 기능별 세출예산에 의거하여 조세지출 내용을 작성하여 공표하도록 하였다. 우리는 1999년부터 전년도 및 당해연도 국세감면 실적 및 추정액을 조세지출 보고서로 작성하여 공표했는데, 국가재정법에 따라 2010년부터 전년도, 당해연도, 내년도 국세감면 실적 및 추정액을 조세지출예산서에 작성하여 예산안과 함께 국회에 제출하도록 하고 있다.

조세지출 관리제도로 우리나라는 국세감면율 한도제와 조세특례평가제도를 운영하고 있다. 먼저, 조세지출에 대한 관리를 목적으로 2007년부터 국가재정법 제88조에 의거하여 당해 연도 국세 수입총액과 국세감면액 총액을 합한 금액에서 국세감면액 총액이 차지하는 비율인 국세감면율이 직전 3년 평균 국세감면율의 0.5%p를 초과하지 않는 범위가 되도록 노력할 의무를 부여하고 있다. 그러나 이는 노력할 의무이기 때문에 실제로는 초과하는 경우가 있는데, 2008년과 2009년의 국세감면율은 14.7%와 15.8%로 국세감면율의 법정 한도를 초과한 바 있다.

조세특례평가제도는 2013년에 도입된 것으로 조세지출의 신규 도입, 폐지, 및 일몰기한 연장 등 결정을 위해 조세특례에 대해 평가하는 것이다. 2014년에는 국회법 제79조의3에 의거하여 국회의원 또는 위원회가 신규로 조세특례를 신설하는 법률안을 발의 또는 제안하는 경우에도 조세특례평가 자료를 반드시 첨부하도록 하였고, 2015년부터는 조세특례평가 결과를 국회에 제출하도록 하였다.

4. 기타 재정관리 주요 개념

1) 민간투자사업

민간투자사업은 사회기반시설에 대한 민간투자법에 의거하여 민간이 시행하는 사회기반시설사업이다. 1994년에 처음 도입된 이래, 1999년 외환위기에 대처하기 위해 최소운영수입보장(MRG) 등을 도입하였으나, MRG의 경우 도덕적 해이와 과다한 재정 부담 때문에 폐지되었다. 현재는 기업에 투자유인을 주되, 사업수익률을 낮추어 국민의 편익을 제고하고, 손실 발생 시 정부가 비용을 보전하는 BTO-rs와 BTO-a를 도입하여 운영 중에 있다. BTO-rs(위험분담형)는 사업수익률과 이용요금을 낮추는 방식이며, BTO-a(손익공유형)는 정부가 위험을 분담하고 초과이익 발생시 공유하는 방식으로 공공성이 높은 사업에 주로 적용된다.

2005년에는 학교·군·주거·보건의료시설 등 생활기반시설에 임대형 민자사업(Build Transfer Lease: BTL) 방식이 도입되어 교육·문화·복지시설 등에 대한 민간투자가 확대되었다. 임대형 민자사업이 급증하여, 정부지급금 부담 과다 등이 제기되면서, 2010년도에 추진하는 사업부터 임대형 민자사업의 총한도액, 대상시설별 한도액 및 예비한도액을 국회에 제출하여 국회의 심의를 받아야 한다.

또한 기획재정부 장관은 승인받은 국가사업 및 국고보조사업 정부지급금 추계서를 작성하여 국회에 제출하여야 하는데, 2021년~2030년까지 지급해야 할 정부지급금 전망치는 16조 2,926억원이다(국회예산정책처, 2022: 166).

2) 예비타당성 조사

예비타당성 조사는 국가재정법 제38조에 의거하여, 예산낭비 방지 및 재정운영 효율성 제고를 목적으로 대규모 개발사업의 추진 여부를 투명하고 합리적으로 결정하는 제도이다. 1999년부터 2021년 12월말까지 960건이 심사되었는데, 2021년에는 28건 중 22건만이 타당성이 있는 것으로 나타났다.

예비타당성 조사의 분석체계는 ① 비용 – 편익 분석(Cost – Benefit Analysis)인 경제성 분석, ② 사업의 특수성 평가 및 환경영향 평가인 정책적 분석, ③ 고용유발효과, 지역경제 파급효과, 지역낙후도 개선이 포함된 지역균형발전 분석으로 구성되어 있으며, 각 분석결과를 토대로 계층화분석(Analytic Hierarchy Process, AHP)을 활용하여 종합적인 최종 결론을 내리는데, AHP ≥ 0.5이면 사업의 타당성이 있는 것으로 판단한다. 예비타당성 조사 대상사업은 총사업비가 500억원 이상이며, 국가 재정지원액이 300억원 이상인 신규사업이나, 국가재정법 제38조 제2항에서는 면제 사업의 예를 들고 있는데, 여기에서 너무 많은 면제를 허용한다는 비판이 있다.

3) 세입예산안 부수 법률안 지정제도

예산안 등의 자동부의는 국회가 예산안과 세입예산안 부수 법률안(예산안과의 관련성 및 예상 세수효과 등을 분석하여 국회예산정책처가 세입예산과 관련이 있는 법률이라고 지정한 법률)을 11월 30일까지 심사하지 못할 경우, 12월 1일에 자동적으로 본회의에 부의되어(12월 2일에) 상정 표결되는 제도이다.

세입예산안 부수 법률안 대상 법안은 국세수입 관련 세법과 국세수입에 영향을 미치는 법률이며, 기금수입에 영향을 미치는 법률안도 대상이 될 수 있다. 세입예산안 부수 법률안 지정제도는 2014년 5월에 시행되어 2015년도 예산부터 적용되었다.

4) 국가회계제도

국가회계제도에 관한 법은 결산보고서 작성 및 결산절차 등을 규정한 국가회계법과 국가회계법 시행령, 재무제표의 구성 및 작성원칙을 규정한 국가회계기

준에 관한 규칙 및 세부지침으로 구성되어 있다. 국가회계의 원칙에 대하여 국가
회계법 제4조 제1항은 신뢰성, 객관성, 공정성, 충분성, 명료성을 명시하고 있다.
여기서 충분성이란 국가회계가 재정활동의 내용과 그 성과를 쉽게 파악할 수 있
도록 충분한 정보를 제공하여야 한다는 것이다. 국가회계는 2009회계연도 결산
부터 현금주의·단식부기에서 발생주의·복식부기로 전환되었다.

결산보고서의 구성에 대하여 국가회계법 제14조는 결산개요, 기금을 포함한
세입세출결산, 재무제표(재정상태표, 재정운영표, 순자산변동표), 성과보고서로 구
성된다고 규정하고 있다. 여기서 재정상태표는 자산, 부채 및 순자산을 나타내며,
재정운영표는 사업별 원가 등 재정운영결과를 나타내며, 순자산변동표는 순자산
증감내역을 나타낸 재무제표이다. 또한 결산보고서의 부속서류에 대하여 국가회
계법 제15조의2 제1항에서는 세입세출결산 부속서류, 국가회계법 제15조의2 제2
항에서는 기금의 수입지출결산, 국가회계법 제15조의2 제3항에서는 국가결산보
고서의 세입세출결산, 국가회계법 제15조의2 제4항에서는 재무제표별 부속서류
를 명시하고 있다.

5) 법안비용추계

법안비용추계는 법안이 의결되어 시행될 경우 예상되는 재정지출의 변화를
객관적으로 추계한다. 2005년부터 국회의원이 발의하는 의안에 비용 추계서를
제출하도록 하였고, 2007년부터는 정부 제출안에 적용하였으며, 2011년에는 지
방자치단체장 제출안에도 적용하였다. 2015년부터는 국회 발의 의안 심사보고서
에 의무적으로 국회예산정책처의 추계서를 첨부하도록 하였다.

6) 이차보전

이차보전사업은 민간이 수행하는 공익성이 크고 장려할 필요성이 있는 사업
등에 시중금리보다 나은 이자율로 지원하는 사업이다. 정부가 직접 공공자금을
조성하는 재정융자방식과 이차보전방식에 대한 효율성 비교는 평가가 엇갈린다.
이차보전방식의 가장 큰 장점은 비용이 절감된다는 점이다. 2022년도 기준, 이차
보전규모는 사회복지분야 3,881억원, 농림수산분야 3,842억원 등 총규모는 9,110
억원이다.

7) 부담금 관리제도

부담금은 특정 공익사업 재원 확보와 바람직한 행위를 유도하기 위해서 금전적 지급의무를 부과하는 것으로 특정한 사업을 위하여 별도로 관리된다는 점에서 조세와 구별되며, 현재 90개 부담금이 있다. 부담금은 국가나 지방정부에는 주요 재원이 되나 국민과 기업의 입장에서는 경제적 부담으로 작용한다. 이에 따라 무분별한 부담금의 신·증설을 억제하고 부담금 부과·징수와 운영의 투명성을 제고하기 위하여 2001년 「부담금관리 기본법」을 제정·공포하고, 동 법률에 기반한 부담금 관리제도를 운영하고 있다.

현재 부담금에 따른 재정부담을 억제하기 위하여, 부담금관리 기본법에서는 부담금의 공정성과 투명성을 확보하도록 하고 있으며, 부담금의 설치는 법률로 부과요건과 존속기간을 규정하도록 하고, 부담금운용심의위원회가 부담금의 신설 또는 변경 심의를 하도록 하고 있다. 또한 부담금을 점검 평가하고, 부담금운용종합계획서를 회계연도 개시 120일 전에 국회에 제출하고, 부담금운용종합보고서를 매년 5월 31일까지 국회에 제출하도록 하고 있다.

2021년도 부담금 규모는 21.4조원이며, 징수된 부담금은 중앙정부에 약 85.4%, 지방자치단체에 11.4%, 공공기관에 3.2%가 귀속되었다.

8) 조세부담률과 국민부담률

조세부담률은 조세가 국내총생산(GDP)에서 차지하는 비율이며, 국민부담률은 조세와 사회보장기여금이 국내총생산(GDP)에서 차지하는 비율을 의미하고, 부담금을 포함한 국민부담률은 조세, 사회보장기여금, 부담금의 합이 국내총생산(GDP)에서 차지하는 비율이다. 2020년 기준 조세부담률은 20.0%이며, 국민부담률은 27.9%이다.

용어의 정의

재정사업 성과평가(Performance Evaluation)   우리나라는 2004년에 국가재정 운용계획, 총액배분 자율편성 예산제, 성과관리 예산제도, 디지털 예산회계시스템의 재정개혁 추진 등 소위 4대 재정개혁을 추진한 바 있다. 이 중 성과관리 예산제도에 대하여 국가재정법 제8조 등에서는 건전재정기조 정착 및 재정운용 효율화를 위하여 성과목표관리, 자율평가, 심층평가 3단계의 재정 성과관리제도를 실시하도록 되어 있는데, 우리나라의 재정성과관리제도는 2003년 성과목표관리제도, 2005년 재정사업 자율평가제도, 2005년 심층평가제도를 단계적으로 도입하였다. 재정사업 성과관리제도 체계는 전체 재정사업 전체를 대상으로 성과계획서상 성과목표·지표 관리, 성과보고서상 목표달성도 측정·분석이 이루어지는 1단계인 성과목표관리제도, 재정사업의 1/3을 대상으로 약 2000여 개 단위사업 중 매년 500여 개 사업에 대한 체크리스트를 통한 점검을 행하는 2단계인 핵심사업 평가제도, 문제제기 사업 등 매년 8개 내외 사업에 대하여 계량분석 등 사업전반에 걸친 정밀분석을 행하는 3단계인 심층평가 제도로 구분된다. 기획재정부 열린재정(www.openfiscaldata.go.kr)에 의하면 성과목표관리제도는 매년 각 중앙부처가 재정사업 성과목표를 사전에 설정하고 사후의 성과정보를 재정운용에 활용하는데, 차년도 재정사업 성과목표와 목표치를 설정한 성과계획서는 예산안 첨부서류로 국회에 제출되고, 성과계획서의 목표달성도를 분석한 성과보고서는 국가결산보고서를 제출할 때 국회에 제출된다. 통합 재정사업 평가는 부처가 자율적으로 평가한 소관 재정사업을 기획재정부와 같은 메타평가부처가 단계별 지표를 체크리스트 방식으로 점검한 평가등급에 따라 예산편성에 환류하는 제도이다. 재정사업 심층평가는 문제 사업을 대상으로 개별사업 또는 사업군을 대상으로 재정사업 성과를 심층 분석하고 평가하여 전달체계 개선, 유사 중복사업 통폐합, 재정사업 제도개선 방안 제시 등의 지출효율화 방안을 마련한다.

중기재정운용계획(Mid-Term Expenditure Plan)   중기재정 계획제도는 1950년말경 사회복지비의 지출 부담은 커가는 반면 경제성장이 이를 뒷받침하지 못한 유럽 국가들이 한정된 재원을 보다 합리적으로 배분하기 위한 수단의 하나로 도입한 제도이며, 우리나라도 시범적으로 1982년부터 작성되다가 2007년 국가재정법에 의해 국회 제출이 의무화 되었다. 지방정부에서는 중기지방재정계획으로 불린다.

민간투자(民間投資, Private Sector Participation)　　　국가시설 및 공공시설 건립 및 설치와 같은 사업은 국가가 소요재원을 마련하여 건립하거나 설치하는 것이 원칙이다. 그러나 국가가 재원이 부족하거나 건설의 경험이 없는 경우에는 민간이 최소운용수익보장(MRG: Minimum Revenue Guarantee) 등을 조건으로 이를 건설하거나 건립하도록 허용한다. 하지만 이러한 민간참여에서는 과다하게 민간에게 투자 수익률을 보장하는 폐해가 발생하여, 우리나라도 신규 사업에서의 적용은 폐지되었다. 기존의 계약의 MRG는 명칭이 변경되어 운영되고 있다. 예를 들어, 도시철도 9호선은 2013년 10월 실시협약 변경을 통해 기존의 MRG 협약을 폐지하고 표준비용보전(SCS: Standard Cost Support) 방식으로 전환하였다. 민간투자에서 나오는 B는 Build로 민간이 건설하는 것이고, T는 Tranfer의 약자로 소유권이 변경되는 것이며, O는 Own 또는 Operate의 약자로 소유하고 운영한다는 것이다. BTO는 민간이 건설하고, 소유권을 국가에 이전하고, 운영하는 민간투자 방식이고, 우리나라에서는 흔히 기부채납으로 불린다. BOT는 민간이 건설하고 소유하고 운영하다가 기간이 되면 국가에 소유권을 이전한다. BTL은 민간이 건설하고, 소유권을 민간이 국가에 이전하는 대신, 국가가 민간의 관리운영권을 보상하기 위하여 임대료(Lease)와 유지관리비용을 민간에게 지급하는 방식이다.

사회보장기여금(Social Security Contribution)　　　4대 연금(국민연금, 공무원연금, 사립학교교직원연금, 군인연금)과 건강보험, 고용보험, 산재보험 등 각종 사회보장 관련 부담금을 사회보장기여금이라 한다. 이는 조세는 아니지만, 강제적으로 납부되어야 한다. 이러한 연금과 보험제도는 초기에는 수입이 많고 지출이 적은 반면, 일정 시점이 지나면 지출이 수입보다 많아지게 되어 개혁이 필요하다. 우리는 공무원연금의 개혁이 필요하다는 말을 들으면, 이제 공무원연금에서 지출이 수입보다 많아지게 되어 조정이 필요하다고 생각하면 된다. 우리나라 중앙정부의 통합재정수지는 흑자를 보이고 있는데, 이는 사회보장기여금에서 아직까지는 지출보다 수입이 많아 전체적으로 흑자를 나타내고 있기 때문이다. 사회보장기여금을 제거한 후에 국가의 수지를 보는 것이 관리대상 수지이며, 우리는 계속 적자를 보이고 있다.

PART 6

지방자치와 정부혁신

CHAPTER 19

지방자치

Ⅰ 지방자치의 이해

1. 지방자치의 개념과 목적

1) 지방자치의 개념

한 국가가 그 나라의 지역사회를 통치하는 방식은 그 국가의 역사와 문화 그리고 정치, 경제, 사회적인 제반 특성에 따라 각기 다르다. 지역에 대한 통치제도는 첫째, 중앙정부가 지방에 자신의 하급기관을 설치하고 그것으로 하여금 중앙 및 지방 사무를 처리하게 하는 방식과, 둘째, 지방주민들이 스스로 대표자를 선출하고 그들로 하여금 지방자치단체를 구성하게 하여 지방의 사무를 주민들의 의사와 책임 하에 처리하게 하는 두 가지 방식으로 구별할 수 있다. 전자를 중앙정부에 의한 관치행정 또는 국가의 지방행정이라고 하며, 후자를 자치행정 또는 지방자치라고 한다. 따라서 지방자치란 "일정한 지역의 주민들이 그 지역의 공공사무를 그들 스스로의 의사와 책임 하에 처리하는 것"이라고 말할 수 있다.

그러나 지방자치라고 하더라도 그 제도를 시행하고 있는 국가의 국내적 제반 여건이나 상황은 물론, 그 제도가 발달되어온 역사적 배경 등에 따라 제도의 내용이나 형태는 각기 상이하다. 따라서 지방자치에 관한 보다 정확한 개념과 원리를 파악하기 위해서는 원래 이 제도가 생성·발달되어온 유럽의 지방자치를 중심으로 고찰할 필요가 있다. 즉, 지방자치는 영국을 중심으로 발달된 주민자치와 독일과 프랑스를 중심으로 발달된 단체자치로 구분한다. 이들 두 가지의 자치유형은 근대적 지방자치제도의 형성에 결정적인 영향을 미쳤기 때문에 오늘날 각국의 지방자치제도 속에는 이들 주민자치와 단체자치의 관념과 요소들이 복합적으로 내포되어 있다.

2) 지방자치의 목적

(1) 정치 이념적 목적

특정한 국가가 지방자치제도를 실시하는 목적에는 그 국가사회가 지향하는 일정한 가치체계와 정치체제가 구현하고자 하는 정치이념이 내재해 있다. 따라서 지방자치는 국민사회의 보편적 요구로서의 지역적 자치를 구현하기 위해서나, 대의정치제도, 민주주의 등과 같은 특정한 정치철학을 실현하기 위한 목적을 지니고 있다. 전체주의 독재국가의 경우 그 체제의 통치이념을 실현하기 위해 강력한 중앙집권적 관치행정을 실시하지만, 민주주의 국민국가의 경우 국민의 요구와 체제의 이념을 구현하기 위해 국민 각자의 자율과 책임에 그 근거를 두고 있는 지방자치제도를 형성·실시하고 있는 것이다. 요컨대 지방자치는 오랜 세월에 걸쳐 형성되어온 그 사회의 보편적 가치로서의 자유, 평등, 정의, 형평 등을 구현하고자 하는 정치체제의 통치 이념적인 표현이다.

(2) 실제적·효용적 목적

지방자치를 실시하는 또 다른 이유는 일정한 지역에서의 정치행정은 그 지역주민들이 스스로의 의사와 책임 하에 실시하는 것이 실질적인 행정의 합리화와 공공사무의 효율적 처리를 위해 필수 불가결하다는 실질적·효용적 목적을 달성하고자 하는 것에 있다. 특히 현대사회는 지방에서 처리되어야 하는 사무가 양적으로 증가되고 질적으로 복잡다원화 되어감에 따라 업무처리의 전문화와 합리화가 요구된다. 또한 국민사회의 정치적 안정과 경제발전을 통한 국민 복지향상을 추구하고 있는 나라에서는 실질적인 행정의 합리성과 발전의 신속성 등이 강조되고 있기 때문에 지방자치는 이러한 현실적인 행정의 합리성을 구현하기 위해 실시되고 있다. 중앙정부에[1] 의한 지방사무의 처리보다는, 지방의 문제를 그

---

1) 예로 ① 국민사회의 통일성 유지, ② 정치적 안정의 확보, ③ 사회경제적 개발의 촉진,

지역의 사정이나 여건을 정확히 알고 있는 지역 주민들의 자발적인 참여 하에 자율적으로 해결하는 것이 행정의 실질적인 능률성을 제고하고 생산성을 향상시킬 수 있다. 지방자치는 이러한 목적을 달성하기 위해 실시하는 제도이다.

2. 지방자치의 구성요소

지방자치제도가 본래의 기능을 발휘하기 위해서는 제도의 주요 내용을 구성하는 여러 가지 요소들이 바람직하게 정립되어야 하고, 이들 상호간에 유기적인 관계가 원활하게 이루어져야 한다. 이러한 지방자치제도의 주요 내용으로는 「일정한 지역과 그 지역의 주민들을 기초로 하는 지방자치단체가, 지역 내의 공공사무를 자기의 사무로 하여, 국가로부터 수여 받은 자치단체 자신의 권한과 책임 하에, 주민이 선출한 자신의 기관(의결기관과 집행기관)을 통하여, 주민이 부담한 자주적 재원을 주축으로 처리하는 제도」를 포함한다. 따라서 지방자치제도의 주요 구성요소로는 ① 지방자치단체, ② 지방자치권, ③ 구역과 주민, ④ 지방의 공공사무, ⑤ 주민들의 정치행정 참여, ⑥ 자주재원 등을 들 수 있다.

1) 지방자치단체

지방자치제도의 중요한 구성요소 중의 하나인 지방자치단체는 국가로부터 자치권을 부여받은 일정한 지역의 주민들이 선출하고 구성하게 된다. 지방자치단체는 의결기관(지방의회)과 집행기관(지방자치단체의 장)으로 구성되고, 이들 양 기관은 주민들의 선거에 의해 선출된 지역주민의 대표로 구성한다. 의결기관과 집행기관은 국가에 따라서 서로 독립시키는 기관분리형과, 통합시키는 기관통합형으로 구분된다. 또한 지방자치단체는 독립된 통치주체로서 법인격을 부여하는 나라도 있고 그렇지 않은 국가도 있지만 우리나라의 경우 지방자치단체는 법인격을 가지며, 기관분리형을 채택하고 있다. 지방자치단체는 주민들이 선출하고 구성한 의결기관과 집행기관으로 구성되는 지방자치의 필수불가결한 구성요소이다.

2) 지방자치권

지방자치권이란 일정한 지역의 주민들이 국가로부터 상대적으로 독립하여 중앙정부의 감독과 통제를 받지 않고, 지역 내의 공공사무를 주민들의 의사와 책

---

④ 사회제도 및 기구의 변혁, ⑤ 행정조직의 기능 제고, ⑥ 중앙정부의 존립 활동에 필요한 사무집행 등을 들 수 있다.

임 하에 자율적으로 처리할 수 있도록 한 권한이다. 따라서 주민의 선거에 의해 구성된 지방자치단체는 지역 내 공공사무를 처리함에 있어서는 언제나 주민들의 의사를 기초로 하고 이를 존중해야 한다. 지방자치권의 종류에는 ① 자치입법권, ② 자치조직권, ③ 자치행정권, ④ 자주재정권 등이 있다. 그러나 이러한 자치권은 국가의 전체적인 통일성 유지와 효율적인 통치방안의 일환으로 인정된 권한이기 때문에 국법 질서를 벗어날 수 없다는 한계가 있다.

3) 자치구역과 주민

지방자치는 일정한 지역, 즉 자치구역과 그 지역의 주민을 불가결의 요소로 하고 있다. 지방자치단체는 국가 아래서 영토의 일부를 그 구역으로 하고 있으며, 국민의 일부를 그 주민으로 하고 있다. 이처럼 자치구역이란 "지방자치단체의 통치권이 미치는 지역적 범위"를 의미한다. 지방자치단체의 인적 구성요소로서의 주민은 그 지역 자치권의 주체이며 권리의무의 대상이고 지방자치단체의 기관구성에 직접 관여하는 자치단체의 최고선임으로서의 지위를 갖는다. 주민은 지역 내 주소를 가지는 자로서 국적, 성, 연령, 행위능력 여부(미성년자, 한정치산자, 금치산자 등)를 불문하며, 자연인과 법인을 포함한다.

4) 지방의 공공사무

지방자치는 일정한 지역에 있어서의 공공사무를 그 지역주민들의 의사와 책임 하에 처리하는 제도이므로 지방적 공공사무를 그 구성요소로 하고 있다. 여기서 공공사무란 특정한 개인이나 집단의 문제해결을 위한 사무가 아니라, 불특정 다수 주민의 일반이익을 위한 사무를 의미한다. 이러한 지방자치단체의 사무에는 단체 자신의 고유사무인 자치사무와 중앙정부나 상급자치단체로부터 위임받아 처리하는 위임사무가 있고, 위임사무는 다시 자치단체에 위임된 단체위임사무와 집행기관의 장에게 위임된 기관위임사무로 나누어진다.

5) 자주적 재원

지방자치는 해당 지역의 공공사무를 처리하기 위해 소요되는 비용을 원칙적으로 주민이 부담한 세금으로 처리할 것을 전제로 한다. 지방자치의 개념에서 "…주민이 부담한 자주적 재원을 주축으로…"라는 표현이 바로 이것을 의미하고 있다. 지방자치제도가 아무리 완벽하게 정비되어있다고 하더라도 지역 내 공공사무를 처리할 만한 자주재원이 마련되지 못한다면 지방자치는 한낱 이상(理想)에 그칠 수 있으며, 따라서 자주적 재원은 지방자치의 성패를 좌우할 만큼 중요한 요소이다. 물론 모든 지방자치단체가 자주재원을 충분히 확보할 수 있기 때문에 지방자치를 실시하는 것은 아니며, 대부분의 지방자치단체들은 중앙정부의 재정 지원을 받고 있는 것이 현실이다. 그럼에도 불구하고 지역경제가 활성화되고 그에 따라 지방자치단체의 재정적 자주성이 충분히 확보될 수 있을 때 지방자치는 보다 활발히 추진될 수 있다.

6) 주민의 참여

지방자치는 지역 주민들의 정치 및 행정참여를 불가결의 요소로 한다. 주민들은 지방자치단체의 의결기관과 집행기관을 구성하는 선거참여로부터 지방자치단체의 정책결정과 집행에 참여하는 행정참여에 이르기까지 광범한 영역에서 다양하게 참여한다. 지방자치는 주민들이 지방정치는 물론 지방행정에도 적극적으로 참여할 것을 전제로 하고 있는 제도이다.

3. 단체자치와 주민자치

1) 단체자치

단체자치란 "국가와는 별개의 법인격을 가진 지방자치단체가 국가로부터 상대적으로 독립한 지위와 권한을 부여받아 일정한 범위 내에서 중앙정부의 통제를 받지 않고 독자적으로 지역의 정치행정사무를 처리하는 제도"이다. 독일과 프랑스 등의 유럽대륙에서 지방자치는 국가권력 하에서 국가목표의 달성을 위해 필요한 수단적 성격을 지니고 있었다. 정치는 중앙정부가 하는 것으로 보았으며, 국가가 지방자치단체에게 일정한 범위의 자치를 허용하는 것도 지방의 주민이 국가를 위하여 정치의 일부분을 담당하는 것으로 파악하였다. 그리하여 자치권의 본질을 파악하는 시각도, 그것을 주민이 향유하는 당연한 권리가 아니라 국가에 의해 수여된 전래적 권리로 인식되었다. 따라서 단체자치는 국가의 법률에 의해 시행된다고 하여 법률적 의미의 자치라고도 하며, 자치단체의 법인화와 자치권의 범위나 성격 등을 규명하는 데 중점을 두는 제도이다.

2) 주민자치

주민자치란 "지역주민의 의사와 책임 하에 스스로 또는 주민이 선출한 대표자를 통하여 그 지역의 공공사무를 처리하는 것"을 의미한다. 영국에서는 오랜

그림 19-1 지방자치의 개념구조

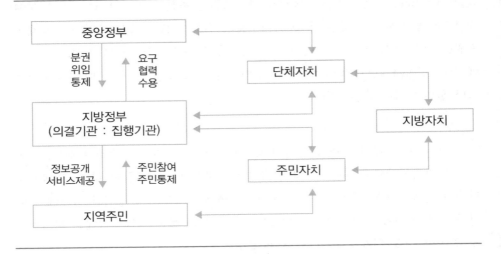

역사와 함께 자치에 대한 관념이 주민들 속에 널리 퍼져 있었으며, 지방을 통치함에 있어 지역 주민의 의사와 다른 중앙정부에 의한 지방행정이 존재할 수 없다고 생각하였다. 즉, 영국은 역사적으로 중앙정부가 확고한 체제를 갖추기 이전부터 이미 지방정부가 구성되어 지방의 공공사무를 처리하였으며, 지방에서의 모든 행정사무는 직접·간접적인 주민의 참여하에 지방정부가 처리하는 것을 당연한 것으로 여겼다. 따라서 주민자치는 지역주민이 주체가 되어 지방의 공공사무를 결정·집행하는 주민참여에 중점을 두는 제도이며, 아래로부터의 민주주의, 즉 풀뿌리 민주주의 원리를 구현하고자 하는 정치적 의미의 지방자치라고도 한다.

II 지방자치권과 지방분권

현대국가의 국정관리에 관한 시대적 흐름은 민주화된 국가일수록 중앙정부의 권한은 축소되고, 지방정부의 권한을 확대·강화시키고 있다. 이것은 지방화를 통해 세계화를 추구하려는 지구촌사회 대변화의 한 조류이다. 때문에 이에 대응하기 위해서라도 지방분권의 확충은 불가피하며, 그것은 바로 지방자치권의 확대·강화를 의미한다.

1. 자치권의 의의와 본질

1) 자치권의 의의

지방자치권이란 지방자치단체가 자치사무를 자율적으로 처리할 수 있는 포괄적 권리와 능력을 의미한다. 한 나라의 행정사무는 국가와 지방자치단체가 분담하여 처리하고 있다. 국가의 존립 및 유지에 관한 사무나 전국적 이해관계에 관한 사무는 국가가 직접 자신의 기관(중앙정부 및 특별지방행정기관)으로 처리하고, 지방주민의 복리에 관한 사무나 지역적 이해관계에 관한 사무는 지방자치단체(지방정부)가 처리하게 되는 것이다. 이렇게 국가와는 별개의 법인격이 부여되고 그 독자적 사무가 인정되는 지방자치단체가 그 사무를 처리하고 존립하기 위해 가지는 권한을 지방자치권 혹은 자치권이라 한다. 즉, 자치권이란 지방자치사무[2]에 대해서는 그 지방자치단체가 개별적인 법률의 수권 없이도 자주적으로 규율하고 처리할 수 있는 권한이다. 법인격을 가진 통치단체로서의 지방자치단체가 그 지역과 주민을 통치하고 자치사무를 스스로의 창의와 책임 하에 처리할 수 있는 법적인 능력을 말한다.

2) 자치권의 학설

(1) 고유권설

고유권설은 지방자치단체를 국가의 성립 이전부터 주민의 공동이익을 실현하기 위하여 자연발생적으로 성립한 것으로 보고, 이는 국가권력에 대항하여 시민의 자유를 지키는 기능을 수행하였기 때문에 자치권을 지방자치단체가 본래 향유하는 국가 이전의 고유한 기본적 권리로서 인정하고 있다. 즉, 지방자치단체가 국가의 영토 내에 속한다고 할지라도 지방자치권은 지방자치단체에 고유한 것이라고 보는 이론이다(박수혁, 1998: 8).

고유권설은 지방권설이라고도 하며, 이러한 지방권사상은 1789년 프랑스의

---

2) 우리나라 지방자치단체의 사무 범위는 ① 지방자치단체의 구역, 조직, 행정관리 등에 관한 사무, ② 주민의 복지증진에 관한 사무, ③ 농림·상공업 등 산업 진흥에 관한 사무, ④ 지역개발과 자연환경보전 및 생활환경시설의 설치·관리에 관한 사무, ⑤ 교육·체육·문화·예술의 진흥에 관한 사무, ⑥ 지역민방위 및 지방소방에 관한 사무, ⑦국제교류 및 협력에 관한 사무 등이다(지방자치법 제13조).

Thouret[3]가 제창한 이래 확립된 이론으로서 자연법사상에 근거하고 있다. 자연법사상에서는 마치 개인이 자연법적 권리를 가지는 것처럼 지방자치단체도 법인격체로서 고유하게 지방자치권을 가진다는 것이다. 따라서 지방자치권은 국가를 초월하는 권리이기 때문에 국가는 이것을 확인하고 보호하는 권한만을 갖는다고 보고 있다.

이처럼 고유권설은 중앙집권적인 유럽제국에서 발달한 것이며, 오히려 지방자치의 기초를 갖고 있는 영·미 제국에서는 상대적으로 발달하지 못하였다. 자유의 후진국으로 간주되는 독일과 프랑스에서 고유권설이 주창된 것은 뿌리 깊은 중앙집권적 경향과 전통적인 관료지배에 대한 방어적 이념의 산물이라고 할 수 있다. 이러한 고유권설의 입장에서는 국가와 지방자치단체와의 관계를 대항관계로 파악하고 있다(구병삭, 1987: 461).

(2) 전래권설

이 학설은 지방자치단체의 자치권은 국법에 근거를 두고 있으며, 국가의 승인 또는 위임에 의하여 비로소 발생하는 권력이라고 본다. 즉, 근대국가에 있어서 주권은 오로지 국가에만 있으며, 지방자치단체는 어디까지나 국가통치를 위해 법률에 의하여 창조되는 것이므로 지방자치권이란 지방의 고유한 권력이 아니라 국가의 통치권으로부터 전래되고 구체적으로 법률에 의하여 수탁된 것이라고 보는 입장이다. 이러한 관점에서 자치권은 국법에 근거를 두고 있으며, 지방자치단체는 국가의 창조물이고, 자치권은 국가로부터 수여된 권력이라고 파악한다. 따라서 자치권은 국가에서 부여된 한도 내에서만 행사할 수 있다고 간주된다. 다만 자치권은 국가에 의하여 수여된 전래적 권력이지만 지방자치단체는 독립한 법인격을 가진 단체로서 자신의 이익을 위한 권리로써 이 지배권을 행사한다는 것이 일반적인 견해이다.

그러나 현대 국가에서는 지방자치단체가 국가의 창조물이기는 하지만 자치권을 언제든지 국가 마음대로 회수할 수 있는 성질의 권리냐 하는 문제가 제기되고 있다. 이러한 논의에 대해서, 지방정부는 국가가 대두하기 이전부터 존재해

---

3) 국가와 지방자치단체의 관계에 대하여 Thouret는 모든 국가의 시초는 소집합체로서 이루어지며, 이들이 국가를 구성할 때는 각 소집합체가 그 본래 가지고 있는 권력 중에서 중앙정부를 구성하기 위하여 공동으로 필요한 부분을 떼어 낸 나머지 부분, 즉 개인 고유의 인권과 같이 지방단체도 고유의 자치권이 있다고 하였다(구병삭, 1987: 533).

온 역사적 실체로서의 의미와 함께, 국가 전체의 이익 측면에서도 권력의 국가독점은 바람직하지 않다는 견해가 강력하게 제기되고 있다(김영기, 1997; 99).

(3) 제도적 보장설

제도적 보장설은 지방자치권을 국가의 통치권에 의하여 위임된 권력이라고 보는 점에서는 전래권설과 입장을 같이 한다. 그러나 헌법에 지방자치의 규정을 둠으로써 지방자치제도가 보장된다고 하는 학설이다. 즉, 지방자치권은 헌법에 의하여 승인되고 보장된 것으로서 입법자에 의해 그 내용의 제한이 가능하기는 하나, 헌법상 제도로서 규정되어 있는 이상 입법자가 이를 법률로써 폐지할 수 없으며, 제한을 하더라도 그 본질적 내용을 침해할 수는 없다고 본다. 제도적 보장설은 독일의 공법학자 Carl Schmitt[4]에 의하여 확립되었으며, 그 요점이 전래권설과 다를 바는 없지만, 역사적·전통적으로 형성된 일정한 공법상의 제도를 헌법에 보장함으로써 입법에 의하여 변경하지 못하도록 옹호한다는데 그 특징이 있다. 이 학설은 오늘날의 다수설 내지 통설이다.

2. 자치권의 내용

1) 자치입법권

헌법은 제117조 1항에 "지방자치단체는 국민의 복리에 관한 사무를 처리하고 재산을 관리하며, 법령의 범위 안에서 자치에 관한 규정을 제정할 수 있다"고 규정하여 지방자치단체의 자치입법권을 보장하고 있다. 이와 같은 자치입법권의 내용에 대하여 지방자치법은 지방의회의 조례제정권과 지방자치단체장의 규칙제정권을 인정하고 있다. 자치입법권은 자치에 관하여 일반, 추상적인 규정을 제정하는 권한 또는 지방자치단체가 지방자치에 필요한 법규를 스스로 정립하는 권능을 뜻한다. 이는 국가의 입법권에 대응하는 표현으로서 이 기능에 의하여 정립된 법을 자주법이라고 한다. 그리고 대내적으로 주민들은 지방자치단체가 스스로 정립한 자치법규를 통하여 주민들 스스로 수립한 삶의 원리나 질서임을 확신하

---

4) Carl Schmitt는 바이마르헌법의 해석과 관련하여 기본권과 제도적 보장을 구별한다. 기본권은 국법에 의하여 부여되는 것이 아니라 국가 이전에 이미 존재하는 것으로 보호되어야 하는 것인 데 반하여, 헌법상의 일정 제도들은 헌법적 규정에 의하여 비로소 특별한 보호를 받는다는 것이다. 그러나 이러한 제도적 보장의 대상들도 일반 입법에 의하여 폐지될 수는 없으며, 이 점에서 제도적 보장의 의의가 있다고 주장한다.

고 이러한 질서에 따르게 하는 중요한 의미가 있다.

자치입법권은 지방의회의 조례제정권과 자치단체장의 규칙제정권으로 구별
되며, 조례와 규칙을 자치법규라고 한다. 자치법규는 지방자치권의 작용에 의하
여 당해 자치구역을 규율하는 자주법이긴 하지만 전체적인 국법체계의 일환으로
서 법률우위 및 법률유보의 원칙이 적용되고 있다. 우리나라의 관계법령에 의하
면 자치입법권의 범위는 매우 협소하다. 헌법(제117조 1항)은 "법령의 범위 안에
서 자치에 관한 규정을 제정할 수 있다"고 함으로써 자치입법권을 헌법적으로 보
장하고 있고, 이에 따라 조례와 규칙의 두 가지를 인정하고 있으므로 자치권의
범위가 상당히 넓은 것처럼 보인다. 그러나 실제로는 조례의 규율대상이 되는 자
치사무의 범위가 한정5)되어 있고, 중요성이 상대적으로 낮은 사무에 대해서만
조례, 규칙으로 정하도록 하고 있다.

2) 자치조직권

자치조직권이란 지방자치단체가 자신에게 배분된 기능을 수행하기 위해서
조직을 자주적으로 정하는 권능을 말한다. 이것은 자치행정을 실시하기 위한 행
정조직을 국가의 관여로부터 벗어나 스스로 결정하는 권한으로서 자치권의 당연
한 요소로 간주되고 있다. 만일 자치조직권이 제도적으로 보장되지 않을 때에는
지방자치단체가 자신의 기구를 신설하거나 개선함에 있어 국가의 통제와 감독을
받게 되며, 이로 인해 자치행정을 효과적으로 실시할 수 없기 때문이다.

우리나라의 지방자치법은 헌법에 의거하여 지방의회의 조직, 권한, 의장, 위
원회 및 집행기관의 장 선출, 행정기관, 지방자치단체의 조직 구성에 대한 규정
을 명시하고 있다. 그리고 그 밖의 구체적인 세부사항에 관해서도 각 지방자치단
체로 하여금 일정한 범위 안에서 자치입법, 의결 등의 형식으로 스스로 조직할
수 있는 권능을 부여한다. 이처럼 헌법에서는 지방자치단체의 기본적인 사항만을
명시하고, 그 나머지에 관한 것은 지방자치법을 통해 일정한 범위 안에서 당해
자치단체에 일임하여 자치조직권을 인정하고 있다. 하지만 지방자치단체의 부단
체장, 행정기구, 공무원, 소속행정기관 등에 관한 사항은 대통령령으로 정하게 되
어있으므로 자치조직권의 폭은 매우 좁다.

---

5) 지방자치법 제28조는 헌법에 의한 자치권의 제도적 보장이란 본래의 입법취지와는 달리
"주민의 권리 제한 또는 의무 부과에 관한 사항이나 벌칙을 정할 때에는" 개별적인 법률
의 위임이 있어야 한다고 규정하고 있다.

표 19-1 미국 지방자치단체에 대한 주의 헌장제도

특별법헌장 (special act charter)	주의회가 법률에 의하여 각 시에 특별한 헌장을 제정하여 줌으로써 시정부의 조직과 활동을 정하는 방식
일반법헌장 (general law charter)	주의회가 모든 지방단체에 일률적으로 적용되는 동일한 헌장을 제정하는 방식
분류헌장 (classified charter)	도시를 공통적 특성에 따라 몇 개의 유형으로 분류하고 주의회가 이러한 유형에 따라 표준헌장을 제정해 주는 방식
선택헌장 (optional form charter)	주의회가 미리 법률로 여러 개의 표준헌장을 마련해 두고 각 지방자치단체로 하여금 주민투표에 의하여 그 중에서 한 가지를 선택하게 하는 방식
자치헌장 (home rule charter)	주 헌법에 의하여 지방자치단체로 하여금 순수 지방적 사항에 관하여 자주적인 헌장을 제정토록 하는 방식

미국의 경우는 폭넓게 자치조직권이 부여되고 있다. 이것은 자치권 부여방식의 차이에서 비롯되는데, 자치단체에 대한 권한이 연방헌법에 의하여 주정부의 전속적 관할사항으로 규정되어 있기 때문에 다양한 형태의 주정부 헌장에 따라 각각의 지방자치단체들은 폭넓은 자치조직권을 부여받고 있다. 미국의 헌장제도는 일반적으로 5개의 종류로 구분된다(정세욱, 2003: 162).

특히 자치헌장(home rule charter)의 경우는 주 법률의 범위를 준수하지만, 정부형태와 주민대표의 형태, 정당제 여부, 공무원 수와 그들의 선임방법 등을 스스로 결정한다는 점에서 가장 폭넓은 자치권을 행사할 수 있다.

3) 자치재정권

자치재정권이란 지방자치단체가 자신에게 배분된 사무를 처리하는데 필요한 경비를 충당하기 위하여 중앙정부로부터 상대적으로 독립하여 자주적으로 그 재원을 조달, 관리하는 권리능력을 의미한다. 이러한 자치재정권은 자치단체가 필요한 재원을 스스로 확보하고 자유로운 판단과 결정에 의하여 사용할 수 있는 권한으로 지방자치를 실질적으로 보장하기 위한 가장 핵심적인 요건으로 간주되고 있다. 사실 아무리 지방자치제도가 완벽하게 보장되어 있다 할지라도 재정적 자주성이 확보되지 않는다면 지방자치는 한낱 허구에 불과하며, 이러한 의미에서 자치재정권은 지방자치단체가 독립적 경제주체로서의 지위와 권능을 가지고 있

음을 의미하는 것이다.

자치재정권은 그 성질에 따라 재정권력적 작용과 재정관리적 작용으로 구분된다. 재정권력적 작용은 지방자치단체가 독립적 행정주체로서의 권한과 의무를 수행할 수 있도록 하는 재력을 획득하기 위해 자치권에 의거하여 주민에게 명령·강제하는 권력적 기능을 말하며, 이는 지방자치단체가 필요로 하는 경비를 원칙적으로 주민의 부담에 의하여 조달할 수 있도록 하는 것을 의미한다. 이러한 재정권력적 작용에는 지방세의 부과징수권, 사용료와 수수료 등의 징수결정권, 기타 재정하명(財政下命)과 강제처분, 재정벌 등이 있다. 이에 반해 재정관리적 작용은 지방자치단체가 예산을 편성·집행하고 재산 및 수입·지출을 회계하는 관리적 기능을 말하며, 이는 지방자치단체가 비권력적 수단으로 재산의 관리와 수입·지출의 관리를 담당해야 함을 의미한다. 이러한 재정관리적 작용에는 지방자치단체의 독자적 예산편성권, 지방세 조례에 의한 자주적 과세권과 자주적 기채권, 지방자치단체의 재산관리운영권 등이 포함된다.

4) 자치행정권

자치행정권이란 지방자치단체가 자신에게 배분된 기능을 원칙적으로 국가의 감독이나 간여를 받지 않고 자주적으로 처리할 수 있는 권리능력을 의미한다. 즉, 자치단체가 자신의 고유사무인 자치사무를 자주적으로 처리할 수 있는 권능을 뜻하며, 자치사무란 지방자치단체의 존립목적인 지역적 복리사무를 말한다. 지방자치법 제12조(사무처리의 기본원칙) 1항에서 "지방자치단체는 사무를 처리할 때 주민의 편의와 복리증진을 위하여 노력하여야 한다"고 규정함으로써 자치사무의 주요 내용을 지역주민의 공공복리를 증진하기 위한 것으로 한정하고 있다. 그리고 이를 실현하기 위한 지방공기업의 경영, 사경제적 사업의 경영, 공공시설의 설치 및 관리, 행정목적 달성과 공익상 필요에 의한 재산의 보유, 자산의 적립, 기금의 설치 등 비권력적 관리행정도 포함한다.

3. 중앙집권과 지방분권

현대국가는 대체적으로 광활한 영토와 방대한 인구를 가지고 있을 뿐만 아니라 수행하고 있는 기능도 매우 복잡·다양하다. 따라서 중앙정부가 전국을 효과적으로 통치한다는 것은 사실상 어려운 일이기 때문에, 국가의 사무처리를 중앙정

부와 지방자치단체가 분담하여 처리하는 것이 보통이다.6) 이렇듯 오늘날 대부분의
국가에서는 국가의 권한과 사무가 중앙과 지방에 분담되고 있으므로 현대국가의
정치행정에 있어서 중앙집권과 지방분권은 대단히 중요한 의미를 지니고 있다.

1) 중앙집권과 지방분권의 개념

중앙집권(centralization)은 지방분권(decentralization)에 대응되는 개념이기는
하지만 그 내용에 있어서는 여러 가지로 해석할 수 있으므로 많은 논쟁의 대상이
되고 있다. 일반적으로 중앙집권이란 국가의 여러 기능과 활동이 체제의 중심부
(중앙정부)에서 집중적으로 이루어지는 것을 말하고, 지방분권이란 이와 반대로
여러 기능과 활동이 원심적(지방자치단체)으로 이루어지는 것을 의미한다.

집권과 분권은 단순한 통치기술상의 문제만이 아니고, 하나의 정치원리이기
때문에 중앙과 지방의 관계는 필연적으로 상대적 관계에 있다고 볼 수 있다. 그
러나 중앙과 지방의 관계가 상호 밀접한 불가분의 관계가 있다고 하더라도 중앙
정부에 의해서 지방의 권한이 부정되기도 하고, 지방의 고유권한을 강조하는 입
장도 나타난다. 후자의 입장인 지방분권은 중앙집권에 대칭되는 개념으로 사용되
고 있지만 본래 중앙정부가 가지고 있는 권한을 지방에 나누어줌으로써 성립된
것이 아니라, 지방이 본래부터 가지고 있는 권한을 행사한다는 의미를 내포하고
있다. 이러한 주장은 프랑스의 Thouret 등에 의해 강조되었던 지방권사상에 그
뿌리를 두고 있다(김보현·김용래, 1983: 77-79).

2) 중앙집권화와 지방분권화의 촉진 요인

정부나 일반조직을 막론하고 특정한 체제로 획일화 되는 것은 그 체제가 처
한 상황의 특수성이나 체제 그 자체의 성격과 연관된다. 일반적인 중앙집권화의
요인으로는 ① 조직의 역사가 짧거나 초창기인 경우 집권화의 필요성이 높아지
고, ② 체제의 규모가 작을수록 집권화가 용이해진다. ③ 체제가 그의 환경에서
위기의식을 느끼면 집권화 되기 쉬우며, ④ 체제가 동원하고 배분하는 재정적 자

---

6) 중앙집권과 지방분권을 측정하기 위한 지표로는 여러 가지가 있을 수 있으나, 최창호 교
수의 견해는 다음과 같다. ① 특별지방행정기관의 종류와 수, ② 지방자치단체 중요 직위
의 선임방식, ③ 국가공무원과 지방공무원의 대비, ④ 국가재정과 지방재정 규모의 대비,
⑤ 국세와 지방세 수입의 대비, ⑥ 중앙정부의 지방예산 통제정도, ⑦ 지방자치단체의 사
무구성 비율, ⑧ 민원사무의 배분비율, ⑨ 감사 및 보고의 횟수 등으로 판단할 수 있다(최
창호, 1998: 43-44).

원이 팽창할수록 집권화 된다. 물론 ⑤ 과학기술의 발전으로 인해 통신·교통수단이 발달되면 그만큼 집권화가 촉진되며, ⑥ 특정한 활동에 대한 체제의 관심 증가와, ⑦ 체제 활동의 통일성이 강조되면 집권화에 대한 요청이 높아진다. 또한 ⑧ 지도자나 상위계층이 강한 권력욕을 지니거나 그 성향이 고도의 능률성 추구에 기울어져 있는 경우 집권화를 심화시킨다. 그 외에도 ⑨ 그 체제가 처한 대내·외적 상황의 특성이 위기상황일 경우 집권화 된다.

반면, 지방분권화는 중앙집권화 원인들의 반대되는 요인이 작용할 때 촉진된다. 즉, ① 체제의 기능이나 규모가 확대됨에 따라 업무량이 늘어날 때 분권화에 대한 요구가 늘어날 수 있으며, ② 개별체제의 특성에 부합하는 행정을 수행하거나, 신속하고 상황 적응적인 행정을 해야 할 경우 분권화가 촉진된다. ③ 지방자치단체나 체제 내 하위계층 구성원들의 자주적인 의사결정을 통해 책임감을 확보함은 물론 관리자로서의 능력을 배양시킬 필요성이 늘어나면 분권화가 요청된다. ④ 체제의 상황이 안정적이고, 체제구성원들이 민주화를 요구할 때, ⑤ 지역적 특수성을 강조하거나 개별적 다원성을 강조할 경우 분권화가 촉진된다.

4. 지방분권의 방식

1) 포괄적 위임주의(Universality Principle)

포괄적 위임주의는 법률에 특별히 금지된 사항이나 중앙정부의 전속적 관할에 속하는 사항을 제외하고는 지방자치단체로 하여금 그 지역 주민의 일반적 이익을 위하여 어떠한 사무든지 처리할 수 있는 권한을 헌법 또는 법률에 일괄적으로 규정하여 부여하는 방식을 말한다. 이러한 지방분권방식은 그 권한부여 방법이 간단하다는 점과, 지방자치단체별로 각각의 특수한 행정수요와 행·재정능력에 부합하는 신축적 행정을 실시할 수 있다는 장점이 있다. 하지만, 지방자치사무와 중앙정부사무 사이의 구분이 명확하지 못하고, 지방자치단체의 권한으로 해야 할 사항을 국회의 법률에 의하여 국가사무로 관할할 경우 지방자치단체의 권한이 유명무실하게 될 위험성이 있다는 점이 단점이다(정일섭, 2015: 202-203). 이러한 지방분권 방식은 유럽대륙의 여러 나라들과 우리나라에서 채택하고 있다.

2) 개별적 지정주의(Enumeration Principle)

개별적 지정주의 방식은 지방자치단체가 처리할 수 있는 행정기능과 권한을 사무의 종류별, 지방자치단체별로 필요할 때마다 국회의 입법절차를 통하여 개별적으로 지정해 주는 제도를 말한다. 이러한 방식은 중앙정부와 지방정부 간, 또는 광역자치단체와 기초자치단체 간 사무배분의 종류와 한계를 명확히 함으로써 지방정부가 직면한 현실에 적합한 자치행정을 가능하게 한다는 장점을 가진다. 반면에 수많은 개별 법률에 의하여 행정권한을 획득한다는 점은 행정상의 혼란을 일으키기 쉽고, 법률이 제정될 때마다 중앙정부와 지방정부 간의 관계가 끊임없이 변동한다는 단점을 내포하고 있다(정일섭, 2015: 203). 이러한 권한부여 방식은 주로 영국형의 자치제도를 채택하고 있는 나라에서 활용되고 있다.

3) 절충주의(Mixed System)

절충주의 방식은 지방자치단체에게 부여할 수 있는 행정기능의 종류와 권한부여 기준을 자치에 관한 기본 법전에 포괄적으로 열거하고, 그 행정기능을 수행할 수 있는 수준에 도달한 지방자치단체에 한하여 대통령령 또는 부령에 의거하여 개별적으로 권한을 위임하는 제도를 말한다(최창호, 2001: 209). 이러한 방식은 각 지방자치단체가 수행하고 있는 사무의 종류와 내용을 명백하게 한다는 점과, 각 지방자치단체의 행·재정적 능력이 향상됨에 따라 그의 능력에 상응하는 권한을 부여할 수 있다는 점에서 그 장점이 인정된다. 하지만, 중앙정부가 이 권한을 정치적으로 남용하게 된다면 지방자치의 약화를 초래할 위험성이 있다. 절충주의 방식은 지방자치제도의 발달수준이 초보적 단계인 후진국들에서 많이 도입되고 있다.

4) 계약주의(Contract System)

국가와 지방자치단체의 관계를 상·하관계로 볼 때에는 권한의 위임이나 위양방식이 계층적 형태인 데 반해, 국가와 지방자치단체의 관계가 수평관계인 경우에는 권한부여의 방식으로 대등적 계약관계가 성립한다. 계약주의에 의한 권한부여 방식이란 중앙정부와 지방정부 간의 계약에 의거하여 특정한 사무의 처리를 지방자치단체에게 위탁하는 것을 말하며, 계약의 내용에는 사무의 종류, 기준, 감독방식, 경비부담, 기타 조건 등을 포함하고 있다. 이러한 방식은 지방자치단체의 자주성과 개별성을 존중한다는 장점이 있지만, 권한부여의 절차가 복잡하고,

계약, 집행 및 평가의 절차에 있어서 다양한 문제들이 수반될 수 있다는 단점도 존재한다. 계약형 분권방식의 대표적인 예로는 정부간 서비스계약, 공동서비스협정, 정부간 서비스 이양 등이 있다.[7]

III 지방자치단체의 기관구성

우리나라의 지방자치단체는 크게 일반지방자치단체와 특별지방자치단체로 나눌 수 있다. 여기서 일반지방자치단체란 흔히 보통지방자치단체라고 하는 특별시·광역시·자치시·도·자치도와 시·군·자치구를 말하며, 특별지방자치단체는 정책적으로 특정한 목적을 달성하기 위하여 필요한 경우에 설치하는 공공단체로서 그 조직과 권능이 특수한 단체를 의미한다.

표 19-2 우리나라 지방자치법상 지방자치단체의 종류

제2조(지방자치단체의 종류)
① 지방자치단체는 다음의 두 가지 종류로 구분한다.
  1. 특별시, 광역시, 특별자치시, 도, 특별자치도
  2. 시, 군, 구
② 지방자치단체인 구(이하 "자치구"라 한다)는 특별시와 광역시의 관할 구역 안의 구만을 말하며, 자치구의 자치권의 범위는 법령으로 정하는 바에 따라 시·군과 다르게 할 수 있다.
③ 제1항의 지방자치단체 외에 특정한 목적을 수행하기 위하여 필요하면 따로 특별지방자치단체를 설치할 수 있다. 이 경우 특별지방자치단체의 설치 등에 관하여는 제12장에서 정하는 바에 따른다.

---

7) 지방자치단체가 주로 체결하고 있는 서비스계약 내용은 ① 공안과 교도, ② 토목 및 공익사업, ③ 보건 및 복지, ④ 공원과 레크리에이션, ⑤ 교육 및 문화, ⑥ 교통, ⑦ 일반행정 및 재정 등 일곱 가지 카테고리로 구분된다. 이러한 방식은 우리나라를 비롯한 여러 국가들에서 부분적으로 채택하고 있다(지방한국지방행정연구원, 1986).

1. 지방자치단체의 종류

1) 광역자치단체

광역자치단체란 국가와 기초자치단체의 중간에 위치하고 있는 자치단체로 상급자치단체라고도 한다. 광역자치단체는 두 개 이상의 기초자치단체가 관련된 광역적 사무, 일정한 지역적 단위에서 통일적 처리를 요하는 사무, 기초자치단체 상호간의 연락 및 조정에 관한 사무, 그리고 기초자치단체가 독자적으로 처리하는 것이 부적당하다고 판단되는 사무 등을 처리한다. 우리나라의 광역자치단체에는 서울특별시, 세종특별자치시, 광역시(부산광역시, 인천광역시, 대구광역시, 대전광역시, 광주광역시, 울산광역시), 도(경기도, 경상북도, 경상남도, 충청북도, 충청남도, 전라북도, 전라남도, 강원도), 제주특별자치도로 구성되어 있다.[8]

(1) 특별시 및 특별자치시

특별시란 수도행정의 특수성을 고려하여 그 지위나 조직 및 운영상에 특례를 인정하고 있는 도시로서 서울시가 유일하다. 서울시는 해방 후 미군정시대에 경기도에서 분리하여 도와 동격한 지위로 승격되었고, 정부직할에 두면서 서울특별시로 개칭하였다. 1962년 "서울특별시 행정에 관한 특별조치법"에 의하여 국무총리 관할 하에 놓임으로써 다른 광역자치단체와 구별되는 특별한 위상을 지니게 되었으며, 1991년 서울시의회의 구성과 함께 특별조치법이 폐지되고 "서울특별시 행정특례에 관한 법률"이 제정됨에 따라 현재의 서울시는 행정안전부 관할 하에 놓이게 되었다. 하지만 이를 통해 수도로서의 법적 지위가 상당히 위축되었다(정재화, 2012).

세종특별자치시는 국가경쟁력을 제고하고 지역의 균형발전을 촉진하기 위한 목적으로 2003년 제정된 "신행정수도 건설을 위한 특별조치법"을 근거로 계획되었지만, 2004년 11월에 관습법상 대한민국의 수도는 600여 년간 이어져 온 서울이라는 헌법재판소의 판결에 따라 "신행정수도 건설특별법"이 위헌 판결을 받게되면서, 그 지위와 역할이 축소되었다. 이후 정부가 신행정수도의 기능에서 수도기능은 배제하고, 행정 및 복합도시 기능만을 포함하는 행정복합도시로 계획을

---

8) 대한민국 국회에서 강원특별자치도 설치에 관한 법률(2022년 5월 29일)과 전북특별자치도 설치에 관한 법률(2022년 12월 28일)이 통과됨에 따라 2023년 강원도, 2024년 전라북도는 특별자치도가 된다.

변경하면서 2010년 12월에 "세종시 설치 등에 관한 특별법"을 제정·공포하였다. 그리고 2012년 7월 1일 충청남도 연기군 일대에 세종특별자치시를 출범하였다.

(2) 광역시

광역시란 대도시 중에서 법률에 의하여 도(道)로부터 분리되어 도와 동등한 지위를 부여받은 자치단체를 말한다. 광역시제도는 통상적으로 인구가 100만명을 초과하는 대도시를 농촌 중심의 도로부터 분리하여 도와 동등의 자격을 부여함으로써 대도시 문제의 특수성을 효율적으로 처리하도록 한 것이었다. 1949년 한국최초의 지방자치법에서는 부산시가 경상남도의 일반시로 소속되어 있었으나 1963년 "부산시 정부직할에 관한 법률"의 제정과 시행으로 부산시를 경남에서 분리하여 정부직할(부산직할시)에 두었다. 그리고 1981년에는 "대구직할시 및 인천직할시 설치에 관한 법률"의 제정과 실시로 대구시와 인천시가 각각 경상북도와 경기도에서 분리되었다. 그 후 1986년에는 광주시가 전남으로부터 분리·승격되어 광주직할시, 1989년에는 대전시가 충청남도로부터 대전직할시로, 1997년에는 울산시가 경상남도로부터 분리되어 울산광역시로 승격되었다. 이처럼 초기에는 직할시라는 명칭을 사용하였으나, 지방자치제도가 실시되고 있는 상황에서 정부직할시라는 용어가 맞지 않는다는 이유로 1995년 1월 1일부터 광역시(metro-politan city)로 개칭하였다. 한편 현행 우리나라의 법률은 일반시가 광역시로 승격할 수 있는 별도의 요건을 명시하고 있지 않다.

(3) 도 및 특별자치도

도(province)는 중앙정부와 기초자치단체(시, 군, 자치구) 사이에 위치한 중간적 자치단위로서 가장 전통적인 광역자치단체이며, 가장 광범한 구역을 가진 자치단체이다. 지금의 도는 조선 태종 시대의 8도제에서 출발하였고, 갑오경장을 거쳐 1896년에는 전국을 13도로 분할하였다. 해방 후 미군정시대에는 제주도가 전남으로부터 분리, 승격되어 14도가 되었지만, 남북분단으로 인해 남한이 정부를 수립했을 당시에는 9개의 도를 구성하였다. 이처럼 우리나라의 도는 역사적으로 볼 때 지방자치단체의 기본 요건인 주민의 생활권을 중심으로 형성된 것이 아니고, 국가의 행정적 편의에 따라 설치되었다 할 수 있다. 국가의 단순한 행정구역이었던 도는 1949년 우리나라 최초의 지방자치법 제정을 통해 완전한 자치단체가 되었다. 현재 전국에는 제주특별자치도를 포함하여 모두 9개의 도가 있다. 특히 제주특별자치도는 2006년 2월에 제정된 "제주특별자치도 설치 및 국제자유도시조성을 위한 특별법"에 의해 2006년 7월 1일부터 일반도에서 분리되어 새롭게 출발하였다. 그리고 이에 따라 제주특별자치도는 일반도와 비교하여 제도나 정책면에서 다양한 특징과 특례를 인정받고 있다.

2) 기초자치단체

(1) 시

시는 도시의 형태를 갖추면서 인구가 5만 이상인 지역으로, 군지역의 읍에서 승격한다. 일반적으로 시는 인구가 조밀하고 주민의 대부분이 2, 3차 산업에 종사하며, 사회경제적 생활양식이 농촌과는 현저히 다른 일정한 지역에 대하여 행정수요의 특성에 부합하는 행정을 수행할 수 있도록 군에서 분리하여 별도의 자치단체로 하고 있다. 이러한 시는 1914년 일제시대에 법인격을 부여받아 자치적 기능을 수행하였던 부제(府制)로부터 비롯되었고, 이 부가 1949년 지방자치법 제정을 통해 시로 개칭되었다. 이처럼 도시적 특성을 가진 지역을 '시'라는 별도의 자치단체로 승격하였지만, 실제 기능상으로 시와 군 간에 특별한 차이점[9]은 없다.

(2) 군

우리나라의 군은 통일신라시대의 주·군·현제에서 출발하였다. 그 후 고려 성종시대에는 행정구역을 개편하여 도 밑에 주(州), 부(府), 군(郡), 현(縣)을 설치하였고, 조선왕조 후기 갑오경장시기에 지방제도가 개편되면서 8도제가 폐지되고 부제를 실시하는 동시에 전국을 군으로 통일하였다. 그러나 1896년 부제를 폐지하고 다시 13도제를 채택하면서 그 하부행정구역으로 부, 목, 군을 두게 되었다. 1949년 제정된 지방자치법에서 군은 도의 관할 하에 있는 농촌지역에 설치된 지방행정구역이었다. 그리고 이어진 제1, 2공화국의 지방자치제도하에서도 자치단체가 아닌 행정구역에 불과하였지만, 1961년 5·16군사정변 이후 지방자치제도를 중단시키고 제정했던 "지방자치에 관한 임시조치법"을 통해 읍·면 자치제가 폐지되면서 최초로 법인격을 부여받은 기초자치단체가 되었다. 군의 행정사무를 처리하는 곳은 군청이며, 법률과 법령에 의거하여 관할구역의 자치사무와 지방자치단체에 속하는 사무들을 수행한다.

---

9) 지방자치법 제14조 1항 2호는 "다만, 인구 50만 이상의 시에 대하여는 도가 처리하는 사무의 일부를 직접 처리하게 할 수 있다"고 명시하고 있다.

(3) 자치구

자치구는 대도시 지역의 특수성과 특별시, 광역시의 자치구조가 단층제인 점을 고려하여 1988년 제7차 지방자치법 개정을 통해 행정구역에 지나지 않았던 특별시와 광역시의 구(區)에 법인격을 부여함으로써 기초자치단체가 되었다. 자치구는 원래 대도시의 행정을 효율적으로 관리하기 위해 인위적으로 획정해 놓은 행정구역이기 때문에 구를 자치단체로 하는 것이 바람직한가에 대한 많은 논란이 있어 왔다. 이러한 점을 감안하여 현재 우리나라의 자치구에 대해서는 기초자치단체인 시나 군과는 다른 별도의 제도적 장치를 마련하고 있다. 예를 들어 i) 자치권의 범위를 법령이 정하는 바에 의하여 시·군과 다르게 할 수 있으며, ii) 특별시장 및 광역시장으로 하여금 시(市)의 세수 중 일정액을 확보하여 조례가 정하는 바에 따라 당해 관할구역 안에 있는 자치구 상호간의 재원을 조정하도록 하였다. 따라서 우리나라의 자치구는 시, 군과 자치권 행사에서 차이가 나타나는 준자치단체적 성격을 지니고 있다.

3) 특별지방자치단체

(1) 특별지방자치단체의 개념

특별지방자치단체란 자치행정을 수행하는 과정에서 특정한 목적을 수행하거나 특정한 사무처리 또는 사무의 공동처리를 위하여 정책적 필요에 의해 설치되는 지방자치단체를 말한다. 따라서 그 목적이나 기능, 구역이나 권한 및 조직 등이 특수하여 특별지방자치단체의 설치와 운영이 예외적이고 특별한 경우가 보통이다. 특별지방자치단체는 일반지방자치단체만으로는 주민들의 행정수요를 효율적으로 수행할 수 없을 경우 예외적으로 설치·운영하게 된다. 다시 말해 ① 특정한 공공사무를 처리함에 있어 주민의 편의와 업무수행의 효율성을 동시에 충족시키기 위해 적절한 관할구역이 필요함으로써 특별지방자치단체를 설치·운영할 필요성이 있거나, ② 주민들에게 행정서비스를 제공함에 있어 규모의 경제를 실현하기 위해 필요하며, ③ 헌법이나 법령에 의해 가해진 법적·재정적 제약이나 채무의 한계로부터 벗어나기 위해 필요하고, ④ 지방정치의 영역으로부터 분리하여 정치적 중립성을 유지할 필요가 있을 때 필요하다. 또한 ⑤ 기타 일반지방자치단체로서는 그 사무를 처리하기에 구역과 인구규모가 영세하고, 인적·물적 자원이 부족할 뿐만 아니라 행정의 기술성과 전문성이 부족할 경우 이를 보완하기 위해 별도의 특별지방자치단체를 설치·운영할 필요성이 나타난다(임재현, 2016: 211-222).

하지만, 특별지방자치단체의 설치는 ① 지방자치단체의 난립을 초래하여 지방자치제도의 복잡성과 혼란을 제고시킬 우려가 있고, ② 특수행정기능들이 독자적으로 난립함으로써 지방단위에서 행정기능 간의 종합조정 곤란 및 할거주의를 조장시킬 수 있으며, ③ 사무처리결과에 대한 책임소재와 책임확보가 어려워 주민들의 관심과 통제력을 약화시킬 우려가 존재한다. 그리고 ④ 지방자치행정이 특수기능 중심으로 수행됨에 따라 해당 분야의 전문가나 이해당사자들의 이해관계가 정책 결정과 집행에 많은 영향을 미칠 수 있다.

(2) 특별지방자치단체의 유형

특별지방자치단체의 유형으로는 첫째, 행정사무단체와 기업경영단체가 있다. 행정사무단체는 공공사무처리를 위하여 설치되는 데 비하여 기업경영단체는 공기업의 경영을 위하여 설립된다. 미국의 상수도구, 병원구, 공원 및 레크리에이션구, 묘지구, 도서관구 등의 특별구가 행정사무단체에 포함되며, 일본의 재산구, 지방개발사업단 등은 기업경영단체에 속한다. 우리나라도 이러한 기업경영적인 특별지방자치단체의 설립을10) 허용하고 있다.

두 번째 유형으로는 특수사무단체와 광역사무단체로 구분할 수 있는데, 특수사무단체는 특수전문분야의 사무를 처리하기 위해 지역주민을 구성원으로 하여 처음부터 독자적인 행정주체로 설립된 단체를 말한다. 이에 반하여 광역사무단체는 광역적 협력 사무를 수행하기 위해서 기존 일반지방자치단체 기능의 일부 또는 전부를 승계하여 설립한 기관으로 일반지방자치단체를 그 구성원으로 한다. 특수사무단체의 예로는 미국의 특별구인 학교구, 상수도구, 일본의 재산구, 스위스의 각종 특별지방자치단체 등이 있고, 광역사무단체의 예로는 프랑스의 꼼뮨(commune)조합, 도시공동체, 독일의 목적조합, 게마인데(Gemeinde)연합 및 광역연합, 일본의 지방개발사업단, 우리나라의 지방자치단체조합 등이 있다.

---

10) 지방공기업법 제44조는 지방자치단체조합 설립의 특례에서 "지방자치단체는 지방직영기업의 경영에 관한 사무를 광역적으로 처리하기 위하여 필요한 경우 규약을 정하여 다른 지방자치단체와 공동으로 지방자치단체조합을 설립할 수 있다"고 명시하고 있다.

표 19-3 **우리나라 지방자치법상 특별지방자치단체의 설치 규정**

제199조(설치)

① 2개 이상의 지방자치단체가 공동으로 특정한 목적을 위하여 광역적으로 사무를 처리할 필요가 있을 때에는 특별지방자치단체를 설치할 수 있다. 이 경우 특별지방자치단체를 구성하는 지방자치단체(이하 "구성 지방자치단체"라 한다)는 상호 협의에 따른 규약을 정하여 구성 지방자치단체의 지방의회 의결을 거쳐 행정안전부장관의 승인을 받아야 한다.

② 행정안전부장관은 제1항 후단에 따라 규약에 대하여 승인하는 경우 관계 중앙행정기관의 장 또는 시 · 도지사에게 그 사실을 알려야 한다.

③ 특별지방자치단체는 법인으로 한다.

④ 특별지방자치단체를 설치하기 위하여 국가 또는 시 · 도 사무의 위임이 필요할 때에는 구성 지방자치단체의 장이 관계 중앙행정기관의 장 또는 시 · 도지사에게 그 사무의 위임을 요청할 수 있다.

⑤ 행정안전부장관이 국가 또는 시 · 도 사무의 위임이 포함된 규약에 대하여 승인할 때에는 사전에 관계 중앙행정기관의 장 또는 시 · 도지사와 협의하여야 한다.

⑥ 구성 지방자치단체의 장이 제1항 후단에 따라 행정안전부장관의 승인을 받았을 때에는 규약의 내용을 지체없이 고시하여야 한다. 이 경우 구성 지방자치단체의 장이 시장 · 군수 및 자치구의 구청장일 때에는 그 승인사항을 시 · 도지사에게 알려야 한다.

2. 지방자치단체의 계층구조

1) 계층구조의 종류

지방자치단체는 일정한 구역과 주민을 그 구성요소로 하며, 그 목적이나 사무처리의 범위가 엄격하게 제한되어 있지 않은 일반적 단체임을 특징으로 하기 때문에 이론상 구역마다 한 기관씩만 설치되어 있으면 된다. 그리고 이러한 지방자치단체 구조를 단층제(single-tier system)라 부른다. 그러나 실제적으로는 일반지방자치단체가 그 구역의 일부를 구성요소로 하는 다른 일반지방자치단체를 가지고 있어서 자치단체가 중첩되는 경우가 많은데, 이러한 형태를 다층제(multi-tier system)라고 한다. 다층제의 계층구조에서 주민들과 직접 접촉하는 가장 작은 소구역을 담당하는 자치단체를 기초자치단체 혹은 제1차적 자치단체라고 하며, 중앙정부와 기초자치단체의 중간에 위치하면서 넓은 구역의 행정사무를 수행하는 자치단체를 중간자치단체, 광역자치단체, 제2차적 자치단체, 또는 보완적 자치단체라 한다. 다만 다층제의 경우 국가별로 다양한 계층단계가 나타나는데, 그 이유는 나라의 면적, 자연적 조건, 정치적 이데올로기, 인구, 교통·통

그림 19-2 한국의 지방자치단계 계층구조

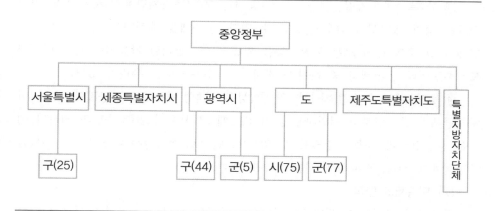

신의 발달정도 및 역사적 특수성이 각각 다르기 때문이다. 대체로 단층제와 2층제를 채택하는 국가가 가장 많으며, 3층제 이상의 계층구조를 운영하는 국가[11]도 있다. 우리나라는 지방자치단체의 계층구조를 광역자치단체와 기초자치단체로 구분한 중층제로 2층제를 선택하고 있다.

2) 단층제의 장점과 단점

(1) 단층제의 장점

① 중복행정의 폐단방지와 능률성 확보   단층제는 이중행정과 이중감독의 폐단을 방지하여 신속성을 확보할 수 있으며, 이를 통해 행정의 능률도 증진시킬 수 있다. 중층제를 채택하는 국가에서 광역자치단체와 기초자치단체 간의 사무배분이 명확하게 이루어지지 않을 경우에는 동일한 행정기능을 2개의 지방자치단체가 동시에 관장하는 이중행정의 폐해를 낳게 되며, 특히 위임사무를 처리하는 경우에도 경유기관 또는 감독기관이 하나 더 늘어나 행정이 지연되게 된다.

② 행정책임의 확보   단층제는 중층제와 비교하여 업무에 대한 행정책임을 명확히 한다. 단층제 하에서는 상대적으로 중앙정부와 지방자치단체 간에 행정기능의 배분과 조정이 쉽게 이루어지기 때문에 중층제에서 나타나는 행정책임의

---

11) 3층제를 채택하고 있는 국가는 프랑스, 이탈리아, 그리스, 레바논, 튀니지, 수단, 에콰도르, 이란, 태국 등이 있고, 4층제를 채택하는 국가로는 포르투갈, 인도, 미얀마, 터키, 페루 등이 있으며, 콜롬비아와 에티오피아는 5층제를 선택하고 있다(손재식, 1991: 70).

불명확화, 책임전가, 행정의 사각지대 발생과 같은 문제들을 줄일 수 있다.

　　③ 지역특수성과 개별성 존중　　단층제는 각 기초자치단체의 자치권 및 지역의 특수성과 개별성을 더욱 존중할 수 있다. 중층제를 채택하는 경우, 광역자치단체는 그 구역 내의 모든 행정기능을 획일적으로 관리할 가능성이 높기 때문에 도시행정이나 농촌행정 중 하나가 경시되는 폐단을 낳을 우려가 있다.

　　④ 중앙정부와 주민 간 의사전달의 정확성 및 신속성 확보　　단층제에서는 지방자치단체가 중앙정부의 위임사무를 처리할 때 그 사무에 관한 주민의 의사와 여론을 중앙정부에 신속히 전달할 수 있으며, 반대로 중앙정부의 정책이나 계획을 주민들에게 신속, 정확하게 제공할 수도 있다.

　　(2) 단층제의 단점

　　단층제가 가지는 단점으로는 ① 주요 업무의 특성상 소구역을 기초로 하는 1차적 지방자치단체와 전국을 관할하는 중앙정부를 직결시킬 수 없기 때문에 국토가 광활하고 인구가 많은 나라에서는 채택하기 곤란하며, ② 단층제 계층구조에서 기초자치단체의 능력이 부족한 경우에는 많은 사무를 중앙정부가 직접 처리할 수밖에 없어 권한이 중앙정부에 집중될 우려가 있고, ③ 기초자치단체를 보호할 여과장치가 없게 되어 지방자치의 기반이 확고하지 않은 국가에서는 지방자치가 쇠퇴할 수 있다. 또한, ④ 치산(治山), 치수(治水), 지방도로, 운수(運輸), 관광개발, 광역개발계획 등 광역적 행정사무를 소규모 자치단체가 수행할 경우 많은 행·재정적 어려움에 직면하게 된다(최창호·강형기, 2011: 144-145).

　3) 중층제의 장점 및 단점

　　(1) 중층제의 장점

　　① 행정기능의 분업적 수행　　중층제는 기초자치단체와 광역자치단체 간에 행정기능을 분업적으로 수행할 수 있다. 행정기능이 양적으로 팽창되고 질적으로 복잡, 고도화된 오늘날에 있어서 일정한 구역 내의 모든 사무를 1개의 자치단체가 종합적으로 처리하기에는 매우 곤란하며 비능률적이다. 따라서 주민들의 일상생활과 직결되는 기능과, 주민에 대한 원조 및 직접서비스 기능은 주민과 가까이에 위치한 소구역의 자치단체가 담당하고, 대규모의 광역적 행정사무는 보다 넓은 구역을 소관하는 광역자치단체가 수행하는 분업체계를 확립할 수 있다.

　　② 기초자치단체의 기능 보완　　중층제는 기초자치단체가 본연의 기능을 제

대로 수행하지 못할 경우 광역자치단체가 이를 보완할 수 있다는 장점을 가진다. 즉, 기초자치단체의 능력으로 적절히 처리할 수 없거나 처리하기 곤란한 사무, 또는 처리가 비경제적이거나 행정의 질을 저하시킬 우려가 있는 사무에 대해서는 광역자치단체가 그 능력과 기능을 보충하여 이를 처리할 수 있다.

③ 중앙정부의 감독기능 유지 및 확보　　중층제는 지방자치단체에 대한 중앙정부의 감독기능을 유지할 수 있게 한다. 중앙정부는 모든 기초자치단체를 직접 관리, 감독할 수 없기 때문에 일정한 지역단위의 감독기관을 필요로 하며, 오늘날 신중앙집권화의 경향이 더욱 현저해짐에 따라 이러한 지역단위 감독기관의 필요성은 더욱 증대하고 있다. 많은 국가에서는 광역자치단체에 이러한 감독권을 부여하고 국가기관의 지위에서 기초자치단체를 관리, 감독하도록 하고 있다.

(2) 중층제의 단점

중층제의 단점으로는 ① 기초자치단체와 광역자치단체가 동일한 주민과 구역을 대상으로 하고 있기 때문에 두 자치단체 간 명확한 기능배분이 이루어지지 않는 한 행정기능의 중첩현상, 혹은 이중행정의 폐단이 나타나며, ② 이로 인해 해당 자치단체들의 행정책임이 모호해져 주민들에게 많은 불편과 손해가 뒤따를 수 있다. 또한, ③ 위임사무를 처리할 때 경우에 따라서는 상위 자치단체의 허가와 승인을 받아야 하기 때문에 행정의 지체와 낭비 및 비능률을 초래하고, ④ 광역자치단체가 구역 내에 이질적인 도시자치단체와 농촌자치단체를 모두 포함하고 있을 경우에는 각 지역의 특성을 도외시하거나 경시하기 쉽다. ⑤ 중앙정부와 지역 주민 사이의 정보전달이 느려지게 되며, 전달과정에서 의사가 왜곡될 수 있다. 따라서 민주주의가 발달한 선진국일수록 중앙정부와 주민 간의 의사소통을 신속, 원활히 할 수 있도록 지방자치단체의 계층수를 적게 하고 있다(최창호·강형기, 2011: 145-146).

3. 지방의회(의결기관)

1) 지방의회의 개념

지방의회란 지방자치단체의 최고의사결정기관으로서 주민에 의해 선출된 지방의원을 그 구성원으로 하는 합의제 의결기관이다. 그리고 권한의 범위 안에서 공공사무에 관한 지방자치단체의 의사를 결정한다. 지방의회는 지방선거를 통해 선출된 주민대표로서의 지방의원들로 구성되고, 이들은 주민 전체에 대한 정치적

표 19-4 우리나라 지방자치법상 지방의회의 의결사항

제47조(지방의회의 의결사항)
 1. 조례의 제정·개정 및 폐지
 2. 예산의 심의·확정
 3. 결산의 승인
 4. 법령에 규정된 것을 제외한 사용료·수수료·분담금·지방세 또는 가입금의 부과와 징수
 5. 기금의 설치·운용
 6. 대통령령으로 정하는 중요 재산의 취득·처분
 7. 대통령령으로 정하는 공공시설의 설치·처분
 8. 법령과 조례에 규정된 것을 제외한 예산 외의 의무부담이나 권리의 포기
 9. 청원의 수리와 처리
10. 외국 지방자치단체와의 교류·협력
11. 그 밖에 법령에 따라 그 권한에 속하는 사항

대표로서의 지위를 갖는다. 지방의회는 지방의원들이 모여 '다수결의 원리'에 의해 지방자치에 관한 중요 의사를 결정하며, 의결된 사항들은 지방자치단체의 공식적 의사로서 구속력을 갖게 된다.

현대의 대의민주정치 하에서 지방의회는 지방자치구조의 필수불가결한 기관으로 인정되며, 그 역할의 중요성은 더욱 증대하고 있다. 원래 지방자치는 지역의 유권자인 주민 전체가 모여 주민총회를 개최하고, 이를 통해 결정된 의사에 따라 지방자치단체의 행정과 사무가 이루어지는 것을 이상형으로 하고 있다. 하지만 오늘날과 같이 광대한 구역과 수많은 지역 주민을 그 구성요소로 하고 있는 지방자치제도 하에서 이것은 하나의 이상에 지나지 않으며, 현실적으로는 주민들의 대표에 의해 구성된 지방의회가 주민총회를 대신하고 있다. 현재 우리나라에서는 광역자치단체와 기초자치단체별로 각각의 지방의회를 구성하고, 주민에 의해 선출된 지방의원[12]들이 그들 고유 업무를[13] 수행하고 있다.

2) 지방의회의 권한

(1) 의결권

지방의회의 의결권이란 지방자치단체의 의사형성 행위로서 협의의 의결권

---

12) 우리나라 지방의원의 임기는 4년이며, 3회까지 연임이 가능하다.
13) 지방의원의 주요 업무는 의안처리, 예산심의 및 확정, 청원처리, 민원처리, 행정사무감사 및 조사 등이 있다.

혹은 결정권을 포함한다. 협의의 의결권이란 지방자치법의 각 조항에 규정되어 있는 지방의회의 의결사항으로 반드시 지방의회의 의결을 거쳐야 하는 필수적 의결사항에 대한 의결권을 말한다.[14] 지방의회의 의결권 범위는 광범위한 권한을 부여하는 방식과 제한적으로 부여하는 방식의 두 가지로 나눌 수 있다. 우리나라는 제한적 열거주의를 취함으로써 그 범위를 줄이고 있다.

(2) 행정사무감사 및 조사권

지방의회는 집행기관의 행정사무에 대하여 감사 및 조사권을 갖는다. 이것은 지방의회의 결정을 집행기관이 얼마나 충실하게 반영하였는가를 감시·통제하는 것이다. 우리나라는 지방의회로 하여금 당해 지방자치단체(집행기관)의 사무를 감사하거나 그 사무 중 특정 사안에 대하여 지방의회의 의결로 조사할 수 있도록 하고 있으며, 감사 또는 조사를 위하여 필요한 때에는 현지 확인을 하거나 서류의 제출, 지방자치단체의 장 또는 관계 공무원의 출석 및 증언, 의견진술 등을 요구할 수 있다.

(3) 선거권

지방의회는 법령이나 조례가 정하는 바에 의거하여 일정한 기관구성원의 선거권을 가진다. 지방의회의 선거권은 의회의 의사를 형성하는 행위이며, 다수결의 원리에 따라 이루어진다. 일반적으로 지방의회의 선거권은 의회의·내부조직에 관한 것과, 자치단체의 집행기관에 관한 것으로 나누어 볼 수 있다. 전자의 경우는 지방의회의 의장 및 부의장 선출, 임시의장의 선출, 의회 내 각 분과위원회의 위원장 및 위원선임, 결산을 위한 검사위원의 선임 등이 있으며, 후자의 경우에는 집행기관 간선제 하의 지방자치단체장 및 부단체장의 선거가 있다.

(4) 청원의 수리, 심사 및 처리권

지방의회는 주민들이 지방의회의원의 소개를 받아 지방의회에 제출한 청원을 수리하고, 이를 심사·처리할 수 있는 권한을 가진다. 청원이란 지역주민이 지방자치단체에 대하여 불만 또는 희망을 진술하고 그것에 대한 시정 또는 해결을 요구하는 것을 말한다. 지방의회의 의장은 청원서를 접수하면 소관 위원회나 본회의에 회부하여 심사를 하게 하고, 경우에 따라 청원의 취지에 대한 본회의나 소관 위원회의 설명 요구가 제기되면 청원을 소개한 의원은 이를 설명해야 한다.

---

14) 지방의회는 지방자치법상의 의결권 이외에도 각종의 법령에 의한 의결권과 당해 자치단체의 조례가 정하는 바에 따른 의결권을 가진다.

지방의회가 채택한 청원일지라도 지방자치단체의 장이 처리하는 것이 타당하다고 인정되는 경우에는 의견서를 첨부하여 지방자치단체의 장에게 청원을 이송할 수도 있다.

(5) 출석답변 요구권

지방의회는 지방자치단체의 장 또는 관계공무원을 의회에 출석시켜 행정상황에 대한 질문에 답변하게 할 수 있다. 이러한 질문·답변 요구권은 집행기관에 대한 지방의회의 행정사무감사 및 조사권을 충실하게 수행하기 위한 하나의 수단적 권한으로 볼 수 있지만, 여기에 한정되지 않고 평소에 어떠한 문제가 발생하였을 경우라도 집행기관에 대해 질문과 답변을 요구할 수 있도록 한 것이다.

(6) 의견제출권

지방의회는 지역사회 주민의 대표기관으로서 지방자치단체의 집행기관이나 외부에 대하여 지방의회의 의견을 제시할 수 있다. 이러한 의견제출권은 집행기관에 대한 의견제출권과 지방자치단체 외부에 대한 의견제출권으로 구분된다. 집행기관에 대한 의견제출권이란 지방의회가 자치사무와 단체위임사무에 대하여 자치단체의 장 또는 그 보조기관으로부터 설명을 구하고 그것에 대해 의결하거나 의견을 제시할 수 있는 권한을 말하며, 외부에 대한 의견제출권은 지방의회가 당해 지방자치단체의 공익에 관한 사업 등과 관련하여 타 기관이나 중앙행정관청에게 자신의 의견서를 제출할 수 있는 권한을 말한다.

(7) 지방의회 자율권

지방의회의 자율권은 지방의회가 자신의 직무를 수행함에 있어, 조직 구성 및 운영사항, 의원 관리, 원내 질서유지 등에 관해 집행기관, 유권자 등 외부세력의 간섭을 받지 않고 독자적으로 결정, 처리할 수 있는 권한을 말한다. 지방의회의 자율권에는 ① 내부조직권, ② 회의진행의 자율권, ③ 의원신분사정권, ④ 원내경찰권, ⑤ 회의규칙 제정권 등이 있다.

4. 지방자치단체의 기관구성형태

1) 기관통합형

(1) 기관통합형의 개념

기관통합형이란 지방자치단체의 의결기능과 집행기능을 모두 단일기관, 즉 지방의회에 귀속시키는 제도로서, 지방의회는 의결기관인 동시에 집행기관이기 때문에 의회제 기관통합형 또는 권력통합형이라고도 한다. 대표적인 예로서는 영국의 지방의회형과 미국의 위원회형, 러시아의 지방의회형, 그리고 최근 프랑스의 의회-의장형 등이 있다. 이러한 유형들은 권력구조에 있어서 중앙정부의 의원내각제와 유사하며, 실질적인 집행권이 의회에 통합되어 있다. 따라서 지방선거에서는 주민에 의한 지방의원의 선출만이 이루어진다.

(2) 기관통합형의 유형

① 영국의 의회형   기관통합형의 가장 대표적인 예로는 영국의 의회를 들 수 있다. 영국의 지방의회는 의결기관인 동시에 집행기관이기 때문에 지방의회와 대립되는 집행기관이 별도로 존재하지 않는다. 따라서 광역자치단체(county)와 기초자치단체(district)에는 그 자치단체를 대표하는 장이 없으며, 예외적으로 도시권지역과 런던시 등 일부 자치단체에만 시장이 있을 뿐이다. 그러나 그 지위는 시정을 총괄하는 실질적인 장이 아니고 지방자치단체를 의례적으로 대표하는 상징적인 존재에 불과하며, 실제 행정권은 지방의회의 각 분과위원회와 전체회의에서 정책을 결정하면, 수석집행관(chief executive)이 수행한다. 이러한 의회형 제도는 영국과 영국의 영향을 받은 캐나다, 호주, 뉴질랜드, 인도, 남아프리카연방 등 영연방 국가에서 채택하고 있다(정세욱, 2003; 480).

② 미국의 위원회형   미국의 많은 지방자치단체들은 의회가 아닌 위원회 형태로 지방정부를 구성, 운영하고 있다. 위원회형이란 주민에 의해 선출된 위원을 중심으로 공공정책을 의결하고 시행하는 지방정부의 유형을 말한다. 위원회형은 이러한 제도가 처음 도입된 택사스주 갈베스톤(Galveston)의 지명을 따라 갈베스톤[15]이라고도 부른다. 위원회형의 일반적 특징은 ① 보통 5명~7명으로 구성된 위원회가 지방정부에 대한 모든 기능을 행사하고 통제한다. ② 이들 중 한 사람은 위원회의 장으로 지명되며, 다른 사람들은 그 자치단체의 행정부서를 지휘, 감독한다. ③ 위원들은 정책을 집행할 뿐만 아니라 결정하기도 하며, ④ 이들은 정당에 가입하지 않은 선출된 공무원이다. ⑤ 위원은 각자의 선거구를 대표하는 것이 아닌 자치단체 전체를 대표하고, ⑥ 집단적 의사결정을 통해 행정이

---

15) 1901년 택사스주 Galveston은 해일과 홍수로 폐허화 되었는데, 당시 약시장-의회형의 정부 형태로 파괴된 도시를 재건하는 데 실패하였고, 결국 붕괴되었다. 이에 택사스 주지사는 지역 내 5명의 기업인들에게 시 행정을 위임하였으며, 이들이 고안한 통치방식이 위원회형이다.

이루어진다.

③ 프랑스의 의회-의장형   이 유형은 1982년 프랑스의 지방분권법에 의하여 도입된 것으로서 지방의회의 의장이 집행기관 장으로서의 지위를 겸하고, 그 의장 아래에 집행조직을 두고 있는 기관구성 형태이다. 이러한 기관구성은 중간자치단체인 데빠르뜨망(department)과 광역자치단체인 레종(region)에서 채택하고 있다. 1982년 이전에 데빠르뜨망에는 단체장인 지사가 있어 자치단체장의 직무와 국가의 지역대표적 직무를 동시에 수행하였지만, 1982년 지방자치제도의 개혁과 함께 지사제도를 폐지하고 자치단체장의 직무를 지방의회의 의장이 관장하게 되었다. 그리고 국가의 지역대표로서의 직무는 중앙정부에서 파견된 지방장관이 담당하고 있다. 이러한 규정은 광역자치단체인 레종에도 그대로 적용된다 (김동훈, 1989; 54-55).

2) 기관분리형

(1) 기관분리형의 개념

기관분리형은 지방자치단체의 의결기능과 집행기능을 서로 다른 기관에 부여하여 기관 상호간에 견제와 균형을 통하여 업무를 수행하도록 하는 기관구성 형태이다. 권력분립 및 기능분담의 자유주의사상에 근거하여 의결기관과 집행기관을 각각 분리하여 설치하고, 양 기관이 상호 견제와 균형에 의하여 지방정부를 운영하는 유형으로 권력분립주의에 입각한 제도이며, 중앙정부 권력구조에 있어 대통령책임제와 유사한 형태이다. 이 유형은 집행기관장의 선임방식에 따라 선거형과 임명형으로 나눌 수 있고, 다시 선거형은 주민 직선형과 의회에 의한 간선형으로 구분된다. 주민에 의한 직선형이 전형적인 유형이나, 지방의회 의원에 의해 간선될 경우도 있다.

(2) 기관분리형의 유형

① 집행기관 직선형   집행기관 직선형이란 자치단체의 장, 즉 집행기관을 주민이 직접 선출하는 유형을 말한다. 일반적으로 시장-의회형과 시장-행정관형의 두 가지 형태로 구분된다. 시장-의회형은 가장 오래된 지방정부 형태로서 여전히 미국 대부분의 시가 이러한 유형을 채택하고 있다. 이 유형의 특징은 집행기관인 시장과 의결기관인 지방의회를 분립시키고 이들을 주민이 직접 선거하는 데 있다. 다시 이 유형은 의결기관과 집행기관의 구성방법, 상호관계 및 권한 등

에 따라 시장의 권한이 의회에 비해 상대적으로 취약한 약시장–의회형과 시장에게 폭넓은 권한을 부여하는 강시장–의회형의 두 가지로 나누어진다. 반면에 시장–행정관형은 시장이 집행부의 장이면서 시정부의 행정을 지휘, 감독하는 총괄관리관 또는 수석행정관의 임명권을 가지는 지방자치단체 유형이다. 총괄관리관 또는 수석행정관은 시의 전반적인 행정사항을 관리·감독하고, 시장은 지방의회와의 원만한 관계 유지 및 시민들의 지지 획득 등 정치적 업무를 담당하게 된다. 이러한 형태는 업무의 분담을 통해 시장의 과중한 업무 부담을 경감시켜 주기 위한 방안으로 도입되었다.

② 집행기관 간선형   집행기관 간선형이란 지방자치단체 집행기관의 장을 지방의회에서 간접 선거하여 선출하는 형태를 말한다. 프랑스의 시·읍·면을 비롯하여 독일의 일부 시·읍·면에서 채택하고 있는 이 유형은 의결기관인 의회에서 소속 지방의원들에 의해 집행기관의 수장(首長)을 선출하는 제도이다. 따라서 의원 가운데서 선출되는 시·읍·면장은 지방의원의 임기 동안 의원으로서의 신분과 지위를 계속 유지할 수 있으며, 지방의회의 의장을 겸임한다.

③ 집행기관 임명형   집행기관 임명형 중 지방의회 임명형은 행정사항을 관리할 시정관리관(city manager)을 지방의회가 임명하는 유형으로, 행정업무에 풍부한 경험을 가진 시정관리관이 시의 사무에 대한 일체의 지휘 및 감독 책임을 담당하는 지방정부의 형태를 의미한다. 시정관리관은 시의회에 의하여 임명되고, 시의회에 대하여 책임을 지며, 시의회의 재량에 따라 그 직위를 유지하게 된다. 그러나 관리관은 행정적 사항에 관해서만 최종적 권한을 가지며, 의회는 이에 관여하지 않는다(정재욱·안성수, 2013: 120 – 121).

중앙정부 임명형은 지방자치단체에 의결기관과 집행기관을 분리시키되, 지방의회의 의원은 주민이 직접 선출하고 집행기관의 장(지방자치단체의 장)은 중앙정부가 임명하는 형태로서 지방행정에 있어서 민주성보다는 능률성을 더욱 중시한 제도이다. 따라서 지방자치단체의 장은 자치단체의 대표자인 동시에 중앙정부의 대표자라는 양면성을 가지고 광범위한 권한을 행사하게 되며, 지방의회는 상대적으로 집행기관보다 축소된 권한을 가진다.

Ⅳ 교육자치와 자치경찰

　　교육자치란 일정한 지역에서 교육 및 학예에 관한 사항을 일반 지방자치제
도와 분리하여 결정하고, 집행하는 지방교육자치제도를 의미한다. 교육행정의 지
방분권을 통하여 주민의 참여의식을 높이고, 각 지역실정에 맞는 교육정책을 강
구함으로써 교육의 자주성, 전문성, 정치적 중립성을 확보하는 데 그 의의가 있다.
　　자치경찰은 지방경찰조직이 중앙경찰기관의 하부 행정조직이 아닌 독자적
기관으로 조직 및 인사, 재정권을 행사하고 주민의 참여와 통제 하에서 경찰업무
를 수행하는 지방 주민에 의한 경찰제도를 의미한다(강용기, 2014: 287).

1. 한국의 교육자치제도

1) 교육자치의 기본구조

　　우리나라 지방자치법(제135조)은 "지방자치단체의 교육·과학 및 체육에 관
한 사무를 분장하기 위하여 별도의 기관을 두되, 기관의 조직과 운영에 관하여
필요한 사항은 따로 법률로 정한다"고 규정하고 있다. 이에 따라 지방교육의 발
전에 이바지함을 목적으로 1991년 '지방교육자치에 관한 법률'이 제정되어 교육
의 자주성 및 전문성과 지방교육의 특수성을 살리고 있다. 1991년부터 실시되고
있는 현행 교육자치제는 지방자치단체의 교육·학예에 관한 사무를 광역자치단체
의 관장사무로 하고 있으며, 심의·의결기관으로는 교육위원회, 집행기관으로는
교육감을 설치하고 있다. 그러나 동법률이 2016년에 개정되어 교육위원회를 시·
도의회의 상임위원회로 대치하였다.

2) 교육감

(1) 교육감의 자격 및 임기

　　교육감은 학식과 덕망이 높고 당해 시·도지사의 피선거권이 있는 자로서 후
보자 등록신청 개시일부터 과거 1년 동안 정당의 당원이 아니어야 한다. 그리고
후보자등록신청 개시일을 기준으로 교육경력 또는 교육공무원으로서의 교육행정
경력이 3년 이상 있거나 양 경력을 합하여 3년 이상인 자이어야 한다. 교육감의

임기는 4년으로 하며 계속 재임은 3기로 제한된다. 임기는 전임자의 임기가 만료된 다음 날부터 개시되는 것이 원칙이나 부득이한 사정으로 전임자의 임기가 만료된 후 선출된 경우에는 그 선출된 날부터 개시한다.

(2) 교육감의 선출

교육감은 주민의 보통·평등·직접·비밀선거에 따라 선출된다. 정당은 교육감선거에 후보자를 추천할 수 없으며, 교육감은 광역자치단체를 단위로 하여 선출한다. 교육감선거에 관하여 '지방교육자치에 관한 법률'에서 정한 것을 제외하고는 그 성질에 반하지 않는 범위 안에서 '공직선거법'의 시·도지사선거에 관한 규정을 준용한다.

(3) 교육감의 신분

교육감은 ① 국회의원·지방의회의원을 겸직할 수 없으며, ② '국가공무원법' 제2조에 규정된 국가공무원과 '지방공무원법' 제2조에 규정된 지방공무원 및 '사립학교법' 제2조의 규정에 따른 사립학교의 교원 또한 겸할 수 없다. 그리고, ③ 사립학교경영자 또는 사립학교를 설치·경영하는 법인의 임·직원을 겸할 수도 없다. 교육감이 당선 전부터 겸직이 금지된 직을 가진 경우에는 임기개시일 전일

표 19-5 **교육감 관장사무 ("지방교육자치에 관한 법률" 제20조)**

1. 조례안의 작성 및 제출에 관한 사항
2. 예산안의 편성 및 제출에 관한 사항
3. 결산서의 작성 및 제출에 관한 사항
4. 교육규칙의 제정에 관한 사항
5. 학교, 그 밖의 교육기관의 설치·이전 및 폐지에 관한 사항
6. 교육과정의 운영에 관한 사항
7. 과학·기술교육의 진흥에 관한 사항
8. 평생교육, 그 밖의 교육·학예진흥에 관한 사항
9. 학교체육·보건 및 학교환경정화에 관한 사항
10. 학생통학구역에 관한 사항
11. 교육·학예의 시설·설비 및 교구(敎具)에 관한 사항
12. 재산의 취득·처분에 관한 사항
13. 특별부과금·사용료·수수료·분담금 및 가입금에 관한 사항
14. 기채(起債)·차입금 또는 예산 외의 의무부담에 관한 사항
15. 기금의 설치·운용에 관한 사항
16. 소속 국가공무원 및 지방공무원의 인사관리에 관한 사항
17. 그 밖에 당해 시·도의 교육·학예에 관한 사항과 위임된 사항

에 그 직에서 당연 퇴직된다.

(4) 교육감의 권한

교육감의 권한으로는 의안제출권, 사무집행권, 교육규칙제정권, 교육에 관한 당해 시·도의 대표권, 사무위임·위탁권, 소속공무원의 지휘감독권, 시·도의회의 의결에 대한 재의요구권, 재의결에 대한 제소권, 선결처분권 등을 가진다.

3) 소속기관 및 하급행정기관

(1) 보조기관

교육감의 보조기관에는 부교육감(1인 혹은 2인[16])과 일반직공무원 그리고 장학관 등이 있다. 부교육감은 당해 시·도 교육감이 추천한 자를 교육부장관의 제청으로 국무총리를 거쳐 대통령이 임명한다. 부교육감은 교육감을 보좌하여 사무를 처리하며, 교육감이 사고가 있을 때에는 그 직무를 대리한다. 기타 필요한 보조기관은 교육감 소속하에 두되, 그 설치·운영 등에 관한 사항은 대통령령이 정한 범위 내에서 시·도 조례로 정한다.

(2) 소속교육기관

교육감은 그 소관 사무의 범위 안에서 필요한 때에는 대통령령 또는 당해 시·도의 조례가 정하는 바에 의하여 교육기관을 설치할 수 있다. 교육감의 보조기관과 교육기관 및 하급교육행정기관에는 당해 시·도의 교육비특별회계가 부담하는 경비로써 지방공무원을 두되, 대통령령이 정하는 바에 따라 국가공무원을 둘 수도 있다. 지방공무원의 정원은 법령이 정한 기준에 의하여 시·도의 조례로 정한다.

(3) 하급교육행정기관

교육청은 시·도의 교육·학예에 관한 사무를 분장하게 하기 위하여 1개 또는 2개 이상의 시·군 및 자치구를 관할구역으로 하는 하급교육행정기관인 교육지원청을 설치한다. 교육지원청에는 장학관으로 보하는 교육장을 두며, 교육장은 시·도의 교육·학예에 관한 사무 중 ① 공·사립의 유치원·초등학교·중학교·고등공민학교 및 이에 준하는 각종 학교의 운영·관리에 관한 지도·감독과, ② 조례로 정하는 기타 사무를 위임받아 분장한다.

---

16) "지방교육자치에 관한 법률" 제30조 1항은 '인구 800만명 이상이고, 학생 150만명 이상인 시·도는 부교육감을 2인 둘 수 있다'고 규정한다.

2. 자치경찰제도

1) 경찰제도의 구분

경찰행정 기능을 국가경찰체제로 일원화 할 것인가, 아니면 국가경찰체제와 지방경찰체제로 이원화 할 것인가 하는 제도적 선택은 나라마다 다르다. 국가경찰은 국가가 설치하고 관리하며 그 권한과 책임이 국가에 귀속되는 경찰제도를 의미한다. 따라서 경찰조직권, 경찰인사권, 경찰경비 부담권을 국가가 가지게 된다. 이에 반해 자치경찰은 지방자치단체가 설치·관리하고 그 권한과 책임이 지방자치단체에 귀속되는 경찰제도를 말한다. 그래서 치안을 지방의 고유사무로 인정하고, 경찰권을 행사하는 조직의 설치 및 운영 권한과 그 책임을 지방자치단체에 부여하고 있다.

각국 경찰체제의 형태를 살펴보면, 보편적으로 영·미법계의 경찰개념을 채택하는 국가에서는 일반집행기관이 자치권의 일환으로 경찰기능까지 담당하는 자치경찰제도를 시행하는 데 반하여, 대륙법계의 경찰개념을 도입하는 국가에서는 경찰기능을 국가기능만으로 인식해 국가경찰제도를 실시하고 있다. 이처럼 지방자치단체의 집행기관으로 하여금 경찰행정 기능도 관장하게 할 것인가, 아니면 경찰기능은 국가의 하급기관이 관장하도록 할 것인가에 대한 논의는 현재 매우 중요한 사회적 이슈가 되고 있다. 왜냐하면 지역주민의 신체 및 생명과 재산의 침해를 방지, 보호하고 사회의 안녕과 질서를 유지하기 위한 경찰행정 기능이 서비스 행정이면서도 권력적 작용인 자치사무적 성격과 국가사무적 성격을 동시에 포함하고 있기 때문이다.

2) 경찰제도의 유형

(1) 집권형 체제

집권형 체제는 경찰조직이 중앙정부의 직접적인 통제하에서 관리되는 조직구조로 경찰권의 발동에 대한 책임은 궁극적으로 중앙정부에 귀속된다. 집권형 체제는 중앙집권적인 권력구조 형태를 취하면서 개인의 생명, 신체, 및 재산에 대한 보호의 역할보다 공공의 안녕, 질서 유지를 더 중시하는 제도이다. 집권형 체제를 선택하고 있는 국가는 한국, 프랑스, 이탈리아, 이스라엘, 핀란드, 덴마크, 대만 등이 있다.

(2) 분권형 체제

분권형 체제는 경찰조직이 중앙정부의 통제를 받는 것이 아니라, 지역적으로 구분되어 개별 지방자치단체의 통제에 따르는 형태를 말한다. 분권형 체제에서는 전국적으로 일원화된 경찰구조가 없고, 지역적으로 분권화된 지방경찰이 경찰권을 행사하며, 이에 대한 책임도 전적으로 지방정부나 지역경찰이 담당한다. 미국, 캐나다, 벨기에, 스위스는 이러한 분권형 경찰제도를 채택하고 있는 대표적인 국가이다.

(3) 절충형 체제

절충형 체제는 중앙정부와 지방자치단체가 경찰조직에 대한 통제 권한을 공유하고 있는 형태를 의미한다. 절충형은 경찰권 발동에 대한 지방자치단체의 통제를 인정하면서도 국가적인 기준을 채택함으로써 경찰조직 운영의 민주성과 효율성을 달성할 수 있다. 절충형은 영국, 호주, 일본, 독일 등에서 채택하고 있는 제도이다.

3) 한국의 자치경찰제도

우리나라의 경찰은 국가경찰제로 일원화되어, 중앙경찰관청인 행정안전부장관과 경찰청장을 정점으로 하여 전국적인 계층제 구조를 형성하고 있었다. 그래서 지방자치단체의 경찰이나 지방경찰은 인정하지 않았다. 하지만 자치경찰에 대한 정치적·분권적 동기를 통해 예외적으로 제주특별자치도에서는 2006년 제정된 "제주특별자치도 설치 및 국제자유도시 조성을 위한 특별법"에 근거하여 2006년 7월 자치경찰단을 출범하였으며, 이후 2007년 2월 자치경찰 발대식을 시작으로 자치경찰의 기능을 수행하고 있다. 그리고 2020년 12월 기존의 '경찰법'에 자치경찰에 관한 내용을 추가하여 '국가경찰과 자치경찰의 조직 및 운영에 관한 법률'로 개정됨에 따라 2021년 7월부터는 전국적으로 자치경찰제가 시행되고 있다 (남재걸, 2022: 163).

(1) 자치경찰의 사무

'국가경찰과 자치경찰의 조직 및 운영에 관한 법률(약칭: 경찰법)'에는 자치경찰 사무를 관할지역의 생활안전·교통·경비·수사 등에 관한 사무로 제한하고 있으며, 구체적으로는 ① 지역 내 주민의 생활안전 활동에 관한 사무, ② 지역 내 교통 활동에 관한 사무, ③ 지역 내 다중운집 행사 관련 혼잡 교통 및 안전 관리 사무, ④ 학교폭력 등 소년범죄, 가정폭력 · 아동학대 범죄, 교통사고 및 교통 관련 범죄에 해당하는 수사사무 등이 명시되어 있다. 그리고 세부 사항 및 범위 등은 대통령령 또는 대통령령으로 정하는 기준에 따라 시·도 조례로 규정된다.

(2) 시 · 도 자치경찰위원회

자치경찰위원회는 우리나라 자치경찰제의 핵심 기관으로 시·도에 설치되어 있으며, 해당 광역자치단체장 소속이다. 합의제 행정기관으로 자치경찰사무를 심의·의결하고, 자치경찰사무에 대해 관할 시·도 경찰청장을 지휘, 감독한다.

표 19-6 시 · 도 자치경찰위원회의 소관 사무

1. 자치경찰사무에 관한 목표의 수립 및 평가
2. 자치경찰사무에 관한 인사, 예산, 장비, 통신 등에 관한 주요 정책 및 그 운영지원
3. 자치경찰사무 담당 공무원의 임용, 평가 및 인사위원회 운영
4. 자치경찰사무 담당 공무원의 부패 방지와 청렴도 향상에 관한 주요 정책 및 인권침해 또는 권한남용 소지가 있는 규칙, 제도, 정책 관행 등의 개선
5. 국민의 생명·신체 및 재산을 보호하고 공공의 안녕과 질서유지에 필요한 시책 수립
6. 시·도 경찰청장의 임용과 관련한 경찰청장과의 협의 및 경찰서장의 평가 및 결과 통보
7. 자치경찰사무 감사 및 감사의뢰
8. 자치경찰사무 담당 공무원의 주요 비위사건에 대한 감찰 요구
9. 자치경찰사무 담당 고무원에 대한 징계요구
10. 자치경찰사무 담당 공무원의 고충심사 및 사기진작
11. 자치경찰사무와 관련된 중요사건·사고 및 현안의 점검
12. 자치경찰사무에 관한 규칙의 제정·개정 또는 폐지
13. 지방행정과 치안행정의 업무조정과 그 밖에 필요한 협의·조정
14. 비상사태 등 전국적 치안유지를 위한 경찰청장의 지휘·명령에 관한 사무
15. 국가경찰사무·자치경찰사무의 협력·조정과 관련하여 경찰청장과 협의
16. 국가경찰위원회에 대한 심의·조정 요청
17. 그 밖에 시·도지사, 시·도 경찰청장이 중요하다고 인정하여 시·도 자치경찰위원회 회의에 부친 사항에 대한 심의·의결

자치경찰위원회는 위원장 1명을 포함한 7명의 위원으로 구성하고 있으며, 위원장과 1명의 위원은 상임, 그 외 5명의 위원은 비상임 신분이다. 자치경찰위원회의 자격은 ① 판사 · 검사 · 변호사 또는 경찰의 직에 5년 이상 있었던 사람, ② 변호사 자격이 있는 사람으로서 국가기관 등에서 법률에 관한 사무에 5년 이상 종사한 경력이 있는 사람, ③ 대학이나 공인된 연구기관에서 법률학 · 행정학 또는 경찰학 분야의 조교수 이상의 직이나 이에 상당하는 직에 5년 이상 있었던

사람, ④ 관할 지역주민 중에서 지방자치행정 또는 경찰행정 등의 분야에 경험이 풍부하고 학식과 덕망을 갖춘 사람 등이다. 시·도의회, 국가경찰위원회, 시·도 교육감, 시·도 자치경찰위원회 위원추천위원회에서 위원들을 추천하고 시·도지사가 임명한다. 위원장과 위원의 임기는 3년으로 연임할 수는 없다. 자치경찰위원회는 사무를 처리하기 위해 필요한 사무기구를 설치할 수 있으며, 사무기구에는 경찰 공무원을 두어야 한다.

용어의 정의

법률유보의 원칙   일정한 행정권의 발동은 법률에 근거하여 이루어져야 한다는 공법상 원칙이다.

법인격(legal personality)   권리와 의무의 주체가 될 수 있는 잠재적인 지위 혹은 자격을 의미한다. 법인격은 자연인은 물론 법인(法人)도 가질 수 있으며, 법인은 공법인과 사법인으로 나누어지는데 지방자치단체, 공공조합 등의 공공단체도 법인격이 부여되어 있다.

신중앙집권화(新中央集權化, New Centralization)   전통적으로 지방자치가 잘 발전되어온 국가들에서 행정능률의 향상, 복지국가의 실현, 국가 안보 확립 및 국가 발전 목표의 달성 등의 요구가 증가함에 따라 중앙정부의 역할과 권한이 점차 증대되어가는 현상을 의미한다.

자치경찰위원회   광역자치단체장 소속 합의제 행정기관으로 자치경찰사무를 심의·의결하고, 자치경찰사무에 대하여 시·도 경찰청장을 지휘, 감독한다. 위원장 1명을 포함한 7명의 위원으로 구성되며, 시·도지사가 임명한다.

특별지방행정기관   특정한 중앙행정기관에 소속되는 일선기관으로서의 지방행정조직으로, 소속 중앙행정기관의 직접적인 지휘와 명령을 받아 국가사무를 관장하는 지방행정기관을 말한다. 특별지방행정기관에는 지방환경청, 지방국토관리청, 지방국세청, 지방병무청, 지방경찰청 등이 있다.

CHAPTER 20

정부혁신의 이론과 전략

세계화·정보화의 진전에 따른 무한경쟁의 국가환경하에 경쟁력 확보를 위해 선진 각국들(미국, 캐나다, 영국, 뉴질랜드 등)은 고객지향적 행정, 경영행정, 기업가적 정부혁신을 통하여 정부의 생산성을 제고하고 있다. 특히 21세기 초고속(high-speed), 첨단기술의 경제체제에서 지속적인 번창을 하기 위해 국가는 보다 유연하고 효율적인 방식에서 시민과 시장에 반응하는 경제기구와 규제기구를 개혁해야할 필요성이 있다. 또한 모든 수준의 정부의 범위 및 행정규범과 과정에서 지배하는 틀도 국가경쟁력을 강화하기 위해 지속적으로 변모되어야 한다. 나아가 정부는 공공신탁을 증진하고 그리고 기업가적 창의성(entrepreneurial initiative)을 촉진하기 위해 지속적인 정부혁신을 추진해야 할 것이다(Goodman, 2000).

I   정부혁신의 의의와 특징

1. 정부혁신의 의의

　정부혁신(reinventing government)은 인구학적 요인과 기술의 변화, 세계적인 치열한 경쟁 및 국민적 기대의 변화에 대응하기 위한 민주체제 국정관리의 거대한 재조사(reexamination)이며, 서비스의 질과 배분에 있어서의 근본적인 변화이다. 이 점에 정부혁신은 나라의 체질을 바꾸는 노력이며, 나라의 근본을 바꾸는 것이다. 즉, 산성이 되어 약해진 국가의 체질을 알칼리성으로 바꾸는 일이다. 정부혁신은 좋은 사회(good society), 좋은 정부(good government), 그리고 좋은 시민(good citizen)을 만드는 일이다(김광웅, 2003: 3−4).

　이러한 정부혁신은 관리운동 이상의 것이며, 세계적인 운동이다. 또한 정부혁신은 정부가 긍정적인 변화(positive change)를 만들기 위한 기회를 자극하는 것이다.[1] 나아가 정부혁신은 시민들에게 서비스 분배를 보다 효과적이고 효율적으로 추구하는 것이며, 중앙정부와 지방정부의 경제적 조건(economic conditions)을 강화하는 것이다(Anderson, 2000).

　이와 같이 정부혁신의 의미는 고객인 국민을 위해 지속가능한 좋은 국정관리(國政管理, good governance)를 강화하는 끊임없는 노력으로 이해할 수 있다. 이러한 정부혁신의 노력은 행정에 시장경제적인 요소를 도입하여, 민간기업과 같이 생존을 위한 경쟁을 통해 끊임없이 효율과 성과를 높이는 것이다. 이리하여 행정 자체도 민간기업의 경영과 같은 방식을 채택하도록 하고, 정부가 꼭 해야 할 필요가 없는 일들은 민영화를 통해 효율성 높은 민간부문이 담당하도록 하는 것이다. 하지만 정부의 행정은 경영과 차별되지 않으면 안 되며, 정부혁신은 국민의 삶의 질을 높이고, 자유로운 경제사회활동을 강화하며, 외부의 위협으로부터 보호해 주는 기능을 효과적으로 수행해야 할 것이다.

---

[1] 혁신은 조직의 현재 상황에서 중요한 변화를 일으키며, 조직내 의사결정과정에서 유용한 정보의 내용, 양과 질에 영향을 미치는 프로그램, 제품, 기술 등의 변화로 이해할 수 있다. 이처럼 혁신은 조직의 제품과 서비스를 변화시키기 위한 인위적인 노력이다. 학자에 따라 변화와 혁신을 구별한다. 즉, 변화(變化)는 현 상태의 변경을 의미하고, 반면에 혁신은 특정 종류의 변화를 의미한다. 이러한 의미에서 광의의 혁신은 조직시스템 전체를 새로운 패러다임으로 변화시키는 다차원적인 체계적 지배규칙을 강화하는 과정으로 이해할 수 있다(한정화, 1999: 17).

2. 정부혁신과 행정개혁

개혁을 혁신과 구분하기도 한다. 혁신(innovation)은 개혁보다 대상영역이 넓은 반면, 권위의 수준 또는 정치 시스템과의 관계에서는 다소 하위 권력적 차원에 위치한다. 개혁은 부정적으로 인식되는 현재 상태를 인위적·의도적으로 변화시킬 것을 전제로 하는 반면, 혁신은 상대적으로 가치중립적 성격을 갖는다(행정자치부, 2007: 65−66). 이를 구체적으로 살펴보면 <표 20-1>과 같다(행정자치부, 2007: 65−70).

① 개혁은 정치적 개선과 깊은 연관을 갖고 있다. 이에 비해 정부혁신은 조직의 개편을 의미하는 것이 아니라 행정조직의 합목적성을 증대시키는 활동을 주로 하며 개혁에 비해 가치중립적, 탈정치적 성격이 크다.

② 혁신은 새로운 것의 창조를 의미하며 과거의 익숙한 것으로부터의 단절 및 창조적 파괴를 뜻하는 것과는 달리 개혁은 기존에 존재하였던 것을 다른 모습으로 만드는 것(reshaping)을 의미한다. 따라서 혁신은 창조적 파괴의 연속적 과정, 즉 끊임없는 과정을 의미하며, 지속성과 상시성을 특징으로 하는 데 비해, 개혁은 일시의 탈바꿈, 즉 일시적 변화를 의미하는 측면이 많다.

③ 정부개혁은 특정한 정치적 이데올로기 또는 사상적 기초를 통한 의도적인 변화를 의미하는 데 비해, 정부혁신은 특정한 아이디어나 기법의 획일적 적용

표 20-1 혁신과 개혁

구분	혁신(innovation)	개혁(reform)
어원	창조적 파괴 과거 익숙한 것으로부터의 단절	기존에 존재하였던 것을 다른 모습으로 만드는 것(reshaping)
추진대상	사람(people), 과정(process), 구조(structure) 등	정부조직 정치 및 행정체제와의 관계
추진주체	리더 및 구성원 중시	정치 집단 및 외부 관계자 중시
과정적 특성	연속적 과정/지속성과 상시성	단기간 내 대규모 변화
가치지향성	정치 이념 중립적	정치 이념 지향적
정치와의 관계	정치 영역과 일정거리 유지	정치 영역과 밀접한 관계

자료: 행정자치부(2007: 66).

이 아닌 다양한 혁신기법의 조합을 통한 학제적 접근(interdisciplinary approach)을 추구한다.

④ 정부혁신은 주로 정부 내부의 공무원 집단(insiders)이 혁신 추진의 주도 세력인 것에 반해, 정부개혁은 정치 집단 또는 전문가 집단 등 정부조직 외부세력(outsiders)이 추진 과정에서 주도적인 역할을 수행하는 측면이 강하다.

⑤ 개혁은 특정한 정치집단이나 전문가에 의해 주창되고 옹호되어지는 특정한 방향으로의 변화, 즉 인위적 방향성과 의도성이 강한 반면에, 정부혁신은 정부조직의 문제점을 극복할 수 있는 학습 환경을 조성하고 궁극적으로는 학습조직의 구축을 통하여 지속가능한 혁신 체제를 구축하는 것을 목적으로 하므로 특정한 방향으로의 의도적 방향성이 적다.

3. 정부혁신과 전통적 개혁 및 신행정학의 비교

정부혁신의 의미를 체계적으로 이해하기 위해 전통적인 개혁접근방법 및 신행정학과 연계하여 살펴보고자 한다.

① 정부혁신과 전통적인 개혁접근방법(traditional restructuring approach)은 정부의 신뢰와 정부의 성과를 향상하기 위한 지속적이고 인위적인 변화노력이라는 점에서 유사하지만 약간의 차이가 있다. 정부혁신은 인센티브에 초점을 두는 반면에, 전통적 개혁접근방법은 구조에 초점을 둔다. 이 점에서 Durning(1995: 51)은 미국의 주지사들은 주지사의 공식적인 권한을 강화하는 전통적 개혁접근방법을 선호한다고 진단한다. 그 이유로 정부혁신 전략은 권위의 위임을 초래하고, 나아가 주지사 임기 이상의 기간이 요구하는 지속적인 개혁을 요구하기 때문이다. 더욱이 정부를 향상하기 위한 혁신전략은 미래 선거를 위한 정치적 역량을 발휘하는데 주지사의 능력을 줄여야 하기 때문이다. 이리하여 정부혁신을 추구하는 것은 정치적인 이점이 없는 것처럼 보인다.

② 정부혁신과 신행정학은 매우 유사하다. Frederickson(1996a)에 의하면, 이들 두 가지 운동은 나쁜 관료제(bad bureaucracy)를 개혁하고 좋은 관료제로 대체하는 것이다. 또한 두 가지 운동은 변화에 대한 요구의 자극(impetus)이다. 하지만 다른 방식으로 반응성에 몰입한다. 신행정학은 효율성과 사회적 형평성을 위해 전문적인 공무원의 헌신을 기대하며, 정부혁신은 고객들의 선택에 있어 개

개 고객들에게 권한을 부여한다. 또한 신행정학은 보다 제도적이고 정치적인 반
면에, 정부혁신은 제도에 덜 관계하며 또한 정치적인 문제에 옆으로 한발 비켜선
다(sidestep). 합리성, 인식론 및 방법론 문제는 신행정학이 정부혁신보다 중요하
게 다룬다. 정부혁신은 개인적 선택의 가치, 인센티브의 구비, 경쟁의 활용 및 정
부를 위한 하나의 모델로 시장을 강조한다. 반면에 신행정학은 보다 인간적이고
민주적인 정부에 관심을 두며, 제도형성과 전문적인 능력을 강조하고 그리고 정
치적인 문제와 정의와 공평성과 같은 문제에 보다 직접적으로 관련을 맺고 있다.

　　정부혁신이 추구하는 목적으로 Thomas(1993)는 ① 경제성과 능률성 목적,
② 효과성 목적, ③ 정치적 책임 및 통제 목적, ④ 의사결정에의 참여, ⑤ 조직 내
전문가의 자율성, ⑥ 안전과 신뢰성, ⑦ 형평성과 규제효과, ⑧ 정치적 효능성,
⑨ 국민의 신뢰수준 등을 들고 있다. 2)

〈신행정학과 정부혁신의 비교(Frederickson, 1996a)〉

　① **변화의 개념**　　　신행정학은 관료제적 문제해결을 위해 관료적 또는 조직적인
해결을 강조하지만, 정부혁신은 관료들에게 권한을 부여하고 문서주의를 감소하므로
관료들에게 자유재량을 많게 한다.

　② **적실성(relevance), 반응성 및 권한부여의 개념**　　　신행정학은 고상한 시민권
(citizenship)에 관련되어 있다. 정치관료의 행정활동에 대해 단순한 투표함(ballot
box)을 능가한 적극적인 시민의 참여를 강조한다. 시민은 정부행정에 대한 관심에 있
어 개인을 초월한다. 정부혁신은 정부에 대해 실용주의 논리(utilitarian logic), 공공선
택이론, 시장경제학적인 시각이다. 권한이 부여된 고객이 경쟁적인 시장에서 개인적
선택을 하는 것이다. 개인적 만족의 가치는 집합적인 민주적 동의의 가치보다는 개인
적 판단에 의존한다.

　③ **합리성이론**　　　혁신모형에서 세금-소비(tax-and-spend) 또는 세금-서비스
(tax-and-service) 접근방법은 너무 관료제적이라는 점과 너무 노젓기에 초점을 두
었다. 기업가적 정부는 정책결정(조정하는 것)을 서비스 분배(노젓기)로부터 분리된

---

2) 조정하는 조직(steering organization)은 조직목표를 성취하는데 최상의 방법을 찾는 것
　을 요구하며, 노젓는 조직(rowing organization)은 어떠한 희생을 치르더라도 그들 조직
　의 방법을 방어하는 경향이 있다. 조정하는 것은 사람들에게 문제와 가능성에 대한 전반
　적인 견해를 가지도록 하며 자원에 대한 요구에 대해 대처하는 균형을 요구한다. 반면에
　노젓기는 사람들에게 하나의 임무에 의도적으로 초점을 두기를 요구하며, 그리고 그것을
　잘 수행할 것을 요구한다.

시스템으로 이동하는 것이다.2) 정부혁신은 정치-행정 이원론을 회피하고 그리고 국
정관리(governance)라는 용어를 활용하여 합리성 문제를 회피한다(Frederickson, 1996b). 정부혁신운동하에 선출된 관리자와 권한 부여된 공무원은 임무를 설정하고 그리고 결과를 성취하기 위해 조정하는 것에 종사한다. 신행정학은 조정하는 것은 대체로 정치적인 현상으로 이해한다. 정부혁신은 노젓기보다는 조정하는 것을 선호하고, 조정하기 위해 관료에게 권한을 부여하는 것을 선호한다. NPR에서는 조정하는 것이 보다 많은 효율성과 생산성을 지향한다는 것이다. 신행정학의 가치는 활동적이고 참여지향적인 시민, 다수결의 규칙과 소수자의 보호가 균형적인 제도적 민주주의, 효율성과 형평성 모두에 몰입하는 전문적인 공무원을 지향한다.

④ **조직구조와 설계**   두 접근방법은 분권화, 저층구조의 계층제, 위탁계약 및 공공-민간의 파트너십 등의 조직구조적인 시각을 가지고 있다. 신행정학이 보다 제도적이고(institutional), 보다 관리지향적이다. 반면에 정부혁신은 서비스 제공자에 대처하고 중개하는 탈 제도화 정부(deinstitutionalized government)를 지향한다. 이리하여 신행정학은 계층제와 관리에 보다 많은 관심을 가지는 반면에, 정부혁신은 인센티브의 구조화, 계약 감독을 수행하는 것과 관리적 혁신을 실천하는 것에 보다 많은 관심을 요구한다.

⑤ **관리와 리더십의 이론**   신행정학과 정부혁신은 민주적이고 참여지향적인 작업집단과 팀워크를 요구한다. 신행정학은 작업집단에 권위를 요청하지만, 정부혁신은 권위를 위임한다. 정부혁신에서 관리자와 노동자는 권한이 부여되지만, 정부업무에 대해 만족스러운 경험을 한다. 신행정학은 조직 내부의 관리에서 시민, 다른 정부기관, 이익집단, 선출된 관리 등과 같은 외부적인 관계의 관리로 강조점이 이동한다. 정부혁신에서 효과적인 관리자는 모험심이 많고, 기업가적이고, 혁신적이며 그리고 위험 감수자이다.

⑥ **인식론, 방법론 및 가치문제**   신행정학과 정부혁신은 보다 좋고 혁신적이고, 민감한 관리(sensitive management)에 높은 가치를 부여한다. 신행정학자들은 훈련받은 사회과학자들이다. 이들은 사실기반을 둔 지식의 유효성에 믿음을 두며 그리고 그 분야에 있어 바람직한 지식기반의 중요성을 믿는다. 신행정학은 Laswell의 정치학에 영향을 받았지만, 정부혁신은 정치와의 관계가 밀접하지 않다. 정부혁신은 기본적인 철학적 정치문제를 회피한다. 이리하여 정부혁신은 명확히 관리적 주장이다. 정부혁신운동은 정부의 규모를 줄이는 것에 관련되어 있다. 심지어 정치적으로 수용할 수 있는 경력직 공무원을 줄인다.

또한 Goodman(2000)에 의하면, 정부는 혁신운동으로 일어나는 새로운 시스템에 시민들을 어떻게 참여시키는가 하는 과제를 가지고 있다고 지적하고, 정부혁신운동은 다음과 같은 공통적인 특징을 가지고 있다. ① 프로그램을 줄이는 것(cutting)이 아니라 효율성의 이점을 통한 보다 작은 정부(smaller government)를 추구하는 것이다. ② 효율성을 증진하기 위한 서비스 시스템의 재창조, 계약, 성과관리, 정확한 회계와 같은 새로운 과정(new processes)을 발전시키는 것이다. ③ 정부운영에 대한 투명성에 초점을 둔다. 정부목표를 보다 명확하게 하고, 정부문서법(government document laws)에 대한 시민들의 접근을 용이하게 하는 것이다. ④ 고객에 대한 서비스를 강조하는 것이다. 이리하여 관료제적 정부를 해체하고, 그리고 기업가적 정부(entrepreneurial government)로 대체하는 것이다.

결국 정부혁신은 좋은 국정관리를 위한 노력이다. 이러한 정부혁신은 자치성(autonomy)을 증진하기 위한 법률적 기반과 정치적 환경이 병행해야만 효과적으로 성취할 수 있을 것이다.

II 정부혁신의 역사

Light(1997)의 지적처럼, 미국에 있어 개혁의 흐름(The Tides of Reform)은 다음과 같은 네 가지 개혁적인 철학이 내재되어 있다. 이러한 개혁적 철학은 다양한 위원회의 결과물인 정부개혁으로 표출되고 있다.

1. 과학적 관리운동

과학적 관리운동의 개혁 초점은 계층제, 노동의 세분화, 전문화, 잘 정의된 명령통일 등이다. 이들 철학은 구조와 규칙 및 최상의 방법을 위한 탐색을 강조하는 관료제적 조직에서 나타난다. 이러한 철학적 배경에서 몇몇 개혁운동이 일어났으며, 효율성이 좋은 정부를 위한 열쇠이고, 그리고 모든 자물쇠(all locks)를 여는 것으로 보았다(Henry, 2001: 170).

① 1906년에 뉴욕시에 시 조사국(Bureau of Municipal Research)이 창설되어,

시정부를 보다 효율적으로 만드는 방법에 대해 다양한 연구들이 수행되었다. 시(市)단위의 이러한 노력으로 연방정부는 1912년에 경제성과 효율성 위원회(Commission on Economy and Efficiency)를 설립하게 되었다.

② 1928년에 형성된 전국 시 기준위원회(National Committee on Municipal Standards)는 정부서비스의 효율성을 측정하는 방법을 발전시키는 데 기여하였으며, 공공부문에 있어 최초로 국가성과측정의 기원자가 되었다.

③ 브라운노우 위원회(Brownlow Committee)　　행정관리를 위한 대통령위원회(일명 브라운노우 위원회라고 명명되기도 함)는 1936년에서 1937년 동안 활동하면서 대통령이 필요로 하는 것을 돕기 위한 행정개혁을 권고하였다. 이 위원회의 핵심적인 권고안은 대통령에 대한 행정적 권한(administrative power)을 강화하기 위한 행정부의 재조직화이다. 이 권고안으로 1939년 재조직법(Reorganization Act)이 의회에 통과되었다. 이 법에 의해 대통령실(Executive Office of President)이 설립되었고, 상무부(Department of Treasury)에서 대통령실로 예산실(Bureau of the Budget, 나중에는 관리예산처로 변경됨)이 이전되었다.

④ 후버위원회(Hoover Commissions)　　공식적인 명칭은 행정부 조직위원회(the Commission on Organization of the Executive Branch of the Government)인 제1차 후버위원회(The first Hoover Commission, 1947－1949)는 2차 세계대전 동안 설립되었던 정부기구의 수를 줄이는 것에 임무를 두었다. 이 위원회는 행정부 자체가 서로 방해하는 행정기관의 혼란(disorder)을 찾아내는 것이었다. 그리고 각 부서의 명확한 목적을 위해 기관을 재조직함으로써 행정부를 강화하는 것에 초점을 두었다. 특히 대통령실 조직과 막료에 대한 무제한적인 자유재량, 예산국을 강화하고, 대통령실 내의 인사처와 대통령과 부하들의 연결을 제공하기 위한 비서실의 설립을 통하여 대통령실의 관리능력을 제고하는 것을 요청 받았다. 이 위원회의 제안을 수행하기 위해 1949년에 정부 재조직법이 통과되었고, 보건·교육·복지부(Department of Health, Education, and Welfare)가 설립되었다.

제2차 후버위원회(a second Hoover Commission, 1953－1955)는 민간부분과 경쟁하여 비본질적인(nonessential) 정부서비스와 활동의 폐지를 권고하였다. 하지만 1950년대 중반 대규모의 민영화를 채택하는 데 정치적 의지가 없었다.

⑤ 애쉬위원회(Ash Council)　　애쉬위원회는 예산국을 관리예산처(Office of Management and Budget)로 전환하였다. 또한 이 위원회는 행정부의 주요한 재구

조화를 강력하게 권고하였다. 하지만 워터게이트 사건으로 주요한 국내정책의 시도가 좌절되었다.

⑥ 그레이스위원회(Grace Commission)　　1982년 가격통제를 위한 대통령의 민간부문조사(the President's Private Sector Survey on Cost Control)로 명명되는 그레이스위원회(Grace Commission)는 연방공무원에게 공식적인 출장에 있어 논쟁이 되었던 법인형태의 신용카드(corporate–type credit card)를 발급하는 제안을 했고 실행되었다.

⑦ 고오 보고서(Gore Report)　　Bill Clinton 대통령은 1993년 국가성과성

표 20-2 미국 연방관료제 개혁을 위한 주요 위원회

위원회명칭	위원장	연도	대통령	주요 특징
Brownlow Committee	Louis Brownlow	1936–1937	Roosevelt	−행정관리를 위한 대통령위원회 −행정부의 재조직화 권고 −1939년 정부재조직법 제정 −대통령실 신설 및 예산실 이전
First Hoover Commission	Herbert Hoover	1947–1949	Truman	−2차 대전 동안 설립된 정부기구의 수를 줄이는 임무 −1949년 정부조재직법 제정 −보건·교육·복지부 설립
Second Hoover Commission	Herbert Hoover	1953–1955	Eisenhower	−정부서비스와 활동의 축소 −정부서비스와 활동의 민영화 제안 −정치적 의지 미약
Ash Council	Roy Ash	1971	Nixon	−예산국이 관리예산처로 전환 −행정부의 재구조화 권고 −워터게이트사건으로 이행되지 않음
Grace Commission	J. Peter Grace	1982	Reagon	−연방공무원에 대한 법인형태의 신용카드(corporate–type credit card)를 발급 −매우 제한적인 채택
National Performance Review	Al Gore, Jr.	1993	Clinton	−기업심과 권한위임의 국가 관료제 문화로 변화 −연방관료제의 공무원에 의해 연구됨 −핵심적인 주제는 파트너십

검토(National Performance Review) 위원장으로 Al Gore 부통령을 임명했다. 이 위원회는 연방정부를 보다 효율적으로 만드는 데 목적이 있었다. Clinton 대통령은 "우리의 목적은 연방정부를 보다 저렴하고 그리고 보다 효율적으로 만들며, 안주하고 그리고 주어진 권한(complacency & entitlement)의 국가관료제문화를 기업심 있고 그리고 권한위임(initiative & empowerment)하는 문화로 변화시키는 것이다(Shafritz, et al., 112)." 즉, 국가 전체의 정부를 재설계하고(redesign), 혁신하고(reinvent), 그리고 소생하게(reinvigorate) 하는 의도라는 것이다. Gore 보고서는 연방관료제의 내부 사람들에 의해 연구되고 그리고 기록되었다.

국가성과성검토는 구시대(antiquated)의 연방기구, 쓸모없는 프로그램(obsolete program)의 폐지, 비생산적인 보조금(unproductive subsidies)의 폐지, 실패한 프로그램의 재설계, 연방정부와 주·지방정부 간의 관계 재규정, 행정부와 입법부 간의 관계 회복과 같은 과제를 재검토하는 것에 초점을 두었다. 특히 핵심적인 주제(key theme)는 파트너십(partnership)이었다. 즉, 노사관계, 규제기관과 피규제기관의 관계, 정부기관 간의 관계의 파트너십이었다. 파트너십의 공통적인 목적은 납세자(taxpayer)에 대한 최고의 돈 가치, 고객에 대한 보다 좋은 서비스, 그리고 노동자에 대한 보다 좋은 작업장이었다(Shafritz, et al., 113).

2. 낭비에 대한 전쟁

두 번째 개혁흐름은 경제성을 강조한 낭비에 대한 전쟁(war on waste)이다. 즉, 1940년에 이르러 정부의 생산성 향상을 위한 동기는 부패를 척결하는 것보다는 비용을 통제하는 데 보다 많은 관심을 두게 되었다. 즉, 공공관리를 향상하기 위한 많은 노력들은 재정관리(fiscal administration)에 초점을 두었다. 이에 지출통제가 생산성에 기초가 되는 최우선의 동기가 되었으며, 공공프로그램의 평가와 생산성에 대한 포괄적인 접근법에 대한 정부의 관심은 새로운 예산기법에 대한 탐색에 놓여있었다.

이러한 낭비에 대한 선입감은 내부통제, 감시와 규제에 대한 강화, 관리적 방향과 엄격한 감독, 책임성에 관한 관심 등으로 이어진다. 또한 1970년대는 고인플레이션과 고 실업으로 경제적 위기였다. 더욱이 많은 시민들의 생활의 질이 떨어짐으로 인해 세금(taxes)은 모두에게 큰 부담으로 여겨진 시대상황이었다. 이러한 맥락에서 정부규모를 줄이기 위한 압력과, 보다 효율적인 정부에 대한 요구가 일어났고, 이에 대한 해결방안으로 정부혁신에 관한 관심이 증대하게 되었다.

이러한 철학적 배경에서 제정된 법은 1978년의 자체감사원법(Inspector General Act), 내부적 부패에 대한 투쟁을 위한 규정인 1992년의 연방주택업체의 재정안정과 건전법(Federal Housing Enterprises Financial Safety and Soundness Act) 등이 있다.

3. 경계의 눈

셋째의 개혁흐름은 공평성과 개방성을 강조하는 경계의 눈(watchful eye)이다. 닉슨정부의 워터게이트(Watergate) 사건과 베트남의 톤킨 만(Gulf of Tonkin) 사건 등으로 경계의 눈과 보다 개방적인 정부에 대한 요구가 일어났다. 특히 워터게이터 사건은 공직자에 부여된 권한의 불법적 오용으로 규정되는 권위의 남용(abuse of authority)을 보여주었다.

낭비, 사기 및 남용과 같은 부패에 대한 통제는 비당파적인 정치개혁 혹은 보다 명확한 조직설계의 문제가 아니라 법의 강요(law enforcement)로 간주되었다. 이에 1970년 이래로 행정적 통제를 위해 표준, 규칙, 조사관(감찰관, 감사관, 검사, 회계사 등)이 기하급수적으로 증가하였다(Henry, 2001: 175). 한편 닉슨 대통령은 관리예산처(Office of Management and Budget)를 설립하여 대통령의 권한을 강화하였다. 또한 헌법상 견제와 균형을 위해 의회에 의회예산처(Congres-sional Budget Office)가 설치되었다.

이러한 철학적 배경에서 제정된 법은 정부기관이 어떻게 운영되는가에 대한 절차적 표준을 설정한 1947년의 행정절차법(Administrative Procedure Act), 정부에 대한 윤리를 증진하고 로비에 대한 영향을 억제하는 노력의 일환으로 1989년의 윤리개혁법(Ethics Reform Act) 등이 있다.

4. 자유주의적 관리

넷째의 개혁흐름은 정부에 있어서 보다 높은 성과를 강조하는 자유주의적 관리(liberation management)이다. 이러한 신자유주의적 물결은 정부실패에 근거하여 확장되었다. 신자유주의적 개혁흐름은 평가, 결과, 성과 등과 연계되어 있다. 또한 이 흐름은 조직구성원에 대한 권한 위임, 리엔지니어링, 작업팀, 지속적인 성과와 고객에 대한 서비스, 저층구조 등을 강조하는 공공관리개혁이다.

　이러한 철학적 배경에서 제정된 법은 비행을 방지하기 위한 관리로 1989년의 내부고발자보호법(Whisteblower Protection Act), Gore 부통령이 주도했던 1993년의 정부성과와 결과법(Government Performance and Results Act) 등이 있다.

　특히 Gore 부통령은 어떻게 연방정부가 보다 잘 운영되고 그리고 비용을 절감할 수 있을까에 대한 생각을 연방공무원들에게 질문했다.3) 이러한 노력의 핵심은 시민들에게 보다 효과적으로 안내하는 방법과 시민들에게 보다 빨리 반응하도록 일선 공무원(front line workers)에게 권한을 위임하는 것이다. 이와 같이 정부부문에 대한 가치의 전환을 요구하는 생각은 Clinton 대통령 취임 이후 국가성과성검토(National Performance Review, NPR), 1998년 이후 정부혁신을 위한 국가협력(National Partnership for Reinventing Government)으로 나타났다. NPR은 이전의 정부개혁에서 중요하게 거론하지 않은 새로운 이슈에 관심을 두었다. 즉, 조직의 신경제학(new economics of organizations)에 초점을 둔다(Dilulio, Garvey, and Kettl, 1993: 24−28). 나아가 결과지향적, 고객중심적(customer focused), 구성원에게 위임, 기업가적 정부, 아웃소싱은 Clinton−Gore 행정부가 추구했던 신공공관리의 핵심적 전략이었다. 반면에, Bush 대통령이 추진했던 정부개혁의 비전은 세 가지 원칙에 의해 이루어졌다. ① 시민중심적(citizen centered) 정부, ② 결과지향적 정부, ③ 시장에 기반을 둔(market−based) 정부 등이다(Rosenbloom & Kravchuk, 2005: 22−23).

　이러한 조직적 시각은 기본적인 관계란 계약제(contract−like)와 명확한 동의(explicit agreement)와 같은 형태이다. 더욱이 관리자가 부하를 관리할 때 생산적 목표라는 관점에서 부하를 동기부여해야 한다. 구성원 또는 조직 사이의 경쟁은 고객에 대해 서비스를 향상할 수 있도록 성과 인센티브(performance in−centive)를 일으키게 한다. 고객이 결과에 대해 가장 좋은 판단을 하는 사람이기 때문이다. 이러한 NPR의 노력은 이전의 재조직의 노력과 차이가 있다. 즉, 정부

---

3) Gore 부통령은 정부에 대한 공공신탁(public confidence)이 모든 시대에 매우 낮다고 진단한다. "당신은 연방정부가 대부분 시간에 올바르게 업무를 수행한다고 생각하십니까?"라는 물음에 대해 지금부터 30년 전에 국민들의 75%가 yes로 대답했다. 하지만 오늘날 같은 질문에 대해 17% 미만이 yes라고 대답한다는 것이다(NPR, 1994).

조직을 재조직하거나 정부의 임무를 재조직하는 데 행정에 대한 정치적 자본을 투자하는 것이 아니라 조직구성원들이 업무수행에 있어 인센티브를 변화함으로써 정부기관의 내부문화를 변화시키는 것에 초점을 둔다.

Ⅲ   정부혁신의 주요이론

　　정부혁신에 놓여있는 주요한 지적인 전통(intellectual traditions)은 Peter Drucker의 통찰력과 철학, 공공선택이론,[4] 주인-대리인 이론,[5] 거래비용분석,[6] 민영화, 리엔지니어링(Hammer & Champy, 1993), 신공공관리(new public management),[7] 총체적인 품질관리(total quality management), 신조직경제학(new organizational economics)[8] 등의 예술적인 융합(artful blending)이다(Brudney, et

---

4) 공공선택이론(public choice theory)은 다른 제도적 배경하에 행위자(actors)가 상이한 인센티브 구조의 결과에 따라 어떻게 처신하는가를 설명한다. 모든 인간의 행태는 이기심 (利己心, self-interest)에 의해 지배된다는 것이다. 이리하여 공공선택이론가들은 애국심 (public spirit), 공공서비스와 같은 개념을 배척한다. 이러한 공공선택이론은 New Zealand와 영국의 개혁자들에게 영향을 미쳤다.

5) 주인-대리인 이론(principal-agent theory)이 고객에 대한 서비스와 경쟁을 강조한 점이 혁신가들에게 영향을 미쳤다. 이 개념은 표준에 부합하는 책임성의 초점이 계층제와 관료로부터 고객에 대한 책임성으로 전환시켰다. 또한 주인과 대리인 간의 정보비대칭 (information asymmetry)으로 인하여 초래되는 대리인의 도덕적 해이(moral hazard)와 조직의 비효율은 관료기구 수장의 공개경쟁 임용을 통하여 완화할 수 있다는 것이다(김재훈, 2007: 104).

6) 거래비용분석(transaction-cost analysis)에 의하면, 개인은 이기적이지만, 권위관계의 중요성을 인정하고, 경제학자들이 가끔 무시하는 구조적·사회학적 변수들의 중요성을 인식한다. 이 이론에 의하면, 조직은 거래비용을 최소화하기 위해 노력한다. 이것이 조직의 효율성과 이윤(profitability)의 열쇠이다(Boston, 1991).

7) 재정개혁, 조직감축, 민영화, 규제완화 등을 핵심적 요체로 하는 신공공관리(新公共管理)가 작은 정부의 실현과 경제활성화에 효과적이라는 인식으로 인하여 영연방 국가들을 중심으로 확산되고 있다. 이러한 신공공관리모형은 영연방 중심의 신관리주의와 미국의 기업가적 정부모형으로 대별된다. 하지만 90년대에 이르러서는 혼재되어 그 구별이 모호해지는 양상을 보이고 있으며, 모형이 추구하는 방향도 경쟁지향성, 성과지향성, 고객지향성에 모아지고 있다(김태룡, 2000).

8) 신제도경제학(New Institutional Economics)은 사익의 추구를 인간행동의 가장 강력한

al., 1999: 20). 본서에서는 거래비용경제학과 대리인이론을 다루고자 한다.

1. 거래비용경제학

거래비용이론(transaction cost theory)은 시장 및 시장 참여자들 간의 정보 비대칭으로 인해 궁극적으로 거래비용이 발생한다고 간주한다. 특히 각종 제도적 장치 및 참여자들에 의해 결정되는 거래비용이 조직의 본질과 경영성과를 결정한다고 강조한다. 거래는 개인과 조직 사이에 상품과 서비스를 교환하는(exchange) 것이다. 거래에 존재하는 다양한 정도의 불확실성 때문에 거래를 실행하는데 거래비용(transaction costs)이 발생한다. 즉, 중개비용(brokerage fees), 서비스 비용(service charge)뿐만 아니라 거래 파트너의 성과를 감시하는 데 소요하는 거래비용이 존재한다.

거래비용은 거래의 형성, 조정 및 집행비용을 포함하는 쌍방간의 교환을 형성하는 데 있어 소요되는 비용을 의미한다. 이러한 거래비용은 거래에 있어 비효율성의 지표이다. 조직에 있어 거래비용이 많을수록 거래의 효율성이 낮아지고 그리고 주인의 부(wealth)에 악영향을 미친다(Hodge, et al., 2003: 223).

이런 점에서 주인은 가능한 거래비용을 최소한으로 줄이기 위해 노력한다. 나아가 거래비용을 줄이기 위해서 정부는 정부운영과정에 투명성을 제고시키고, 시장경쟁의 개념을 도입하기도 한다. 이에 민영화, 정책기관과 집행기관의 분리, 규제완화 등이 투명성 장치로 거래비용을 감소시키는 개혁방안으로 인식하고 있다(황윤원 외, 2003: 143).

2. 대리인 이론

대리인 이론(agency theory)은 조직을 주인과 노동자 사이를 일련의 계약적 관계(contractual relationships)로 간주하는 것이다. 주인(principals)이라고 명명되

동기로 본다. 자본주의 사회의 제도적 기초를 사유재산권의 보장에서 찾는다. 재산권이 확실하게 보장되어 있으면 개인과 조직은 재산의 가치를 높이기 위해 최선의 노력을 기울일 강력한 동기와 유인을 가지게 된다고 본다. 나아가 시장경쟁은 이들이 좀 더 높은 가치의 교환기회(exchange opportunities)를 얻기 위해 모든 창의적인 노력을 기울이도록 만들며, 이 과정에서 새로운 지식과 기술이 발견되고, 이것이 사회의 생산성의 향상, 경제성장을 가져오게 된다고 본다(최병선·조병훈, 2006: 9).

는 소유자(owner)는 상품과 서비스를 생산하기 위해 대리인(agents)이라고 명명되는 관리자, 노동자와 계약을 맺는다. 이들 행태는 관리자와 노동자의 특별한 목적을 만족시키는 방향으로 지향한다. 이들 상반된 활동은 대리비용(agency cost)을 발생하게 한다. 노동자의 명확한 의무(duty)와 채무(obligations)를 명시한 계약(contracts)이 대리인이 요구한 업무를 수행하는 데 보장하는 것이다. 이들 계약이 업무수행에 요구되는 시간과 자원을 감시하는(monitor) 것이다(Hodge, et al., 2003: 223).

이처럼 주인–대리인(principal–agent) 이론은 대리인이 주인을 위해 업무를 수행하지만, 주인은 대리인이 업무에 적합한 능력을 가지고 있는지 혹은 얼마나 열심히 업무를 수행하고 있는지 직접적으로 관찰하지 못한다는 것이다. 즉, 주인과 대리인 간에 정보의 비대칭성(information asymmetry)이 존재하는 것이다.

이러한 정보의 비대칭성 문제를 해결하기 위해서는 대리인의 능력 혹은 노력과 비례하는 성과관리체제를 구축하거나, 시민헌장을 통한 정부업무의 투명화 제고, 책임운영기관제도의 도입과 평가체계를 통한 효율성 제고 등을 들 수 있다. 특히 정보의 비대칭성 문제를 근본적으로 해결하는 방법으로는 대리인의 급여를 성과지표에 연계하는 성과급(performance pay) 계약을 고려할 수 있다(권일웅, 2012, 116).

IV 정부혁신의 구성요소와 전략

1. 정부혁신의 구성요소

새로운 환경하에 정부의 경쟁력을 제고하기 위해서는 혁신을 지속적으로 추진해야 한다. 정부의 가장 중요한 역할은 혁신이 가능하도록 부문요소들을 성숙시켜주는 것이다. 이러한 부문요소로 ① 활기 넘치는 지적 하부구조(intellectual infrastructure), ② 숙련되고 교육받은 노동력, ③ 매력있는 삶의 질(attractive quality of life), ④ 기업가적인 풍토(entrepreneurial culture), ⑤ 모험자본(risk capital)의 충분한 공급, ⑥ 새로운 제품과 과정에 대한 충분한 시장, ⑦ 산업현대화에 대한 헌신, ⑧ 협동작업과 유연성에 기초한 산업문화, ⑨ 혁신과 변화를 지원하는 사회체제의 존재 등이다(김익식, 1995: 1-5).

Anderson(2000)은 정부의 업무성과와 서비스 분배를 향상하기 위해 정부 혁신을 하기 위해 요구되는 여섯 가지 중요한 구성요소로 다음과 같이 제시하고 있다.

① 효과적인 리더십을 발휘하는 것이다. 정부를 개혁하고 지속적으로 향상하기 위해 요구되는 가장 중요한 구성요소는 효과적인 리더십이다. 리더십은 필요한 변화를 계획하고, 집행하고 그리고 관리하는데 정열적이고, 몰입하며, 집중해야 하고, 그리고 명확하게 결정해야만 한다. 효과적인 리더십이 부재한다면 지속적인 변화를 추구할 수 없을 것이다.

② 다년도 전략적 기획, 연간 사업계획, 그리고 연간 운영되는 예산과 자금계획을 발전시키고 연계할 필요가 있다. 이와 같은 계획의 연계성(linkages)은 모든 조직의 자원을 전략적인 임무를 성취하는데 할당하고, 그리고 초점을 둘 수 있게 하는 것이다.

③ 고객의 요구와 바람 및 행정적·재무적인 임무와 균형잡기 위한 일련의 결과지향적인(results-oriented) 성과측정을 설정하는 것이며, 그리고 구체적인 전략적 우선순위, 연간 사업계획과 예산을 직접적으로 연결해야만 한다. 대부분 나라에서 정부과정은 전통적으로 결과 또는 성과(results or outcomes)보다는 투입과 산출에 초점을 두고 있는 실정이다. 정부개혁의 과정에서는 결과 또는 성과에 초점을 두어야 한다. 성과측정은 관찰할 수 있고, 양화할 수 있는 것이어야 하며, 전략적 계획의 우선순위, 연간 사업계획과 예산, 그리고 구성원 각자의 업무성과의 목적을 직접적으로 연계해야만 한다.

④ 정부혁신은 근본적으로 고객에 초점을 두는 것이다. 전통적으로 공공서비스의 사용자 또는 시민-납세자라는 견해는 공공서비스의 고객(customer)이 아니라 단순히 수령인(recipient)이었다. 고객으로서 시민-납세자(citizen-taxpayers)로 보는 견해는 고객의 바람과 욕구에 초점을 둘 것으로 요구한다. 또한 고객의 욕구와 바람에 부응하기 위해 조직적인 자원을 배열해야만 한다.

⑤ 조직구성원들에게 정부혁신에 관한 정보를 공유하고 참여시키는 것이다. 또한 조직구성원들은 서비스를 효과적이고 효율적으로 분배하는데 필수적이며, 고객들의 요구와 바람을 대처하는데 필수 불가결한 자원이다. 가능한 모든 방법에서 구성원들에게 영향을 미치는 주요한 결정, 조직임무 그리고 고객으로부터

환류되는 것에 조직구성원을 참여시켜야 한다.

⑥ 정부의 파트너(partner)를 선정하고, 그리고 몇몇 주요한 과정에 대해 벤치마킹을 하는 것이다. 벤치마킹(benchmarking)이란 둘 혹은 그 이상의 정부 사이에 비슷한 업무성과 과정에 대해 비교론적 분석을 하는 노력이다. 공공부문에서 발견되는 벤치마킹 하나의 형태로 기업적 영역을 직접적으로 채택하는 것이다. 기업적 유형(corporate-style) 벤치마킹의 기본적인 단계를 살펴보면, 벤치마킹할 과정을 결정한다 → 자체조직의 과정을 검토한다 → 벤치마킹 파트너를 인지한다 → 월등히 우수한 성과를 설명할 수 있는 차이점을 인지하기 위해 벤치마킹 파트너의 과정을 분석한다 → 최상의 업무를 채택하고 수행한다 → 감시하고 수정한다(Ammons, 1999: 107).

2. 정부혁신의 전략

첫째, Osborne과 Gaebler(1992)는 정부가 무엇을 할 것인가에 초점을 두는 것이 아니라 정부가 어떻게 운영하는가(how governments operate)에 초점을 둘 것을 강조한다. 정부의 주된 실패는 목적이 아니라 수단 중 하나(one of means)라는 것이다. 이러한 시각에서 Jean Batise Say에서 빌려온 새로운 모델인 기업가적 정부를 제시하고 있다. 이들 학자들은 기업가적 정부형태가 우리들의 병(ills)을 효과적으로 치유할 수 있다고 주장한다. 여기서 기업가(entrepreneur)란 생산성과 효과성을 극대화하기 위한 새로운 방식으로 자원을 활용하는 사람으로 정의하고 있다.[9] Osborne과 Gaebler는 새로운 정부의 모델에 놓여있는 열 가지 전략을 제시한다. ① 노젓는 것보다는 다른 사람을 조정(steering)하는 것, ② 고객에게 서비스를 제공하는 것보다 권한을 부여하는(empowering) 것, ③ 서비스 제공에 있어 경쟁을 도입하고, ④ 법률에 의한 것보다 임무(mission)에 의해 조직하는 것, ⑤ 투입보다는 결과지향적, ⑥ 강력한 고객지향성, ⑦ 관료제적 지출보다

---

9) 기업가(entrepreneur)는 Richard Cantillon에 의해 만들어진 말이며, 1800년 초 프랑스 경제학자인 Jean Batise Say에 의해 보편화된 용어이다. 처음 기업가라는 용어는 농산물과 공산품을 재판매하는 위험을 견딜 수 있는 도매업자를 가르키는 것이었다. 그 후에 이 용어는 낮은 수준의 경제적 자원으로부터 보다 많은 생산성과 산출을 도출하는 사람을 나타내는 것이었다. 공공부문에 있어 기업가주의는 몇몇 정부프로그램을 위해 보다 효율적인 조직 형태로 고려되는 사기업과 정부의 혼성인 공기업을 표현하는 것이었다(Moon, 1999: 31).

는 기업가적 수입을 장려하는 것, ⑧ 치료보다는 예방에 초점을 두고, ⑨ 분권화된 조직과 팀워크를 조장하고, ⑩ 시장에 토대를 둔 인센티브를 통한 변화를 강화하는 것이다. 이러한 전략이 정부를 개혁하는 대안적 패러다임이라는 것이다.

둘째, Kamensky(1996)는 정부혁신을 새로운 국민들의 기대에 대응하는 민주적 국정관리(democratic governance)를 합리적으로 채택하기 위한 비전과 철학을 실현하는 관리전략으로 이해하고, 정부혁신에 나타난 다양한 변화를 크게 네 가지로 정리하고 있다. ① 문화적 변화: 조직구성원이 공유하는 근본적인 가정, 가치, 태도 및 기대를 변화시키는 전략이다. ② 임무의 변화: 조직이 핵심적인 활동과 책임성을 체계적으로 계획하고 인지하기 위한 필요성을 인식하는 전략이다. ③ 구조적 변화: 조직적 권위와 업무의 책임성을 가장 효율적인 방식으로 배열하기 위한 전략이다. ④ 과정적 변화: 제품과 서비스를 어떻게 생산하고 배분할 것인가 하는 전략이다.

셋째, 문명재 교수도 NPR의 주장처럼 기업가주의(企業家主義, entrepreneur-ship)가 공공부문의 관리에 있어 집약적(intensive) 혁신과 광범위한(extensive) 혁신을 초래할 것이라고 주장한다(Moon, 1999). 기업가주의는 동태적이고 경쟁적 환경하에 보다 효율적이고 유연하고 적응적 관리를 위한 수단으로 공공부문에 채택할 수 있다. 공공부문에서 기업가주의는 크게 계약적 기업가주의와 관리적 기업가주의로 구분된다.

① 계약적 기업가주의(contractual entrepreneurship)는 공공부문에 있어 시장경쟁을 도입하고 그리고 계약적 관계를 촉진하고자 하는 시장기반의 정부활동을 의미한다. 이러한 형태로 정부 독점권(franchises), 민영화, 교차서비스(cross-services), 위탁계약 등이 있다.

② 관리적 기업가주의(managerial entrepreneurship)는 조직의 생산물, 과정, 그리고 행태에 관련된 성과를 향상하기 위한 변화와 혁신을 증진하는 특성과 관리를 언급하는 것이다.[10] 문명재 교수에 의하면, 조직의 세 가지 특징인 조직구

---

10) Moon은 관리적 기업가주의를 세 가지 차원에서 구분한다. ① 생산기반(product-based)의 관리적 기업가주의는 조직이 생산하는 최종 결과물의 질을 강조한다. 이 지표는 고객만족도(customer satisfaction)의 정도이다. ② 과정기반의 관리적 기업가주의는 행정적 절차, 조직 내의 의사전달, 조직 내의 상호작용을 언급한다. 조직의 결과물은 조직과정에 밀접하게 관련되어 있으며, 과정기반(process-based)의 관리적 기업가주의의 하나의 지표는 문서주의(red tape)이다. ③ 행태기반(behavior-based)의 관리적 기업가주의는 위

조, 조직문화, 조직환경은 관리적 기업가주의 차원에서 매우 중요하다. 특히 기업가주의를 향상하기 위한 조직개혁 전략은 높은 수준의 신뢰와 임무의 명확화를 지향하는 문화적 변화(cultural changes)가 필수적이라는 점이다.

이와 같은 정부혁신의 전략은 민간부문에서 발전된 전략적 기획(strategic planning)을 공공부문의 혁신에 활용함으로써 공공조직의 효율성과 생산성을 제고시키고, 직업생활의 삶의 질(Quality of Work Life)을 향상시키고, 나아가 공공부문의 경쟁력을 향상시키자는 것이다.

본서는 정부혁신은 국가경쟁력을 제고하고 국민복지를 증진하는 것에 초점을 두고, Plastrik(2000)가 제시한 정부혁신의 다섯 가지의 전략을 중심으로 정부혁신의 전략을 전개하고자 한다. 정부혁신을 위한 전략은 서로 복잡하게 연결되어 있으며, 이리하여 조직의 전체적인 상관관계하에 체계적이고 종합적으로 혁신을 시도해 가야 할 것이다. 또한 정부혁신의 전략이 정착되기 위해서는 혁신의 시도(試圖, initiation) → 집행(執行, implementation) → 제도화(制度化, institution-alization)의 개혁사이클에 대한 포괄적인 감시체제가 이루어져야 한다.

1) 핵심적인 전략

먼저 국가의 장기발전계획과 정부경영에 대한 체계적인 검토와 정부혁신의 종합적인 계획이 제시되어야 한다. 종합적인 계획의 핵심적 전략(核心的 戰略)은 일을 바르게 하는(do things right) 것이 아니라 올바른 일을 하는(doing right things) 것에 관한 것이다. 이 점에서 기업가적 정부의 틀이 요구된다. 정부가 행정적 남용에 대해 보호하는 것보다 업무를 보다 잘 할 수 있도록 주의를 가지는 것이다. 이것은 조정하는(steering) 것이다. 이러한 전략은 보다 좋은 결과를 산출하는 사람과 과정에 보다 유연한 관리적 권한을 부여할 필요가 있다(Green & Hubbell, 1996: 42).

핵심적인 전략(core strategy)을 수립하면서 정부혁신을 위한 종합적인 청사진을 마련하는 것이 필요하다. 모든 정부 수준에서 각각의 성과분석과 상황판단에 따라 전략적 핵심목표를 완수하기 위한 구체적인 계획과 단계적 추진상황표가 요구된다. 또한 핵심적인 전략은 공공조직의 가장 근본적인 수준에서 목적을

험감수를 위한 성향을 언급한다. 위험감수는 조직변화와 혁신적 결정에 관련되어 있다. 공공조직의 정책환경이 전적으로 예측될 수 있고 안정적인 것이 아니기 때문에 위험감수의 행태를 격려할 필요가 있다.

명확하게 하는 것에 관련되어 있다. 이 점에 있어 Browlow Committee(1937)는 정부개혁의 목적을 정부가 보다 민주적으로 업무를 수행하는 것에 두고 있다. 정부의 목표는 국가의지를 효율적이고 효과적으로 수행할 수 있는 도구로 전환하는 것으로 정의하고 있다. 반면에 지식정보사회에 대응한 현재의 정부혁신 목표에 대해 Clinton 대통령은 연방정부는 건강성(health)을 회복하기 위한 도전에 직면하고 있다고 진단하고, 정부를 보다 거대하게(bigger) 하는 것이 아니라 보다 저렴한 비용(cost less)으로 업무를 효율적으로 수행하는 것이라고 규정하고 있다 (Kamensky, 1996: 247).

하지만, 대부분 공공조직은 다수의 목적(multiple purposes)을 가지고 있으며, 심지어 목적 간에 갈등이 있다. 목적을 명료하게 위해, 첫째는 조직 또는 체제의 핵심적인 목적(core purposes)을 정의해야만 한다. 둘째는 핵심적인 목적에 기여하지 않는 활동을 제거해야만 한다. 셋째는 각 부서가 스스로 핵심적인 임무를 자유롭게 추구하도록 시스템을 조직해야만 한다. 가장 중요한 정부의 역할은 보다 좋은 결과를 위해 사회를 조정하도록 하는 것이다.

2) 부연적인 전략

부연적인 전략(consequences strategy)은 공무원들이 자신의 업무성과를 향상하기 위해 강력한 유인책(위험과 보상)을 제공하는 것이다. 개혁자(reinventors)가 독점을 제거할 수 없을 때, 성과를 측정하고, 업무성과를 향상하고 우월하게 한 것에 대해 보상하고, 지속적인 실패를 극복하므로 현재의 상태(status quo)를 파괴하는 것이 필연적인 전략이다. 이처럼 정부혁신은 의욕과 사명감을 가진 헌신적인 관리자가 필요하며, 시간과 열의를 바쳐 진실로 일하는 사람들이 요구된다. 공공관리자는 정부혁신운동에 구성원들의 공감을 이끌어 내기 위한 확고한 철학과 뚜렷한 비전을 가지고 있어야 한다. 또한 조직의 변화를 가져오기 위해서는 강하고 헌신적인 실행력 있는 관리자의 리더십이 요구된다. 이와 같이 공공관리자는 참여 지향적이고 성과에 대해 보상을 받는 위험감수자(risk takers)가 되어야만 하고, 공공신탁을 증진하는 데 노력해야 한다. 사고 후의 징벌에 의존하거나 독촉 위주의 소극적 개선보다 새로운 환경에 적합한 인력을 개발하고 제도를 개선하는 보다 적극적인 방향으로 정부혁신을 추진할 필요가 있다.

또한 부연적 전략은 정책결정·집행시스템을 혁신하는 과제이다. 정책결정시스템의 핵심적인 요소는 정부가 해야 할 일을 제대로 하기 위하여 정책을 결정하고 집행하는 정부 내의 메커니즘이 가지는 효율성이다. 이 시스템에 따라 정부가 정책선택의 최적화, 정책효과의 극대화를 달성할 수 있느냐가 좌우된다(유승민, 1999: 83). 이러한 정책결정시스템은 정부조직, 인사·평가·보수제도 등과 관련이 있고, 이는 관료제도의 혁신과제와 밀접한 관계를 맺고 있다.11)

이러한 부연적인 전략은 세 가지 접근방법을 활용한다. 첫째는 기업적 관리이다. 기업적 관리는 공공 서비스 분배조직에 대해 민간 시장의 특징을 적용하는 것이다. 공공조직에게 재무적 손익분기점을 가진 민간기업처럼 기능하게 한다. 공공조직은 고객에게 제품과 서비스를 판매하여 생존과 번영한다. 둘째는 경쟁체제를 도입하는 것이다. 경쟁체제적 관리는 잠재적 서비스 제공자로서 성과와 비용에 기초하여 민간기업 또는 공공기관이 경쟁하게 하는 것이다. 셋째는 정치적 저항 또는 다른 저항으로 기업적 관리와 경쟁체제적 관리가 적절하지 않을 경우이다. 또한 정책 또는 규제적 기능을 가진 활동의 경우도 포함된다. 이 경우에는 개혁자에게 성과관리로 전환하는 것이다. 이 접근방법은 공공조직에 동기부여를 작동하기 위해 성과목표, 보상 그리고 벌금을 활용한다.

3) 고객전략

엽관제의 남용과 부패에 대한 방지에 보다 많은 관심을 가졌던 정부는 고객의 요구에 부합하는 임무중심적이고 성과지향적인 조직으로의 전환이 요구된다. 고객전략(customer strategy)은 공공조직이 그들 고객에 대해 책임질 수 있게 하는 것이다. 대부분 조직들은 계층제하의 상관에 대해 명령통일에 대해서만 책임을 진다. 고객전략을 활용하는 시스템에서는 고객이 권한을 가진다. 이리하여 조직이 고객을 만족하게 못한다면 그 조직은 종국(consequences)에 직면하게 된다.

정부개혁의 초점은 고객의 만족감을 증진하는 것이어야만 한다. 이 점에 대표적인 사례로 프랑스 행정개혁은 주로 국민의 입장에서 행정이 초래하는 불편을 해소한다는 측면에서 행정과 국민의 접촉점에 개혁의 중점을 두고 있다. 1992

---

11) 관료제도의 혁신은 근본적으로 작고 생산성 높은 정부를 지향하고 공무원사회에 경쟁체제를 도입하는 것이다. 이리하여 관료제도의 혁신으로 정년제의 폐지 내지 축소, 목표관리제·연봉제·성과급제·임금피크제의 도입, 전반적인 급여와 인력의 감축, 관료의 선발기준의 현실화, 고위공무원 계약제 및 민간인사채용 확대 등 공무원사회의 경쟁체제 도입 등의 방안이 제시되고 있다.

년에 채택된 공공서비스 헌장도 평등성, 중립성, 계속성에 의한 서비스제공의 목표를 세우고 있으며, 행정수요자를 위한 정부혁신은 지속적으로 단행하고 있는 실정이다(임도빈, 1998: 71-72).

고객전략의 중요한 접근방법은 고객의 질 보장(customer quality assurance)이다. 이것은 고객 서비스의 표준을 설정하고, 그 표준에 부합되는 직무를 잘 수행하는 조직에 대해 보상하고, 그리고 그렇지 못한 조직에 대해 처벌하는 것이다. 이러한 접근방법은 정부기능을 위해 활용될 수 있다. 더욱이 공공서비스의 공급독점자로서의 정부성격과 행정편의주의와 절차 및 규정에 얽매이는 형식주의를 극복하고, 고객지향적 정부로 전환하기 위해 관료제의 유연화와 고객중심 행정서비스 체제를 형성해야 할 것이다. 이를 위해 정부혁신의 결정과정에 민주성을 확보하기 위해서는 관료를 포함한 다양한 사회구성원의 자율적·주도적 참여와 상호작용이 전제되어야 한다.12)

시민 또는 이용자의 선택은 공공복지서비스에 대한 만족 및 공공서비스의 시장형(market-style) 관리를 증가시키는 수단으로 인식되고 있다. 이러한 인식의 구체적 사례는 덴마크에서 1998년 9월에 시민선택에 대한 정부위원회(Government committee on citizen's choice)의 설립으로 나타났다. 이 위원회의 임무는 국가가 시민의 복지를 향상시키고, 시민사회의 책임을 강조하기 위한 임무로 ① 현재 지방공공기관들에 의해 제공되는 공공서비스의 시민 선택범위에 관한 계획을 세운다. ② 시민 선택을 더 확장하기 위한 장벽들(barriers)을 확인한다. ③ 지방자치 수준에서 시민 선택을 더 확장하고 확인된 장벽들을 극복하기 위한 제안을 한다. ④ 시민들이 지방자치 기관들과 서비스에 대하여 상당히 양질의 평가들을 할 수 있는 가능성들을 발전시키는 것으로 구성되어 있다(한국행정연구원, 1998. 12).

---

12) 미국 연방정부의 질관리연구소(Quality Institute)가 조직 내 민주성을 높이기 위한 전략으로 전제하고 있는 것은 ① 관료에 대한 인식의 변화이다. 통제의 대상이며 공공서비스의 제공자로 인식했던 과거의 관료제 모형에서 탈피하여 서비스 제공자인 동시에 고객의 이중적 역할을 담당해야 한다. ② 조직의 효과성은 조직구성원의 창의성과 자발적 참여에 기초한 학습에 의해 결정된다는 것이다. ③ 조직의 계층간 개방성과 신뢰의 관계 증진을 강조한다(박수경, 1999).

4) 통제전략

통제전략(control strategy)은 정부에 놓여있는 의사결정권한을 변경하는 것이다. 이 전략은 관료제적 계층제 원리와 중앙집권적 통제를 폐지하고(upends), 일선 공무원, 조직관리자, 공동체적 조직에게 권위를 위임하는 것이다. 즉, 정부혁신에 조직구성원의 참여범위를 확대할수록 구성원의 대표성이 확보되어 조직변화의 정당성이 제고될 것이다. 또한 조직구성원에 대한 권한부여는 자율성과 창의성을 높여 줌으로써 구성원 각자가 조직변화에 의미있는 기여자로 참여하게될 것이다.

이와 같이 통제전략은 통제의 소재(location)와 통제의 유형(form)을 이동하는 것이다. 통제전략은 공공조직 또는 공동체 집단이 무엇을 하는 것에 통제하는 것보다는 이들 집단의 행위자들이 무엇을 수행하기를 원하는가에 영향을 미치기 위한 노력이다. 권한위임의 본질은 조직의 결과(results)를 어떻게 산출할지에 대한 결정권한을 부여하는 것이다. 이것은 계층제적 관리를 줄이거나 혹은 제거하는 방법으로 구성원들에게 권한을 위임한다. 그리고 직무를 수행하는 것에 대해 신뢰를 부여함으로써 권한을 위임한다. 이를 위해 Osborne과 Gaebler도 모든 수준의 정부에 근무하는 공무원에게 요구되는 개혁에 의미있게 기여할 수 있도록 권한을 부여함으로써 정부혁신을 조장할 수 있다고 주장한다(Osborne & Gaelber, 1992).[13]

또한 통제전략은 감시와 견제의 메커니즘을 통한 책임성의 제도화에 놓여있다. 이러한 전략에는 행정부를 감시하고 견제할 제도적 수단을 개선하는 것, 행정부의 규제적 재량주의의 폐해를 시정하고 법의 지배를 확립하는 것, 국가경영의 정보가 국민에게 투명하게 공개되는 메커니즘, 나아가 국가지배구조에 있어서의 투명성을 제고하는 장치 등의 과제가 포함된다(유승민, 1999).

5) 문화적 전략

조직문화는 구성원들이 무엇을 하고, 무엇을 느끼고, 그리고 무엇을 생각하는지를 나타내는지에 대한 사회적 실체(social reality)이다. 또한 조직문화는 구성

---

13) 이 점에 있어 공무원에게 공무원 생활이 정부혁신에 있어 가치있는 공헌자(worthy con-tributors)라기보다는 오히려 문제의 부분(part of the problem)이었다는 의심의 검은 구름에서 생활하게 되면 정부혁신은 실패하게 된다.

원들이 채택하고 그리고 가끔 무의식적으로 영속하는 일련의 행태적, 감정적 그리고 심리적 틀이다. 이러한 조직문화는 조직구성원들이 공유하는 규범, 상징, 가치이기 때문에 조직에 있어 구성원들의 직무와 역할을 정의하고, 임무·윤리·신뢰와 같은 공통적인 가치와 믿음을 인지하는 데 영향을 미친다(Daft, 1992).

관료제적 문화는 위험과 책임성을 피하려는 경향이 있으며, 문제에 대해 다른 사람을 비난하고, 법규를 따르며, 높은 질의 결과보다는 낮은 수준을 설정하며, 변화에 대해 저항한다. 이러한 관료제적 문화를 변화하기 위한 가장 강력한 방법이 정부혁신을 위한 다른 네 가지 전략(핵심적 전략, 부연적 전략, 고객전략 및 통제전략)을 활용하는 것이다.

특히 정부정책의 결정에 이바지하는 중·고위직 공무원들의 의식과 행태를 변화시키는 전략이 필요하다. 행정관리자 스스로 정부혁신을 왜 해야 하는지, 어떻게 지속적으로 개선해야 하는 것인지, 다른 나라는 어떠한 혁신을 하고 있는지, 새로운 관리기법은 무엇인지 등을 의욕적으로 실천하고 학습할 때 행정의 생산성과 서비스는 경쟁력을 갖추게 될 것이다.

또한 Frederickson(1996a: 267)도 정부혁신은 공공관리에 있어 독창성 (creativity)과 혁신(innovation)의 문화를 건설하는 것이라고 지적한다. 연방정부의 행정을 향상하기 위해 가장 중요한 정부관료들의 태도와 신념은 무엇인가? 하는 물음이다. 이 점에 대해 HR(Horn report)은 세 가지 문화적 본질을 지적한다.[14] ① 공공서비스에 대한 몰입과 충성심은 높은 가치라는 점을 강조한다. ② NPR은 연방관료제를 깨우기 위해서는 충격요법(衝擊療法, shock therapy)이 필요하다고 주장한다. 이러한 접근방법의 예로 252,000개의 직업을 줄이는 것이다. 이 숫자의 합리성은 명확하지 않다. 이 접근방법에 대해 HR은 연방정부에 대

---

14) Horn보고서의 내용을 간략하게 소개하면, Stephen Horn은 정치학자로 재조직화된 미국 하원의 정부개혁과 감시위원회(Committee on Government Reform and Oversight)의 정부관리, 정보 및 기술의 소위원회 의장으로 임명되었다. Horn 소위원회는 처음에는 NPR를 검토할 목적이었으며, Horn 소위원회는 연방행정을 검토하였다. Horn보고서는 연방행정을 위해 누가 책임이 있는가? 무슨 방법으로 책임지는가?에 대한 물음을 제기했다. Horn보고서는 의회와 대통령은 헌법의 틀에서 행정에 대한 권한을 공유해야 한다. 이들 두 기관은 조직과 관리를 향상하기 위해 함께 노력해야 한다는 점을 지적한다. Horn보고서는 전반적인 행정부를 위해 고위수준에서의 관리감독기구를 옹호한다. 이 보고서는 대통령과 의회는 정부의 광범위한 관리계획과 감독기구에 대한 지배적인 권위와 영향을 함께 보유해야 한다는 것을 주장한다(Carroll & Lynn, 1996: 300).

한 전략적 비전이 부족한 것을 반영하는 것이라고 지적한다. 또한 연방공무원의 사기, 생산성 및 미래에 대한 기획을 심하게 저해하는 것이라고 주장한다. ③ 행정에 대한 중요한 문제는 미국인의 생활에 있어 연방정부의 역할과 임무에 관한 것이다. 좋은 관리란 임무에 대한 건전한 이해없이는 불가능하다. 연방정부의 역할을 재조사하기 위해 다양한 배경을 가진 사람들로 위원회의 설립이 요구된다. 이 점에서 NPR은 중요한 문제는 연방정부가 무엇을 하는 것이 아니라 정부가 어떻게 수행하고 있는가 하는 점을 지적한다(Carroll & Lynn, 1996: 302).

이와 같이 정부혁신은 공공부문을 제거하는 것이 아니라 새로운 문화로 공공부문을 변혁시키는 것이다. 보다 많은 정부 또는 보다 적은 정부가 아니라 보다 좋은 정부(better government)로의 정부를 혁신하기 위해서는 공공부문을 민간기업의 경영과 같은 새로운 방식을 도입할 수 있는 조직문화의 변화가 요구된다. 새로운 조직문화의 정착에 있어서 공무원들의 태도 변화가 요구된다.15) 또한 공공조직의 목적을 명확하게 하는 것은 구성원들에게 규칙보다는 목표에 초점을 두는 데 도움을 준다. 보다 좋은 결과를 산출하는 데 초점을 둠으로써 성과의 결과를 일으킬 수 있을 것이다. 고객들에게 보다 책임성있게 대하는 것은 공무원들에게 결과의 분배에 있어 고객의 가치(customers value)를 강요하는 것이다. 그리고 결과 산출을 하는 데 책임성을 갖기 위해서는 조직과 구성원들에게 권한을 위임하는 통제의 소재와 유형을 이동하는 것이 요구된다.

하지만, 관료제적 문화를 극복하기란 매우 어렵다. 관료제적 문화는 공무원들의 습관, 마음속에 깊이 뿌리를 내리고 있다. 이러한 점에서 개혁자들은 신중하게 그리고 의식적으로 문화를 새로 고치기(reshape) 위한 전략이 필요할 것이다. 더욱이 문화를 형성하는 데 많은 요소들이 관련되어 있기 때문에 문화를 변화시키는 급격한 방법은 없다. 특히 기업가적 문화(entrepreneurial culture)를 정립하기 위해서는 새로운 전제를 공무원들에게 소개해야 하고, 신뢰를 획득해야 하며, 새로운 전제를 수용하는 데 따르는 위험에 대한 안전장치를 제공해야 한다.

---

15) 이를 위해 공무원의 생리처럼 인식되어 버린 무사안일주의(無事安逸主義)를 줄이기 위해서는 정신교육 위주의 사기앙양책에만 의존하지 말고, 실질적으로 처우를 개선하여 자율적 동기를 유발시켜야 하며, 문제될만한 절차나 제도를 과학화시켜야 한다. 즉, 정부혁신에 대한 저항과 부정을 유발할 수 있는 환경적 잔재 혹은 제도적 장애요소를 최소화해야 할 것이다(김판석, 1997: 174).

CHAPTER 21

정부혁신의 방향

1980년대를 전후하여 미국이나 영국 등의 주요 선진국들은 정부의 비효율성과 시민요구에 대한 무반응성을 지적하는 관료 때리기(bureaucrat bashing) 현상이 광범위하게 나타났다. 정부와 공무원들에 대한 이러한 부정적인 시각과 현상은 작고 보다 효율적인 정부관리를 위한 광범위한 행정개혁운동으로 구체화되었다. 이와 같이 1980년대 이후 제기된 정부개혁운동의 이론적 배경은 비시장 실패(non-market failure) 또는 정부실패(government failure)에 대한 비판에서 비롯되었다.[1] 시장에 대한 노출이 없는 정부는 특정 산출물을 비경쟁적이고 독점적으로 생산 및 공급하며, 가격 등 시장지표가 없고 산출물의 가치화가 어려워 기관운영에 대한 성과판단을 어렵게 한다.

또한 행정 관료들은 업무를 수행함에 있어 효율성 증진을 유인하는 것이 아니라 오히려 효율성 증진에 반하는 기관운영을 유도한다(X-inefficiency). 이리하여 정부는 고객인 시민의 요구와 동떨어진 재화와 서비스를 생산·공급하게 된

---

1) Wolf(1988)에 의하면, 정부실패의 근원과 형태는 크게 비용과 수입의 불일치, 내부효과(internalities)와 조직의 목표, 도출된 외부효과(derived externalities), 분배적 비형평성 등을 제시하고 있다. Weimer와 Vining(1989)은 행정관리 차원을 넘어 민주주의 국가가 근거하고 있는 정치체제상 근본적인 한계를 포괄하여 정부실패의 요인과 형태를 직접민주제에 내재된 문제, 대의정부에 내재된 문제, 관료제적 공급에 내재된 문제, 그리고 분권화에 내재된 문제 등으로 제시하고 있다.

다. 이러한 정부실패에서 비롯되는 국정관리상의 문제점을 해소하고 시민의 선택권을 확대하는 대표적인 방안이 바로 공공부문에 있어서의 시장원칙 도입을 확대할 것이다. 이런 시각에서 본서는 정부혁신의 방향으로 ① 민영화, ② 책임운영기관, ③ 총체적 품질관리(TQM), ④ 균형성과표, ⑤ 아웃소싱, ⑥ 벤치마킹을 살펴보고자 한다.

I 민영화

1. 민영화의 의의와 연역

1) 민영화의 의의와 특징

민영화(민간화, privatization)란 정부가 수행해 온 공공의 재화와 서비스의 공급 및 운영권과 책임을 민간부문에게 이전하는 것이다. 또한 주식을 포함한 자산이나 서비스 기능을 공공부문에서 민간부문으로 이전시키는 것이다. 즉, 국가, 지방자치단체 또는 공공단체가 직접 생산·운영하던 공기업의 기업경영을 민간부분이 담당함으로써 경쟁을 통한 경제적 효율성의 증진을 추구하려는 관리전략이다. 시장의 역할을 증가시키고 그리고 시장 지향적인 정치적 가치를 증진함으로써 정부의 팽창을 줄이고 나아가 산업의 성과를 향상하려는 것이 민영화의 근본적인 이념이라 할 것이다.

이리하여 민영화는 작지만 보다 나은 정부(smaller but better government)를 추구한다. 국가경제에 공공부문의 역할을 줄이고 민간부문의 건전한 경쟁을 통하여 시민들에게 보다 값싸고 질 좋은 서비스를 제공하려는 노력은 세계적인 현상이다. 또한 민영화는 정부의 규모와 정부역할 범위를 축소시키는 것을 의미한다. 정부역할의 축소를 초래한다는 점은 규제완화(deregulation)와 같으나, 정부규제의 완화가 재화나 서비스 생산의 장소이동과는 관련이 없다는 점에서 규제완화와 차이가 있다.

민영화는 실용주의적 견지, 이상주의적 견지, 상업주의적 견지, 대중적인 견지에서 필요성을 주장한다(Savas, 1987). ① 실용주의적 견지에서는 민영화를 경제적 효율성을 제고할 수 있는 보다 좋은 공공관리의 도구로 이해한다. ② 이상주의적 견지에서는 거대한 정부는 개인의 자유와 자율성을 위협한다는 시각에서 민간부문의 역할을 확대하는 도구로, 또한 정부의 경제적인 결정에 있어 비정치화하려는 정책적인 대안으로 민영화의 필요성을 주장한다. ③ 상업주의적 견지에서는 민간부문이 공공부문보다 소비자가 선호하는 다양하고 질 좋은 서비스와 상품을 보다 잘 생산할 수 있다는 전제하에 민영화를 자유시장경제를 향상하는 도구로 이해한다. ④ 대중적인 견지에서는 공공부문에 대한 관료제의 의존을 줄이므로 전통적인 지역공동체의 의식을 강화하고, 그리고 공공서비스에 대한 선택권을 국민에게 보다 많이 부여할 수 있는 수단으로 민영화의 필요성을 강조한다.

2) 민영화의 연역

국영기업의 민영화는 1980년대 영국 Thatcher 정부의 대대적인 민영화 시도 이후 여러 국가의 중요한 개혁정책의 일환이 되고 있다. 미국에서 공공서비스에 대한 민영화가 활성화된 계기를 살펴보면, 1982년 레이건(Reagon) 대통령 때「관리향상을 위한 대통령위원회(President's Council on Management Improvement)」가 정부 생산성을 위한 노력의 일환으로 행정개혁을 시도한 것이었다. 특히 민영화 노력은 1984년 그레이스위원회(Grace Commission)가 많은 연방정부의 프로그램을 중지하는 합리적 근거를 제공하였으며, 공공서비스를 보다 효과적으로 전달하기 위한 민간기업을 활용할 것을 강력하게 제안했다. 또한 클린턴(Bill Clinton) 행정부는 적은 비용으로 보다 업무를 잘 하는 정부를 설계하기 위한 혁신운동을 전개했다. 즉, 효율성과 고객의 만족을 증대하기 위한 노력으로 민영화를 추구하였다.

이러한 민영화 정책은 정부부문의 축소 요구와 신자유주의사상의 확산에 따라 빠른 속도로 모방되고 있는 실정이다(김준기, 1999: 208).[2] 이러한 변화는 대부분의 서구국가의 경우 적자재정 누적과 비효율적인 거시경제 운용 그리고 고실업 등으로 집약될 수 있는 복지국가병에 대한 사회적 비판 여론이 확대되는 배경 위에서 새로이 집권된 신보수주의 정당들의 정부 주도하에 본격적으로 전개된 기존 국영기업과 공공서비스기관의 탈국유화(denationalization)와 시장경쟁원

---

2) 신자유주의는 부를 창출하는 것은 사적 부문과 시장이며, 창출된 부는 모든 사람에게 점차적으로 배분된다는 확산효과(trickle-down effect)를 체계적으로 신념화하고 있으며, 국가에 의한 공공서비스 확대와 경제에 대한 규제에 대하여 적대적인 태도를 갖는다(김승석, 1999: 194).

리의 확장을 위한 탈규제화(deregulation)를 통해 구체화되었다.

또한 1980년 말 사회주의적 계획경제체제의 붕괴 이후 새로운 자본주의적 시장체제의 도입을 위해서 세계은행과 IMF와 같은 국제금융기구의 강력한 주문에 따라 국가경제 개혁조치의 핵심적인 내용으로서 국영기업들의 민영화가 추진되었다. 더욱이 1990년대에 들어서 시장경쟁의 세계화(globalization)가 진전됨에 따라 보다 많은 나라들과 보다 다양한 공공부문에서 더욱 확대되어 전개되고 있는 실정이다(이병훈·황덕순, 2000: 1-3).

2. 민영화의 장점과 단점 및 조건

1) 민영화의 장점

민영화의 옹호자들은 민영화가 민간부문 간의 경쟁을 유도하고 민간부문의 장점을 강화하고 작은 정부지향으로 경영으로부터 정치적 간섭을 배제(depoliti-cization)하도록 하므로 다음과 같은 이점을 지닌다(김준기, 1999: 212).3)

① 민영화 과정은 정치가, 관료집단, 노조, 경영자 그리고 기타 이익집단들의 역할을 크게 변화시킨다. 특히 민영화된 기업의 대리인 목적함수는 과거 사회후생(social welfare)의 극대화라는 모호한 개념에서 이윤극대화라는 분명한 목적함수로 변하게 된다.

② 민영화는 기업들의 매출을 증가시키고, 수익성을 높이며, 자본투자 지출

---

3) 특히 민영화의 옹호자들은 민간소유의 우월성에 초점을 두고 있다. 이러한 근거로 ① 정보는 사회에서 확산되는 경향이 있고 오로지 시장 시그널만이 효율적으로 정보의 획득과 분배를 가능케 할 수 있다. 공공부문의 행위가 생산비용을 지탱시켜주는 수입과 연계되지 못하는 경우 비효율을 초래하게 된다. ② 잔여소득청구이론(resident claimant theory)에 근거를 두고 있다. 이 이론은 자원의 활용에 부여되는 권리가 자산의 공동소유로 인하여 제대로 행사되지 않거나 또는 잔여소득청구인이 공기업의 경우 실질적으로 존재하지 않으므로 자원은 비효율적으로 사용된다는 것이다. ③ 주인-대리인 관계가 국민-정치인-관료-정부로 이어지는 복수의 복잡한 관계로 구성되기 때문에 민간기업보다 훨씬 복잡할 뿐만 아니라 실질적으로 주인이 없는 상태와 동일할 수도 있다는 점이다. ④ 국가가 공기업의 경영에 개입할 때 효율성이라는 단일한 가치, 혹은 목표에 기초하는 것이 아니라 다양한 목표를 동시에 추구한다는 점이다. 여러 부처가 하나의 공기업에 대해 상이한 목표를 요구할 수도 있다(Aharoni, 1982). ⑤ 공공선택이론자들은 자기이익을 추구하는 경제적·합리적 존재로서의 정치인, 관료, 이익집단 등이 각자 자기 이익을 추구하는 가운데 정부규모, 나아가 공공부문예산은 낭비적이고 비효율적이며 팽창할 수밖에 없다고 주장한다.

을 증대시키고, 생산성을 증대시키며 고용을 증대시킨다.

③ 민영화는 정부의 영역을 축소시켜 국민들 선택의 영역을 확대해 준다. 즉, 민영화는 획일성을 탈피하여 선택의 자유를 확대함으로써 소비자민주주의를 확립해 준다. 또한 선택의 자유를 확대하면 일반적으로 편익의 배분이 더 공정해진다는 것이다(조택, 1997: 115).

④ 민간주주와 자본시장 참여자를 포함한 민간분야의 감시체제는 공공분야의 감시체제보다 더 효율적으로 작동한다. 이는 금전적 인센티브와 연계된 자본시장 감시체제의 장점에서 연유된다.

⑤ 기업의 인수·합병(M&A) 가능성 또는 경영권의 탈취가능성은 경영진들로 하여금 경영상 비효율성(X-inefficiency)을 제거하도록 작동한다.

⑥ 민영화로 인한 매각대금의 유입은 국공채발행 감소 및 국민의 조세부담을 경감시킬 수 있으며, 나아가 생산과 투자의 효율성을 증가하고 정치체제의 안정을 고양하기 위해 경제체제를 변형하고 개혁하는 전략으로 시도할 수 있는 장점이 있다. 즉, 민영화는 정부를 재정적 부담으로부터 해방시키고, 효율성을 증가시켜 정부의 조세수입을 증대시키고, 정부로 하여금 민영화대금을 다른 사회 경제적 프로그램에 사용할 수 있도록 하며, 소비자 후생을 증진시킨다. 이로 인하여 정부정책의 신뢰성을 증진시킬 수 있다.

2) 민영화의 단점

민영화가 좋다면 왜 많은 국가들이 공공서비스를 민영화하지 않는가 하는 물음에 토대를 두어 민영화의 반대자들은 민영화에 관한 부정적인 시각을 다음과 같이 제시하고 있다(Lee, 1998).

① 민영화 과정에서 정부와 민간 입찰자 간에 부정부패가 발생한다. 또한 계약을 경신할 때에는 기존 계약업자가 경쟁업자는 가지고 있지 않은 비용 등에 관한 정보를 이용할 수가 있어서 결과적으로 행정기관이 기존 계약업자의 포로가 될 가능성도 있다(Starr, 1991: 31).

② 정부와 계약 체결을 유리하기 위해 초기에는 낮은 가격으로 입찰하지만 장기적으로는 손실된 가격을 보장하기 위해 가격을 상승시키는 경우가 있다.

③ 입찰시의 높은 가격 경쟁은 낮은 질의 서비스를 초래하게 된다.

④ 서비스에 대한 책임의식의 저하와 질 통제에 대한 책임의식이 결여하게

된다. 즉, 공공부문은 정보에 대한 접근을 더 보장해야 하지만, 민간기업은 그들의 경쟁의 이유 또는 그 절차를 공개할 의무가 없다. 또한 공공부문은 동등한 투표권을 인정하지만 시장은 불평등한 구매력을 기초로 한다. 이리하여 민영화는 정보의 공개, 공공적 심의나 책임을 약화시킨다(조택, 1997: 124).

⑤ 가난한 사람과 소외된 계층에 대한 안정적인 서비스 공급에 대한 의문을 초래하며, 나아가 공공부문의 고용을 줄이므로 실업의 두려움을 초래하게 된다.

또한 이들 민영화의 반대론자들은 민영화가 반드시 효율성을 높일 것이라고 보기 어렵다는 것이다. 이러한 근거로 ① 단순한 소유권 이전만으로는 효율성을 보장할 수 없고, 일정한 조건하에서는 공기업이 효율적일 수도 있다. 생산영역에서의 효율성은 높을 수 있지만, 민간독점으로 전환될 경우 배분적 효율성이 크게 침해되어 전체적인 효율성은 낮아질 수도 있기 때문이다. ② 신속한 민영화라는 정치적 목적을 달성함에 있어 공기업을 인수할 것이 예상되는 개인이나 기업의 반대를 피하기 위해서 경쟁, 효율성 향상을 위한 조치는 미루는 반면, 기업의 독점적 지위를 유지시켜 효율성 증진에 실패한 사례가 발생한다(예를 들면, 영국통신(British Telecom)과 영국가스(British Gas) 등이 있다). ③ 민영화는 시장의 경쟁적 환경을 자동적으로 보장하지 못할 뿐 아니라 개발도상국에서는 오히려 국가독점을 대신하여 공익산업 부문에 대한 국내외 사적자본의 독점을 보장하게 된다. 그 결과 국가에 의한 최소한의 사회보장은 해체되어 빈곤층의 경제적 부담을 가중시킨다.

3) 민영화의 기본적 조건

민영화는 만병통치약(panacea)이 아니며, 많은 어려움에 놓여있다. 민영화가 추구하는 목적을 효과적으로 달성하기 위해서는 몇 가지 기본적인 조건이 갖추어야 한다.

① 경쟁상황을 보장하기 위해서는 시장지향적 시스템을 확립해야 한다.

② 정부에 의해 강요된 제약조건들을 제거하고, 기업활동을 시장의 힘의 상호작용에 맡겨야 한다.

③ 경제행위의 주체가 조직을 효율적으로 운영하고, 필요한 투자계획과 투자를 이루어내기 위한 신축적 기반을 제공할 수 있도록 의사결정자의 자율성을 확보하는 분권화된 시스템이 확립되어야 한다.

④ 민간부문과 시장경제의 활성화를 추구하는 법적·제도적 측면이 체계화되어야 한다.

⑤ 개인적, 집단적, 이념적 차원에서의 제약조건들을 적절히 관리하고 통제할 수 있는 정부의 노력이 요구되며, 또한 민영화에 대한 지도자의 강력한 신념이 있어야 한다.

⑥ 민간으로 이전된다 하더라도 공익성이 훼손되지 않아야 한다. 또한 고객의 정보공개로 개인의 프라이버시가 침해되지 않도록 해야 한다.

⑦ 민영화의 추진과정이 원활하게 이루어지기 위해서는 집행과정의 적절성이 확보되어야 한다. 이를 위해 민영화 집행과정에 나타난 문제점을 시정하기 위하여 국가능력과 국민경제적 상황에 대한 보다 거시적인 분석과 함께 다양한 대안의 모색 및 효율적인 집행체계가 확립되어야 할 것이다.

3. 민영화의 유형

공공부문의 소유권, 재원 및 책임성을 이전하는 민영화의 유형은 다음과 같이 다양한 방식으로 이루어진다(Savas, 1987; 정우일, 1990).

1) 공기업의 매각(sale)

정부가 소유하고 경영하는 공기업의 소유권 전부 또는 51%의 주식을 민간기업에게 매각함으로써 공기업을 민간기업화하는 방식이다.

2) 민간위탁(contracting out)

정부가 공공재와 서비스의 공급활동을 민간기업과의 법률적인 계약에 의해 민간기업이 정부의 활동을 수행하는 방식이다. 민간위탁은 경쟁적인 요소에 입각하여 국민들에게 보다 나은 서비스를 효율적으로 제공할 뿐 아니라, 나아가서는 이를 통해 정부규모의 성장을 억제하거나 작은 정부를 실현할 수 있는 최적의 대안으로 주장되고 있다.

효과적인 민간위탁은 세 가지 요소들로 구성되어 있다. ① 정부가 배열자로서 수탁사업자를 지정하게 되는데, 이러한 지정은 수탁가능 사업자들 간의 경쟁에 입각하여야 한다. ② 정부는 특정 기능(서비스)에 대한 위탁자로서 위탁업무를 둘러싸고 수탁사업자와의 관계에서 상호간의 권리와 의무를 규정하는 계약을 체결해야 한다. ③ 대국민과의 관계에서 해당 기능에 대한 책임을 여전히 지고 있는 정부는 대국민과의 관계에서 계약에 입각한 서비스가 제공될 수 있도록 이를 감시하고 관리해야 한다.

민간위탁은 정부의 다양한 정책분야에서 광범위하게 활용되고 있지만, 민간위탁 추진과정에서 내외적으로 발생하는 많은 어려움과 장애요인이 있다.

① 잠재적인 경쟁의 부재   정부가 수행하던 대부분의 기능들은 시장실패가 존재하여 정부가 독점적으로 공급하던 것들이어서 현실적으로 시장에서의 경쟁이 기존에 존재하지 않거나 잠재적으로도 경쟁상태를 조성하기 어려운 점이 있다.

② 공직자의 저항   민간위탁은 정부가 국민에게 서비스를 직접 생산하여 제공하던 것을 경쟁을 통해 특정 민간기업에 위탁시킴으로써 무엇보다 정부 내 서비스 제공을 담당하던 조직과 인력을 축소함에 있다. 하지만 정부 내 조직과 인력의 감축은 현실적으로 많은 장애가 따른다.

③ 법적인 장애   대부분의 정부기능들은 정부조직법이나 개별법, 나아가서는 직제를 비롯한 하위법령에 근거하고 있다. 이러한 기존의 법제도는 민간위탁을 실현함에 있어 현실적으로 큰 장애로 작용한다.

④ 성과수준 규명의 어려움   민간위탁은 국민에게 제공되어야 할 서비스 내용 및 수준이 계약내용에 구체적으로 표현될 것을 전제한다. 하지만 정부가 제공하는 서비스의 내용과 수준을 구체적으로 규명한다는 것은 상당히 어렵다.

⑤ 관리진 자원확보의 어려움   민간위탁은 무엇보다 행정수반이나 기관장을 비롯한 최고 관리진의 절대적인 지원이 전제되어야 한다. 하지만 선거를 의식하는 최고 관리자들이 국민들과 공직자들의 반대를 무시하기는 현실적으로 어렵다.

⑥ 부패가능성   민간기업과 수탁기관의 선정 및 이들과의 계약을 담당하고 있는 공직자들 간에 일종의 뒷거래, 부패가 개입될 소지가 있다.

⑦ 책임성(accountability) 확보상의 문제   민간위탁은 내재적으로 국민의 수요를 적극적으로 파악하고 이를 충족시켜야 할 유인이나 필요성이 낮거나 없기 때문에 국민에 대한 책임성을 확보하기가 어려워 국민이나 담당 정부조직 구성원들로부터 반발을 받을 수 있다(박종훈, 2000).

3) 프랜차이즈제도(franchises)

프랜차이즈제도는 정부가 계약을 통해 지정하는 개인이나 기업, 비영리단체 등이 서비스를 공급하고 그 비용을 서비스 수급자가 직접 부담하고 공급자에게 지불하는 방식이다(김인, 2017). 이 제도는 정부가 한정된 지역적인 영역 내에 특별한 서비스의 공급에 대한 절대적인 권한을 민간기업에게 부여하는 방식이다. 전기, 가스, 상수도, cable TV, 쓰레기수거, 공항서비스 등이 있다.

프랜차이즈 방식은 포괄적 프랜차이즈와 비포괄적 프랜차이즈가 있다. 포괄적 프랜차이즈는 한 개 이상의 공급자를 두는 것이 비능률적이거나 안정하지 않기 때문에 한 개의 기업이나 기업이 지리적 영역 내에서 특정서비스를 전달할 유일한 권한을 부여하는 제도이다. 비포괄적 프랜차이즈는 두 개 이상의 서비스 공급자를 두어 시민들이 서비스 공급자를 선택할 수 있는 제도이다(김인, 2017).

4) 보조금 체결(subsidy arrangement grants)

공공재와 서비스를 공급하는 데 기여하는 민간조직이나 개인들에게 정부가 세금을 감세하거나 재정적인 보조를 제공하는 방식이다. 탁아소사업, 노인복지사업, 문화·예술 활동, 박물관사업 등이 있다.

5) 바우처(vouchers)

바우처는 국가가 일정한 자격기준을 충족하는 개인에게 특정 재화나 서비스를 구매할 수 있는 권리를 제공하는 지불인증권(redeemable certificates)이다. 공공서비스에서 바우처 방식을 도입하는 이유는 소비 측면에서 수급권자의 선택권, 편리성, 만족도를 제고하며, 공급 측면에서는 공급자들 간 경쟁을 촉진하여 서비스 질을 제고할 수 있기 때문이다(김순양, 2019).

바우처는 지불방식에 따라 명시형, 묵시형, 환급형으로 구분되기도 한다. ① 명시형은 푸스트템프나 문화상품권처럼 소비자에게 직접 지급하는 방식이다. ② 묵시형은 바우처 수급자가 1차 소비를 하고 난 후 정부가 이에 대해 공급자에게 후불지불하는 방식으로 유아교육지원사업과 장애아교육지원사업 등이 있다. ③ 환급형은 소비자가 직접 비용을 개인적으로 지불한 후 이에 대해 정부가 세액공제 등을 활용하여 소비자에게 환급해 주는 방식이다(이창근 외, 2011).

정부가 특정상품(서비스)에 대한 지불인증권인 바우처를 활용하는 목적은 다음과 같다(정관호, 2007: 64-45). ① 바우처는 공공서비스의 효율성과 형평성 제고 차원에서 사용된다. 바우처의 효율성은 선택권 행사에 따른 만족도 증가와 경쟁에 따른 생산비용 절감에서 비롯된다. ② 특정목적을 위해 공공서비스의 수요·공급을 조정하려고 할 때 바우처를 사용할 수 있다. 즉, 현금지급에 비해서 소비자

선택권은 떨어지지만 다른 용도로 사용되는 부작용을 막을 수 있다. 또한 특정산업이나 서비스분야의 소비촉진을 목적으로 시행할 수 있다. ③ 공공부문의 비효율성 문제를 해결하기 위해 민간부문의 생산시설이나 제도를 이용할 필요가 있는데 여기에 바우처가 적절하게 활용될 수 있다. ④ 정부예산을 통제하는 기능을 가진다. 특정 공공서비스에 대한 구매액을 한정함으로써 예산에 대한 통제력을 제공해 준다. ⑤ 바우처는 계약방식에서 수반된 대리인 비용을 줄일 수 있다. 정부가 계약자의 행태나 산출물을 감시·감독하는데 소요되는 비용을 소비자 선택권을 통하여 대체할 수 있다.

6) 자선단체 봉사(volunteer personnel/organization)

정부의 경비절감, 지역공동체의 삶의 질을 향상하기 위한 방안으로 공공서비스 공급에 있어 자선단체와 지원자를 활용하는 방식으로 민영화할 수 있다. 이들 자선단체와 지원자에게 교육의 실시 및 정책적인 프로그램을 개발하는 공공서비스의 공급에 활용할 수 있다. 범죄방지와 순찰업무, 의료사업 등의 활동이 있다.

7) 자립형태(self-help/self-service)

정부가 개인과 집단에게 서비스를 스스로 공급할 수 있도록 유도하는 방식이다. 폐품활용센터, 자녀들의 방과후 지도, 노약한 부모나 친인척 간호 및 부양 등의 활동이 있다.

이와 같은 민영화의 유형은 생산(소유)과 공급주체라는 요인에 따라 <표 21-1>과 같이 분류할 수 있다. 생산주체(生産主體)란 자본조달과 관련하여 특정 개인 또는 단체가 기업의 자본에 대하여 지분을 갖는 것을 의미하며, 제공책임(提供責任)은 경영을 담당 또는 통제하는 주체를 의미한다.

협의의 민영화 유형은 정부보유주식을 민간에 완전히 매각하는 동시에 정부 규제 등의 철폐로 정부의 공급책임도 민간부문에 부여하는 완전민영화를 의미하나, 광의의 민영화 유형은 정부가 통제할 수 없을 정도의 주식매각이 이루어지는 부분민영화와 정부가 계속 정책결정 등에 있어 기업활동에 개입하는 형태도 포함되며, 나아가 생산은 민간이 하되, 그 운영 및 공급책임을 정부가 갖는 형태도 포함될 수 있다.

표 21-1	민영화의 유형

생산 / 제공	정부	민간
정부	− 정부의 경제활동(공공재 생산, 소득안정화 산업정책 등) − 소량주식매각을 실시한 부분적 민영화	− 정부가 통제할 수 없을 정도의 주식매각이 된 민영화와 함께 정부규제의 존속 − 정부소유기업의 민간대여 − 상품 및 서비스 제공을 민간인과 계약 (예: 쓰레기 수거)
민간	− 안전공급에 있어 민간이 결정하여 정부에 요청	− 완전민영화

II 책임운영기관

1. 책임운영기관의 의의와 특징

선진 각 국가들은 국가적 경제위기를 극복하기 위한 방안의 일환으로 책임운영기관을 도입했다. 책임운영기관(agency service)은 공법에 의한 법적 지위가 인정되고, 정부부처에서 기능적으로 분화되어 있으며, 일반 정부기관보다 많은 자율성이 보장되면서도 소속된 정부부처와 연계되어 있는 기관을 말한다(박석희, 2015).

책임운영기관 설립의 목적과 이념은 효율성(efficiency), 서비스 전달의 향상, 그리고 부가적 재원확보(additional savings)를 하는 것이다. 나아가 책임운영기관은 계층제적 모형에서 탈피하여 시장적이고 신축적인 방식을 중시하며, 행정책임성의 초점을 투입통제에서 성과통제로의 전환을 강조한다. 또한 책임운영기관의 설립은 민간기업의 원리를 정부부문에 도입하는 것으로, 이를 통해 보다 효율적이고 효과적인 서비스의 전달을 목적으로 한다. 이와 같이 책임운영기관은 부처 형태의 정부조직에 얽매이지 않고 고객에게 만족을 주는 공공서비스의 전달을 위해 집행전담조직을 만들려는 노력에 의해 나타났다.

영국은 책임운영기관(Next Steps Agency)을 선정함에 있어 특정기관의 수행기능을 정밀진단하는 사전적 대안분석제도(Prior Option Review)를 실시한 후, 그 결과를 바탕으로 공공서비스처와 재무부와 협의하여 이루어진다. 정밀진단의 내용에는 ① 그 기능이 필요한지, ② 그 기능을 공공부문이 책임져야 하는지, ③ 공공부문이 그 기능을 직접 수행해야만 하는지, ④ 합리화의 범위는 어디까지인지, ⑤ 그 기능은 어떻게 관리되어야 하는지 등의 심사가 포함된다(황윤원 외, 2003: 72).

캐나다 정부도 정부개혁의 한 방법으로서 제한된 재원으로 국민에게 향상된 서비스를 제공하기 위해, 부처 내의 집행적 기능의 분리와 경영상의 재량권과 신축성을 보장한 특별행정기관(Special Operating Agencies: SOAs)의 설립 및 부처 간 유사기능을 하나의 기관으로 통합하는 독립서비스기관 설립을 추진하였다.4)

2. 책임운영기관의 운영방식과 유형

1) 책임운영기관의 운영방식

미국의 경우, 1997년부터 NPR은 일부 연방기관을 성과중심 조직체 또는 정책부서에서 집행기능을 분리하여 새로운 조직형태로 전환하였다. 장관이나 담당부서장에게 직접 보고하는 별도의 조직체로서 사장인 운영책임자(Chief Operaing Officer: COO)는 3년 내지 5년의 임기 동안 해당조직체와의 관계·업무영역·조직체의 목표·성과측정기준 및 재량권의 범위를 명확히 규정한 서면계약서가 작성되고, 운영책임자에게는 성과중심 조직체의 조달 및 인사규정에 대한 자율권이 부여되는 대신 조직의 성과에 대한 책임성이 주어진다. 또한 계약서의 목표를 달성하기 위하여 필요한 경우에는 연방정부의 성과중심 조직체에 대한 규제를 완화하거나 유보할 권한이 장관에게 주어진다(황윤원 외, 2003: 315).

책임운영기관의 기관장은 대체로 공개경쟁채용 원칙으로 이루어진다. 기관장은 독자적인 임금협상·결정권 및 조직·인사권을 갖고 있어 사실상 민간기업의 최고경영자(CEO)와 유사한 권한을 행사한다.

---

4) SOAs는 각 부처기능 중 집행적·사업적 성격이 강한 부분을 독립적으로 운영하여 정책을 효과적으로 추진하기 위해 설립되었다. SOAs는 다음과 같은 기능과 임무를 담당하기 위해 설립되었다. ① 전반적인 서비스 평가를 통해 고객 상담 및 고객 서비스 개선, ② 사업적인 경영철학의 도입과 비용절감의 촉진, ③ 조직 운영결과에 대한 책임감을 부여, ④ 정보기술의 이용, ⑤ 효과적인 경영과 관리, ⑥ 서비스 업무의 개혁, ⑦ 학습과 훈련과정의 발전을 통한 효과적인 경영의 강조 등이다(황윤원 외, 2003: 261-382).

2) 책임운영기관의 유형

책임운영기관의 유형은 관리재량권과 성과계약의 강도에 따라 <표 21-2>와 같이 네 가지 유형으로 구분할 수 있다(박석희, 2015).

① Ⅰ형 전통적 소속기관형으로 주무부처에 의한 계층제적 통제를 받는 소속기관형으로 책임운영기관화가 추진되기 이전의 기관 유형이라고 할 수 있다.

② Ⅱ형 내부적으로 성과계약체계를 도입하는 유형으로 영국의 1980년대 Financial Management Initiative체제, 1990년대 이후 책임운영기관으로 운영되는 영국의 국세청과 관세청이 이 모형에 유사하고, 국내에서는 우정사업본부가 이러한 모형에 가깝다.

③ Ⅲ형 주무부처로부터 구조적으로 분화되어 관리자율성을 갖지만 공식적인 성과계약이 미약한 형태로 성과계약제도가 도입되기 전의 미국 연방정부의 소속기관, 스웨덴과 핀란드의 기관유형이라고 볼 수 있다.

④ Ⅳ형 책임운영기관의 원리에 충실한 유형으로 구조적 분화와 성과계약제도를 갖는 유형으로, 영국의 Next Steps Agency, 뉴질랜드의 Crown Entity, 미국의 Performance-based Organization 등이 이러한 사례에 속한다고 볼 수 있다. 특히 우리나라의 책임운영기관제도는 Ⅳ형에 가깝다. 이는 책임운영기관을 구조적으로 분리하여 자율성을 확대하되 관리지침을 마련하고, 중앙행정기관장과 책임운영기관장 간에 성과계약을 통한 책임성 제고를 강조하기 때문이다.

표 21-2 책임유형기관의 유형

구분	조직통합	조직분화
성과계약 약	Ⅰ형 (전통적 소속기관)	Ⅲ형 (미국의 소속기관)
성과계약 강	Ⅱ형 (영국의 국세청/관세청)	Ⅳ형 (영국, 뉴질랜드, 미국 PBO)

자료: 박석희(2015: 5).

| III | 총체적인 품질관리 |

1. 총체적인 품질관리(TQM)의 의의와 특징

총체적인 품질관리(Total Quality Management: TQM)는 고객지향의 제고, 구성원에게 임파워먼트(empowerment), 벤치마킹(benchmarking), 지속적인 향상프로그램을 통하여 보다 높은 고객만족(customer satisfaction)과 생산성(productivity)을 추구하는 생산성 향상을 위한 전략을 포함하는 것이다. 품질(品質, quality)이란 고객의 욕구와 합리적인 기대에 부응하고 또는 능가하는 것으로 정의된다(Berry, 1991). 이리하여 품질에는 서비스에 대한 성과, 적합(conformance), 정확성, 신뢰성, 적실성 등의 구성요소로 이루어진다(Federal Quality Institute, 1991).[5] 이 점에서 TQM은 고객중심에 초점을 주며, 전 직원의 참여를 강조한다. 이에 TQM은 고객의 기대가 지속적으로 증가되고 변화하기 때문에 끊임없는 과정(unending process)이다.

이러한 TQM에 대한 관심은 공통적인 관료제의 문제에 대한 교정수단이 될 수 있다는 토대에서 나타났다. 즉, 시민들은 정부의 낭비, 비효율성과 오류, 비융통성(inflexibility), 무반응성, 접근곤란성(inaccessibility), 오만, 무의식적인 관료, 평범(mediocrity), 거짓 서비스(shoddy services), 번문욕례(red tape), 행정기관 사이의 끊임없는 세력싸움(turf battle) 등에 의해 좌절하고 있다. 이러한 정부의 비기능성(非機能性) 원인이 되는 조직구조를 근본적으로 변경하여, 관료제 문제를 극복하고자 TQM을 추구하는 것이다.

이 점에서 TQM 옹호자들은 관료제 병리현상을 교정하기 위해 단기적인 해결책 또는 마술의 탄알(magic bullets)이 있는 것이 아니라 체계적인 변화프로그램이 필요하다고 주장한다(Berman & West, 1997: 213-214). 이와 같이 TQM의 목적은 이해관계자(stakeholder)의 욕구에 반응성을 증가하며, 비용을 감소하고,

---

5) 품질관리(Quality Control: QC)는 품질 계획을 수립하여 이를 달성하기 위한 활동의 전체를 의미한다. 구체적으로 품질요구사항들을 충족시키기 위하여 사용되는 운영상의 기법 및 활동이다. 반면에 TQM은 품질을 중심으로 하는 모든 구성원의 참여와 고객만족을 통한 장기적 성공지향을 기본으로 하며, 조직의 모든 구성원과 사회에 이익을 제공하는 조직의 경영적 접근이다(박진경·최선미, 2010: 98).

그리고 정부 서비스의 적실성(timeliness)을 증가하는 것이다.

2. TQM의 연역, 구성요소 및 과정

1) TQM의 연역

1980년대 미국에서 TQM의 탄생은 Taylor의 과학적 관리론, 그리고 Gulick 과 Urwick의 행정원리에 대한 새로운 사고가 제기되면서 일어났다. 이러한 TQM 의 기원은 2차 세계대전 동안 대규모 미국 회사의 생산방식에서 찾아 볼 수 있다. 2차 세계대전 동안 미국 회사들은 단기간에 상업적인 생산품에서 전쟁용품을 생산하는 것으로 전환했다. 이 기간 동안 질 통제와 관리(quality control and management)에 관한 사고가 발전되었다. 즉, 과학적 관리, 시간과 동작연구, 대량생산체계가 전개되었다. 전쟁 이후 미국 회사들은 이전의 제조업으로 전환되었다. 하지만 전쟁 동안 높은 수준의 제조기준들이 발전하지 못하였다. 반면에 일본은 지속적인 향상이라는 의미를 가진 kaizen의 개념을 발달시켰다. 이리하여 1970년에 일본 상품의 질이 미국 상품의 질 수준으로 향상하였다.

이 점에 대해 Deming(1982)은 미국의 관리현장에서 서구적 관리의 질병(dis-eases of western management)이 나타났다고 지적한다. 즉, 항구적인 목적의 결여, 관리(직업)의 이동성(mobility of management), 가시적인 성과(예를 들면 고객만족)에 토대를 둔 조직운영의 성향, 과도한 의료와 법률적인 비용 등이 일어났다. 이러한 배경하에 1980년 말엽, 선도적인 많은 미국 회사들이 TQM의 구성요소에 초점을 두기 시작하였다. 즉, 벤치마킹, 권한부여, 팀 관리, 적실성, 과정 재설계(process reengineering) 등과 같은 구성요소를 도입하기 시작했다. 이리하여 1990년 초에 이르러 TQM은 소규모 회사, 비영리조직, 병원, 연방정부, 주정부 및 지방정부에서 도입하기 시작하였다.

2) TQM의 구성요소

TQM은 새로운 작업현실에 수용하기 위해 노동자들에게 이전 방식의 사고를 벗어버리라고 요구한다. 이 점에서 TQM은 노동자의 창의성, 팀워크, 권한위임을 조장한다. TQM의 리더는 노동자나 동료들에 대해 지원자, 교관, 조언자(mentor), 코치이어야 한다. 즉, 리더는 팀 목표의 성취에 도움을 주는 공유하는 비전과 전략에 관심을 가져야 한다. 또한 TQM은 노동자와 동료집단에게 창의성과 권한위임을 강조한다. TQM은 전통적인 관리 계층제를 파괴하며, 일선 노동자들이 서비스하는 고객에게 좀 더 접근하도록 한다(McKinney & Howard, 1998: 184). 이와 같은 TQM의 철학은 조직의 문화가 변화되어야만 성취될 수 있을 것이다.

이러한 TQM의 구성요소는 다음과 같다(Berman & West, 1997: 216 – 220).

① 고객의 성향(customer orientation)   행정기관은 모든 고객을 명확하게 하는 것이 요구되며, 그리고 목적이 모든 고객에게 부응하는 것을 보장하기 위해 서비스를 설계하여야 한다.6)

② 지속적인 향상(continuous improvement)   지속적인 향상은 고객만족에 대한 정기적인 평가를 의미한다. 또한 관리자는 고객만족과 서비스 분배과정을 향상하기 위해 끊임없이 노력해야 한다. 향상은 구체적이고, 측정할 수 있고, 책임질 수 있고, 현실적이고 그리고 팀의 토대에서 측정할 수 있어야 한다.7)

③ 구성원의 임파워먼트(employee empowerment)   고객의 요구에 대응하기 위해 구성원에게 권한을 부여하는 것은 중요한 전략이다. 임파워먼트는 개인과 팀이 업무수행과 업무환경의 중요한 결정을 할 수 있도록 허락하는 일반적인 전략이다. TQM에 있어 구성원과 팀에게 고객을 만족할 수 있는 광범위한 책임성이 주어진다. 이러한 임파워먼트의 합리적 기준은 고객의 다양한 요구를 부응하기 위해 유연성과 적실성을 구성원에게 허용하는 것이다.

④ 도구(tools)   TQM은 서비스 분배과정의 성과를 평가하기 위해 다양한 논리적·통계적인 도구를 활용한다. 이러한 도구들은 비용을 증가하고 적실성을 줄이는 가외성(redundancies)을 인지하기 위한 업무흐름(workflow) 분석과 체제적 분석을 활용한다. 서비스 분배과정의 잘못을 추적하기 위해 인과관계의 도표 또는 생선뼈와 같은 도표(fishbone diagrams)의 도구를 활용한다. 파레토 차트와 변수 사이의 관계를 보기 위해 분산 도표(scatter diagrams)를 활용하고, 국외자(outliers)를 인지하기 위해 어떤 과정의 성과를 조정하는 통제차트(control charts)

6) 고객지향성을 향상하고, 그리고 평가에 관련된 기본적인 문제점은 다음과 같다. ① 누가 우리의 고객인가? ② 고객은 무엇을 기대하는가? ③ 제공하고자 하는 서비스의 표준의 목적은 무엇인가? ④ 이 표준을 이행하는 데 어떠한 실패원인이 있는가? ⑤ 그것을 향상할 수 있는 것은 무엇인가? 고객의 기대와 만족 또는 불만족은 설문조사를 통하여 구체화하고 측정할 수 있다. 또한 설문조사에 의해 시정부 부서의 공무원들 만족도도 측정할 수 있다.
7) 이것을 영어 첫 글자를 따서 SMART(specific, measurable, accountable, realistic, and team–based)로 명명하기도 한다.

표 21-3 전통적인 조직의 유형과 TQM 조직의 유형의 비교

전통적인 조직	TQM 조직
조직의 방향지표는 재정적 안정	조직의 방향지표는 고객만족
계층적인 조직구조	업무단위에 권한 위임된 수평적인 구조
최고 관리의 기획 중심으로	자율적인 업무단위 중심으로
규칙과 규제에 일치하기 위한 정향	고객의 욕구와 결과에 부응하는데 초점
집권화된 명령과 통제	분권화된 기획
직접적인 감독	지도적인 감독(coaching supervision)
사후적인 평가와 조사 (문제가 없으면 현상유지)	지속적인 향상
교육에 대해 낮은 우선순위가 부여됨	교육이 지속적인 향상을 위한 주요한 전략임
개인적 성향에 초점을 둔 성과평가	성과평가는 개인적 성향과 팀 성향에 초점을 둠
분리된 자료체제	통합적인 자료체제
노동자들이 빈약한 업무성과의 원인이 됨	책임적인 관리

자료: Berman & West(1997, 219).

의 도구를 사용한다. 그리고 참고하고 있는 자료의 분포를 배열하기 위해 히스토그램(histograms)의 도구를 이용한다. 이러한 도구들은 부수적인 과정을 통제하기 위한 기본을 제공한다.

특히 <표 21-3>은 TQM을 활용하는 조직이 전통적으로 관리되는 조직과 어떠한 차이점이 있는가를 보여준다. TQM조직은 보다 평면적인 구조를 하고, 업무단위에게 권한을 부여한다. 코칭타입의 감독에 의존하고, 고객의 욕구에 부응하는 것을 강조하며, 그리고 고객욕구에 부응하는 것에 있어 계량적인 기법을 활용한다. 구성원들에게 요구되는 기술을 보유하도록 교육훈련을 제공하고, 그리고 새로운 서비스 목적을 인지하기 위해 고객에게 설문조사를 한다.

3) TQM의 과정과 성공요인

TQM은 고객의 기대에 부응함에 있어서 조직의 목표를 최대하게 성취하도록 안내를 제공하는 철학, 일련의 원리, 도구, 절차이다. TQM은 최고관리자의 몰입과 조직의 모든 구성원들의 참여가 요구되며, 결코 끝나지 않는 여정(never-ending journey), 지속적인 과정이다. TQM은 최상의 결과가 실현될 수 있도록 모든 과정을 지속적으로 향상하는 통합적 관리체제이다. 최고의 질은 적기에 업무가 정당하게 수행되는 것이다(McKinney & Howard, 1998: 178-179). 또한 TQM은 내·외부 고객에게 가능한 최소의 비용으로 최고의 질적 제품과 서비스를 제공하기 위해 끊임없이 추구하는 과정이다(McKinney & Howard, 1998: 184).

이러한 TQM의 과정은 5단계로 구성되어 있다.

① 연구와 진단단계   산출, 고객의 요구와 만족, 질의 가격, 참여자, 과정의 제약요인 등을 확인한다.

② 분석단계   공통적인 원인, 특별한 원인, 그리고 능력의 관점에서 편차를 이해하기 위해 노력한다. 이 단계에서 새로운 사고가 개발되며, 그리고 근본적인 원인을 표출하고 시험한다.

③ 해결단계   계획된 개선을 명확하게 한다.

④ 집행단계   시스템을 작동하고, 변화를 기록하며, 시스템 성과를 평가하고, 그리고 참여자에게 보상한다.

⑤ 감시단계(monitoring phase)   성과향상이 지속되고, 그리고 첫 번째 단계로 재순환 되도록 확보한다.

이러한 TQM은 상당한 정도의 훈련이 요구된다. 훈련하기 위한 자원은 재정적인 위기 때문에 많은 지역에서 어려움이 있다. 또한 TQM은 복잡한 정부의 목적이라는 공공성의 본성 때문에 어려움에 놓여있다. 더욱이 생산성 향상은 다음과 같은 세 가지의 변화 속에 일어나는 질 향상의 부산물이다. ① 올바른 일을 추구함으로, ② 비용-효과성을 확보하기 위한 서비스의 재창조를 통하여, ③ 권한위임을 통한 불필요한 관리의 계층을 줄이므로 일어나는 부산물(by-product)이다.

이러한 TQM이 조직운영에 자리잡기 위해 가장 중요한 것은 비전을 지닌 지도성에 있다. TQM실행의 성공요인은 ① 최고관리자의 의지와 리더십에 의한 품질방침의 수립 및 경영자 진단, ② 수립된 방침의 추진과 관리, ③ 조직구성원의 조직적 참여, ④ 교육과 훈련에 의한 인적자원의 능력개발, ⑤ 공정의 관리와 품질관리기법의 활동이다(박진경·최선미, 2010: 99).

IV	균형성과표

1. 균형성과표의 의의와 특징

균형성과표(Balanced Scorecard: BSC)는 하버드 경영대학의 Robert Kaplan과 David Norton이 기존의 재정성과 중심의 성과측정방식의 한계를 극복하기 위해 창안한 1992년의 "균형성과표: 성과를 유인하는 측정(The Balanced Scorecard—Measures the drive Performance)"이라는 논문을 통해 관심을 갖게 되었다.[8]

BSC는 모든 계층에 있는 관리자가 그들의 주요 업무분야에 있어서의 성과를 모니터링 하는 것을 돕는 새로운 관리 개념이다. 이는 단순한 관리시스템이 아니라 조직이 그들의 비전과 전략을 명확히 하고 그것들이 행동으로 연결될 수 있게 하는 전략적 관리시스템이다(박찬석, 2005: 71). 결국 BSC는 조직의 비전과 미션을 설정하여 그로부터 전략목표와 성과목표를 끌어내고, 이를 달성하기 위해 조직 내 모든 역량을 집중하는 시스템이라 할 것이다(문호승, 2005: 39).

표 21-4 MBO와 BSC

구분	목표관리제(MBO)	균형성과관리제(BSC)
목표설정	관리자와 직원이 함께 달성 가능한 목표설정	거시적, 궁극적인 목표달성
평가시점	목표수립 중, 과업진행 중, 종료 후	필요하지 않음
책임형태	분권화	분권화
자원배분/통제	전략적 연간계획 또는 우선순위 중시	성과와 연계
문제해결방식	예방(prevalation)에 중시	경보(alarm) 중시
관리방식	결과와 성취에 초점, 결과중심관리	성과와 기대효과 중심관리

자료: 황성원(2007: 9).

이러한 BSC와 MBO의 차이점을 보면, MBO 시스템이 개별 또는 팀별로 구체적인 목표를 세워놓고 이를 달성할 수 있는지의 여부에 초점이 맞추어 있다.

---

8) 두 연구자는 눈에 보이지 않는 비재무적 지표들에 관심을 기울였고 측정할 수 없는 유·무형 자산에 대한 관리의 중요성을 인식하고 이를 관리할 수 있는 지료로 전환하였다(문호승, 2005: 39).

그림 21-1 BSC 기본 모델

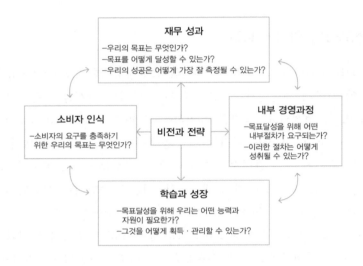

자료: 박천석(2005: 71).

반면에, BSC는 보다 거시적인 관점에서 궁극적인 목표를 설정하고 이를 달성할 수 있는지를 보여주는 것이다. 특히 MBO의 구체적인 목표는 대부분 사업자체로서 이것을 달성하였는지 여부에 따라 성과가 판정되나 특정한 사업이 달성된 후에 이것이 특정기관에 얼마나 도움이 되었는지에 대한 정보가 부족하다. 이러한 단점을 보완한 평가방법이 BSC라 할 수 있다(황성원, 2007: 10).

　　Kaplan과 Norton에 의하면, <그림 21-1>과 같이 BSC가 조직의 성과를 측정하기 위해 측정의 범위를 재무성과(financial performance),[9] 소비자 인식 (customer knowledge),[10] 내부 경영과정(internal business processes),[11] 학습과

---

9) 재무 관점의 성과는 기관의 비전을 나타내 준다. 즉, 재무관점이란 기업의 전략과 실행이 순이익 개선에 얼마나 기여했는지를 나타내는 것으로 기업의 주요 이해 관계자들에게 재무적인 지표를 통해 조직의 성과를 보여주기 위한 것이다. 공공기관의 경우는 수익성뿐만 아니라 비재무적인 관점의 성과인 공공성도 중요한 가치이다(김인, 2008: 867).

10) 고객관점의 핵심적인 결과측정치에는 고객만족, 고객유지, 새로운 고객확보, 고객수익성, 고객의 구매점유율 등이 포함된다. 이에 정기적으로 고객의 서비스만족도를 조사하여, 고객입장에서 고객의 수요를 파악하는 등의 관리활동이 중요한 과제일 것이다.

11) 내부프로세스 관점의 핵심적인 결과측정치에는 개인과 부서 간의 협력, 의사소통, 조직구

성장(learning and growth)[12] 등 네 가지 영역으로 넓히고 있다. 그리고 조직의 비전 및 전략과 연계된 각 분야별 목표들을 각 조직 단계별로 정한 후 이를 추진하고 이에 대한 성과를 측정하는 시스템이다. 이처럼 BSC는 조직의 최상위 목표 체계인 비전에 기초하여 전략을 설정하고 목표를 설정한 후 이를 성과지표와 연계하는 일련의 체계적이고 논리적인 모습을 갖는다.

이 점에 있어 BSC는 기존의 파편화된 업무중심의 성과평가체계를 극복하고, 조직의 비전과 전략에 대해 유기적 연계성과 소통성 중심의 성과평가체계로 발전한 평가시스템이라 할 것이다(김인, 2008: 869). 이리하여 BSC의 성공적인 정착을 위해서는 인적자원관리시스템 및 전산시스템이 잘 구축되어야 할 것이다.

또한 Kaplan과 Norton는 BSC의 장점을 다음과 같이 지적한다. ① 전체 조직이 획기적인 성과 개선을 위하여 필요한 핵심 사안에 집중할 수 있게 한다. ② 품질 개선, 조직 재설계, 소비자 서비스 개선과 같은 다양한 조직의 사업(program)을 통합하는 것에 도움을 준다. ③ 전략적 측정치를 세부 조직 단위별·수준별로 분리하여 조직 단위별 관리자나 운영자, 그리고 조직 구성원들이 조직 전체적인 최고의 성과를 내기 위하여 그들에게 요구되어지는 것이 무엇인지를 알 수 있게 한다.

2. 균형성과표의 성공과 실패요인

미국에 있어 BSC제도를 처음 도입한 도시는 노스캐롤라이나의 Charlotte City이다. 이 도시는 1990년대 초부터 조직 재설계 등 정부부문의 혁신운동을 시작하였다. Charlotte 시는 BSC의 도입을 위해 예산·평가 부서 직원 등으로 구성된 기획단을 구성하고, BSC 수행과정을 지도할 컨설턴트를 고용하였으며, 추진팀은 시의 전략계획을 조직 전체 성과표 작성의 기초로 사용하였다.

BSC가 성공적으로 정착되기 위해서는 다음과 같은 요소들이 뒷받침되어야 할 것이다(박찬석, 2005: 76).

조의 탄력성, 업무처리절차의 지속적인 개선 등이 포함된다. 이에 내부프로세스 혁신은 고객에게 직접적으로 많은 영향을 미치는 것으로 조직경쟁력과 성과향상에 중요한 요인이 된다(김인, 2008: 869).

12) 학습과 성장 관점은 네 가지 관점 중 가장 근원적이자 미래지향적인 것으로 조직의 장기적인 잠재력에 대한 투자가 조직성장에 얼마나 영향을 미칠 수 있는지를 파악할 수 있게 한다(김인, 2008: 870).

① 전략이 뒷받침되어야 한다. 나아가 전략개발 및 실행에 대한 최고 관리층 및 조직 전체적인 지원이 BSC 제도의 성공에 필수적이다.

② 전략은 작동 가능해야 한다. <그림 21-2>와 같이 특정한 전략목표는 조직전체의 성과표(corporate scorecard)로부터 모든 계층의 조직단계까지 성과지표 설정에 반영되어야 하며, 나아가 직원 개개인에게까지 확대되어야 한다. 또한 직원들의 활동이 전체 전략의 달성에 어떻게 기여하는가에 따라 보상이 연계되어야 한다.

③ 전략에 대한 충분한 의사소통이 있어야 한다. 조직은 직원들이 전략계획 절차를 이해하는 것을 돕고 그것이 조직의 최우선 운영원리라는 것을 인식시키기 위하여 내부 의사소통 통로를 잘 구축해야 한다.

④ BSC의 성과측정 결과는 예산과정과 연계되어 최상의 결과를 만들어 낼 수 있도록 피드백 되어야 한다.

반면에 BSC가 실패하게 되는 원인은 다음과 같다(박찬석, 2005: 76).

① 조직구성원들의 측정과 새로운 시스템에 대한 두려움과 이해부족이다.

② 비전과 전략이 빈약하게 정의되거나 애매모호하여 개인의 행동을 추동할

그림 21-2 조직 단계별 BSC

자료: 박찬석(2005: 73).

수 없는 경우이다.

③ 예산을 전략과 분리해서 취급하는 경우이다.

④ 새로운 성과관리시스템을 적용하기 위한 특별한 조직적 전기를 마련하지 못한 경우이다.

⑤ 성과 목표가 부재하거나 목표설정이 너무 높거나 낮은 경우이다.

⑥ 전략적 피드백이 없거나 부족한 경우이다.

⑦ 조직구성원들의 의미있는 참여가 부족한 경우이다.

V 아웃소싱

1. 아웃소싱의 개념

아웃소싱(outsourcing)이란 조직의 효율성과 전략적 지위를 획득하기 위해 종래 조직 내에서 수행했던 업무 프로세스를 외부자원을 이용하여 처리하는 일이다.13) 아웃소싱은 어떤 특정한 기능을 다른 기관과의 계약을 통해 수행하는 것이다. 이에 따라 아웃소싱하는 기능은 전형적으로 기관의 핵심적인 업무(non-core function)가 아니다.

이러한 아웃소싱은 경영기능이나 자원의 외부화(外部化) 또는 외부조달(外部調達)을 의미한다. 사용자가 제공자와의 사이에 계약을 체결하고, 설정한 수준의 서비스를 장기간에 걸쳐 받는다. 서비스 제공자가 업무의 기획, 설계에서부터 운영까지 모두 책임을 지는 것이다. 이러한 아웃소싱은 하청, 외부, 인력파견, 컨설팅, 업무대행, 분사화와 차이가 있다.14)

---

13) 아웃소싱이란 외부(out)와 자원(source)이 결합된 어휘로, 정보시스템, 컨설팅, 교육분야를 일정기간 동안 외부 전문업체에게 서비스를 제공토록 위탁하는 전략방법이다(이미정, 2002).

14) 하청(下請)은 업무의 일부를 외부에 위임하는 것으로 부품과 기능의 일부를 외부기업에 발주하는 것이 포함된다. 외주(外注)란 기업의 외부자원 활용이라는 점에서 아웃소싱 개념에 일치하지만, 외주는 하청과 업무대행 등을 포함하는 포괄적 개념이다. 인력파견(人力派遣)은 업무지원 목적의 인적자원으로 공급업체는 업무의 운영과 설계를 행하지 않으며 업무수행과 관리만 책임지는 것이다. 컨설팅은 공급업체가 업무의 설계와 기획은 하지

아웃소싱 전략이란 자신이 수행하는 다양한 활동 중 전략적으로 중요하면서도 가장 잘 할 수 있는 분야나 핵심역량에 자원을 집중시키고, 나머지 활동들의 기획에서부터 운용까지 일체를 해당 분야나 업계에서 가장 뛰어난 전문기업에게 아웃소싱 함으로써 기업의 경쟁력을 제고시키는 전략이다. 이 전략에서 첫째는 명확하게 우월성을 가진 것과 고객을 위한 유일한 가치를 제공할 수 있는 일련의 핵심적인 자산(core competencies)에 조직의 자원을 집중하는 것이다. 둘째는 전통적으로 조직의 구성요소로 고려되었던 다른 활동들을 전략적으로 아웃소싱하는 것이다.

이와 같이 아웃소싱 전략은 1962년에 설립된 EDS(Electronic Data System)에 의해 본격적으로 도입되었다. EDS는 계산업무의 대행이나 그에 따르는 소프트웨어의 개발업무를 대행하면서 아웃소싱 개념을 도입하였다. 특히 1980년대에 미국경제가 침체기에 있을 때, 기업들은 사업의 재구축을 하는 과정에서 비대하고 경직적인 조직의 슬림화에 초점을 맞춘 구조조정(restructuring)과 업무절차의 재검토, 재설계를 목적으로 하는 리엔지니어링을 하면서 아웃소싱을 도입하게 되었다. 최근 아웃소싱에 대한 관심은 새로운 경영환경에 기인한 것이다.

2. 아웃소싱의 목적과 효과

아웃소싱은 조직의 경쟁력을 강화하기 위한 하나의 전략적 수단이며, 전략적 선택이다. 이처럼 아웃소싱의 목적은 경영자원을 본업에 집중시킴으로써 본업을 철저히 강화하는 것이다. 이런 아웃소싱의 목적을 정리하면, ① 주력업무에 경영자원을 집중하고 핵심역량을 강화, ② 리스크를 분산하고 예측 가능성을 증대, ③ 조직의 슬림화와 유연화, ④ 시너지 효과에 의한 새로운 부가가치 창출, ⑤ 비용절감, ⑥ 코스트 아웃소싱을 통해 경기변동에 대응, ⑦ 혁신의 가속화, ⑧ 정보네트워크를 확대, ⑨ 복지후생의 충실화와 이의 효율성 극대를 통하여 핵심역량을 강화하고, 고객가치를 극대화하여 궁극적으로 조직의 대외적인 경쟁력을 강화하는 것이다.

만 운영은 하지 않는 경우이다. 업무대행(業務代行)은 공급업체가 이미 결정된 설계하에서 업무의 운영만을 담당하는 것이다. 분사화(分社化)란 기업 내의 일부분을 분리시켜 별개의 회사로 만드는 것으로 원래 기업 내에 소유하던 경영자원을 활용하여 모기업체에 대해서만 서비스를 행하는 형태이다(이철우, 1999: 9-10).

반면에 이러한 아웃소싱은 다음과 같은 단점들이 제기되고 있다. ① 조직의 비밀스러운 데이터의 공개위험에 놓여있다. 아웃소싱으로 인해 제3자에게 조직의 정보를 노출해야 한다. ② 아웃소싱을 위한 좋은 파트너를 선택하지 못할 경우 문제가 그대로 노정되며, 또한 부적절한 책임규명이 동시에 발생한다. ③ 아웃소싱에는 계약비용과 같은 감추어진 비용(hidden cost)이 소요된다. ④ 아웃소

표 21-5 아웃소싱의 형태와 목적

형 태		목 적
비용절감형		비용절감을 위해 중요치 않은 기능들을 아웃소싱
분사형	이익추구형 (profit center)	조직 내에서는 크게 중요하지 않으나 나름대로 전문성을 확보하고 있는 기능을 아웃소싱하여 수익률을 제고시키려는 아웃소싱
	스핀오프형 (spin-off)	조직이 보유하는 일정 기술, 역량 등을 분사하여 비즈니스화, 그러나 핵심역량 자체는 아웃소싱하지 않음
네트워크형		핵심역량 이외의 모든 기능을 아웃소싱하고 이들 공급업체와 네트워크를 형성하여 시너지 효과를 제고시키는 형태 복수의 주체가 각각 서로의 경영자원을 공유하고 상호보완적으로 활용하는 공동소싱(co-sourcing)
핵심역량 자체		핵심역량 자체를 아웃소싱시켜 경쟁에 노출시킴으로써 핵심사업의 경쟁력을 더욱 높이려는 아웃소싱

자료: 이광현(1998: 45).

싱에 의존하는 기업은 혁신의 기회를 잃을 수도 있다. ⑤ 아웃소싱을 수행하는 기관은 원래 조직의 업무목표에 초점을 두는 것이 부족하다.

3. 아웃소싱의 유형과 영역

아웃소싱은 전통적인 make(내부거래) 혹은 buy(외부거래) 의사결정과 맥락을 같이 하며, 내부거래비용이 시장(외부)거래비용을 초과할 경우 조직은 아웃소싱을 선택하게 된다(이상준 외, 2018).

이러한 아웃소싱은 형태별 목적에 따라 ① 비용절감형 아웃소싱, ② 분사형 아웃소싱-이익추구형과 스핀오프형, ③ 네트워크형 아웃소싱, ④ 핵심역량의 아웃소싱 등으로 유형화할 수 있다.

또한 조직의 기능 중에서 전략적 중요성뿐만 아니라 능력을 기초로 아웃소싱의 대상영역을 <그림 21-3>에서와 같이 구분할 수 있다. 즉, 내부인력이나 조직에 의존해야 하는 경우는 전략적으로 중요하고 조직 스스로 수행능력이 충분한 경우로 기획이나 연구개발, 브랜드와 관련한 업무는 조직의 핵심역량이기 때문에 인소싱을 하고, 전략적 중요성이 낮고 조직의 수행능력이 떨어지는 건물관리, 주차, 청소 등의 업무들은 외부조직에 의존하는 것이 바람직하다(김병철, 1999: 44).

그림 21-3 아웃소싱 영역

자료: 박찬석(2005: 73).

우리나라의 경우는 아웃소싱의 분야를 시설관리, 정보시스템, 물류 등에 국한하고 있지만, 미국이나 일본은 인사-교육, 복지후생, 총무 분야 등 전 분야까지 아웃소싱이 이루어지고 있다(류재헌 외, 1998).

VI 벤치마킹

1. 벤치마킹의 의의와 특징

벤치마킹(benchmarking)은 현재 기관의 조직활동과 다른 기관의 조직활동을 비교하고, 다른 기관에 있어 최상의 성과를 산출하는 것은 무엇인지를 발견하는 방법이다. 이 정보는 경쟁적 이점을 성취하기 위해 조직과정에서의 차이를 인식하기 위해 활용된다.[15]

이 점에서 벤치마킹은 조직의 향상을 위해 최상의 성과(best practice)로 대표되는 것으로 인정되는 조직의 제품, 서비스 그리고 작업과정을 검토하는 지속적이고 체계적인 과정이다. 이에 벤치마킹은 단기적인 활동이 아니라 장기간 동안 이루어지는 조직활동과 연관하여 고려하여야 한다.

이와 같이 벤치마킹은 조직의 지속적인 개선을 지원하고 경쟁상 이점을 체계적으로 이해하는데 필요한 정보를 수집하기 위한 수단이며, 관리능력을 외부적인 시각을 통해 평가하고 판단하는 계속적인 연구이며 학습경험이다. 또한 벤치마킹은 끊임없이 의문점을 추구해 나가는 과정이며, 실질적으로 의사결정을 돕는 정보를 생산해내는 조사과정이며, 그리고 조직의 변화와 향상을 자극하는 도구이

표 21-6 벤치마킹인 것과 그렇지 않은 것

벤치마킹인 것	벤치마킹이 아닌 것
지속적인 프로세스	1회성 행사
가치있는 정보를 제공해 주는 조사과정	단순한 해답을 제공하는 조사과정
다른 사람으로부터 배우는 학습과정; 아이디어를 찾아나서는 실용적 기법	복제, 모방
일정한 원칙이 있어야 하며, 시간과 노력이 요구되는 프로세스	신속, 간편
실제로 모든 업무를 향상시켜 주는 유용한 정보를 제공하는 편리한 도구	전문적인 유행어

자료: Spendolini(1993, 64).

---

15) 미국에서 벤치마킹에 관한 관심이 시작된 시기는 1987년 맬컴볼드리지국립품질상 (Malcolm Baldrige National Quality Award)이 도입된 것이다(윤경준 외, 2004).

다. 이러한 의미에서 벤치마킹인 것과 그렇지 않은 것을 비교하면 <표 21-6>과 같다.

벤치마킹은 다음과 같은 의미로 관심을 갖게 된다. 첫째는 벤치마킹이 경쟁업체뿐만 아니라 일반적으로 모든 조직을 이해하는데 사용될 수 있다는 점이다. 유사한 기능들에서 공통의 기준을 분리하고 자사의 업무성과를 선두주자나 혁신적인 기법을 도입한 기업들과 비교해 보는 것이다. 둘째는 벤치마킹에서는 완제품이나 서비스의 차원을 넘어서 광범위한 프로세스의 문제에 초점을 집중한다. 특히 분명한 목표를 가지고 벤치마킹 프로세스를 추진하는 기업은 목적이나 방향성 없이 벤치마킹을 수행하는 기업보다 훨씬 커다란 성공을 거둘 수 있다는 점에서 능동적인 발견과정이며 바람직한 활동이다.

벤치마킹을 하는 이유로 <표 21-7>에서 보는 것처럼 크게 다섯 가지로 요약할 수 있다. ① 벤치마킹은 전략적인 기획을 만드는 과정에서 이러한 분야의 정보를 수집하는데 유용한 도구이다. 즉, 현실적인 방향에서 사업전략을 모색할 수 있으며, 어떤 시장환경하에 위험요소가 무엇인지를 이해하는데 도움을 준다. ② 벤치마킹 정보는 시장 상태를 가늠하고 시장 잠재력을 예측하는데 사용된다. 또한 벤치마킹은 시장에서 주요 업체들의 사업방향, 제품/서비스 개발 동향, 고객의 행동양식 등에 대한 정보를 제공해 준다. ③ 벤치마킹은 사업 아이디어를 제공해 주는 훌륭한 공급원이다. 즉, 벤치마킹은 새로운 사고에 대한 자극과 사업을 영위하는 새로운 방법에 대한 접근을 제공해 준다. ④ 벤치마킹은 경쟁업체나 뛰어난 기업의 제품이나 프로세스에 관한 정보를 수집하는 것이다. 이러한 정보는 벤치마킹을 수행하는 기업에서 생산된 제품이나 서비스에 대한 비교 기준으로 사용할 수 있는 장점이 있다. ⑤ 벤치마킹은 최상의 성과를 찾아내는 방법

표 21-7 벤치마킹을 하는 이유

전략적인 기획	장·단기 계획을 세운다.
예측	관련 사업분야의 동향을 예측한다.
새로운 아이디어	기능적인 학습, 상자 밖의 사고를 획득한다.
제품/프로세스 비교	경쟁업체 혹은 최상의 성과업체와 비교한다.
목표설정	최신 기업과 연관지어 성과목표를 설정한다.

자료: Spendolini(1993, 54).

으로 사용할 수 있다. 벤치마킹을 통하여 획득한 정보를 통하여 특정 제품이나 프로세스의 목표를 정립할 수 있다.

2. 벤치마킹의 유형과 프로세스 단계

1) 벤치마킹의 유형

① 내부 벤치마킹 내부 벤치마킹은 외부 세계로 눈을 돌리기 전에 우선 내부 작업들을 완전히 이해하는 것에서 출발해야 하는 데 초점을 둔다. 기업 내 한 부분에 속해 있는 작업 프로세스의 일부를 그 기업 내에서 다른 부분에 포함

표 21-8 벤치마킹의 유형

유형	의미	사례	장점	단점
내부적 벤치 마킹	서로 다른 위치, 부서, 사업부, 지역 내에서의 유사한 활동	미국의 제조업무 對 후지(일본), 제록사의 업무 사업부서별 마케팅 전략(복사기내 對 워크스테이션)	− 데이터 수집 용이 − 다분화된 최우수 기업에 좋은 성과	− 관점의 제한 − 내부적인 편견
경쟁적 벤치 마킹	동일한 고객층을 대상으로 제품을 판매하는 직접적인 경쟁자	캐논(Cannon), 리코(Ricoh), 코닥(Kodak), 샤프(Sharp)	− 업무실적과 연관된 정보 − 비교할 수 있는 실적/기술 − 정보수집의 역사	− 데이터 수집의 어려움 − 윤리적인 문제 − 상반되는 태도
기능적 벤치 마킹	최신의 제품, 서비스, 프로세스를 가지고 있는 것으로 인식되는 조직	창고업(L.L. 빈) 출하 상태 추적(페더럴 익스프레스) 고객 서비스(아메리칸 익스프레스)	− 혁신적인 기법을 발견할 가능성이 높다. − 쉽게 전환할 수 있는 기술/기법 − 전문적인 네트워크 구축 − 관련 데이터베이스 접속 − 자극적 결과	− 기법을 다른 환경으로 이전시키는데 어려움 − 이전시킬 수 없는 정보 − 시간 소모

자료: Spendolini(1993, 42).

되어 있는 작업 프로세스와 정보를 공유하는 과정이다. 즉, 최상의 내부 업무성과가 무엇인지를 규정하고, 그 정보를 기업 내의 다른 부서로 전달함으로써 이익을 창출할 수 있다.

② 경쟁적 벤치마킹　　경쟁적 벤치마킹은 자신의 기업과 직접적으로 경쟁관계에 있는 기업의 제품이나 서비스, 작업프로세스를 살펴보는 것이다. 즉, 경쟁적인 벤치마킹의 목적은 경쟁업체의 제품이나 프로세스, 업무 실적에 대한 구체적인 정보를 얻어내어 자신의 기업과 비교하기 위한 것이다. 특히 경쟁적인 벤치마킹은 전향적인 태도를 취해야 한다. 즉, 경쟁업체를 믿을 수 없는 상대 또는 적으로 규정하면 경쟁업체들 간의 기본적인 대화 통로를 막는 걸림돌이 된다. 이리하여 신뢰와 존경을 바탕으로 벤치마킹 관계를 정립하는 것이 무엇보다 중요하다.

③ 기능적 벤치마킹　　기능적(일반적) 벤치마킹은 한 기업의 제품이나 서비스, 작업 프로세스를 규정하는 것이다. 기능적 벤치마킹의 목적은 어떠한 유형의 기업에서나 최상의 업무 수행이 무엇인지를 가려내는 데 있다.

2) 벤치마킹 프로세스의 단계

벤치마킹 활동이 성공하기 위한 몇 가지 지침을 살펴보면, 첫째는 단순하고 논리적인 순서를 따른다. 둘째는 기획과 조직을 중요시한다. 셋째는 고객지향의 벤치마킹을 사용한다. 고객중심의 벤치마킹 프로세스는 벤치마킹 고객들과 관계를 맺는데 주력하며, 고객의 요구사항이 무엇인지에 관한 정보를 제공해 준다. 넷째는 일관되고 공통된 벤치마킹 프로세스 모델을 개발하고 적극적으로 추진한다.

이와 같은 벤치마킹 필요조건하에 벤치마킹은 다섯 가지 단계의 활동으로 이루어진다. 각 단계의 활동은 서로 논리적으로 연결되어 있다.

① 무엇을 벤치마크 할 것인지를 결정한다. 이 단계에서는 벤치마킹 정보를 사용할 고객을 정하고, 그들의 요구사항이 무엇인지 파악하며, 벤치마킹의 특정 주제를 정하는 것이다. 특히 진실로 필요한 부분을 벤치마킹의 주제로 선정해야 하며, 그리고 가능한 한 구체적인 방법을 정해야 한다.

② 벤치마킹 팀을 구성한다. 견실한 벤치마킹 조사를 기획, 조직, 실행하는 일은 상당한 시간과 노력이 요구되므로 자질과 의욕을 갖춘 벤치마킹 팀을 구성하는 것이 필요하다. 즉, 벤치마킹의 팀을 선발하고 교육하는 것은 중요한 과제이다. 특수한 역할과 의무가 팀 구성원들에게 할당된다.

③ 벤치마크 파트너를 선정한다. 즉, 벤치마크 정보를 수집하는 데 이용될 정보원천을 확인하는 일이다. 벤치마킹 파트너(partner)는 벤치마킹 연구사업과 연관된 정보를 제공해 주는 모든 개인 혹은 조직을 말한다. 정보수집과 유용한 정보자원을 확보하기 위해 벤치마킹 정보 네트워크를 개발하는 것이 필요하다.

④ 벤치마킹 정보를 수집하고 분석한다. 특히 다른 조직을 벤치마킹하기 전에 자기 분석을 철저히 하지 않으면 벤치마킹 프로세스에서 실패하기 쉽다. 벤치마킹 정보수집의 방법으로 전화 인터뷰, 직접 면담 및 현장방문, 조사서, 출판물과 미디어, 문서연구 등이 활용되고 있다. 또한 수집된 정보가 얼마나 의미를 가지고 있는가를 결정하기 위해 정보분석이 필요하다. 정보분석(情報分析)에 있어 다음과 같은 사항을 고려해야 한다. 하나는 자료상에 존재하는 오보(misinfor-mation)를 확인해야 한다. 수집된 자료의 패턴이나 경향을 확인한다. 다른 하나는 자료의 누락(omissions)이나 전이(displacement)를 확인한다. 끝으로 일탈된 정보(out-of-place information)를 확인한다. 특히 일탈된 정보를 발견했을 때 취해야 할 적절한 조치로는 벤치마크 파트너를 조사하는 일이다.

⑤ 행동을 취한다. 벤치마킹 조사를 통하여 수집된 정보를 바탕으로 실제 업무에서 변화되어야 할 사항이 무엇인지를 정하며 실행에 옮기는 단계이다. 벤치마킹은 연구조사의 프로세스이지만, 연구조사를 시작하게 된 동기는 어떤 변화를 자극하고 지지하기 위한 것이다. 특히 상대와 냉철하게 비교할 수 있는 계기가 되기 때문에 자기 조직의 위상을 정확히 파악할 수 있어 도전해야 할 목표가 명확하게 나타나게 된다. 이리하여 혁신의 필요성에 대해 조직구성원들의 공감대를 쉽게 이끌어 낼 수 있는 것이 벤치마킹의 장점이다.

용어의 정의

정부혁신(政府革新, reinventing government)　　인구학적 요인과 기술의 변화, 세계적인 치열한 경쟁 및 국민적 기대의 변화에 대응하기 위한 민주체제 국정관리의 거대한 재조사(reexamination)이며, 서비스의 질과 배분에 있어서의 근본적인 변화이고, 나라의 체질을 바꾸는 노력이며, 나라의 근본을 바꾸는 것이다.

거래비용이론(去來費用理論, transaction cost theory)　　시장 및 시장 참여자들 간의 정보 비대칭으로 인해 궁극적으로 거래비용이 발생한다고 간주한다. 특히 각종 제도적 장치 및 참여자들에 의해 결정되는 거래비용이 조직의 본질과 경영성과를 결정한다고 강조한다. 이처럼 이 이론은 조직을 일련의 거래로 간주하며, 거래비용은 거래에 있어 비효율성의 지표이다.

대리인 이론(代理人 理論, agency theory)　　조직을 주인과 노동자 사이를 일련의 계약적 관계(contractual relationships)로 간주하는 이론이며, 이로 인해 주인과 대리인 간에 정보의 비대칭성이 존재할 수 있다.

1978년 자체감사원법(The Inspector General Act of 1978)　　감찰관(Inspector General)의 책임과 의무를 설정한 법이며, 다음의 권위를 가진다. ① 감사, 조사, 감찰과 검토가 필요한지와 기관장의 부적절한 간섭 없이 교정활동을 권고하는 보고서를 제출한다. ② 기관에 대해 이용할 수 있는 모든 기록과 자료들에 대한 완전한 접근이 가능하며, ③ 비연방기관에 대해서 행정적 소환장(administrative subpoenas)을 발부할 수 있으며, ④ 법률집행권위를 행사할 수 있고, ⑤ 구성원과 다른 사람의 불평을 수령할 수 있으며, ⑥ 미국 검사에게 형사상 범죄와 민사상 범죄에 대해 조회할 수 있고, ⑦ 직원, 전문가와 컨설턴트를 해고 그리고 필요한 장비와 서비스를 조달할 수 있으며, ⑧ 연방정부, 주정부, 지방정부를 포함한 기관으로로부터 협조를 얻을 수 있다.

민영화(民營化, privatization)　　정부가 수행해 온 공공의 재화와 서비스의 공급 및 운영권과 책임을 민간부문에게 이전하는 것이다. 국가와 지방자치단체 또는 공공단체가 직접 생산·운영하던 공기업의 기업경영을 민간부분이 담당함으로써 경쟁을 통한 경제적 효율성의 증진을 추구하려는 관리전략이다.

우리나라 공기업 민영화 추진실적　　작은 정부를 지향하던 김영삼 정부 이후부터 공기업의 민영화가 활발하게 이루어졌다. 김영삼 정부 이전에는 1968년, 1980년, 1987년 세 차례에 걸쳐 시도되었다. 1968년 1차 민영화는 제조, 운수, 항공분야로서 주로 적자상태의 공기업을 민영화 이후 흑자로 전환한 사례이며, 1980년 제2차 민영화는 4개 시중은행을 민영화하는 것이었으며, 1987년 제3차 민영화는 우량공기업을 국민주 방식으로 민영화를 시도한 것이었다. 김영삼 정부는 경영권 이양과 지분일부 매각에 중점을 둔 민영화를 진행했다.

민간위탁(民間委託, contracting out)　　　정부가 공공재와 서비스의 공급활동을 민간기업과의 법률적인 계약에 의해 그러한 사업을 수행하는 방식이다. 정부가 민간위탁 방식을 도입하는 것은 예산을 절감하고, 공공서비스를 효율적으로 공급하고, 정부보다는 해당 분야에 전문성을 갖춘 민간이 서비스를 공급하는 것이 효율적이라는 점이다.

책임운영기관(責任運營機關, agency service)　　　공법에 의한 법적 지위가 인정되고, 정부부처에서 기능적으로 분화되어 있으며, 일반 정부기관보다 많은 자율성이 보장되면서도 소속된 정부부처와 연계되어 있는 기관이며, 계층제적 모형에서 탈피하여 시장적이고 신축적인 방식을 중시하며, 행정책임성의 초점을 투입통제에서 성과통제로의 전환을 강조한다.

총체적인 품질관리(總體的 品質管理, Total Quality Management: TQM)　　　고객지향의 제고, 구성원에게 임파워먼트, 벤치마킹, 지속적인 향상프로그램을 통하여 보다 높은 고객만족과 생산성을 추구하는 생산성 향상을 위한 전략이다.

균형성과표(均衡成果表, Balanced Scorecard: BSC)　　　조직의 비전과 미션을 설정하여 그로부터 전략목표와 성과목표를 끌어내고, 이를 달성하기 위해 조직 내 모든 역량을 집중하는 시스템이다. 특히 조직에 있어 재무성과, 소비자 인식, 내부 경영과정, 학습과 성장의 네 가지 관점에서 업무중심의 성과를 평가하는 시스템이다.

아웃소싱(outsourcing)　　　조직의 효율성과 전략적 지위를 획득하기 위해 종래 조직 내에서 수행했던 업무 프로세스를 외부자원을 이용하여 처리하는 일이며, 어떤 특정한 기능을 수행하는 것으로 다른 기관과의 계약을 통해 수행하는 것이다.

벤치마킹(benchmarking)　　　현재 기관의 조직활동과 다른 기관의 조직활동을 비교하고, 다른 기관에 있어 최상의 성과를 산출하는 것은 무엇인지를 발견하는 방법이다.

본 QR코드를 스캔하시면,
'행정학개론' 제2판의 참고문헌을 참고하실 수 있습니다.

공저자 소개

◇ **이영균**은 1993년 미국 Temple University에서 정치학박사를 취득하고, 감사원 감사교육원 교수를 거쳐 1996년부터 가천대 행정학과 교수로 재직하고 있으며 현재 법과대학 학장으로 봉직하고 있음. 행정고등고시와 국회 입법고시 출제위원, 서울시 7급 행정직 임용시험 출제위원, 경찰간부후보생 선발시험위원으로 활동하였음. 학회활동은 2014년 행정학회 부회장, 2009년 한국정책분석평가학회 회장을 역임함. 주요 관심분야는 조직관리론과 정부혁신임.

◇ **조임곤**은 1997년 미국 The Ohio State University에서 행정학박사를 취득하고, 서울연구원 연구위원을 거쳐 2000년부터 경기대 행정학과 교수로 재직하고 있음. 기획재정부 및 행정안전부 주관 다수 평가위원으로 활동하였으며, 2016년과 2017년에는 한국조세재정연구원 공공기관연구센터 소장을 맡기도 하였음. 학회활동은 경인행정학회 회장, 지방공기업학회 회장을 역임함. 주요 관심분야는 지방재정과 공기업임.

◇ **임동진**은 2007년 미국 University of Texas at Arlington에서 행정학박사를 취득하고, 한국행정연구원 연구위원을 거쳐 2013년부터 순천향대학교 행정학과 교수로 재직하고 있음. 국무조정실, 국방부, 행정안전부, 인사혁신처 자문 및 평가위원으로 활동하고 있음. 학회활동은 한국행정학회 연구이사, 한국정책학회 연구이사, 한국지방자치학회 연구위원장을 역임함. 주요 관심분야는 조직관리, 지방행정, 행정이론임.

◇ **이동영**은 2009년 미국 Rutgers University에서 행정학박사를 취득하고 2011년부터 한림대학교 정치행정학과 교수로 재직하고 있음. 학회활동은 2018년 한국조직학회 편집위원, 2018년 한국정책과학학회 감사를 역임함. 주요 관심분야는 인사행정론과 정부성과관리임.

◇ **박종선**은 2009년 미국 Florida State University에서 행정학박사를 취득하고, 동 대학원 Local Governance Research Lab 연구원을 거쳐 2011년부터 계명대학교 행정학과 교수로 재직하고 있음. 국가공무원 출제위원 및 면접위원, 서울시 7, 9급 행정직 임용시험 출제위원, 대구시 공무원 채용 면접위원으로 활동하였음. 학회활동은 2018년 한국정부학회 학술위원장, 2017년 대한지방자치학회 연구위원장을 역임함. 주요 관심분야는 지방자치와 지방행정 및 관리임.

◇ **윤태섭**은 2013년 미국 The Florida State University에서 행정학 박사 학위를 취득하고, 한국지방행정연구원 부연구위원을 거쳐 2020년부터 충북대학교 행정학과 교수로 재직하고 있음. 행정안전부, 충청북도 자문 및 평가위원과 한국행정학회 학술정보위원, 한국지방재정학회 연구이사, 한국정책분석평가학회 편집위원 등을 역임하였거나 활동 중에 있음. 주요 관심분야는 재무행정, 재정학, 지방재정임.

제 2 판
행정학개론

초판발행	2019년 2월 18일
제2판발행	2023년 3월 10일
지은이	이영균 · 조임곤 · 임동진 · 이동영 · 박종선 · 윤태섭
펴낸이	안종만 · 안상준
편 집	양수정
기획/마케팅	김한유
표지디자인	이영경
제 작	고철민 · 조영환
펴낸곳	(주) **박영사**
	서울특별시 금천구 가산디지털2로 53, 210호(가산동, 한라시그마밸리)
	등록 1959. 3. 11. 제300-1959-1호(倫)
전 화	02)733-6771
f a x	02)736-4818
e-mail	pys@pybook.co.kr
homepage	www.pybook.co.kr
ISBN	979-11-303-1745-8 93350

정 가   25,000원